AUSSTELLUNGSKATALOGE
DER PRÄHISTORISCHEN STAATSSAMMLUNG
HERAUSGEGEBEN
VON HERMANN DANNHEIMER

BAND 23 · 1993

PRÄHISTORISCHE STAATSSAMMLUNG MÜNCHEN
MUSEUM FÜR VOR- UND FRÜHGESCHICHTE

Das keltische Jahrtausend

HERAUSGEGEBEN VON
HERMANN DANNHEIMER UND RUPERT GEBHARD

VERLAG PHILIPP VON ZABERN · MAINZ AM RHEIN

Landesausstellung des Freistaates Bayern
– Prähistorische Staatssammlung –
und der Stadt Rosenheim
vom 19. Mai – 1. November 1993
im Lokschuppen Rosenheim

Gefördert durch:
Die Kulturstiftung der Länder
aus Mitteln des Bundesministers des Inneren,
C.&A. Brenninkmeyer,
Dresdner Bank AG.

Umschlag:
Gestaltung: Eva Dannheimer
Motiv Vorderseite: Tonschieferkopf von Mšecké Žehrovice
(Ausschnitt), Kat. Nr. 465
Motiv Rückseite: Achsnägel von Manching, Kat. Nr. 422 c

Frontispiz: Prunkhelm von Agris, Kat. Nr. 399

XV, 400 Seiten mit 138 Farb- und 267 Schwarzweiß-
abbildungen

© 1993 Prähistorische Staatssammlung München
und Verlag Philipp von Zabern, Mainz

ISBN 3-8053-1514-7
ISBN 3-8053-1521-X (Museumsausgabe)
Satz und sw-Lithos: prograph gmbH, München
Umbruch: Prähistorische Staatssammlung München
(S. Burmeister)
Farblithos: Geyer Repro, Klein-Winternheim
Papier: Papierfabrik Scheufelen, Lenningen
Druck: Verlag Philipp von Zabern, Mainz
Printed in Germany/Imprimé en Allemagne
Printed on fade resistant and archival quality paper
(PH 7 neutral)

Die Deutsche Bibliothek - CIP-Einheitsaufnahme

Das keltische Jahrtausend / Prähistorische Staatssammlung
München, Museum für Vor- und Frühgeschichte.
Hrsg. von Hermann Dannheimer und Rupert Gebhard. –
Mainz am Rhein : von Zabern, 1993
  (Ausstellungskataloge der Prähistorischen Staatssammlung)
  ISBN 3-8053-1514-7
NE: Dannheimer, Hermann [Hrsg.];
  Prähistorische Staatssammlung ⟨München⟩

Inhaltsverzeichnis

Schirmherrschaft VII

Leihgeber VIII

Autoren X

Mitarbeiter X

Geleitwort XI

Grußwort XIII

Vorwort XIV

Einführung

Rupert Gebhard
Die Kelten – ein Volk Alteuropas 2

Hans Peter Uenze
Ein keltisches Jahrtausend?
– Kontinuität und Diskontinuität 7

Bernhard Kremer und *Ralf Urban*
Das vorgeschichtliche Europa und die Kelten
bei griechischen Autoren
bis zur Mitte des 1. Jahrhunderts v. Chr. 15

Jürgen Untermann
Sprachliche Zeugnisse der Kelten in Süddeutschland 23

Hermann Parzinger
Südbayern im 1. Jahrtausend v. Chr. 28

Hans Peter Uenze
Nordbayern im 1. Jahrtausend v. Chr. 35

Gesellschaft

Jörg Biel
Frühkeltische Fürsten 40

Andrea Lorentzen
Frauen in keltischer Zeit 47

Susanne Sievers
Krieger der Latènezeit 54

Besiedlung

Peter Schauer
Befestigte Höhen der Urnenfelderzeit
und der älteren Eisenzeit in Süddeutschland 62

Walter Janssen
Der Bullenheimer Berg 75

Björn-Uwe Abels
Die Heunischenburg,
eine urnenfelderzeitliche Befestigung in Nordbayern 83

Stefan Winghart
Das Wagengrab von Poing, Lkr. Ebersberg,
und der Beginn der Urnenfelderzeit in Südbayern 88

Björn-Uwe Abels
Der Staffelberg – Die Geschichte
einer befestigten Höhensiedlung 94

John Collis
Die Oppidazivilisation 102

Das Oppidum von Manching 107

Werner Krämer
Erforschungsgeschichte 107

Rupert Gebhard
Ergebnisse der Ausgrabungen in Manching 113

Mensch, Natur und Umwelt

Hansjörg Küster
Umwelt und Ackerbau 122

Angela von den Driesch
Haustierhaltung und Jagd
bei den Kelten in Süddeutschland 126

Erwin Hahn
Die Kelten aus anthropologischer Sicht 134

Kunst

Georg Kossack
Hallstatt- und Latèneornament   138

Otto-Hermann Frey
Die Bilderwelt der Kelten   153

Kult

Wolfgang Kimmig
Menschen, Götter und Dämonen –
Zeugnisse keltischer Religionsausübung   170

Felix Müller
Kultplätze und Opferbräuche   177

Hans Peter Uenze
Symbolgut   189

Wirtschaft und Handel

Amei Lang
Güterverteilung in der Urnenfelderzeit   194

Franz Fischer
Fernhandel und Kulturbeziehungen
der frühen Kelten   197

Ferdinand Maier
Fernhandel und Kulturbeziehungen
in der zweiten Jahrtausendhälfte   203

Markus Egg und *Christopher Pare*
Keltische Wagen und ihre Vorläufer   209

Keltisches Geld

Bernward Ziegaus
Das keltische Münzwesen   220

Bernhard Overbeck
Die Kelten im Spiegel der römischen Münzprägung   228

Nachbarvölker

Paul Gleirscher
Die Römer nannten sie Räter   232

Sabine Rieckhoff
Frühe Germanen in Südbayern   237

Keltische Tradition

Siegmar von Schnurbein
Nachleben in römischer Zeit?   244

Werner Krämer
Sind die Bayern keltischer Abstammung?   249

Katalog der Ausstellung

Vorbemerkung zum Katalog   252

    I   Das keltische Oppidum bei Manching   252

   II   Mensch und Gesellschaft
im 1. Jahrtausend v. Chr.   263

  III   Mensch, Natur und Umwelt   281

  IV   Handel, Import, Wirtschaft, Handwerk   284

   V   Gold und Geld   295

  VI   Kunst – Symbol, Ornament und Figur   316

  VII   Kult, Magie und Religion   330

VIII   Tod und Jenseits   345

  IX   Das Ende der keltischen Welt   355

   X   Die Nachbarn der Kelten   360

  XI   Keltische Tradition   364

Glossar   369

Zeittafel   372

Verzeichnisse

Autoren der Katalogbeiträge   373

Abkürzungsverzeichnis   373

Verzeichnis der abgekürzt zitierten Literatur   374

Literaturverzeichnis   377

Quellenverzeichnis   393

Bildnachweis   394

SCHIRMHERRSCHAFT

DER MINISTERPRÄSIDENT DES FREISTAATES BAYERN

DR. H.C. MAX STREIBL

Verzeichnis der Leihgeber

Deutschland

M. Michel, Andechs
Römisches Museum Augsburg
W. Wagner, Bastheim-Unterwalbehrungen
Sammlung Axel Guttmann, Berlin
Staatliche Museen zu Berlin · Preußischer Kulturbesitz
  – Museum für Vor- und Frühgeschichte
Akademisches Kunstmuseum der Universität Bonn
Rheinisches Landesmuseum Bonn
Archäologisches Museum der Stadt Donauwörth
Rhönmuseum Fladungen
Gemeinde Grünwald
Museum Gunzenhausen
Museum Eberdingen-Hochdorf
Stadtmuseum Ingolstadt
Bayerisches Landesamt für Denkmalpflege,
  Grabungsbüro Ingolstadt
Friedrich-Schiller-Universität Jena,
  Wissenschaftsbereich Ur- und Frühgeschichte
Museum Karlstadt
Staatliche Museen Kassel
Archäologisches Museum der Stadt Kelheim
Kreisarchäologie Kelheim
Römisches Museum Kempten
Gemeinde Kiefersfelden
Mittelrhein-Museum Koblenz
Stadt- und Kreismuseum Landshut
Heimathaus Lauingen
Landesmuseum Mainz
Römisch-Germanisches Zentralmuseum Mainz
Reiss-Museum Mannheim
S. Meinl, Mering
Staatliche Antikensammlungen München
Bankhaus H. Aufhäuser, München
Deutsches Jagd- und Fischereimuseum München
Staatliche Münzsammlung München
Prähistorische Staatssammlung München
Privatsammlung München
Germanisches Nationalmuseum Nürnberg
Naturhistorische Gesellschaft Nürnberg

Museen der Stadt Regensburg
Landesdenkmalamt Baden-Württemberg,
  Abt. Arch. Denkmalpflege, Stuttgart
Württembergisches Landesmuseum Stuttgart
Historisches Museum der Pfalz Speyer
Archäologisches Landesmuseum der Christian-Albrechts-
  Universität, Schloß Gottorf, Schleswig
Gäubodenmuseum Straubing
Museumsdorf Bayerischer Wald Tittling
Rheinisches Landesmuseum Trier
E. Züchner, Waltershausen
Mainfränkisches Museum Würzburg

Frankreich

Musée Granet Aix-en-Provence
Commission Régionale Corse d'Archéologie Sous-Marine,
  Ajaccio
Musée des Beaux-Arts Angoulême, Staatliches Depot
Musée Archéologique Châtillon-sur-Seine
Musée Municipal Epernay
Musée d'Archéologie Mediterranéenne Marseille
Maison du Patrimoine Montagnac
Musée des Antiquités Nationales St. Germain/Paris
Musée d'Histoire Saint-Brieuc
Musée Saint-Raymond Toulouse

Griechenland

Museum Isthmia

Fürstentum Liechtenstein

Liechtensteinisches Landesmuseum Vaduz

Österreich

Vorarlberger Landesmuseum Bregenz
Burgenländisches Landesmuseum Eisenstadt
Heimatmuseum Golling
Landesmuseum Joanneum,
    Abt. für Vor- und Frühgeschichte, Graz
Keltenmuseum Hallein
Tiroler Landesmuseum Ferdinandeum Innsbruck
Museum Mannersdorf am Leithagebirge
Museum Carolino Augusteum Salzburg
Sammlung E. Wallner, St. Pölten
Bundesdenkmalamt, Abt. für Bodendenkmale, Wien
Naturhistorisches Museum Wien

Schweiz

Bernisches Historisches Museum
Musée Cantonal d'Archéologie Neuchâtel
Schweizerisches Landesmuseum Zürich

Slowenien

Narodni muzej Ljubljana
Dolenjski muzej Novo mesto

Tschechische Republik

Museum Boskovice
Archäologisches Institut ČAV Brno
Moravské Zemské Muzeum Brno
Národní Muzeum Praha
Museum Strakonice

Ungarn

Damjanich János Múzeum Szolnok

Autoren

Dr. B.-U. Abels, Bayerisches Landesamt für Denkmalpflege Bamberg

Dr. J. Biel, Landesamt für Denkmalpflege Stuttgart

Prof. Dr. J. Collis, University of Sheffield

Prof. Dr. A. von den Driesch, Ludwig-Maximilians-Universität München

Dr. M. Egg, Römisch-Germanisches Zentralmuseum Mainz

Prof. Dr. F. Fischer, Bonn

Prof. Dr. O.-H. Frey, Philipps-Universität Marburg

Dr. R. Gebhard, Prähistorische Staatssammlung München

Dr. P. Gleirscher, Landesmuseum für Kärnten in Klagenfurt

Dipl. Biologe E. Hahn, Frankfurt a. M.

Prof. Dr. W. Janssen, Universität Würzburg

Prof. Dr. W. Kimmig, Tübingen

Prof. Dr. G. Kossack, Riedering

Prof. Dr. W. Krämer, Wiesbaden

Dr. B. Kremer, Universität Trier

Dr. habil. H.-J. Küster, Ludwig-Maximilians-Universität München

Dr. A. Lang, Ludwig-Maximilians-Universität München

Dr. A. Lorentzen, Prähistorische Staatssammlung München

Prof. Dr. F. Maier, Michelstadt / Odw.

PD Dr. F. Müller, Bernisches Historisches Museum

Prof. Dr. B. Overbeck, Staatliche Münzsammlung München

Dr. Ch. Pare, Römisch-Germanisches Zentralmuseum Mainz

Dr. habil. H. Parzinger, Römisch-Germanische Kommission Frankfurt a.M.

Prof. Dr. S. Rieckhoff, Universität Leipzig

Prof. Dr. P. Schauer, Universität Regensburg

Prof. Dr. S. v. Schnurbein, Römisch-Germanische Kommission Frankfurt a. M.

Dr. S. Sievers, Römisch-Germanische Kommission Frankfurt a. M.

Dr. H. P. Uenze, Prähistorische Staatssammlung München

Prof. Dr. J. Untermann, Universität Köln

Prof. Dr. R. Urban, Universität Trier

Dr. S. Winghart, Bayerisches Landesamt für Denkmalpflege München

Dr. B. Ziegaus, Prähistorische Staatssammlung München

Mitarbeiter

Leitung: Hermann Dannheimer

Konzeption: Rupert Gebhard, Andrea Lorentzen, Hans Peter Uenze, Bernward Ziegaus (Numismatik)

Organisation: Prähistorische Staatssammlung (Andrea Lorentzen)

Gestaltung und Grafik: Factory Set Design GmbH (Mathias Schmalzl), Johannes Segieth, Hans Stölzl, Michael Berger, Hildegard Huber

Restaurierungen und Vitrineneinrichtung: Restaurierungswerkstätten der Prähistorischen Staatssammlung unter der Leitung von Roman Raab

Fotografie: Manfred Eberlein, Mathias Michel

Tonbildschau: MM Vision (Mathias Michel)

Katalogredaktion: Silke Burmeister, Ute Steffgen

Geleitwort

Die zweite archäologische Landesausstellung in Bayern widmet sich dem letzten vorchristlichen Jahrtausend. An dessen Beginn stehen im Raum nördlich der Alpen noch anonyme
Kulturkreise, die wir nur anhand bestimmter künstlerischer Formen oder Bestattungssitten
identifizieren können, an dessen Ende aber die römische Zivilisation mit ihrer fortgeschrittenen Technik, ihrem hohen Organisationsgrad und ihrer das Abendland formenden
Schriftkultur. Dazwischen liegt eine Periode, in der eine Kultur das Schicksal weiter Teile
Europas geprägt hat, die zum ersten Mal in der Geschichte mit einem Volk verbunden werden kann: den Kelten.

Merkwürdig widersprüchlich muten uns heute die Kelten an. Haben sie einerseits hervorragende Handwerker und erfolgreiche Fernhändler hervorgebracht, so ist es ihnen andererseits
niemals gelungen, größere staatliche Verbände zu bilden. Einer langen, von einem einfluß-
reichen Priesterstand gewahrten Weisheitstradition steht die Tatsache gegenüber, daß die
Kelten nie zur Schriftkultur vorgedrungen sind. So verwandt uns der keltische Glaube an
die Wiedergeburt erscheint, so erschreckend barbarisch empfinden wir den Brauch, die abgeschnittenen Köpfe von getöteten Gegnern als Trophäen am eigenen Haus zur Schau zu stellen.

Keltische Überreste wie zum Beispiel die Namen vieler Flüsse wurden über zwei Jahrtausende tradiert. Im Nordwesten Europas sind keltische Sprachen bis in die Gegenwart lebendig. Bis heute hat sich der weltliterarische Stoff um König Artus und seine Tafelrunde, den
Zauberer Merlin und den Gral, in dem das Ende der keltischen Stämme in England dichte-
risch überformt wurde, als besonders fruchtbar erwiesen. Der Reiz, den die keltische Kultur
auf uns auszuüben vermag, ist darin jedoch noch nicht erschöpft. Wir finden nämlich in
ihrem Zeichen große Teile Europas vereinigt, genauso wie es später unter der „Pax
Romana" oder dem mittelalterlichen Kaisertum - zumindest in ihren formulierten Ansprü-
chen - der Fall war. Wenn wir im Jahr 1993 also darangehen, Grenzen in Europa zu über-
winden, weil wir aus dem von gemeinsamer abendländischer Kultur geprägten Kontinent
eine umfassende wirtschaftliche Einheit machen wollen, so können wir dafür auch in unserer Vorgeschichte ein Beispiel finden. Selbst ein einheitliches Währungssystem ist nicht die
Erfindung des späten 20. Jahrhunderts, sondern wurde schon von den Kelten verwirklicht!
Dabei bot dieser Kulturkreis bei aller Geschlossenheit in wesentlichen Erscheinungen Raum
für viele Stämme und ihre jeweils besonderen Ausformungen des gemeinsamen Bestandes
an Überliefertem. Sie praktizierten Vielfalt in der Einheit und können somit auch unter
diesem Aspekt nach mehr als zwei Jahrtausenden dem sich einigenden Europa Grund zur
wohlgefälligen Betrachtung geben.

Die antiken Autoren haben uns über die im Gebiet des heutigen Bayern ansässigen Kelten-
stämme wenig überliefert, so wenig, daß wir nicht einmal den einstigen Namen der wegen
ihrer gewaltigen Ausdehnung und in ihrem wirtschaftlichen Rang einzigartigen keltischen
Stadt bei Manching in der Nähe von Ingolstadt kennen. Um so mehr sind wir auf die Resultate der Spatenforschung angewiesen, die in den letzten Jahrzehnten mit neuen Erkenntnis-
sen und verfeinerten Methoden große Fortschritte gemacht hat. Ich freue mich, daß die Ausstellung in Rosenheim einen willkommenen Anlaß bietet, eine Zwischenbilanz der For-

schung zu ziehen und deren Ergebnisse einem breiten Publikum in attraktiver und lehrreicher Form zugänglich zu machen. Der Ausstellungsort Rosenheim hat sich bereits bei der ersten archäologischen Landesausstellung zu den Bajuwaren bewährt. Der Umbau des alten Lokschuppens zu einem Ausstellungszentrum ist ein gelungenes Beispiel dafür, wie historische Gebäude, die ihren hergebrachten Zweck verloren haben, zu neuem Leben erweckt werden können.

Der Stadt Rosenheim ist für ihren Anteil am Zustandekommen der Ausstellung ebenso zu danken wie der Kulturstiftung der Länder, die das Projekt mit einem namhaften Betrag unterstützt hat. Den zahlreichen Leihgebern, die für ein halbes Jahr auf ihre wertvollen Schätze verzichten, um sie einem großen Publikum zu präsentieren, sei genauso gedankt wie den vielen Helfern, die das Gelingen einer solchen umfangreichen Unternehmung ermöglichen. Dank gilt vor allem aber dem Team von Wissenschaftlerinnen und Wissenschaftlern an der Prähistorischen Staatssammlung, welches das Konzept der Ausstellung entwarf und in dessen Händen die Realisierung liegt.

Als Schirmherr wünsche ich der Landesausstellung „Das keltische Jahrtausend" große Beachtung im In- und Ausland sowie zahlreiche wißbegierige und bereichert nach Hause zurückkehrende Besucher.

Dr. h.c. Max Streibl
Ministerpräsident des Freistaates Bayern

Grußwort

Die Kelten-Ausstellung setzt die gute Zusammenarbeit zwischen der Stadt Rosenheim und der Prähistorischen Staatssammlung München fort, die 1988 mit der bayerisch-salzburgischen Landesausstellung „Die Bajuwaren" erfolgreich begonnen hat. Das Ausstellungszentrum Lokschuppen hat sich in fünf Jahren als idealer Veranstaltungsrahmen für große Sonderausstellungen bewährt und steuert im Jahr 1993 mit der Landesausstellung „Das keltische Jahrtausend" wieder einen Höhepunkt im Rosenheimer Ausstellungsgeschehen an.

Die Ausstellung in Rosenheim ist vorläufig die letzte große Präsentation in einer Reihe von Sonderausstellungen zum Thema Kelten. Im Gegensatz zu vielen anderen, sich wiederholenden Veranstaltungen fördert die Keltenforschung immer wieder Erstaunliches zutage. Da es von diesen „ersten Europäern" selbst keine schriftlichen Zeugnisse gibt, muß die Wissenschaft auf Beschreibungen durch andere Völker, etwa durch die Griechen und Römer, zurückgreifen. Abgesehen von den sehr subjektiv und aus dem Blickwinkel einer fremden Kultur verfaßten Schilderungen ist die Wissenschaft deshalb fast ausschließlich auf archäologische Funde angewiesen.

Systematische Grabungen, vor allem im bayerischen Raum, erschlossen den Wissenschaftlern immer wieder neue Teilbereiche, deckten überraschende Neuigkeiten auf, ließen Zusammenhänge erkennen und widerlegten oft sogar noch vor wenigen Jahren aufgestellte Hypothesen. Die Kelten, die vor über 2000 Jahren nahezu ganz Europa beherrschten und doch vom Schauplatz der Geschichte verschwanden, bleiben ein spannendes und rätselhaftes Kapitel unserer Frühzeit.

Die Rosenheimer Ausstellung zeigt den gegenwärtigen Stand der Forschung. Eine Besonderheit ist eine Reihe von höchst wertvollen Objekten, die bisher noch nie der Öffentlichkeit präsentiert worden sind.

Die Stadt Rosenheim dankt dem Direktor der Prähistorischen Staatssammlung, Herrn Dr. Hermann Dannheimer, und seinen Mitarbeitern für ihre umfangreiche Arbeit, ohne die eine solche Ausstellung nicht zustande gekommen wäre.

Herrn Ministerpräsidenten Dr. h.c. Max Streibl danke ich für die Übernahme der Schirmherrschaft.

Dr. Michael Stöcker
Oberbürgermeister der Stadt Rosenheim

Vorwort

Die vor- und frühgeschichtliche Archäologie hat in der zweiten Hälfte des 20. Jahrhunderts in Mitteleuropa und nicht zuletzt auch in Bayern einen ungeahnten Aufschwung erlebt. Dies ist einerseits die Folge des konsequenten Ausbaues der staatlichen und kommunalen Fachbehörden duch den jeweiligen Träger, andererseits gewiß aber auch das Ergebnis gewachsenen Bürgerinteresses an der eigenen Vergangenheit. Dazu hat in Bayern sicherlich die Prähistorische Staatssammlung München ihr Scherflein beigetragen: Nach der Wiedereröffnung des Museums - erstmals in einem eigenen Haus - in den Jahren 1976/77 konnten seit 1983 in nahezu allen Teilen Bayerns acht Filialmuseen als staatliche Zweigmuseen gegründet und eingerichtet werden (wenigstens noch drei weitere sind in Vorbereitung), die ihrem Publikum - insbesondere auch der Jugend - mit unterschiedlichen Schwerpunkten die vor- und frühgeschichtliche Entwicklung der einzelnen Regionen nach dem neuesten Forschungsstand vermitteln.

Der überregionale Überblick über eine Epoche des vor- und frühgeschichtlichen Altertums, wie ihn die vorliegende Ausstellung versucht, kann von einem Museum nur in einer Sonderausstellung geboten werden. Denn dazu ist vor allem die Bereitschaft vieler großer Museen notwendig, sich auf Zeit von wichtigen und wertvollen Objekten zu trennen.

Nach dem großen Erfolg der Ausstellung „Die Bajuwaren" im Jahre 1988 - der bisher erfolgreichsten archäologischen Ausstellung mit bodenständiger Thematik in Bayern - haben wir uns - ermutigt durch großzügig in Aussicht gestellte Unterstützung von seiten der Kulturstiftung der Länder - zum zweiten Mal auf das Abenteuer einer solchen archäologischen Landesausstellung eingelassen. Das Bayerische Staatsministerium für Unterricht, Kultus, Wissenschaft und Kunst hat das Vorhaben durch Bereitstellung erheblicher Mittel dankenswerterweise gefördert. Allerdings mußten dafür Einschränkungen im Ausstellungsprogramm des Münchner Stammhauses an der Lerchenfeldstraße in München in Kauf genommen werden.

Für die Ausstellung konnte dank der Förderung durch die Kulturstiftung der Länder aus Mitteln des Bundesministers des Inneren in einem über mehrere Jahre sich erstreckenden Restaurierungsprogramm eine Reihe wesentlicher Neufunde aus dem Boden Bayerns restauriert werden. Sie können nun in der Ausstellung erstmals gezeigt und anschließend in den Museen der Prähistorischen Staatssammlung dauerhaft für die Öffentlichkeit zugänglich gemacht werden.

Das Ausstellungsvorhaben stellte die Prähistorische Staatssammlung und alle ihre Mitarbeiter - angesichts wachsender Aufgaben in allen Bereichen - vor eine harte Bewährungsprobe. Die Hauptlast der Vorbereitung von Ausstellung und Katalog hatten dabei Dr. Rupert Gebhard, Dr. Andrea Lorentzen und Dr. Hans Peter Uenze zu leisten. Ihnen sei ebenso gedankt wie den Autoren der Katalogbeiträge, den Leihgebern im In- und Ausland, allen an der Ausführung beteiligten Firmen, den engagierten Restauratoren und technischen Mitarbeitern der Prähistorischen Staatssammlung, allen Förderern und nicht zuletzt der Stadt Rosenheim, die durch die Veranstaltungs- und Kongreß GmbH Rosenheim unsere Ausstellung vor Ort betreut.

Der erhoffte Erfolg der Ausstellung sollte dazu ermutigen, in loser Folge weitere wichtige Epochen der bayerischen Vor- und Frühgeschichte im Überblick darzustellen, so die Kulturen der Jungsteinzeit oder die Römerzeit in Bayern. Viele neue Funde und Befunde aus diesen Zeitabschnitten liegen jetzt bereits vor, die der Öffentlichkeit damit in angemessener Form vorgestellt werden könnten.

Dr. Hermann Dannheimer
Direktor der Prähistorischen Staatssammlung

Kat. Nr. 449, Seite 337 Urnenfelderzeitliche Prunkaxt und Lanze aus Krottenthal.

Urnenfelderzeitliches Bronzeschwert aus Königsdorf (Lkr. Bad Tölz-Wolfratshausen).

Kat. Nr. 391b, Seite 316 Hallstattzeitliches Gürtelblech aus Untermettenbach.

Kat. Nr. 69a, Seite 273 Hallstattzeitliche Gehängefibel aus Wilzhofen.

Kat. Nr. 120, Seite 288 Späthallstattzeitliche Bernsteinperlen aus Waltershausen.

Kat. Nr. 444a, Seite 335 Hallstattzeitliches Hängegefäß aus Schirndorf.

Kat. Nr. 424a, Seite 329 Frühlatènezeitliche Schnabelkanne aus Ton von der Ehrenburg.

Kat. Nr. 395f, Seite 318 Frühlatènezeitliche Maskenfibel vom Kleinen Knetzberg, Detail.

Kat. Nr. 395a, Seite 318 Frühlatènezeitliche Maskenfibel aus Parsberg, Detail.

Kat. Nr. 432, Seite 332 Widder von Sempt.

Mittellatènezeitlicher keltischer Glasschmuck.

Kat. Nr. 467c, Seite 344 Zweigesichtiger Kopf aus Roquepertuse.

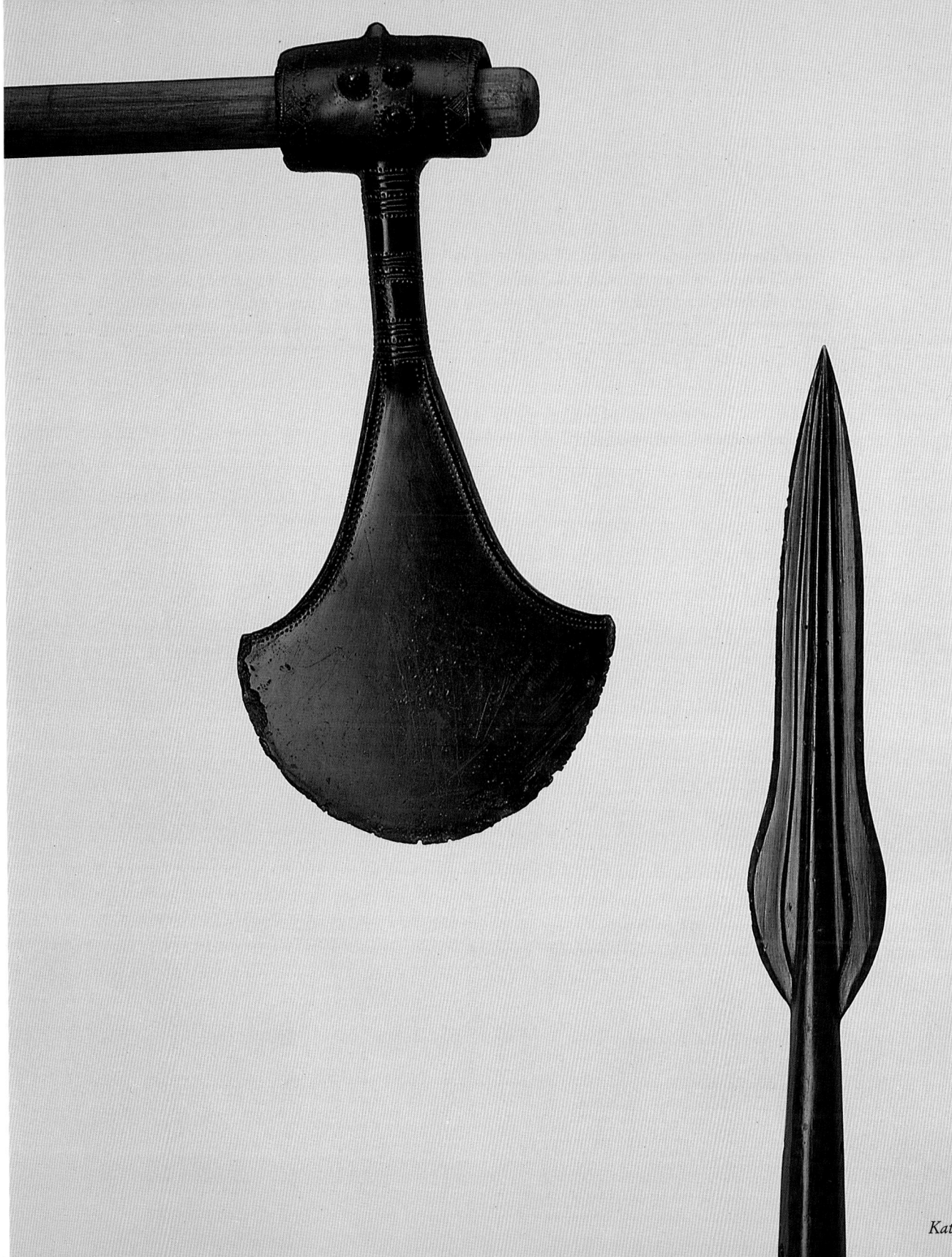

Kat. Nr. 449

Kat. Nr. 391b

Kat. Nr. 69a

Kat. Nr. 120

Kat. Nr. 424a

Kat. Nr. 395a

Kat. Nr. 432

Kat. Nr. 467c

Einführung

Die Kelten – ein Volk Alteuropas

Von Rupert Gebhard

Die Kelten, von den Griechen auch Galater, von den Römern Gallier genannt, sind neben den Germanen das andere große Urvolk im prähistorischen Europa nördlich der Alpen, das immer wieder nicht nur die Altertumswissenschaften fasziniert hat. Die archäologische Erforschung ihrer eigentümlichen Zivilisation, nach einem schweizerischen Fundort „Latènekultur" (ca. 480–15 v. Chr.) genannt, konnte in den letzten Jahrzehnten dank systematischer Ausgrabungen und glücklicher Zufallsfunde bedeutende Ergebnisse erzielen. Diese sind auch in spektakulären Ausstellungen – die erste war 1957 in Schaffhausen, die letzte 1991 in Venedig – der Öffentlichkeit präsentiert worden. Unsere Ausstellung stellt zum ersten Male die Keltenfunde aus dem heutigen Bayern in den Mittelpunkt und dokumentiert dabei nicht zuletzt auch die Ergebnisse der Ausgrabungen in der Keltenstadt bei Manching, die eindrucksvoll Zeugnis geben von der letzten Blütezeit des freien Keltentums auf dem europäischen Festland, bevor es dem Ansturm von Römern und Germanen noch vor der Jahrtausendwende erlegen ist.

Der Titel der Ausstellung, der plakativ das letzte Jahrtausend v. Chr. „Das keltische Jahrtausend" nennt, mag auf den ersten Blick verwundern, weil die Kelten erst in der 2. Jahrtausendhälfte ins Licht der Geschichte treten. Da hören wir, daß am 18. Juli 387 v. Chr. das römische Heer an der Allia vernichtend von den Galliern geschlagen wurde, die über die Alpen nach Italien gezogen waren. Danach entging die Stadt Rom nur knapp der totalen Katastrophe. Mit diesem Heerzug hatte sich eine Schar keltischer Krieger einen festen Platz in der Weltgeschichte gesichert und ihrem Volk die fortdauernde Aufmerksamkeit der antiken Geschichtsschreiber. Über die Heimat und die Vorgeschichte dieser Kelten wußte man aber nur wenig zu berichten. Hier versucht nun die Archäologie in den Ländern West- und Mitteleuropas in detektivischer Arbeit Informationen zusammenzutragen.

Da sie sich jedoch nur mit dinglichen Hinterlassenschaften beschäftigt, sind ihr Grenzen gesetzt. Beim vollständigen Fehlen schriftlicher Quellen hat die Archäologie keine Möglichkeit, die Volksgruppe einer Kultur zu bestimmen. Die kunsthistorische Beurteilung der Gegenstände, die Art der Lebensweise oder die Interpretation religiöser Handlungen können hier nur Anhaltspunkte liefern. Es gibt für die 1. Jahrtausendhälfte, also die Zeit vor den „historischen Kelten", bislang keine schriftlichen Quellen zur Geographie Mitteleuropas. Auf die Fragen: Woher kommen die Kelten? – Seit wann leben sie in Mitteleuropa? wird es daher auch seitens der Archäologie keine endgültige Antwort geben. Es scheint aber sicher, daß die Kelten im früheren Verlauf des letzten vorchristlichen Jahrtausends in vielen ihrer späteren Siedlungsgebiete in Westeuropa und nördlich der Alpen die anderen alteuropäischen Kulturen verdrängt oder assimiliert haben, bis ihre eigene Zivilisation sich in den uns bekannten Formen herausgebildet hatte. Jedenfalls reichen die Wurzeln keltischer Kultur bis weit in das letzte Jahrtausend v. Chr. hinein, und der Keltenname ist der erste Völkername in der langen Vorgeschichte unseres Landes, mit dem man vorgeschichtliche Kulturerscheinungen sicher verbinden kann. So darf man wohl in einer solchen Ausstellung einmal kühn vom „keltischen Jahrtausend" reden und auch solche archäologischen Zeugnisse vorstellen, die der historischen Keltenzeit in diesem Jahrtausend vorausgehen.

I Die Zeit der historischen Kelten

Ausschlaggebende Faktoren für die Charakterisierung von Kulturen sind Sprache, Wirtschaftsräume, Handelssysteme, technische Fähigkeiten, Kunstschaffen, religiöse Traditionen, soziale Differenzierungen, Gliederungen innerhalb der Gesellschaft und als Kernbegriff eine vorhandene Stammesidentität, ein „Wir-Gefühl" (Pauli, Kat. Hallein, 22).

Die Entwicklung der keltischen Kultur Mitteleuropas gipfelt und endet in den beiden letzten Jahrhunderten v. Chr. in einem Phänomen, das als „Oppidazivilisation" bezeichnet wird. Gemeint ist damit die Zeit der großen keltischen Städte im 2. und 1. Jh. v. Chr., der Oppida, die auch von Caesar beschrieben wurden. Spätestens ab dem Ende des 3. Jh. v. Chr. ist eine Einheitlichkeit der keltischen Zivilisation und all ihrer bestimmenden Faktoren erreicht, die auf weite Teile Mitteleuropas nachhaltig prägend wirkt. Die keltischen Stämme sind territorial konsolidiert, ihre

Oppida sind zentrale Marktorte mit uniformer Sachkultur. Die Wirtschafts-, Handels- und Verkehrssysteme scheinen fixiert, sowohl kleinräumig, stammesbezogen im bäuerlichen Umland, als auch überregional. Die wirtschaftliche Dominanz der Oppida beruht insbesondere auf der Entwicklung des Handwerks zum selbständigen Erwerbszweig hin. Träger des Handels und des Gütertausches ist das keltische Geld. Die Stammesgesellschaft ist differenziert. An der Spitze steht eine „adelige" Führungsschicht, die zusammen mit den Druiden die Geschicke des Stammes bestimmt. Neben dieser gibt es nachgeordnete Gruppierungen, von denen es keine eigenen historischen Zeugnisse gibt: Krieger, Händler, Handwerker und Bauern. Ob diese alle zu den „Unfreien" zu rechnen sind, wie bei Caesar beschrieben, bleibt unklar.

Mit dieser Struktur steht die keltische Gesellschaft an der Schwelle zur Staatenbildung. Wesentliche Merkmale sind vorhanden: öffentliche Bauten in den Städten, fortgeschrittene Arbeitsteilung oder Geldwirtschaft. Gleichwohl fehlt der einheitliche Gebrauch der Schrift, wesentlicher Faktor einer funktionsfähigen Verwaltung. Ob die keltische Welt ohne die Expansion Roms noch hätte wirkliche Staaten bilden können, ist ungewiß. Jedenfalls waren die Strukturen bereits so weit gefestigt, daß eine Eingliederung der Gallier im heutigen Frankreich in das römische Staatssystem nach der Unterwerfung durch Caesar in den Jahren 58–51 v. Chr. problemlos möglich war.

Die Zeit der großen keltischen Oppida ist aufgrund der historischen und archäologischen Quellenlage gut interpretierbar. Die Struktur der Oppidazivilisation geht in ihren Grundzügen auf die Zeit der großen keltischen Stammeswanderungen des 5. bis 3. Jh. v. Chr. zurück.

Aus Italien besitzen wir Berichte über die dort eingewanderten Stämme. Livius schreibt fast 400 Jahre später (34, 1–5): „Vom Übergang der Gallier nach Italien haben wir folgendes in Erfahrung gebracht: Während Priscus Tarquinius in Rom herrschte, lag die Vorherrschaft über die Kelten, die den dritten Teil Galliens ausmachen, bei den Biturigern; diese gaben dem Keltenland den König. Dies war Ambigatus, der sich im privaten wie öffentlichen Leben durch Tüchtigkeit und Glück auszeichnete, weil unter seiner Herrschaft Gallien so reich an Erträgen und an Menschen war, daß es schien, als könne man die übergroße Menge kaum noch beherrschen. Selbst hochbetagt, wollte er das Reich von der erdrückenden Masse entlasten; so faßte er den Entschluß, die Söhne seiner Schwester, Bellovesus und Segovesus, tüchtige junge Leute, in Gebiete zu entsenden, die ihnen die Götter durch Vorzeichen anweisen würden. Sie sollten sich so viele Menschen mitnehmen, wie sie selbst wollten, damit kein Volk die Ankömmlinge abwehren könne. Da erhielt Segovesus durch das Los die Herkynischen Wälder, dem Bellovesus wiesen die Götter den weit schöneren Weg nach Italien zu. Er nahm mit, was von seinen Stämmen überschüssig war, Bituriger, Arverner, Senonen, Häduer, Ambarrer, Karnuten und Aulerker."

Plutarch überliefert das gleiche Ereignis in einer völlig anderen Version (Vita Camilli 15, 1–3): „Die Gallier, die zum Volk der Kelten gehören, verließen, wie es heißt, wegen ihrer großen Zahl ihr Siedlungsgebiet, da es nicht ausreichte, sie alle zu ernähren, und begaben sich auf die Suche nach neuem Land. Es waren viele Zehntausende junger kriegstüchtiger Männer, und sie führten noch mehr Kinder und Frauen mit sich. Der eine Teil sei über das Rhipäengebirge gezogen, sei hingeströmt zum nördlichen Ozean und habe die entlegensten Gebiete Europas in Besitz genommen. Der andere Teil, der sich zwischen den Pyrenäen und den Alpen niedergelassen habe, habe lange Zeit nahe bei den Senonen und Biturigern gewohnt. Dann aber hätten sie vom Wein gekostet, der damals zum erstenmal aus Italien eingeführt wurde, und hätten den Trank so bewundert und seien wegen der Neuartigkeit des Genusses alle so verrückt geworden, daß sie ihre Waffen ergriffen, ihre Familien nahmen, zu den Alpen zogen und jenes Land suchten, welches eine derartige Frucht hervorbringt, jedes andere Land aber für unfruchtbar und wüst hielten."

Die Gegenüberstellung beider Texte beleuchtet die Art der zur Verfügung stehenden Quellen. Diese widersprechen sich zum Teil, teilweise enthalten sie aber auch Passagen, die sich mit dem archäologischen Befund in Einklang bringen lassen. Die keltischen Völkerwanderungen sind in ihrem historischen Ausmaß mit den germanischen Völkerwanderungen des frühen Mittelalters vergleichbar. Wie kompliziert diese trotz besserer Quellenlage zu interpretieren sind, zeigt die langjährige Diskussion zur Herkunft der Baiuwaren. Die Wanderung der Kelten begründen die antiken Schriftsteller zumeist mit der ökonomischen Lage oder mit Überbevölkerung.

Die Hinweise auf die Verlockung durch Feigen, Wein und Öl in den südlichen Ländern (Livius 33, 2–4; Plinius, Nat. hist. XII, 5) sind nur als vordergründig zu sehen. Die keltischen Wanderungen führen zu einer weiträumigen Neubesiedlung oder zu Besiedlungsveränderungen. Es werden neue Siedlungen angelegt, von denen oft nur die Friedhöfe bekannt sind. Die autochtone Bevölkerung wird dabei teils vertrieben, teils gleicht sie sich jedoch den keltischen Gruppen an. Die keltischen Wanderungen waren nicht in große Ströme gerichtet. Aus dem archäologischen Fundgut läßt sich schließen, daß es ein wirres Hin und Her gab. Kel-

3

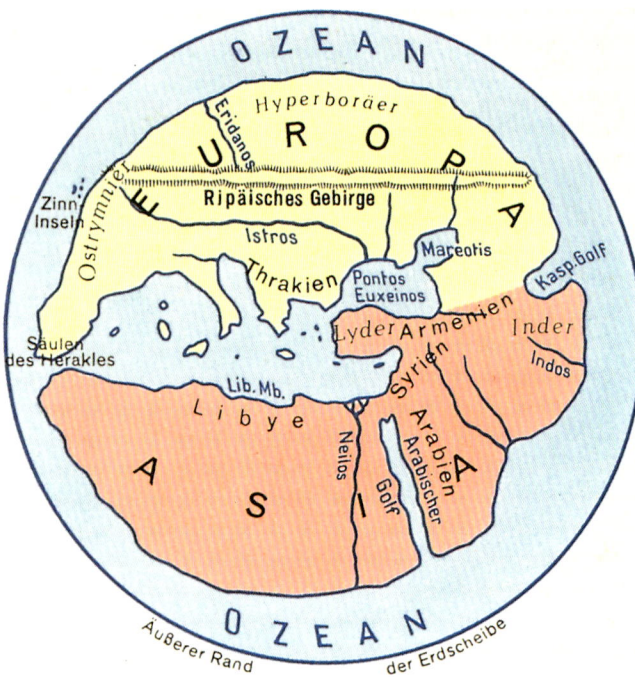

Abb. 1: Die Erde nach Hekataios um 500 v. Chr.

ten aus Südbayern lassen sich in Griechenland feststellen, Kelten aus Südwestdeutschland in Böhmen und im Karpatenbecken, Kelten aus Böhmen wiederum in Südbayern und Italien, manche scheinen auch wieder in ihre ursprünglichen Gebiete zurückzukehren. Betroffen waren vor allem die Gebiete von Südwestdeutschland bis zum Karpatenbecken und Oberitalien. Auch an der West- und Südküste Frankreichs lassen sich Zeichen einer keltischen Expansion erkennen.

II Die Zeit vor den historischen Kelten

Die Wirren und Umschichtungen, die die keltischen Völkerwanderungen vom 5. bis 3. Jh. v. Chr. erzeugten, erschweren die Beurteilung der zeitlich vorausliegenden Kulturerscheinungen wesentlich. Unklar ist, welche Völker in den Gebieten lebten, in die keltische Volksstämme einwanderten. Da aus der 1. Jahrtausendhälfte keine antike Geographie Mitteleuropas überliefert ist, müssen alle Fragen nach der frühen Geschichte der Kelten mit Hilfe der Archäologie beantwortet werden. Eindeutige ethnische Aussagen können dabei nicht gemacht werden. Vieles, was heute als „früh-

keltisch" bezeichnet wird, wäre ebenso als Folge einer notwendig gewordenen Entwicklungsstufe innerhalb der gesamten alteuropäischen Kulturentwicklung erklärbar.

Den keltischen Wanderungen und der Zeit der Oppida, beides als Latènekultur (ca. 480–15 v.Chr) bezeichnet, gehen zwei große archäologische Kulturabschnitte voraus: die Hallstattkultur (ca. 750–480 v. Chr.) und die spätbronzezeitliche Urnenfelderkultur (ca. 1200–750 v. Chr.). Beide sind kulturell, ethnisch und sprachlich sehr vielfältig. Die gesellschaftlichen und wirtschaftlichen Entwicklungen, die während dieser Epochen stattfinden, können aber als Grundlage für das gesehen werden, was sich während der 2. Jahrtausendhälfte als keltische Kultur herausbildet.

Die Nahtstelle zwischen Hallstatt- und Latènezeit stellt die frühlatènezeitliche Stufe LTA dar, ca. 480–420 v. Chr. Sie entwickelt sich zwar in vielen Regionen aus der späthallstattzeitlichen Stufe HaD heraus, ist aber teilweise auch deutlich von jener getrennt. So beginnen in der 2. Hälfte des 5. Jh. im Schweizerischen Mittelland und in Niederösterreich große Flachgräberfelder. Man kann diese mit neuen Siedlungsgründungen verbundenen Friedhöfe als Vorboten der großen Keltenwanderungen verstehen.

Kennzeichen der Stufe LTA ist das Aufkommen eines neuen Kunststils. Dieser sogenannte Frühlatènestil ist Ausdruck eines neuen Kunstwollens und wird auch als Folge neuer religiöser Strömungen betrachtet. Er breitet sich von West nach Ost aus. Die Frühlatènekunst wird als typisch keltische Kunst betrachtet, weshalb das Verbreitungsgebiet dieses Kunststiles als ursprüngliches Siedlungsgebiet der Kelten angesehen wird. Da dies jedoch nur auf einer kunsthistorischen Beurteilung beruht, ist ein Zusammenhang nicht unbedingt impliziert. Die Verknüpfung der Hallstattzeit mit der frühen Latènezeit (LTA) sichert daher in vielen Regionen, dazu gehört auch das Gebiet des heutigen Bayern, keine Rückprojektion des Keltenbegriffs in die davorliegende Zeit. Im 5. Jh. v. Chr. verlieren sich die meisten Spuren der keltischen Stämme im dunkeln. Es trennt die Zeit der historischen Kelten von der Zeit der vorausgehenden, nur archäologisch benennbaren Kulturen.

Die vielfältigen Kulturen der Hallstattzeit (ca. 750–480 v. Chr.) lassen sich zu zwei Kreisen zusammenfassen: einem östlichen, der Slowenien, das heutige Österreich, Böhmen, Mähren und Bayern umfaßt, und einem westlichen mit Südwestdeutschland, dem Schweizer Mittelland und Ostfrankreich. Sucht man eine Gemeinsamkeit der Kulturen, so kann man einen Schwerpunkt auf die Herrschaftsstruktur setzen. Kennzeichnend ist die Anlage von kleinen, burgähnlichen Siedlungen, von denen aus der Fernhandel, aber auch die

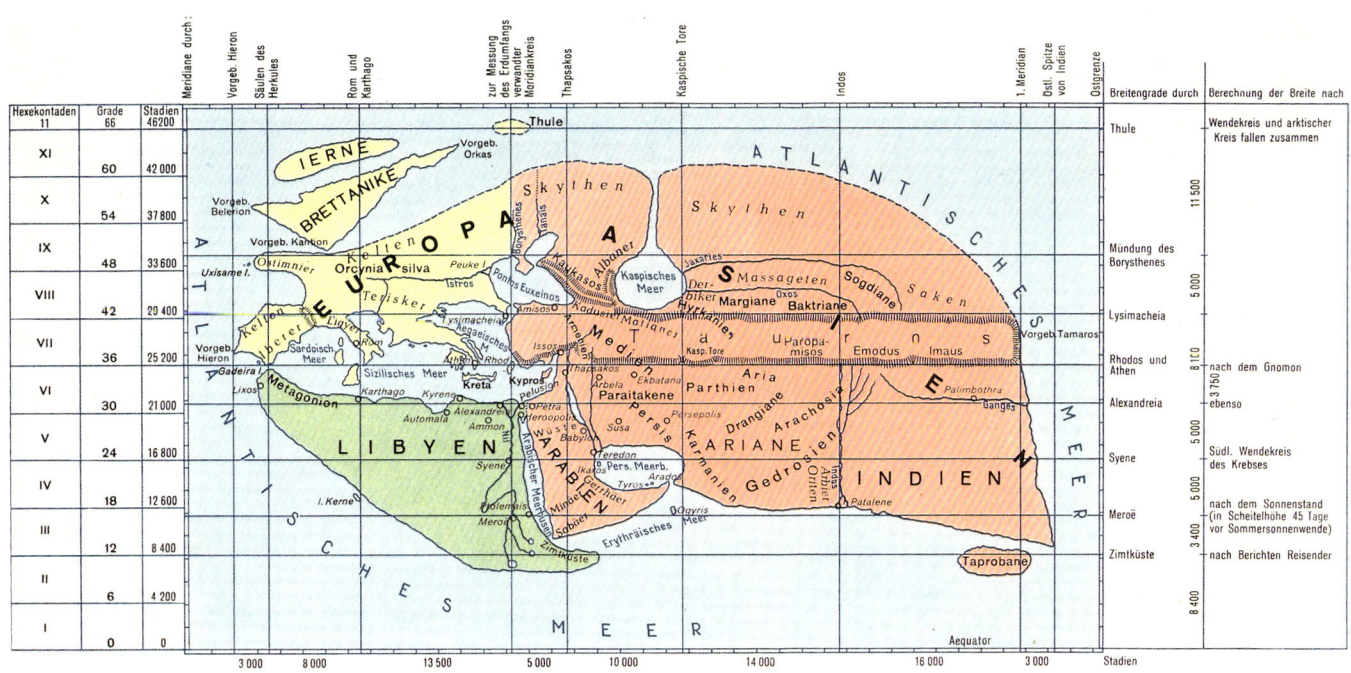

Abb. 2: Die Erde nach Eratosthenes um 250 v. Chr.

umliegende Region kontrolliert wird. In diesen Zentren bildet sich eine Führungsschicht heraus. Die übliche Bezeichnung „Fürsten" veranschaulicht die Stellung dieser Personengruppe. Die Wirtschaftsstruktur der Hallstattzeit unterscheidet sich stark von den Systemen, die der späteren Oppidakultur zugrunde liegen. Deutlich darstellbar ist dies vor allem am Beispiel des Handels, der noch vollkommen auf der Basis des Tausches erfolgt (Zwischenhandelsstationen sind daher unwahrscheinlich). Wie in der vorangehenden Urnenfelderkultur bilden sich auch in der Hallstattkultur viele eigenständige und unterschiedliche Regionalgruppen heraus.

Bindende Gemeinsamkeit der spätbronzezeitlichen Urnenfelderkulturen ist offenbar die Aufnahme von neuen religiösen Vorstellungen: Dazu gehört auch die Sitte, Tote zu verbrennen und in großen Friedhöfen zu bestatten. Die Urnenfelderkulturen gliedern sich in viele kleine, zum Teil sehr unterschiedliche Gruppen. Es herrscht allgemeine Übereinstimmung in der Meinung, daß es sich bei dieser Vielfalt nicht um einen ethnisch einheitlichen Komplex gehandelt hat. Man vermutet viele Völker hinter den Urnenfelderkulturen: Illyrer, Italiker, Iberer, Ligurer und auch die Kelten (Kimmig 1954), ohne sie genauer abgrenzen zu können.

Auch geographische Zuweisungen können nicht gegeben werden.

Die späte Bronzezeit bringt manche Errungenschaften, die in spätere Zeit weiterwirken: So gibt es hier bereits Anzeichen für eine Häuptlings- und Kriegerschicht. Befestigte, große Höhensiedlungen dienten als zentrale politische Orte inmitten eines Umlandes bäuerlicher Dörfer. Die Liste ließe sich in vielen Details fortsetzen. Die Urnenfelderkultur erlebt ein gewaltsames Ende in weiten Teilen Mitteleuropas, wie der Abbruch großer Siedlungen zeigt.

III Die Kelten in der griechischen Geographie

Bereits die westliche Hallstattkultur wird oft den frühen Kelten zugeschrieben. Das ist in Teilbereichen wohl zutreffend, in anderen vorstellbar, einen schlüssigen Beweis gibt es im einzelnen hierfür jedoch nicht. Zwei frühe griechische Historiker benutzen den Sammelbegriff „Kelten" für Bevölkerungsgruppen im Westen Europas: Hekataios von Milet und Herodot. Hekataios (6. Jh. v. Chr.) kennt Kelten im Hinterland von Massalia, was sich durch neuere Ausgrabungen im Saônebereich zu bestätigen scheint.

5

Herodot (um 450 v. Chr.) schreibt dagegen (II, 33): „Der Istros entspringt im Keltenlande bei der Stadt Pyrene und fließt durch Europa, indem er es teilt. Die Kelten aber wohnen außerhalb der Säulen des Herakles; sie grenzen an die Kynesier an, die unter allen Bewohnern Europas im äußersten Westen wohnen". Der Istros ist nach griechischem Sprachgebrauch die Donau, die Stadt Pyrene eine alte iberische oder phokäische Faktorei am äußersten Ostende der Pyrenäen, sieben Tagesreisen von Gibraltar entfernt, dessen Felsen in der Antike als die Säulen des Herakles bezeichnet wurden. Mit dieser Information versucht man, die im 6. Jh. v. Chr. an den Quellen der Donau anzutreffende Kulturerscheinung als keltisch zu interpretieren. Es handelt sich hier um eine reiche Ausprägung der Hallstattkultur, die nachweislich Kontakt zur mediterranen Welt, insbesondere zu Massalia besitzt. Was aber, wenn diese Kelten tatsächlich nur hinter den Säulen des Herakles lebten? Dann wäre mit der iberischen Halbinsel und Gallien ein Gebiet betroffen, in dem es sogar zahlreiche frühe keltische Sprachzeugnisse gibt (Rix 1954). Die Textstelle von Herodot ist nicht eindeutig interpretierbar und für eine sichere ethnische Zuordnung der Hallstattkultur, oder hier einer Regionalgruppe an den Quellen der Donau, nicht klar genug.

Entscheidender als die Widersprüche der Textstelle ist für eine Beurteilung jedoch die Art der damaligen Geographie. Bis in das 4. Jh. v. Chr. herrschte bei den griechischen Geographen die Meinung einer scheibenförmigen Weltgestalt vor (Abb. 1). Dabei stellte man sich die oikumene, die bewohnte Welt, in einem ganz bestimmten Schema vor. Am deutlichsten wird dies am Weltbild des Ephoros. Er ging in seiner Universalgeschichte davon aus, daß die oikumene ein Rechteck sei. An dessen vier Seiten wohnten vier Urvölker: die Kelten, die Skythen, die Aithiopier und die Inder. Bei diesem Bild wird deutlich, daß es sich dabei um halb mythische Vorstellungen handelt, keinesfalls jedoch um geographisch interpretierbare Angaben. Die Berichte der antiken Autoren differenzieren oft nicht. Zum Teil handelt es sich um tatsächliche Angaben über die Wohngebiete der Nachbarvölker, die auf Reise- und Seefahrerberichte zurückge-

hen, zum anderen Teil um Äußerungen eines mythisch-philosophischen Weltbildes.

Erst die Weltkarte des Eratosthenes bietet die Voraussetzungen, die einen Vergleich antiker Angaben mit dem archäologischen Befundbild ermöglichen. Eratosthenes weicht von der traditionellen ethnographischen Beschreibung ab. Ausgehend von der Kugelgestalt der Erde, berechnet er in der 2. Hälfte des 3. Jh. v. Chr. ihre Gestalt und vermißt sie in acht Parallelkreise und neun Meridiane (Abb. 2). Als Grundlage dienen ihm die Seefahrtsberichte von Pytheas von Massalia und die Heereszugberichte Alexanders des Großen. Damit erreicht er erstmals im 3. Jh. v. Chr. die Grundlage für eine exakte Geographie.

Der Entstehungsprozeß, der der Kultur der historischen Kelten vorausgeht, läßt sich in seiner ungeheuren Vielfalt kaum beschreiben. Allenfalls Phänomene mit besserer Quellenlage lassen die zugrundeliegenden Strukturen erkennen. Vergleichbar ist der Aufstieg des frühen Rom, der zeitlich mit dem Aufstieg der Kelten ziemlich parallel verläuft. Die archäologischen Verhältnisse entsprechen dabei zu Beginn des Jahrtausends in vielem dem, was nördlich der Alpen angetroffen wird. Aufgrund von sprachlichen Zeugnissen können die Kulturen Altitaliens aber wesentlich besser beurteilt werden als diejenigen in Mitteleuropa. Dabei wird deutlich, daß das Gebilde, aus dem die römische Republik erwächst, aus vielen weder sprachlich noch ethnisch einheitlichen Bausteinen besteht. Die Keimzelle war dabei nur eine Stadt – Rom. Sie katalysierte alle notwendigen Faktoren, die zur Ausprägung einer Gemeinschaft nötig waren: Differenzierung der Gesellschaft, Herausprägung der Führungsschicht mit Befehlsgewalt über die waffenfähigen Männer, Erringen einer wirtschaftlichen Prosperität, Kontrolle des Verkehrssystems, Reglementierung der Religion, Ausprägung einer gemeinsamen Sprache.

Vielleicht lassen sich auch in der keltischen Frühzeit eines Tages gleiche Strukturen erkennen. Wichtig ist hierfür vor allem die intensive Erforschung der Zentralorte, die Zentren der Macht, Identität und Innovation waren.

Ein keltisches Jahrtausend?

Kontinuität und Diskontinuität

Von Hans Peter Uenze

Vor wenigen Jahrzehnten noch war es Forschungsmeinung, daß man in Mitteleuropa von Kelten erst seit der Zeit der keltischen Wanderungszüge sprechen könne, d.h. ab Beginn des 4. Jh. v. Chr. Inzwischen wird weithin nicht nur das vorangegangene 5. Jh. mit den Erzeugnissen der frühkeltischen Kunst als von Kelten getragen angesehen, sondern auch die Kultur der späten Hallstattzeit, d.h. das 6. Jh. v. Chr. Nun ist aber auch diese späthallstattzeitliche Kultur keine ganz neuartige Erscheinung, sie stellt vielmehr eine Weiterentwicklung auf Grundlagen der mittleren Hallstattzeit dar (spätes 8. und 7. Jh. v. Chr.). Sucht man die Wurzeln des Keltischen, so ist nicht nur die mittlere Hallstattzeit ins Auge zu fassen, sondern auch die davorliegende Urnenfelderzeit, wie nachfolgend aufgezeigt werden soll.

Anhand des Materials aus Bayern, das innerhalb des Osthallstattkreises bzw. der Latène-Ostgruppe einen eigenständigen Teilbereich darstellt, soll nach Entwicklungslinien gesucht werden zwischen den auf den ersten Blick so kraß unterschiedlichen Kulturen der Urnenfelder-, Hallstatt- und Latènezeit. Entsprechend wäre auch für die anderen keltischen Regionen Europas zu verfahren. Eine Gesamtdarstellung verbietet sich jedoch nicht nur aus Platzgründen, sondern auch weil die Grundlagen schon unterschiedlich ausgeprägt sind und die Entwicklung nicht überall gleichmäßig verlief. Wenn dabei das Bestattungsbrauchtum gegenüber Kult und Siedlungswesen einen überproportional breiten Raum beansprucht, so ist dies durch den Forschungsstand bedingt.

Im Bereich des **Bestattungsbrauchtums** liegen für die Urnenfelderzeit große Friedhöfe von Brandgrubengräbern vor, und zwar mehrfach von mehreren hundert Gräbern: z.B. Kelheim mehr als 258, Zuchering (Stadt Ingolstadt) mehr als 316 Gräber usw. Demgegenüber hat man in der Hallstattzeit nur Grabhügel angelegt, so mußte man zumindest aufgrund der Grabungsbefunde vor wenigen Jahren noch annehmen. Der Gegensatz von unauffälligen Erdgrubengräbern und den gewissermaßen für die Ewigkeit als Erinnerung an die Verstorbenen errichteten Grabhügeln erschien unüberbrückbar. Bei den Untersuchungen in der Nekropole von Schirndorf (seit 1964)[1] sowie bei den in Bayern seit 1980 großflächig durchgeführten Grabungen zeigten sich jedoch zwei neuartige Phänomene. Einerseits traten kleine hallstattzeitliche Brandgrubengräber auf[2]. Andererseits erwiesen sich die urnenfelderzeitlichen Gräber keineswegs immer als so unauffällig angelegt wie früher angenommen bzw. beobachtet[3], sondern waren häufig von Einfassungen umgeben: So besaßen in Zuchering ein Drittel der Gräber Kreisgräben bis zu 20 m Durchmesser, daneben gab es dort quadratische und rechteckige Einfassungen. Der Friedhof von Künzing, Lkr. Deggendorf, enthielt 116 Gräber der ausgehenden Urnenfelderzeit und der beginnenden Hallstattzeit (8. und 7. Jh. v. Chr.). Von ihnen besaßen 10% der Gräber einen Kreisgraben. Von den im Jahre 1984 freigelegten 35 Gräbern der urnenfelderzeitlichen Nekropole von München-Obermenzing wiesen neun einen Kreisgraben auf. Von den zwölf Gräbern des in die späte Urnenfelderzeit gehörigen Manchinger Gräberfeldes besaß nur eines einen Kreisgraben. Von letzterem sind die Dimensionen angegeben: rund 3,9 m Durchmesser, während bei den rund 100 Jahre jüngeren HaC-Hügelgräbern aus dem Augsburger und Bad Wörishofener Raum die Durchmesser der Kreisgräben rund 7–9,5 m betragen[4].

Zwar liegen derzeit keine direkten Hinweise auf einen obertägigen Aufbau dieser urnenfelderzeitlichen Gräber vor, aber doch ein paar indirekte. Zunächst ist daran zu erinnern, daß es im Grenzgebiet zwischen Mittel- und Oberfranken Grabhügel der Spätphase der Urnenfelderzeit (HaB 2/3 = 9./8. Jh. v. Chr.) gibt[5]. Weiterhin sind die hallstattzeitlichen Nekropolen von Schirndorf und Künzing an der Stelle urnenfelderzeitlicher Bestattungsplätze situiert. Im Falle des hallstattzeitlichen Gräberfeldes von Schirndorf waren keinerlei Reste von Grabhügeln mehr erhalten. Bei der Grabung boten sich vielmehr nur noch die Strukturen der sogenannten „Steindeckengräber" (s.u.). Diese Schirndorfer „Steindeckengräber" – und das gilt für alle Anlagen dieses Typs – müssen aber in alter Zeit als Hügel ausgebildet gewesen sein, weil sonst die einst zweifellos vorhandenen hölzernen Grabkammern freigelegen hätten.

So wie die hallstattzeitlichen Grabaufbauten der „Steindeckengräber" dem mittelalterlich/neuzeitlichen Ackerbau zum Opfer gefallen sind, kann dies auch bei den urnenfelderzeitlichen geschehen sein. Die urnenfelderzeitlichen

Abb. 3: Spätbronzezeitliches Trinkservice aus Unterglauheim (Nr. 472).

Nekropolen von Künzing und Schirndorf müssen aber durch Grabaufbauten kenntlich gewesen sein, sonst hätten die Friedhöfe nicht in der Hallstattzeit weiterbelegt werden können. Die Weiternutzung der Friedhöfe darf als Hinweis auf eine Bevölkerungskontinuität interpretiert werden.

Auf den ersten Blick besteht ein weiterer Gegensatz zwischen Urnenfelder- und Hallstattzeit in der Größe der Bestattungsplätze. Für die Urnenfelderzeit nimmt man grundsätzlich große Gemeinschaftsfriedhöfe mit jeweils mehreren hundert Bestattungen an. Ob dies in jedem Fall zutrifft, ist nicht zu beurteilen, da noch keine einzige Nekropole in Bayern vollständig untersucht wurde. Setzt man die Vorstellung der urnenfelderzeitlichen „Zentralfriedhöfe" als zutreffend voraus, scheinen dem die hallstattzeitlichen Verhältnisse zu widersprechen. Hier finden sich Einzelhügel, kleinere und größere Hügelgruppen, aber auch riesige Grabhügelfelder, wie jenes bei Todtenweis (Lkr. Aichach-Friedberg) mit mehr als 230 Grabhügeln.

Hinter dieser unterschiedlichen Art der Friedhöfe scheint der Gegensatz zwischen urnenfelderzeitlichem Gemeinschaftsgefühl und einem stärker ausgeprägten Individualismus der Hallstattzeit zu stehen. Doch gibt es auch hier Übergänge zwischen beiden Friedhofstypen, die diesen Gegensatz etwas verringern. Dazu zählen einerseits die bereits genannten urnenfelderzeitlichen Grabhügel im Grenzgebiet Ober- und Mittelfrankens um Forchheim, Fürth und Hersbruck, bei denen es sich jeweils um Einzelhügel bzw. um kleine Hügelgruppen handelt. Andererseits sind die immer isoliert gelegenen urnenfelderzeitlichen „Wagengräber" oder sonstigen besonders herausragenden Bestattungen zu erwähnen: Hart a.d. Alz *(Nr. 469)*, Hader (Lkr. Passau)[6], Acholshausen *(Nr. 470)*. Schließlich ist an das Vorkommen von sehr großen hallstattzeitlichen Grabhügelnekropolen zu erinnern sowie an die „Steindeckengräber" in den Talauen mit ihren aneinanderstoßenden Grabbauten[7].

Will man nicht Sparsamkeit im Landverbrauch als Ursache dieser auffälligen Bauart annehmen, die sich von den stets isolierten Grabhügeln unterscheidet, so kann dies eigentlich nur bedeuten, daß man eine Verbindung zwischen den Bestatteten herstellen wollte. Mit Sicherheit gilt diese Interpretation in den Fällen, wo mehrere Verstorbene nacheinander in derselben Grabkammer beigesetzt wurden. Diese Sitte, die in der Urnenfelderzeit (noch?) nicht nachzuweisen

Abb. 4: Hallstattzeitliche Bronzeamphore aus Großeibstadt (Nr. 480).

ist, wurde bei hallstattzeitlichen Gräbern der Oberpfalz oft beobachtet, in der Nekropole von Schirndorf ebenso wie andernorts[8]. Jene Sitte ist dann in Nordbayern in der Frühlatènezeit öfters festzustellen, und zwar in der Form mehrfacher Bestattungen in einem Grabschacht: Speikern (Gde. Neunkirchen a. Sand, Lkr. Nürnberger Land), Weißenbrunn (Gde. Leinburg, Lkr. Nürnberger Land), Drosendorf a.d. Aufseß (Lkr. Bayreuth). Gleichartige Beobachtungen liegen bekanntlich vom Dürrnberg bei Hallein in großer Anzahl vor.

Einen ganz speziellen Aspekt des Gemeinschaftsgefühles beleuchten dann die Geschirrsätze der Hallstattzeit: Kombinationen von Kegelhalsgefäßen, Schöpfern, Krügen, Trinkschalen und Speiseplatten machen deutlich, daß der Verstorbene nach den Vorstellungen jener Zeit im Jenseits als Gastgeber auftreten können sollte[9]. Aus der unterschiedlichen Anzahl der Trinkschalen ergeben sich für die hallstattzeitlichen Männergräber zwei Ausstattungsmodelle: für den Verstorbenen und einen Gast sowie für den Verstorbenen und fünf bis sechs Gäste.

Festmahle und Gelage sowie das Gastgeber-Ideal sind freilich keine neuen Errungenschaften der Hallstattzeit. Sie sind bereits für die Urnenfelderzeit nachzuweisen. In dem in das 12. Jh. v. Chr. (HaA 1) zu datierenden Grab von Hart a.d. Alz *(Nr. 469)* finden sich neben einem Bronzegefäßservice (aus zweihenkeligem kleinem Eimer, Sieb und Tasse) an Tongefäßen je ein großes Trichterhalsgefäß und ein großer Doppelkonus als Behälter. Weiterhin zu nennen sind dann ein gegenüber den letzteren Tongefäßen etwas kleineres zweihenkeliges Gefäß (d.h. ein kleiner Behälter, der in seiner Funktion dem Bronzebecken von Acholshausen entsprochen haben dürfte, s.u.), ein Fußschälchen, zwei kleine Henkeltöpfchen (wohl Krüge) sowie ein Trichterrandbecher und ein halbkugeliges Schälchen. Von den beiden letztgenannten Gefäßen könnte man das halbkugelige Schälchen als Schöpfer interpretieren, doch lassen sich beide Kleingefäße in Anlehnung an die Ehinger Becher *(Nr. 106)* zutreffender wohl als Trinkbecher deuten.

Die Speiseschalen, die dem in das 12. Jh. v. Chr. gehörigen Grab von Hart a.d. Alz (noch) fehlen, finden sich dagegen in dem Grab des 11. Jh. (HaA 2) von Acholshausen reichlich *(Nr. 470)*. Es enthielt neben vier großen Behältern und vier kleineren Behältern mit Kegel- und Trichterhals vier Etagengefäße (davon eines zweihenkelig), einen größeren und einen kleineren Krug, sechs konische Trinkschälchen, zwei oder vier Speiseschalen, acht bis zehn Eßschalen[10] sowie an Bronzegefäßen neben einer Tasse ein gehenkeltes Bronzebecken. Das Becken dürfte in seiner Funktion den gehenkelten Bek-

ken auf Gelageszenen der Situlen-Kunst entsprochen haben (z.B. Situla von Kuffern bzw. Situla von Watsch, *Nr. 475, 476*).

Noch umfangreicher in Hinsicht auf einen großen Teilnehmerkreis beim Festmahl ist das Ensemble von Bronzegefäßen in dem bereits genannten Fundkomplex von Ehingen *(Nr. 106)*, zu dem neben sieben großen Bronzetellern (für Speisen) und rund 30 Trichterschälchen zwei gedrehte Henkel von einem oder zwei Becken mit kreuzförmigen Attaschen gehören.

Während sich der Bronzegeschirrfund von Ehingen deutlich auf eine sehr große Gästeschar bezieht, enthält der Depotfund von Unterglauheim *(Abb. 3, Nr. 472)* nur eine Ausstattung für zwei Personen: zwei Goldbecher, einen zweihenkeligen Eimer mit Schwanen-Sonnen-Barke und zwei Bronzebecken mit kreuzförmigen Attaschen.

Aber nicht nur im Milieu der aus Bronze- bzw. aus Goldgefäßen trinkenden Oberschicht ist die Doppelausstattung zu erkennen. Sie findet sich auch in einfachen Gräbern wie jenem von Untermeitingen (Lkr. Augsburg)[11] mit einer großen Amphore (offensichtlich in der Funktion den gehenkelten Bronzebecken der Fundkomplexe von Ehingen, Unterglauheim und Acholshausen sowie den nicht immer gehenkelten Etagengefäßen entsprechend). Zum Untermeitinger Inventar gehören weiterhin je eine große und kleine Schale mit Sonnenmotiv auf der Innenseite (= Speiseschalen), zwei kleine konische Trinkschälchen und zwei kleinere Zylinderhalsgefäße. Bemerkenswerterweise liegt auch eine Ausstattung für zwei Personen vor bei den keramischen Opferfunden aus dem „Felsenloch" im Veldensteiner Forst (Lkr. Bayreuth)[12], die aus einem Großgefäß („Enghalsurne"), einem gehenkelten kleinen Krug, zwei Trinkschalen und zwei unterschiedlichen Schüsseln bestehen. Die genannten Beispiele mögen genügen.

In der späten Hallstattzeit, dem 6. Jh. v. Chr., wurde oft die Sitte der Geschirrbeigabe weniger intensiv geübt als im 7. Jh. v. Chr., nicht selten sogar überhaupt nicht mehr. Hierin zeigt sich wohl eine grundsätzliche Veränderung in den religiösen Vorstellungen. Der Verstorbene wurde in den letzteren Fällen offensichtlich als einzelner gesehen. Er bedurfte im Jenseits nur noch seiner persönlichen Habe: des Schmuckes als Frau bzw. der Waffen als Mann. Diese Entwicklung setzte sich in der Frühlatènezeit fort. Hier ist ein Teil der Gräber mit einem einzigen Gefäß ausgestattet (Linsenflasche oder Schale), weitaus häufiger sind Bestattungen ohne Keramik, und ganz vereinzelt findet sich in Bayern noch einmal ein Geschirrsatz, der im Vergleich mit hallstattzeitlichen Gefäßbeigaben jedoch ausgesprochen rudimentär

Abb. 5: Hortfund mit Fußringen vom Bullenheimer Berg (Nr. 63).

wirkt: je eine Linsenflasche, Schale und Schüssel. Großgefäße wie in der Hallstattzeit kamen hierzulande in keinem Fall mehr ins Grab.

Der wesentliche Unterschied zwischen der Hallstattzeit und der Frühlatènezeit besteht in Bayern – im Gegensatz etwa zu den Verhältnissen auf dem Dürrnberg – darin, daß nur noch wenige Bestattungen in herkömmlicher, d.h. dem Archäologen kenntlich werdender Art erfolgten. Für die große Masse der Verstorbenen jener Zeit wurden offensichtlich archäologisch nicht nachweisbare Totenrituale abgehalten.

Gräber aus der Zeit der keltischen Wanderungen (ab ca. 400 v. Chr.) sind in Bayern noch seltener mit Keramik versehen. Doch genügen die wenigen Beispiele, bei denen es sich jeweils nur um ein einziges Gefäß handelt, um zu erkennen, daß frühlatènezeitliche Tradition und einheimische Keramikproduktion in Bayern weiterlebten und nicht etwa Kera-

mikformen und -verzierung aus westkeltischen Gebieten übernommen wurden.

Aus der Urnenfelderzeit Bayerns kennt man einige wenige Gräber einer (oberhalb der „Schwertträger"-Schicht stehenden) sehr hochgestellten Oberschicht, deren Mitglieder mit ihrem vierrädrigen Repräsentationswagen verbrannt wurden: Poing *(vgl. Beitrag St. Winghart)* und die bereits genannten von Hart a.d. Alz und Hader. Teile von einem oder mehreren Repräsentationswagen befinden sich unter den urnenfelderzeitlichen Depotfunden vom Bullenheimer Berg. Das Grab von Acholshausen enthielt zwar keinerlei Wagen- oder Pferdegeschirrteile, dürfte aber nach seiner sonstigen sehr reichen Ausstattung von einem Angehörigen jener urnenfelderzeitlichen Oberschicht stammen.

Während es sich bei den urnenfelderzeitlichen Repräsentationswagen-Fahrern um Personen von ganz besonderem

Rang handelte, dienten diese Wagen in Bayern während der Hallstattzeit einem weitaus größeren Personenkreis, der nach Ausweis der übrigen Grabbeigaben offensichtlich weniger vermögend war. Anhand der kleinen Nekropole von Großeibstadt (Lkr. Rhön-Grabfeld, *Abb. 4, Nr. 480*), die ausschließlich Bestattungen jener Repräsentationswagen-Fahrer enthielt, ließ sich nachweisen, daß hier innerhalb weniger Generationen die „Wagenfahrer" von einer sehr ansehnlichen Gesellschaftsstufe auf ein immer niedrigeres Niveau herabsanken. Nur in Teilen Unterfrankens gab es in Angleichung an die Verhältnisse in Baden-Württemberg im 6. Jh. v. Chr. noch hochgestellte „Wagenfahrer", kenntlich auch an den für sie errichteten Großgrabhügeln. In der Frühlatènezeit schließlich kommen in Bayern im Gegensatz zu den westkeltischen Gebieten, aber auch zu Böhmen und dem Dürrnberg bei Hallein keinerlei „Wagenfahrer"-Gräber mehr vor.

Die „Schwertträger" der Urnenfelderzeit bekamen ihre Waffen nur in Ausnahmefällen mit in das Grab. Meist wurden die Schwerter, die übrigens niemals Gebrauchsspuren zeigen und daher wohl überwiegend der Repräsentation dienten, in Gewässern unterschiedlicher Art (Mooren, Flüssen und Seen) versenkt. In der Hallstattzeit gelangten die Schwerter während des älteren Abschnittes dieser Epoche in die Gräber, wobei nach Ausweis der als einzige in Bayern vollständig untersuchten Nekropole von Schirndorf nur ein

◁ *Abb. 6: Hallstattzeitlicher Dolch von Aichach (Nr. 390 b).*

Abb. 7: Hallstattzeitliche Schale mit Sonnendekor aus Tannheim bei Biberach.

sehr kleiner Teil der Männer ein Schwert führte. In ihnen darf man wohl eine Anführerschicht erkennen. Nachdem in der Schirndorfer Nekropole zwar fünf Schwerter, doch keinerlei Pferdegeschirr oder Wagenteile angetroffen wurden, ist davon auszugehen, daß die „Schwertträger" wie schon in der Urnenfelderzeit unterhalb der „Wagenfahrer"-Schicht standen.

In der späten Hallstattzeit (6. Jh. v. Chr.) lösten in Südbayern Dolche die Schwerter als Repräsentationswaffen ab *(Abb. 6)*, wobei der durch sie gekennzeichnete Personenkreis (im Gegensatz zur „Schwertträger"-Gruppe) recht klein war. Die frühlatènezeitlichen Verhältnisse (5. Jh. v. Chr.) gleichen in dieser Beziehung den hallstattzeitlichen: Männer erhielten hierzulande nur in Ausnahmefällen ein Schwert mit in das Grab. Im Laufe der nachfolgenden Jahrzehnte und Jahrhunderte werden die Schwertträger innerhalb der Männergräber deutlich häufiger, so daß man die betreffenden Personen als Angehörige der Kriegerschicht interpretieren kann.

Im Bereich des **Kultes** scheinen auf den ersten Blick die Anzeichen für eine Kontinuität zwischen den drei Kulturperioden zu fehlen. Hier liegt, was die Deponierung in Gewässern betrifft, zweifellos eine sehr auffällige Zäsur vor, da dieser für die Urnenfelderzeit besonders charakteristische Brauch nicht in die Hallstattzeit weiterläuft und erst nach einer Unterbrechung von mehreren Jahrhunderten Dauer in der Spätlatènezeit wieder aufgenommen wird. Anders steht es jedoch mit den Opferkulten in Felsspalten und Schachthöhlen[13]. An derartigen Plätzen konnten in Nordbayern sehr oft Opferrituale der Urnenfelder-, Hallstatt- und Frühlatènezeit nachgewiesen werden, und zwar nicht selten jeweils aus allen drei Perioden. Wenn an abgeschiedenen und eher unauffälligen Plätzen wie Felsspalten und Schachthöhlen die Menschen über Jahrhunderte hinweg immer wieder Opfer bringen, ist das nur im Sinne einer durch Bevölkerungskontinuität möglichen Tradition erklärbar.

Der Sonnenkult an sich kann als gesamteuropäisches Phänomen nicht für die Kontinuitätsfrage herangezogen werden. Doch gibt es hierzulande bei der Verzierung der Gefäße einen speziellen Aspekt, der sich dafür eignet. Gemeint ist das Sonnenmotiv in der besonderen Ausprägung des Sonnenstrahlendekores auf der Innenseite von Schalen *(Abb. 7, 155, Nr. 445 a, b)*, das seit der Urnenfelderzeit vertreten ist *(vgl. S. 189)*.

Am auffälligsten sind die Unterschiede zwischen den drei Perioden im Bereich des **Siedlungswesens**, und zwar bei den befestigten Siedlungen. Als charakteristisch für die Urnenfelderzeit gelten die großen Zentralsiedlungen, für die Hall-

stattzeit in Südbayern die Herrenhöfe, für die Frühlatènezeit kleinere und größere Höhensiedlungen und für die Spätlatènezeit schließlich die Oppida, deren Anfänge nach neuesten Forschungen bereits in der Mittellatènezeit liegen. Durch Untersuchungen der jüngsten Zeit weiß man jedoch, daß es auch Kleinbefestigungen der Urnenfelderzeit gibt (z.B. das „Militärkastell" auf der Heunischenburg bei Kronach). Weiterhin kennt man in Nordbayern als Zentren von Siedlungsregionen befestigte Höhensiedlungen der Späthallstattzeit, häufig an denselben Plätzen wie die frühlatènezeitlichen Anlagen gelegen und somit Hinweise auf eine Kontinuität. Unter den frühlatènezeitlichen Höhensiedlungen gibt es sodann kleinere und größere Anlagen (z.B. Houbirg und Ehrenbürg). Letztere lassen sich in ihren Dimensionen wiederum mit den Großsiedlungen der Urnenfelderzeit und der Spätlatènezeit vergleichen. Wie bei verschiedenen Teilaspekten im Bestattungsbrauchtum zeigen sich also auch hier neben den zunächst krassen Unterschieden mehrfach fließende Übergänge, was zweifellos bei einem besseren Forschungsstand noch deutlicher würde.

Zusammenfassend bleibt festzuhalten, daß die Unterschiede zwischen Urnenfelder-, Hallstatt- und Latènezeit zwar grundsätzlich bestehen bleiben, sich aber in Teilbereichen deutlich vermindern: bei der Größe der Nekropolen wie bei der Bauart der Gräber, in der Gliederung der Oberschicht in „Wagenfahrer" und „Schwertträger", beim „Gastgeber-Ideal" der Keramikausstattung wie beim Sonnendekor bei den Schalen und nicht zu vergessen in der Sozialstruktur bei den Stadt/Burgen-Siedlungen. Es ließen sich Hinweise auf eine Bevölkerungskontinuität erbringen (Weiternutzung urnenfelderzeitlicher Friedhofsareale und Opferrituale an Felsspalten und Schachthöhlen). Aus alledem wird deutlich, daß es immer wieder und in vielen Bereichen Veränderungen und neue Einflüsse gab, doch nie derart vollständige Veränderungen, daß sie nur durch Zuwanderung neuer Bevölkerungsgruppen zu erklären wären.

Die Frage, ob eine Kontinuität innerhalb des letzten Jahrtausends v. Chr. in Bayern vorliegt, läßt sich bei allen Neuerungen in religiösen, sozialen und sonstigen Bereichen für den großen Zeitabschnitt von der Urnenfelderzeit bis zur Frühlatènezeit positiv beantworten. Die tiefgreifenden Veränderungen, die die keltischen Wanderungen auslösten und von ihnen dann wieder ausgelöst wurden sowie der ungenügende Forschungsstand machen für die Folgezeit die Beurteilung des Kontinuitätsproblems schwieriger. Bedeutsam ist zunächst, daß hierzulande westliche Einflüsse aus der Zeit der keltischen Wanderungen nur ganz vereinzelt nachzuweisen sind, östliche dagegen mehrfach. Nach Ausweis der

Keramik hat es keine nennenswerte Einwanderung westkeltischer Bevölkerungsgruppen in Bayern gegeben. Sofern überhaupt Fremdelemente an der Herausbildung der Mittellatènekultur (d.h. der Zeit ab 400 v. Chr.) in Bayern beteiligt waren, können dies nur Einflüsse der Latène-Ostgruppe gewesen sein, von der Bayern jedoch ohnedies ein eigenständiger Teil war.

Nach Ausweis der Keramik in den keltischen „Okkupationsgebieten" (wie Niederösterreich und dem Burgenland) war die Latène-Ostgruppe an diesen Eroberungen stark beteiligt. Will man nicht davon ausgehen, daß Nichtkelten Hauptträger der keltischen Wanderungen und Träger keltischer Kultur waren, wird man auch die östliche Latène-Kultur als von Kelten getragen ansehen müssen. Und zu jener östlichen Latènekultur gehörte, wie erwähnt, auch Bayern.

Anmerkungen
[1] Ausführliche Literaturnachweise zu den genannten Gräberfeldern sind im Literaturverzeichnis aufgeführt.
[2] G. Krahe, Späthallstattzeitliche Kreisgräben ohne Hügel von Königsbrunn und Oberpeiching. Das Arch. Jahr in Bayern 1980, 96–97; Ausgrabungen und Funde in Bayerisch Schwaben 1981. Zeitschr. Hist. Verein Schwaben 76, 1982, 30 ff.; F. Mahler/ M. Hoppe, Ein Gräberfeld der Hallstattzeit bei Untereggersberg im Altmühltal, Stadt Riedenburg, Landkreis Kelheim, Niederbayern. Das Arch. Jahr in Bayern 1986, 90–92; F. Mahler, Ungewöhnliche Bestattungssitten im hallstattzeitlichen Gräberfeld von Untereggersberg, Stadt Riedenburg, Landkreis Kelheim, Niederbayern. Das Arch. Jahr in Bayern 1988, 69–71; K.-H. Röhrig, Bemerkungen zu hallstattzeitlichen Brandgrubengräbern aus dem Gräberfeld „Im Ried" bei Beilngries, Landkreis Eichstätt, Oberbayern. Das Arch. Jahr in Bayern 1990, 59–61. – Weitere Beispiele in der Nekropole in Schirndorf.
[3] So im Gräberfeld Kelheim nur ein Kreisgraben: H. Müller-Karpe, Das Urnenfeld von Kelheim. Materialh. Bayer. Vorgesch. 1 (Kallmünz 1952) 9.
[4] O. Rochna, Ein Gräberfeld der jüngeren Urnenfelderkultur (Hallstatt B) von Manching, Ldkr. Ingolstadt. BVbl. 27, 1962, 64.
[5] H. Hennig, Die Grab- und Hortfunde der Urnenfelderkultur aus Ober- und Mittelfranken. Materialh. Bayer. Vorgesch. 23 (Kallmünz 1970) 22 f.
[6] J. Pätzold/ H.P. Uenze, Vor- und Frühgeschichte im Landkreis Griesbach. Prähist. Staatsslg. München (Kallmünz 1963) 65 f. Nr. 24 Taf. 28–31.
[7] Vgl. den Plan der Nekropole von Schirndorf: A. Stroh in: Ausgrabungen in Deutschland, gefördert von der Deutschen Forschungsgemeinschaft 1950–1975. Teil 4 Beilagen. Monogr. RGZM 1,4 (Mainz 1975) Beil. 8.
[8] A. Stroh, Neue Beobachtungen an eisenzeitlichen Grabhügeln in der Oberpfalz. BVbl. 21, 1956, 97–108.
[9] H. P. Uenze, Frühe Kelten. Neufunde der Hallstattzeit aus Bayern. Kleine Ausstellungsführer der Prähist. Staatsslg. München 5 (München 1987) 7.
[10] Ch. Pescheck, Ein reicher Grabfund mit Kesselwagen aus Unterfranken. Germania 50, 1972, 38–40, Abb.7; – 8,1.5–7; – 8,2.3; – 9,1–6; – 9,15–18; – 9,7–14.19.20.
[11] H. P. Uenze, Vor- und Frühgeschichte im Landkreis Schwabmünchen. Kat. Prähist. Staatsslg. 14 (Kallmünz 1971) Taf. 14,5–13.
[12] R. A. Maier, Urgeschichtliche Opferreste aus einer Felsspalte und einer Schachthöhle der Fränkischen Alb. Germania 55, 1977, 31–77, Taf. 3,3–8.
[13] vgl. Anm. 12.

Das vorgeschichtliche Europa und die Kelten bei griechischen Autoren bis zur Mitte des 1. Jh. v. Chr.

Von Bernhard Kremer und Ralf Urban

Von Hekataios bis Polybios

Antike Nachrichten über West- und Mitteleuropa und über die dort lebenden Völkerschaften sind bis zur Zeit Caesars nur sehr spärlich erhalten. Speziell Mitteleuropa lag für die mediterrane Welt bis zum Ausgreifen Roms über die Alpen am Rande der *oikumene*, nicht zuletzt weil massive Gebirgszüge, vor allem natürlich die Alpen, den Handelsverkehr mit der Mittelmeerwelt behinderten und auch militärpolitischen Interessen eine natürliche Grenze setzten.

Um 500 v. Chr. hat der jonische Geschichtsschreiber **Hekataios** von Milet offenbar vereinzelte Nachrichten über keltische Siedlungen in seine Erdbeschreibung aufgenommen. Belegt ist die Erwähnung einer Stadt *Nyrax* (Noreia). Noch rund 50 Jahre später besaß aber der ebenfalls weitgereiste griechische Geschichtsschreiber **Herodot** kaum Kenntnisse über Europa außerhalb des Mittelmeeres. Nach eigener Aussage fehlten ihm nähere Informationen über die Zinninseln (Britannien) und über das genauere Herkunftsgebiet des Bernsteins am Nordmeer (III 115). Die Donau, für ihn der größte bekannte Strom (IV 48,1), entspringt nach seinem Zeugnis bei der Stadt *Pyrene* (Pyrenäengebirge?) im Land der Kelten und fließt durch ganz Europa (II 33,3; IV 49,3). Etwa ein Jahrhundert später erwähnte **Platon** die Kelten neben anderen Völkern im Zusammenhang mit Trunkenheit und charakterisierte sie als kriegerisch (Leg. 637 D–E). In dieser Zeit hatten sich Kelten längst (seit ca. 400) in Oberitalien festgesetzt. Die gleichzeitige griechische Geschichtsschreibung wußte von der Einnahme Roms durch keltische Scharen zu berichten (vgl. Theopomp von Chios, FGrHist 115 F. 317). Die Heimat der Kelten jenseits der Alpen verblieb aber weiterhin in vorgeschichtlicher Dunkelheit.

Immerhin wußte **Aristoteles** in der 2. Hälfte des 4. Jh. bereits vom Rhein, von dort siedelnden Germanen (Mirab. 846 B) und vom Herkynischen Gebirge (Met. I 13,20), und er nannte die britischen Inseln hinter der keltischen Welt (Mund. 393 B). Die Kelten bewohnten für ihn, der Physis und Wesen der Menschen vom Klima und von der geographischen Umwelt geprägt sah, wie die Skythen kalte Gebiete (Gen. Animal. 748 A). Deren Bewohner, heißt es Polit. 1327 B, seien stolzen Muts, doch mangele es ihnen an nüchterner Überlegung und an Sachkenntnis. So behaupteten sie zwar leichter ihre Freiheit, seien aber zur Bildung staatlicher Gemeinwesen ungeeignet und unfähig, über ihre Nachbarn zu herrschen. Aristoteles oder einer seiner Schüler sprach weiter von einer sogenannten Herakleischen Straße von Italien bis nach Spanien, deren Anwohner Reisende vor Unglücksfällen beschützten, vielleicht ein Nachklingen gallischer Gastfreundschaft (Mirab. 837 B). Die Kelten selbst sind für ihn absolut, bis zur Verrücktheit, furchtlos (Eth. Nic. 1115 B; Eth. Eud. 1229 B). Erziehung und Gesetze sind ganz auf den Krieg ausgerichtet, mit einer systematischen Abhärtung schon der Kleinstkinder (Polit. 1324 B; 1336 A). Wenig später vermittelte **Pytheas** aus Massilia durch den Bericht über seine Fahrt nach Britannien, zur Insel Thule (?) und in die Nordsee genauere Vorstellungen über die nordwesteuropäischen Küstengebiete und über die sehr einfachen Lebensformen der Bewohner. Davon sind allerdings nur Fragmente in späteren Zitaten auf uns gekommen.

Entsprechendes gilt für das Geschichtswerk des **Timaios** von Tauromenion aus der 1. Hälfte des 3. Jh. Timaios hat sich nach Aussage seines Kritikers Polybios damit gebrüstet, die Sitten der Ligurer, Kelten und Iberer systematisch erfaßt zu haben, als Stubengelehrter, wie Polybios abschätzig hinzufügt (XII 28a, 3 f.). Neben Pytheas, den Timaios benutzt hat, muß es inzwischen weitere Autoren gegeben haben.

In Italien hatten weitere harte Auseinandersetzungen zwischen Kelten und Römern stattgefunden, und auch Griechenland ist zu Lebzeiten des Timaios vom Keltensturm heimgesucht worden, der immerhin bis nach Delphi geführt hat. Vor allem letzteres Ereignis hat bald Eingang in die Literatur, in die Dichtung des Kallimachos oder in das Geschichtswerk etwa des Hieronymos von Kardia, wie in die bildende Kunst und in inschriftlich verewigte Festdekrete gefunden. Der historiographische Widerhall ist für uns aber fast nur in viel späteren Werken greifbar. Thematisiert wird hier der raubend und sengend ins Land einfallende Barbar, der sich auch am Eigentum der Götter vergreift, von den Griechen aber letztlich im Verein mit den Göttern der gerechten Bestrafung zugeführt wird. Über die Herkunft der keltischen Scharen wird nur spekuliert, zu einer geographi-

15

schen und ethnographischen Horizonterweiterung in Bezug auf Mitteleuropa kommt es nicht.

In Rom setzte eine eigene Geschichtsschreibung erst um 200 v. Chr. mit **Fabius Pictor** ein, dessen in griechischer Sprache verfaßtes Werk ebenfalls nicht erhalten ist. Die Keltenkriege bis zur Mitte des 3. Jh. v. Chr. hat Pictor wahrscheinlich relativ kurz dargestellt, sehr ausführlich dagegen, als Teilnehmer, die Kämpfe vor und während des Hannibalkrieges. Offenbar hat er, politisch gegen die ausgreifende Politik u.a. der Claudier und der Scipionen zielend, die von den Kelten drohende Gefahr besonders stark herausgestellt. Es ist nicht zuletzt die Auseinandersetzung mit dieser Version des Pictor, die den in Rom lebenden und zum Kreis der Scipionen zählenden achäischen Historiker **Polybios** um die Mitte des 2. Jh. veranlaßt hat, einen längeren Exkurs über die Keltenkriege vom Beginn des 4. Jh. bis 222 v. Chr. in seinem Werk einzulegen. Dabei ging er auch ausführlich auf geographische Gegebenheiten und kurz auf keltische Lebensformen ein. Polybios berichtet II 17 von der Einwanderung keltischer Stämme von jenseits der Alpen in die Poebene (um 400 v. Chr.), ohne die Herkunft näher zu bezeichnen. Wie III 48,6 belegt, ist dabei wohl vor allem an Gallien und an die heutige Schweiz zu denken. Die dann in Oberitalien siedelnden Kelten charakterisiert der Historiker, bezogen wohl nur auf die ersten Generationen, als noch nicht wirklich seßhafte Bevölkerung. Noch ohne Kenntnisse und Fertigkeiten über Krieg und Ackerbau hinaus, hätten sie unter einfachsten Verhältnissen in unbefestigten Dörfern gelebt, beim Besitz dem Kriterium der Beweglichkeit Vorrang eingeräumt und den Gefolgschaften eine entscheidende Rolle zugemessen.

Der ziemlich knappe und bemerkenswert nüchterne Bericht über die Kämpfe zwischen Kelten und Römern von 387 bis zur Mitte des 3. Jh. enthält wenige die Kelten näher charakterisierende Details (II 18–20). Als typisch werden Streitigkeiten bei der Beuteverteilung sowie unsinnige Völlerei und Trunksucht hervorgehoben. Für das beginnende 3. Jh. wird allen Kelten, im Blick nicht zuletzt auf die Einfälle auf die Balkanhalbinsel, eine gleichsam epidemische Kriegswut zugeschrieben. Stark davon ab hebt sich dann der folgende Bericht über den erfolgreichen Widerstand der Volksmenge der Boier gegen heimlich in jugendlichem Leichtsinn einen neuen Krieg vorbereitende Führer im Jahre 237 v. Chr. (II 21,2–6). Hier wie an anderen Stellen ist von der Beteiligung transalpiner Stämme die Rede, mit denen sich die oberitalischen Kelten verbünden oder unter deren Druck sie handeln. So sind auch beim großen Einfall von Boiern und Insubrern über den Apennin im Jahre 225 v. Chr. transalpine

Scharen (Gaesaten) beteiligt, denen man eine Menge Gold und reiche Beute in Aussicht gestellt hat (II 22,1–6).

Beim Feldzug selbst läßt Polybios die Anführer der Kelten bemerkenswert rational und umsichtig agieren (II 25–27). In der Schlacht bei Telamon (Etrurien) boten die Kelten, insbesondere die nackten Krieger im ersten Treffen in ihrer Jugendkraft und Schönheit, den Römern dann Polybios zufolge einen furcherregenden Anblick, dessen Wirkung durch das Getöse von Hörnern und Trompeten sowie durch den Schlachtgesang noch verstärkt wurde. Die goldenen Hals- und Armbänder der Leute in den vordersten Linien erfüllten die Römer aber gleichzeitig auch mit Kampfeslust (II 29). Während Polybios die unbekleidet kämpfenden Gaesaten in blinder Wut oder auch mit offenkundiger Feigheit agieren läßt, unterstreicht er die Tapferkeit der darin den Römern nicht nachstehenden oberitalischen Kelten. Als schlachtentscheidend stellt er die Unterlegenheit in der Bewaffnung mit einem zu kleinen Schild und einem nur zum Hieb taugenden Bronzeschwert heraus (II 29 f.; vgl. II 33,3–6). Damit ist dann allerdings die den römischen Soldaten für 223 zugeschriebene Erfahrung aus früheren Kämpfen, daß alle Gallier durch ihr Ungestüm beim ersten Angriff am furchtbarsten seien (II 33,2), nicht sonderlich gut zu vereinbaren. Seinem eigenen Bericht über den *„schwersten Kelteneinbruch"* und die *„große furchtbare Gefahr für alle Italiker, insbesondere aber für die Römer"* (II 31,7), entspricht auch das Resümee (II 35,2 f.) nicht voll. Hier wird der Krieg von 225 bis 222 trotz der aufgebotenen Massen wegen des Mangels an großangelegter Planung als völlig unbedeutend eingestuft, weil die Gallier sich insgesamt mehr von Leidenschaft als von kluger Berechnung hätten leiten lassen. Als Ergebnis nüchterner historischer Analyse stellt für Polybios die Instabilität keltischer Macht, die als barbarische Macht verstanden ist, eine historische Konstante, einen festen, kalkulierbaren Faktor dar, den aber römische Politiker um 226 v. Chr. nicht genügend berücksichtigt hätten. Während Polybios die Bedeutung der Keltenkriege hier in längerfristiger Perspektive in Reaktion auf politische Fehleinschätzung und auf dramatisierende römische Berichte relativiert, wird er bei der Darstellung des Hannibalkrieges selbst zum Opfer einer solchen Dramatisierung, wenn er unter dem Eindruck scipionenfreundlicher Quellen die Rolle der Kelten der Poebene in Hannibals Planungen herausstreicht und deren Haß auf die Römer sowie ihre Untreue und grausame Hinterlist mehrfach betont (vgl. etwa III 34,1–8; 40,6 ff.; 44,5–8).

Abb. 8: Goldschatz von Wallersdorf (Nr. 379). ▷

16

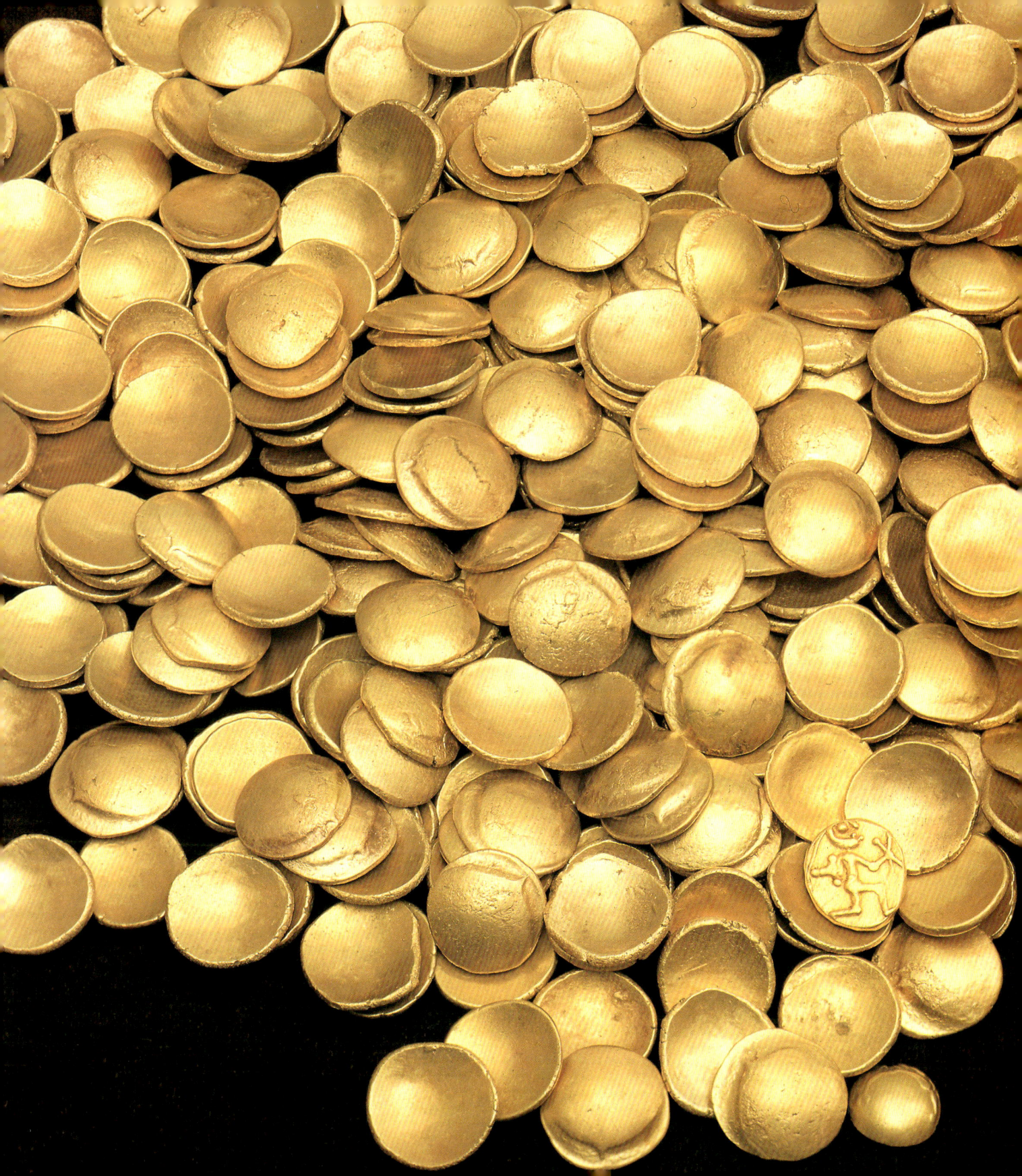

Die Aussagen über die keltische Welt und die Kelten jenseits der Alpen bleiben bei Polybios trotz der Darstellung des Hannibalzuges von Spanien nach Oberitalien mager und blaß. Der Autor selbst bezeichnet das europäische Festland außerhalb der Mittelmeerwelt als unbekannt (III 38,2 f.). Nähere Einzelheiten, insbesondere über die Rhône und ihre Nebenflüsse, liefert er vor allem im Zusammenhang mit Hannibals Route.

Sein griechischer Informant aus dessen Umgebung hat die vom Hannibalzug erfaßten Kelten offenbar weitgehend als primitive Barbaren ge- und bezeichnet, obwohl er z.B. vom Seehandel der an der Rhône wohnenden Stämme Kenntnis besessen hat. Die Ausstrahlung der griechischen Kolonie Massalia (Marseille) auf die keltischen Nachbarn, sicherlich schon von Timaios herausgestellt, ist hier völlig unberücksichtigt geblieben. Auch die von Polybios im 34. Buch, das der Gesamtdarstellung der *oikumene* gewidmet war, gelieferten geographischen Angaben haben diesen Rahmen kaum wesentlich gesprengt. Zitate daraus bei Strabon u.a. beziehen sich etwa auf die Hauptflüsse Galliens – in Auseinandersetzung mit Pytheas, dessen Bericht über Nordwesteuropa Polybios grundsätzlich mißtraut – oder auf reiche Goldvorkommen im Land der norischen Taurisker (XXXIV 10). Schon Strabon hat übrigens überrascht, daß Polybios die Pyrenäen als Scheide zwischen Kelten und Iberern bezeichnet hat (II 4,4). Polybios selbst ist vornehmlich am historischen Geschehen interessiert und an geographischen Einzelheiten nur soweit, als sie dieses begründen oder beleuchten helfen. Stark empirisch orientiert, lehnt er alles Spekulative und Theoretische in bezug auf die Geographie ab, ebenso steht er sonst weitverbreiteten mythologischen Erklärungen fern.   R. U.

Poseidonios

Für die Kenntnis von Griechen und Römern über die Kelten jenseits der Alpen bedeutete das Geschichtswerk des Poseidonios einen Markstein. Das wissenschaftliche Interesse des aus dem syrischen Apamea stammenden Autors erstreckte sich auf fast sämtliche Gebiete des damaligen Wissens. Wohl in die Zeit um 100 v. Chr. fiel sein Entschluß, ein großes Geschichtswerk zu schreiben. Im Sinne der *historia perpetua* schloß er dabei ganz bewußt an Polybios an, der seine Darstellung des römischen Aufstiegs zur Weltmacht mit dem Jahre 146 v. Chr. hatte enden lassen. Wie weit er die Historien zeitlich fortführte, ist nicht mit Sicherheit zu ermitteln, es könnte der erste Mithradatische Krieg gewesen sein.

In die von Poseidonios zu behandelnde Epoche fiel auch das römische Ausgreifen im Süden Galliens. Hatte man sich bis dahin mit der indirekten Kontrolle dieses Raumes begnügt, so bot der Hilferuf der alten Bundesgenossin Massalia (Marseille) sowie wenig später der befreundeten Haeduer den Anlaß, die römische Herrschaft in Südgallien dauerhaft zu organisieren. Der militärischen Niederwerfung einiger gallischer Stämme, insbesondere der Allobroger, folgte schon bald die Einrichtung des Gebiets als römische Provinz *(Gallia Narbonensis)* und, damit verbunden, die Anlage der Kolonie *Narbo Martius* (Narbonne).

Die Aufmerksamkeit Roms wurde zudem schon sehr bald in verstärktem Maße auf den Norden gelenkt. Die Invasion der Kimbern und Teutonen, die zeitweise die römische Herrschaft in der gerade erst gegründeten Provinz in Frage stellte und den gesamten Staat für geraume Zeit in panische Angst versetzte, führte fast zwangsläufig zu einer lebhaften Diskussion über die Wohnsitze dieser bis dahin unbekannten Barbaren, ihr Volkstum und ihre Auswanderungsmotive. Man fürchtete wohl, es könnten sich solche Ereignisse sehr bald wiederholen. Jedenfalls rückte durch die akute Gefährdung Italiens der Norden Europas immer stärker ins Blickfeld von Politik und Geschichtsschreibung. Poseidonios hat dieses Ereignis entsprechend seiner Bedeutung auch für die römische Innenpolitik in aller Breite behandelt. Allerdings war er kaum in der Lage, Verläßliches über Herkunft und Volkstum der Kimbern zu sagen. Der im Bewußtsein der Mittelmeerwelt am äußersten Rand der *oikumene* liegende Teil Europas blieb weiterhin von einem sagenhaften Dunkel umhüllt. Aus den erhaltenen Fragmenten läßt sich aber noch schließen, daß Poseidonios die Kimbern für ein keltisches Volk hielt und die vieldiskutierte These von einer großen Sturmflut als Auswanderungsmotiv ablehnte. Die Unterscheidung von Kelten und Germanen, denen auch die Kimbern zugehörten, ist für Römer und Griechen wohl erst eine Entdeckung Caesars gewesen.

Dessen ungeachtet aber war mit der Festsetzung Roms im Süden Galliens nun zum ersten Mal die Gelegenheit gegeben, wirklich zuverlässige Kunde über die Kelten in ihren Stammlanden zu gewinnen. Denn auch wenn die Kelten im Mittelmeergebiet schon lange eine feste (und gefürchtete) Größe darstellten, so waren ihre eigentlichen Wohnsitze in West- und Mitteleuropa weiterhin *terra incognita* geblieben.

Poseidonios unternahm, wie wir wissen, in den neunziger Jahren des 1. Jh. v. Chr. ausgedehnte Reisen ins westliche Europa, die ihn unter anderem auch in das südliche Gallien führten. Hier hatte er die Gelegenheit, weitere Forschungsreisen ins Landesinnere zu unternehmen. Bezeugt sind seine

Besichtigung des Schlachtfeldes von *Aquae Sextiae* (Süd-frankreich), wo im Jahre 102 v. Chr. Marius ein Sieg über die germanischen Teutonen und Ambronen gelungen war, sowie des sogenannten „Steinfeldes" in der Nähe von Massalia selbst.

Zu diesem Zeitpunkt muß der Entschluß des Poseidonios, ein großes Geschichtswerk zu verfassen, bereits festgestanden haben, so daß er die Reise zu ausgedehnten Forschungs- und Sammelzwecken nutzen konnte. Aufgrund seines großen Interesses für Geographie und Ethnographie im allgemeinen dürfte gerade der Aufenthalt in Südgallien einen Höhepunkt seiner Reise dargestellt haben. Hier konnte er sicher sein, wissenschaftliches Neuland zu betreten und wesentlich über seine Vorgänger, auch Polybios, hinauszukommen; hier bot sich ein ideales Feld für seinen rastlosen Forschergeist.

Mit einiger Sicherheit dürfen wir auch davon ausgehen, daß Poseidonios bei seinen Nachforschungen von den römischen Magistraten in der Provinz Unterstützung und Protektion erfuhr. Seine guten Kontakte zu führenden Kreisen der römischen Gesellschaft sind uns mehrfach bezeugt. Darüber hinaus wird er auch den Kontakt zu römischen Händlern und Kaufleuten gesucht haben, die ihm im Zuge ihrer Tätigkeit manch nützlichen Hinweis geben konnten. Auf die wirtschaftliche Durchdringung der Provinz von seiten römischer Geschäftsleute wirft im übrigen die Rede Ciceros aus dem Jahr 69 v. Chr. für den Statthalter M. Fonteius ein bezeichnendes Schlaglicht.

Gestützt auf solche Kontakte und persönliche Nachforschungen gleichermaßen, lieferte Poseidonios wohl zum ersten Mal eine wirklich zusammenhängende, ausführliche Darstellung innergallischer Verhältnisse, wobei er anscheinend das gesamte Spektrum politischer, sozialer, wirtschaftlicher und kultureller Gegebenheiten berücksichtigte. Mit Sicherheit hat aber Poseidonios über seine persönlichen Forschungen hinaus in nicht geringem Umfang auch die einschlägige Literatur zu diesem Thema herangezogen, welche uns im einzelnen freilich nicht mehr faßbar ist. Auch manche nur für ältere Zeiten gültigen Aussagen mögen so Eingang in sein Werk gefunden haben.

Die Historien des Griechen selbst sind leider nicht erhalten geblieben, doch sind zahlreiche Fragmente durch die ausgiebige Benutzung anderer Autoren auf uns gekommen, insbesondere des Diodor, Strabon und Athenaeus. Der Abschnitt über die römische Eroberung Südgalliens gehört zu den am besten rekonstruierbaren des gesamten Geschichtswerkes, da hier Fragmente in besonders großer Zahl überliefert sind. Schon dieser Befund zeigt deutlich an, daß Poseidonios, was

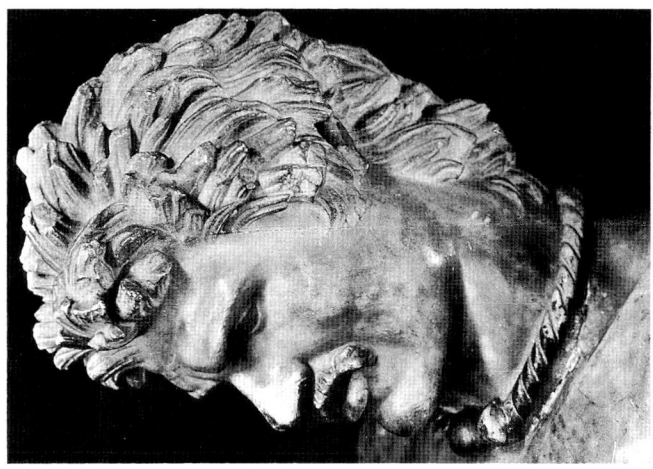

Abb. 9: *Kopf des sterbenden Galliers von Pergamon.*

innergallische Zustände anging, sehr schnell zur führenden Autorität wurde.

Der Bericht über das römische Ausgreifen in Südgallien muß sich im 23. Buch der Historien befunden haben, wie mehrere Bemerkungen des Athenaeus dokumentieren. Wahrscheinlich vor der Schilderung der eigentlichen Kampfhandlungen stand ein ausführlicher Exkurs über Geographie und Ethnographie des Keltenlandes. Beide Disziplinen, insbesondere die Geographie, gehörten zu den wissenschaftlichen Steckenpferden des Poseidonios, und wie die erhaltenen Passagen durchaus noch verraten, verwandte er gerade darauf besondere Mühe. Im übrigen hatte Poseidonios noch vor den Historien eine bedeutende wissenschaftliche Arbeit über die Geographie der damals bekannten *oikumene* vorgelegt (περὶ Ὠκεανοῦ), die ihn gewissermaßen als Fachmann auf diesem Gebiet auswies.

Wie der vollständig erhaltene und wohl weitgehend auf Poseidonios fußende Keltenexkurs des Diodor in seiner Universalgeschichte vermuten läßt, begann Poseidonios mit der Beschreibung der Geographie und Landeskunde Galliens. Seine Angaben dürften noch wesentlich ausführlicher gewesen sein als das, was wir aus den entsprechenden Passagen bei Diodor entnehmen können. Vergleiche mit Athenaeus lassen jedenfalls den Schluß zu, daß Diodor vieles stark gekürzt wiedergibt.

Einleitend sprach Poseidonios von den Stämmen Galliens, wobei wir wohl davon ausgehen dürfen, daß seine Kenntnisse in dem Maße abnahmen, wie sich die Gebiete von der *provincia* nach Norden hin entfernten (Diod. V 25,1). Seine

Bemerkungen über das kalte Klima sowie das Zufrieren der Flüsse (V 25,2) müssen sich dagegen auf die nördlichen Gegenden bezogen haben. Solche Informationen könnten ihm mit einiger Wahrscheinlichkeit von römischen Gewerbetreibenden zugetragen worden sein, ähnlich wie seine Kenntnisse über das später auch von Strabon vielgepriesene Flußsystem Galliens mit seiner immensen Bedeutung für das Handels- und Transportwesen (Diod. V 25,3 ff.). Dafür spricht nicht zuletzt auch der Hinweis auf die italischen Kaufleute, die per Schiff vor allem den Wein auch in entfernte Gebiete Galliens zu transportieren in der Lage waren (V 26,3). Allerdings zeigt die irrige Annahme, die Donau fließe in den Ozean (V 25,4), daß auch zu Poseidonios' Zeiten noch nicht alle Unklarheiten über die Geographie Westeuropas beseitigt waren.

Wie schon vor ihm Polybios, so sprach auch Poseidonios den unmäßigen Weinkonsum und die Trunksucht der Kelten an (V 26,3). Allerdings stand diese Bemerkung bei ihm im Kontext der klimatischen Verhältnisse Galliens, die weder Wein- noch Ölanbau erlaubten (V 26,2), und war verbunden mit einer deutlich vernehmbaren Kritik an der Gewinnsucht der italischen Kaufleute, die die Vorliebe der Kelten für den Wein für ihre geschäftlichen Interessen ausnutzten. Nach den Agrarerzeugnissen kam Poseidonios auf die Bodenschätze des Landes zu sprechen, wobei er vor allem die reichen Goldvorkommen herausstellte und ausführlich auf die Technik der Goldgewinnung einging (V 27,1 f.). Solche Bemerkungen waren verbunden mit dem Hinweis auf die Vorliebe der Kelten für das Tragen auffälligen Schmucks (V 27,3). Die Halsbänder (Torques), welche die Männer offenbar in großer Zahl trugen, waren bereits Polybios bekannt. Auch die Darstellung des sterbenden Galliers aus der Pergamongruppe *(Abb. 9, vgl. Abb. 10)* dokumentiert, daß die Vorstellung des den Torques tragenden Galliers schon vor Poseidonios weit verbreitet gewesen sein muß. Ob Poseidonios in seinem Bericht über den gallischen Goldreichtum auch eine damit verbundene Neigung der Kelten zu Habgier und übertriebener Eitelkeit negativ vermerkt hat, ist aufgrund der fragmentarischen Überlieferung nicht mehr mit Sicherheit festzustellen. Jedenfalls bieten die einschlägigen Passagen bei Diodor keine Hinweise auf eine entsprechende Auffassung des Poseidonios.

Es folgte die Beschreibung des Äußeren (V 28). Auch hier hatte Poseidonios Vorgänger, doch scheint sein Bericht sehr viel ausführlicher und detailreicher gewesen zu sein. Nimmt man die einzelnen Punkte zusammen, die hochgewachsene Statur, die mit Kalkwasser behandelte krause Haartracht und den Oberlippenbart, so entspricht die Beschreibung in

verblüffender Weise der Skulptur des sterbenden Galliers. Hat Poseidonios diese oder vergleichbare Darstellungen selbst gekannt und neben seiner Autopsie für sein Keltenbild verarbeitet?

Den besten Einblick in die überaus anschauliche und detailreiche Darstellungsweise des Poseidonios bietet uns ein von Athenaeus überlieferter Abschnitt über die Eß- und Gelagesitten der Kelten (Athen. p. 151 E–152 D), mit dem der Apameer wohl wesentlich über seine Vorgänger hinausgekommen sein wird. Vielleicht war er sogar einmal persönlich Gast bei einem Kelten und erhielt so seine Informationen aus nächster Nähe. Auf jeden Fall wies er an anderer Stelle ausdrücklich darauf hin, daß es Gewohnheit der Kelten sei, auch Fremde zu ihren Gastmählern einzuladen (Diod. V 28,5). Mit großer Liebe zum Detail beschrieb Poseidonios die Nahrung der Kelten, die hauptsächlich aus Fleisch und Brot bestand, und sogar von der Art der Zubereitung der Speisen wußte er nicht wenig zu berichten. Im übrigen gewähren diese Berichte über die Tischsitten einen interessanten Einblick in die gesellschaftliche Rangordnung bei den Kelten, die im wesentlichen auf dem Gefolgschaftswesen beruhte (Athen. p. 152 B; p. 154 B–C), wie es später dann von Caesar in ausführlicher Weise beschrieben wurde. Auf großes Interesse des Lesers dürften auch die Bemerkungen des Poseidonios über die Zweikampflust der Kelten gestoßen sein (Diod. V 28,5; Athen. p. 154 A–B). Diese, so der Autor, forderten nicht selten schon bei geringfügigen Anlässen einen ihrer Stammesgenossen zum Zweikampf auf, der mitunter auf Tod und Leben geführt wurde. Die Todesverachtung der Kelten wurde von Poseidonios auf deren Glauben an die Unsterblichkeit der Seele zurückgeführt (Diod. V 28,6). Ähnlich äußerte sich später auch Caesar im Keltenexkurs seiner Kommentarien über den Gallischen Krieg. Auch die schon bei Polybios berichtete Tatsache, daß manche von ihnen nackt in den Krieg zogen, hing grundsätzlich mit dieser ihrer religiösen Überzeugung zusammen. Allerdings darf bezweifelt werden, ob der Nacktkampf noch zur Zeit des Poseidonios weit verbreitet war. Jedenfalls schwieg sich Caesar, der ansonsten gerade militärische Details in großer Fülle lieferte, völlig darüber aus, und auch Poseidonios konnte sich bei der Erzählung einer solchen Sitte wohl kaum auf Autopsie berufen.

Eine der wenigen wirklich kritischen Äußerungen des Poseidonios über die Kelten bezog sich auf deren Sitte, die Köpfe der getöteten Feinde abzuschlagen und sie einbalsamiert als

Abb. 10: Kopf von Mšecké Žehrovice (Nr. 465). ▷

regelrechte Trophäen zur Schau zu stellen (Diod. V 29,4 f.). Dieser Brauch war in seiner barbarischen Rohheit wohl selbst dem ansonsten mit großer Unvoreingenommenheit den Kelten gegenübertretenden Poseidonios in höchstem Maße zuwider.

Mit großer Anschaulichkeit schilderte Poseidonios auch Kleidung und Bewaffnung der Kelten (Diod. V 30,1–31,1). Allerdings hatte in dieser Hinsicht schon Polybios reichhaltiges Material geliefert. Die Kleidung wurde von Poseidonios als sehr bunt und auffallend bezeichnet, wobei besonders die langen Hosen sein Interesse fanden. Die Beschreibung der Bewaffnung deckt sich im wesentlichen mit der des Polybios: übermäßig hohe Schilde, sehr lange, nur zum Hieb taugende Schwerter, dazu der schreckenerregende Kriegsgesang. Poseidonios unterscheidet sich hier einmal mehr durch größere Ausführlichkeit und Detailkenntnis von Polybios.

Eines der wichtigsten und meistbeachteten Themen des poseidonischen Keltenexkurses war sicherlich der Abschnitt über die Druiden und Weissager (Diod. V 31,2 f.), welche den Griechen als Philosophen naturgemäß auch persönlich ganz besonders interessieren mußten. Diesen Leuten kam, so Poseidonios, in der gallischen Gesellschaftsstruktur eine überragende Bedeutung zu. Die Vorherbestimmung der Zukunft durch Beobachtung des Vogelflugs und durch Opferschau erinnerte dabei den Römer an eigene Praktiken, die Tatsache allerdings, daß man auch Menschen als Opfer heranzog, war wieder dazu geeignet, größte Abscheu gegen die Barbaren aus dem Norden zu erregen. Ähnliches gilt für ihre grausame Behandlung von Verbrechern und Kriegsgefangenen (Diod. V 32,6). Diese Menschenopfer, die in der späteren römischen Literatur und Berichterstattung, etwa bei Cicero, immer wieder gegeißelt wurden, hat Poseidonios vielleicht als erster zusammen mit ihren religiösen Hintergründen beschrieben. Jedenfalls ist uns vor ihm kein entsprechender Hinweis bei irgendeinem der griechischen Autoren überliefert. In jedem Fall dürfte Poseidonios der erste gewesen sein, der profunde Kenntnisse über Einfluß und Stellung der Druiden weitergeben konnte. Die merkwürdige Tatsache, daß später Caesar in seinem Keltenexkurs ausführlich über die gallische Priesterkaste handelte, sie in der historischen Erzählung hingegen kein einziges Mal mehr erwähnte, hat dabei zur Vermutung Anlaß gegeben, daß deren Stellung zu Zeiten des Gallischen Krieges bereits so stark gelitten hatte, daß der römische Prokonsul im Exkurs

lediglich die ihm von Poseidonios bekannte Darstellung vergangener Zeiten wiedergab.

Mit den Keltenexkursen in seinen Historien hatte Poseidonios einen entscheidenden Beitrag zur Erforschung des bis dahin weitgehend unbekannten europäischen Nordwestens geleistet. Mit seiner ausführlichen Darstellung fast aller Lebensbereiche des Nordvolkes ist er wesentlich über die spekulativen Berichte der meisten seiner Vorgänger hinausgekommen und so zur führenden literarischen Autorität auf diesem Gebiet bis weit in die Zeit des beginnenden Prinzipats geworden. Jedoch sind auch ihm die Gebiete des nördlichen Gallien und erst recht Britannien weitgehend unbekannt geblieben. Über das Territorium der römischen *provincia* ist er persönlich wohl schwerlich hinausgelangt. Hier brachten erst die Feldzüge Caesars endgültige Klarheit. Die Tatsache, daß dieser die meisten ethnographischen Details den am weitesten nördlich siedelnden Belgern widmete, ist ein klarer Hinweis darauf, daß er sich dessen bewußt war, gerade hier seinerseits über Männer wie Poseidonios hinauszukommen und dem römischen Publikum völlig neue Kenntnisse über den europäischen Norden vermitteln zu können. Erst mit Caesar traten also Gallien und Britannien endgültig aus dem Dunkel der Vorgeschichte heraus, und die Erschließung des Alpenraumes ließ noch bis zu den Eroberungen des Tiberius und Drusus auf sich warten. Daß aber Poseidonios einen wesentlichen literarischen Beitrag auf dem Weg zur Erschließung des keltischen Europa geleistet hat, dürfte außer Frage stehen.

Die hier beschriebene Fortentwicklung der Kenntnisse der antiken Welt über den gallischen Nordwesten ist dann im Werk des in augusteischer Zeit schreibenden **Strabon** sehr schön faßbar. Strabon zieht in seiner Beschreibung der Geographie und Ethnographie Galliens fast alle ihm bekannten Werke aus der Feder der griechischen Autoren von Pytheas bis zu Poseidonios heran, was die Bedeutung dieser Pionierarbeiten verdeutlicht. Deren Angaben werden jedoch ständig ergänzt durch die neuen Kenntnisse, die man im Zuge der caesarischen Eroberung Galliens, der politischen Organisation in augusteischer Zeit sowie der immer stärker fortschreitenden wirtschaftlichen und kulturellen Durchdringung hinzugewonnen hatte. Im Werk Strabons spiegelt sich insofern der Endpunkt einer langen Entwicklung wider: Der gallische Nordwesten war endgültig ins volle Licht der Geschichte gerückt. Spekuliert werden durfte von jetzt an über die Germanen rechts des Rheins.   B. K.

22

Sprachliche Zeugnisse der Kelten in Süddeutschland

Von Jürgen Untermann

Es ist nie bezweifelt worden und gilt auch heute noch als sichere Tatsache, daß die Bevölkerung Süddeutschlands zur Zeit der Eroberung durch die Römer (also etwa um die Zeitenwende) eine dem Keltischen zuzurechnende Sprache sprach – die gleiche oder nahezu die gleiche Sprache wie ihre Nachbarn im Gebiet des heutigen Österreich, in der Schweiz, im Elsaß und am Mittelrhein – und daß diese Sprache in den großen Rahmen der altkeltischen Sprachen zu stellen ist, der fast ganz Frankreich, die britischen Inseln, das mittlere Norditalien und große Teile der Pyrenäenhalbinsel umfaßt.

Wir halten dies für sicher, obwohl uns nur ganz spärliche Quellen zur Verfügung stehen, die sich zudem nur auf den Teil Süddeutschlands beziehen, der zum römischen Reich gehört hat: also auf das Gebiet zwischen dem Oberrhein, dem Main, dem Fränkischen Jura, der Donau entlang dem Bayerischen Wald, dem Inn und dem Nordhang der Alpen[1]. Die Sprachen der Leute, die nördlich von Main und Donau wohnten, werden erst mit Beginn der Völkerwanderung greifbar – es sind bekanntlich die Sprachen der aus dem Norden und Osten andringenden germanischen Stämme, und wir können nur ganz unverbindliche Vermutungen darüber anstellen, wo in der vorausliegenden Zeit die Grenze zwischen dem keltischen und germanischen Sprachgebiet verlief[2].

Im römischen Süddeutschland gibt es immerhin eine Anzahl von Orts-, Personen- und Götternamen, die sich, einige mit Sicherheit, einige weniger sicher, der keltischen Sprache zuweisen lassen und – fast noch wichtiger – von denen keiner mit gleicher Sicherheit einer anderen Sprache der damaligen Zeit zugewiesen werden kann. Das heikle methodische Vorgehen, das von einem so kargen Material verlangt wird, bedarf einiger klärender Vorbemerkungen.

Wenn die Sprachwissenschaft das Wort „keltisch" verwendet, meint sie damit eine Sprache mit ganz bestimmten Eigenschaften, völlig unabhängig davon, ob auch die Vorgeschichtsforscher oder, von den Nachrichten antiker Schriftsteller ausgehend, die Althistoriker die Bezeichnung „keltisch" auf Sprecher dieser Sprachen anwenden: Die Römer und Griechen haben nicht alle Völker als *Galli* oder *Celtae* bezeichnet, von denen wir heute wissen, daß sie keltische

Sprachen gesprochen haben. Wenn die Prähistoriker durch genau datierbare Bodenfunde in Frankreich, Deutschland, Britannien und anderswo eine bestimmte Kultur – die Latène-Kultur – zu eben der Zeit antreffen, zu der dort keltische Sprachelemente sind, schließt das doch nicht aus, daß anderswo, wie beispielsweise in Spanien, Träger einer anderen Kultur ebenfalls keltisch gesprochen haben können.

Vor 150 Jahren hat die vergleichende Sprachwissenschaft im Zug der Entdeckung der Verwandtschaft der indogermanischen Sprachen in Europa und Asien festgestellt, daß es innerhalb dieser großen „Familie" eine Reihe von „Unterfamilien" gibt: Gruppen von Sprachen, die durch bestimmte besondere Ähnlichkeiten untereinander enger verwandt sind als mit anderen indogermanischen Sprachen, wie eben auch die keltischen Sprachen. Deren Definition und Beschreibung kann sich auf einige heute noch lebende Sprachen stützen: das Irische, das Kymrische (Walisische) und das Bretonische *(Abb. 11)*. Kennzeichnende Ähnlichkeiten sind dabei bestimmte Lautentwicklungen und Besonderheiten in der Wort- und Formenbildung, vor allem aber auch das Repertoire der Wörter selbst, mit denen Vorgänge, Dinge, Personen und Orte benannt werden.

Während bei lebenden oder sehr umfangreich bekannten „toten" Sprachen (wie beispielsweise dem Lateinischen oder dem mittelalterlichen Irischen) alle diese Merkmalarten zur Definition verfügbar sind, werden es immer weniger, auf die man bauen kann, je lückenhafter eine Sprache erhalten ist: Alle in antiker Zeit gesprochenen keltischen Sprachen sind nur durch Bruchstücke bekannt[3] – am besten noch die der Gallier in Süd- und Mittelfrankreich, die in etwa 500 meist sehr kurzen und stereotypen Grab- und Weiheinschriften auf Steinen und Töpfernotizen auf Tonscherben, in einem großen Kalenderfragment auf Stein und in einigen wenigen etwas längeren, durchweg kaum verständlichen Texten auf Blei- oder Bronzeblechen auf uns gekommen ist[4], dazu eine größere Anzahl von Personen-, Völker- und Ortsnamen aus lateinischen Quellen, zum Beispiel in Caesars *bellum Gallicum* und in lateinischen Inschriften aus ehemals gallischsprachigem Gebiet[5].

Von diesem Fundus aus kann man nun auch anderswo in der Alten Welt mit einer gewissen Wahrscheinlichkeit entscheiden, ob ein Text, ein Wort oder ein Name einer altkeltischen Sprache zuzuweisen ist. Eben darauf beruhen auch unsere Aussagen über die vorrömischen Sprachen in Süddeutschland, zu denen wir jetzt wieder zurückkehren.

Östlich von den Vogesen und nördlich vom Alpenhauptkamm ist bis jetzt keine einzige Inschrift in einheimischer (d.h. nicht-lateinischer) Sprache zutage gekommen, die in die uns interessierende Epoche zu datieren ist. Und auch von den antiken Geschichtsschreibern und Geographen erfahren wir nichts über Sprachen in unserem Gebiet, dergestalt etwa, daß sie mitteilen würden, daß hier eine dem gallischen ähnliche Sprache gesprochen wurde. Nicht einmal im ethnographischen Sinn wird von ihnen die Bezeichnung *Galli* oder *Celtae* auf Süddeutschland angewendet. Im Gegenteil, Caesar behauptet in seinen Berichten über die Helvetier (b.G. I 2,3, I 28,7), jenseits des Rheins (gemeint wäre hier der Ober- und Hochrhein) hätte es nur Germanen gegeben. Diese Behauptung, die bestenfalls an der Existenz von Horden wie denen, die am Raubzug der Sueben unter Ariovist teilnahmen, ihren Wahrheitsgehalt fand, ist evident falsch und ausschließlich durch Caesars auch sonst bekanntes propagandistisches Germanenbild motiviert[6]. Andere Autoren wissen, daß das Gebiet der Helvetier nicht nur die Schweiz, sondern auch große Teile des Schwarzwald- und Neckargebietes umfaßte[7], und die Helvetier gehörten nach Ausweis der Namen ihrer Fürsten und nach ihrem (von Caesar ja genau beschriebenen) Verhalten eng mit den Galliern in Frankreich zusammen. Weiter im Osten gibt es außer einigen Alpenstämmen, mit deren Erwähnung sprachlich und historisch wenig anzufangen ist[8], nur noch das große Volk der Vindeliker im heutigen Oberschwaben und Bayerisch-Schwaben, über deren Sprache zwar nichts mitgeteilt wird, deren Name aber gut in das altkeltische Namenrepertoire paßt: In unserem Bereich kehrt sein Grundwort im Namen der Stadt *Vindonissa* (Windisch bei Brugg in der Schweiz) wieder.

Was als Quelle übrigbleibt, sind Ortsnamen, Personennamen und Namen von Gottheiten. Die wichtigste, wenn auch vielfach durch Abschreibefehler getrübte Auskunft über Ortsnamen geben die Itinerare, antike Wegbeschreibungen, wie das für unsere Gegend sehr ergiebige *itinerarium Antonini*, oder gar regelrechte Karten wie die berühmte *tabula Peutingeriana*[9]. Ein paar Namen kommen in der im 2. Jh. n. Chr. verfaßten Weltbeschreibung des Claudius Ptolemaeus vor, weitere finden sich vereinzelt in anderen literarischen Werken oder auf lateinischen Inschriften. Personen- und Götternamen kennen wir ausschließlich durch lateinische Grab- und Weihedenkmäler[10], die in der Zeit nach der

sprachlichen und politischen Romanisierung noch alte Traditionen in der Namengebung erkennen lassen.

Unter den Ortsnamen sind diejenigen besonders beweiskräftig, die weitverbreiteten Bildungstypen angehören: allen voran die fast überall im keltischen Gebiet anzutreffenden Komposita mit dem Wort *-dunum*, „Burg"[11], dessen Bedeutung durch das irische Wort *dún* bestätigt wird: *Tarodunum* (Zarten am Ausgang des Höllentals), *Cambodunum* (Kempten), *Parrodunum* (bei Burgheim zwischen Donauwörth und Neuburg). Kaum weniger häufig sind Namen mit *-durum* (zu irisch *dor* „Tor", „Tür"), die in unserem Bereich durch *Vitudurum* (Oberwinterthur in der Nordschweiz), *Sorviodurum* (Straubing) und *Boiodurum* (im Stadtgebiet von Passau)[12] vertreten sind. Ein Beispiel für seltenere, aber durchaus in anderen altkeltischen Namen wiederkehrende Kompositionselemente ist der alte Name von Rottenburg am Neckar, *Sumelocenna*. Andere Namen machen durch ihre Suffixe und Stammelemente die Zugehörigkeit zur keltischen Namensbildung wahrscheinlich: In dem wichtigen Straßenknotenpunkt *Abudiacum*, heute Epfach am Lech zwischen Landsberg und Schongau, ist das Suffix typisch keltisch, in *Brisiacum* (Breisach) das Stammelement und das Suffix, in *Brigantium* (Bregenz) das Stammelement, das in den außerordentlich häufigen Ortsnamen wiederkehrt, die mit *-briga* (zu irisch *bri*, „Hügel", im Altkeltischen wahrscheinlich „Höhenfestung", Oppidum) zusammengesetzt sind[13], einziges Beispiel in Süddeutschland *Artobriga* zwischen Salzburg und dem Chiemsee[14]. Der erste Teil des Ortsnamens *Tasgaetium* beim heutigen Stein am Rhein kommt in vielen gallischen Personennamen vor[15]. Ein auf gallischen Inschriften geläufiges Wort *brato-*, „Recht", „Schuldigkeit", (irisch *brath* „Gericht") kann in dem alten Namen von Pretzen südlich von Erding, *Bratanium*[16], enthalten sein. Man beachte im übrigen, daß manche der hier aufgezählten Namen in heutigen Ortsnamen weiterleben[17].

Näher an die vorrömische Sprache führen uns die nichtlateinischen Personennamen heran, die auf lateinischen Inschriften erscheinen. Auch hier stehen gute Kriterien zur Verfügung, die einen solchen Namen der keltisch-sprachigen Bevölkerung des alten Europa zuzuweisen erlauben. Dazu gehört einerseits der Umstand, daß die damaligen Kelten sich – ähnlich wie die Germanen und Griechen – gern komponierte Namen mit „heroischem" Bedeutungsgehalt gaben, deren Bestandteile wir mit Hilfe der späteren keltischen Sprachen durchweg gut identifizieren können[18]: *Nertomarus*, „durch seine Kraft (irisch *nert*) groß (irisch *mar*)", *Cingetorix*, „der König (irisch *ri*, Genitiv *rig*) der Helden (irisch *cing*, Genitiv *cinged*)". Andererseits kann man für

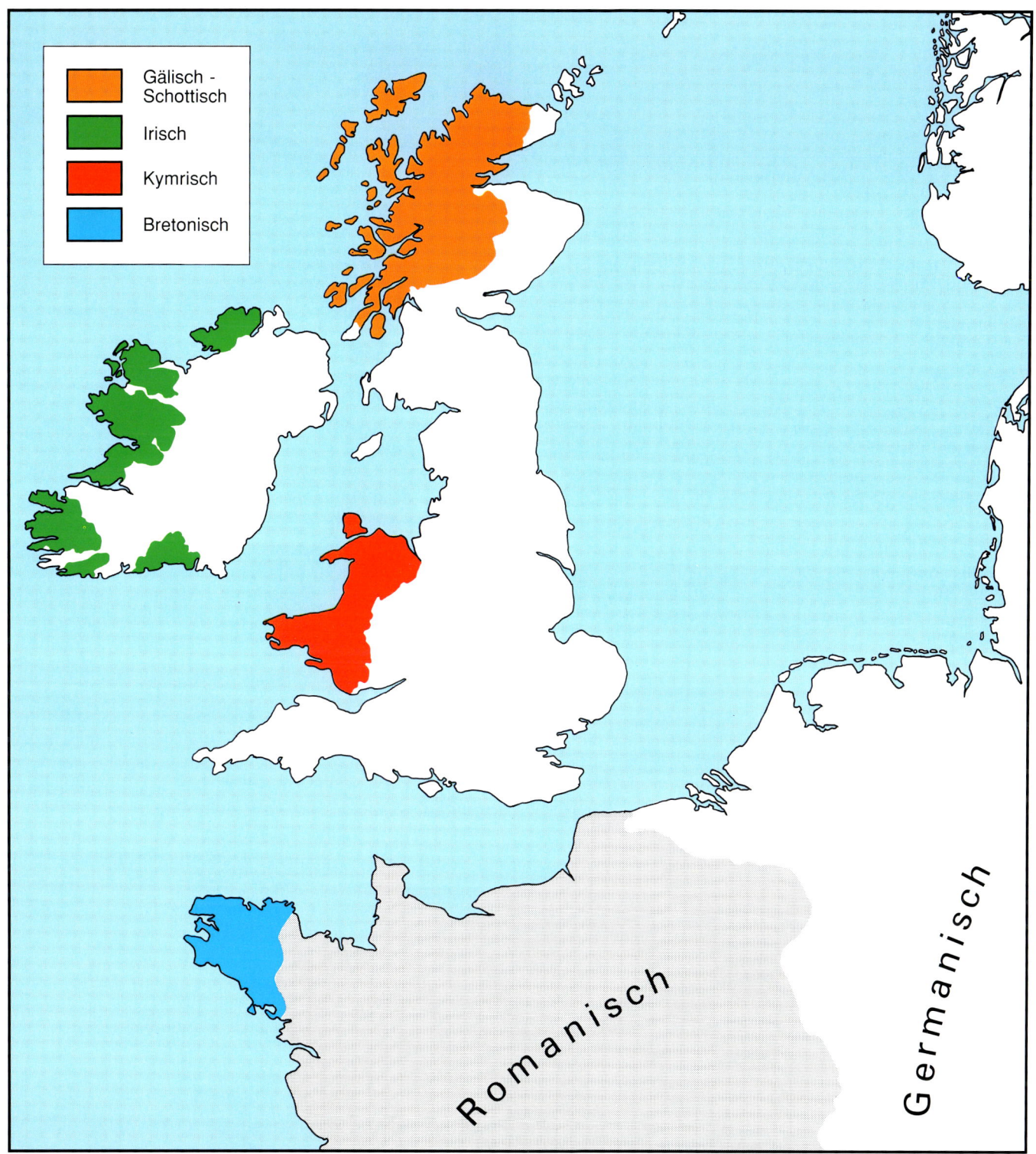

Abb. 11: *Karte der noch lebenden keltischen Sprachen (nach Weisgerber 1941).* 25

viele kürzere Namen, die eine solche Deutung nicht zulassen, durch ihr Auftreten in Gesellschaft mit den vorher genannten Typen und durch ihre Verbreitung in auch sonst als keltisch bekannten Gegenden sicherstellen, daß sie zum keltischen Namensbestand gehören.

Einige Beispiele, die auf lateinischen Inschriften aus unserem Bereich anzutreffen sind: komponierte Namen sind *Belatumara*, die Gattin eines Ratsherren des römischen Salzburg, *Iantumara* und *Litugena*, Frauen aus Wasserburg am Inn und Seebruck am Chiemsee, *Ibliomarius* aus Regensburg. Kurznamen sind Männernamen wie *Seccion*, *Seccus*, *Secco*, in Augsburg, Regensburg, bei Bad Aibling und in Salzburg belegt, *Bellicus* in Salzburg und bei Traunstein, ein *Cattanus* in Regensburg und eine Frau namens *Cattia* in Bregenz, ein *Matto* bei Dillingen und ein *Matulus* bei Freilassing.

Durch Weiheinschriften sind einige wenige nicht-lateinische Götternamen bekannt: In Lauingen und Umgebung, bei Mengen in Oberschwaben und bei Trostberg an der Traun wird der Heilgott *Apollo Grannus* verehrt, der auch im Elsaß, in Burgund und in Britannien bezeugt ist und der Stadt Aachen ihren alten Namen *Aquae Grani* gegeben hat. Im Ort *Bedaium* (bei Seebruck am Chiemsee) gibt es Widmungen an *Bedaius* und die *Alounae (Abb. 213);* letztere finden ein männliches Gegenstück in einem *Mercurius Alaunus* auf einer Inschrift aus Mannheim. Durch sein Suffix ist der Beiname des *Mercurius Cimiacinus* auf einer Inschrift aus Epfach als keltisch erkennbar.

Insgesamt sind zwischen Schwarzwald, Alpen, Salzach/Inn und Donau längst nicht so viele lateinische Inschriften gefunden worden wie in anderen ursprünglich keltischen Teilen des Römerreichs – etwa in Oberitalien, im Rhônetal, am Niederrhein –, so daß es nicht verwundern darf, daß wir nur eine recht weitmaschige Fundkarte mit keltischen Personennamen zeichnen können. Das bringt uns zur Frage der „Gegenprobe": Wenn keltische Namen hier nicht so häufig belegt sind wie anderswo, gibt es dann häufige Belege für Namen, die für andere, nicht-keltische Sprachen zeugen, die vor der Romanisierung in unserem Bereich gesprochen worden sind? Man wird sich hier sofort an den Namen *Raetia* erinnern, den die Römer der Provinz gegeben haben, zu deren Hauptstadt sie Augsburg – *Augusta Vindelicum* – machten. Der Volksname der Raeter ist in der Antike primär mit einer Bevölkerung verbunden, die im Einzugsbereich der Etsch und des oberen Inn, also im heutigen Südtirol und Teilen von Tirol und Graubünden, gewohnt hat und deren Sprache uns durch Inschriften und Namen einigermaßen greifbar, wenn auch nicht verständlich geworden ist[19]. Das Gebiet der sogenannten rätischen Inschriften –

vorsichtiger ist es, von „Inschriften in den Alphabeten von Bozen und Magrè" zu sprechen – liegt südlich des Alpenhauptkamms; nur entlang der Brenner- und Achenseestraße sind einige weitere Denkmäler zutage gekommen, die aber eher einzelnen Händlern als einer geschlossenen Bevölkerung zuzuschreiben sind. Personennamen, die auf diesen Inschriften und auf lateinischen Inschriften des gleichen Raumes vorkommen[20], fehlen bis jetzt völlig in Süddeutschland, so daß man mit ziemlicher Sicherheit vermuten kann, daß es dort keine Bevölkerungskomponente mit rätischer Sprache gegeben hat.

Anzufügen ist noch, daß die antiken Geographen und römischen Berichte – am berühmtesten die bei Nizza gefundene Inschrift des *Tropaeum Alpium*[21] – Namen von Völkern erwähnen, die in den Allgäuer und Tiroler Alpen und vielleicht noch an deren Nordrand gewohnt haben müssen[22]. Vier von ihnen, die *Cosuanetes*, *Rucinates*, *Licates* und *Catenates,* werden im Tropaeum zu den Vindelikern gerechnet, von denen aber der Geograph Strabo wiederum zwei – die *Rucantii* und die *Cotuantii* (vermutlich Überlieferungsvarianten für *Rucinates* und *Cosuanetes*) – als Teilstämme der Räter aufführt. Umgekehrt stellt Strabo die *Vennones* zu den Vindelikern, während sie der römische Schriftsteller Plinius den Rätern zuweist und hinzufügt, sie hätten in der Nähe der Rheinquellen gewohnt. Einigermaßen sicher im Land nördlich der Alpen zu lokalisieren sind überhaupt nur die Licater, da man den alten Namen des Lech, *Licus*, mit ihnen verbindet, und die bei Strabo genannten *Brigantii*, die man bei Bregenz und am Bodensee sucht, der damals *lacus Brigantinus* hieß. Außer für den letztgenannten[23] ist für keinen der Namen eine sprachliche Zuweisung wahrscheinlich zu machen, und in ihrem mutmaßlichen Geltungsbereich – im alpinen Teil der Täler des Rheins und des Inn und deren Nebenflüsse – sind in antiker Zeit so wenige weitere Namen von Orten und Personen erhalten, daß es vorerst unmöglich ist, irgend etwas über die vorrömischen Sprachen dieser Gegenden auszusagen.

Anmerkungen
1 Eine gute Zusammenfassung, auch über die vorrömischen Verhältnisse, gibt H.J. Kellner, Die Römer in Bayern[3] (München 1976).
2 Über die im ganzen wenig beweiskräftigen Versuche der Ortsnamenforschung vgl. z.B. H. Kuhn, Die Nordgrenze der keltischen Ortsnamen in Westdeutschland. Beitr. zur Namenforsch., Neue Folge 3 (1968) 311–334; A. Bach, Deutsche Namenskunde, 2. Aufl. II,2 (Heidelberg 1981) 14 f., 37–58.

3 Gute Übersicht bei K.H. Schmidt, Die festlandkeltischen Sprachen. Innsbrucker Beitr. zur Sprachwiss. Vorträge 18, Innsbruck 1977.

4 Zusammenfassend veröffentlicht im Recueil des Inscriptions Gauloises, sous la direction de P.M. Duval, Paris. Bis jetzt erschienen: Band I und II.1, hrsg. von M. Lejeune (1985, 1988); III, hrsg. von P.M. Duval und G. Pinault (1986). Vgl. außerdem: R. Marichal, Les graffites de la Graufesenque (Paris 1988); M. Lejeune, Textes Gaulois et Gallo-Romains en cursive latine, Etudes Celtiques 15 (1976–77) 151–168; ebd. 22 (1985) 95–177.

5 Gesammelt bei A. Holder, Altceltischer Sprachschatz, Leipzig 1891–1913. – Zu den Personennamen: D.E. Evans, Gaulish Personal Names (Oxford 1967).

6 G. Walser, Caesar und die Germanen. Studien zur politischen Tendenz römischer Feldherrnberichte. Historia Einzelschr. 1 (Wiesbaden 1956).

7 F. Fischer, Die Kelten und ihre Geschichte. In: K. Bittel/ W. Kimmig/ S. Schiek (Hrsg.), Die Kelten in Baden-Württemberg (Stuttgart 1981) 70–75.

8 Siehe unten S. 26 mit Anm. 22.

9 Kritische Anmerkungen bei A. Adam, Römische Reisewege und Stationsnamen im südöstlichen Deutschland. Beitr. zur Namenforsch. Neue Folge 11 (1976) 1–59. – Gute Karten bei Kellner a.a.O. (Anm. 1) 12.25.176–177.

10 Letzte zusammenfassende Ausgabe der lateinischen Inschriften: F. Vollmer, Inscriptiones Bavariae Romanae (München 1915). Nachträge dazu: F. Wagner, Neue Inschriften aus Rätien. 37–38. Ber. RGK 1956–57, 215–264.

11 H. Rix, Zur Verbreitung und Chronologie einiger keltischer Ortsnamentypen. Festschrift für P. Goessler (Stuttgart 1954) Karte S. 103.

12 Der heutige Name von Passau geht auf eine sekundäre Ansiedlung des am Niederrhein beheimateten keltischen Stammes der *Batavi* zurück.

13 Zur Verbreitung Rix a.a.O. (Anm. 11) Karte S. 104, vor allem in Gallien und Hispanien verbreitet; im deutschen Raum z.B. noch *Boudobriga*, heute Boppard am Mittelrhein.

14 Adam a.a.O. (Anm. 9) 17.

15 Evans a.a.O. (Anm. 5) 263–265.

16 Adam a.a.O. (Anm. 9) 13; im Itinerar ist der Name zu *Bratananium* verschrieben.

17 Zur Kontinuität Kellner a.a.O. (Anm. 1) 195–197 und sehr ausführlich W. Kleiber, Zwischen Antike und Mittelalter. Das Kontinuitätsproblem in Südwestdeutschland im Lichte der Sprachgeschichtsforschung. Frühmittelalterliche Studien 7, 1973, 27–52.

18 Vgl. K.H. Schmidt, Die Komposition in gallischen Personennamen. Zeitschr. für celtische Philologie 26, 1957, 33–301.

19 M.G. Tibiletti Bruno, Camunno e dialetti retico e pararetico. In: A.L. Prosdocimi (Hrsg.), Lingue e dialetti dell'Italia antica (Rom 1978) 209–255. – Zuletzt: R. Frei-Stolba, Die Räter in den antiken Quellen, und E. Risch, Die Räter als sprachliches Problem, in: Das Räterproblem in geschichtlicher, sprachlicher und archäologischer Sicht. Schriftenr. Rätisches Museum Chur 28, 1984, 6–36 (Fundkarte der Inschriften S. 9). Neueste Bestandsaufnahme der rätischen Inschriften: S. Schumacher, Die rätischen Inschriften (Innsbruck 1992).

20 Zum System und Bestand dieser Namengebung: J. Untermann, Namenlandschaften im alten Oberitalien. Beitr. zur Namenforsch. 19, 1959, 83–83, 122–155.

21 CIL.V 7817; Die Völkerliste wird von Plinius in seiner Nat. hist. 3, 136 f. zitiert; Reproduktion und Karte bei J. Formigé, Gallia 13, 1955, 101 f.

22 Ausführlich, aber sehr spekulativ hierzu: R. Heuberger, Rätien im Altertum. Schlern Schriften 20, Innsbruck 1932.

23 S. oben S. 24.

Südbayern im ersten Jahrtausend v. Chr.

Von Hermann Parzinger

Das erste vorchristliche Jahrtausend gilt als ein Zeitraum, in dem sich bedeutende historische wie kulturgeschichtliche Veränderungen vollziehen, deren Tragweite kaum hoch genug eingeschätzt werden kann: Sie führen aus tiefer vorgeschichtlicher Zeit hin zu einer Epoche, die wir bereits als „geschichtlich" benennen dürfen. Sicher ist es nicht immer ein geradliniger Weg, der von der ausgehenden Urnenfelderzeit bis zum Jahre 15 v. Chr. führt, als Drusus, der eine Stiefsohn des Augustus, in seinem Alpenfeldzug die raetischen Stämme in den Alpentälern ebenso unterwirft wie die vindelikischen des nördlichen Voralpenlandes und damit das Ausgreifen Roms bis an die Donau ermöglicht. Auch sind es neben endogenen oft exogene Kräfte, die den Wandel auslösen, Kräfte, die nicht auf Südbayern allein, sondern in einem größeren geographischen Raum wirksam sind. Es wird danach zu fragen sein, welche Stellung Südbayern im Rahmen dieser Entwicklung einnimmt.

Bayern zwischen der Donau im Norden und dem Alpenrand im Süden bildet einen zentralen Bestandteil jener tertiären Senkungszone, die vom Rhônetal im Westen bis Niederösterreich im Osten reicht und ursprünglich ein Binnenmeer war. Sein späteres Aussehen verdankt es dem Geschehen während des Quartärs. Im Süden ist es die durch die Tätigkeit der Gletscher entstandene Moränenlandschaft mit zahlreichen Seen, nach Norden zur Donau hin entwässernden Flüssen in eingeschnittenen Tälern und Schotterflächen am Nordrand der ehemaligen Vereisungsgrenze. Nordwärts bis zur Donau schließt sich tertiäres Hügelland an, das der eiszeitlichen Überformung entzogen war. Das ist der Lebensraum der Bevölkerungsgruppen Südbayerns im ersten vorchristlichen Jahrtausend.

Gleichsam der Erstreckung dieser tertiären Senkungszone folgend reicht auch die Verbreitung jener Kulturkreise, an denen Südbayern Anteil hatte, von Ostfrankreich bis an den Ostalpenrand; vereinzelt gehen sie noch darüber hinaus. In diesem Raum ist auch das von Paul Reinecke um die Jahrhundertwende konzipierte und später mehrfach revidierte Chronologieschema wirksam, mit dessen Hilfe wir die Sachaltertümer des ersten Jahrtausends in eine zeitliche Reihung bringen können. Es handelt sich um die Abfolge der Urnenfelder- (HaA, HaB), Hallstatt- (HaC, HaD) und Latènezeit (LTA–LTD) mit ihren jeweiligen Stufen und Phasen, die den Entwicklungsgang noch differenzierter erfaßbar machen sollen. Das Gräberfeld von Hallstatt im Salzkammergut, also nur wenig östlich von Südbayern gelegen, gibt dabei der älteren Eisenzeit ihren Namen („Hallstattzeit" bzw. „Hallstattkultur"). Der Bergmeister Georg Ramsauer entdeckte dort bis 1864 an die tausend Bestattungen, die Hallstatt zu einem der größten vorgeschichtlichen Gräberfelder Mitteleuropas machen.

Schon bald nach Bekanntwerden der dort freigelegten Funde gelingt es, die Hallstätter Materialien von denjenigen zeitlich abzusetzen, die Ferdinand Keller bald nach der Mitte des 19. Jh. in der Station La Tène am Neuenburger See in der Schweiz zutage förderte. Ähnlich wie bei den Grabfunden aus Hallstatt handelt es sich um Formen des Sachbesitzes (Trachtbestandteile, Schmuck, Waffen, Gerät u.a.), die weit über die Umgebung des Fundortes hinaus verbreitet sind und der jüngeren Eisenzeit ihren Namen geben („Latènezeit" oder „Latènekultur"). Die Latènefunde sieht man insgesamt als jünger an und datiert sie schon früh in eine Zeit, für die die Nachrichten antiker Autoren auch einen Volksnamen überliefert haben: den der Kelten.

Die Geschichte des ersten vorchristlichen Jahrtausends ist also in erster Linie die Geschichte der eisenzeitlichen Kulturentwicklung, die neuen Daten zufolge im Verlauf des 8. Jh. v. Chr. ihren Anfang nimmt. In Südbayern ebenso wie in zahlreichen anderen Landschaften Mitteleuropas ist ihr Beginn jedoch nicht ohne Kenntnis der unmittelbar vorangehenden Periode verständlich, in der man zwar Eisen vereinzelt bereits kennt, aber die Bronze noch vorherschender Werkstoff bleibt. Es handelt sich um die Spätbronzezeit, nach der charakteristischen Grabsitte richtiger als Urnenfelderzeit bezeichnet. Schon P. Reinecke sieht den engen Zusammenhang zwischen Urnenfelder- und Hallstattzeit (auch das Gräberfeld von Hallstatt wird schon während der Urnenfelderzeit belegt), und seither bleiben beide Perioden terminologisch miteinander gekoppelt: Urnenfelderzeit als Stufen HaA (1200–1000 v. Chr.) und HaB (1000–750 v. Chr.), Hallstattzeit als HaC (750–620 v. Chr.) und HaD (620–480 v. Chr.). Der inzwischen stark angewachsene Fundbestand zeigt nicht zuletzt auch in Südbayern immer deutlicher die enge Verflechtung an der Nahtstelle (Wende von HaB zu HaC), läßt aber dennoch keinen Zweifel daran, daß es sich um zwei grundverschiedene Kulturperioden handelt.

Schon während des 13. Jh. v. Chr. beginnt die Herausbildung des urnenfelderzeitlichen Kultursystems, das sich in der Folgezeit über weite Teile Mitteleuropas erstreckt und bald nach der Jahrtausendwende zu voller Blüte gelangt. Die kennzeichnenden Elemente dieses Kreises finden sich auch in Südbayern deutlich ausgeprägt. Dazu gehören vor allem ausgedehnte Flachgräberfelder auf meist offenen, ebenen Flächen. Die Asche der auf dem Scheiterhaufen verbrannten Toten wird entweder in die Urne gegeben oder in die Grabgrube geschüttet. Zahlreiche große Urnengräberfelder sind aus Südbayern, vor allem aus der Umgebung von München bekannt: Grünwald, Unterhaching, Untermenzing, Englschalking, Gernlinden u. a. Obwohl nicht vollständig ausgegraben, enthalten viele von ihnen mehrere hundert Gräber. Die Nekropolen der Münchener Gegend sind unserem gegenwärtigen Kenntnisstand nach jedoch vorwiegend während der älteren Urnenfelderkultur (HaA) belegt und erreichen die Zeit nach der Jahrtausendwende (HaB) nur mehr in Form weniger Bestattungen, doch dürfte dies am Forschungsstand liegen. Als Kronzeuge der jüngeren Urnenfelderzeit (HaB) gilt Kelheim im Donautal mit 263 Gräbern. Ihre Ausstattung umfaßt in der Regel Urnen, weitere keramische Beigefäße sowie vereinzelt Trachtbestandteile (Nadeln, Ringe) oder Kleingerät (Messer), ist also nicht allzu reich.

Gerade die kostbarsten Bronzen gelangen dagegen nicht ins Grab, sondern werden als Weihegaben Gewässern (Flüssen, Quellen oder Seen) anvertraut oder als Deponierungen vergraben. Die zahlreichen südbayerischen Hortfunde zeigen sehr gut, daß man dem in Mitteleuropa zu jener Zeit weit verbreiteten Brauch folgt, sich gegenständlicher Werte freiwillig zu entäußern und Versenkungsopfer und Weihegaben darzubringen, wobei in der Zusammensetzung der Deponierungen, also der intentionalen Selektion, durchaus regionale Unterschiede abzulesen sind.

Als weitere Klammer, die Südbayern und die anderen urnenfelderzeitlichen Regionalgruppen Mitteleuropas zusammenhält, gelten Symbole (Vogel, Vogelbarke, Sonnenscheibe), unter deren Schutz man sich zu stellen scheint, sowie getriebene Bronzegefäße und Schutzwaffen (Helm und Schild), die für die Oberschicht bestimmend sind. Sowohl hinsichtlich des Symbolguts als auch der toreutischen Kunst sind es vor allem die mittleren Donauländer, die sich als befruchtend erweisen.

Über das Siedlungswesen jener Zeit wissen wir nicht viel. Zwar sind befestigte Höhensiedlungen als zentrale Orte nordwärts der Donau durchaus bekannt (z.B. Bullenheimer Berg, Bogenberg bei Straubing), in Südbayern hingegen fehlen entsprechende Befunde. Soweit sich aus der Verbreitung der Fundstellen, vor allem der Grabfunde, auf die Siedelareale rückschließen läßt, werden die der Hügelgräberbronzezeit weitgehend beibehalten und zusätzliche Wirtschaftsräume erschlossen. Es ist bekannt, daß man ähnlich wie in Südwestdeutschland und der Schweiz auch an die Seeufer geht (z.B. Roseninsel, Starnberger See), doch mit welcher Intensität dies geschieht, ist mangels systematischer Forschung noch kaum abzuschätzen. Neuere Grabungen in Eching bei Freising zeigen uns immerhin, mit welcher Art Niederlassungen wir im flachen, offenen Land zu rechnen haben: mit kleineren, ländlichen Ansiedlungen, die aus Mehrbetriebsgehöften bestehen. Teilweise sind die Hofgruppen auch mit Zäunen oder Palisaden umgeben, nicht allzu weit von den zugehörigen Flachgräber-Friedhöfen entfernt. An der Wende von der jüngeren Urnenfelder- zur älteren Hallstattzeit (HaC) im Verlauf des 8. Jh. v. Chr. setzen sich in Südbayern ebenso wie in anderen Landschaften trotz zahlreicher Traditionsketten Neuerungen durch, die nur als Kulturwandel zu verstehen sind. Sicher ist es kein Zufall, daß der Zerfall des urnenfelderzeitlichen Kulturverbandes zwischen dem Rhône-Tal im Westen und dem mittleren Donaugebiet im Osten gerade zu der Zeit einsetzt, als das östliche Karpatenbecken unter Einfluß des nordpontischen Steppenbereichs gerät. Archäologisch läßt sich dies am

Abb. 12: Beigaben aus einem frühlatènezeitlichen Frauengrab von Sulzbach (Nr. 58).

besten anhand der Pferdegeschirrbronzen fassen, die nicht heimischen Ursprungs sind, aber nordwärts des Schwarzen Meeres gute Parallelen haben. In Ungarn schon während der ausgehenden Urnenfelderzeit nachgewiesen, erreichen sie Südbayern und andere Gebiete nördlich der Alpen erst zur Zeit von HaC. Die neuen Zaumzeugbronzen führen dort zur Umformung oder Ablösung des bisherigen Schirrungszubehörs und dürften mit der Einführung einer neuen, leistungsstärkeren Pferderasse in Zusammenhang stehen.

Aber es ist nicht nur der technische und wirtschaftliche Nutzen, den man daraus zieht. Das gerade in Südbayern häufige Vorkommen von Pferdegeschirr in reicheren Männergräbern zeigt mehr als deutlich, welchen Platz es in der Wertordnung der soeben erst entstandenen Hallstattkultur einnimmt. Das, was sich im östlichen Karpatenbecken zwischen dem Ende von HaB und dem Beginn der Ansiedlung von Bevölkerungsgruppen mit skythisch geprägter Sachkultur (Vekerzug-Kultur) tatsächlich ereignet, läßt sich gegenwärtig noch kaum begründet beurteilen. Tatsache ist jedoch, daß gegen Ende des 8. Jh. v. Chr. das Ostalpengebiet in vielerlei Hinsicht das Erbe der donauländischen Urnenfelderkultur antritt und daß nun vor allem in der Steiermark und in Krain eine der entscheidenden Kernprovinzen der Hallstattkultur entsteht.

Die Verhältnisse im Nordwesten der Alpen bleiben von jenen Ereignissen weitgehend unberührt. Doch sicher ist es kein Zufall, daß um 600 v. Chr., als mit der Gründung Massilias (Marseille) die griechische Kolonisation im westlichen Mittelmeer auch an der ligurischen Küste und an der Rhône-Mündung Fuß faßt, es auch weiter nördlich in Ostfrankreich, der Nordschweiz und Südwestdeutschland zu einem Kulturwandel kommt. Er erfaßt dort vor allem die Späthallstattkultur (HaD) und erscheint ohne Beeinflussung durch die Hochkulturen der Mittelmeerwelt kaum verständlich. Befestigte „Herrensitze" wie der Mont Lassois in Burgund, Châtillon-sur-Glâne oder der Üetliberg in der Schweiz sowie Heuneburg und Hohenasperg in Württemberg umschreiben einen Kreis, in dem noch in späturnenfelderzeitlichen Traditionen verhaftete Lebensformen unversehens auf beinahe frühgeschichtliches Niveau gebracht werden, zumindest bei der Führungsschicht. Deren Repräsentationsstreben bedient sich griechischer und etruskischer Gebrauchs- und Luxusgüter, soweit sie durch Tausch, Raub oder als Geschenk zu haben sind. Diese kennzeichnen die Siedlungsplätze der Oberschicht ebenso wie ihre reich ausgestatteten Grablegen. Hinzu kommen mediterrane Erfindungen, wie z.B. die Töpferscheibe, bei Griechen und Etruskern zur Herstellung von Massengütern verwendet, hier aber allenfalls dazu gedacht,

das Speise- und Trinkgeschirr der Vornehmen nach südlichem Vorbild zu produzieren. Der nordwestalpine Hallstattkreis wird im Verlauf des 6. Jh. v. Chr. vor allem dadurch geprägt, daß er das Erleben fremder Lebensformen der Griechen und Etrusker mit dem heimischen Erbe in Einklang zu bringen sucht.

Die Geschehnisse, die im Südosten und im Nordwesten der Alpen zur Entstehung zweier Kernbereiche der Hallstattkultur führen, betreffen Südbayern nicht unmittelbar, selbst wenn in HaC östliche Zaumzeugbronzen Aufnahme finden und mit dem Beginn von HaD ein den Verhältnissen weiter westlich entsprechender Trachtwandel, z.B. mit Einführung der Fibel, festzustellen ist. Die Veränderungen am Ende der Urnenfelderzeit ebenso wie an der Wende von der älteren zur jüngeren Hallstattkultur können zwar auch in Südbayern nicht deutlich genug sein, folgt man doch dem Stil der Zeit, aber es entsteht daraus keine „Einheitskultur", wie die Eigenheiten der einzelnen, am Hallstattkreis teilhabenden Landschaften unübersehbar zeigen.

Die Siedlungsräume der älteren Hallstattzeit (HaC) in Südbayern decken sich mit jenen der Urnenfelderzeit. Mitunter ist sogar an ein und demselben Siedlungsplatz Kontinuität von HaB nach HaC/D nachgewiesen. Systematische Siedlungsforschung zur Hallstattzeit in Südbayern kommt zwar erst langsam in Gang, doch geben die Befunde von Eching (bei Freising, Obb.) einen Hinweis darauf, daß sich auch Art und Struktur der Niederlassungen nicht grundlegend ändern. Weiterhin scheinen gelegentlich umzäunte Mehrbetriebsgehöfte als bevorzugte Siedlungsform im offenen Flachland aufzutreten.

Trotz aller Neuerungen zeichnet sich auch bei den Bestattungssitten kein Bruch ab. Zwar herrschen statt Flachgräbern nun Grabhügel vor, teilweise mit gezimmerten, hölzernen Grabkammern, doch kommen Tumuli vereinzelt schon am Ende der Urnenfelderzeit vor, und im Anschluß an die Belegung urnenfelderzeitlicher Flachgräberfelder treten bisweilen HaC-Gräber auf (Kelheim, Steinkirchen), was für eine Kontinuität des Bestattungsplatzes spricht. Schließlich bleibt auch die Brandbestattung während HaC weiterhin vorherrschend. Neu im Grabritus der Hallstattzeit ist allerdings die nun häufigere Mitgabe vierrädriger Wagen in die Bestattungen der vorwiegend männlichen Oberschicht, ein Brauch, der seit HaA (Hart a. d. Alz, *Nr. 469*) nicht mehr ausgeübt wurde. Insgesamt fällt die gegenüber HaB reichhaltigere Ausstattung der Gräber mit Metallgegenständen (Waffen, Geräte, Trachtbestandteile, Schmuck) auf, also genau mit jenen Artefaktklassen, die während der Urnenfelderzeit bevorzugt in die Depots geraten waren. Der Sachbesitz der älteren Hallstattzeit selbst, ob aus Keramik oder Metall, steht vielfach in älterer Tradition und ändert sich nur formal-stilistisch. Er läßt aber keinen Zweifel an der Zugehörigkeit Südbayerns zum Westhallstattkreis.

Die jüngere Hallstattzeit (HaD), die gegen Ende des 7. Jh. v. Chr. HaC ablöst, bringt in Südbayern eine Veränderung der Siedelareale. Während die Fundstellenhäufigkeit in den seit HaA/B und auch in HaC besiedelten Gebieten (Donautal, Flußterrassen und Schotterflächen zwischen Endmoränenzug und tertiärem Hügelland) abnimmt, kommt es zu einem stärkeren Aufsuchen sog. sekundärer Siedlungsräume südlich des Endmoränengürtels und im tertiären Hügelland. Georg Kossack macht dafür in erster Linie wirtschaftliche Momente verantwortlich, so die Anziehungskraft der Salz gewinnenden Zentren zwischen Salzach und Enns (Hallstatt, Dürrnberg bei Hallein) sowie die mit dessen Transport verbundene Herausbildung von Verkehrs- und Kontaktzonen: das niederbayerische Donautal als Verbindung des Salzburger Lands mit Nordostbayern sowie die den Siedlungsbedingungen nach eigentlich weniger attraktiven Gebiete des oberbayerischen und schwäbischen Voralpenlandes, durch die die „Salzstraßen" nach Südwestdeutschland und ins Inntal verlaufen. „Fürstensitze" wie zwischen Württemberg und Ostfrankreich entstehen trotzdem nicht, und inwieweit leicht befestigte Mehrhausgehöfte (z.B. Kyberg) tatsächlich als Niederlassungen einer ländlichen Oberschicht zu werten sind, ist so klar nicht. Fest steht jedoch, daß diese Plätze eine im Grunde urnenfelderzeitliche Siedlungsform im offenen Flach- oder Hügelland fortführen.

Die Grabausstattungen der südbayerischen Späthallstattzeit zeugen von Veränderungen in der Beigabensitte (Rückgang der Geschirr- und Zaumzeugbeigabe bei gleichzeitigem Anstieg der Tracht- und Schmuckbestandteile), in der Tracht (Fibeln statt Nadeln als Kleidungsverschluß, Aufkommen der Gürtelmode), in der Technik (Verbesserung und Verstärkung der Wagenkonstruktion), in der Bewaffnung (Dolch und Lanzen statt Schwert) und in der Kampftechnik (Gruppenkampf gleichartig ausgerüsteter Krieger statt Zweikampf der Schwertträger).

Alle diese Neuerungen kennzeichnen in weitgehend ähnlicher Weise über Südbayern hinaus auch Nordbayern und den gesamten nordwestalpinen Hallstattkreis zwischen Rhône und oberer Donau. Südbayern steht in enger Fühlung zu ihm, geht aber eigene Wege. Es hat keinen Anteil an dem intensiven Warenverkehr mit dem griechischen Rhône-Mündungsgebiet, und zu einem eindringlicheren Erleben mediterraner, städtischer Lebensformen dürfte es für die Bevölkerungsgruppen zwischen Donau und Alpen-

rand, Iller und Salzach, ebenfalls nicht gekommen sein. Die wenigen italischen Importstücke bleiben vereinzelte Fremdlinge in der heimischen Umgebung, sie lösen aber keine Entwicklung aus, in der man Altüberkommenes über Bord wirft, um Neuartiges, als überlegen Empfundenes zu imitieren. So sehr Südbayern und die anderen Gebiete des nordwestalpinen Hallstattkreises im Verlauf des 6. und beginnenden 5. Jh. v. Chr. auch voneinander abweichende Wege einschlagen, trotzdem bleibt ihr Schicksal miteinander verknüpft, denn als die westliche Kernprovinz der Hallstattkultur zwischen Burgund und Württemberg zu Beginn der Frühlatènezeit kurz vor 450 v. Chr. ihrer Auflösung entgegengeht, können sich auch die Verhältnisse in Südbayern nicht mehr lange halten.

Trotz aller Neuerungen ist der Kulturwandel von der Späthallstatt- (HaD) hin zur Frühlatènezeit (LTA) jedoch nicht mit einem Bruch verbunden, denn die Frühlatènekultur entwickelt sich zweifelsohne in Südbayern ebenso wie in den meisten anderen Regionen nordwärts der Alpen auf hallstattzeitlicher Grundlage. Dies gilt bereits für die Siedelräume, obwohl der Fundbestand der Stufe LTA noch immer nicht sehr umfangreich ist. Kartieren wir aber Sachaltertümer dieser Zeit, so treten jene Regionen hervor, die auch schon während HaD wichtig sind: das Salzburger Land um den Dürrnberg als wichtiges Rohstoffzentrum, das gerade während der Latènezeit weitgespannte Beziehungen unterhält, das niederbayerische Donautal als wichtiger Verkehrsweg zwischen Salzburger Land und Nordostbayern sowie die Gegend zwischen Staffel- und Ammersee. Auch beim Bestattungsritus zeichnet sich kein Bruch ab. Zahllose Frühlatène-Gräber stammen aus Grabhügeln der Hallstattzeit, in die sie als Nachbestattungen eingebracht wurden (z. B. Stein a. d. Traun). Aus Höresham, Lkr. Altötting, ist ein Grabhügelfeld bekannt, wo während HaD ebenso wie zur Zeit von LTA bestattet wird, und selbst am Dürrnberg ist die Belegungskontinuität bis weit in die Latènezeit hinein ungebrochen.

Damit einher gehen Sachtraditionen bei Tracht-, Schmuck-, Gerät- und auch keramischen Gefäßformen. Neuartig ist allerdings der Stil, in dem viele Gegenstände verziert werden. Über die Alpen nach Norden verhandelte Sachaltertümer mit Merkmalen griechischen und etruskischen Kunstschaffens jener Zeit geben den dort ansässigen Bevölkerungsgruppen Kenntnis von Palmetten, Voluten, Ranken, aber auch von Figuralem: Stilelemente, die sich im gerade erst entstehenden Frühlatène-Bereich als außerordentlich befruchtend erweisen. Sie ermöglichen es, aus der geometrischen Erstarrung der Hallstattzeit auszubrechen, die nordwärts der Alpen kaum Figurales kennt, und wenn, wird es zum rein repetitiv gebrauchten Ornament degradiert. Vielfach sind in den frühlatènezeitlichen Fibelformen noch ihre späthallstattzeitlichen Vorläufer zu erkennen, doch ihre Ausgestaltung mit plastisch hervortretenden, lebhaft wirkenden, teilweise aber auch ins Unnatürliche überzeichneten Tier- und Menschenköpfen, mitunter in antithetischer Gruppierung, zeugt von jener neuen künstlerischen Ausdrucksform. Der Gürtelhaken von Hölzelsau bei Kufstein legt jedoch beredtes Zeugnis davon ab, daß mit dem Wandel des Stilempfindens nicht alle alten Symbole in Vergessenheit geraten (Abb. 13). An seinem unteren Ende ist unschwer das seit der Urnenfelderzeit geläufige Motiv der Vogelbarke zu erkennen, nach oben hin sind weitere Vogelköpfe einander gegenübergestellt, dazwischen steht jedoch der Mensch, der die Tiere an ihren Schnäbeln hält, gleichsam als „Herr der Tiere". Neu ist also vor allem die Aufnahme des Menschen in den Symbolschatz jener Zeit, wobei er ältere Embleme, wie z.B. die Sonnenscheibe bzw. das Sonnenrad, zu ersetzen scheint.

Ähnlich wie während der Hallstattzeit nimmt Südbayern auch in der Zeit nach 480 v. Chr. eine Mittelstellung zwischen West und Ost ein. Das betrifft die Sachkultur, denn Certosa- und ostalpine Tierkopffibeln, auch am Dürrnberg zahlreich, stammen zweifellos aus den Gebieten zwischen Save und Isonzo, wogegen das erneut eingeführte Stichschwert aus Eisen, durchbrochene Gürtelhaken sowie bestimmte Fibel- und Ringformen westlichen Ursprungs sind. Doch auch der Stil macht diese Lage zwischen zwei frühlatènezeitlichen Kernregionen deutlich: Südbayern kennt sowohl Zeugnisse des westlichen „Palmettenkreises", wie man vereinfachend sagen könnte, als auch das eher östliche Bogenornament, das besonders deutlich am Dürrnberg ausgeprägt ist. Aus dem Inntal von Süden her, dort, wo seit der Bronzezeit bedeutende Kupfererzlagerstätten ausgebeutet werden, schiebt sich dann noch ein weiterer Formenkreis ins Voralpenland, wenn auch nur spärlich: So findet sich beispielsweise stempelverzierte Keramik nach Fritzener Art auch an südbayerischen Fundplätzen (z.B. Steinebach, Lkr. Starnberg).

Betrachten wir allein den Grabbrauch, so beginnt mit der fortgeschrittenen Früh- (LTB) sowie mit der Mittellatènezeit (LTC) in weiten Teilen Mitteleuropas von Frankreich bis zum Karpatenbecken eine neue Zeit. Die Nachbestattungen in hallstattzeitlichen Grabhügeln hören unvermittelt auf, statt dessen kommt es an anderer Stelle zur Anlage von kleineren, gelegentlich auch größeren Flachgräberfeldern. Mit der Ostausbreitung dieser „Flachgräberzivilisation", wie J. Filip sie nannte, brachten schon Gelehrte wie P. Reinecke die historisch überlieferten Keltenwanderungen in Verbindung, doch aus archäologischer Sicht ist hier das letzte Wort sicher noch nicht gesprochen.

Trotz der systematischen Anlage neuer Bestattungsplätze

Abb. 13: Frühlatènezeitlicher Gürtelhaken von Hölzelsau bei Kufstein (Nr. 409).

Abb. 14: Das spätkeltische Oppidum Fentbachschanze bei Miesbach.

führt die Sachkultur der Stufen LTB und LTC ältere Form-traditionen fort, doch nicht ohne neue Stilelemente zu entwickeln. Der Fernhandel scheint im Rückgang begriffen, wie die Abnahme von Importgütern aus entfernteren Gebieten zeigt; Rohstoffzentren wie der Dürrnberg sind davon aber offenbar weniger betroffen, denn reich ausgestattete Gräber gibt es hier auch am Ende der Stufe LTB noch.

Bereits am Ende der Mittellatènezeit (LTC), im späteren 2. Jh. v. Chr., stellen sich aber Neuerungen ein, die zum letzten Abschnitt dieser Kulturperiode hinführen (LTD). Es beginnt die Zeit der Oppida, großer stadtartiger Ansiedlungen, durch Befestigungsanlagen geschützt, die uns Caesar im *bellum Gallicum* als *murus Gallicus* beschreibt. Auch aus Südbayern kennen wir bedeutende Plätze jener Zeit: Manching bei Ingolstadt, den Michelsberg bei Kelheim oder die Fentbachschanze im Lkr. Miesbach *(Abb. 14)*. Der gegenüber der vorangehenden Mittellatènezeit bemerkbare Rückgang der Fundstellen während LTD hängt nicht etwa mit

Abwanderungen oder andersartig begründbarem Bevölkerungsrückgang zusammen, sondern hat seine Ursache ganz offensichtlich darin, daß große Teile der zuvor auf dem Land Siedelnden nun in jenen zentralen Orten von teilweise erheblichem Ausmaß zusammengezogen werden.

Auch andere Errungenschaften, die dort, wo Menschenmassen zusammenleben müssen, unerläßlich sind, kennzeichnen die Spätlatènezeit: Die Töpferscheibe, seit LTA bekannt, bildet die Grundlage der Massenproduktion an Keramik, hinzu kommen Arbeitsteilung und fortgeschrittene Spezialisierung des Handwerks, Münzprägung, die von der allmählichen Ablösung des „prähistorischen" Tauschhandels durch primitive Geldwirtschaft zeugt, u. v. m. Auch große, als Viereck umwallte Kultplätze, sog. Viereckschanzen, wie sie in Deisenhofen bei München oder in Holzhausen im Lkr. Wolfratshausen *(Abb. 141)* gut erhalten sind, sollten in diesem Zusammenhang genannt werden: Ihre Errichtung ebenso wie ihr Betrieb mit Sach-, Tier- und Menschenopfern an Kultschächten (z.B. Holzhausen) sind nur als Gemeinschaftsleistungen zu verstehen, selbst wenn Klaus Schwarz recht behalten sollte, wonach sie sich an den Rändern der damaligen Siedelareale befunden haben. Wo allerdings die Gräber der in den Oppida geballten Bevölkerung zu suchen sind, ist noch unbekannt. Jedenfalls scheint in Südbayern ebenso wie in anderen Teilen des Latène-Bereichs die Anlage größerer Gräberfelder unüblich geworden zu sein. Gleichzeitig geht man erstmals seit der älteren Hallstattzeit auch wieder in größerem Stil zur Brandbestattung über. Brandgräber sind freilich bei ärmlicher Ausstattung ohnehin schwer zu datieren, in kleinen Gruppen angeordnet können sie leicht unentdeckt bleiben oder der Zerstörung anheimfallen.

In dieser Zeit der letzten großen Blüte vorgeschichtlicher Kulturen in Südbayern, die bereits an der Schwelle zur Frühgeschichte stehen, scheint auch der Fernhandel wieder belebter. Ob Formen germanischen Charakters mit dem Einsickern entsprechender Gruppen zu verknüpfen sind, muß künftige Forschung bei verbessertem Fundbestand zu klären versuchen. Doch bei italischen Stücken hellenistischer Prägung handelt es sich zweifellos um Import, der sich sowohl in Siedlungen (Karlstein) findet, aber auch in Gräbern der Oberschicht wiederkehrt (Kelheim). Damit ist aber bereits die Richtung angegeben, aus der sich um 15 v. Chr. Heere durch die Alpentäler nach Norden bewegen, um Südbayern zu einem Teil des römischen Reichs zu machen. Okkupation und Romanisierung der Gebiete bis zur Donau hin bringen zwar das Ende der Latènezeit, doch leben keltische Traditionen noch lange fort.

Der Alpenfeldzug zur Zeit des Augustus ist für unsere Quellenlage insofern ein Glücksfall, als sein Ausgang den Anlaß zur Errichtung des Siegesdenkmals von La Turbie bei Nizza lieferte *(Abb. 15)*: Es überliefert zahlreiche Namen unterworfener Stämme, die sich dort auf einer Inschrift festgehalten finden. Vier davon gelten als Vindeliker und werden zwischen Nordalpenfuß und Donau lokalisiert: *Cosuanetes, Rucinates, Licates* und *Catenates.* Eine Verknüpfung einzelner Stämme mit der Sachkultur der Latènezeit wird jedoch auch künftig kaum gelingen können, zumal Strabo in seiner Geographie aus dem Jahre 18 n. Chr. teilweise andere Namen angibt. Sicher scheint allerdings, daß der Südostteil

Abb. 15: Römisches Siegesdenkmal „Tropaeum Alpium" bei La Turbie (Frankreich).

Bayerns, also die Gebiete ostwärts des Inn, zum Königreich Noricum gehört, das schon im ausgehenden 2. Jh. v. Chr. als Verbündeter Roms in Erscheinung getreten war. Zu jener Zeit, am Ende des ersten vorchristlichen Jahrtausends, wird Südbayern endgültig in die Randzone der geschichtlichen Welt einbezogen.

Nordbayern im ersten Jahrtausend v. Chr.

Von Hans Peter Uenze

Seit wenigen Jahren bilden die Kulturepochen des letzten Jahrtausends v. Chr. einen Schwerpunkt der archäologischen Forschungen in Nordbayern. So hat man jetzt durch amtliche Grabungen, teilweise aber auch durch überwiegend ungesetzlich arbeitende Sondengänger erste Kenntnisse von der Bedeutung der großen „Landesbefestigungen" oder „Zentralsiedlungen" der **Urnenfelderzeit** *(vgl. Beiträge W. Janssen und P. Schauer)*. Darüber hinausgehende Erkenntnisse zur Siedlungsstruktur der Urnenfelderzeit liegen erst in einem Falle vor. Für die Gegend des Schwabachtales östlich von Erlangen ließ sich nachweisen, daß diese Großsiedlungen wohl präurbanen Charakters in alter Zeit von einigen kleineren Befestigungen sowie einem Kranz offener, dorfartiger Siedlungen umgeben waren. Es bleibt noch zu klären, ob es sich bei den erwähnten kleineren Befestigungen ebenfalls um „Militärstationen" handelte, entsprechend der auf der Heunischenburg bei Kronach festgestellten Anlage *(vgl. Beitrag B.-U. Abels, Heunischenburg)*.

Aus dem archäologischen Fundgut geht hervor, daß Nordbayern während der Urnenfelderzeit verschiedenen Kulturkreisen angehörte bzw. von ihnen beeinflußt wurde. Das westliche Unterfranken (d.h. das Untermaingebiet) schließt sich in seiner Keramik an Südhessen an, das östliche Unterfranken (= die Gäulandschaften) dagegen wie Ober- und Mittelfranken mehr an die ostbayerisch-böhmische Gruppe. Im Ochsenfurter Raum Unterfrankens kam es, wie sich anhand der Ausstattung des Grabes von Acholshausen *(Abb. 179, Nr. 470)* erläutern läßt, zu einer Vermischung westlicher und östlicher Einflüsse. Aus den Bronzeobjekten ergeben sich für Unterfranken Kontakte mit West- und Mitteldeutschland. Letztere lassen sich nicht nur in bestimmten Objekttypen erkennen, sondern beispielsweise auch in der Übernahme der in Mitteldeutschland üblichen Sitte, den Depots Halsringe zuzufügen.

Wie in den Beiträgen von B.-U. Abels und P. Schauer dargelegt wird, fanden sich unter der urnenfelderzeitlichen Mauer der Heunischenburg rituell zerstörte Waffen und sonstige Bronzeobjekte westlicher Herkunft, die dort offensichtlich als Bauopfer deponiert worden waren. Man wird diese Stücke am ehesten als Beute aus Kriegszügen deuten wollen. Die Lage der mehrfach durch Brand zerstörten und wieder aufgebauten urnenfelderzeitlichen Heunischenburg-Militärstation, ganz am Nordrande des damals besiedelten Oberfrankens gelegen, ist nicht einfach zu verstehen. Als östlichster Vorposten westlicher Urnenfeldergruppen erscheint die Anlage sinnlos, da sie keinerlei Ausblick auf die nur wenige Kilometer entfernte Tallandschaft um Kronach hat. Eher könnte man sich vorstellen, daß hier eine Wegekontrollstation vorliegt, die vielleicht gegen Feinde aus westlicher, wahrscheinlicher jedoch aus nördlicher und nordwestlicher Richtung schützen sollte. Kontakte mit Mitteldeutschland zeigen sich nämlich in dem für Nordbayern ganz ungewöhnlich scharfkantig doppelkonischen Gefäß von Ottowind (Lkr. Coburg). Trifft die strategische Deutung der Heunischenburg zu, müssen sich in dem Gebiet nördlich und nordwestlich von Lichtenfels noch weitere Befestigungen befunden haben. Hier sei nur auf den (angeblich unbefestigten) Mupp-Berg bei Neustadt b. Coburg mit seinen urnenfelderzeitliche Siedlungsresten hingewiesen.

Eine urnenfelderzeitliche Oberschicht läßt sich in Nordbayern nur indirekt nachweisen. Neben einem Grabfund von Acholshausen (Lkr. Würzburg) kennt man ein paar „fürstliche" Prestigewaffen. Sie stammen – wie die Schwerter – als Opferstücke vorwiegend aus den Flüssen (Schild von Spalt, Lkr. Roth, *Nr. 28*; Helm von Ebing, Lkr. Bamberg), dazu als Fund auf dem Land der Helm von Thonberg (Lkr. Kronach). Pferdegeschirr und Wagenteile, wie sie vereinzelt in Grabausstattungen Südbayerns vorkommen, treten in Nordbayern nicht in den Gräbern auf, wohl aber in den Hortfunden auf dem Bullenheimer Berg *(Abb. 5, 16, Nr. 63, 448)* und von Niedernberg (Lkr. Miltenberg).

Infolge ihrer Grenzlage zeigen sich auch während der **Hallstattzeit** in den fränkischen Landesteilen Nordbayerns sehr unterschiedliche Kulturbeziehungen. Dies wird in Unterfranken besonders deutlich. Als Einflüsse aus Südwestdeutschland finden sich hier im Bereich der Gäuplatten Großgrabhügel, d.h. Hügel bis rund 90 m Durchmesser, wie sie in anderen Regionen Nordbayerns unbekannt sind. Entsprechend den Verhältnissen in Baden-Württemberg wird man diese Großgrabhügel als Grablegen einer fürstlichen Oberschicht ansehen dürfen. Ein direkter Nachweis dieser fürstlichen Oberschicht ist für Unterfranken noch nicht

Abb. 16: Besatzstücke und Schmuck eines spätbronzezeitlichen Zeremonialgewandes, wohl vom Bullenheimer Berg (Nr. 448).

möglich, da die betreffenden Gräber in alter Zeit ausgeraubt worden sind. Die Sonderstellung Unterfrankens zeigt sich weiterhin beispielsweise im Vorkommen der sogenannten Trennwandschalen. Bei ihnen handelt sich sich um regionale Umsetzungen von gekammerten Gefäßen der mitteldeutschen Billendorfer Kultur.

Insgesamt läßt die Hallstattkeramik in Nordbayern eine stark regionale Ausprägung erkennen. Charakteristisch für den älteren Abschnitt des 7. Jh. v. Chr. ist in der Oberpfalz eine mehrfarbige Keramik *(Abb. 17)*. Im jüngeren Abschnitt jenes Jahrhunderts setzt sich dort eine dunkel gebrannte Ware mit teilweise graphitierter Oberfläche und ehemals weiß eingelegten Abdruckornamenten durch. Nur wenige Gefäße in den jeweiligen Geschirrsätzen waren weiterhin bunt bemalt. Häufig sind dies weißgelbe Schalen mit schwarzen und roten Zickzackornamenten auf der Außenseite. Im 6. Jh. v. Chr. ist die bunte Keramik dann auf ein einziges farbiges Gefäß in der Geschirrausstattung reduziert. Mittelfranken zeigt in den an die Oberpfalz angrenzenden Landesteilen ein ähnliches Bild bei insgesamt geringerer Keramikqualität. Aus Oberfranken liegt keine mehrfarbige (d.h. drei- und vierfarbige) Keramik vor. Hier treten als Sondertypen allenfalls gelb oder hellbraun gebrannte Gefäße mit schwarzer Bemalung auf. Die gewöhnliche Ware ist dunkel gebrannt, flächige Graphitierung und Gefäßrauhung sind geläufig. Mit der letzteren Gefäßbehandlung liegt hier wie auch in Unterfranken ein nördlicher oder östlicher Einfluß vor. Keramische Sonderformen wie eine Schale mit Säulenfüßchen und eine große Pferdestatuette aus Ton (beide von Prächting, *Nr. 393 b*) dürfen in Nordbayern als keramische Kunstfertigkeiten gelten. Die unterfränkische Keramikproduktion fällt demgegenüber sehr stark ab. Die qualitätvollsten Erzeugnisse finden sich, was kaum verwundern kann, in der Zone der Großgrabhügel sowie des durch seine Salzgewinnung zu besonderem Wohlstand gelangten Grabfeldgaues. Es sind dies die nämlichen Regionen, in denen hallstattzeitliche Wagengräber vorkommen.

Die wenigen hallstattzeitlichen Wagengräber Oberfrankens treten in zwei Kleinregionen auf, nämlich am Obermain östlich von Lichtenfels und nordöstlich von Bamberg. Dagegen finden sich die Wagengräber Mittelfrankens und der Oberpfalz im Kernbereich der dortigen Hallstattkultur zwischen Altmühl und Vils.

Die Machtstrukturen der Hallstattzeit unterscheiden sich in Nordbayern recht auffällig von denen der Urnenfelderzeit. Während der Urnenfelderzeit bestand, wie erwähnt, ein System von größeren und kleineren befestigten Höhensiedlungen, wobei die Zugehörigkeit der „fürstlichen" Oberschicht zu diesen Siedlungen noch ungeklärt ist.

Abb. 17: *Hallstattzeitliche Schale von Schirndorf, Grab 189 (Nr. 445 a).*

Abb. 18: *Frühlatènezeitliche Maskenfibel vom Kleinen Knetzberg (Nr. 395 f).*

Während der Hallstattzeit gab es zunächst, d.h. im späten 8. sowie im 7. Jh. v. Chr., keine befestigten Höhensiedlungen mehr. Im Zentralgebiet Unterfrankens, d.h. in der Region der Gäuplatten, kennt man ein paar „Herrenhöfe" südbayerischer Art, von denen bisher allerdings nur die Anlage von Wolkshausen-Rittershausen (Lkr. Würzburg) untersucht wurde. Sie gehört in das 7. Jh. v. Chr. Ob diese Datierung für alle derartigen Anlagen Unterfrankens gilt und ob sie bis in das 6. Jh. weiterbestanden, ist derzeit noch ungeklärt. Im 6. Jh. v. Chr. existierten in Ober- und Mittelfranken sowie auch in Teilen Unterfrankens überwiegend kleine befestigte Höhensiedlungen. Ergraben wurde in Unterfranken bisher nur die Anlage auf dem Eiersberg bei Mittelstreu (Lkr. Rhön-Grabfeld). Sie erwies sich dabei als im 6. Jh. v. Chr. durch eine Brandkatastrophe zerstört.

Zu Beginn der **Latènezeit**, im 5. Jh. v. Chr., läßt sich für die Oberpfalz und die anstoßenden Gebiete Ober- und Mittelfrankens eine Phase besonderer wirtschaftlicher Blüte beobachten, die sich durch die besondere Qualität des Handwerkes in Töpferei und Bronzebearbeitung kundtut *(Abb. 18)*. Wie in der Urnenfelderzeit bestanden damals neben wenigen großen, befestigten Bergsiedlungen zahlreiche kleinere sowie eine Vielzahl von offenen Siedlungen. Inwieweit gleiche Verhältnisse auch für das gesamte Unterfranken anzunehmen sind oder nur für Teilbereiche, wie im Raum Schweinfurt mit seiner Höhensiedlung auf dem Kleinen Knetzberg (Lkr. Haßberge), ist derzeit noch unbekannt.

Die Unruheperiode der keltischen Wanderungen setzte in Nordbayern offensichtlich nicht überall ganz gleichzeitig ein. Nach Ausweis der Keramik brachen die Siedlungen in der Oberpfalz einschließlich der auf der im mittelfränkisch-oberpfälzischen Grenzgebiet gelegenen Houbirg bei Happurg (Lkr. Nürnberger Land) zuerst ab, gegen 400 v. Chr. oder ein bis zwei Jahrzehnte später. Aus Mangel an Grabungen läßt sich nicht sagen, ob die sonstigen Höhensiedlungen durch Brand zerstört wurden, wie dies auf dem Staffelberg (Lkr. Lichtenfels) und auf der Ehrenbürg (Lkr. Forchheim) nachgewiesen werden konnte *(vgl. Beitrag B.-U. Abels, Staffelberg)*. Nach Ausweis der Keramik bestanden die Anlagen auf dem Staffelberg und der Ehrenbürg etwa 2–3 Jahrzehnte länger als die Siedlungen der Oberpfalz.

Noch später endete die frühlatènezeitliche Besiedlung im Schweinfurter Raum. Dort wurde zwar gegen 400 v. Chr. die befestigte Höhensiedlung auf dem Kleinen Knetzberg (Lkr. Haßberge) aufgegeben, doch an anderer Stelle, nämlich in der Volkacher Mainschleife, eine neue angelegt. In der ersten Hälfte des 4. Jh. v. Chr. gab es im Gebiet von Schweinfurt eine außerordentlich dichte Besiedlung. Die Abstände der einzelnen Siedlungen voneinander betragen weniger als 2000 m, nicht selten sogar deutlich weniger (zwischen 500 und 1500 m).

Die in den dortigen Siedlungen geborgenen Scherben belegen eine sehr gute Qualität des Töpferhandwerkes. Dies läßt sich nicht von den Keramik-Erzeugnissen behaupten, die man zur gleichen Zeit (1. Hälfte des 4. Jh. v. Chr.) auf dem Eiersberg bei Mittelstreu (Lkr. Rhön-Grabfeld) verwendete. Die dortige Höhensiedlung, eine Abschnittsbefestigung auf einem Areal von 220 m Länge bei 130 m größter Breite und somit eine der kleineren Anlagen, wurde zu jenem Zeitpunkt nach vorangegangenen Zerstörungen erneut instandgesetzt. Wenn hier nun, im Gegensatz zu den Verhältnissen im übrigen Nordbayern, ganz überwiegend handgefertigtes Geschirr verwendet wurde und mit der Töpferscheibe produzierte Feinkeramik die Ausnahme ist, so scheint dies ein deutlicher Hinweis darauf zu sein, daß man sich in jener Gegend am Rande der keltischen Welt befand. Das wird auch aus dem Frauenschmuck dieser Region deutlich. Hier wurde einerseits die unkeltische Nadeltracht (anstelle von Fibeln) verwendet und andererseits ein geradezu barbarisch prunkvoll gestalteter Ringschmuck, der mit keltischem Stilempfinden nicht viel zu tun hat.

Allgemein sind das 4. und 3. Jh. v. Chr. in Nordbayern nur durch wenige Funde vertreten. In der Regel handelt es sich dabei um vereinzelte Grabfunde. Sie weisen auf den eher unsteten Charakter der damaligen Besiedlung hin, getragen von kleinen Bevölkerungsgruppen, die sich jeweils nur vorübergehend ansässig machten.

Erst in der späten Mittellatènezeit, wohl um die Mitte des 2. Jh. v. Chr., zu einem Zeitpunkt, als allgemein in Bayern die herkömmliche Bestattungssitte aufgegeben wurde, kam es zu einer neuen, sehr dichten Besiedlung Nordbayerns. Sie zeigt sich einerseits in der Erbauung der Oppida-Zentralorte und andererseits in der großen Zahl der offenen Siedlungen. In siedlungsgünstigen Arealen wie dem Maintal um Schweinfurt oder der Donauregion zwischen Regensburg und Straubing betragen die Abstände zwischen den einzelnen Siedlungsplätzen rund 2000 m.

Rund 100 Jahre später endete dann die letzte keltische Besiedlungsphase Nordbayerns durch ständige germanische Einfälle. Es wirft dabei ein bezeichnendes Licht auf die so ganz andersartigen gesellschaftlichen Strukturen der germanischen Stammesgruppen, wenn sie sich nicht in den ehemaligen keltischen Großsiedlungen niederließen, sondern stattdessen Dörfer in den Tallagen bevorzugten.

Gesellschaft

Frühkeltische Fürsten

Von Jörg Biel

Das 6. und 5. Jh. v. Chr. ist eine der spannendsten und glanzvollsten Epochen der Vorgeschichte Mitteleuropas, fassen wir hier doch zum ersten Mal eine Gesellschaft mit ausgeprägter Sozialstruktur, deren Spitze sich in den sogenannten Fürstengräbern widerspiegelt. Diese unter monumentalen Großgrabhügeln angelegten Prunkgräber mit ungewöhnlich reichen Ausstattungen gehören zu den spektakulärsten Funden, die wir aus unserem Gebiet kennen. Inspiriert durch die Schatzfunde Schliemanns in Troja prägte der württembergische Archäologe Eduard Paulus den Begriff

Abb. 19: Rekonstruktion eines Grabhügels mit Steinstele.

„Fürstengrab", als 1876 im Angesicht der Heuneburg an der oberen Donau beim Abgraben großer Erdhügel für landwirtschaftliche Zwecke reiche Gold- und Bronzefunde zu Tage kamen. Weitere Gräber dieser Art wurden in der 2. Hälfte des vorigen Jahrhunderts meist bei Meliorations- und Bauarbeiten im Verbreitungsgebiet der westlichen Hallstattkultur – also in Südwestdeutschland, der Nord- und Mittelschweiz und in Ostfrankreich – aufgedeckt. Gezielte Ausgrabungen in den riesigen Fürstengrabhügeln blieben dagegen die Ausnahme, stand der hohe Arbeitsaufwand doch in keinem Verhältnis zu dem unsicheren Ergebnis. So zeigte sich vor allem, daß die im Zentrum der Hügel gelegenen Grabkammern der Personen, für die man die mächtigen Hügel aufgeschüttet hatte, in der Regel schon im Altertum beraubt und ausgeplündert worden waren; reiche Funde sind daher meist nur in den seitlich in die Hügel eingegrabenen Kammern erhalten geblieben. Das Auffinden solcher Nebengräber setzt die Untersuchung des kompletten Hügels voraus oder aber Finderglück, wie es der schwäbische Geologe Oscar Fraas besaß, der den Großgrabhügel Kleinaspergle 1879 im Stollenbau anging. Er stellte fest, daß die zentrale Grabkammer des Hügels völlig ausgeplündert war, traf jedoch auf eine Nebenkammer, die reiche Funde geliefert hat. Die erste systematische Untersuchung eines Großgrabhügels erfolgte durch Gustav Riek, der – veranlaßt durch politische Umstände – den Hohmichele bei der Heuneburg in den Jahren 1937–39 flächenhaft anging. Wegen des Kriegsausbruches konnte dieses Unternehmen nicht abgeschlossen werden, doch blieb diese sorgfältige und detaillierte Untersuchung bis heute richtungsweisend. Die Aufdeckung des unberaubten Zentralgrabes von Vix bei Châtillon-sur-Seine in Burgund durch René Joffroy erbrachte 1953 den sicher bedeutendsten Fund Frankreichs mit dem größten und qualitätvollsten Bronzegefäß, das wir aus der griechischen Antike kennen – dem Krater von Vix *(Abb. 22)*. Die Grabkammer im Grafenbühl bei Asperg, die 1964 durch Hartwig Zürn untersucht wurde, war dagegen geplündert. Trotzdem belegen die geringen von den Grabräubern übersehenen Reste, daß es sich hier um die sicherlich reichste Grabausstattung gehandelt hat, die bisher aus der späten Hallstattzeit entdeckt werden konnte. Griechische Holzmöbel mit Elfenbein- und Bernsteinintarsien, die bekannte Sphinx *(Abb. 21; Nr. 121)* und weitere griechische Importfunde, darunter ein Bronzedreifuß, Reste von Goldschmuck und ein vierrädriger Wagen lassen den ursprünglichen Reichtum dieses Grabes nur erahnen. Welche Überraschungen diese Gräber enthalten können, zeigte dann die Untersuchung des Grabes von Hochdorf, die 1978–79 durch das Landesdenkmalamt Baden-Württemberg erfolgte. In dem ursprünglich 6 m hohen und 60 m Durchmesser haltenden Hügel war das zentrale Grab noch unversehrt und außerordentlich reich ausgestattet *(Nr. 471).* Da auch hier der gesamte Hügel untersucht werden konnte und wertvolle Beobachtungen zum Bestattungsvorgang und Bau dieser Hügel gemacht wurden, möchten wir an ihm exemplarisch die Fürstengräber erläutern, obwohl dieses Grab und jeder Hügel stark individuelle Züge tragen. Dies zeigt besonders eine weitere systematische Untersuchung, die des Magdalenenberges bei Villingen, die Konrad Spindler von 1970–1973 in dem wohl größten Grabhügel Mitteleuropas durchführen konnte.

Ohne hier auf Einzelheiten eingehen zu können, läßt sich die Bestattung des Hochdorfer Fürsten etwa wie folgt schildern. Der mit über 1,85 m große und im Körperbau außerordentlich mächtige Mann starb mit etwa 40 Jahren ohne eine am Skelett feststellbare Verletzung oder Erkrankung, die als Todesursache in Frage käme. Bis zur Beendigung der Bestattungvorbereitungen mußte der Leichnam konserviert werden, doch haben verschiedenartige Untersuchungen kein Ergebnis erbracht, wie dies geschah. Inzwischen wählte man den Platz für die Aufschüttung des Grabhügels wenig

östlich des heutigen Ortes Hochdorf (Kr. Ludwigsburg) und etwa 10 km westlich des Fürstensitzes auf dem Hohenasperg aus und schaffte die erforderlichen Baumaterialien heran. Zum Zimmern der Holzgrabkammern mußten Eichen gefällt und behauen werden, und mindestens 250 Tonnen Steine wurden aus einer Entfernung von 3 km angefahren. In dem Grabschacht von 11 x 11 m Größe und 2,5 m Tiefe wurde die eigentliche Kammer von 4,6 x 4,7 m Größe aus Stämmen gezimmert, die von einer zweiten, etwas größeren

Abb. 20: Die Goldschale aus dem Fürstengrab von Hochdorf (Nr. 471).

Abb. 21: Möbelbeschlag in Form einer aus Elfenbein geschnitzten Sphinx mit Bernsteingesicht (Nr. 121).

Kammer eingefaßt ist. Gleichzeitig wurde nördlich dieses Grabschachtes ein 1,5 m hohes Podium aufgeschüttet, das man mit einem aus Steinen gesetzten Eingang versah. Hier fanden die Totenfeiern vor der offenen, geschmückten Grabkammer statt. Für die Ausschmückung des Leichnams und die Präsentation der Kammer bei den Bestattungsfeierlichkeiten wurden in der Nähe durch Handwerker verschiedene Gegenstände hergestellt – Goldschmuck, Eisen-, Bronze-, Knochen- und Bernsteingegenstände. Neben der Ausstattung für das Jenseits dürfte die Zurschaustellung des Leichnams ein wichtiges Moment für die Ausschmückung der Grabkammer gewesen sein.

Über die Feiern selbst wissen wir aus archäologischen Quellen nichts; wir können nur vermuten, daß Trink- und Festgelage, Wagenfahrten und Totenspiele, wie sie sich in der Grabausstattung selbst widerspiegeln, eine große Rolle gespielt haben. Danach wurde die Kammer verschlossen, durch Stein- und Holzkonstruktionen gegen Grabraub geschützt, und der Erdhügel bis zu einer Höhe von 6 m aufgeschüttet. Hierzu grub man die Erde direkt um den Hügel ab, so daß er dann in einer wannenförmigen Vertiefung von 1,5 m Tiefe und 30 m Breite stand, was ihn noch mächtiger erscheinen ließ. Das gewaltige Grabmonument, dessen Bau eine große Arbeitsleistung erforderte, zeigte schon auf den ersten Blick die Macht und Bedeutung des in ihm Bestatteten *(vgl. Abb. 19)*.

Den Toten hat man traditionell ausgestattet. In feingesponnene und gewobene Tücher gehüllt trug er einen Hut aus verzierter Birkenrinde, als Standesabzeichen einen goldenen Halsring sowie einen Antennendolch in verzierter Bronzescheide, einen mit Bronzeblech verzierten Ledergürtel sowie Schnabelschuhe. Zum täglichen Leben gehörten ein Holzkamm, ein Rasiermesser, ein Nagelschneider sowie ein Köcher mit Pfeilen und vor allem drei Angelhaken, die seine persönliche Vorliebe anzeigen. Für die Bestattung hat man den Leichnam mit Gold verbrämt, Gürtel, Dolch und Schuhe wurden mit Goldblech überzogen, zwei Fibeln und ein Armring neu angefertigt. So geschmückt wurde der Leichnam auf einem Bronzebett oder eher einem Bronzesofa aufgebahrt *(Abb. 25)*. Dieses erstaunliche Möbelstück, bisher völlig singulär, ist 2,75 m lang. Die Rückenlehne zwischen den geschwungenen Seitenteilen ist durch eingepunzte Szenen verziert – Wagenfahrten und Schwerttänze sind dargestellt. Der Sitz wird von acht aus Bronze gegossenen Frauenfiguren getragen, die auf Rädchen stehen, so daß das Möbelstück in Längsrichtung gerollt werden kann. Dieses unter starkem Einfluß aus Oberitalien gebaute Möbelstück gehört im weitesten Sinn zur Ausstattung eines Banketts, pflegte

man doch im Süden beim Gelage – wie das Wort schon sagt – zu liegen. Die Ausstattung für ein solches Gelage schlägt sich im Grab von Hochdorf mit reichen Funden nieder. Neun Trinkhörner, davon eines aus Eisen mit einem Fassungsvermögen von fünf Litern, waren an der südlichen Kammerwand aufgehängt. Auch diese Hörner hat man für die Bestattung mit Gold verziert. Dazu gehört ein großer Bronzekessel, der mit 400 Litern Honigmet gefüllt war, wie botanische Untersuchungen gezeigt haben *(Abb. 24)*. Auf der Schulter des Kessels sind zwischen großen Henkeln mit Rollenattaschen drei Löwen befestigt. Diese Löwen und wohl auch der Kessel stammen aus einer großgriechischen Werkstatt in Unteritalien. Ähnlich dem schon genannten Krater von Vix ist es ein sehr qualitätvolles und auch für südliche

Abb. 22: Griechischer Bronzekrater aus dem Grab der Fürstin von Vix (Frankreich). 530/520 v. Chr.

Verhältnisse imposantes Stück und besaß einen entsprechenden Wert. Das Trinkservice, zu dem noch eine goldene Schöpfschale gehört *(Abb. 20)*, wird ergänzt durch ein Speiseservice aus neun Bronzetellern, drei Servierbecken und Schlachtgerät, das auf einem vierrädrigen Wagen aufgestapelt war. Solche Wagen gehören seit der späten Bronzezeit zur Ausstattung reicher Gräber. Der Wagen von Hochdorf war fast vollständig mit verziertem Eisenblech überzogen, so daß er in fast allen technischen Details rekonstruiert werden konnte. Zum Wagen gehört das Schirrzeug für zwei Pferde, die Tiere selbst folgten nicht in das Grab. Die Kammer war schließlich mit kostbaren Tüchern ausgeschlagen und belegt und mit Blumen geschmückt *(Abb. 26)*.

Der Hügel von Hochdorf gehört zu einer ganzen Reihe weiterer Großgrabhügel oder reicher Gräber, die den Hohenasperg nördlich von Ludwigsburg umgeben. Dieser Zeugenberg, der die wellige Lößlandschaft überragt und dominiert, bietet sich für die Anlage einer befestigten Siedlung zu allen Zeiten geradezu an. Jüngere Überbauung, vor allem eine starke Befestigung der Renaissancezeit, haben die archäologischen Schichten dieses Berges zwar zerstört. Informationen zu solchen Fürstensitzen besitzen wir jedoch vor allem durch die großflächigen Untersuchungen, die seit 1950 im Burgareal und in den Außenbereichen der Heuneburg an der oberen Donau durchgeführt wurden. Die auf einem Sporn über einer Donaufurt gelegene Burgfläche wurde im älteren Abschnitt ihrer Besiedlung durch eine in mediterraner Bautechnik und Architektur errichtete Wehrmauer aus luftgetrockneten Lehmziegeln mit zahlreichen Bastionen geschützt *(Abb. 165)*. Dieses ohne direkte Mitwirkung südlicher Baumeister kaum denkbare Bauwerk weist ebenso wie die zahlreichen Importe auf die starken Südbeziehungen der Anlage hin. In allerdings meist jüngeren Besiedlungsphasen als der geschilderten Lehmziegelmauer kamen gegen 100 Scherben von schwarzfigurigen attischen Gefäßen, Transportamphoren für Wein und Öl, Keramik aus Südfrankreich und kleinere Funde zutage. Eine Gußform für eine etruskische Bronzehenkelattasche belegt, daß hier durch Bronzehandwerker südliche Bronzegefäße nachgegossen und imitiert wurden. In der westlich vorgelagerten Außensiedlung wurden, vor allem durch spätere Großgrabhügel überschüttet und dadurch geschützt, die Spuren von großen Ständerbauten aufgedeckt, die kaum mit sozial niederstehenden Bevölkerungsschichten in Verbindung gebracht werden können. Die Geschichte der Heuneburg erscheint insgesamt recht wechselhaft – auf einer in einheimischer Technik errichteten Wehrmauer folgt die geschilderte Lehmziegelmauer, die über längere Zeit bestanden hat. Eine Brandkata-

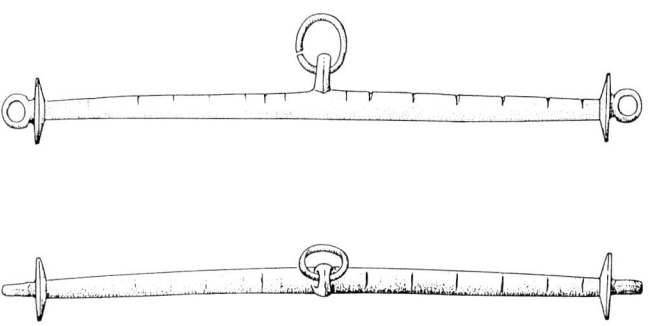

Abb. 23: Balken einer griechischen Feinwaage aus der hallstattzeitlichen Siedlung bei Hochdorf (Nr. 145 b).

strophe beendet diese Siedelphase, und auch die Außensiedlung scheint nun aufgegeben zu sein. Die Wehrmauern werden wieder in einheimischer Technik errichtet, und nach einem weiteren Brand ist die Heuneburg dann gewaltsam untergegangen – etwa ein oder zwei Generationen vor dem Hohenasperg.

Um zum wirtschaftlichen, gesellschaftlichen und politischen Hintergrund, vor allem zum Charakter der Südbeziehungen, zur Frage des Handels mit der griechischen Kolonie Massalia (Marseille) in Südfrankreich und auch mit Oberitalien neue Ergebnisse zu erhalten, bedarf es Untersuchungen vor allem zur Siedlungsgeschichte der späten Hallstatt- und frühen Latènezeit, die in Süddeutschland noch sehr im argen liegen. Siedlungsgrabungen, wie sie in Bragny-sur-Saône in Burgund am Zusammenfluß von Saône und Doubs oder in den vergangenen Jahren in Eberdingen-Hochdorf durchgeführt wurden, zeigen den Unterschied in der Siedlungsweise, etwa zu Bayern: Hier fehlen vergleichbare Fürstensitze oder mit Südimporten ausgestattete Gräber bisher, die sogenannten Herrenhöfe – durch Graben und Palisaden eingefaßte Hofanlagen bäuerlicher Natur – bezeichnen hier die soziale Spitze. Für die südlichen Händler war es kaum lohnend, diese Gegend aufzusuchen, für einen Austausch boten sich die Zentren des westlichen Hallstattkreises als potente Handelspartner sehr viel eher an. So ist auch die Abgrenzung oder Definition der Fürstensitze eher auf der Grundlage der allgemeinen Sozialstruktur als an Hand von fest definierten Kriterien vorzunehmen, die zudem stark vom Forschungsstand geprägt sind. Das Vorkommen einzelner attischer Scherben, etwa auf dem Ipf bei Bopfingen im Nördlinger Ries oder auf der Marienfeste bei Würzburg *(Nr. 132)*, reiht diese befestigten Bergsiedlungen noch nicht in die Fürstensitze ein, da ihr Umfeld völlig anders strukturiert

ist und die typischen Gräber mit Goldhalsringen und Südimporten fehlen. Sicherlich ist es nicht so, daß der Reichtum der Fürstensitze auf Grund der Südbeziehungen entstand, sondern umgekehrt, daß die schon ausgebildete Fürstenschicht für die italischen und griechischen Händler so attraktiv war, daß diese Beziehungen durch so wertvolle Geschenke wie den Hochdorfer Kessel oder den Bronzekrater von Vix bei Châtillon-sur-Seine gefestigt wurden – Geschenke, deren Wert sich sicherlich bezahlt machte. Kriegerische Aspekte in diesen Beziehungen fehlen völlig, die Fürstengräber sind waffenlos; hier wurden keine Raubritter bestattet, die im Süden plünderten. Allerdings ist noch völlig

Abb. 25: Bronzekline des Fürsten von Hochdorf (Nr. 471).

Abb. 26: Rekonstruktion der Grabkammer des Fürsten von Hochdorf (Nr. 471).

unbekannt, womit in dieser Zeit gehandelt wurde. Die Luxusgüter, die wir als imposante Einzelstücke in den Gräbern finden, oder die Fragmente griechischer Trinkgefäße in den Siedlungen sind nicht als Handelsgut anzusehen, sondern belegen einen intensiven Handel mit anderen Gütern. Das Modell „keltische Sklaven oder Krieger gegen griechischen Wein" ist viel zu einfach. Natürliche Rohstoffe wie Eisen oder Salz stehen bei den meisten Fürstensitzen wie Heuneburg, Mont Lassois oder Hohenasperg nicht zur Verfügung. Um diese Fragen weiter zu verfolgen, ist es dringend notwendig, den wirtschaftlichen Hintergrund der westlichen Hallstattkultur durch entsprechende Forschungen zu untersuchen und auch die Fundmaterialien in Südfrankreich und vor allem in Oberitalien nach Stücken aus dem Norden durchzusehen. Daß die um 600 v. Chr. gegründete ionische Kolonie von Massalia (Marseille) über den Rhônekorridor einer der Ausgangspunkte für diesen Handel war, dürfte recht klar sein; immer deutlicher werden aber direkte Beziehungen zu Oberitalien und zum Picenum, wie ja auch Ver-

bindungen über die Alpen schon seit dem späten Neolithikum bestanden haben. Dem Fund einer Feinwaage in der bereits genannten Siedlung von Eberdingen-Hochdorf kommt hier besondere Bedeutung zu *(Abb. 23)*.
Das Stück wurde in einer Kellergrube der Zeit um 550 v. Chr. gefunden. Der nur 11,5 cm lange, aus Bronze gegossene Waagbalken, dessen Gewichtsschalen fehlen, besitzt auf einem Schenkel Markierungen für ein Tariergewicht. Bei diesem Stück handelt es sich um die älteste Feinwaage im Gebiet nördlich der Alpen, und auch die genauen Fundumstände, auf die hier nicht näher eingegangen werden kann, sind sehr interessant. Solche Waagen kommen in der Regel zusammen mit Münzgold auf – in spätkeltischen Oppida, in römischer und merowingischer Zeit. So besteht hier ein Hinweis auf die Bezahlung von Handelsware mit griechischen Edelmetallmünzen, die im 6. Jh. v. Chr. aufkommen, ein Hinweis, der sicher noch im einzelnen belegt werden muß, dann aber die Handelsbeziehungen mit dem Süden doch in einem anderen Licht erscheinen lassen wird. Als

45

Waage eines Goldhändlers oder Goldschmieds ist dieses Stück viel zu isoliert.

Betrachtet man die einzelnen Fürstensitze genauer, so stellt man leicht fest, daß alle eine sehr individuelle Geschichte besitzen. Beginn und Ende sind völlig unterschiedlich, auch die Bedeutung der einzelnen Siedlungen scheint stark zu wechseln. So besitzt die Heuneburg ihre größte Bedeutung während der 1. Hälfte des 6. Jh. v. Chr., die dann mit dem Beginn der Fürstenschicht auf dem Hohenasperg, die – bisher allerdings nur an Grabfunden ablesbar – um 550 einsetzt, auf diese Siedlung übergeht, so daß schon überlegt wurde, ob die Herren des Hohenasperg von der Heuneburg stammen. Auch die Besiedlung des Mont Lassois in Burgund beginnt recht spät und endet im Vergleich zu anderen Siedlungen früh, während eine bedeutende Siedlung in Bourges bis in die volle Frühlatènezeit dauert. Beide Siedlungen werden mit dem Zinnhandel aus Britannien in Verbindung gebracht. Auch in der Schweiz hat der Üetliberg bei Zürich ein Fürstengrab der Frühlatènezeit erbracht, während die Besiedlung der Festung Châtillon-sur-Glâne im Üechtland schon früher endet. Bei allen ist jedoch das archäologische Umfeld kaum erforscht.

Auch die Grabhügel und ihre Gräber sind sehr individuell geprägt. Dies beginnt schon beim Bau der Grabkammern – Größe, Eintiefung und Konstruktion – und bei der Art der Hügelaufschüttung und wird in der Ausstattung der Gräber fortgeführt. Leider sind die Zentralkammern der ältesten und größten Grabhügel, des Hohmichele und des Magdalenenbergs bei Villingen, völlig ausgeraubt, so daß über ihr Inventar nichts mehr bekannt ist. Trotzdem kann man feststellen, daß allgemein eine Konzentration der Macht erfolgte. Wagen und Dolche, die früher in reichen Gräbern üblich waren, beschränken sich nun weitgehend auf die Fürstengräber. Deren Hügel werden nun zwar kleiner, ihre Ausstattung nimmt aber an Pracht und Reichtum zu. Der Glanz des unberaubten Fürstengrabes von Hochdorf darf uns nicht täuschen, der Grafenbühl und etwa auch das Grab von Vix sind sehr viel aufwendiger ausgestattet. Vor allem aber nimmt nicht nur die Zahl der Südimporte zu, sondern die in den älteren Gräbern recht verloren wirkenden etruskischen und griechischen Bronzegefäße werden nun den südlichen Trinksitten angepaßt. Gerade kleinere Gegenstände, wie etwa eine etruskische Eisenklapper, die beim Tanz Verwendung fand, zeigen, wie stark der Süden im Grab von Grafenbühl seinen Niederschlag gefunden hat.

Eng mit dieser Rezeption südlicher Ideen und Formen ist die Entstehung des eigentlichen keltischen Kunststiles zu sehen. Dies zeigen schon die Löwen des Hochdorfer Kessels. Das dem griechischen Vorbild von einheimischen Bronzegießern nachgearbeitete Stück ist keine Kopie, sondern verrät eigenes Stilempfinden. Der auf den ersten Blick recht simpel wirkende Löwe, der im übrigen technisch sehr viel besser gearbeitet ist als sein griechisches Vorbild, wirkt bei näherer Betrachtung durch seine Vereinfachung, sei sie nun gewollt oder nicht, sehr eindrucksvoll. Im Grab des Kleinaspergles ist der Frühlatènestil dann voll ausgebildet: Die Attasche einer nach südlichem Vorbild gearbeiteten Schnabelkanne zeigt ihn in bester Ausformung *(Abb. 117, Nr. 139).*

Einzelpersonen prägten immer sehr stark die Geschichte, wohl stärker als angeblich vorgegebene Entwicklungslinien oder Abhängigkeiten. Gerade im 6. und 5. Jh. v. Chr. wird dies besonders deutlich, als über die gesamte damals bekannte Welt neue Ideen entstanden, die bis heute fortwirken. Konfuzius, Lao-tse, Buddha, Zarathustra und die verschiedenen griechischen Philosophen und Naturwissenschaftler schufen in diesen Jahrhunderten neue Gedankenwelten, die die Geschichte beeinflußten. Weit davon entfernt sind unsere frühkeltischen Fürsten, doch lassen sie schemenhaft zum ersten Mal das Wirken einzelner Personen erkennen. Zur Entstehung und Entwicklung dieser Fürsten und der sie umgebenden Kultur gibt es inzwischen zahllose Theorien, die sich meist an bestehenden Modellen orientieren. Ob sie dadurch wissenschaftlicher sind als andere Überlegungen, sei dahingestellt.

Ganz allgemein kann man feststellen, daß die ältesten Fürstengräber noch sehr traditionell ausgestattet sind und unter mächtigen Hügeln liegen, deren Aufschüttung ein großes Arbeitspotential erforderte. Der Umfang der Hügelschüttungen nimmt nun mehr und mehr ab, dagegen werden die Ausstattungen immer reicher und hybrider. Darin mag sich eine allgemeine Degeneration dieser Fürstenschicht verbergen, die schließlich zu einem Zusammenbruch der Gesellschaft geführt hat. Nun brechen auch die Siedlungen des flachen Landes ab, die Struktur der Gräberfelder ändert sich völlig, und über zwei Jahrhunderte herrscht gerade in den Gebieten, in denen die Fürstensitze lagen, allgemeine Stagnation, während die Entwicklung in anderen Gebieten, wie etwa in der Marne-Champagne, in Böhmen und Mähren oder im Karpatenbecken, einen gewaltigen Aufschwung nimmt.

Frauen in keltischer Zeit

Von Andrea Lorentzen

Historische Zeugnisse über keltische Frauen sind nur spärlich überliefert. Schriftsteller wie Diodor (V, 32, 4), Caesar und Plutarch (48, 6) beschreiben den Mut der Frauen, ihre Stärke und ihre Autorität in Streitfragen, aber auch ihre Schminksucht und Geldgier. Caesar (b.G. VI, 19) hat sich zudem auch zur sozialen und rechtlichen Stellung der Frau geäußert. Er berichtet, daß die Männer den Frauen und Kindern gegenüber die Gewalt über Leben und Tod hätten. Er beschreibt aber auch, daß das eheliche Grundvermögen auf gemeinsame Rechnung verwaltet wird, und nach dem Tod des einen falle dem Überlebenden das Geld zu.

Bei Caesar (b.G. I, 53, 4) ist ferner zu lesen, daß keltische Frauen der gehobenen Gesellschaftsschicht aus politischen Gründen verheiratet werden konnten. Es heißt dort, Ariovist, der germanische Heerführer, habe zwei Frauen besessen. Die eine sei Suebin, die er aus der Heimat mitgebracht habe. Die andere stammte aus Noricum, dem heutigen Österreich. Sie sei die Schwester des Königs Voccio, die er in Gallien geehelicht habe, nachdem sie ihm von ihrem Bruder zugesandt worden war.

Die Zuverlässigkeit dieser Quellen ist umstritten, da sie zum Teil kein schlüssiges Gesamtbild liefern:

„Da gingen die Frauen mitten unter die Kämpfenden, nahmen sich der Streitsache an, schlichteten sie und fällten ihren Schiedsspruch so untadelig, daß in den Städten und Häusern ein erstaunliches Einvernehmen aller mit allen erwuchs. Seitdem blieben sie dabei, über Krieg und Frieden mit den Frauen zu beraten und über ihre Zwistigkeiten mit ihren Verbündeten durch jene entscheiden zu lassen" (Plutarch, Mulierum virtutes 6).

„Die Frauen der Gallier kommen nicht nur an Größe den Männern nahe, sondern sind ihnen auch an Stärke gewachsen" (Diodor V, 32, 1).

„Soviel Geld, wie ein Mann von seiner Gattin als Mitgift erhalten hat, legt er nach erfolgter Abschätzung aus Eigenem zu der Mitgift hinzu. Diese Geldsumme wird auf gemeinsame Rechnung verwaltet, und die Zinsen werden aufgespart; wer von ihnen den anderen überlebt, an den gelangen die Anteile von beiden zusammen mit den inzwischen aufgelaufenen Zinsen. Die Männer haben gegenüber ihren Frauen wie auch ihren Kindern die Gewalt über Leben und Tod (patria potestas), und wenn ein Familienoberhaupt aus besserem Hause stirbt, kommen seine Verwandten zusammen und führen über den Tod, wenn es Anlaß zu Verdacht gibt, gegen die Frauen eine Untersuchung durch, und zwar in der Art, wie man gegen Sklaven verfährt. Bestätigt sich der Verdacht, dann foltern sie sie mit Feuer und allen möglichen Martern und bringen sie um" (Caesar, b.G. VI, 19).

Die Berichte antiker Autoren spiegeln sicherlich in einigen Bereichen reale Verhältnisse wider, stets aber spielt die jeweilige Ambition oder Zielsetzung des Berichterstatters eine Rolle bei der Beurteilung der gesellschaftlichen Verhältnisse der „barbarischen" Nordvölker. Die Schilderungen sind häufig Idealbilder, die zur Erziehung der Leser dienen sollten, oder sie karikieren wie in der griechischen Komödie „Lysistrate" von Aristophanes außergewöhnliche Ereignisse. So ist beispielsweise die Tugend der germanischen Frauen bei Tacitus als Propaganda des Schriftstellers zu sehen, die den Lesern dieser Werke offenbar abhanden gekommene Werte wiederbringen sollen.

Hinter der ausführlichen Schilderung der kriegerischen Männerwelt tritt die Beschreibung der Lebensverhältnisse keltischer Frauen deutlich zurück. Erwähnenswert schienen den antiken Autoren wohl ohnehin nur die Unterschiede zum Leben der Frauen in ihrer eigenen Gesellschaft gewesen zu sein. Antike Quellen sind also nur bedingt nutzbar, wenn man etwas über das Leben der Frauen in der letzten Jahrtausendhälfte vor der Zeitenwende nördlich der Alpen erfahren möchte.

Frauen der Antike

Zur Ergänzung mag hier ein kurzer Blick auf die zur gleichen Zeit lebenden Frauen aus benachbarten Hochkulturen dienen. Wir kennen glaubwürdige zeitgenössische Äußerungen über das Leben damaliger Frauen. Vasenbilder und reich ausgestattete Grabkammern aus Etrurien vermitteln ein anschauliches Bild über die Rolle der Frau in der antiken Gesellschaft der Mittelmeerwelt.

Außergewöhnliche Persönlichkeiten fanden oft Beachtung der Dichter und Historiker. So wissen wir von der bekann-

Abb. 27: Glasarmringe aus latènezeitlichen Frauengräbern von Manching (Nr. 85).

Abb. 29: Reicher Amulettschmuck aus dem Kindergrab 71 von Hallein-Dürrnberg (Nr. 78). ▷

Abb. 28: Roter Haarzopf aus dem Grabhügel vom Hohmichele.

testen Lyrikerin des Altertums, Sappho, die an der Wende zum 6. Jh. v. Chr. auf der Insel Lesbos lebte, daß ihre Dichtkunst bereits zu Lebzeiten verehrt wurde. Einen Kreis junger Mädchen, die sie bis zu ihrer Hochzeit um sich scharte, erzog sie und übte so indirekt Einfluß auf Gesellschaft und Familie aus.

Frauen konnten auch höchsten politischen Einfluß gewinnen: am berühmtesten wohl Kleopatra, die selbstbewußte Herrscherin, die die Geliebte Caesars wurde und nach dessen Ermordung den gemeinsamen Sohn Kaisarion als Ptolemaios XV. zum Mitregenten erhob.

Überlieferungen über diese bedeutenden historischen Frauengestalten können sicherlich keine Allgemeingültigkeit beanspruchen. Gleichwohl vermitteln sie einen Eindruck vom Rollenverständnis einiger weniger Frauen in ihrem besonderen Lebenskreis. Es ist aber auch festzustellen, daß dieser Personenkreis literarisch besonders gewürdigt wurde, da er sich deutlich vom Alltäglichen abhob.

Daneben sind wir auch über das Alltagsleben der einfacheren Frauen informiert. Die achtbare Athenerin lebte – so wird überliefert – in Abhängigkeit von ihrem Ehemann zurückgezogen im häuslichen Bereich und war vom öffentlichen Leben weitgehend ausgeschlossen. Sie hatte im wesentlichen die Aufgabe, Hausarbeit zu leisten und für legitimen Nachwuchs zu sorgen. Zudem sollte sie keinerlei Gesprächsstoff liefern, weder im guten noch im bösen (Thukydides 2,45,2). Es gab Aufgaben, die ausschließlich der Frau vorbehalten waren. Hierzu zählt das Spinnen von Wolle. Die antike Bezeichnung für „Spinnerin" gibt es fast nur als weibliches Substantiv: bei den Griechen vor allem *chernetis*, bei den Römern *quasilaria*, letzteres jedoch nur für Sklavinnen.

Vom politischen Leben waren zwar auch die Frauen der Römer ausgeschlossen, einige von ihnen bekleideten jedoch religiöse Ämter oder hatten das Recht, Güter zu besitzen und selbst zu verwalten. Es gab ferner auch für Frauen niedrigen Standes die Möglichkeit, Dienstleistungen gegen Entlohnung anzubieten.

Die Situation der Etruskerin war hingegen eine ganz andere. Das Bildinventar in den Grabkammern Etruriens und antike Quellen lassen darauf schließen, daß diese Frauen an der Seite ihrer Männer einen größeren Anteil am gesellschaftlichen Leben hatten. Bildliche Darstellungen zeigen sie bei festlichen Szenen in gleichberechtigter Stellung. Auf Grabdenkmälern werden sie Seite an Seite mit ihren Männern abgebildet. Hohe Ämter waren von Männern wie von Frauen bekleidet. Zum Titel *rex sacrorum* kannte man das weibliche Gegenstück *regina sacrorum*.

All dies zeigt, daß die Rolle der Frau in der antiken Gesellschaft vielfältig sein konnte und nicht auf bestimmte Schemata begrenzbar ist.

Für den „barbarischen" Norden sind Fragen über die Aufgaben und Stellung der Frau ungleich schwerer zu beantworten. Aufgrund des weitgehenden Fehlens schriftlicher Quellen müssen hier Informationen aus den Ergebnissen der archäologischen Forschung zusammengetragen werden. Letztlich können dabei zwar weder ein vollständiges Bild gewonnen noch die Gefühle der Person über ihre eigene Stellung nachvollzogen werden, aber es lassen sich doch bestimmte Bereiche darstellen, die das Leben der keltischen Frau charakterisieren. Die wichtigste Quelle hierfür ist eine Analyse der Gräber. Es galt als gesellschaftliches Gebot, die Toten mit den Dingen auszustatten, die sie für ein Leben im Jenseits benötigten. Man kann davon ausgehen, daß die Ausstattung der Gräber Verhältnisse des Lebens widerspiegelt. Es wurde häufig besonderer Wert darauf gelegt, auch die rechtliche Stellung im Totengeleit und im Grab auszudrücken.

Fürstengräber

Außergewöhnliche Frauen wurden in besonders reich ausgestatteten Gräbern beigesetzt. Solche Inventare kennt man bereits aus der Zeit vor den historisch erwähnten Kelten. In der Hallstattzeit sind sie im Zusammenhang mit Zentralorten („Fürstensitzen") zu beobachten. Diese Tendenz setzt sich in die frühe Latènezeit fort.

Große Berühmtheit erlangte die „Dame von Vix", auch als Fürstin oder Prinzessin tituliert. Das ungewöhnlich reiche Grab aus der Zeit um 480 v. Chr. deutet auf ihre besonders hervorgehobene Stellung in der Gesellschaft hin. Sie war ausgestattet mit kostbarem Schmuck, vor allem wurden ihr aber auch typische Insignien zur Demonstration ihrer „Machtstellung" ins Jenseits mitgegeben. Hervorragendes Stück unter allen ist ein riesiges Mischgefäß für Wein (Krater, *Abb. 22*), den zugehörigen Deckel ziert eine Frauenfigur. Der Krater wurde in griechischen Werkstätten gefertigt und ist mit über 1000 l Inhalt das größte Gefäß dieser Art, das bislang aus der Antike überhaupt überliefert ist. Es stellt die Besitzerin als potentielle Gastgeberin dar, die eine große Zahl von Gästen mit alkoholischem Getränk versorgen konnte. Auch persönliche Machtinsignien fand man im Grab. Dazu zählt das Gold„diadem" der Dame von Vix, eine Art Halsring mit verdickten Enden.

Neben der Bestattung von Vix gibt es zahlreiche vergleichbare Gräber: Grab VI vom Hohmichele (um 500 v. Chr.,

Abb. 30: Spiegel aus dem Grab einer Fürstin von Reinheim (Saarland).

Die in diesen Gräbern erkennbare Führungsschicht verstand es, sich durch besondere Kleidung und rituelle Feste selbst darzustellen. Trink- und Eßgeschirr, Geschirr für Waschungen und Kochutensilien in den Gräbern zeigen, daß den Toten die Möglichkeit gegeben werden sollte, als Gastgeber im Jenseits ihrer Stellung entsprechend prunkvolle Gelage abzuhalten. Da dies alles sowohl in Frauen- als auch in Männergräbern zu beobachten ist, muß gefolgert werden, daß es offenbar in den oberen Gesellschaftsschichten keine Bereiche gab, die den Frauen vorenthalten blieben. Ausgenommen scheint lediglich das Tragen von Waffen zu sein. Der „Gleichberechtigung" in der Totenbehandlung bei der Führungsschicht liegen zum Teil einheimische Traditionen zugrunde. Es muß jedoch auch in Betracht gezogen werden, daß das Verhalten der Führungsschicht von südlichen Vorbildern beeinflußt ist. Gerade im 6.–4. Jh. v. Chr. ist an Hand der importierten Gegenstände in eben diesen Gräbern ein starker etruskischer Einfluß bemerkbar. Es ist auffällig, daß aus spätkeltischer Zeit (2.–1. Jh. v. Chr.) bis auf die Bestattung von Sinsheim-Dühren keine vergleichbaren Gräber mehr bekannt sind. Dies ist auf die Quellensituation zurückzuführen: In dieser Zeit ändern sich nämlich die Bestattungssitten, und es sind uns insgesamt nur noch sehr wenige Gräber überliefert.

Das tägliche Leben

Verläßt man die Ebene der reichsten Bestattungen, so sieht man sich einer großen Zahl durchaus ansehnlich mit Schmuck ausgestatteter Gräber gegenüber. Sie näher zu differenzieren, gelingt meist nicht. Ein Teil des Schmuckes

Abb. 28), Bad Dürkheim (4. Jh. v. Chr.), Reinheim (um 420 v. Chr.) und Waldalgesheim (um 430 v. Chr.). Daß sich die Tradition vereinzelt noch fortsetzt, zeigt der einzigartige Fund von Sinsheim-Dühren (um 150 v. Chr.). Die Grabausstattungen dieser Frauen stehen den gleichzeitigen reichsten Männergräbern in nichts nach. Herausragender Goldreichtum in Form von Hals-, Arm- oder Fußringen, Bernsteinkolliers, Wagen und Pferdegeschirr gehören zu den Bestattungen; ebenso südlicher Import, aber auch sehr feminine Attribute, wie Schmuckkästen oder Spiegel *(Abb. 30)*. Komplette Gelageservices für mehrere Personen und Speisebeigaben wie auch Messer zum Zerlegen der Fleischstücke fehlen ebensowenig.

Abb. 31: Frauendarstellungen auf Situlen des alpinen Kreises. ▷

gehört zur Kleidung: Insbesondere sind dies die Fibeln, also Gewandnadeln, mit denen die Kleidung zusammengesteckt war. Je nach Art des Gewandes, Untergewand und/oder Obergewand, schwankt die Anzahl der Fibeln. Auch aus Zahl und Art des Armschmuckes lassen sich nur schwerlich Rang- oder Besitzabstufungen erkennen. Der Schmuckreichtum mancher Gräber mag wohl auch ganz einfach einer persönlichen Freude am Schmuck entsprechen. Man wird hier nicht allzu große Überlegungen folgen lassen dürfen. Schmuckgegenstände und bevorzugte Tragcweisen lassen regionale Unterschiede erkennen. In einigen Fällen müssen die in den Gräbern gefundenen Schmuckstücke als Teil der Totentracht angesprochen werden. Doch läßt sich zumeist feststellen, daß der Schmuck der Frauen in den Gräbern von ihnen auch zu Lebzeiten getragen wurde, da Arm- und Fußringe nicht selten starke Abnutzungsspuren erkennen lassen. Geradezu auffällig sind die zahlreichen bunten Glasarmringbruchstücke in den Siedlungen seit dem 3. Jh. v. Chr. Die wenigsten dieser zerbrechlichen Modeschmuckstücke haben den Alltagsgebrauch überstanden oder sind unversehrt ins Grab gelangt *(Abb. 27).*

Frauengräber sind in ihrem Ausstattungsreichtum oft nur schwer miteinander vergleichbar. Es scheint jedoch Unterschiede zwischen Mädchen- und Frauengräbern zu geben. Bevor ein Mädchen in die Gemeinschaft der Frauen aufgenommen wurde, trug es meist anderen Schmuck. Typisch für die im Kindesalter Verstorbenen ist die Beigabe von zahlreichen Amuletten *(Abb. 29).* Auch Frauen trugen noch einzelne Amulette, zumeist kleine Anhänger und Perlen verschiedenster Form. Eine besondere Aufmerksamkeit verdient in diesem Zusammenhang der in Frauengräbern regelmäßig vorkommende Bernstein. Nach der Überlieferung

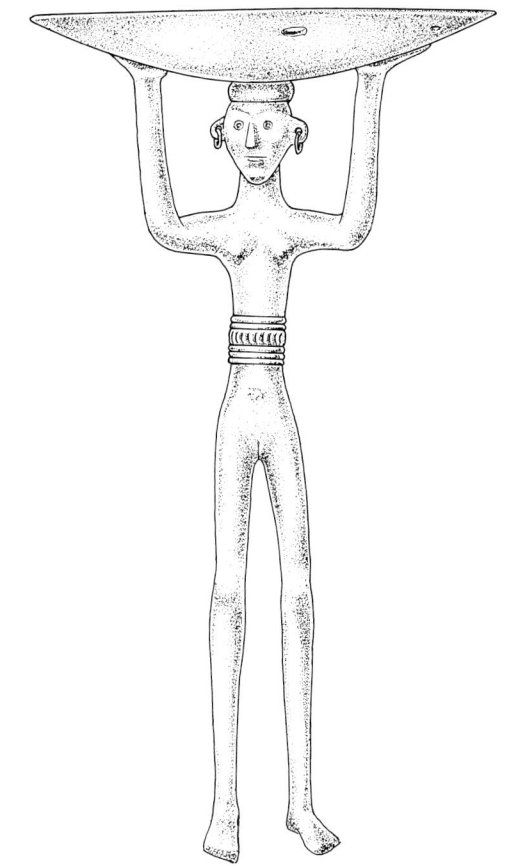

Abb. 32: Darstellung einer kesseltragenden Frau, Zentralfigur auf dem hallstattzeitlichen Kultwagen von Strettweg (Nr. 437).

von Plinius (Nat. hist. 37, 44) wird seit Hippokrates dem Bernstein Heilwirkung zugeschrieben. Er sollte die Trägerin vor bösem Zauber schützen und Unheil abwehren. Je nach Besitzverhältnissen – Bernstein, das „Gold des Nordens", mußte von den Küsten der Ostsee eingetauscht werden – lagen mehr oder weniger große und viele Bernsteinperlen im Grab. Da fast alle Bernsteinfunde dieser Zeit als Grabbeigaben überliefert sind und diese selten in Siedlungen gefunden wurden, scheint man der von Plinius beschriebenen magischen Wirkung offensichtlich vertraut zu haben.

Weitere Beigaben, die Aufschluß über die Aufgabe der Frau zu Lebzeiten geben, sind nur selten. Grab 68 vom Dürrnberg enthielt Eisengerät, das als Schlüssel interpretiert wurde (Pauli, Dürrnberg I, 263). Schlüssel als Grabbeigabe findet man häufig im Inner- und Südalpenraum. Ob damit ein Hinweis auf die Schlüsselgewalt gegeben ist (Dürrnberg I, 263), wie sie in späterer Zeit der keltischen Frau zugeschrieben wurde, läßt sich nur vermuten.

Spinnwirtel und Webgewichte als typisch weibliche Attribute kommen zu allen Zeiten in prähistorischen Frauengräbern vor. Weitere Beigaben, die die Stellung der Bestatteten zu Lebzeiten charakterisieren könnten, kennen wir nicht. Betrachtet man dagegen Beigaben in den Gräbern keltischer Männer, so fällt auf, daß diese gelegentlich mit Beigaben bestattet wurden, die eng mit ihrer Stellung vor dem Tode verknüpft sind. Das Schmiedewerkzeug in dem reichen Grab von La Gorge-Meillet, das Arztbesteck in dem berühmten Grab von München-Obermenzing, Holzwerkzeug aus einem Grab von München-Harlaching, ein goldenes Schiff am Dürrnberg in Grab 44, 1 oder zahlreiche Waffen charakterisieren die gesellschaftliche Stellung der Bestatteten als Schmied, Arzt, Handwerker, Schiffer oder Krieger.

Viele der schmuckreichen Gräber repräsentieren Frauen der gehobenen Bevölkerungsteile. Diesen waren traditionelle Rollen zugedacht, wie sie auch aus den antiken Gesellschaftssystemen bekannt sind: Arbeiten im häuslichen Bereich, Beaufsichtigung des Personals, Erziehung der Kinder, Überwachung des Hausbesitzes, Versorgung mit Wasser und Nahrungsmitteln. Das Stereotyp der produktiven (Weben, Töpfern) und reproduktiven Rolle (Gebären und Nahrungsbeschaffung) der Frau war sicher überall im mitteleuropäischen Bereich bestimmend.

Eine dieser klassischen Tätigkeiten war das Weben. Nach der aus dem 5. Jh. v. Chr. stammenden, in Stein gehauenen „Rechtskodifikation" von Gortyn auf Kreta galt die Hälfte dessen, was die Frau „eingewoben" hatte, als ihre persönliche Habe. In den homerischen Epen Ilias und Odyssee stellen Gewebe einen bedeutenden Teil des Gesamtvermögens dar. Gewänder für Hochzeit und Tod, Familienkleidung und Wäsche gehörten zum häuslichen Besitz, den die Frau zu verwalten hatte. Die Herstellung von Textilien für den täglichen Gebrauch ist in archäologischen Funde zahlreich bezeugt. Webgewichte, Spinnwirtel oder etwa Nähnadeln bezeugen die Verarbeitung von Textilien.

Die winzigen Fibeln aus den Frauengräbern seit der späten Hallstattzeit können nur als Verschluß sehr feiner Tuche gedient haben. Sie zeugen davon, daß qualitätvolle Stoffe jedenfalls seit dem Ende der Hallstattzeit und zunehmend in der frühen Latènezeit auch nördlich der Alpen als Material für die Bekleidung verwendet worden sind. Unter den aus den Frauengräbern von Hohmichele stammenden hallstattzeitlichen Textilfunden sind besticktes Ripsgewebe, vermutlich Seide und aufwendige Stickereien.

Ferner gibt es aus der Peripherie des keltischen Gebietes bildliche Darstellungen, die typische Tätigkeiten der Frauen veranschaulichen. Auf Situlen und Tonurnen werden weibliche Figuren in langen Gewändern als Gefäß- und Lastentragende bei Gelagen dargestellt *(Abb. 31)*. Als Tänzerinnen und Musikantinnen und an Webstühlen arbeitend kehren sie auf Tonurnen von Sopron wieder *(Abb. 104 A)*. Auch das etruskische Tintinnabulum aus Bologna zeigt Frauen bei der Textilverarbeitung. Allerdings müssen hier nicht unbedingt reale Vorgänge dargestellt sein. Zum Teil handelt es sich nämlich um die Wiedergabe fester Bildertypen, die Erzählmotiven entsprechen, etwa die Geschichte der den Lebensfaden spinnenden und abschneidenden Göttinnen Klotho, Lachesis und Atropos.

Es ist ein glücklicher Zufall, wenn sich anekdotische Berichte antiker Autoren archäologisch bestätigen lassen. Athenaios schreibt: *„Es gibt gewisse Flüßchen, die Goldkörner mit sich führen. Diese werden von Frauen und körperlich schwachen Männern aus dem Sande herausgesiebt, gewaschen."* (Athenaei Naucratitae Dipnosophistarum libri 15). Ausgrabungen nahe einer keltischen Goldwaschanlage am Fluß Otava bei Modlešovice in Böhmen brachten vor 50 Jahren zwei bronzene, latènezeitliche Frauenarmringe zu Tage. Man vermutete einen Zusammenhang mit der Textstelle von Athenaios. Doch erst eine Nachgrabung 1992 durch Jan Michalek erbrachte weitere Sicherheit, da er in zwei Hütten zahlreiche Gegenstände bergen konnte, die ausschließlich auf Frauen deuten, vor allem Ringschmuck und Spinnwirtel.

Kult und Religion

Manche Opfergaben lassen von der Männerwelt getrennte Lebensbereiche der Frau erkennen. Im Jahre 1882 wurde in der Riesenquelle bei Dux in Böhmen ein großer Opferfund entdeckt *(Nr. 453)*. Er enthielt ausschließlich Frauenschmuck: Fibeln, Fingerringe und filigrane Armringe. Dies läßt auf einen Quellkult schließen, dessen Opfergaben aus der weiblichen Sphäre stammen und der deshalb vermutlich auch den Frauen vorbehalten war. Ganz im Gegensatz dazu stehen Opferfunde mit Waffen, in denen sich selten Schmuckstücke von Frauen befinden. Genannt seien hierzu nur die Funde von Förker Laas Riegel (Kärnten, *Nr. 50*), Bern-Tiefenau oder aus den Heiligtümern von Gournay-sur-Aronde *(Nr. 463)* oder Ribemont (Frankreich). Hier dominiert die kriegerische Sphäre der Männer.

Im Ahnenkult werden analog zum Grabbrauch Mann und

Frau gleichbehandelt. Der Neufund zweier Kalksteinstatuen in einer Viereckanlage nahe Vix bei Châtillon-sur-Seine zeigt ein Paar, Frau und Krieger *(Nr. 466 a, b)*. Und auch der Götterhimmel war den Frauen nicht vorenthalten. Caesar erwähnt unter fünf Göttern nur eine Göttin im keltischen Götterhimmel. Sie wird mit dem römischen Namen „Minerva" bezeichet, zuständig für Handwerk und Kunst (b.G. VI, 17). Es muß jedoch mehr weibliche Gottheiten gegeben haben. So sind auf dem berühmtesten Bildzeugnis keltischer Religion, dem Kessel von Gundestrup (Dänemark) sieben Frauen dargestellt, die als Göttinnen interpretiert werden. Aus gallo-römischer Zeit ist namentlich Epona bekannt, die Schutzgöttin der Pferde. Hinzu kommen in dieser Zeit zahlreiche lokal verehrte Gottheiten *(vgl. Beitrag J. Untermann)*.

Sicher lassen sich aus dem Vorkommen weiblicher Gottheiten keine Folgerungen für die tatsächliche Stellung der Frau in der keltischen Gesellschaft ziehen. Zum Teil werden hier traditionelle Bilder des alteuropäischen und mediterranen Kulturkreises aufgenommen. Die zwischen zwei Tieren dargestellte weibliche Gottheit auf dem Gürtelhaken von Hölzelsau repräsentiert einen solchen Bildtypus *(Abb. 13)*. Dargestellt ist die „Göttin der Tiere", ein altes mediterran-levantinisches Bildmotiv. Auch die Darstellung nackter Frauen in der Hallstattzeit, etwa auf dem Wagen von Strettweg oder als Stützfiguren unter der Kline aus dem reichen Grab von Hochdorf *(Abb. 44)*, ist nicht mit einheimischen Bildtraditionen erklärbar.

Zusammenfassung

Das Bild der Frau im vorkeltischen und keltischen Mitteleuropa war durch Vielfalt geprägt. Die Selbstdarstellung der Oberschicht in ihren Gräbern schließt Frauen mit ein. Ob durch Heirat, Herkunft oder eigene Leistung, jedenfalls sind die Statussymbole der aristokratischen Oberschicht in Frauengräbern ebenso vertreten wie in den Gräbern der Männer. Persönliches Ansehen und eigener Besitz dokumentieren sich damit.

Archäologische und schriftliche Quellen können kein vollständiges Gesellschaftsbild der Frau liefern. Sie beleuchten nur einzelne Aspekte sehr differenzierter Rollenverteilung. Die politisch dominante Rolle, wie sie in der Bestattung der „Fürstin von Vix" zu sehen ist, ist hier ebenso zu nennen wie die traditionelle Rolle, die in anschaulicher Weise der Fund eines Spinnwirtels in einer Siedlung belegen würde. Es besteht letztlich Einvernehmen, daß das eigene Rollenverständnis der Frauen damit nicht gemeint sein kann. Gefühlshaltungen und Selbstbewußtsein sind archäologisch nicht faßbar, und auch schriftliche Quellen vermitteln hier nur das subjektive Bild des Betrachters.

Krieger der Latènezeit

Von Susanne Sievers

„*Der zweite Stand ist der der Ritter. Wenn ein Krieg ausgebrochen ist, ... stehen diese alle im Felde und haben möglichst viele Gefolgschaftsleute oder Hörige um sich*" (Caesar, b.G. VI, 15). Unsere Vorstellung von den Kelten ist ganz wesentlich vom Krieg und dessen Auswirkungen geprägt. Hierzu haben vor allem die – wenn auch nicht unbedingt objektiven – Kriegsberichte antiker Autoren beigetragen. Die bekannten hellenistischen Galater-Statuen zeigen in der Regel den besiegten Kelten, der Fries des Pergamonaltars oder der Bogen von Orange präsentieren dessen Waffen *(Abb. 33, 34)*. Doch auch wenn wir uns auf die archäologischen Quellen beschränken würden, hätten wir, vor allem vom 4. bis zum 1. Jh. v. Chr., den Eindruck eines unruhigen, kriegerischen Zeitalters.

Um dies besser beurteilen zu können, ist ein Blick auf die Krieger der vorausgehenden Späthallstattzeit nützlich. Wir beschränken uns hierbei auf den Westhallstattkreis, zu dem auch das heutige Bayern gehörte. Schriftliche Nachrichten aus dem 6. und 5. Jh. v. Chr. fehlen zwar, doch verfügen wir über zahlreiche Waffen als Grabbeigaben, und unter diesen steht zahlenmäßig die Lanze mit Eisenspitze an erster Stelle. Eiserne Kurzschwerter mit Antennenknauf, für den Nahkampf gut geeignet, sind die Vorläufer für die typischste Waffe der späten Hallstattzeit, den Dolch. Er besteht ebenfalls aus Eisen, doch können Griff und Scheide, in unterschiedlichster Form verziert, auch in Bronze hergestellt sein.

Da bei einigen Dolchtypen die Klinge extrem kurz ist, ja sogar einschneidig sein kann, und der Ziercharakter allgemein stark betont ist, der Dolch überdies zur Ausstattung sog. Fürstengräber gehört, wird davon ausgegangen, daß er in erster Linie als Abzeichen für führende Persönlichkeiten gedient hat. Als Waffe war der Dolch höchstens im Handgemenge benutzbar. Vielleicht wurde im Kampfgeschehen neben der Lanze aber auch das Langschwert eingesetzt, das jedoch in der Beigabensitte so gut wie gar keine Rolle spielte. Von nur zwei Exemplaren stammt immerhin eines aus Bayern (Etting).

Weil es bei dieser Quellenlage kaum möglich ist, kriegerische Rüstung und Kampfesweise zu rekonstruieren, wenden

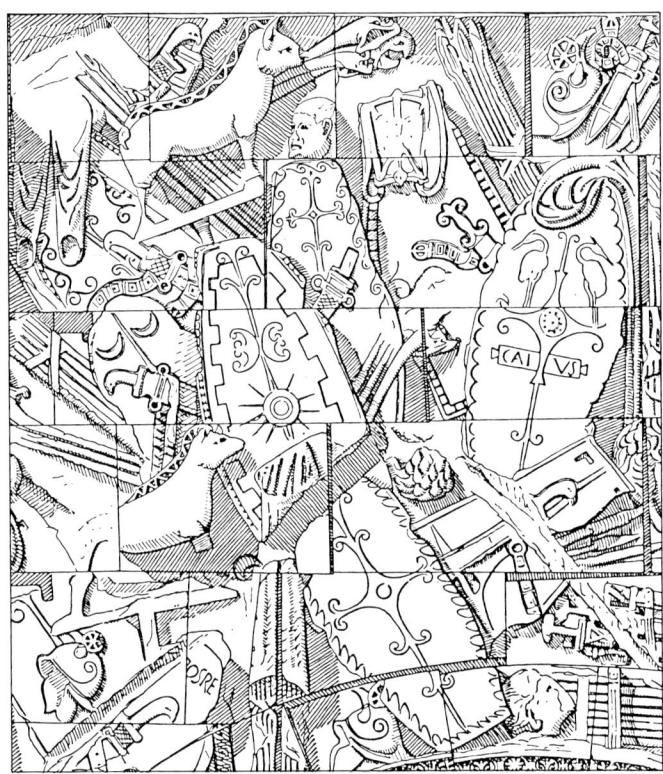

Abb. 33: *Darstellung keltischer und griechischer Waffen auf dem Fries des Pergamonaltars*

Abb. 34: *Darstellung keltischer Waffen auf dem Triumphbogen von Orange (Südfrankreich).*

wir uns in Richtung Mittelmeerraum, zu dem die Mächtigen der Späthallstattzeit, wie wir durch zahlreiche Importe wissen, enge Kontakte hatten. Da sich überlegene Kampftaktiken damals wie heute besonders schnell durchsetzten, können wir annehmen, daß z.B. die im Süden entwickelte Phalanx, in der die Lanzenkrieger in geschlossener Reihe vorrückten, die Kampfesweise unserer Hallstattleute in der einen oder anderen Weise beeinflußt hat. Dies kommt womöglich in der häufigen Lanzenbeigabe zum Ausdruck. Darstellungen der im Südostalpenraum verbreiteten Situlenkunst zeigen entsprechend Aufmärsche gleichförmig mit Lanze, Schild und Helm ausgestatteter Krieger *(Abb. 35)*. Doch sind dies nicht die einzigen südlichen Einflüsse auf die Kriegskunst. Bolzenförmige Geschosse und sog. skythische Pfeilspitzen, die in Siedlungen gefunden wurden, schließlich die Lehmziegelmauer der Heuneburg an der oberen Donau sind der Beweis dafür, daß die Waffen und Verteidigungsbauten des mediterranen Raumes auch nördlich der Alpen bekannt waren. In der stark hierarchisch strukturierten Bestattungssitte des westlichen Hallstattkreises spielte das kriegerische Element allerdings keine tragende Rolle. Die beigegebenen Waffen – dies belegt auch die dolchbewehrte Grabstele von Hirschlanden *(Abb. 37)* – repräsentieren weniger den Krieger als vielmehr den Aspekt der Macht.

Es verwundert nicht, daß in einer Zeit, in der die Luxus-, aber auch Gebrauchsgüter des Südens zunehmend bekannt wurden, sich offensichtlich aber allein im Besitz einer dünnen Führungsschicht befanden, Raubzüge hin zu den Quellen all dieses Reichtums unternommen wurden. Sicherlich ist es kein Zufall, daß mit dem Wandel von der Hallstatt- zur Latènezeit, also mit dem Beginn der keltischen Wander- und Plünderungszüge, der eher zierliche und reich geschmückte Dolch in der Beigabensitte dem wesentlich martialischeren Schwert, das klar den Krieger kennzeichnet, weichen mußte. Die gewaltige Auswanderungswelle, die nun einsetzte, wurde von dem für die Kelten typischen Gefolgschaftswesen begünstigt. Neben der Abwanderung von Familienverbänden bzw. ganzer Stämme ist mit großen Gruppen jugendlicher Abenteurer zu rechnen, die sich überall im Mittelmeerraum als Söldner verdingt haben. Die Plünderung Roms nach der Schlacht an der Allia (387 v. Chr.) sei stellvertretend für die Ereignisse dieses Zeitraums genannt.

Wenn sich auch im Vergleich zur Hallstattzeit in der Frühlatènezeit die Kampfesweise womöglich nur wenig geändert hat, so fassen wir doch nun plötzlich weiträumig in den Gräbern das ganze im Kriegsgeschehen verwendete Waffenspektrum: Schwert, Lanze, Wurfspeer, Pfeil und Bogen, Helm,

Schild und Streitwagen. Zwar gibt es die unterschiedlichsten Waffenkombinationen, doch treffen wir in weiten Teilen Europas ähnliche Formen an. An die hierarchisch geprägte Bestattungssitte der Hallstattzeit, in der südliches Importgut eine große Rolle spielte und die Waffen als Machtsymbol beigegeben wurden, erinnern noch vereinzelte Gruppen reicher Kriegergräber im Marne- und Hunsrück-Eifel-Gebiet, aber auch am Dürrnberg bei Hallein und in Böhmen. Hier lernen wir den zweirädrigen Streitwagen kennen, der im Grabbrauch den schwerfälligeren, vierrädrigen Hallstattwagen ersetzt hat. Die Grabstele von Padua zeigt solch ein Gefährt. Caesar beschreibt 300 Jahre später die keltische Geschicklichkeit während des Kampfgeschehens (b.G. VI, 33): „. . . *sie bringen es durch tägliche Übungen so weit, daß sie . . . die Pferde . . . Wendungen machen lassen und selbst die Deichsel entlanglaufen, in der Höhe des Joches halten und von dort schnell in die Wagen zurücklaufen können*“. Diese Streitwagen waren neben einem Wagenlenker mit einem zweiten Krieger besetzt, der neben einer Stoßlanze mit einer Reihe kürzerer Wurfspeere bewaffnet war. Zu den reichen Grablegen gehörten außerdem oft spitzkonische, reich verzierte Bronzehelme, die ihren Träger golden leuchtend über die Menge herausragen ließen. Auch aus Bayern, wo, wie in der Hallstattzeit, sog. Fürstengräber fehlen, kennen wir einen

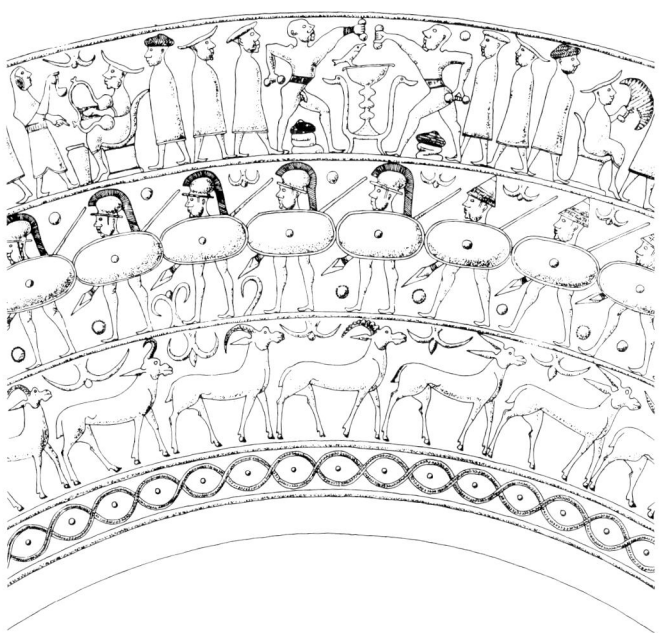

Abb. 35:   Aufmarsch keltischer Krieger auf der Situla von Providence.

Abb. 36: *Darstellung von Kriegern auf einer Schwertscheide aus Hallstatt (Oberösterreich).*

Abb. 37: *Grabstele von Hirschlanden (Nr. 481).*

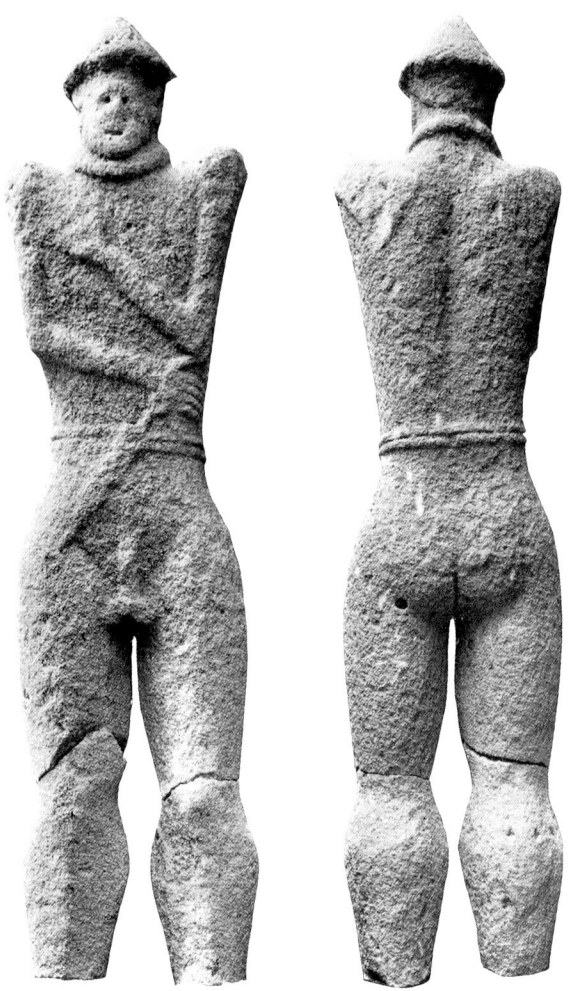

solchen Helm, der bei Garstadt im Main gefunden wurde *(Nr. 454).* Grundbestandteile der Rüstung waren ovale Holzschilde mit spindelförmiger Mittelrippe, von denen nur vereinzelt Metallbeschläge erhalten sind, sowie Eisenschwerter mit z.T. deutlich anthropomorphem Griff, die an der rechten Seite an einem Ledergurt mit reich dekoriertem Haken getragen wurden. Die Schwerter waren vor allem zum Zustechen, weniger zum Hieb geeignet. Die bronzene oder (meist) eiserne Schwertscheide war häufig verziert, wofür das Schwert von Hallstatt ein besonders anschauliches Beispiel ist, da auf seiner Scheide Krieger dargestellt sind *(Abb. 36).* Wir sehen die mit Schild und Lanze versehenen einfachen Fußsoldaten sowie die mit Lanze, halbkugeligem Helm mit Scheitelknopf und in einem Fall mit Schwert gerüstete Reiterei. Daneben müssen wir mit Schleuderern und Bogenkriegern rechnen, deren Waffen aber nur selten zu den Grabbeigaben gehörten. Das Steinrelief von Bormio zeigt zwei Gegenstände, die für den Ablauf des Kriegsgeschehens gleichfalls von nicht zu unterschätzender Bedeutung waren: ein Signalhorn und eine Standarte.

Für den Zeitraum der Mittellatènezeit besitzen wir eine Fülle schriftlicher Nachrichten, die die Wanderzüge der Kelten z.B. nach Kleinasien (278/77 v. Chr.) betreffen, von keltischen Söldnern in Griechenland, Sizilien, Karthago, Ägypten und Kleinasien berichten oder von der Beteiligung keltischer Stämme an den punischen Kriegen (218–216 v. Chr.) an der Seite Hannibals erzählen. Daneben werden die kriegerischen Auseinandersetzungen zwischen Kelten und Römern in Oberitalien geschildert. Allerdings ist jetzt auch die Quellenlage nördlich der Alpen besser als je zuvor. In Gräberfeldern von Frankreich bis zum Balkan sind führende Krieger gleichförmig mit Schwert, Lanze und Schild, ab und zu mit Helm bestattet. Aus keltischen Siedlungen und Heiligtümern (z.B. Manching) sind uns große Massen an Waffen überliefert, und der Niederlage der Galater in Kleinasien verdanken wir nicht nur die Waffenfriese auf dem Pergamonaltar, sondern auch eine Reihe von Gallier-Skulpturen.

Wohl nicht zuletzt aufgrund der Erfahrungen in zahlreichen Kriegen außerhalb des keltischen Kernraumes änderten sich Details der Bewaffnung allmählich. So können wir z.B. feststellen, daß die Schwerter ihre ausgeprägte Spitze verloren und bei wachsender Länge immer mehr zum Hieb geeignet waren. Dies spricht für die zunehmende Bedeutung der Reiterei. Die Klingen wurden teilweise in einer aufwendigen Lamellentechnik geschmiedet und mit „magischen" Schlagmarken versehen *(Nr. 113)*. Der Schmuck der Schwertscheiden beschränkte sich zunehmend auf den Bereich des Scheidenmundes; die Restfläche war häufig nur noch mit feinen Punzmustern bedeckt. Diodor bemerkte ganz richtig, daß die Schwerter „*von eisernen oder ehernen Ketten herabhängen*" (V, 30). Bei den manchmal verzierten oder randlich ausgeschnittenen Lanzen- und Speerspitzen können wir eine große Variantenbreite beobachten. Von der Tendenz her werden die anfangs recht breiten Blätter schmaler und mit einer kräftigen Mittelrippe verstärkt. Ein eiserner Lanzenschuh schützte das Schaftende und diente zur Not ebenfalls als Waffe. Wenn auch sicherlich nicht jeder Krieger ein Schwert besaß, so gehörte zur Grundausstattung auf jeden Fall der inzwischen längere Ovalschild. Bei der Metallverstärkung der spindelförmigen Mittelrippe ist ein Wandel von zweiteiligen zu einteiligen, von schmalen zu breiten bandförmigen Buckeln, die die Hand schützen sollten, zu beobachten. Für die Schlacht bei Telamon (Italien) erwähnt Polybios zusätzlich Streitwagen, die nun nicht mehr in die Gräber mitgegeben wurden. Folgen wir der schriftlichen Überlieferung, so spielten aber gerade die Streitwagenkrieger und die Reiterei bei den Kämpfen mit den Römern eine herausragende Rolle. Auf diese beiden Gruppen blieb sicher auch die Metallpanzerung beschränkt: Kettenhemden sowie kalottenförmige Helme mit Nackenschutz und Wangenklappen. Daß wir aus Bayern weder Panzer noch Helme kennen, beweist einmal mehr, daß wir die Grabausstattung nicht unbedingt mit der tatsächlichen Rüstung gleichsetzen dürfen. Die einzige Wangenklappe aus Manching z.B.

stammt aus einem kultischen Waffendepot. Polybios bestätigt uns, daß die Kelten durchaus nicht alle gleich ausgestattet in die Schlacht zogen (II, 28, 29): „*Die Insubrer und Bojer gingen in ihren Hosen und leichten Mänteln in den Kampf, die Gaesaten dagegen warfen sie aus Eitelkeit und kühnem Mut weg und standen unbekleidet, bloß mit den Waffen angetan, in der ersten Linie*". Weiter berichtet er: „*und alle Leute der ersten Abteilung waren mit goldenen Hals- und Armbändern geschmückt*".

Für die Kelten besaß der Kampf in Verbindung mit ihrem Glauben an die Seelenwanderung offensichtlich eine rituelle Dimension; und so trug z. B. auch der rauh tönende Klang der Blasinstrumente dazu bei, daß sich die Krieger fast wie in einem Rausch mit Todesverachtung in den Kampf stürzten, der ihnen Gelegenheit bot, ehrenvoll ins Jenseits zu gelangen. All dies machte die Kelten zu unberechenbaren und gefährlichen Gegnern, deren Verhalten häufig nicht kalkulierbar oder rational erklärbar war. Hierzu gehört auch, daß sie den getöteten Feinden den Kopf abhieben und ans Pferd gebunden mit sich führten, ja eine derartige Trophäe gar aufbewahrten, ein Brauch, den wir auch aus Manching kennen.

Verweilen wir kurz in Manching, wo auffällig viele Waffen gefunden wurden, die in ihrer Mehrzahl aus der Mittellatènezeit stammen. Da man Waffen nicht so ohne weiteres verliert, gehören sie normalerweise nicht zum Fundbestand von Siedlungen und erfordern dort eine eigene Erklärung. Nur Kleinteile wie Pfeilspitzen, Lanzenschuhe oder Beschläge kann man hier erwarten. In Manching sieht das Fundspektrum vielfältiger aus. Hier gibt es, im Zentrum verteilt, Schwertklingen und -scheiden, Gürtelketten, Schildbuckel und Lanzenspitzen, eine Zusammensetzung, die wir auch aus mehreren Depots im Umkreis eines Heiligtums kennen *(Abb. 144, 145)*. Zum Teil tragen die Klingen Hiebscharten und sind mehr oder weniger stark verbogen; es ist naheliegend, dies mit Kampfspuren zu erklären. Extrem stark verbogene Waffen, wie wir sie gleichfalls aus Manching

Abb. 38: Aufmarsch keltischer Krieger auf dem Kessel von Gundestrup (Dänemark).

Raumes, so auch in Bayern, nur vereinzelt auf Gräber zurückgreifen können. Archäologische Hauptquelle sind jetzt zwar allgemein die Oppida mit ihrem oft immensen Fundstoff, doch können wir dort, wie wir am Beispiel Manchings gesehen haben, nur ausnahmsweise mit größeren Waffenteilen rechnen.

Die Schwerter besitzen nun bis zu 1 m lange Klingen. Mit ihren zumeist stumpfen Enden geben sie sich als reine Hiebschwerter zu erkennen, wie sie vor allem für die jetzt zusätzlich mit Sporen bewehrte Reiterei typisch sind. Die Schwertscheiden mit ihren eng anliegenden Ortbändern und

kennen, sind bei den Kelten dagegen immer mit kultischen Handlungen, ob am Grab oder in einem Heiligtum, in Verbindung zu bringen. Die stark deformierten Waffen in Manching können, da Gräber innerhalb der Siedlung auszuschließen sind, also nur zu einem Heiligtum gehört haben. Hinzu kommt, daß ihre auf das Zentrum beschränkte Verteilung überraschend mit der der Einzelteile des Manchinger Rosses übereinstimmt, das sicher in einem Heiligtum aufgestellt war (Abb. 146). Die weite Streuung der Waffen kann nur mit großräumigen Planierungen erklärt werden, wie sie etwa nach gewaltsamen Zerstörungen erforderlich sind. Bedeutet dies vielleicht die Plünderung oder Einäscherung eines Teiles der Siedlung, gar eines Heiligtums? Daß am Ende des 2. Jh. v. Chr. die Züge der Kimbern und Teutonen die keltische und bald auch die römische Welt in Angst und Schrecken versetzt haben, kommt hinzu, und wir können zumindest nicht ausschließen, daß Manching Opfer eines solchen Überfalls geworden ist. Ob auch das endgültige Ende Manchings Folge kriegerischer Auseinandersetzungen war, können wir bisher anhand der Waffen nicht feststellen.

Wenden wir uns den Kriegern der Spätlatènezeit zu, so ist unsere schriftliche Hauptquelle nun Caesars Bericht über den gallischen Krieg, und mit den Waffen des Kriegsschauplatzes Alesia, wo er 52 v. Chr. die Gallier vernichtend geschlagen hat, besitzen wir ein genau zu datierendes Spektrum. Dies ist deshalb von Bedeutung, weil wir wegen eines Wechsels der Bestattungssitte in weiten Teilen des keltischen

Abb. 39: Krieger von Vachère (Frankreich). ▷

leiterartigen Zwingen wirken zunehmend funktional und sind nur ausnahmsweise mit Durchbruchsarbeiten verziert. Metallene Schwertketten haben wieder einfachen Lederriemen Platz gemacht, von denen nur noch kräftige, z.T. geflügelte Ringhaken aus Bronze oder Eisen übrig sind. Fast ausschließlich um Gewässerfunde handelt es sich bei den bajonettartigen Knollenknaufschwertern *(Abb. 152)*, von denen eines bei Regensburg in der Donau gefunden wurde. Über ihren Einsatz bei Kämpfen ist uns leider nichts bekannt. Die Lanzen und Speere weisen, wie besonders Alesia zeigt, eine große Formenvielfalt auf. Solche mit kräftiger Mittelrippe und massiver Spitze stehen im Vordergrund; extrem breite und zudem verzierte Stücke wie das Exemplar von Kelheim gehören vielleicht eher zu den Feldzeichen. Neben den Schild mit spindelförmiger Mittelrippe und mehr oder weniger bandförmigem Buckel tritt nun – wie in Kelheim – der Schild mit Rundbuckel, der auf germanische Einflüsse zurückgeht *(Abb. 38)*. Die kalottenförmigen Helme mit breiter Krempe und ausgeschnittenen Wangenklappen sind in der Regel aus Eisen und haben ihren Schmuckcharakter weitgehend verloren. Sie sind von den späteren römischen Legionärshelmen kaum zu unterscheiden. Daß das Kettenhemd, das ebenfalls von den Römern übernommen wurde, nach wie vor zur keltischen Ausrüstung gehörte, zeigt die Statue des Kriegers von Vachère *(Abb. 39)*. Von Streitwagen berichtet Caesar nur noch in Zusammenhang mit seinem Aufenthalt bei den britischen Inselkelten. Ausschlaggebend war nun die Reiterei; doch waren leicht bewaffnete, bewegliche Fußtruppen, die z.T. zwischen den Reitern agierten, nach wie vor unentbehrlich. Den Ausgang eines Kampfes entschieden aber nicht nur die eigentlichen Schutz- und Trutzwaffen, sondern, neben den bereits erwähnten Blasinstrumenten und Feldzeichen, einfache Wurfgeschosse jeglicher Art, Schleudersteine, Pfeile, aber auch Mauersicheln, Sturmdächer sowie der Einsatz von Feuer und Pech.

Wir haben gesehen, daß die Kelten von ihrer zunehmend von funktionalen Aspekten bestimmten Ausrüstung her den Römern keineswegs unterlegen waren. Ganz im Gegenteil übernahmen diese vom Schwert bis zum Panzer keltische Waffenformen und konnten sich in Alesia nur noch mit Hilfe der Germanen der keltischen Reiterei erwehren. So bleibt die Frage nach der endgültigen Niederlage der Krieger der Latènezeit, die in der Statue des sterbenden Galliers so eindrucksvoll vorweggefunden wurde *(Abb. 9)*. Lag es an der oft beschriebenen Disziplinlosigkeit, an mangelnder Taktik oder am Gefolgschaftswesen, das letztlich einem dauerhaften Zusammenschluß der keltischen Stämme entgegenstand? Ausschlaggebend war sicherlich die stetige Uneinigkeit der Kelten, die sich Caesar in Gallien oft genug zunutze gemacht hat und die vielleicht auch einer der Gründe dafür war, daß die in unseren Raum eindringenden Germanen nicht auf den nötigen Widerstand gestoßen sind.

Besiedlung

Befestigte Höhen der Urnenfelderzeit und der älteren Eisenzeit in Süddeutschland

Von Peter Schauer

Die Erforschung der befestigten Höhen aus Urnenfelder- und älterer Eisenzeit in Süddeutschland, der durch Platzwahl und Erhaltung teilweise beeindruckenden Baudenkmäler zwischen dem 14. und dem 7. Jh. v. Chr., steht nach nahezu einem Jahrhundert intensiver Untersuchungstätigkeit unter verschiedenen fortifikatorischen, topographischen und chronologischen Fragestellungen noch am Anfang. Einen um die Ergebnisse vielfältiger neuer Beobachtungen und Teilausgrabungen ergänzungsbedürftigen, dennoch grundlegenden archäologischen Bericht zum Stand der Forschung hat Rafael v. Uslar unter dem Stichwort „Burg" im Reallexikon der Germanischen Altertumskunde 4 (1981) 124 ff. mit ausführlichem Literaturanhang zum Thema gegeben[1]. Neue Anläufe, den Forschungsgegenstand in Süddeutschland zu systematisieren und nach übergeordneten Gesichtspunkten zu definieren, gingen von mitteldeutschen Ausgrabungsbefunden und Veröffentlichungen einschlägiger wissenschaftlicher Zusammenkünfte aus[2]. Derartige Neueinschätzungen süddeutscher Verhältnisse[3] mußten aber zwangsläufig unzureichend bleiben, da weder systematische Landesaufnahme betrieben noch klärende Ausgrabungen angesetzt werden konnten. Bereits die chronologischen Zuweisungen von befestigten Anlagen ganz unterschiedlicher Größe zur Urnenfelder- oder gar zur älteren Eisenzeit lassen sich zumeist in Zweifel ziehen, da das dafür in Frage kommende Fundgut vielfach unsystematisch aufgelesen wurde, häufig unzureichend vorgelegt ist oder nicht ausreicht. Dementsprechend sind die bereits veröffentlichten Verbreitungskarten nur unter Vorbehalt von Nutzen.

Die letztlich auf kulturgeschichtliche Würdigung des noch völlig ungeklärten archäologischen Sachverhaltes zielenden, mutig unternommenen Forschungsschritte (Deutung: „Zentralorte")[4] haben trotz aller kartographischen und siedlungstopographischen Illustration *(vgl. Abb. 40)* und gelegentlich verklausulierter Scheindaten wenig bestandssichere Ergebnisse zur Sache selbst erbracht. Nach dem Stand der Forschung war dies auch nicht zu erwarten; einerseits fehlen aussagekräftige, gut dokumentierte Ausgrabungsergebnisse in den herangezogenen Höhenbefestigungen Süddeutschlands selbst, andererseits gibt es durchweg keine grundlegende landeskundliche Fundaufnahme in den sie umgeben-

den engeren Landschaften (bis zu 10 km Entfernung vom sog. „Zentralort")[5].

Welche Probleme im einzelnen noch zu lösen sind, zeigt der knapp gefaßte Untersuchungsbericht von Walter Janssen über ausgewählte Hortfunde der jüngeren Bronzezeit aus Nordbayern, in dem Deponierungen von fränkischen Höhenbefestigungen (Bullenheimer Berg, Schwanberg, Großer Knetzberg, Hesselberg und Ehrenbürg) neben solchen aus dem Flachland eine besondere Rolle zukommt[6]. Der erfahrene Ausgräber macht auf Befund-, Datierungs- und Deutungsprobleme in den von ihm herangezogenen urnenfelderzeitlichen Höhenbefestigungen aufmerksam, die im Kern die Beurteilungsschwierigkeiten aller bislang bekanntgewordenen Anlagen ansprechen. Sein Hinweis, daß nur gut beobachtete und dokumentierte Ausgrabungsbefunde die anstehenden siedlungsarchäologischen Fragen werden lösen helfen, wird durch die bislang erzielten Ergebnisse eines auf Feuchtbodensiedlungen der ausgehenden Jungsteinzeit und frühen Metallzeit konzentrierten Forschungsprojektes am Bodensee, am Federsee und im mittleren Lechtal bestätigt. Hier wird vor Augen geführt, welche Voraussetzungen geschaffen werden müssen, um zu gesicherten siedlungskundlichen Aussagen zu gelangen[7].

Daraus ergibt sich, daß es an dieser Stelle nicht möglich sein kann, einen auch nur halbwegs begründeten Überblick über die hier in Frage stehenden archäologischen Phänomene zu geben. Vielmehr können nur anhand von einzelnen Beobachtungen Aspekte der noch zu lösenden Fragenvielfalt aufgezeigt werden. Schon eine erste Musterung der vorläufig als urnenfelderzeitlich eingestuften Höhenbefestigungen Süddeutschlands macht deutlich, daß nach der Größe der hier herangezogenen befestigten Flächen zwischen 0,6 (Haimberg bei Fulda) und 88,25 ha (Houbirg bei Happurg, Kr. Nürnberger Land, Mittelfranken) eine ganz unterschiedliche Nutzung der einzelnen Anlagen (die Zeitstellung noch größerer ist unbestimmt) vorausgesetzt werden muß. Ob etwa die Ehrenbürg, Lkr. Forchheim, Oberfranken, mit einem Bergplateau von 36 ha Fläche schon während der Urnenfelderzeit befestigt war, ist, obgleich von dort bedeutende urnenfelderzeitliche, meist einzeln geborgene Fundstücke vorliegen, einstweilen nicht zu entscheiden. Ob innerhalb

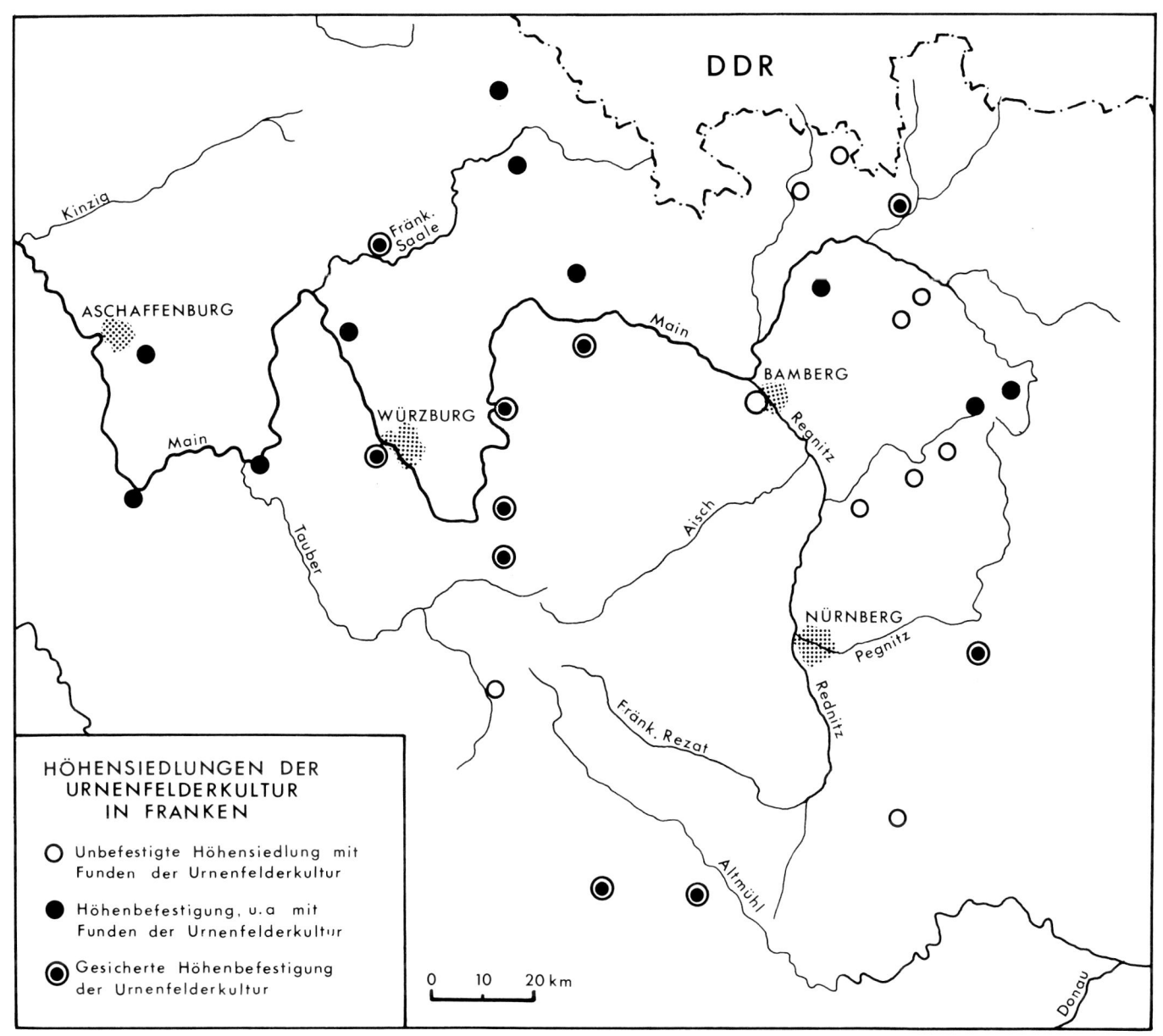

Abb. 40: Kartierung der Höhensiedlungen.

der Fläche des nahezu 50 ha großen Befestigungsbereiches des Staffelberges, Stadt Staffelstein, Oberfranken, noch zusätzliche urnenfelderzeitliche Befunde nachgewiesen werden können, nachdem eine anscheinend unbefestigt gebliebene Siedlung der älteren Früheisenzeit auf dem Plateau wahrscheinlich geworden ist, bleibt dahingestellt.

Um die Problemlage, die sich aus den bislang vorgetragenen Deutungsversuchen für die Höhenbefestigungen der Urnenfelderzeit in Süddeutschland ergibt, anschaulich zu machen, werden an dieser Stelle ausgewählte Anlagen von unterschiedlicher Größe insoweit vorgestellt, wie es ihre derzeit bekannten Lesefunde und Ausgrabungsergebnisse erlauben.

63

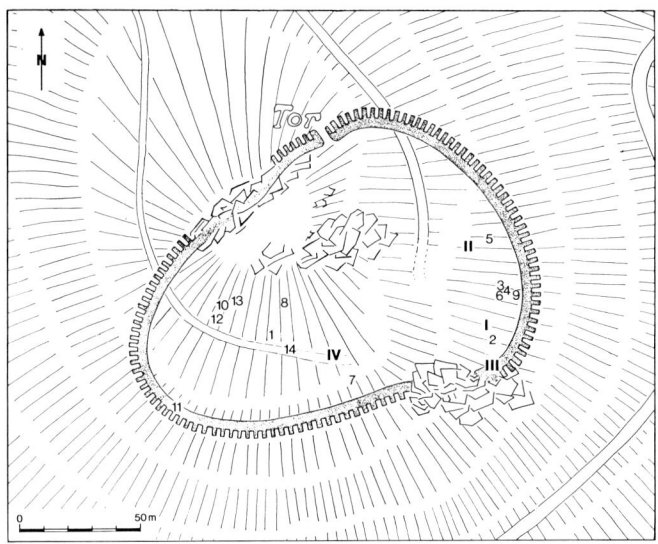

Abb. 41: Plan vom Bleibeskopf im Taunus.

Mauer von ca. 3 m Breite und 3,5 m Höhe, wohl aus der späten Urnenfelderzeit (HaB 3, 8 Jh. v. Chr.), überlagert wird. Die Innenfläche der Heunischenburg bleibt einstweilen unausgegraben. Trotz intensiver Suche konnte kein zugehöriger Friedhof festgestellt werden.

Der Ringwall auf dem 480,1 m hohen **Bleibeskopf** bei Dornholzhausen, Gde. Bad Homburg v. d. Höhe, Hochtaunuskreis, Hessen, im Staatsforst Bad Homburg v. d. Höhe gelegen, gibt den Blick nach Südosten auf die Vortaunusebene frei *(Abb. 41)*. Die in Trockenmauertechnik errichtete breit-ovale Befestigung von 3,0–3,15 m Breite wurde an der einem Bergsattel zugewandten Nordostecke von einem Tor unterbrochen.

Spuren hölzerner Verankerungskonstruktionen der Mauer konnten bei den zwischen 1909 und 1910 von Chr. Ludwig Thomas durchgeführten Grabungsschnitten und kleinen Flächenabdeckungen wegen des fortgeschrittenen Verfalls nicht festgestellt werden. Außer dem zentralen Felsenkamm des Bleibeskopfes gliedern ein regelrechtes „Felsenriff" im Zentrum des Südwest-Nordost-Wallverlaufes sowie ein breit gelagertes Felsterrain im Südosten, auf das der Bering beidseitig zuläuft, die 1,4 ha große Innenfläche. Ihre drei Höhenabstufungen werden vom erhaltenen Rest des einstigen Walles umzogen. Auffallend ist nicht nur die Einbeziehung der Felspartien in den ehemaligen Mauerverlauf, sondern auch die für Siedlungsvorgänge wie Verteidigung gleichermaßen ungünstige Abstufung der kleinen Innenfläche in drei Ebenen.

Auffällige Fundkonzentrationen in dem seit 1899 aufgemessenen Ringwall bewogen C. L. Thomas, dort sog. „Wohnplätze" zu vermuten. Allerdings konnten Pfostenlöcher in dem für feinere Beobachtungen ungeeigneten Gelände nicht nachgewiesen werden. Nach Ferdinand Maier läßt das von C. L. Thomas geborgene Fundgut – darunter Handmühlsteine – die Vermutung zu, der Ringwall habe eine ständig bewohnte Höhensiedlung geschützt. Wolfgang Dehn erwog, ob der Berg mit seinen auffälligen Felsgruppen nicht von besonderer Bedeutung „im Bereich von Kult und Opfer" gewesen sein könnte. Bislang sieben Bronzedepotfunde, die durch Metallsondengängerei mittlerweile womöglich um weitere vermehrt wurden, verweisen mit ihrem Spektrum von bäuerlichem (Sicheln) und Holzhandwerksgerät (oberständige Lappenbeile), Arm- oder Fußringschmuck und Gußkuchenresten auf regionale bronzeverarbeitende Werkstätten. Es ist bislang jedoch keinesfalls ausgemacht, daß diese Handwerksbetriebe der spätesten Urnenfelderzeit (HaB 3, 8. Jh. v. Chr.) auf dem Bleibeskopf ihren ständigen Sitz hatten.

Aus der Vielfalt der dabei schwer einzuordnenden Einzelergebnisse und der sich daran knüpfenden Fragen wird ersichtlich, daß die Forschung gegenwärtig noch weit davon entfernt ist, sich begründet mit den „Höhenbefestigungen" der Urnenfelder- und frühen Eisenzeit auseinandersetzen zu können.

Befundschilderungen von zwei nahezu gleichgroßen und wohl weitgehend einem chronologischen Horizont angehörenden, teilweise ausgegrabenen Wallanlagen eröffnen unsere Zusammenstellung.

Zwischen 1983 und 1987 wurde von Björn-Uwe Abels die sog. **Heunischenburg**, Gde. Kronach-Gehülz, 4 km westlich Stadt Kronach, Oberfranken, auf dem spornartig nach Südwesten vorspringenden, 486 m hohen Wolfsberg untersucht *(Abb. 58; vgl. auch Beitrag B.-U. Abels)*. Ein 110 m langer, 10 m breiter, außen bis zu 3,5 m hoher, gerader Wall aus Buntsandsteinen riegelt etwa 150 m nordöstlich der Spornspitze die Berghochfläche ab. In der Nordost-Ecke der Befestigungsanlage deutet sich eine Torgasse an. Die Wallschnitte und Flächenabdeckungen im Torbereich erbrachten folgende Ergebnisse: Es handelt sich um eine dreiperiodige Anlage, deren älteste, unbefestigte Siedlung noch der ausgehenden älteren Urnenfelderzeit angehört (HaA2, 11. Jh. v. Chr.). Von der nächstjüngeren Befestigungsphase während der jüngeren Urnenfelderzeit (HaB, 11./10.–9./8. Jh. v. Chr.) haben sich die ausgeglühten Reste einer Steinmauer erhalten, die von einer dreischaligen Sandsteinquader-

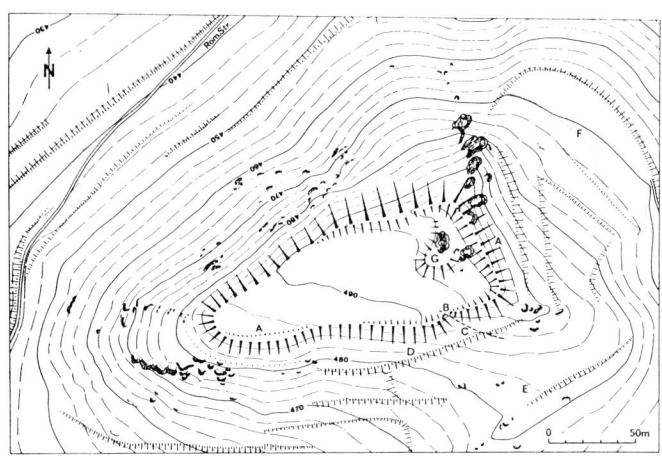

Abb. 42: *Plan des Ringwalles auf dem Rollenberg bei Hoppingen, Stadt Harburg, Lkr. Donau-Ries.*

Abb. 43: *Plan des Großen Knetzberges (Unterfranken).* ▷

Als Einzelfunde sind fragmentierte Waffen (Lanzenspitzen, Schwertklingenstück) nachgewiesen, die zusammen mit dem keramischen Fundgut die durch die Depotfunde bereits angezeigte Datierung der Ringwallanlage in die Stufe HaB 3 (8. Jh. v. Chr.) bekräftigen. Solange keine Gesamtuntersuchung der Bergkuppe durchgeführt ist, bleibt einstweilen diese Datierung verbindlich.

Ein hinreichend begründeter Vergleich des Ringwalles auf dem Bleibeskopf ist weder mit der Heunischenburg noch mit dem Ringwall auf dem **Haimberg,** Gde. Fulda-Haimbach, Hessen, einer 416 m hoch gelegenen Kuppe des Vogelsbergs, möglich. Die von einem ovalen „Schlackenwall" mit Holzkasten-ähnlicher Konstruktion (Flächenabdeckungen 1900 und 1928) umzogene Haimberg-Fläche beträgt 1,3 ha. Auch hier wurden bedeutende Bronzefunde (HaB 3, 8. Jh. v. Chr.) bei Steinbrucharbeiten nach und nach geborgen.

Zu den kleineren Höhenbefestigungen wie der Heunischenburg oder dem Bleibeskopf zählt auch der Ringwall auf dem **Rollenberg** bei Hoppingen, Kr. Donau-Ries, Bayerisch Schwaben (Ringwall von 165: 65 m), der sich wie der gegenüberliegende größere Ringwall auf dem Burgberg bei Heroldingen als markante, befestigte Anhöhe über das Wörnitz-Tal erhebt. Eine natürliche Felsbastion wurde am Berggipfel in die Randbefestigung mit einbezogen. Auf der Wallrück-

seite nahe der Biegung zum Ostwall befand sich ein alter Zugang, der durch die leicht gegeneinander versetzten Wallenden angezeigt wird *(Abb. 42).*

Nach der von Ernst Frickhinger im Jahre 1914 vorgenommenen Sondage in der Randbefestigung scheint es sich um ein Holz-Erde-Werk mit Kiesfüllung gehandelt zu haben. Aus zahlreichen Scherbenfunden innerhalb der umwallten Fläche ist ersichtlich, daß deren Nutzungs-Schwerpunkte in der mittleren Bronzezeit, der jüngeren Urnenfelderzeit und der frühen Latènezeit lagen. Der mittleren Hallstattzeit und der späten Latènezeit gehören nur wenige Keramikbruchstücke an. Auf einer die östliche Innenfläche der Ringwallanlage um 3–4 m überragenden Felsterrasse (G) fand der Ausgräber eine kreisrunde, 30 cm starke Brandschicht von ca. 4 m Durchmesser. Daraus wurden etwa 6 Zentner Tonscherben zusammen mit vielen Tierknochen geborgen. Die Hauptmenge der dort aufgefundenen Keramik verweist E. Frickhinger in die Urnenfelderzeit. W. Dehn und Hermann Josef Seitz machten 1951–52 ähnliche Beobachtungen auf dem Stätteberg bei Unterhausen a. d. Donau bzw. am Osterstein bei Unterfinningen, Lkr. Dillingen, Bayerisch Schwaben, die sie als Opferplätze deuteten. W. Dehn zog zusätzlich verwandte Befunde auf dem Gipfelplateau des Weiherberges bei Christgarten, Kr. Donau-Ries, und auf dem Rollenberg heran.

Der Brandopferplatz auf dem Plateau des Rollenberges bezeichnet eine (Teil-?) Funktion der kleinen Ringwallanlage. Deren möglicher Bezug zum benachbarten größeren Burgberg bei Heroldingen, von dem urnenfelderzeitliche Funde vorliegen, ist noch ungeklärt.

Zu den urnenfelderzeitlichen Höhenbefestigungen kleinerer bis mittlerer Größe zählt die nahezu in Form einer ausgespannten Tierhaut angelegte Wallanlage auf dem **Großen Knetzberg**, Neuhauser Forst, Lkr. Haßberge, Unterfranken *(Abb. 43)*. Ein 1986 durchgeführter Wallschnitt an der Südspitze der Umwehrung ließ einen dreiperiodigen Aufbau der Befestigung erkennen. Auf einer zuunterst angetroffenen, zusammengepreßten Schicht schwarz verbrannter Eichenbohlen (Stärke 20 cm) waren übereinander zwei mächtige, mehr als 2 m breite Mauern aus unvermörtelten Bruchsteinen errichtet worden. Unklar ist noch, ob die Holzstruktur von einer Umwehrung stammt oder Reste der Wohnbebauung anzeigt. Die im Wallschnitt u.a. aufgefundenen Scherben lassen sich der älteren Urnenfelderzeit, z.T. auch der mittleren Bronzezeit oder der Übergangsphase BzD (14./13. Jh. v. Chr.) zuweisen. Auf der Innenseite der Befestigung, die womöglich mehrere Tordurchlässe besaß, fehlen bislang Nachweise von Bauten im „feuerarmen Raum" hinter der Umwehrung. Oberflächenfunde aus dem Inneren der Anlage scheinen von Siedlungsresten zu stammen. Nach den bislang vom Großen Knetzberg bekannten wenigen Bronzedepot- und Einzelfunden scheint die Anlage am Beginn der jüngeren Urnenfelderzeit (11./10. Jh. v. Chr.) genutzt worden zu sein (Depotfund mit großer Eikopfnadel und Blechplattenfibel vom Typ Reisen). Bronzene, oberständige Lappenbeile mit seitlicher Öse, die auf dem Berg gefunden wurden, weisen zusätzlich darauf hin, daß die Befestigung auch während der Urnenfelder-Spätphase (HaB 3, 8. Jh. v. Chr.) unterhalten wurde.

Wie die Nutzung des Berges während der mittleren Bronzezeit, in der Übergangsphase zur Urnenfelderzeit und während deren älterer Phase (HaA 1, 13./12. Jh. v. Chr.) aussah, ist einstweilen noch völlig unklar. Die in derartigen Anlagen üblicherweise auftauchenden Oberflächenfunde sind auch hier vorhanden, Flächenabdeckungen im Innenraum der Umwallung, die für eine nähere Deutung notwendig wären, fehlen aber bisher. Bemerkenswert ist ein Schmuckdepotfund wohl aus der Übergangsphase BzD (14./13. Jh. v. Chr.).

Wie die in den Depot- und Einzelfunden zum Ausdruck kommenden Datierungsanhalte mit dem Wallschnittbefund und den Lesefunden vom Großen Knetzberg verbunden werden könnten, bleibt einstweilen noch offen.

Zu den größeren urnenfelderzeitlichen Höhenbefestigungen Süddeutschlands zählen die Anlagen auf dem Bogenberg, Gde. Bogenberg und Bogen, Lkr. Straubing-Bogen, Niederbayern *(Abb. 44; S. 61)* und auf dem Bullenheimer Berg, Gde. Ippesheim, Lkr. Neustadt a. d. Aisch-Bad Windsheim, Mittelfranken und Gde. Seinsheim, Lkr. Kitzingen, Unterfranken *(Abb. 52)* am Südwestrand des Steigerwaldes. An beiden Plätzen wurden bislang kleinere Ausgrabungen durchgeführt, die uns erste Einblicke in die Geschichte der befestigten Bergplateaus erlauben.

Über die Abfolge der verschiedenen Wallanlagen auf dem **Bogenberg** herrscht genausowenig Klarheit wie über die Nutzung der drei von eigenen Wallstrecken abgegrenzten Innenflächen. Nach der Hauptmenge des zumeist aufgelesenen und bei einer kleineren Flächenabdeckung geborgenen Fundgutes wurden alle befestigten Bergpartien während der älteren und jüngeren Urnenfelderzeit (12./11.–8. Jh. v. Chr.) unterhalten. Schon von seiner Lage her bietet sich der Berg (Höhe 432,6 m), der, von Süden gesehen, das Donautal inselartig bis zu 110 m überragt, als günstiger Ort für eine Höhenbefestigung an. Im Westen des nahezu 1000 m langen, aber nur 100–175 m breiten Bergrückens, der etwa in der Mitte einsattelt und auf ca. 30 m Breite verengt ist, erhebt sich ein ovales, ca. 2,5 ha großes Gipfelplateau. Nur noch im Norden und Osten des Plateaus lassen sich heutzutage Wallreste nachweisen. Unklar bleibt einstweilen, ob der Steilabfall am Südhang, zur Donau hin, je befestigt gewesen ist. Das Gipfelplateau wird von der mittelalterlichen Wallfahrtskirche mit zugehörigem Pfarrhof eingenommen. Im östlich an den Pfarrhof angrenzenden Garten führte die Kreisarchäologie Straubing-Bogen unlängst Ausgrabungen durch, die zahlreiche, in den Fels eingetiefte Pfostengruben, aber umgewühlte Schichten erbrachten, aus denen, wie vom übrigen Bergareal auch, urnenfelderzeitliche Funde stammen. 100 m östlich der Kirche wurden 1950–51 die bislang ältesten Befestigungsspuren in einer kleinen, von Hans-Jürgen Hundt aufgedeckten Fläche festgestellt. Der Ausgräber wies einen Abschnitt des das obere Plateau sichernden Sohlgrabens aus der späten Früh- und beginnenden Mittelbronzezeit nach, der bereits vor der urnenfelderzeitlichen Nutzung des Areals wieder verfüllt war. Eine urnenfelderzeitliche Schicht mit Pfostenstellungen und Herdplatten, von denen eine während der Urnenfelderzeit erneuert wurde, überlagerte die Grabenfüllung. Ob aus diesem und einem weiteren Befund am Nordhang (mit angeblicher Hüttenstelle und Gruben) auf eine gewisse Siedlungsdauer während der Urnenfelderzeit geschlossen werden darf, steht dahin.

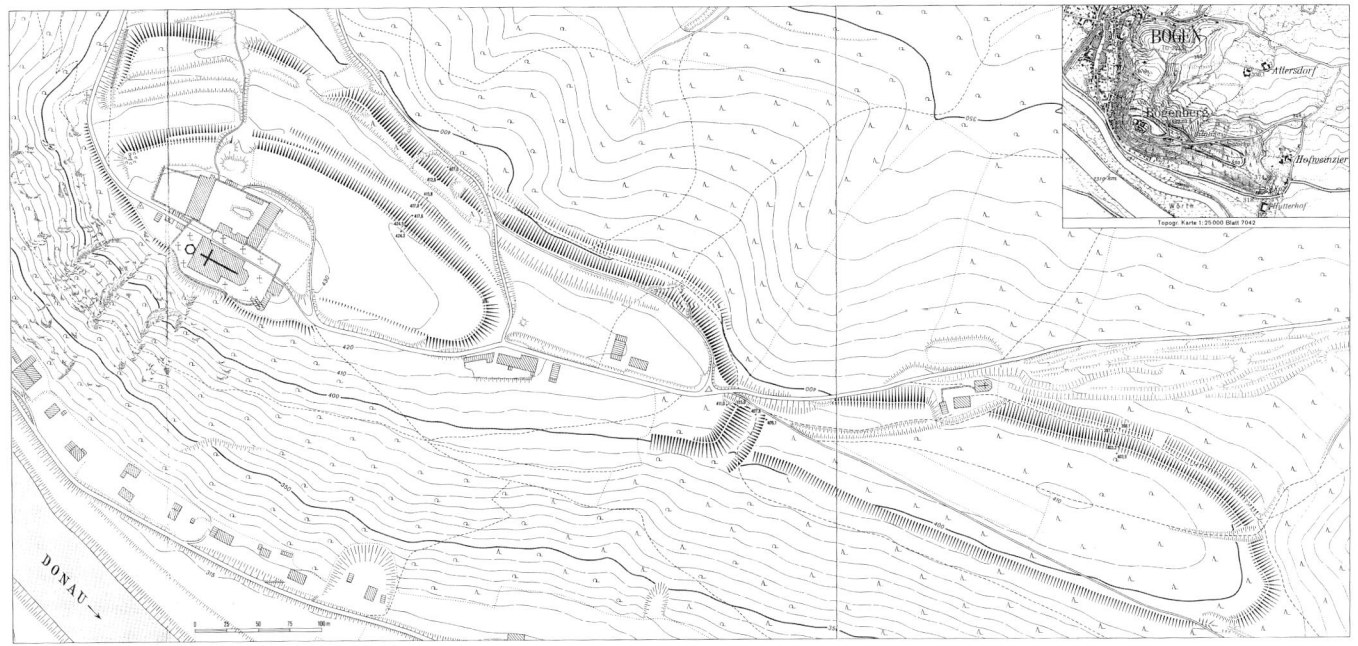

Abb. 44: Plan des Bogenberges bei Straubing.

Das unterhalb des Gipfelplateaus verlaufende, tiefer liegende Befestigungssystem ist in dem mäßiger geböschten Nordabhang des Berges markant ausgebaut, während es am südlichen Steilhang nur durch eine Stufe angedeutet ist. Die dadurch gesicherte Innenfläche beläuft sich auf 980 m Länge, bis zu 160 m Breite und 10,5 ha Größe. Dem Wall vorgelagert ist an den flacheren Stellen ein Graben mit Außenwall.

In das umfangreiche Wallsystem müssen wenigstens zwei Zugänge hineingeführt haben, davon einer wohl am Nordhang, etwa in Höhe des Pfarrhofes, der andere womöglich an der Südostspitze der gesamten Anlage. Hohlwegrinnen – die meisten doch wohl mittelalterlich – am nordöstlichen Wallzug, die auf das vor einem alten Steinbruch errichtete St. Salvator-Kirchlein mit zugehöriger Klause zulaufen, könnten auch an dieser Stelle auf einen ehemaligen Zugang deuten.

Im Bergsattel, an der schmalsten Stelle der Umwallung, wurde ein mächtiger, nicht zu den bereits geschilderten Fortifikationen gehöriger Querwall mit vorgelagertem Graben errichtet. Der Sperriegel erreicht von der Grabensohle an eine Höhe bis zu 7,5 m, bei einer Gesamtbreite von 34 m. Da Abschnittswall und Graben in keiner organischen Verbindung zu den übrigen Wallsystemen stehen, kommt nur eine spätere Errichtungszeit in Frage, nach Art und Aufbau des Befestigungsteiles wohl das frühe bis hohe Mittelalter (Refugium des 10. Jh. n. Chr.?). Da andererseits Lesefunde vom Berg bislang weitgehend fehlen, die jünger sind als die Spätstufe der Urnenfelderzeit (HaB 3, 8. Jh. v. Chr.), bleibt eigentlich nur, die Wehranlagen, ausgenommen den Querwall in der Engstelle, einstweilen für urnenfelderzeitlich zu halten. Dabei bleibt offen, ob die vermeintlich urnenfelderzeitliche Umwehrung in einem Zug errichtet wurde, oder ob sich womöglich eine Gründungs- und ein oder zwei Erweiterungsphasen im chronologischen Spektrum der Funde ablesen lassen. Die Ausrichtung des befestigten Berges zum Flußtal der Donau ergibt sich in jedem Fall aus der Topographie der Landschaft.

Der inselartig gelegene **Bullenheimer Berg** überragt mit nahezu ebenem Gipfelplateau die umgebende Landschaft um 150 m. Ein am Rande des Plateaus verlaufender Ringwall mit teilweise vorgelagertem Graben faßt die gesamte Hochfläche von 30,5 ha Größe ein *(Abb. 52; vgl. auch Beitrag W. Janssen)*. Drei quer verlaufende Wälle gliedern die Berghochfläche an ihrer schmalsten Stelle. Der alte Zugang zur Befestigung liegt an der Ostseite etwa in der Mitte des dort kräftig einziehenden Wallverlaufes, wobei der hinauffüh-

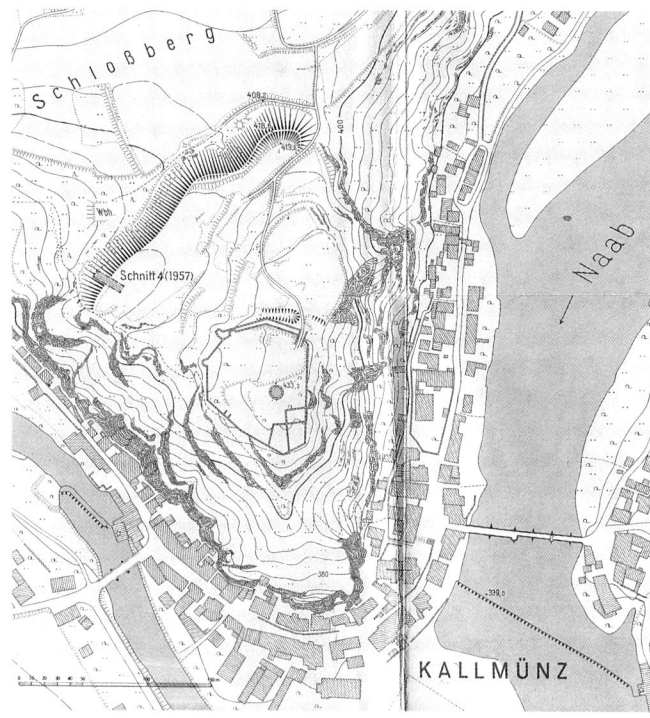

Abb. 45: Plan des Schloßberges bei Kallmünz.

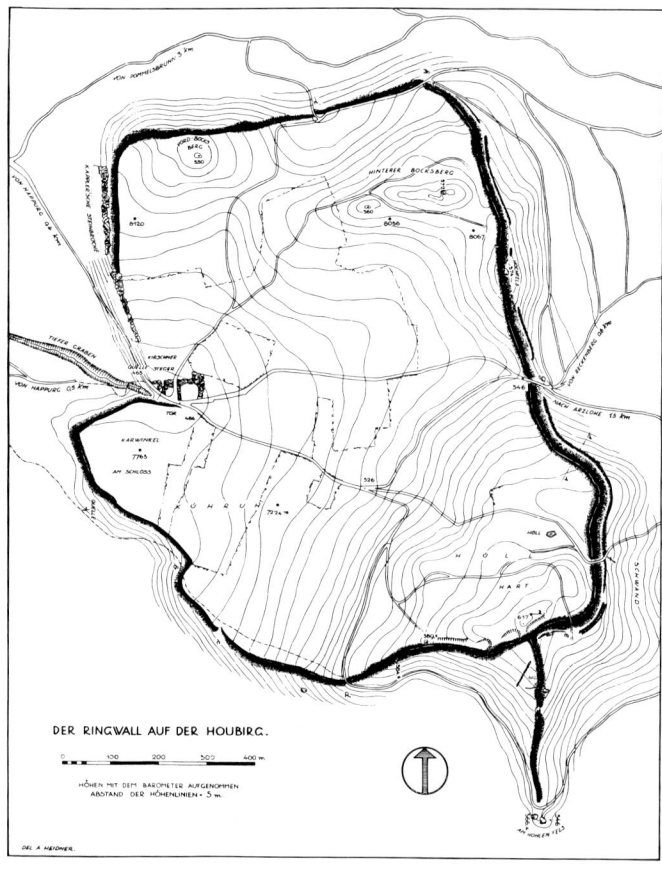

DER RINGWALL AUF DER HOUBIRG.

Abb. 46: Plan der Houbirg bei Happburg.

rende Weg durch einen am Hang vorgelagerten Abschnittswall zusätzlich gesichert wird. Zwei Quellbereiche liegen im
Schutze dieser Außenbefestigung. Eine Mulde auf dem Plateau mit Oberflächen-Stauwasser diente zusätzlich der Wasserversorgung. Auf tiefer liegenden Terrassen wurden
kleine, bislang weitgehend undatierte Grabhügelgruppen
festgestellt. Die Beigaben eines Brandgrabes gehören immerhin in jene Zeitstufe, die durch die 17 mittlerweile innerhalb
der Befestigung bekannt gewordenen Depotfunde angezeigt
wird (HaB 3, 8. Jh. v. Chr.).
Von den Resten eines Burgstalles und weiteren frühge-
schichtlich/mittelalterlichen Befunden vom Berg wird in
unserem Zusammenhang keine Notiz genommen.
Die seit 1981 auf der Hochfläche unternommenen Ausgrabungen zielen darauf ab, die späturnenfelderzeitliche Sied-
lungsfunktion sowie die Konstruktion und Zeitstellung der
Befestigungsanlagen zu klären. Außerdem galt es, durch stra-
tigraphische Beobachtungen den Nachweis zu führen, daß
ein Zusammenhang zwischen der angenommenen Siedlung,
der Befestigung und den entdeckten Deponierungen besteht.
Doch erlauben die bislang auf dem Bullenheimer Berg

durchgeführten Sondagen, Wallschnitte und Flächenabdeckungen noch keine Aussage darüber, auf welche Weise
der Innenraum der Befestigung tatsächlich genutzt wurde.
Es ist zweifellos verfrüht, aus den wenigen bislang aufgedeckten Pfostenspuren bereits jetzt auf eine Innenbebauung
nach Art eines großen Dorfes oder einer Gemeinschaftssied-
lung schließen zu wollen.
Mehrteilige, nicht oder nicht mehr zusammengehörige For-
tifikations(?)-Wälle umziehen teilweise drei Berghöhen
(Schloßberg, Kirchenberg und Hirmesberg) im Zwickel zwischen Vils- und Naab-Zusammenfluß oberhalb der Gemein-
den Kallmünz und Traidendorf, Kr. Regensburg *(Abb. 45)*.
Der **Schloßberg** (Höhe: 433,2 m), ein nach beiden Flußsei-
ten hin steil abfallender Dolomitklotz, der sich rund 110 m
über der Wasserfläche erhebt, trägt eine markante
Abschnittsbefestigung mit Durchlaß im Osten. Nach Norden ist der Schloßberg über eine Senke zusammen mit Kir-

Abb. 47: Blick auf die Houbirg 1955.

chen- und Hirmesberg in die zerklüftete Jurahochfläche eingebunden. Der Schloßberggipfel wird beherrscht von den
Ruinen einer mittelalterlichen Burg. Über das Alter des den
vorderen Schloßbergsporn abriegelnden Abschnittswalles
kann einstweilen nur spekuliert werden. Gestalt und erhaltene Höhe legen nahe, die Wallkonstruktion für mittelalterlich zu halten. Eine von Armin Stroh 1957 im Südwestende
des Walles durchgeführte Sondage konnte keine Klärung
darüber erbringen, ob die Befestigung ältere Vorläufer
besitzt. Ebenfalls unklar bleiben die Nachrichten über Reste
von Hausgrundrissen, die bei Ausgrabungen des Bayerischen Landesamtes für Denkmalpflege 1917 in einer zusam-
menhängend aufgedeckten Fläche nördlich der Burgruine,
aber noch innerhalb des Walles, angetroffen worden sein
sollen.

Vom Schloßberg liegt derzeit weit mehr als ein Zentner prähistorischer Scherben vor. Dagegen konnten jenseits des
Schloßbergwalles in Richtung auf Kirchen- und Hirmesberg
bislang nur wenige Funde aufgesammelt werden. Keramik-
fragmente der frühen und mittleren Bronzezeit liegen vor,
es fehlen einstweilen Scherben, die den süddeutschen Phasen
BzD (14./13. Jh. v. Chr.) und HaA 1 (13./12. Jh. v. Chr.)
zugewiesen werden können. Eigen geartete mittel- bis späturnenfelderzeitliche Keramik – mit fein eingerillten Bogen-
reihen in Verbindung mit Dellen und Horizontalrillen –
deutet bislang eine kontinuierliche Nutzung des Schloßberg-
gebietes an, die nach heutigem Kenntnisstand in HaB 3
(8. Jh. v. Chr.) endet. Die Zeitstellung des Kirchenberg-
Wallzuges bleibt einstweilen unklar. Die vollständige
Anpassung des Walles an die Geländekante könnte auf
urnenfelderzeitliche Zeitstellung hinweisen.

Die den Hirmesberg vom Hinterland trennenden Wallpar-
tien wurden von A. Stroh 1956 in zwei und 1957 in einem
weiteren Grabungsschnitt untersucht. Deren Resultate

waren mager: prähistorische, zum Teil bronzezeitliche Scherben und zwei Bronzepfeilspitzen. Daraus für den sog. „äußeren Wall" auf ein mittelbronzezeitliches oder frühurnenfelderzeitliches Alter schließen zu wollen, scheint einstweilen nicht gerechtfertigt. Berücksichtigt man die von den genannten Randwallzügen insgesamt eingefaßte Fläche unter der Annahme, die Befestigungen seien gleichzeitig errichtet worden und gehörten zu einer geschlossenen Anlage – was bestritten werden kann –, dann zählte die nurmehr fragmentarisch erhaltene, stellenweise kaum mehr sichtbare Höhenbefestigung (Ackerbau auf der Hochfläche) mit ca. 55 ha Innenraum zu den größten urnenfelderzeitlichen Anlagen Süddeutschlands. Obgleich siedlungsarchäologische Untersuchungen sowohl auf den drei Bergen als auch in den sie umgebenden Landschaften einstweilen fehlen, sei in diesem Zusammenhang auf die in Sichtweite angelegte früheisenzeitliche Nekropole von Fischbach-Schirndorf, Lkr. Regensburg, erinnert, deren Belegung auch HaB 3-Grabhügel aufweist. Zu dieser Zeit wurde die oberhalb von Kallmünz und Traidendorf gelegene Befestigung noch genutzt.

Mit 88,25 ha Innenfläche gehört die Höhenbefestigung **Houbirg** oberhalb Happurg, Lkr. Nürnberger Land, Mittelfranken *(Abb. 46, 47)*, zu den größten Wallanlagen (Länge: 4,5 km) der Urnenfelderzeit Süddeutschlands. Größer ist freilich die umwallte Fläche des Hesselberges (Mittelfranken). Die Houbirg bindet als westlichster Ausläufer in das Jurahochplateau ein und wird von den angrenzenden Höhen im Süden und Westen durch das Förrenbach- und Kainsbachtal, die sich zum Happbachtal vereinigen, geschieden. Im Norden fällt sie zum Kieselbach bei Pommelsbrunn, im Westen zum Pegnitztal steil ab. Lediglich nach Osten führt ein breiter Sattel mit beachtlichem Einschnitt zu dem anschließenden Hochplateau. Starke Höhenunterschiede kennzeichnen die Houbirgfläche: Von 486 m im sog. Torbereich (im Westen der Anlage) bis zum höchsten Punkt der Hüll (617 m) im Südosten. Die Houbirg-Hochebene gleicht einer halbrunden Mulde mit hohen Rändern: von den Boxbergen im Norden bis zur Hüll, einer flachen, wasserreichen Mulde, und der Hart im Südosten. Nach Westen flacht sie ab, wo der „Tiefe Graben" das Oberflächenwasser der Höhe abführt. Im „Tiefen Graben" entsprang einst, unterhalb des Walles, aber noch in Reichweite, eine Quelle. Südlich davon erhebt sich der Karwinkel, an dessen Südwestabhang gleichfalls eine Quelle austrat. Der westlichste Teil des Karwinkels, um den der Wall zieht, heißt Schloßberg. Die östlich des Karwinkels ansteigende Fläche wird die Kühruh genannt. Dort wurden um die Jahrhundertwende mehrere

Schürfungen und Flächenabdeckungen durchgeführt. Vor allem die Naturhistorische Gesellschaft Nürnberg hat am Wall und an verschiedenen Stellen der Innenfläche Ausgrabungen unternommen, die aber noch nicht die notwendige Klarheit über die Gesamtanlage erbringen konnten. Der Aufbau der Wallanlagen, die vor allem an der Ostfront und mit einem Annex nach Süden zum „Hohlen Fels", abschnittsweise mit vorgelagertem Graben, eindrucksvoll erhalten sind, wurde 1982 von Harald Koschik mit einem Ausgrabungsschnitt untersucht. Der daraus gewonnene Befund stützt sich auf ein Paket von 26 Schichten, in dem von der Brandschicht 16 an Tongefäßscherben in größerer Anzahl auftauchen. Die Keramik zeigt keine Brandspuren und scheint aus Siedlungsschutt zu stammen, der nach einem „Flächenbrand" in Schicht 16 aufgetragen wurde. Nur geringe Hinweise liefert der Befund zu Bauweise und Gestalt der Umwehrungsaußenfront, der ein heute verflachter Graben ohne Berme oder Geländeabsatz vorgelagert ist. Die Außenfront dürfte an dieser Stelle mindestens 4–5 m hoch gewesen sein. Noch heute fällt sie stellenweise bis zu 18 m zur Grabensohle ab. Ob die ehedem noch mächtigere Anlage mit senkrechten, schrägen oder abgestuften Außenfronten versehen war, bleibt unklar. Neben der größten Fundmenge, Keramik der jüngeren Urnenfelderzeit aus dem Wallschnitt, behauptet sich eine zweite Fundkollektion der späten Hallstatt- (HaD, 6. Jh. v. Chr.) und der frühen Latènezeit (5. Jh. v. Chr.). Nimmt man die neuen Lesefunde zu den Wallschnittergebnissen hinzu, dann gewinnen wir einen vorläufigen schmalen Einblick in die vorgeschichtliche Nutzung der Houbirg: Spärlich sind Fundhinterlassenschaften aus der mittleren Bronzezeit. Die archäologische Quellenlage bessert sich erst seit der Übergangsphase BzD (14./13. Jh. v. Chr.), die der Urnenfelderzeit HaA 1–HaB 3 (ca. 13./12.–8. Jh. v. Chr.) vorangeht. Während des Endabschnittes der jüngeren Urnenfelderzeit wird die Houbirg erstmals befestigt. Über die dabei angewandte Befestigungsbauweise sind wir auch nach dem Wallschnitt nicht unterrichtet. Einbauten aus Holz hält der Ausgräber aus allgemeinen Konstruktionserwägungen für denkbar. Über den Resten des Urnenfelderwalles wurde während der späten Hallstatt- (6. Jh. v. Chr.)/frühen Latènezeit (5. Jh. v. Chr.) eine neue Mauer errichtet. Auch deren Bauweise bleibt uns unbekannt.

Nach dem Fundspektrum schloß die Nutzung der Bergfläche während der Stufe HaB 3 (8. Jh. v. Chr.) Metallverarbeitung mit ein. Aufgrund der Lesefunde, darunter Barrenfragmente, Gußzapfen, Bronzeguß- und -schmelzstücke, glaubt Hans Peter Uenze, eine Bronzewerkstatt für die Flur Kar-

Grenze der Ausgrabung

Palisadengraben

Herd

0   20   40   60
M

Abb. 48: Plan des früheisenzeitlichen Goldberges im Nördlinger Ries.

winkel und weitere für die Kühruh sowie die Boxberg-„Perlenacker"-Region erschließen zu können. Am Südwestfuß des hinteren Boxberges wurden bereits 1918 Fundstücke geborgen, die ebenfalls auf eine Bronzewerkstatt hinzuweisen scheinen.

Nach dem bisherigen Fundbild endete die Nutzung der Houbirg in der Spätphase der Urnenfelderzeit (8. Jh. v. Chr.). Ein Neubeginn wird mit der jüngeren Hallstattzeit (6. Jh. v. Chr.) in Zusammenhang gebracht und die Hauptblüte der jungeisenzeitlichen Anlage in die Frühlatènezeit (5. Jh. v. Chr.) verlegt. Erst in der Spätlatènezeit (letztes Jh. v. Chr.) wurde die Houbirg danach wieder aufgesucht. Für eine Deutung als keltisches Oppidum, d.h. als stadtartige Anlage, reicht die aus dieser Nutzungsphase vorliegende Fundmenge jedoch nicht aus.

Die Frage, ob die urnenfelderzeitlichen Höhenbefestigungen auch während der darauffolgenden frühen Eisenzeit (seit etwa 750 v. Chr.) genutzt wurden, führt uns mitten hinein in eine die Forschung gegenwärtig umtreibende Diskussion über die Berechtigung einer chronologischen Stufengliederung, deren Grundlage die Abfolge HaB 3 (8. Jh. v. Chr.), HaC (gegen 750 v. Chr.), HaD (6. Jh. v. Chr.) mit weiteren regionalen Chronologieunterabschnitten bildet. Die anhand von Männergrabbeigaben umschriebene Früheisenzeitstufe HaC (seit etwa 750 v. Chr.) läßt sich natürlich aus Siedlungsfundgut kaum ablesen, da Siedlungsware so gut wie nicht in Grabfunden vorkommt und es daher an verbindenden Leitformen zur Männerausstattung fehlt. Dadurch wird es weitgehend unmöglich, früheisenzeitliche Siedlungskeramik in ältere oder jüngere Gruppen zu trennen. So könnte uns dieses Unvermögen das immer wieder beschriebene Bild einer Nutzungsunterbrechung von Höhenbefestigungen während der Früheisenzeit (HaC) und der relativ späten (HaD, 6. Jh. v. Chr.) Wiederaufnahme geregelter Besiedlungsvorgänge

71

auf Höhen, die bereits während der Urnenfelderzeit befestigt waren, womöglich nur vorgaukeln.

Zu dieser interessanten Forschungsfrage vermögen die derzeit vorliegenden Höhenbefestigungsbefunde kaum einen weiterführenden Beitrag zu leisten. Trotzdem wird dem Nachweis eisenzeitlicher Schichten vom **Goldberg** bei Goldburghausen, Gde. Riesbürg, Ostalbkreis, Baden-Württemberg, exemplarische Bedeutung beigemessen (angeblich 7./6. Jh. v. Chr.; *Abb. 48*). Die von Gerhard Bersu dort mit Unterbrechungen zwischen 1911 und 1929 großflächig durchgeführten Ausgrabungen haben die Besiedlungsgeschichte des in der Riesebene freistehenden Bergplateaus weitgehend klären können. Der Goldberg, eine tertiäre Süßwasserkalkformation, erhebt sich bei einer Gipfelfläche von knapp 4 ha ca. 60 m über die ihn umgebende Landschaft. Nach Westen führt ein Sattel zu einer weiteren Bergkuppe. Jene Westseite galt es in vorgeschichtlicher Zeit zu befestigen. Reste der Fortifikationsanlagen haben sich jedoch kaum erhalten.

Auf mindestens drei jungsteinzeitliche dorfähnliche Anlagen folgen Funde vom Ende der frühen Bronzezeit, der späten Bronzezeit und solche der jüngeren Urnenfelderzeit, ohne daß dafür größere Siedlungsnachweise möglich wären. Die jungsteinzeitlichen Besiedlungsfolgen zeichnen sich dagegen deutlich ab. Dem 4. Jahrtausend v. Chr. gehören zwanzig Häuser der Rössener Kultur an, die durch eine Palisade im Westen des Plateaus gesichert wurden. Mit Palisade und vorgelagertem, in den Fels gehauenem Graben war die darauffolgende dörfliche Anlage der Michelsberger Kultur des 3. Jahrtausends v. Chr. geschützt. Ein Dorf von über 50 in Gruppen angeordneten, fast quadratischen Häusern beschließt die jungsteinzeitliche Entwicklung auf dem Goldberg. Nicht geklärt werden konnte, ob es befestigt war. Es fällt auf, daß sich keine Ansiedlung der jüngeren Urnenfelderzeit (8. Jh. v. Chr.), sondern erst eine der späten (?) Hallstattzeit (6. Jh. v. Chr.) auf dem Plateau nachweisen läßt. Sie knüpft im Dorfbild und in der Befestigungsart an urnenfelderzeitliche Vorbilder an. Während der Hallstattzeit wurde im Westteil des Goldberges eine Holz-Erde-Mauer mit vorgelagertem Graben errichtet, der sich nach Norden und Nordosten des Plateaus fortsetzte. Der ergrabene Dorfplan zeigt rechteckige, öfters langschmale Hausgrundrisse, darunter Pfostenbauten, deren Bauweise an die urnenfelderzeitlichen Vorläufer anknüpft. Sie scheinen zu Gehöften mit Wohnhaus, Stallung und Vorratsgebäude zusammengeschlossen zu sein. Deutlich abgesetzt von den übrigen Gebäuden kam in der Nordostecke der aufgedeckten Bergplateaufläche der Grundriß eines abgegrenzten Gebäude-

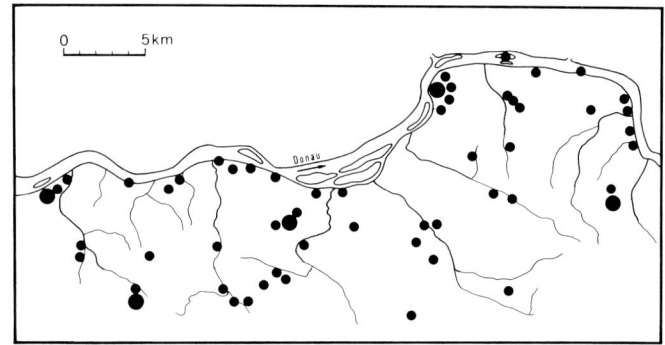

Abb. 49: Topographie urnenfelderzeitlicher Siedlungen am rechten Donauufer zwischen Süttö und Dömös (Ungarn).

komplexes zum Vorschein. Hinter einer Palisadenumzäunung, die am Eingang womöglich einen Torturm aufwies, lagen zwei mächtige Pfostenhäuser, die gemeinhin als Sitz der „Burgherren" gelten. Scheint auch der Gesamtbefund mit einer derartigen Deutung überfordert, so zeichnen sich im Plan der hallstattzeitlichen Siedlung deutlich Separierungsvorgänge ab, die sich einer näheren Deutung entziehen, da das zum Goldberg gehörige früheisenzeitliche Gräberfeld bislang nicht lokalisiert werden konnte. Denkbar sind soziale oder religiös begründete Rangunterschiede innerhalb des auf dem Goldberg siedelnden Verbandes, die zu Separierungsvorgängen führten. Während der frühen Latènezeit (5. Jh. v. Chr.) war der Goldberg wiederum mit einer Holz-Erde-Mauer und einem vorgelagerten Graben befestigt. Funde aus der Zeit der späten keltischen Oppida (1. Jh. v. Chr.) fehlen.

Zu den gesicherten Befunden urnenfelderzeitlicher Höhenbefestigungen (vgl. Mauerrekonstruktion des Wittnauer Hornes, Kt. Aargau, Schweiz) gehören Beobachtungen über Mauerbauweisen, die Albrecht Jockenhövel zusammengestellt hat: Trockenmauer, Erdmauer mit äußerer Trockenmauer-Schale, Trockenmauer-Schalen-Bauweise, Plankenwand-Schalen-Bauweise, Palisadenwand-Bauweise, Kastenbauweise. Um über Zugänge und Tore, über den Einzelfall hinaus, begründet urteilen zu können, sind neue einschlägige Ausgrabungsbefunde nötig. Auch über Besiedlungsvorgänge (dauerhafte oder temporäre) und Besiedlungsmuster (vgl. Kestenberg ob Möriken, Kt. Aargau, sowie das Wittnauer Horn, Kt. Aargau) kann über Einzelbeobachtungen hinaus noch kein Schema entworfen werden. Schon gar nicht ist es beim derzeitigen Forschungsstand möglich, ver-

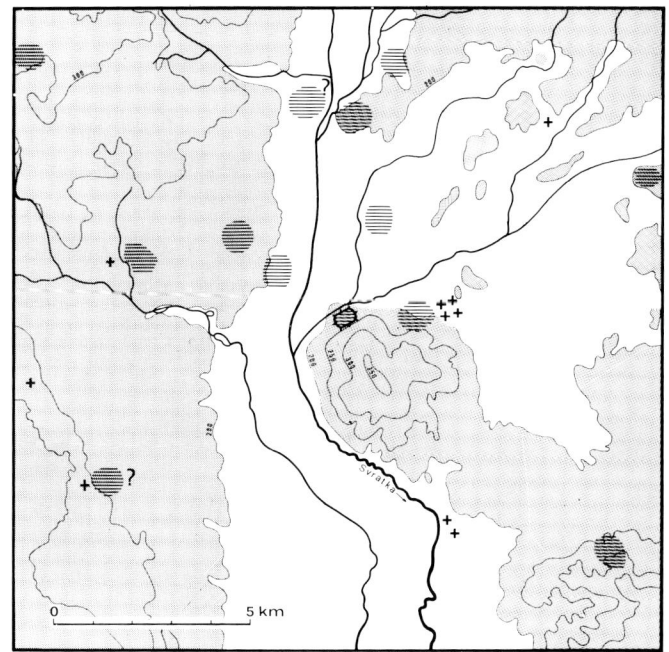

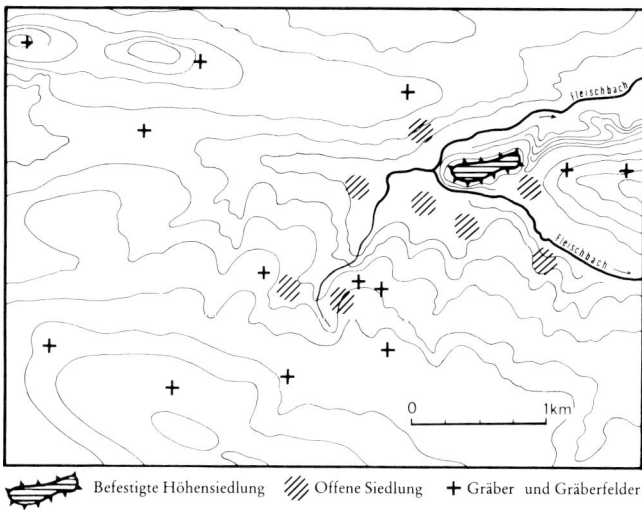

Abb. 50: Topographie der urnenfelderzeitlichen Fundstellen um Blucina (Südmähren) links und um die Bösenburg, Kr. Eisleben (oben).

läßliche Regionaltopographien zu erstellen, die weiträumig (z.B. Topographie urnenfelderzeitlicher Siedlungen am rechten Donauufer zwischen Süttö und Dömös, West-Ungarn, *Abb. 49*) oder enger begrenzt vorgelegt wurden (z.B. Topographie der urnenfelderzeitlichen Fundstellen um Blučina, Südmähren, oder Topographie urnenfelderzeitlicher Fundstellen um die Bösenburg, Kr. Eisleben, *Abb. 50*). Solange Detailuntersuchungen in Siedlungskammern mit Methoden der erweiterten Landesaufnahme und unter Hilfestellung der Geologie und paläobotanischer sowie physikalisch-chemischer Prospektionsmethoden noch weitgehend fehlen, müssen derartige topographische Skizzen aussagearm bleiben, können aber den unbegründeten Eindruck verästelter Beziehungsgeflechte im Umfeld sog. „Zentralorte" erwecken, die so gar nicht zu bestehen brauchen. Wie bescheiden in Wirklichkeit die Aussagen derartiger Darstellungen immer noch sind, lehrt die von Hermann Müller-Karpe veröffentlichte Topographie von Steinkirchen, Lkr. Deggendorf, Niederbayern. Selbst an besser ergrabenen Plätzen von Flachlandsiedlungen wie Dietfurt/Oberpfalz, Kelheim/Niederbayern, Künzing, Lkr. Deggendorf/Niederbayern oder Eching, Lkr. Freising/Oberbayern, wird deutlich, wie

schwer es fällt, dort aufgedeckte Siedlungsausschnitte mit nahegelegenen Urnengräberfriedhöfen in bestandskräftige Beziehung zu setzen.

So bleibt am Ende dieses Beitrages, der verschiedene Arten von Höhenbefestigungen mit vermutlich durchaus unterschiedlichen Funktionen nebeneinanderstellt, nur festzuhalten, daß sich der Forschung eine Fülle von Fragen zur Platzwahl, Funktion, Bau-, Nutzungs- und Versorgungsweise, zur Siedlungskonstanz und Siedlungsabfolge von Höhenbefestigungen stellt sowie zu deren Einbindung in die umliegenden Landschaften mit ihren Siedelverbänden, den zugehörigen Dörfern und Friedhöfen, in deren Gräbern sich die je unterschiedlichen Rangordnungen widerspiegeln. Zu deren Klärung werden gezielte Ausgrabungsunternehmungen, gepaart mit modernen landeskundlichen Untersuchungen, immer notwendiger. Erst danach wird es möglich sein, tieferreichende siedlungsarchäologische Aussagen zum Erscheinungsbild der urnenfelder- und früheisenzeitlichen Höhenbefestigungen zu machen, die dann die bislang vielfach aus Einzelbeobachtungen gewonnenen unsicheren Grundlagen gegenwärtiger Forschungsbemühungen ersetzen.

Anmerkungen

1 Ausführliche Literaturnachweise zu den siedlungskundlichen Artikeln sind unter den jeweiligen Ortsnamen im Literaturverzeichnis aufgeführt.

2 B. Chropovsky/J. Herrmann (Hrsg.), Beiträge zum bronzezeitlichen Burgenbau in Mitteleuropa (Nitra 1982); W. Coblenz, Die Burgen an der Rauhen Furt und ihre Vermessung. Arbeits- u. Forschungsber. Sachsen 6, 1957, 367 ff.; ders., Bemerkungen zur Funktion der Lausitzer Burgen Sachsens. In: Munera archaeologica Josepho Kostrzewski (Poznán 1963), 193 ff.; ders., Burgen der Lausitzer Kultur in Sachsen. Studien aus Alteuropa I. Festschr. K. Tackenberg. Beih. Bonner Jahrb. 10/1 (Köln-Graz 1964) 189 ff.; ders., Die befestigte Siedlung der Lausitzer Kultur auf dem Schafberg bei Löbau. Arbeits- u. Forschungsber. Sachsen 14/15, 1966, 95 ff.; ders., Zu den bronzezeitlichen Metallfunden von der Heidenschanze in Dresden-Coschütz und ihrer Rolle bei der zeitlichen und funktionellen Bedeutung der Burgen der Lausitzer Kultur. Arbeits- u. Forschungsber. Sachsen 16/17, 1967, 179 ff.; ders., Vier Befestigungen der Lausitzer Kultur am sächsisch-böhmischen Grenzgebirge. Čas. Mor. Mus. 57, 1972, 51 ff.; J. Herrmann, Burgen und befestigte Siedlungen der jüngeren Bronze- und frühen Eisenzeit in Mitteleuropa. In: K.-H. Otto/J. Herrmann (Hrsg.), Siedlung, Burg und Stadt. Studien zu ihren Anfängen. Festschr. P. Grimm. Dt. Akad. Wiss. Berlin, Schr. Sektion Vor- u.Frühgesch. 25 (Berlin 1969) 56 ff.; ders., Burgen und befestigte Siedlungen der jüngeren Bronzezeit und frühen Eisenzeit. In: J. Herrmann (Hrsg.), Archäologie in der Deutschen Demokratischen Republik. Denkmale und Funde 1 (Leipzig 1989) 106 ff.

3 A. Jockenhövel, Zu befestigten Siedlungen der Urnenfelderzeit aus Süddeutschland. Fundber. Hessen 14, 1974, 19 ff.; ders., Bronzezeitliche Höhensiedlungen in Hessen. Arch. Korrbl. 10, 1980, 39 ff.; ders., Jungbronzezeitlicher Burgenbau in Süddeutschland. In: B. Chropovsky/J. Herrmann (Hrsg.), Beiträge zum bronzezeitlichen Burgenbau in Mitteleuropa (Nitra 1982) 235 ff.; ders., Struktur und Organisation der Metallverarbeitung in den urnenfelderzeitlichen Siedlungen Süddeutschlands. In: Siedlung, Wirtschaft und Gesellschaft während der jüngeren Hallstattzeit in Mitteleuropa. Intern. Symposium Potsdam. Veröff. Mus. Ur- u. Frühgesch. Potsdam 20 (Berlin 1986) 213 ff.; ders., Bronzezeitlicher Burgenbau in Mitteleuropa. Untersuchungen zur Struktur frühmetallzeitlicher Gesellschaften. In: Orientalisch-ägäische Einflüsse in der europäischen Bronzezeit. Monogr. RGZM 15 (Mainz 1990) 209 ff.

4 Coblenz a.a.O. (Anm. 2, 1963, 1964b, 1967); Jockenhövel a.a.O (Anm. 3).

5 Vgl. aber W. Schier, Die vorgeschichtliche Besiedlung im südlichen Maindreieck. Materialh. Bayer. Vorgesch. A 60 (Kallmünz 1990); vielfach Scheindaten.

6 W. Janssen, Hortfunde der jüngeren Bronzezeit aus Nordbayern. Einführung in die Problematik. Arch. Korrbl. 15, 1985, 45 ff.

7 Die Resultate jenes von der Deutschen Forschungsgemeinschaft geförderten Schwerpunktprogrammes „Siedlungsarchäologische Untersuchungen im Alpenvorland" liegen nunmehr vor. Als Überblick: D.Planck u.a., Siedlungsarchäologische Untersuchungen im Alpenvorland. 5. Kolloquium der Deutschen Forschungsgemeinschaft vom 29.–30. März 1990 in Gaienhofen-Hemmenhofen. Ber. RGK 71, 1990, 23 ff.

Der Bullenheimer Berg

Von Walter Janssen

*Dem Gedenken an Georg Diemer,
gestorben bei einem Lawinenunglück am 28. März 1988,
gewidmet von seinem akademischen Lehrer*

Unter den in Nordbayern so zahlreich vertretenen befestigten volkreichen Höhensiedlungen der Urnenfelderzeit ist der Bullenheimer Berg am Westrand des Steigerwaldes, etwa 30 km südöstlich von Würzburg, das vielleicht eindrucksvollste Monument vom Ende der Bronzezeit *(Abb. 51)*. Es handelt sich um einen etwa 1200 m langen Tafelberg von länglich-unregelmäßig-gezackter Form, der bis zu 400 m Breite erreicht. Die Umwehrung schließt eine Fläche von etwa 30 ha ein. Die durchschnittliche Höhe des Plateaus liegt bei etwa 450 m über NN. Die Böden der Hochfläche werden von den Keuperformationen des Untergrundes geprägt.

Topographie

Am Rande dieses Plateaus ist auf weite Strecken ein Wall von bis zu 2 m Höhe erhalten, dem auf der Hangseite ein teilweise mehrere Meter tiefer Graben vorgelagert ist. Wall und Graben sind auch heute noch, 3000 Jahre nach ihrer Errichtung, im Gelände sichtbar geblieben. Etwa in der Mitte der Anlage wird ein Mittelteil von etwa rechteckiger Form sichtbar. Im Norden und im Süden trennen Querwälle und -gräben den Mittelteil der Anlage ab. Auf der Ostseite liegt, der Anlage auf dem Plateau vorgelagert und am Hang angeordnet, ein weiteres Wallstück, dessen Zeitstellung bisher unbekannt ist.

In der Geländetopographie zeichnet sich auf einem nach Westen vorspringenden Sporn der Hochfläche der Standort eines hochmittelalterlichen Burgstalls ab, der durch Sandabbau fast vollständig zerstört worden ist.

Die in Nord-Süd-Richtung langgestreckte Befestigung Bullenheimer Berg orientiert sich nach Westen auf das viel tiefer liegende Gutland, in dem zeitgleiche Besiedlung in dichter Streuung nachzuweisen ist. Nach Osten dagegen erstrecken sich die ausgedehnten Waldungen des Steigerwaldes. Der geringe Fundanfall im östlichen Vorland des Bullenheimer Berges scheint nicht nur forschungsbedingt zu sein, sondern eine tatsächliche Ausdünnung urnenfelderzeitlicher Besiedlung anzudeuten.

Im nördlichen Hangbereich wurde vor einiger Zeit einer

von mehreren Grabhügeln ausgegraben; er enthielt ein Brandgrab mit weiblichem Grabinventar, das zeitlich den Funden von der Hochfläche vollständig entsprach.

Bisherige Forschungen

Die Erforschung des Bullenheimer Berges reicht in die Mitte des 19. Jh. zurück. Eine unverzichtbare Grundlage für die weitere Erforschung des Bullenheimer Berges schuf Eugen Ixmeier vom Bayerischen Landesamt für Denkmalpflege, von dem der bei Björn-Uwe Abels publizierte Plan der Anlage stammt. Auf ihn greifen alle archäologischen Maßnahmen der Folgezeit zurück.

Einen aktuellen Anlaß, den Bullenheimer Berg zum Mittelpunkt größerer archäologischer Forschungen zu machen, bot die spektakuläre Auffindung eines ungewöhnlich reichen urnenfelderzeitlichen Depotfundes im Herbst 1981. Der Ent-

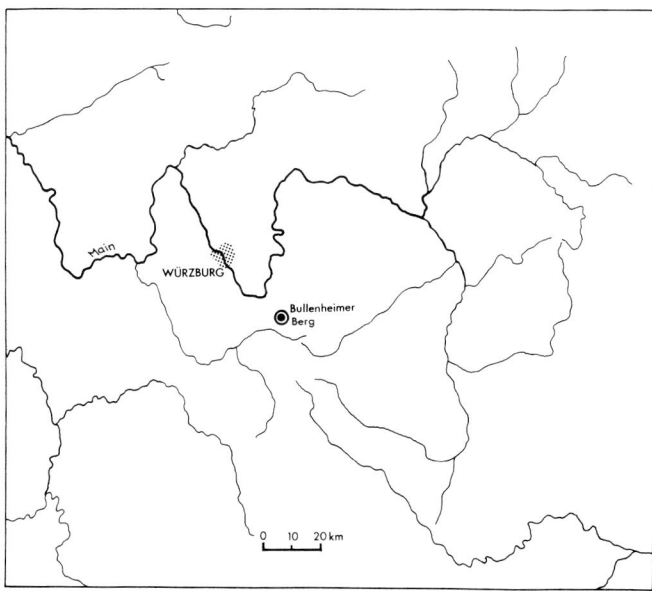

Abb. 51: Die Lage des Bullenheimer Berges südöstlich von Würzburg am Westrand des Steigerwaldes.

Abb. 52: Urnenfelderzeitliche Depotfunde auf dem Bullenheimer Berg bis 1983. Spätere Funde wegen Unsicherheiten nicht kartiert.

decker hatte den Depotfund solange in situ belassen, bis das Bayerische Landesamt für Denkmalpflege, Zweigstelle Würzburg, seine planmäßige Bergung vornehmen konnte.

Dieser ungewöhnlich reiche Depotfund veranlaßte planmäßige Ausgrabungen durch das Institut für Vor- und Frühgeschichte zu Würzburg, die, geleitet von Georg Diemer (†), in den Jahren 1983 und 1984 stattfanden. Diese Untersuchungen richteten sich nicht nur auf die wissenschaftliche Erforschung der damals schon bekannten Hortfunde vom Bullenheimer Berg *(Abb. 52).* Sie verfolgten von Anfang an das Ziel, die lange Zeit allein auf die Problematik der Hortfunde verengte Fragestellung im Sinne einer siedlungsarchäologischen Betrachtungsweise weiterzuentwickeln. Dazu waren flächenhafte Ausgrabungen auf dem Plateau sowie siedlungsarchäologische Forschungen im westlichen und nordwestlichen Vorland des Bullenheimer Berges nötig.

Die neuen Betrachtungsweisen wurden von G. Diemer aufgegriffen, der die siedlungsarchäologischen Grabungen 1983 und 1984 durchführte und in seiner Dissertation Würzburg (ungedr. Diss. phil. Würzburg 1987) vorlegte. Zum Thema dieser Dissertation gehörte nicht nur die Publikation der Grabungsergebnisse vom Bullenheimer Berg. Vom Beginn an bestand die Aufgabe darin, die gleichzeitige Siedlungslandschaft zu Füßen des urnenfelderzeitlichen Bullenheimer Berges archäologisch zu durchforschen. Dies gelang in bemerkenswerter Klarheit, so daß der Bullenheimer Berg immer deutlicher als Mittelpunkt einer urnenfelderzeitlichen Siedlungs-, Verkehrs- und Wirtschaftslandschaft erkannt wurde.

Hortfunde

Ihre gewaltige Anzahl sowie ihr Reichtum lenkten bereits vor der Entdeckung des bisher bedeutsamsten Hortes Nr. 11 im Jahre 1981 *(Abb. 53)* die Aufmerksamkeit der Wissenschaft auf den Bullenheimer Berg. Der in dieser Zusammensetzung einmalige Hortfund enthielt unter anderem mehrfach getreppte Phaleren aus dünnem Bronzeblech in fünf verschiedenen Größen, teils mit ein bis zwei anthropomorphen Anhängern, teils mit einfachem Zierbuckel in der Mitte. Die größten Phaleren weisen einen Durchmesser von 27,5 cm auf. Weiterhin gehören zum Hortfund elf Schaukel-Fußringe sowie bronzene Ringgehänge und Wagenteile. Der Fund ist der reichste aller vom Bullenheimer Berg geborgenen Depotfunde. Er ist in die späte Urnenfelderzeit (HaB 2/3) zu datieren. Seit dem Abschluß der Dissertation von G. Diemer im Jahre 1987 wurden über die von ihm behandelten elf Hortfunde hinaus eine große Zahl von weiteren Depots gefunden. Alle wurden von Raubgräbern mit Hilfe von elektronischen Suchgeräten aufgespürt und, teilweise mit falscher Fundortangabe, weitergegeben. Mehr als hundert Bronzeobjekte lagen dem Institut für Vor- und Frühgeschichte zur wissenschaftlichen Bearbeitung im Rahmen einer Magisterarbeit vor. Die Gesamtzahl der vom Bullenheimer Berg stammenden Hortfunde bewegt sich heute um 25 bis 30. Mit Dunkelziffern muß gerechnet werden. Verschiedene Gründe veranlassen Kenner, das urnenfelderzeitliche Hortfundphänomen mit Weihungen an Gottheiten zu erklären. Mit einigem Recht wird darauf verwiesen, daß allein die sog. kultische Interpretation in der Lage ist, das Phänomen der Depots auf urnenfelderzeitlichen Höhensiedlungen widerspruchsfrei zu erklären.

Metallurgie

Daß auf dem Bullenheimer Berg klare Beweise für Bronzeverarbeitung vorliegen, beweisen Bronze-Gußkuchen ebenso wie die aus den raubgegrabenen Funden stammende Hälfte einer Gußform für Tüllenbeile *(Abb. 54)*. Hierhin gehören aber auch Gußtropfen und Metallschrott, die bei Feinuntersuchungen im Zusammenhang mit den Hortfunden festgestellt wurden. Es bestehen also keine Zweifel daran, daß auf dem Bullenheimer Berg selbst Bronzemetallurgie betrieben wurde. Die dazu benötigten Mengen von Kupfer und Zinn bzw. die Bronze stammen wohl kaum vom Berg selbst oder seiner näheren Umgebung. Die Rohmaterialien müssen vielmehr von außen her auf den Berg gebracht worden sein. Dies wiederum setzt das Vorhandensein überregional wirksamer wirtschaftlicher Mechanismen von Produktion, Handel und Verarbeitung voraus.

Besiedlung

Während die Literatur zur Frage der Interpretation der bronzezeitlichen Hortfunde heute kaum noch zu übersehen ist, wurde der Frage nach der Besiedlung dieser Epoche vergleichsweise geringe Beachtung geschenkt. Umso bedeutungsvoller erweisen sich die vom Würzburger Institut durchgeführten Siedlungsgrabungen unter der Leitung von G. Diemer. Sie eröffneten auf der Westseite des Bullenheimer Berges die Schnittflächen I–III. Von ihnen durchschnitten die Flächen I und II die Wall- und Graben-Befestigung der Anlage, während Fläche III den Treffpunkt zwischen westlicher Umwehrung und südlichem Querwall erschloß. Von den Grabungsflächen I und II muß zunächst die Rede sein. In beiden Grabungsflächen wurden am inneren Wall-

Abb. 53: Bullenheimer Berg, Depotfund 11 von 1981.

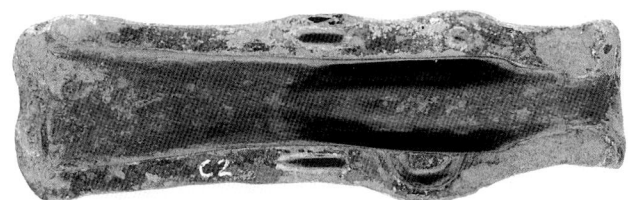

Abb. 54: Wahrscheinlich Bullenheimer Berg. Gußform aus einem ausgeraubten Depotfund.

fuß auf der Westseite der Anlage klare Hinweise auf die Existenz urnenfelderzeitlicher Wohnbauten vorgefunden. Sie waren, den sich überschneidenden Pfostenlöchern zufolge, zweiperiodig. Es konnten aus den Pfostenlöchern rechteckige Wohnbauten von 8 x 4 m Größe rekonstruiert werden, deren starke Holzpfosten auf massive Bauweise schließen ließen. Der bebauten Zone am inneren Wallfuß mit einer Breite von 8 m folgte zur Mitte der Anlage hin der Hortfund 11. Seiner räumlichen Nähe zu den Wohnbauten nach zu urteilen, muß dieser Hort unmittelbar vor der Innenfront der Wohnbauten vergraben worden sein. Für die Bewohner der Holzbauten muß der Platz seiner Vergrabung in unmittelbarer Nähe jederzeit sichtbar gewesen sein. Kann man sich einen klareren Bezug zwischen Wohnbau und Opfer an die Götter überhaupt vorstellen?

Die Besiedlung am inneren Wallfuß des Bullenheimer Berges war, wie erwähnt, zweiperiodig. Daß beide Siedlungsphasen urnenfelderzeitlich sind, steht außer Frage. Gleichwohl wäre es zu kurz gegriffen, wollte man es bei dieser Aussage belassen. Der urnenfelderzeitliche Befund verlangt nach Vertiefung in Richtung der bronzezeitlichen oder gar noch älterer Siedlungsspuren. Diese Frage war nur mit Hilfe sorgfältiger Profilbeobachtungen in den Schnitten I und II möglich. Der vielschichtige Aufbau des Profilschnittes zeigte fünf zum Teil kompliziert aufgebaute Befestigungsphasen, die von der frühen bis zur jüngsten Bronzezeit (HaB 3) und bis zum frühen Mittelalter reichen.

Als Ergebnis der Profilschnitte in den Grabungsflächen I und II ist festzuhalten, daß es vor der urnenfelderzeitlichen Umwehrung und Besiedlung frühbronzezeitliche Vorbesiedlung gegeben hat, die vor allem durch die ausgeprägte Brandschicht gesichert ist. Daß urnenfelderzeitlichen Befestigungen bronzezeitliche Vorläufer vorausgehen, ist in Mainfranken nicht ungewöhnlich. Ähnliche Verhältnisse finden sich beispielsweise auf dem Großen Knetzberg, ferner auf dem Hesselberg.

Die Ausdehnung und Intensität der Besiedlung auf dem Bullenheimer Berg zu erkunden, bleibt zukünftigen Forschungen vorbehalten. Die drei an der Westflanke des Berges ausgeführten Grabungsschnitte weisen übereinstimmend darauf hin, daß die Wohnbauten wohl am inneren Wallfuß, im sog. „feuerarmen Raum", angeordnet waren. Um diese Randbebauung am inneren Wallfuß näher zu erkunden, sind weitere Flächengrabungen erforderlich. Vorerst will es scheinen, als dünne die Besiedlung zur Mitte der Anlage hin aus; doch ist diese Aussage angesichts der minimalen ausgegrabenen Flächen fragwürdig. Da wir die bronzezeitlichen Grundlagen der Besiedlung auf dem Bullenheimer Berg auch nicht annähernd erkennen können, bleibt der Siedlungszusammenhang zwischen früher Bronzezeit und Urnenfelderzeit bis auf weiteres noch im Dunkeln.

Kult

Die enorme Zahl und die Qualität der in den Depots vom Bullenheimer Berg auftretenden Gegenstände weist vor allen anderen Motivationen auf Beweggründe für die Deponierung hin, die mit ökonomischen Gründen nichts zu tun haben. Wenn sich eine Gesellschaft wesentlicher Teile ihres dinglichen Wertbesitzes entäußert, so ist dies eigentlich nur zu verstehen, wenn irrationale Gründe – Motive von Schuld, Sühne, Götterverehrung, Opfer und ähnliche Motive – dahinterstehen. In diesem Sinne wird man wahrscheinlich die massenhaften Depotfunde vom Bullenheimer Berg verstehen müssen. Die unglaubliche Anzahl und die Fülle der Depots läßt eigentlich kaum eine andere als die kultische Motivation zu. Daß sie auf dem Bullenheimer Berg unter anderem unmittelbar vor Wohnhäusern stattfand, wie im Falle von Hortfund 11, unterstreicht den kultischen Beweggrund der Hausbewohner, die den Hort „vor der

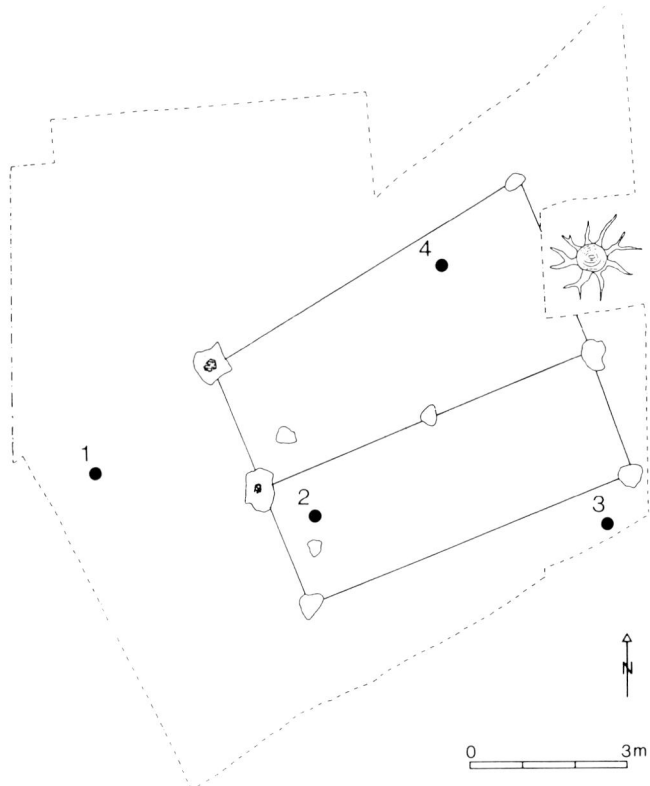

Abb. 55: Bullenheimer Berg, Pfostenbau über Depotfunden.

Haustür" niederlegten, um den Göttern besonders nahe zu sein.

Vom Bullenheimer Berg stammt aber auch ein viel unmittelbareres Zeugnis für kultisches Geschehen. Im Jahre 1989 grub Arthur Berger, damals noch Mitglied des Würzburger Instituts, einen Holzpfosten-Bau von etwa 5 x 7 m Größe aus *(Abb. 55)*. Er überdachte drei schon früher entdeckte Hortfunde, die man sich wohl als im Inneren des Holzbaus niedergelegte Opferfunde vorzustellen hat. Es will scheinen, als sei an dieser Stelle zum ersten Mal der Nachweis eines Kultbaus in einer urnenfelderzeitlichen Höhenbefestigung gelungen. Damit scheint ein weiterer wichtiger Hinweis auf kultisches Geschehen auf dem Bullenheimer Berg gewonnen.

Umland

Daß eine stark befestigte, volkreiche, wirtschaftlich hoch differenzierte Bevölkerung, wie sie auf dem Bullenheimer Berg nach den archäologischen Zeugnissen vorausgesetzt werden muß, nicht ohne Zulieferungen aus dem Umland auskommen konnte, liegt auf der Hand. G. Diemer ist diesem Gedankengang in seiner Dissertation gefolgt, indem er die Anregung zur Betrachtung des zugehörigen siedlungsgeschichtlichen Umfeldes in seine Dissertation einbezog. Das Ergebnis gab dem Vorschlag recht: Es wurde eine ausgedehnte urnenfelderzeitliche Siedlungslandschaft im westlichen Vorland des Bullenheimer Berges erkundet, aus dem der Nachschub an Gütern der landwirtschaftlichen Produktion für die in der befestigten Höhensiedlung zusammengeballte Bevölkerung erfolgt sein muß. Einzelheiten dieses Zusammenhanges harren noch der Klärung durch die archäologische Feldforschung. Außer Frage steht hier der

frühe Fall ausgeprägter Stadt-Land-Beziehungen, wie er sich für das Beispiel Bullenheimer Berg ergibt.

Chronologie

Die große Fülle des aus den Depots geborgenen Materials ermöglicht an sich schon eine relativ genaue Datierung der Hauptbesiedlungsphase auf dem Bullenheimer Berg. Es ist die Periode HaB 2/3, also der jüngste Abschnitt der Urnenfelderzeit. Dieser archäologischen Datierung entsprechen sowohl die Funde in den Depots als auch diejenigen im überhügelten Brandgrab am Hang, westlich der Umwehrung. Die archäologische Datierung gilt jedoch nur für die Depots, und zwar durchgängig für alle von ihnen sowie für das Brandgrab. Im Laufe der Ausgrabungen von 1983 und 1984 mehrten sich alsbald Hinweise auf noch ältere Spuren auf dem Berg. Als der Umfassungswall durch zahlreiche Schichten hindurch bis zum gewachsenen Boden durchgraben war, fand sich als unterster Fundniederschlag, direkt über dem natürlichen Boden, eine Brandschicht von 3–10 cm Stärke. Sie enthielt rot verbrannten Lehm, streckenweise dicke Holzkohlepakete und vereinzelte Tonscherben, die als mittelbronzezeitlich anzusprechen sind. Es ist somit sicher, daß der urnenfelderzeitlichen befestigten Höhensiedlung eine mittelbronzezeitliche Nutzung des Tafelberges vorausging, die durch einen großen Brand zugrunde gegangen ist. In den Schnitten I und II konnte nicht geklärt werden, ob es sich bei dem mittelbronzezeitlichen Brandhorizont um eine offene Siedlung oder bereits um eine Umwehrung handelt. Aus der Holzkohleschicht liegen ^{14}C-Daten vor, die von zwei verschiedenen Instituten stammen *(Tab. 1,2)*. Dazu muß man wissen, daß die Proben für die ^{14}C-Daten in *Tabelle 1* aus Schicht 9 unter dem Wallschnitt stammen,

Probenbezeichnung	Labornr.	δ^{13}C‰	^{14}C-Alter BP = ± 1σ	Kalenderalter (Konf.zahl 95%)
Bullenheimer Berg, Wallschnitt I, Planum 8				
Probe 1	KI-2828	–26,–	3240 ± 65	1700–1400 v. Chr.
Probe 2	KI-2729	–26,0	3130 ± 65	1600–1260 v. Chr.
Probe 3	KI-2730	–24,4	3170 ± 55	1665–1350 v. Chr.
Falls die Proben archäologisch gesehen synchron sind, kann man die Ergebnisse zusammenfassen und erhält als gewogenen Mittelwert			3180 ± 33	(1470 ± v. Chr.)

Tabelle 1:
^{14}C-Daten vom Bullenheimer Berg (nach H. Willkomm)

Zusammenstellung der Ergebnisse							
Probenzeichnung		Fund-tiefe [m]	Art	$\delta^{13}C$ [‰l]	^{14}C konventionelles Alter [Jahre vor 1950]	^{14}C-Gehalt [% modern]	^3H-Gehalt [T.U.] im:
Labor Hv	Gelände						
11148	Bullenheim	~2,0	H2	–24,2	2970 = 55	–	–

Tabelle 2: ^{14}C-Daten vom Bullenheimer Berg (nach M. A. Geyh)

während das Datum in *Tabelle 2* von organischem Material eines späturnenfelderzeitlichen Depotfundes entnommen wurde. Damit ist sowohl der mittelbronzezeitliche als auch der urnenfelderzeitliche Horizont auf dem Bullenheimer Berg durch Radiokarbon-Daten fest datiert.

Parallelfall Großer Knetzberg

Als das Würzburger Institut für Vor- und Frühgeschichte 1986 an der Südspitze des Großen Knetzberges einen Grabungsschnitt durch die Umwehrung der Anlage führte *(Abb. 56)*, war aus den auch dort zahlreich vorhandenen Depotfunden *(Abb. 57)* bereits bekannt, daß die dortigen Depots etwas älter als die vom Bullenheimer Berg waren. Ihre Zusammensetzung wies auf die Zeitstellung HaA. Im Bereich der Depots kann somit von Parallelen zwischen Bullenheimer Berg und Großem Knetzberg, was die zeitliche Stellung der Hauptbenutzungsphasen angeht, nicht gesprochen werden. Die Parallele beider Anlagen besteht vielmehr in ihren Anfängen. Denn auch auf dem Großen Knetzberg geht die Umwehrung der Urnenfelderzeit auf viel ältere, nämlich mittelbronzezeitliche Ursprünge zurück. Unter mehreren urnenfelderzeitlichen Umwehrungen in Stein wurden die

Abb. 56: Großer Knetzberg, Forstbezirk Neuhaus. Wallschnitt an der Südspitze der älter-urnenfelderzeitlichen Befestigung.

Reste einer mächtigen Holz-Erde-Mauer entdeckt, die abgebrannt war und mächtige Holzkohle-Pakete hinterlassen hatte. Aus dieser ältesten Schicht stammt eine ganze Serie von ^{14}C-Daten, die in *Tabelle 3* zusammengestellt sind.

Probenbezeichnung	Labornr.	$\delta^{13}C$‰	^{14}C-Alter BP = ± 1σ	Kalenderalter (Konf.zahl 95%)
Großer Knetzberg, Probe 1	KI–2643	–25,49	3120 ± 66	1575–1255 v. Chr.
Großer Knetzberg: Holzkohle von Planum 7				
Fläche B–6, Pr. 1	KI–2643	–25,5	3120 ± 65	1575–1255 v. Chr.
Fläche B–6, Pr. 2	KI–2644	–25,5	3080 ± 45	1545–1125 v. Chr.
Fläche A–7, Pr. 3	KI–2645	–25,7	2950 ± 80	1415– 880 v. Chr.
Fläche A–7, Pr. 4	KI–2646	–25,9	3090 ± 80	1650–1105 v. Chr.

Tabelle 3: ^{14}C-Daten vom Großen Knetzberg (nach H. Willkomm)

Abb. 57: Großer Knetzberg, Forstbezirk Neuhaus. Fibel aus dem älterurnenfelderzeitlichen Depotfund von 1976.

Ohne an dieser Stelle näher auf die archäologischen Ergebnisse der kleinen Grabung von 1986 einzugehen, ergibt sich doch auch für den Großen Knetzberg, wie schon für den Bullenheimer Berg, eine massive mittelbronzezeitliche Besiedlung, die allen urnenfelderzeitlichen Bau- und Siedlungsphasen vorausgeht. Zieht man schließlich vorurnenfelderzeitliche, bronzezeitliche Befunde von vielen anderen Höhenbefestigungen heran, so ergibt sich letztlich ein mittelbronzezeitlicher Siedlungshorizont größerer geographischer Ausdehnung, in dem die Wurzeln der urnenfelderzeitlichen Phänomene beschlossen liegen.

Landmarke für viele Epochen

Ein so markanter Ort wie das Plateau des Bullenheimer Berges blieb nicht im Blickfeld einer einzigen vorgeschichtlichen Epoche. Spuren der Anwesenheit von Menschen ganz verschiedener Vorgeschichtsperioden sind zwar nicht sehr reich, aber doch eindeutig auf dem Hochplateau vertreten. Aus dem jüngeren Neolithikum stammen Miniaturbeile. Ein Fundniederschlag der Hallstattzeit fehlt freilich völlig. Latènezeitliches Material ist nicht zu übersehen. Eine Ringfibel aus Bronze belegt die jüngere römische Kaiserzeit. Ungewißheit herrscht darüber, ob es einen merowingerzeitlichen Fundniederschlag gibt.

Das hohe Mittelalter schließlich manifestiert sich im Burgstall und seinen Funden. Übereinstimmend belegen diese Funde die große Anziehungskraft des weithin aufragenden Bergplateaus für Vorbeiziehende aller Zeiten. Wie lange sie auf dem markanten Bergplateau verweilten, weshalb sie es aufsuchten und was sie dort trieben, wird wohl noch lange Zeit im dunkeln bleiben.

Interpretation

Was wir bisher vom Bullenheimer Berg und verwandten Anlagen wissen, berechtigt uns, den Versuch einer überregional gültigen Interpretation zu versuchen. Fassen wir zu diesem Zweck nochmals die wichtigsten Elemente zusammen: Es sind dies die folgenden:

1. Anwesenheit von Herrschaft (Reste eines Goldhutes vom Typ Ezelsdorf, planvolle Organisation einer Großbefestigung).
2. Anwesenheit eines Kultzentrums auf dem Berg (massenhafte Depots, Kultbau?).
3. Vorhandensein ausgeprägter Bronzemetallurgie (Gußform, Barren, geschmolzene Bronze, Schrottverwertung).
4. Agrarproduktion nicht auf dem Berg selbst, sondern im Umland. Die umgebende Wirtschafts- und Verkehrslandschaft als Voraussetzung für die Entstehung zentraler Siedlungen.
5. Starke Umwehrung als Gemeinschaftswerk einer volkreichen Gesellschaft.
6. Bevölkerungsballung.

Die Verbindung der genannten Elemente weist auf den Beginn früher Organisations-, Siedlungs- und Wirtschaftsformen hin, die eindeutig städtischen Charakter tragen. Jahrhunderte vor der keltischen und der römischen Stadtkultur erscheinen auf dem Bullenheimer Berg und ihm verwandten Anlagen Elemente einer frühen Stadtkultur, die im Umfeld der übrigen gleichzeitigen Kultur etwas Neues darstellen. Die besondere Kraft, mit der sich diese Phänomene ausbilden, wird man wohl kaum aus dem mitteleuropäischen Kulturkontext herleiten können. Es handelt sich wohl eher um Erscheinungen, die auf intensive Beziehungen zum mittelmeerischen Kulturkreis der homerischen Zeit verweisen und die letzthin durch die Dorische Wanderung vermittelt wurden. In den Fundobjekten selbst stellt sich dieser Zusammenhang nicht erkennbar dar, wohl aber in der Übernahme des Typus der volkreichen Groß- und Höhensiedlungen, der im Mittelmeerraum seit ältester Zeit vorhanden war und für die nördlichen Kulturen von jeher ein nachahmenswertes Modell bildete. So steht m. E. außer Frage, daß in den urnenfelderzeitlichen Großsiedlungen des nördlichen und mittleren Bayern Abbilder oder Frühformen mittelmeerischer Stadtkultur aus der Zeit zwischen etwa 1500 und 800 v. Chr. zu sehen sind. Wie sie ihren Weg vom Mittelmeerraum in die spätneolithisch-frühbronzezeitlich besiedelten Weiten Mittel- und Nordeuropas fanden – das zu erforschen, bleibt bis auf weiteres eine dringende Aufgabe der Archäologie.

Die Heunischenburg,
eine urnenfelderzeitliche Befestigung in Nordbayern

Von Björn-Uwe Abels

Zu Beginn des 1. Jahrtausends v. Chr. war bereits seit 200 Jahren über weite Teile Mitteleuropas die bronzezeitliche Urnenfelderkultur verbreitet. Die Gemeinschaften dieser Epoche siedelten verstärkt auf schutzbietenden Anhöhen, die sie mit Mauern umwehrten und zu politischen und wirtschaftlichen Zentren ausbauten. Der Bau solcher Befestigungsanlagen von z.T. beachtlichen Abmessungen setzt stabile und wohlhabende Gemeinwesen voraus. Wohlstand und politische Macht waren die Folge eines weitreichenden Handels und einer blühenden Bronzeindustrie. Die Ausgrabungen in der Heunischenburg bei Kronach bereichern dieses Bild durch eine Vielzahl neuer Erkenntnisse.

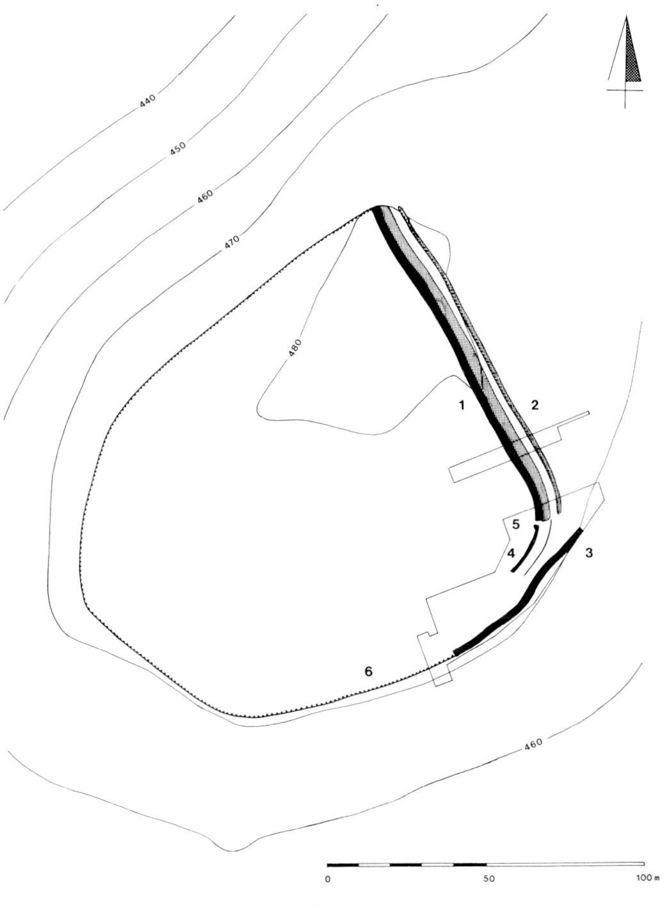

Die Heunischenburg liegt 4 km westlich von Kronach auf einem nach Südwesten vorspringenden Bergsporn des Frankenwaldes. Die Hänge dieses 486 m hohen Wolfsberges sind nach drei Seiten kräftig geböscht, so daß der Berg hier bereits natürlichen Schutz bietet. Etwa 150 m nordöstlich der Spornspitze überquert die ungeschützte, offene Flanke ein heute noch 110 m langer, 10 m breiter, außen bis 3,5 m hoher, gerader Wall aus Buntsandstein. Ungefähr 20 m vor dem Südosthang bog dieser Wall leicht in den Innenraum der Befestigung um und bildete so die innere Flanke einer breiten, bis in jüngste Zeit genutzten Torgasse. Da an dieser Stelle auch das alte Tor zu vermuten war, mußte sich die äußere Torflanke in der Hangkante verbergen. Hier wurden noch bis in die fünfziger Jahre unseres Jahrhunderts Steine zum Straßenbau abgetragen *(Abb. 58)*.

Dieses stattliche archäologische Denkmal ist seit langer Zeit bekannt, ohne daß datierbare Funde auf sein Alter schließen ließen. Bereits 1565 wird die „Hainischburgische Wustung" in der Beschreibung der Hauptmannschaft Kronach und 1574 „die Altenburgk sonß Heunischburck genand" in einem Dokument erwähnt. Auch der Ortsname des Dorfes Burgstall zu Füßen des Wolfsberges zeigt, daß man mit der eindrucksvollen Wallanlage eine abgegangene Befestigung verband. Auf den gleichen Zusammenhang weist der Flurname „Vordere Bürg". Der Name Heunischenburg mag, wie viele ähnliche Benennungen, auf die mittelalterliche Vorstellung zurückgehen, daß die Wehranlage von Hünen oder Hunnen errichtet worden ist.

Um Aufbau und Alter unserer Befestigung zu klären, wurde nun im Jahre 1983 der erste 35 m lange und 5 m breite Grabungsschnitt quer durch den Wall gelegt. Hierbei zeigte sich bald, daß die Anlage dreiperiodig ist. Bei der ersten Periode handelt es sich offenbar um eine unbefestigte Siedlung des 12.–11. Jh. v. Chr. Von der zweiten Periode war der Rest einer noch 0,4 m hohen, etwa 3 m breiten, ausgeglühten Sandsteinmauer deutlich erkennbar, die man mit einiger Wahrscheinlichkeit in das 10. Jh. v. Chr. datieren kann.

Abb. 58: Plan der jüngsten Befestigung (1. Steinmauer mit Berme, 2. Graben, 3. äußere Torflanke, 4. innere Torflanke, 5. Pforte, 6. Holzbefestigung).

Abb. 59: Front der jüngsten urnenfelderzeitlichen Mauer während der Ausgrabung.

Abb. 60: Blick auf die zweiphasige Mauer mit Pforte während der Ausgrabung.

Aufgrund ihres sehr schlechten Erhaltungszustandes ist der ursprüngliche Aufbau dieser Befestigung weitgehend unklar. Soviel kann jedoch gesagt werden, daß auch eine Holzkonstruktion Bestandteil der Mauer war.

Nach Überqueren des Bergsporns lehnte sich diese Befestigung in Form einer Holz-Erde-Mauer an den Hang an. Den Zugang zu der Wehranlage bildete eine schlichte Torlücke am Südhang. Die ganze Mauer brannte offenbar im Zuge einer kriegerischen Handlung ab.

Diese Mauer wird nun von einer mächtigen, zweiphasigen Befestigung überlagert. Die ältere Bauphase besteht aus einer 2,6 m starken, etwa 3,5 m hohen Mauer, deren Vor- und Rückfront aus z. T. mächtigen Sandsteinquadern in Trockenmauertechnik errichtet worden war *(Abb. 59)*. Sowohl vor wie hinter der Mauer, aber auch zwischen den Fronten ließen sich Pfostenstellungen und parallel zu den Fronten verlaufende Balken nachweisen, die auf hölzerne Stützkonstruktionen hindeuten. Die physikalische Altersbestimmung der verkohlten Hölzer (^{14}C-Bestimmung) durch das Institut für Ur- und Frühgeschichte in Köln zeigte, daß die Anlage im 9. Jh. v. Chr. errichtet wurde. Der zeitliche Abstand zu ihrem Vorgänger kann aber nicht allzu groß gewesen sein, da sich auch diese Mauer ganz an die Flucht der älteren Anlage hält und das archäologische Fundgut keine zeitlichen Unterschiede aufweist.

In einem zweiten Bauabschnitt wurde die ganze Wehranlage erheblich verstärkt. Der Vorderfront der Bauphase I blendete man nun in der Bauphase II eine 0,5 m breite Sandsteinquaderfront vor, so daß man auf die hölzerne Stützkon-

struktion verzichten konnte. Dieser Mauer ist eine durchschnittlich 3,5 m breite, 1 m hohe Berme aus Sandsteinen vorgelagert. Ähnliche Bermen wurden bei der gleich alten Befestigung auf dem Bullenheimer Berg in Unterfranken, aber auch bei einigen Lausitzer Burgen in Ostdeutschland nachgewiesen, jedoch waren sie bei weitem nicht so massiv ausgebaut. Die Berme hatte man zusätzlich mit inneren Querriegeln stabilisiert, so daß diese ganze, nun rund 6,5 m breite Befestigung erheblichem Druck standzuhalten vermochte. Etwa 2–3 m vor der Berme bildete ein 2,5 m breiter, nur 1 m tiefer Graben den äußeren Abschluß der Wehranlage. Um die Mauer sinnvoll verteidigen zu können, bedurfte es einer hölzernen Brustwehr, die auf die Vorderfront der Mauer aufgesetzt wurde. Berücksichtigt man

Abb. 61: Rekonstruktion des Torbereichs der jüngsten Bauphase.

sowohl den schwachen Geländeabfall vor der Mauer wie auch den Graben, so ergibt sich die beachtliche Differenz von der Grabensohle zur Oberkante der Brustwehr von etwa 6 m.

Im südlichen Abschnitt des Walles, wo wir das antike Tor erwarteten, wurde nun in den Jahren 1984–1987 ein weiterer großflächiger Grabungsschnitt angelegt.

Es zeigte sich, daß die insgesamt 110 m lange, mächtige Steinmauer 10 m vor der äußeren Hangkante durch eine 1 m breite Pforte unterbrochen wird *(Abb. 60)*. Nach der Pforte setzt sich die nun wesentlich schmalere Mauer in einem Bogen als innere Flanke zu einer 15 m langen, bis 2 m breiten Torgasse fort. Nicht ganz parallel dazu verläuft auf der Hangkante die 2 m breite, ursprünglich wohl ebenfalls 3 m hohe äußere Torflanke, die nach 60 m wieder in eine Holz-Erde-Befestigung übergeht *(Abb. 61)*. Das Tor war also so angelegt worden, daß ein möglicher Angreifer sich in eine zangenartige Umklammerung begeben mußte, um die Befestigung erstürmen zu können.

Die nahe dem Tor gelegene, 1 m breite Pforte, über die man einen Holzturm gesetzt hatte, ermöglicht es dem Verteidiger, einen in die Torgasse drängenden Angreifer auch von hinten unter Beschuß zu nehmen *(Abb. 62)*. Bei der Pforte handelt es sich also um eine Art Poterne (Ausfallpforte), wie man sie vom älteren mediterranen Burgenbau hinreichend kennt. Deren ausgereifte Architektur wurde aufgrund des starken Kulturgefälles und der weiten Entfernung von den Vorbildern an unserer Anlage nur unvollkommen nachempfunden. Dennoch ist der südliche Einfluß, der sich ja auch auf manch anderer kultureller Ebene der Urnenfelderzeit nachweisen läßt, ganz offenkundig. Offenbar war der fortifikatorische Nutzen, den man aus dieser Pforte zu ziehen hoffte, nicht zufriedenstellend, da man sie bei der Verstärkung der Mauer in der 2. Bauphase wieder mit einer Steinreihe verschloß. Wie ihr Vorgänger brannte auch diese mächtige Befestigung ab und wurde nun endgültig aufgelassen. Neben einer Reihe weiterer ^{14}C-Daten, die alle die früheren Altersbestimmungen stützten, gehörten die meisten archäologischen Funde etwa in das 9. Jh. v. Chr. Zusätzlich hatten die Erbauer der 2. Bauphase der großen Sandsteinmauer zwischen zwei Steinquader ein Rasiermesser derselben Zeitstellung, gleichsam als Bauopfer, gelegt. Wir sind hier also in der selten glücklichen Situation, im Gegensatz zu vielen andern untersuchten Wehranlagen dieser Epoche, eine absolut sichere Datierung vornehmen zu können!

Bei den Ausgrabungen kam neben zahlreichen zeittypischen Keramikscherben eine Fülle von Bronzegegenständen zutage, die alle, soweit sie sich zuordnen ließen, zur westlichen Urnenfelderkultur gehören: darunter waren 44 Nadeln, 24 Ringe, 18 Knöpfe, 1 Sichel, 7 Messer, 9 Rasiermesser, 12 Phaleren und 21 getriebene Blechfragmente (letztere hatten wohl als Besatz von Lederpanzern gedient), 1 Bruchstück eines Bronzepanzers, 3 Ringknebel, Bruchstücke von mindestens 8 Schwertern, 13 Lanzenspitzen (in einer steckte noch der Schaftrest aus Eichenholz) und 111 Pfeilspitzen *(Nr. 95)*. Ein Großteil der Funde war absichtlich zerbrochen, verbogen oder zerhackt. Bei den größeren Waffen und einigen Nadeln hatte man den Eindruck, als seien diese von dem Eroberer der Burg in einer rituellen Handlung unbrauchbar gemacht, ja geradezu „getötet" worden, gleichsam als Zeichen einer vollständigen Vernichtung der Burg und ihrer Besatzung. Die Blechfragmente lagen so dicht beieinander, genau unterhalb der großen Sandsteinmauer, daß man hier an eine Deponierung denken möchte, bei der es sich wiederum um ein Bauopfer handeln könnte.

Erstaunlich ist die große Menge an Waffenfunden, die etwa 70% des Materials ausmacht *(Abb. 63)*. Besonders die zahlreichen rasch und unsorgfältig hergestellten Dorn- und Schwalbenschwanzpfeilspitzen, von denen noch nicht einmal die Gußnähte abgeschliffen wurden, zeugen von dem großen „Munitionsbedarf" der Burgbesatzung und von der Heftigkeit der Kampfhandlungen. Man fand nicht mehr die Zeit, während der Belagerung die qualitätvollen Tüllenpfeilspitzen zu produzieren. Die bedeutendsten Funde sind zwei

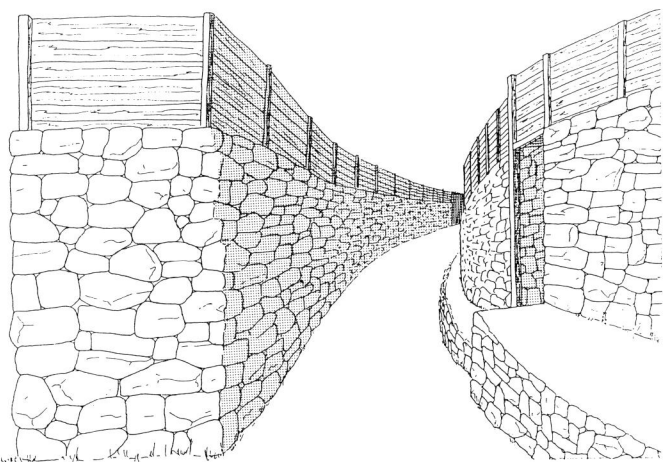

Abb. 62: Nach den Originalbefunden rekonstruierte Mauer mit Pforte und Torgasse.

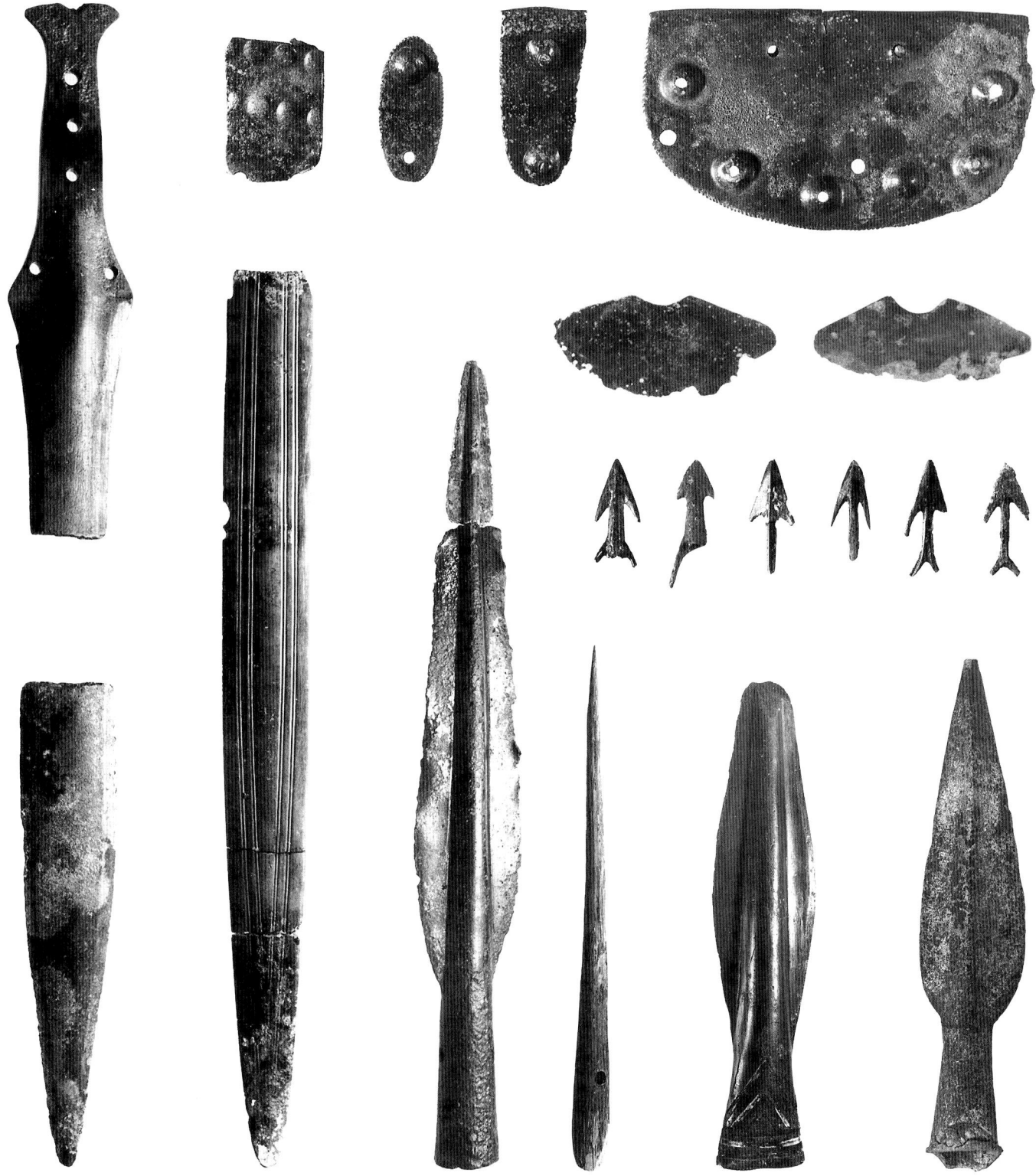

Lanzenspitzen, eine davon ganz aus dem damals noch seltenen Eisen, die andere aus Bronze mit Kupfer- und Eiseneinlagen. Beide sind als wertvolle Würdezeichen vornehmer Krieger zu werten.

Ein nur 5 km südöstlich von der Heunischenburg zu Anfang dieses Jahrhunderts gefundener Kappenhelm dürfte ebenfalls einem vornehmen Krieger dieser Befestigung gehört haben.

Der Nordosten Bayerns orientierte sich in der späten Urnenfelderzeit nach Südosten. Die zahlreichen aus dem Westen stammenden Funde von der Heunischenburg verdeutlichen nun aber, daß diese Anlage zu einer westlichen Gruppe der Urnenfelderkultur gehört haben muß. Am deutlichsten wird das bei den Rasiermessern, deren Hauptverbreitung in der Westschweiz liegt, bei den sog. Themseschwertern, die aus Südengland stammen, und bei den Ringknebeln.

Unsere völlig isoliert im Osten liegende, kleinräumige, ungewöhnlich stark ausgebaute Festung mit ihren überdurchschnittlich zahlreichen Waffenfunden hebt die Heunischenburg von allen bisher bekannten Anlagen deutlich ab. Es muß sich nach all dem um einen militärischen Brückenkopf gehandelt haben, den man zum Schutz einer Fernhandelsstraße oder als eine Art Grenzgarnison eines urnenfelderzeitlichen Stammesterritoriums errichtet hatte. Die strategische Bedeutung der Befestigung wird in dramatischer Weise dadurch unterstrichen, daß sie nach heftigen Kämpfen in zwei kriegerischen Auseinandersetzungen zerstört wurde und schließlich als Brückenkopf auf die Dauer nicht zu halten war.

Eine solche weit nach Osten vorgeschobene Garnison setzt aber ein gut organisiertes Gemeinwesen voraus, dessen Anführer in der Lage waren, ein militärisches Unternehmen dieser Größenordnung logistisch zu bewältigen.

Große, mit leichteren Stein- oder Holz-Erde-Mauern befestigte Höhensiedlungen bildeten den wirtschaftlichen und politischen Mittelpunkt solcher Gemeinwesen, deren Ausdehnung von etwa 100 km sich an der Entfernung der einzelnen Mittelpunktsiedlungen zueinander ablesen läßt. Der archäologische Nachweis für solche Mittelpunktsiedlungen konnte bislang im nordbayerisch-südthüringischen Raum erst für den Großen Gleichberg bei Römhild, den Großen Knetzberg bei Haßfurt und den Bullenheimer Berg bei Uffenheim erbracht werden. Die auf der Ehrenbürg bei Forchheim seit einigen Jahren laufende Ausgrabung wird sicherlich ein ähnliches Ergebnis zeitigen, zumal das sehr qualitätvolle Fundgut schon für sich spricht. Auch auf der Houbirg bei Happurg dürfte eine sorgfältige Grabung vergleichbare Befunde liefern. Zu diesen großen, ständig bewohnten Mittelpunktsiedlungen und unserer bisher singulären Garnison Heunischenburg gesellt sich nun möglicherweise ein dritter Befestigungstyp: Bei der Anlage auf dem Bürgstadter Berg bei Miltenberg handelt es sich vielleicht um ein Refugium, das in eine Landschaft mit mehreren urnenfelderzeitlichen Siedlungen gebettet ist. Weitere zahlreiche befestigte Höhensiedlungen haben zwar urnenfelderzeitliches Fundgut erbracht, nur dürfen diese nicht leichtfertig zu urnenfelderzeitlichen Befestigungen erklärt werden, wie uns manche Verbreitungskarte glauben machen möchte, da ursprünglich offene Siedlungen mit urnenfelderzeitlichen Funden von wesentlich jüngeren Befestigungen überbaut worden sein können. Als gesichert darf in jedem Fall nur eine Anlage gelten, von der eindeutige Grabungsergebnisse vorliegen. Im Gegensatz zu den kleinen eisenzeitlichen Wehranlagen, bei denen sich bereits gewisse „architektonische" Eigenarten herauszubilden beginnen, können allenfalls die Großflächigkeit und das qualitätvolle Fundgut einer urnenfelderzeitlichen Höhensiedlung einen Hinweis auf ihre Bedeutung und somit auf eine mögliche Umwehrung liefern. Gesichert indes ist das nicht!

Betrachten wir die Beziehungen unserer Heunischenburg zu den oben genannten Mittelpunktsiedlungen, so zeigt sich, daß sie mit 70 km Entfernung dem Großen Gleichberg am nächsten liegt. Bei dieser bedeutenden urnenfelderzeitlichen Wehranlage dürfte es sich mit großer Wahrscheinlichkeit um die Mittelpunktsiedlung handeln, zu der unsere Heunischenburg gehörte und von der aus sie bis zu ihrem Untergang zu Beginn des 8. Jh. v. Chr. versorgt wurde.

◁

Abb. 63: Schwertbruchstücke, Rüstungsteile, Rasiermesser, Pfeilspitzen, Lanzenspitzen (Lanze mit Eichenholzschaft, Lanze mit Kupfer- und Eiseneinlage, Eisenlanze). M. 1 : 2. (Nr. 95).

Das Wagengrab von Poing, Lkr. Ebersberg, und der Beginn der Urnenfelderzeit in Südbayern

Von Stefan Winghart

Die archäologisch notwendige Trennung von Epochen widerspricht oft scheinbar der kulturellen Kontinuität, die über die Perioden hinweg besteht. Da der Prähistoriker sich bei der Unterteilung von verschiedenen Phasen nur an den dinglichen Hinterlassenschaften orientieren kann, entsprechen alle Gliederungen wohl nur in Ausnahmefällen dem geschichtlichen Lebensraum eines Menschen der Vorzeit. Nun sind aber gerade aus längst vergangenen Zeiten tradierte Verhaltens- und Denkmuster neben Sprache und Sachkultur die eigentlichen Elemente einer Gesellschaft. Aus diesem Grunde soll es nicht verwundern, wenn ein spätbronzezeitliches Wagengrab unter dem Oberbegriff „Das keltische Jahrtausend" behandelt wird. Viele aus dem Fundmaterial ablesbare, den Kelten der Hallstatt- und Latènezeit eigentümliche Vorstellungen sind ohne den Rückgriff auf die späte Bronze- und die Urnenfelderzeit kaum verständlich. Das Adelsgrab des 13. Jh. v. Chr. mit Wagenbeigabe von Poing, Lkr. Ebersberg, Oberbayern, das im folgenden beschrieben werden soll, zeigt dies in vorzüglicher Weise.

Poing ist eine stark expandierende Gemeinde am Ostrand des Münchner Ballungsraumes mit entsprechendem Bedarf an Bauland. Aus dem Ortsgebiet sind zahlreiche archäologische Fundstellen bekannt, so daß den Erschließungsmaßnahmen in der Regel Ausgrabungen vorangehen müssen. 1986 war dies auf einem weitläufigen Industriegelände der Fall, das Siedlungen und ein Gräberfeld der frühen Bronzezeit, der Urnenfelderzeit, der Hallstattzeit und der Latènezeit lieferte. Von 1989 bis Ende 1992 wurde dann erneut ein Wohngebiet großflächig untersucht. Auf einer Fläche von insgesamt mehr als einem Quadratkilometer wurden Teile einer kleinen Nekropole aus der zweiten Phase der Frühbronzezeit, eine mittelbronzezeitliche Grablege, der spätbronzezeitliche Adelsfriedhof, der hier behandelt wird, ein Urnenfeld, eine bronze- bis urnenfelderzeitlicher Siedlung, eine weitere hallstattzeitliche Siedlung sowie eine ausgedehnte Siedlung des frühen Mittelalters mit Adelsbestattungen und Hofgrablegen aufgedeckt.

Die Grabstätte des spätbronzezeitlichen Wagenfahrers befand sich auf einer von vorgeschichtlichen und modernen Siedlungsspuren weitestgehend freien Fläche und wies deshalb keine sekundären Störungen auf. Der Nord-Süd gerichtete, ovale bis rechteckige Schacht des Grabes war 3,7 m lang, 2,6 m breit und mit ausgelesenen großen Kieseln des anstehenden Schotters verfüllt. Hinweise auf einen ehemals vorhandenen Hügel lieferte der Befund nicht. Die Überreste des eingeäscherten Toten fanden sich etwa 1 m unter dem heutigen Geländeniveau auf einer annähernd quadratischen Fläche von etwa 4,5 m², an deren Ecken vier mächtige Pfosten in die Grabsohle eingetieft waren. Da die Standspuren dieser Pfeiler nur im untersten Planum nachgewiesen werden konnten, war wohl keine Grabkammer vorhanden gewesen. Möglicherweise haben wir die Reste eines Totenhauses oder eines Monuments vor uns, das im Leichenzeremoniell benutzt und bei der Schließung des Grabes beseitigt wurde; eventuell wäre auch mit einer Bühne oder einem Podest zu rechnen, von dessen Rahmenwerk und Bretter- bzw. Bohlenbelag dann allerdings keinerlei Spuren mehr vorhanden wären.

Die reichen Beigaben waren auf drei Bereiche verteilt: Im nordöstlichen Teil lagen ein Zylinderhalsgefäß und eine bronze Siebtasse, im östlichen die Bruchstücke einer verbrannten Schwertklinge und eines Rasiermessers, etwas westlich daneben eine bronzene Vasenkopf- und eine Kugelkopfnadel. Das Gros der Funde wurde im südlichen Bereich des Grabes, außerhalb der durch Pfostenstellungen markier-

Abb. 64: Die Beigaben und Wagenteile des spätbronzezeitlichen Adelsgrabes von Poing während der Ausgrabung.

Abb. 65: Achskappen und Achsnägel des spätbronzezeitlichen Wagengrabes von Poing (Nr. 468).

ten Fläche ausgegraben *(Abb. 64)*. Unter einer Abdeckung aus Scherben zweier großer Trichterhalsgefäße, dreier Tassen und einer Schale lagen die bronzenen Beschlagteile eines vierrädrigen Wagens und der Schirrung für zwei Pferde, etliche Tüllenpfeilspitzen, Gußkuchenstücke, Barren und Halbfabrikate sowie zwei Sicheln. Alle Teile waren aus ihrem Konstruktionszusammenhang gelöst und eng zusammengepackt, so daß sich aus der Anordnung im Grab keine Hinweise auf eine Rekonstruktion des Wagens ergeben. Anpatinierte Haarreste deuten darauf hin, daß alle Metallteile sich in einer Decke oder in einem Sack aus Schaffell befanden. Fast alle Gegenstände waren mehr oder minder stark dem Feuer des Scheiterhaufens ausgesetzt gewesen, vor allem die Beschlagteile des Wagenkastens, in geringerem Maß diejenigen der Räder.

Hier sind zuerst die vier Achskappen mit den dazugehörigen Achsnägeln zu nennen *(Abb. 65)*. Es fällt auf, daß ihre Krempendurchmesser differieren, was auf abweichende Stärken der Nabenstirnen, nicht aber auf unterschiedliche Radgrö-

ßen hinweist. Die massiven, rundstabigen Achssplinte besitzen halbmondförmige Nagelköpfe mit randbegleitender Profilierung, in die Vertiefungen und Fixierungslöcher für Klapperbleche oder Anhänger eingearbeitet sind. Bearbeitungsspuren auf dem Kappenkörper und exakt passende Querdurchlochungen der Nägel zeigen, daß die Stifte auf die Maße der Achskappen gefertigt waren. Während die kleineren, „vorderen" Achskappen und -splinte wie aus e i n e r Gußform sind, weisen die größeren, eventuell der Hinterachse zuzuordnenden Achskappen leicht unterschiedliche Durchmesser auf. Die ebenfalls nicht gußgleichen Achsstifte besitzen vierkantigen Querschnitt, sind kleiner als die „vorderen" Splinte und tragen auf einem eigenartig modellierten Nagelkopf antithetische Vogelprotomen. Man wird wohl nicht fehlgehen, hier einen abstrakt gestalteten Kopf oder eine Maske anzunehmen, zu dem sich die Vogelprotome wie Stierhörner verhalten. Im Gegensatz zu den technisch fortschrittlichen Vorderrädern konnten die eher archaisch anmutenden hinteren Achsstifte nicht durch Quersplinte

fixiert werden. Im Zuge der Restaurierung festgestellte Bast-
spuren deuten vielmehr an, daß die Befestigung mittels einer
Schnur über eine Durchlochung im Achsnagelkopf und das
untere Nagelende verlief. Eine randparallele, senkrecht stehende Öse wird der Befestigung von klapperndem und glän-
zendem Zierat gedient haben.

Achskappen der hier angetroffenen Art sind nur in wenigen
Exemplaren bekannt. Vergleichbar erscheinen vor allen
Dingen die etwas jüngeren Exemplare des bekannten
Wagengrabes von Hart a. d. Alz, Lkr. Altötting, Achskappen mit unterschiedlichen Splinten aus Ungarn, Siebenbürgen und der Slowakei sowie nur im Vorbericht publizierte
Achskappen aus einem Depot von der Höhensiedlung Bullenheimer Berg in Unterfranken, die allerdings schon der
jüngeren Urnenfelderzeit zugewiesen werden. Da sich diese
Datierung jedoch lediglich aus der allgemeinen Datierung
des Depothorizontes auf dem Bullenheimer Berg herleitet,
sind hier weitere Überlegungen, insbesondere zur Benut-
zungszeit von Zeremonialgeräten, sicher angebracht. For-
male wie befundmäßige Ähnlichkeiten des Depots vom Bullenheimer Berg mit dem Grabschatz von Poing und BzD/
HaA 1-zeitlichen Horten des mittleren Donauraumes sind
jedenfalls zu deutlich, als daß ein zeitlicher Abstand von
nahezu 500 Jahren angenommen werden könnte.

Hinweise auf die Konstruktion der Räder sind nur indirekt
zu erhalten (Abb. 66). Will man nicht von Strebenrädern ausgehen, wie sie eher bei Bauernkarren denn bei Prunk- oder
Zeremonialwägen gebräuchlich sind, so muß man voraussetzen, daß eine Konstruktion aus gebogenem Span und Gegen-
druck erzeugendem eisernem Radreifen, wie Georg Kossack
dies zwingend für den hallstattzeitlichen Wagen von Großeibstadt nachgewiesen hat, mit bronzezeitlicher Technik
nicht zu verwirklichen ist. Vielmehr muß hier eine horizon-
tale Bindung an die Speichen gesucht werden, die nach unserem Vorschlag durch massive Nietstifte mit doppelten Pilz-
köpfen erreicht wurde. Tragendes Element dieser Radbau-
weise wären die kräftigen, sich zur Felge hin verbreiternden
Speichen. Ihre Form wird durch entsprechende Parallelen
von Hart a. d. Alz bis hin zu bildlichen Vergleichen mit
Wagendarstellungen des mykenischen Griechenland belegt.
Die im Falle des Wagens von Hart a. d. Alz bronzebeschla-
genen Verdickungen der Speichen setzen sich nach unserer
Rekonstruktion in brettchenartige Zapfen fort, die als
Ansatzpunkt für versetzt vernietete Felgensegmente dien-
ten. Eine solche Holzkonstruktion entspräche damit dem an
zeitgleichen Bronzerädern des Donauraumes angedeuteten
Bauprinzip.

Keines der erhaltenen Bauteile deutet direkt auf das Fahrge-

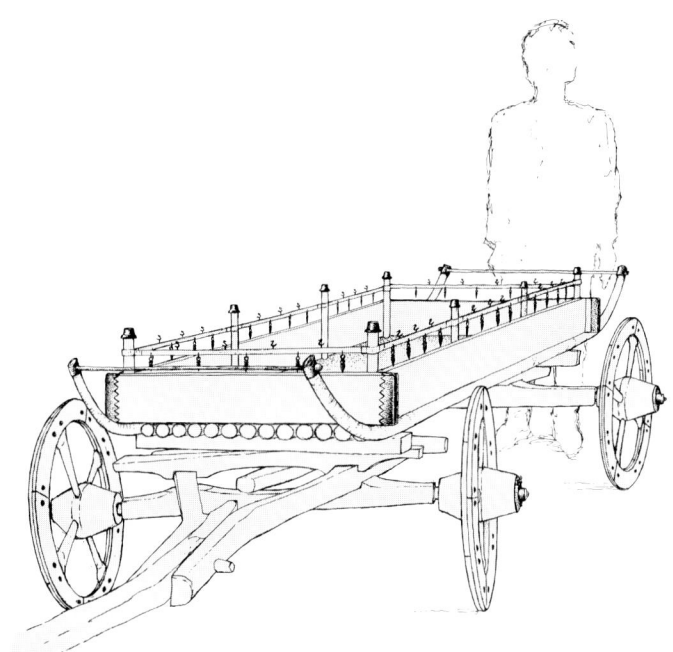

Abb. 66: Versuch einer Rekonstruktion des spätbronzezeitlichen
Zeremonialwagens von Poing. Die erhaltenen Teile sind grau dargestellt. Durchmesser der Räder ca. 60 cm.

stell des Poinger Wagens hin, weswegen auch die Frage nach
der Lenkbarkeit unbeantwortet bleiben muß. Grundsätzlich
scheint uns jedoch die Annahme eines lenkbaren Gefährtes
sinnvoller, da wir davon ausgehen, daß auch Zeremonialge-
fährte profane Vorbilder besaßen, und es kaum anzunehmen
ist, daß sich die handwerkliche Technik, die für die Herstellung eines vierrädrigen Wagens nötig war, lediglich an
unlenkbaren Prozessionswagen entwickelte.

Allgemein geht man bei der Rekonstruktion von vorgeschichtlichen Wagen davon aus, daß der Wagenkasten direkt
oder indirekt auf den Achsen aufsaß und nicht, wie dies bei
römischen Reisewagen der Fall ist, etwa an Hängestöcken
aufgehängt war. Wir nehmen dies auch für den Wagen von
Poing an. Kein Fund gibt uns freilich Aufschluß über die
Art, in der im hier vorliegenden Falle der Wagenkasten mit
dem Fahrgestell verbunden war, weswegen wir uns in der
zeichnerischen Rekonstruktion die denkbar einfachste Bauweise, die eines einfachen bäuerlichen Gefährtes, zu eigen
gemacht haben. Anders als bei einem solchen scheint der
Kasten jedoch auf einer Art Schlitten geruht zu haben, dessen hörnerartig aufgebogene Enden mit gekrümmten Tüllen

besetzt waren. Sie entsprächen damit in archaischer Weise den langen, aufwärts gebogenen Tüllen mit und ohne Vogelprotome aus Gräbern der Hart a.d. Alz-Gruppe sowie einigen isolierten Stücken des Donauraumes. Gestützt wird diese Annahme durch die allerdings sicherlich nicht buchstäblich wiedergegebenen Konstruktionsmerkmale an – teilweise freilich etwas jüngeren – Kesselwägen wie dem von Acholshausen oder jenem von Skallerup, die ebenfalls aufgebogene Protome der skizzierten Art besitzen *(Abb. 67, 179)*.

Gänzlich ohne Vergleichsstücke sind vier kastenförmige, einseitig gezähnte Bronzeaufsätze, die wir als Endverstärkungen der Seitenborde des Wagenkastens interpretieren. Unsere Zuweisung innerhalb des weitgespannten Beziehungsnetzes spätbronze- und frühurnenfelderzeitlicher Präsentations- und Zeremonialobjekte ist sicherlich nicht unanfechtbar, doch scheint uns das Zackenmotiv am ehesten auf direkte Beziehungen zum Formenschatz der jüngst von Christopher Pare umrissenen donauländischen Tarcal-Gruppe hinzuweisen.

In großer Anzahl fanden sich lanzettförmige Anhänger mit gezacktem Rand, Aufstecker in Vogelform und u-förmige Häkchen, die zur Aufhängung des Klapperschmuckes dienten. Der zeremonielle oder kultische Charakter des Wagens wird durch derartige Symbolzeichen besonders unterstrichen. Hinweise auf den Kesselwagen von Skallerup, ein weit in den Norden gelangtes Erzeugnis der donauländischen Spätbronzezeit, erübrigen sich damit fast, zeigte dieses Objekt nicht in anschaulicher Weise, in welcher Funktion Anhänger der Poinger Art montiert waren *(Abb. 67)*. An den Achskappenkrempen festgeschmolzene Exemplare deuten darauf hin, daß wohl auch die Räder mit Klapperschmuck versehen waren. Zur Befestigung dürften die bereits erwähnten Nuten in Köpfen der Vorderradachsstecker bzw. die senkrechten Ösen an den Rändern der Hinterradachskappen gedient haben.

Zu den Beigaben des Wagengrabes von Poing zählt auch die anscheinend vollständig niedergelegte Schirrung für zwei Pferde. Die Gebißstangen sind einteilig und enden in dreieckigen Ösen. Sie ähneln damit auffällig denen eines reichen spätbronzezeitlichen Grabes mit Wagenbeigabe von Mengen in Oberschwaben. Nach ihrer Größe können sie nur zum Lenken von ziemlich kleinen Pferden gedient haben, die mit einem Stockmaß von ca. 1,40 m in etwa den heutigen Fjordponies entsprochen haben. Zugehörig sind weiter Trensenknebel, Riemenverteiler, Ringe, Hülsen, Muffen und Zierat vom Riemenwerk und, ein absolutes Novum in Südbayern, kleine Zwingen in Form der kretischen Doppelaxt, die wohl als Heilszeichen auf der Stirn der Pferde saßen.

Nicht zum Wagen gehörig, jedoch im Komplex der Wagenbestandteile niedergelegt waren zwei Sicheln, einige Tüllenpfeilspitzen sowie Gußkuchen, Barrenfragmente und das Halbfabrikat eines Ringes. Acht kappenförmige Aufsätze haben vielleicht als Sprossenaufsätze am Wagenkasten gedient, wären aber ebensogut einem Klappschemel des nordischen Typs zuzuordnen.

Von der Waffenausrüstung des Toten sind damit also lediglich Schwert und Pfeile ins Grab gegeben worden. Selten enthalten Gräber der bronze-/urnenfelderzeitlichen Übergangsphase mehr Waffen. Sicheln finden sich nur in Grabausstattungen einer sehr gehobenen Qualitätsgruppe. Man wird sie in den Rahmen der Zeremonialgeräte einordnen, die etwa im jährlichen Ernteritual hätten Verwendung finden können, oder sie aber als Symbol und Abzeichen des Herren des fruchtbaren Landes interpretieren, wie dies in Anlehnung an hethitische Totenrituale bereits geschehen ist. Ebenso symbolischen Charakter besitzen sicherlich Gußkuchen, Barren und Halbfabrikate, die ihren Besitzer vielleicht als jemanden ausweisen, der die Herstellung oder Verteilung des Rohstoffes Bronze kontrolliert hat.

Der reichhaltige Geschirrsatz aus Bronze und Ton scheint nur teilweise unzerscherbt mit ins Grab gegeben zu sein. Wie oben angeführt, befand sich im nordöstlichen Sektor des Grabschachtes neben der Siebtasse ein durch den Erddruck zerbrochenes Zylinderhalsgefäß mit Buckelzier und Ritzverzierung in Form von hängenden Dreiecken. Alle anderen Gefäße waren offensichtlich im Zuge des Bestat-

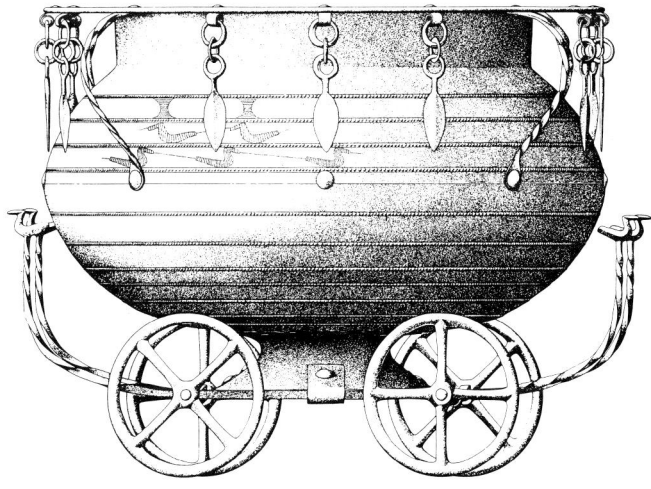

Abb. 67: Der bronzene Kesselwagen von Skallerup (Dänemark)

91

tungsrituals zerschlagen und dann zur Abdeckung der Bronzen am Südrand des Grabes verwendet worden. Im einzelnen handelt es sich um drei weitere Trichterrandgefäße, von denen zwei in Form und Größe nahezu identisch sind, sowie drei sorgfältig verzierte, hartgebrannte, dünnwandige Tassen und eine Schale mit Omphalosboden. Die Tongefäße bilden offenkundig ein Service. Sie sind übereinstimmend außerordentlich dünnwandig, aus feingeschlämmtem Ton sehr ebenmäßig geformt, hart gebrannt, hervorragend geglättet, teilweise mit schwarzer Farbe bemalt und poliert. Sie zählen zu den besten Töpfereierzeugnissen, die innerhalb der süddeutschen Bronzezeit bisher zutage gekommen sind.

Man wird die Gefäße von Poing in Funktion und Bedeutung sicherlich mit den Bronzegefäßen von Hart a. d. Alz, die etwas jünger zu datieren sind, gleichsetzen dürfen. Zusammen mit den jeweils beigegebenen Wagen scheinen sie die eigentlich signifikanten Beigaben der Gräber der höchsten sozialen Schicht zu sein, bezeichnender jedenfalls als Schwerter, deren sozialdefinitorischer Charakter als Grabbeigabe schon deshalb geringer einzuschätzen ist, da sie in jener Zeit in erklecklicher Anzahl nicht ins Grab gegeben, sondern in Gewässern versenkt wurden.

Das Wagengrab von Poing gehört an die Wende von der späten Bronze- zur Urnenfelderzeit, mithin also in die 2. Hälfte des 13. Jh. v. Chr. Wenngleich sich in verschiedenen Zeichen bereits die Ideenwelt der Urnenfelderzeit ankündigt, erscheint das Grab noch weitgehend bronzezeitlichen Traditionen verhaftet. Das Fehlen eines Hügels will hier nicht allzuviel besagen, scheint sich doch mehr und mehr herauszukristallisieren, daß mit dem – forschungsgeschichtlich bedingt – eingeengten Blick auf die in Hügeln bestattende Riegseegruppe nur eine geographisch begrenzte, konservative Gruppe innerhalb eines wesentlich differenzierteren Spektrums erfaßt wurde. BzD-zeitlich ist insbesondere der Formenschatz der Keramik, ferner Siebtasse und Rasiermesser, die dem oberitalienischen Peschierahorizont verwandt sind. Auch die geräumige Grabkammer, die von den Abmessungen her für eine Körperbestattung geeignet war, zeigt noch keine Beziehung zum Totenbrauchtum der Urnenfelderzeit.

Auf der anderen Seite deuten der Servicecharakter des Geschirrsatzes und natürlich allem voran der Wagen darauf hin, daß sein Besitzer eine hochgestellte Persönlichkeit und Angehöriger einer Führungsschicht war, die in dieser Exklusivität in der mittleren Bronzezeit und in der Riegseegruppe der Stufe BzD nicht nachgewiesen werden kann. Daß das Service offensichtlich nicht der Beigabe von Speise und Trank für den Weg ins Jenseits diente, wie sich dies im

Abb. 68: *Poing mit Fundstelle des Wagengrabes an der Schnittstelle einer Nord-Süd- und einer Ost-West-Verbindung.*

Totenbrauchtum der mittleren Bronzezeit abzeichnet, sondern viel eher die soziale Rolle des Gastmahls, des Symposions, zu betonen scheint, antizipiert gleichartige Vorstellungen der Hallstattzeit und berechtigt uns, das Grab von Poing an den Beginn einer Entwicklung zu stellen, die mit einigem Recht als „keltisches Jahrtausend" bezeichnet werden kann. Auch die Tradition des vierrädrigen hallstattzeitlichen Wagens scheint uns bruchlos ins 13. Jh. zurückzuverfolgen zu sein, wenngleich der Filter des nivellierenden urnenfelderzeitlichen Grabbrauches die Verbindungslinien nicht in voller Klarheit hervortreten läßt. Auf jeden Fall schält sich hier eine soziale Differenzierung heraus, mit der zweifellos die allerorten seit der mittleren Bronzezeit zu beobachtende und in der Urnenfelderzeit kulminierende Belegung und Befestigung von Höhensiedlungen in Verbindung zu bringen ist.

Es ist ein Allgemeinplatz, wenn wir feststellen, daß Gefährte wie der Wagen von Poing nicht dem Transport von Lasten oder dem Kampf (wohl besser: der Fahrt zum Kampfplatz) gedient haben, sondern dem rituellen oder zeremoniellen

92

Geschehen zuzuordnen sind. Eine Interpretation nur im Hinblick auf die achäische *ekphora,* den Leichenzug, erscheint uns allerdings etwas zu eng. Neben einer möglichen Verwendung bei Prozessionen, etwa als eine Art fahrbarer Thron oder als Beförderungsmittel für Kultgeräte oder die hierarchische Fahrnis, zu der die bereits erwähnten Sicheln ebenso zu rechnen wären wie die Barren oder der möglicherweise zu erschließende Klappschemel, wird man auch eine Deutung als Wagen für die Fahrt in die jenseitige Welt nicht ausschließen dürfen. Hierfür spräche auch die absichtliche Zerstörung des Wagens, die aus der Anordnung der Bronzeteile im Grab deutlich ablesbar ist.

Man wird sicher nicht zu weit gehen, wenn man die in Poing oder Hart a. d. Alz bestatteten Toten als Angehörige einer fürstlichen oder königlichen, auf jeden Fall aber Macht ausübenden Gruppe bezeichnet. Da jedoch Macht ohne ökonomischen Hintergrund nur schwer denkbar ist, erhebt sich die Frage, auf welche Faktoren der Reichtum der Wagenfahrer zurückzuführen ist.

Das Land zwischen Lech und Salzach bis zur Salzachmündung im Innbogen gehört zu einer breiten Kontaktzone, die über Alpen und Donau seit jeher nach Osten und Westen offen gestanden hat. Die Alpen sind dabei unter besonderen Gesichtspunkten zu sehen, als Durchgangslandschaft ebenso wie als Liefergebiet metallischer Rohstoffe. So entstand im Lauf der Zeit ein Gitternetz von regional gestuften Siedlungsabläufen, nämlich von den bestimmenden Ost-West-Linien, die dem Hauptablauf der alteuropäischen Kulturtrift entsprechen, und den sich immer stärker konturierenden Linien der Abläufe in Richtung Nord und Süd. Die Vertei-lung der bronze- und urnenfelderzeitlich belegten Höhensiedlungen sowie der zeitgleichen Wagengräber in Südbayern und Oberösterreich bestätigt dieses Bild. Nahezu alle Wagengräber liegen in der breiten, offenen Zone der schwäbisch-bayerischen Hochebene zwischen Alpen und Mittelgebirge, die Zugänge zu den Gebirgspässen sind von burgähnlichen Siedlungen kontrolliert. Es ist sicher keine Überinterpretation, wenn man Verkehr und Handel zwischen diesen Siedlungen und weit über sie hinaus annimmt, der sich in den Wohnsitzen der wagenbesitzenden Schicht bündelte und kreuzte. Südbayern erweist sich somit als Zentrum eines Spannungsfeldes zwischen Oberitalien, dem Ostalpenraum, dem Donauraum, dem nordbayerisch-böhmisch-mitteldeutschen und dem südwestdeutsch-schweizerischen Raum. Folgerichtig sind materielle Verbindungen zu diesen Gebieten in den Gräbern der Gruppe durchgängig belegbar.

In Poing selbst zeigt sich dieses grobe Raster in feinerer Körnung *(Abb. 68).* Hier kreuzt eine Nord-Süd-Verbindung, die den Alpenfuß entlang der Kante des tertiären Hügellandes über die Isarlinie mit dem niederbayerischen Gäuboden und den Urgebirgsübergängen nach Böhmen verbindet und in Grundzügen seit der frühen Bronzezeit faßbar ist, mit einer Ost-West-Linie, die, ebenfalls durch die meisten urgeschichtlichen Perioden belegt, durch die römische Fernverbindung Augsburg-Wels und die mittelalterliche Salzstraße nachvollzogen wird. Daß die erstere der beiden, an deren Rand das Wagengrab lag, bis zur Anlage der modernen Siedlung noch als Feldweg vorhanden war, zeigt die Tiefe einer lokalen geschichtlichen Entwicklung, die weit über jene eines keltischen Jahrtausends hinausreicht.

Der Staffelberg

Die Geschichte einer befestigten Höhensiedlung

Von Björn-Uwe Abels

Als sich zu Beginn der Jungsteinzeit Menschen zu größeren Gemeinwesen zusammenschlossen, versuchten sie, ihre Siedlungen durch Zäune und Palisaden zu sichern. In der Folgezeit nutzte man mehr und mehr Berghöhen, die natürlichen Schutz gewährten und die man nun im Zuge der Zeit, den jeweiligen technischen Fähigkeiten entsprechend, zu mächtigen Befestigungen auszubauen begann. Diese Entwicklung hin zum planmäßigen Bau von Wehranlagen setzte in Mitteleuropa in der späten Jungsteinzeit, also seit der 1. Hälfte des 4. Jahrtausends, ein und fand erst in der Neuzeit ihren Abschluß, als die Schußwaffentechnik so weit entwickelt war, daß weder Berge noch Festungsmauern den Belagerungswaffen hinreichend Widerstand zu bieten vermochten. Der wohl prominenteste Berg Frankens, der alle Voraussetzungen für eine vorgeschichtliche Höhensiedlung erfüllt, ist der bei Staffelstein am Obermain gelegene Staffelberg *(Abb. 69, 70)*.

Der Staffelberg ist ein nach Westen vorspringender Ausläufer der Fränkischen Alb. Er ist in eine 49 ha große Hochfläche und ein zentral gelegenes, 3 ha großen Hochplateau gegliedert, welches das Maintal um 280 m überragt. Sowohl das Hochplateau wie auch die tiefer liegende Hochfläche weisen z.T. noch stattliche Reste eines aufwendigen Befestigungssystems auf. Während allerdings das Hochplateau von der beginnenden Jungsteinzeit bis zur beginnenden Völkerwanderungszeit immer wieder besiedelt und oftmals auch befestigt wurde, beschränken sich die Besiedlung und Befestigung der großen, tiefer liegenden Hochfläche im wesentlichen auf eine relativ kurze Phase während der letzten beiden Jahrhunderte v. Chr. *(Abb. 71, 72)*.

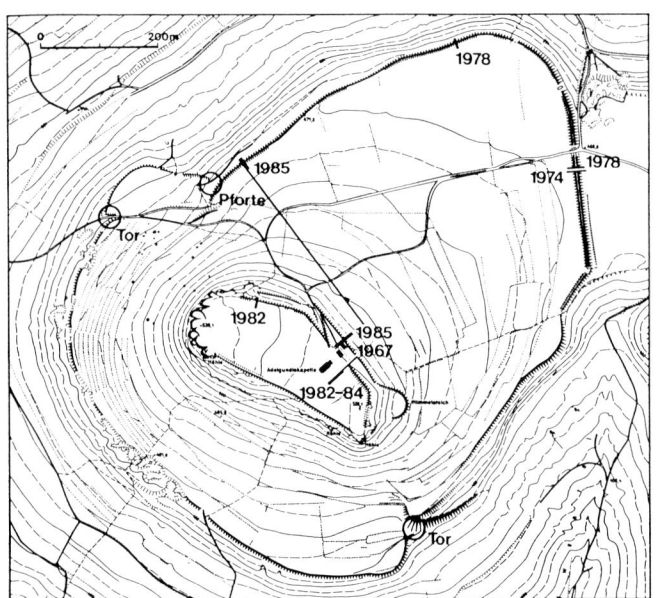

Abb. 69: Plan des Staffelberges mit Ausgrabungen.

Abb. 70: Luftbild vom Staffelberg (wie Plan 1) (freigeg. durch Reg. Präs. in Darmstadt, Nr. 2008/80). ▷

Abb. 71: Ansicht vom Staffelberg 1954.

Aufgrund des archäologischen Fundmaterials, das in vielen Jahrhunderten landwirtschaftlicher Nutzung an die Oberfläche gepflügt worden ist, ließ sich bereits eine einigermaßen zuverlässige Besiedlungsabfolge nachweisen, die dann durch mehrere Ausgrabungen in den Jahren 1967, 1974, 1978, 1982–1985 und 1987 nicht nur bestätigt, sondern in vielen Einzelheiten auch ergänzt werden konnten.

Das erste Mal legten Bauern der bandkeramischen Kultur in der 2. Hälfte des 6. Jahrtausends v. Chr. auf dem Hochplateau eine kleine Siedlung an. Während der Michelsberger Kultur, in der Mitte des 4. Jahrtausends v. Chr., wurde neben dem Staffelberg nun auch die Ehrenbürg, ein 36 ha großer Inselberg nahe Forchheim im Süden Oberfrankens

besiedelt. Leider gibt es bisher keinerlei Hinweis, daß bereits damals einer der beiden Berge befestigt worden war, obwohl Wehranlagen dieser Zeit hinlänglich bekannt sind. Am Ende der Jungsteinzeit, in der 2. Hälfte des 3. Jahrtausends v. Chr., wurden beide Berge abermals aufgesucht. Wenige Funde der schnurkeramischen Kultur auf dem Staffelberg und der Glockenbecherkultur auf der Ehrenbürg weisen auf nur kurzfristige, kleine Siedlungen hin. Seit der Jungsteinzeit verläuft die Besiedlungsabfolge dieser prominenten Berge in ähnlicher Weise, obwohl ihre Bedeutung innerhalb der verschiedenen prähistorischen Perioden sehr unterschiedlich und wechselhaft ist.

Während die Ehrenbürg nach einer mehrhundertjährigen

Abb. 72: Ansicht vom Staffelberghochplateau.

Pause bereits wieder gegen Ende der mittleren Bronzezeit (14. Jh. v. Chr.) besiedelt wurde und von nun an diese Siedlung an Größe und Bedeutung rasch zunimmt, bis sie in der Urnenfelderzeit (12.–9. Jh. v. Chr.) zu der hervorragendsten politischen und wirtschaftlichen Mittelpunktsiedlung in Oberfranken herangewachsen ist, wird auf dem Staffelberg nur eine wenig bedeutende Siedlung vom 13.–11. Jh. v. Chr. angelegt. Diese Siedlung war, wie unsere Ausgrabungen gezeigt haben, unbefestigt, was auch ganz ihrer relativen Bedeutungslosigkeit entspricht. Im Gegensatz dazu dürfte die mächtige Siedlung auf der Ehrenbürg mit einer starken Holz-Erde-Mauer umwehrt gewesen sein. Der Beweis hierfür muß allerdings noch durch Ausgrabungen erbracht werden. Zu der Siedlung auf dem Staffelberg gehörte mit großer Wahrscheinlichkeit ein über 80 Gräber umfassender Friedhof, der nur 3,5 km nördlich in der Nähe der Gemeinde Grundfeld ausgegraben werden konnte. Der Friedhof setzte sich aus schlichten Brandgräbern und aus aufwendigeren Körperbestattungen in Steinkisten zusammen. Zwei Gräber waren für oberfränkische Verhältnisse so reich mit Bronzediademen, Goldringchen, Bernstein- und Glasperlen ausge-

stattet, daß man die hier bestatteten Frauen als Angehörige des urnenfelderzeitlichen Adels bezeichnen möchte *(Nr. 60)*. Die urnenfelderzeitliche Siedlung auf dem Staffelberg wird am Ende des 11. Jh. v. Chr. aus noch unbekannten Gründen aufgegeben.

Eine erneute Besiedlung des Hochplateaus erfolgte erst wieder gegen Ende der Hallstattzeit, etwa zwischen 550 und 480 v. Chr. Während dieser Periode wurde das Hochplateau zum ersten Mal befestigt. Reste dieser Umwehrung, die man über mehrere Jahrhunderte immer wieder ausgebaut und erneuert hatte, haben sich als Randwall bis heute erhalten. Bei dem am Nordosthang heraufführenden Weg handelt es sich mit Sicherheit um den antiken Zugang, den man so angelegt hatte, daß ein potentieller Angreifer dem Berghang und damit dem Verteidiger die rechte, ungeschützte Seite zuwenden mußte. Diese erste Wehranlage bestand aus einer Holz-Erde-Mauer, die wohl das gesamte Hochplateau umschloß. Zusätzlich hatte man zum Schutze des Zuganges und einer im Osten liegenden Zisterne im Hangbereich eine etwa 2 m breite Kalksteinmauer errichtet. Der eigentliche Ausbau der Befestigung zu einer stattlichen Burg erfolgte, wie bei allen anderen frühkeltischen Burgen Oberfrankens, jedoch erst zu Beginn der frühen Latènezeit (ca. 480–380 v. Chr.). Jetzt umschloß man das Hochplateau mit einer etwa 2 m breiten Pfostenschlitzmauer, einer Steinmauer, in deren Front in regelmäßigen Abständen senkrechte Pfosten als Mauerstützen eingelassen waren, die ihrerseits mit den korrespondierenden Pfosten der Rückfront durch hölzerne Anker verblattet waren. Die tiefer gelegene Mauer, die am Nordosthang dem Schutz des Aufganges und des Tores diente, hatte man zu einer mächtigen, 5 m breiten Steinbefestigung ohne zusätzliche Holzkonstruktion ausgebaut. Ihre Höhe dürfte mindestens 3 m betragen haben. Diese Mauer wurde in der Mitte des 5. Jh. v. Chr. erneuert *(Abb. 73, 75)*.

Leider ließ sich auch bei dieser Burg wenig zu ihrer Innenbesiedlung sagen, da das dünne Kulturschichtpaket im Verlauf der Jahrtausende durch landwirtschaftliche Nutzung vollständig umgelagert war. Jedoch hatten die Bewohner der Anlage überall zahlreiche mannstiefe, runde Kellergruben in den anstehenden Dolomit hineingetrieben, in denen sie ganze Geschirrsätze deponierten. Demzufolge war die Hochfläche dicht besiedelt. Die Ausgrabungen im Bereich des großen, unteren Plateaus haben nun gezeigt, daß hier ein zusätzliches unbefestigtes Suburbium gelegen hat, das von unserer kraftvoll bewehrten, akropolisartigen Burg beherrscht wurde. Trotz des starken Ausbaues der Befestigung bietet das Fundspektrum dieser Zeit nichts Außergewöhnliches. Im Gegensatz zu der zwölfmal größeren Befestigungsanlage auf der Ehrenbürg mit ihren mächtigen Wällen und Toren gibt es vom Staffelberg kein einziges Importstück, aufgrund dessen der Burg eine Sonderstellung eingeräumt werden könnte.

Neben dem Staffelberg kennen wir inzwischen 14 frühkeltische Wehranlagen in Oberfranken, deren Baubeginn in die späte Hallstattzeit fällt und die kontinuierlich bis in die Frühlatènezeit hinein genutzt werden. Diese Burgen lassen sich in drei recht unterschiedliche Gruppen einteilen. Die größte Gruppe besteht aus elf relativ kleinen Burgen von 0,5–2 ha Innenfläche, wie z.B. dem Schloßberg bei Burggaillenreuth oder dem Heidelberg bei Schweinthal (beide Lkr. Forchheim). Zur zweiten Gruppe gehören der Staffelberg mit 3,5 ha und der Turmberg bei Kasendorf mit 14,5 ha Innenfläche. Die dritte Gruppe wird alleine durch die Ehrenbürg mit 36 ha vertreten.

Diese Ehrenbürg ist nun in jeder Hinsicht eine außergewöhnliche Anlage. Sie gehört zu einer Gruppe überregionaler, großer Befestigungen, bei denen es sich um wirtschaftliche und politische Zentren handelte. Zu diesen Anlagen dürften außer der Ehrenbürg und der Steinsburg bei Röm-

Abb. 73: Spätkeltische Pfostenschlitzmauer auf dem Staffelberghochplateau (2.-1. Jh. v. Chr.).

hild (Thüringen) auch die Houbirg bei Happurg (Mittelfranken) und der Greinberg bei Miltenberg (Unterfranken) gehört haben. Die überregionale Stellung der Ehrenbürg wird in zweifacher Hinsicht unterstrichen. Einerseits gibt es eine Reihe wertvoller und seltener Fremdfunde, wie die Glasscherbe eines mediterranen Salbgefäßes *(Nr. 140 a)*, zwei Bronzehenkelfragmente einer Situla und die tönerne Kopie einer Bronzeschnabelkanne *(Nr. 424 a)*, die sich ihrerseits wieder von den etruskischen Schnabelkannen herleiten läßt. Bei diesen Gegenständen mag es sich um Handelsware, um Gastgeschenke oder Heiratsgut handeln. Andererseits liegt die Ehrenbürg mit ihren 36 ha Fläche inmitten einer Anzahl solcher kleiner Burgen, die sich aufgrund des Fundmaterials, vor allem aber wegen ihrer typischen „Architektur", als späthallstatt-frühlatènezeitliche Anlagen zu erkennen geben. Bei diesen Burgen handelt es sich um kleine Herrschaftszentren, von denen aus man Gebiete kontrollierte, die durch Flußtäler, also Verkehrs- und Wirtschaftsadern, bestimmt waren und die, entsprechend den topographischen Gegebenheiten, 5–10 km voneinander entfernt lagen. In ihrer Nähe lassen sich oftmals die dazugehörigen Grabhügelfriedhöfe bescheideneren Ausmaßes nachweisen. Der enorme Größenunterschied, aber auch die wesentlich aufwendigere Befestigung der Ehrenbürg sprechen nun dafür, daß ihr die Funktion eines überregionalen Herrschaftszentrums zukam, dessen Adel über erheblich mehr Machtfülle verfügte als die Häuptlinge der untergeordneten, kleineren Burgen. Dieses Verhältnis spiegelt sich auch in den beträchtlich größeren Grabhügeln am Fuße der Ehrenbürg wider *(Abb. 74)*.

Einer Anlage wie derjenigen auf dem Staffelberg dürfte wegen ihrer Größe und aufwendigen Befestigung, aber auch wegen ihrer randlichen Lage zwischen den Einflußzonen der beiden Mittelpunktsiedlungen Ehrenbürg und Steinsburg die Rolle eines regionalen Zentrums zugekommen sein, dessen politische und wirtschaftliche Stellung zwischen den beiden zuvor genannten Befestigungstypen gelegen haben mag.

Die regionale Bedeutung der Burg wird auch durch die 3 km südlich auf dem Dornig gelegene, ausgedehnte Nekropole unterstrichen, deren jüngere Gräber mit großer Wahrscheinlichkeit als Friedhof unserer Höhensiedlung angesprochen werden können. Die insgesamt noch sichtbaren 84 Grabhügel, deren größter immerhin 20 m Durchmesser erreicht, wurden bereits im vergangenen Jahrhundert ausgegraben. Sie enthielten Beigaben des 7.–6. und beginnenden 5. Jh. v. Chr. Da erfahrungsgemäß die peripher in diesen Grabhügeln angelegten Bestattungen des 5. und beginnenden 4. Jh. v. Chr. wesentlich bescheidener ausgestattet waren, dürften sie durch die ungeschulten Ausgräber zerstört oder einfach übersehen worden sein.

Nicht lange nach 380 v. Chr. brannte die das obere Maintal beherrschende Burg ab. Ob sich diese Brandkatastrophe im Zuge einer kriegerischen Auseinandersetzung ereignete oder ob ihr eine Revolte in der Siedlung selbst zugrunde lag, ließ sich archäologisch natürlich nicht nachweisen. Die Katastrophe hatte allerdings zur Folge, daß man die Burg aufgab und die Besiedlung des Staffelberges für zwei Jahrhunderte nahezu völlig zum Erliegen kam. Zur selben Zeit werden auch all die kleinen Burgen aufgegeben und nicht wieder besetzt. Der Zerfall der politischen Strukturen und der wirt-

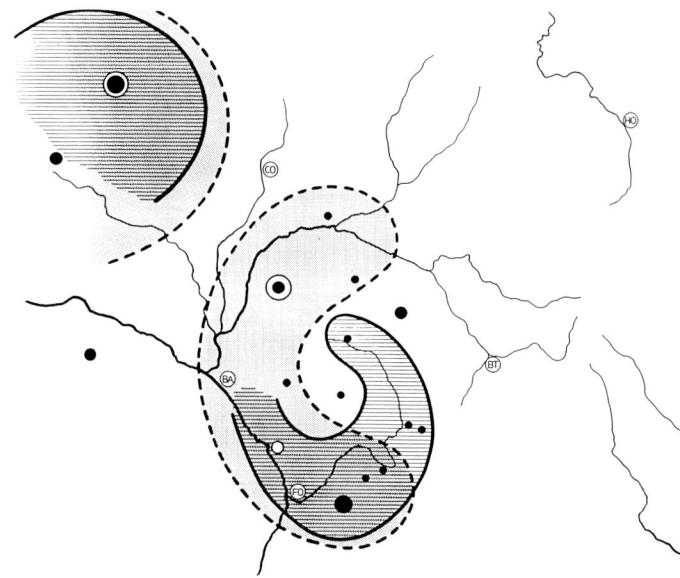

Abb. 74: Gestrichelte Fläche: ungefähre Einflußzonen der frühkeltischen Befestigungen (5. Jh. v. Chr.) auf dem Kleinen Gleichberg im NW und der Ehrenbürg im S (große Punkte). Kleine Punkte: kleinere Burgen des 5. Jh. v. Chr. Graue Fläche: ungefähre Einflußzonen der spätkeltischen Oppida (2.–1. Jh. v. Chr.) auf dem Kleinen Gleichberg und dem Staffelberg (Kreise). Kleiner Kreis: offene Siedlung Altendorf.

schaftlichen Bindungen hatte zur Folge, daß auch die beiden großen Mittelpunktsiedlungen Ehrenbürg und Steinsburg vor der Mitte des 4. Jh. ihre Vormachtstellung einbüßten, obwohl sie in stark eingeschränkter Form noch eine Weile überlebten. Die Dramatik des Geschehens wird u.a. dadurch verdeutlicht, daß auf der Ehrenbürg zwei Notbestattungen ausgegraben (von denen eine auf 398–385 v. Chr. datiert wird) und mehrere Nachweise für Kannibalismus erbracht werden konnten.

Welcher Vorgang ist für diese Krise verantwortlich zu machen? Der Abbruch der Besiedlung unserer Befestigungen und das weitgehende Fehlen jüngerer archäologischer Funde spiegeln doch wohl historische Abläufe wider. Spannungen innerhalb der frühkeltischen Gesellschaft mögen der auslösende Faktor gewesen sein, der schließlich in den historisch belegten Keltenwanderungen nach Italien und über den Balkan mündete. In den Sog dieser Wanderungen dürfte auch ein Teil der Kelten Nordostbayerns geraten sein, so daß der alte Siedlungsraum im Main-Regnitz-Bogen und auf der Fränkischen Alb, der seit der frühen Jungsteinzeit kontinuierlich besiedelt war, großenteils entvölkert wurde.

In der 1. Hälfte des 2. Jh. v. Chr. beginnt wieder eine verstärkte spätkeltische Aufsiedlung des oberfränkischen Raumes, in deren Folge eine ausgedehnte Großsiedlung in Altendorf, südlich von Bamberg, sowie das 49 ha große Oppidum auf dem Staffelberg angelegt werden. Über einhundert kleine Fundplätze im Altsiedelland zeigen, daß neben beiden Großsiedlungen zahlreiche Gehöfte bestanden haben, ja daß wahrscheinlich die Mehrzahl der Bevölkerung in solchen Gehöften gelebt hat.

Dieses Oppidum auf dem Staffelberg ist in zwei Teile gegliedert *(Nr. 100 c)*. Wieder wird das steil aufragende Gipfelplateau besiedelt. Wie in der späten Hallstatt- und frühen Latènezeit baute man die Hochfläche zu einer stark umwehrten Akropolis aus, von der die spätkeltische Aristokratie das Oppidum und sein Umland beherrschen konnte, in der aber auch die wichtigen Handwerker arbeiteten. Für den Schutz der Akropolis sorgte eine Pfostenschlitzmauer, die man einer aus dem oberen Hang herausgebrochenen, 1,5 m tiefen und 4 m breiten Geländestufe und dem Schutt der Mauer des 5. Jh. v. Chr. vorblendete. Die zum Teil noch bis zu einer Höhe von 1,4 m erhaltene Vorderfront bestand aus relativ kleinplattigem Juragestein. Im Abstand von 2,2 m hatte man 40 cm breite, sorgfältig zugehauene Pfosten in den Boden gerammt, die die Mauersegmente stützten und ihrerseits mit horizontal nach rückwärts laufenden Ankern verblattet waren. Hinter der Mauerfront wurde über die Anker ein 5 m breiter Steinwall geschüttet, der heute noch teilweise bis zu 1 m Höhe erhalten ist. Der weniger steilen Nordostflanke blendete man im Hang abermals eine Mauer vor, die die Auffahrt und den Eingang zur Akropolis im Bereich des heutigen Zugangs sichern sollte. Die Mauer zog in einem Bogen um eine Zisterne, die zusätzlich zu den im Hangbereich austretenden Quellen die Wasserversorgung der Bevölkerung sicherstellte.

Diese stark befestigte Akropolis hebt sich um 50 m über den nach Westen vorspringenden Ausläufer der Albhochfläche, der ja bereits im 5. Jh. v. Chr. teilweise besiedelt war. Das ganze Areal mit einer Fläche von 900 x 700 m wurde nun im 2. Jh. v. Chr. intensiv besiedelt und durch eine 2800 m lange Stadtmauer befestigt. Sie läßt sich im Hangbereich noch deutlich erkennen, tritt aber besonders eindrucksvoll beim Überqueren der Hochfläche im Osten als schnurgerader, 320 m langer, 16 m breiter und 3,6 m hoher, beiderseits steil geböschter Wall hervor.

Das Haupttor, mit zangenartig in den Innenraum führenden Mauerschenkeln, liegt im Nordwesten, ein zweites Tor im Südosten des Oppidums *(Abb. 76)*.

Im gesamten Hangbereich hatte man die Mauer in ganz ähn-

Abb. 75: Rekonstruierte spätkeltische Pfostenschlitzmauer auf dem Hochplateau.

licher Weise konstruiert wie auf der Akropolis: Man brach eine Geländestufe aus dem Hang heraus und blendete dieser die Pfostenschlitzmauer vor, deren rückwärtige Anker mit einer 6–8 m breiten Rampe überschüttet wurden. Das war aus statischen Gründen notwenig, da hierdurch das Volumen des Wallkörpers erheblich verringert wurde und somit auch der Schub, den die Rampe auf die kleinplattige Pfostenschlitzmauer hätte ausüben können. Gleichzeitig bedeutete das einen geringeren Aufwand an Baumaterial, ohne den fortifikatorischen Nutzen zu beeinträchtigen. Die Höhe der Pfostenschlitzmauer läßt sich auf etwa 3 m berechnen. Mit einer zu vermutenden 1,5 m hohen, hölzernen Brustwehr erreichte sie dann eine Gesamthöhe von 4,5 m. Eine Abweichung von dieser Konstruktion stellte die Mauer dar, die sich in dem mächtigen östlichen Abschnittswall verbirgt. Hier hatte man eine pfostengestützte, hölzerne Bohlenfront errichtet, der man eine 12,5 m breite Rampe hinterschüttete, in der wiederum die nach rückwärts gerichteten Anker eingebettet waren. Vor der Holz-Erde-Mauer hatte man einen 10 m breiten und 1 m tiefen Sohlgraben in den Felsen getrieben, so daß die Differenz Grabensohle zu Oberkante des Wehrgangs etwa 4,5 m betrug. Rechnet man eine erforderliche Brustwehr mit 1,5 m Höhe hinzu, so erreicht die Wehranlage die stattliche Gesamthöhe von 6 m.

In der insgesamt 2800 m langen Oppidummauer müssen ca. 1300 Pfosten und die gleiche Anzahl Anker verarbeitet worden sein. Dazu kommen etwa 250 Pfosten und dazugehörige Anker für die Befestigung auf dem Hochplateau. Da die sorgfältig zugehauenen Pfosten eine Stärke von 40 cm aufwiesen und durchschnittlich 4,5 m lang waren, dürfte man etwa 1800 Bäume gefällt haben, deren obere, dünnere Hälften wohl zur Ankerherstellung dienten. Hinzu kommt noch das Baumaterial der 280 m langen Bohlenwand, die der mächtigen Erdrampe im Osten des Oppidums vorgesetzt war. Für die Pfostenschlitzmauern und deren Steinrampen wurden ca. 20 000 m³ Steinmaterial, für die große Erdrampe ca. 6500 m³ Erdreich benötigt. Bei einem Einsatz von 1000 Arbeitskräften könnte eine solche Befestigung nach etwa drei Monaten fertiggestellt worden sein.

Vom Staffelberghochplateau hat man eine weite Sicht in alle Himmelsrichtungen, außer nach Osten, der am stärksten gefährdeten Seite. Da nur 3 km nordöstlich vom Staffelberg auf dem Alten Staffelberg eine kleine vorgeschichtliche Befestigung liegt, die ihrerseits eine weite Sicht nach Osten gewährt, was bei kriegerischen Auseinandersetzungen für das Oppidum lebenswichtig war, dürfte es sich bei dieser Anlage um einen vorgeschobenen Beobachtungsposten des Oppidums gehandelt haben.

Das spätkeltische Fundgut, das im Laufe der Jahre geborgen werden konnte, besteht im wesentlichen aus Scherben zahlreicher Gefäße. Darunter befinden sich viele Keramikscherben aus dem zeittypischen Graphitton und, im Gegensatz zu dem weiter südlich gelegenen Oppidum Manching, nur ganz vereinzelt bemalte Keramikscherben. Hinzu treten eine Reihe entwickelter Eisengeräte, sehr wenig Glasschmuck und mehrere spätlatènezeitliche Bronze- und Eisenfibeln, unter denen die Nauheimer Fibel am stärksten vertreten ist.

Die bei weitem interessantesten Funde sind sechs Münzen und zwei Münzstempel. Unter diesen Münzen sind zwei aus der Nordschweiz, eine aus Böhmen, ein Büschelquinar, vielleicht aus Manching, und eine Silberdrachme aus Kappadokien, die um 170 v. Chr. geprägt wurde und das Porträt König Ariarathes'IV. auf ihrer Vorderseite trägt. Unterstreichen diese Münzen zwar in besonders eindrucksvoller Weise die weitreichenden Verbindungen unseres Oppidums, so kommt doch den beiden eisernen Münzstempeln noch größere Bedeutung zu (Nr. 293, 294). Bei ihnen handelt es sich um Stempel zur Herstellung von Regenbogenschüssel-Vollstateren, von denen einer bei Wattendorf, etwa 10 km südöstlich vom Staffelberg, gefunden wurde.

Die bis ins letzte Detail planerisch durchdachte Architektur der Befestigungsanlage, die dichte Besiedlung des Innenrau-

Abb. 76: Spätkeltisches Haupttor des Oppidums Menosgada (2.-1. Jh. v. Chr.).

mes, die Sonderstellung der Akropolis sowie das mögliche Prägen solcher Goldwährung auf dem Staffelberg läßt nun aber die Funktion unseres Oppidums als politisches und wirtschaftliches Zentrum einer Großregion ganz offensichtlich zutage treten (Abb. 74).

Bei diesem Oppidum handelt es sich mit größter Wahrscheinlichkeit um das von dem griechischen Geographen Claudius Ptolemaeus aus Alexandria (85–160 n. Chr.) genannte *Menosgada*. Dafür spricht einerseits die erste Namenshälfte *Menos* = Main, andererseits die Tatsache, daß sich östlich vom Spessart kein anderes Oppidum am Main befindet.

Die Nachbaroppida von *Menosgada* liegen 50 km nordwestlich auf dem Kleinen Gleichberg bei Römhild in Thüringen (vielleicht das antike *Bikourgion*), 140 km südöstlich bei Kelheim (das antike *Alkimoennis*), 150 km südlich bei Manching, 100 km südwestlich bei Finsterlohr in Nordbaden und vielleicht 70 km westlich auf dem Schwanberg bei Kitzingen. Aus dieser Verbreitung ergibt sich eine beachtliche Einflußzone für das Staffelberg-Oppidum, die mit Sicherheit das ganze westliche Oberfranken einschloß. Hier wird nun auch verständlich, warum man auf der verkehrsmäßig äußerst günstig gelegenen Ehrenbürg, die ja in der Frühlatènezeit eine hervorragende Rolle gespielt hatte, nur eine unbedeutende kleine Siedlung anlegte und es vorzog, 13 km nordöstlich bei Altendorf eine neue unbefestigte Großsiedlung zu gründen. Dadurch vermied man, daß sich in einer stark befestigten Großsiedlung auf der Ehrenbürg ein politisches und wirtschaftliches Gegengewicht zum Oppidum *Menosgada* hätte bilden können.

In der Nähe unseres dicht besiedelten Oppidums muß es auch ein religiöses Zentrum und einen Friedhof gegeben haben. Ein Friedhof könnte auf der östlich anschließenden Albhochfläche gelegen haben und durch seine ständige Überackerung im Laufe zweier Jahrtausende völlig zerstört worden sein, zumal man die wenig aufwendig ausgestatteten Brandgräber vielleicht gar nicht oder nur geringfügig in den Boden eingetieft hatte. Das weitgehende Fehlen spätkeltischer Friedhöfe mag aber auch auf uns noch unbekannte Begräbnissitten zurückzuführen sein.

Religiöse Zentren wie die zahlreichen Viereckschanzen vor allem Süddeutschlands gibt es in Oberfranken nicht, so daß man eine solche Anlage in der Nähe unseres Oppidums vergebens sucht. Da man aber wohl in den Opferschächten der Viereckschanzen den wichtigsten Teil dieser Anlagen sehen muß, mögen entsprechende Funktionen u.a. von Schachthöhlen übernommen worden sein, die zahlreich in der Fränkischen Alb anzutreffen sind. Andererseits könnten die großen Wälle der Viereckschanzen durch Palisadeneinfriedungen ersetzt worden sein, die sich obertägig nicht mehr zu erkennen geben.

Wohl erst in der 2. Hälfte des 1. Jh. v. Chr. wird das Oppidum *Menosgada* aufgelassen. Einen Hinweis auf ein gewaltsames Ende der städtischen Siedlung gibt es derzeit nicht. Zu Füßen des Staffelberges befinden sich zwei kleine frühgermanische Siedlungen, und in der Nähe der großen Siedlung bei Altendorf liegt ein Friedhof, dessen Belegung in der frühen römischen Kaiserzeit beginnt. Zwischen dem Ende unseres Oppidums, aber auch dem der Siedlung in Altendorf und der Ankunft dieser frühen Elb-Germanen dürfte ein direkter Zusammenhang bestanden haben. Man gewinnt den Eindruck, als haben die germanischen Zuwanderer gezielt die zentralen Siedlungen der Kelten aufgesucht, um sich hier festzusetzen.

Vom Ende der Spätlatènezeit bis zur jüngeren römischen Kaiserzeit wurden der Staffelberg und die Ehrenbürg nicht mehr aufgesucht. Eine Neubesiedlung, die sich abermals auf das Hochplateau beschränkte und Hand in Hand mit dem Bau einer 3,6 m breiten Stadtmauer verlief, dürfte in der 1. Hälfte des 4. Jh. n. Chr. eingesetzt haben. Eine Reihe von Fundstücken, darunter einige Terra Sigillata-Scherben, kerbschnittverzierte Bronzen und eine mitteldeutsche Niemberger Fibel, belegen diesen Zeitansatz, der mit der ebenfalls befestigten Siedlung auf dem Reißberg und derjenigen auf der Ehrenbürg übereinstimmt.

So hat der Staffelberg noch einmal bis ins 5. Jh. n. Chr. hinein neben einer Reihe anderer spätgermanischer Befestigungen eine bescheidene politische Bedeutung gespielt. Trotz einiger weniger frühmittelalterlicher Fundgegenstände dürfte der Berg danach wohl nicht mehr dauerhaft besiedelt worden sein. Seine nahezu eintausendjährige Geschichte als eine der bedeutendsten Wehranlagen Nordbayerns ging im 5. Jh. zu Ende.

Die Oppidazivilisation

Von John Collis

Julius Caesar stieß während seiner Eroberung Galliens 58–51 v. Chr. auf befestigte Orte, die er entweder *urbs* (eine Großstadt) oder *oppidum* (eine Befestigung oder Stadt) nannte. Der letztere Begriff wird von Archäologen benutzt, um große befestigte Siedlungen zu beschreiben, die von der Tschechoslowakei bis Britannien, von Zentralfrankreich bis Mitteldeutschland am Ende des 1. Jahrtausends v. Chr. vorkamen. Unter den von Caesar erwähnten Siedlungen können heutige Städte identifiziert werden: Besançon, Paris, Reims, Orléans und Bourges. Daneben gibt es andere, wie Alesia, die sich zu wichtigen römischen Städten entwickelten, oder auch solche wie Bibracte, der heutige Mont Beuvray bei Autun, die verlassen wurden, weil man besser zugängliche Orte bevorzugte. Wir haben daher Grund zu der Annahme, daß die späte Eisenzeit, in der diese Siedlungen entstanden, die Geburtsstunde der Stadt in Mitteleuropa war.

Die ersten echten Oppida aus der Zeit um 150 v. Chr. oder früher liegen im Zentrum Europas – Fundplätze wie Stradonice in Böhmen oder Staré Hradisko in Mähren. Der älteste kontinuierlich besiedelte Ort ist Manching. Dieses Oppidum ist jedoch in vielerlei Hinsicht außergewöhnlich, da es als kleine offene Siedlung beginnt und schrittweise wächst. Der Ort folgt jedoch auch dem Muster westeuropäischer Plätze, und zwar sowohl was die Art seiner Verteidigungsmauer – ein klassischer *murus Gallicus,* wie er von Caesar beschrieben wird *(Abb. 78)* – als auch die Datierung betrifft: Die Mauer wurde am Beginn der Spätlatènezeit, im späten 2. Jh. v.Chr, errichtet. Aus Besançon besitzen wir dendrochronologische Datierungen um das Jahr 120 v. Chr. für die ältesten Gebäude im Oppidum; dazu gibt es ähnliche Datierungen einzelner Phasen der Mauer von Manching sowie von Yverdon in der Schweiz. Jedoch sind auch noch bis zur caesarischen Eroberung Galliens und danach weitere Orte gegründet oder die Stadtmauern schon bestehender Oppida erneuert worden.

Die Hauptfunktion der Oppida lag in der Verteidigung, weshalb viele Orte auf Bergrücken, Inseln (Paris) oder Halbinseln (Besançon, Bern) liegen, obwohl sie gleichzeitig auch oft leicht zugänglich sind. Möglicherweise war die bevorzugte Kombination von guter Verteidigung, leichtem Zugang und der Lage an Verkehrsrouten der Hauptfaktor für das Fortleben einer Siedlung, wohingegen schlecht zugängliche und schwach befestigte Plätze wie der Mont Beuvray (Bibracte) stets wieder verlassen wurden. Die Sicherheit, die die Stadtmauer bot, war ein Grund für eine Bevölkerungskonzentration.

Nur in wenigen Fällen, z.B. in der Umgebung von Clermont-Ferrand in Zentralfrankreich, können die Siedlungen

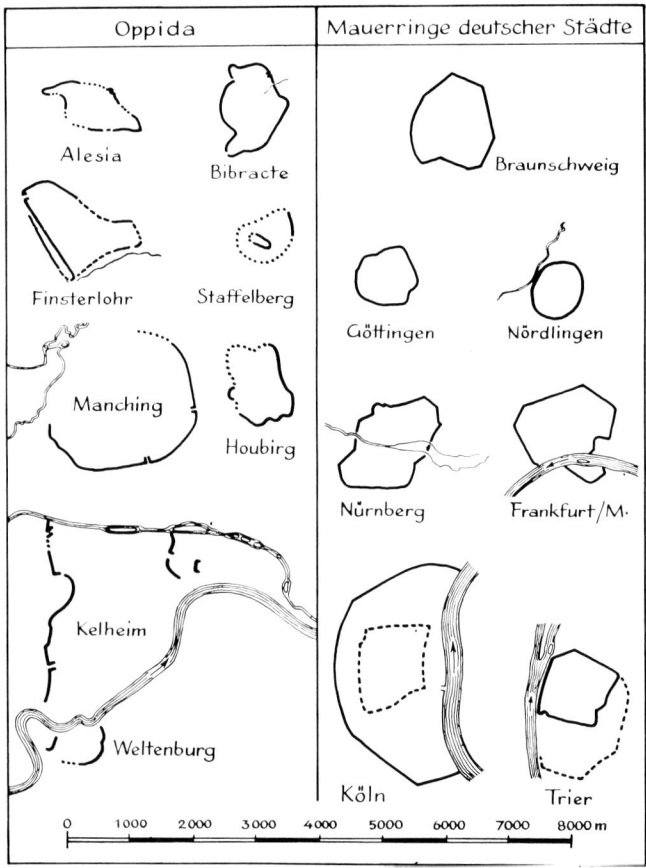

Abb. 77: Größenvergleich keltischer Oppida und mittelalterlicher Städte.

und Dörfer identifiziert werden, die zur Zeit der Besiedlung der Oppida verlassen wurden. In einigen Fällen wurden zwar Verteidigungsanlagen errichtet, ohne daß sich aber die Bevölkerung darin je konzentrierte. In anderen Fällen gibt es eine sehr dichte, jedoch sehr kurzfristige Besiedlung von oft weniger als einer Generation, so vor allem in Nordfrankreich und in der Auvergne. In der Umgebung von Clermont-Ferrand gibt es drei Oppida, die nach und nach besiedelt wurden. Das älteste ist die Plateausiedlung von Corent, bewohnt etwa für eine Generation. Diese wurde von einer Flachlandsiedlung bei Gondole auf einer Schotterterasse nahe dem Fluß Allier abgelöst, aber schnell wieder zugunsten der Spornsiedlung Gergovie verlassen, einer Gründung um 30 v. Chr. Auch Gergovie wurde während einer Generation aufgegeben; an ihre Stelle trat die römische Stadt *Augustonemetum* in der Nähe des heutigen Clermont. Diese Kurzlebigkeit der Oppida ist ein wichtiges Merkmal, da andere Plätze, speziell die unter modernen Städten, eine weit größere Kontinuität aufweisen.

Ein weiteres beachtenswertes Merkmal ist die Größe der Siedlungen, vor allem im Vergleich zu der der römischen Nachfolgesiedlungen; auch hatten sie eine vermutliche höhere Bevölkerungszahl *(Abb. 77)*. Der Grund hierfür mag in der primitiven Struktur des urbanen Systems gelegen haben. In römischer Zeit kann man eine Hierarchie von städtischen Siedlungen feststellen: Provinzhauptstädte, Civitas-Hauptorte, kleine Marktstädte und sogar Straßensiedlungen – ein System, in dem zweit- und drittrangige Orte mit den Hauptstädten in einigen der angebotenen Leistungen konkurrierten. In der Eisenzeit waren solche zweitrangigen Orte sehr selten, vielleicht mancherorts gar nicht vorhanden. Aus diesem Grund hatten die Oppida ein Monopol bei den Dienstleistungen gegenüber dem Umland – ein sogenanntes „solar-central-place"-System.

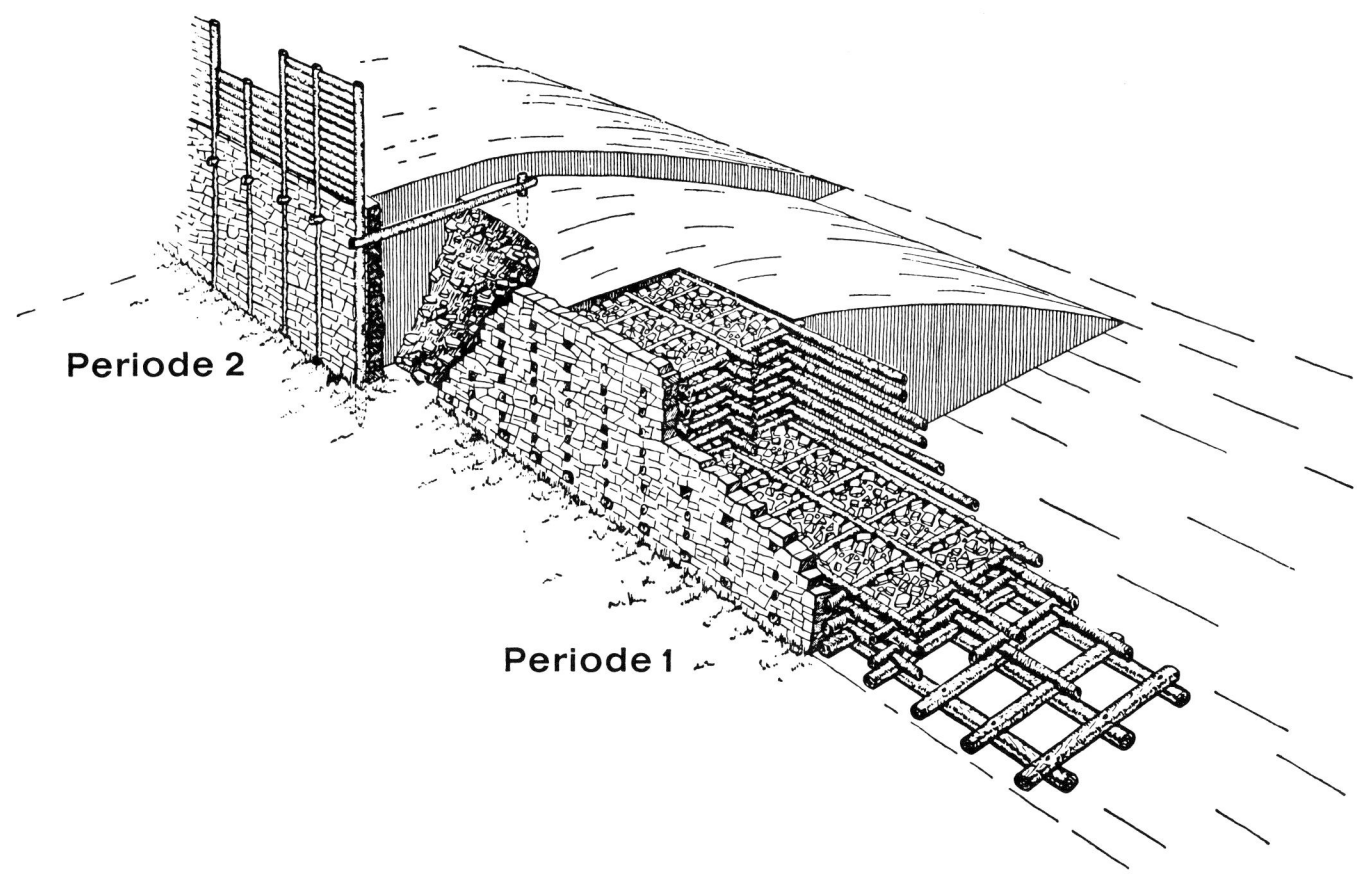

Abb. 78: Bauschema des murus Gallicus und der Pfostenschlitzmauer von Manching.

Abb. 79: Bemalte Keramik, glatte Drehscheibenware und Graphittonkeramik aus dem Oppidum von Manching.

Doch es ist öfter nur angenommen als tatsächlich nachgewiesen worden, daß die Oppida für das Umland Zentralorte waren, vor allem weil sich die Forschung mehr auf die Oppida selbst konzentriert hat als auf die bäuerlichen und industriellen Siedlungen im Umland. In der Auvergne ergab systematische Feldbegehung keine den Oppida gleichzeitigen Plätze, und auch Münzen mit Inschrift sind außerhalb der Oppida offenbar fast unbekannt, nicht einmal als Zufallsfunde. Können wir die ländlichen Plätze nicht identifizieren, waren die Münzen auf die Oppida beschränkt, oder war die Bevölkerung so sehr in den Oppida konzentriert, daß alle Siedlungen in deren Nachbarschaft verlassen wurden? Nur wenn ausgedehnte Geländearbeit im regionalen Rahmen betrieben wird und eine Reihe anderer Siedlungen ausgegraben ist, werden wir wissen, ob die Oppida Hauptzentren der industriellen Produktion waren, und auch dann mag die Situation noch von Fall zu Fall verschieden sein.

Mit Sicherheit spielten die Oppida jedoch eine Hauptrolle in der industriellen Produktion. Die unzähligen Funde von Eisenobjekten, vor allem die Produktion der Nägel, die für die Konstruktion eines *murus Gallicus* erforderlich waren, zeigen eine rasche Entwicklung in der späteisenzeitlichen Eisenverarbeitung, und die Oppida waren die Zentren dieser Revolution. Eisen wurde überwiegend in verhütteter Form in die Oppida gebracht, wobei Plätze wie Kelheim oder der Titelberg in Luxemburg vielleicht auf die Verhüttung spezialisiert waren. Man produzierte eine große Palette von unterschiedlichen Werkzeugen, sowohl für das Handwerk als auch für die Landwirtschaft, aber auch Teile für Baukonstruktionen – Eisennägel und Klammern wurden zum ersten Mal allgemein üblich –, nicht zuletzt auch Waffen hoher Qualität: Schwerter, Lanzen, Schildbeschläge, Helme und Kettenhemden.

Rohmaterialien für Buntmetallverarbeitung wurden eingeführt: Schmelztiegel und Formen sind geläufig, mit Spuren von Gold, Silber und Kupferlegierungen. Hergestellt wurden

Abb. 80: Siedlungsmodell von Manching nach den Ergebnissen der Straßengrabung 1966-67 (Nr. 23).

Münzen, persönliche Schmuckgegenstände (wie Gewand-spangen, Gürtelhaken, Armringe etc.), Toilettebestecke, Wagenteile, Pferdegeschirr und Metallgefäße. Glas wurde in Blöcken verhandelt, um zu außergewöhnlichen Armringen, Anhängern und Perlen umgeformt zu werden.

Die meisten Handwerkszweige lassen sich nur durch die Arbeitswerkzeuge, nicht aber ihre Produkte nachweisen. So zeigen Webgewichte, Weberschiffchen und Knochenspitzen textile Produktion an, da Kleidung und Gewebe sehr selten erhalten bleiben. Die Palette des Zimmermannswerkzeugs von Manching zeigt eine beträchtliche Spezialisierung: Stell-macher, Wagenbauer und Küfer. Eine ähnliche Spezialisie-rung gab es im Lederhandwerk: Schuhmacher, Sattler, Kürschner. Keramikproduktion ist gut belegt *(Abb. 79)*. Orte wie Budapest oder Manching importierten besondere Tone, im Fall von Manching beispielsweise Graphittone aus der Passauer Gegend, zur Herstellung von Kochtöpfen. Ebenso wie sie Produktionszentren waren, müssen die

Oppida zugleich auch als Zentren für die lokale Warenver-teilung agiert haben. Leider sind die Produkte der einzelnen Orte noch nicht ausreichend identifizierbar. Münzen sind hier die eindeutigsten Hinweise. Bestimmte Typen sind an einzelnen Plätzen so verbreitet, daß wir eine lokale Herstel-lung annehmen können. Funde solcher Münzen geben eine Vorstellung über das Hinterland der Siedlungen, deren öko-nomischen oder politischen Einfluß und auch ihrer Han-delsbeziehungen zu anderen Oppida. In Britannien sind einige Münzen sogar mit dem Namen des Oppidums beschriftet (z.B. CAM für *Camulodunum*/Colchester). Es gibt charakteristische Unterschiede in der Verteilung von Gold- und Bronzemünzen, beide spielten im Handelssystem eine sehr unterschiedliche Rolle. Was auch immer die Rolle des wertvollen Goldes war: Die Anwesenheit von wertlose-ren Münzen impliziert, daß es einen Handel gab, der eher Münzen benutzte, als daß er den traditionellen Tauschhan-del betrieb, der auf familiäre, soziale und politische Verbindungen zurückzuführen ist. Vielleicht können wir hier den Beginn des Markthandels sehen, der sich darin äußert, daß vollkommen Fremde mit einem Minimum an Kontakt Handel treiben können.

Um die administrative Rolle der Oppida zu identifizieren, sind wir hauptsächlich auf schriftliche Quellen angewiesen. Weil die Fußbodenniveaus in den Oppida selten erhalten blieben – sie sind im allgemeinen erodiert oder durch den Pflug zerstört –, ist es oft schwierig, die Funktion einzelner Gebäude zu bestimmen. Sogar große Gebäude, die öffentliche Gebäude gewesen sein könnten – als Äquivalent zum römischen Forum oder zur Basilika – können nicht identifiziert werden, obwohl wir von Caesar erfahren, daß der Senat der Aeduer sich in Bibracte traf. Große Tempel fehlen ebenso. Die meisten religiösen Plätze scheinen ländliche Heiligtümer zu sein, vor allem in Frankreich, wo die besten Belege bekannt sind. Dies ist ein Kontrast zwischen den klassischen mediterranen Städten, in denen die Tempel von zentraler Bedeutung sind, und den beschriebenen Siedlungen in Mitteleuropa.

Die höheren landbesitzenden Klassen könnten auch in den Städten Wohnsitze gehabt haben, vielleicht sogar ständige. Wo ausführliche Grabungen in Mitteleuropa stattgefunden haben, sind Konstruktionen wie Palisaden-Einzäunungen und Gebäudegruppen, die große Wohnhäuser, Scheunen, Speicher, Ställe und manchmal auch Werkstätten miteinschlossen, eine immer wiederkehrende Erscheinung *(Abb. 80)*. Diese werden als die Höfe von Bauern interpretiert, die aus Sicherheitsgründen im Oppidum lebten, oder in Einzelfällen als Häuser der Elite, entsprechend vergleichbaren Atriumhäusern in römischen Städten. In der Tat könnten sie beides sein: Die Elite war in der Zeit ebenso Grundbesitzer, und diese Strukturen könnten die Funktion eines vornehmem Wohnhauses mit der eines landwirtschaftlichen Betriebes kombiniert haben.

Sobald sich die Oppida etabliert hatten, wurden sie Brennpunkte des Fernhandels. Obwohl zumindest in Frankreich, und sogar in Südengland jede Siedlung vom Oppidum bis zum Einzelhof Wein und andere mediterranen Waren kaufte, kann man nur selten beweisen, daß das Oppidum der Umschlagplatz für diese Waren war, wie z.B. der Hafenplatz von Hengistbury Head in Südengland. Caesar jedoch erzählt uns, daß italische Händler in einigen Oppida ansässig waren – er berichtet von einigen Massakern – und sie könnten sogar ihre eigenen Wohnviertel gehabt haben. Ein Beispiel dafür können wir archäologisch nachweisen, nämlich am Magdalensberg bei Klagenfurt in Österreich, wo die italischen Händler Steinhäuser bauten und einige Namen ihrer Handelspartner und Transaktionen an ihren Kellerwänden notierten.

Die Gründe für die Errichtung der Oppida lagen vorrangig in der Verteidigung. Obwohl in Einzelfällen Siedlungsplätze im Zusammenhang mit bekannten historischen Ereignissen eingerichtet oder erneuert wurden, wie etwa bei der Caesarischen Eroberung Galliens, und obwohl Caesar selbst aus einer Rede des Critognatus zitiert, daß die Oppida gegen die Invasion der Kimbern (113–105 v. Chr.) errichtet wurden, so hat die Mehrzahl dieser Plätze aufgrund ihrer Lage und ihrer Datierung mit diesen historischen Ereignissen nichts zu tun. Caesar berichtet auch, daß kaum ein Jahr verging, ohne daß ein gallischer Stamm gegen einen anderen Krieg führte. Krieg war in der gallischen Gesellschaft eindeutig endemisch. Deshalb sollte man eher interne Faktoren als Hauptursache für den Bau der Oppida sehen. Einhergehend mit einer stärkeren sozialen Differenzierung wurden die Reichen reicher und die Armen ärmer. Luxuswaren wie Wein wurden für die Elite immer wichtiger, und zwar im doppelten Sinne: Einerseits, um ihren Status zu demonstrieren, andererseits als Mittel, um für Unterstützung zu werben. Poseidonius berichtet von dem Arverner Luernios, der Gold und Silber, Essen und Wein in einem Potlatsch (Verdienstfest) austeilte, was ihm die Königswürde einbrachte. Es war notwendig, die Handelsrouten zu kontrollieren, auf denen die italischen Waren transportiert wurden, und folglich diese als Beute oder Zollzahlung sich anzueignen, um sie dann auch weiterzuverkaufen: Metalle, Feld- und Waldprodukte und vor allem Sklaven. Eine erfolgreiche Kriegsführung ermöglichte die Kontrolle über den Handel und die verhandelten Güter. Es könnte bezeichnend sein, daß drei Plätze dendrochronologisch auf 120 v. Chr. datiert sind, als nämlich die römische Eroberung der Provence die Schleusen für den Handel öffnete.

Somit repräsentieren die Oppida einen der wesentlichsten Entwicklungsschritte in der Geschichte Europas. Sie erscheinen im 2.–1. Jh. v. Chr., als die Beziehungen zwischen den Mittelmeerländern und Mitteleuropa intensiver wurden; als sich eine technische Revolution bei der Eisenproduktion abzeichnete, die wahrscheinlich weniger gut dokumentierte Entwicklungen in anderen Handwerksbereichen auslöste; und als die Einführung einer auf Geld basierenden Wirtschaft die Flexibilität und Effizienz von Handel und Warenaustausch steigerte, je nach den Mechanismen des Marktes. Es entwickelte sich auch eine neue Intensität des Kriegslebens mit Waffen, deren Qualität nicht einmal in Italien oder Griechenland erreicht wurde. Kurz gesagt: Für weite Teile Mitteleuropas war dies die städtische Revolution.

Das Oppidum von Manching

Erforschungsgeschichte

Von Werner Krämer

Der große prähistorische Ringwall bei Manching, einst in der weiten Flußebene direkt am Südufer der Donau bei der Einmündung der Paar angelegt, hat als eines der markantesten Bodendenkmale nördlich der Alpen schon früh die Aufmerksamkeit auf sich gezogen. Die Keltenstadt, die er als Mauerring in den letzten Jahrhunderten v. Chr. umzogen hatte, hatte die Zeitwende nicht überdauert. Ihr Name war, als die Römer ihre Straße entlang der Donau bauten, wohl vergessen, und so nannten sie in der Spätantike eine Straßenstation in dieser Gegend nach dem alten Keltenwall *Vallatum*. Als später die Baiuwaren Herren des Landes geworden waren, bekam der Ringwall – wie der römische Limes – den Namen „Der Pfahl", der seit dem Mittelalter bezeugt ist.

Abb. 81: Paul Reinecke.

Als Landmarke war die alte Befestigung jahrhundertelang nicht nur Grenze der Manchinger Gemeindeflur, sondern auch Landes- und Bistumsgrenze.

Beschrieben hat den Manchinger Ringwall zuerst der Münchner Historiker Andreas Buchner (1776–1854), der hier das römische *Vallatum* entdeckt zu haben glaubte, das übrigens bis heute nicht genau lokalisiert werden konnte. Er erwähnt auch zwei in Manching gefundene „Regenbogenschüsselchen", also keltische Goldmünzen, von denen der Professor im Jahre 1831 freilich meint: *„Römer-Münzen scheinen sie nicht zu seyn, lieber möchte ich sie für morgenländische, oder auch für gothische Münzen halten"*. Erst mehr als ein halbes Jahrhundert später hat im Jahre 1888 der Hauptmann a.D. Hugo Arnold, ein bekannter Römerstraßenforscher, vorsichtig in einem Zeitungsbeitrag die Vermutung geäußert, daß der Manchinger Ringwall von den Kelten erbaut sei und eines ihrer Oppida darstellt. Das Werk des französischen Kaisers Napoleon III. zur „Geschichte Julius Cäsars" hatte die Aufmerksamkeit auf die Oppida der Gallier im heutigen Frankreich gelenkt.

Vor hundert Jahren (1892) hat dann der Gründer der Prähistorischen Staatssammlung München, Johannes Ranke (1836–1916), erste archäologische Ausgrabungen in Manching veranlaßt und damit den Würzburger Gymnasialprofessor Josef Fink (1850–1929) beauftragt. Veröffentlicht hat dieser 1895 nur sieben keltische Flachgräber aus dem Friedhof am „Steinbichel", der außerhalb des Ringwallareals angeschnitten worden war. Der Wall wird damals für eine „nachrömische Anlage" gehalten.

Paul Reinecke (1872–1958, *Abb. 81*), einer der Gründungsväter der modernen Vorgeschichtsforschung, hat schließlich auch hier endgültige Klarheit geschaffen. Er war 1899 Assistent am Römisch-Germanischen Zentralmuseum in Mainz geworden und auch an der Inventarisation der Bodendenkmäler in Bayern beteiligt. Dabei fand er in den Museen von Berlin, München und Ingolstadt bisher unbeachtete keltische Bronzen. Seine detektivischen Nachforschungen ergaben, daß sie im Manchinger Ringwallareal auf der Flur „Im Leisenhart" von Bauern gefunden, verheimlicht und im Kunsthandel verstreut worden waren. Sie glichen Oppidafunden aus Frankreich und Böhmen, so daß P. Reinecke im

107

Jahre 1903 dem bekannten französischen Archäologen Joseph Déchelette (1862–1914) schreiben konnte: „*Ich zweifle nicht an der Richtigkeit meiner Combination, nämlich daß der riesige Ringwall von Manching ein keltisches Oppidum umschließt*". Die Bronzen vom Leisenhartfund sind mehr als ein Menschenalter lang die einzigen nennenswerten und zeitbestimmenden Funde aus dem Oppidum geblieben, obwohl P. Reinecke dem Platz auch weiterhin größte Aufmerksamkeit geschenkt hat. Er ist 1908 als Vorgeschichtsreferent an das „Generalkonservatorium der Kunstdenkmale und Altertümer Bayerns", das heutige Landesamt für Denkmalpflege, gekommen, wo er dann dreißig Jahre lang gewirkt hat.

In das Ende seiner Dienstzeit fällt eine der größten Katastrophen, von denen die Bodendenkmalpflege in Bayern betroffen worden ist. Im Zuge der deutschen Kriegsrüstung hat die Luftwaffe in den Jahren 1936 bis 1938 in Manching einen Flugplatz angelegt, wobei strenge Geheimhaltung angesagt war. Dabei wurden nicht nur große Strecken des Ringwalles eingeebnet. Ein Heer von Erdarbeitern, ausgerüstet mit riesigen Dampfbaggern, Feldbahnen und anderem Baugerät, planierte fast die Hälfte des alten Oppidumareals, das bis dahin von Äckern und Wiesen bedeckt war. Überall hat man den Humusboden abgegraben und die neue Flugplatzfläche mit Kies verfestigt. Es wurde Tag und Nacht gearbeitet. Die Denkmalpflege stand dem militärischen Anspruch hilflos und ratlos gegenüber und wandte sich bald resigniert ab. Dem Historischen Verein Ingolstadt gebührt das Verdienst, die Funde gerettet zu haben, die von gutwilligen Baustellenleitern und Vorarbeitern zur Seite gelegt worden waren. Dr. Josef Reichart (1897–1987) hat viel von dem wertvollen Material ins Museum Ingolstadt gebracht und in der Vereinszeitschrift veröffentlicht. Die Funde bewiesen eindrucksvoll die große Bedeutung des Oppidums, wenn sie auch, wie einst der Leisenhartfund, unbeobachtet aus dem Boden gewühlt worden waren.

Es ist der Römisch-Germanischen Kommission des Deutschen Archäologischen Instituts zu Frankfurt a. M. zu danken, daß wenigstens der Ringwall selbst, als er im Nordostteil auf 800 m Länge abgebaggert wurde, genauer untersucht werden konnte. Sie gab dem Nachfolger von P. Reinecke, Karl Heinz Wagner (1907–1944, *Abb. 82*), die Mittel für eine Ausgrabung, durch die im März 1938 die Geschichte der Umwehrung der Keltenstadt endgültig geklärt werden konnte. K. H. Wagner, der ein hervorragender Ausgräber war, fand im Wall Reste einer Frontmauer aus Jurakalksteinen, die ursprünglich durch ein vernageltes Holzgerüst mörtellos zusammengehalten und von dem mächtigen Erdwall

hinterschüttet war. Sie war später in einer anderen Holz-Stein-Konstruktion repariert worden. K. H. Wagner publizierte eine Rekonstruktion der Manchinger Mauer, die, bis heute immer wieder abgebildet, ganz der Beschreibung entspricht, die Cäsar von dem gallischen Mauerwerk, dem *murus Gallicus*, gibt, als er von der Belagerung der Keltenstadt *Avaricum*, dem heutigen Bourges in Frankreich, berichtet. Als der Ausgrabungsbericht im Druck erschien, war schon Krieg. K. H. Wagner ist in Rußland gefallen, und der Flugplatz in Manching ist das Ziel schwerster Bombenangriffe geworden. Was noch intakt war, wurde bei Kriegsende gesprengt, verwüstet und ausgeplündert.

Das Gelände des alten Oppidums bot hier das Bild einer trostlosen Trichterlandschaft, als der Berichterstatter, seit 1947 Nachfolger K. H. Wagners am Landesamt, nach zehn Jahren zum ersten Mal wieder nach Manching kam. Immerhin waren in dem weitflächigen Oppidum die Ackerfluren außerhalb des Flugplatzes unversehrt geblieben, und im alten Militärgelände waren Teile des Ringwalles mit dem Osttor einigermaßen unzerstört erhalten. Als Forschungsobjekt schien Manching gerade damals von erstrangigem Interesse, war doch das Problem der keltischen Oppida durch Studien von Joachim Werner, Kurt Bittel, Wolfgang Dehn und durch die Grabung von K. H. Wagner wieder in den Mittelpunkt der Vorgeschichtsforschung, nicht nur in Süddeutschland, gerückt.

Da in der Not der ersten Nachkriegsjahre an größere Ausgrabungen nicht zu denken war, haben wir zunächst eine sorgfältige topographische Aufnahme des Oppidums veranlaßt und diese als Sonderkarte im Maßstab 1:5000 für Zwecke der denkmalpflegerischen Planung drucken lassen. Ein Wirtschaftsplan der Gemeinde Manching setzte der Überbauung des noch intakten Oppidumgeländes klare Grenzen.

Zu Beginn des Jahres 1955 kam die Nachricht, die amerikanische Luftwaffe werde den zerstörten Flugplatz eilig wieder ausbauen und dort Jagdflieger stationieren. Von der Bundesrepublik als Grundeigentümer war kurz vor dem Eintritt in die NATO natürlich kein Einspruch zu erwarten. Vielmehr sollte mit den Bauarbeiten, die auch etwas über den alten Platz hinausgriffen, alsbald begonnen werden. Für Notgrabungen großen Ausmaßes war unser Amt nicht gerüstet. Es fehlten Geld, technische Hilfsmittel und Personal. Man kann es sich heute kaum vorstellen, daß in wenigen Wochen trotzdem alles Notwendige bereitgestellt werden konnte. Koordinator der ganz unbürokratischen Aktion war der spätere Rundfunkintendant Christian Wallenreiter, damals Ministerialrat im Bayer. Staatsministerium für Unterricht und Kultus. Ein neu erwachtes Interesse an archäologischer Forschung, angeregt durch die Bücher C. W. Cerams, kam uns dabei zu Hilfe. Ministerpräsident Professor Dr. Wilhelm Hoegner setzte einen Zuschuß der Staatsregierung durch, der kurzfristig bewilligt wurde, und griff persönlich ein, wenn die Verwaltung Schwierigkeiten sah. Bei der amerikanischen Luftwaffe war es der wissenschaftlich interessierte Oberst A. Kroeber, der selbst die gewünschten Luftbilder flog und uns zur Verfügung stellte. Er arrangierte auch eine Unterredung mit seinem Befehlshaber, bei welcher der selbstbewußte General, ohne viel zu fragen, zusagte, eine Notgrabung in Manching mit hunderttausend Mark aus Baumitteln zu ermöglichen. Die Unterredung hatte kaum drei Minuten gedauert. Zumindest in Bayern war noch nie ein so hoher Betrag für Ausgrabungen bewilligt worden. Das gab uns die Chance, großzügig zu planen. Wir holten uns Rat bei erfahrenen Ausgräbern wie Gerhard Bersu, Werner Haarnagel und Herbert Jankuhn und faßten dann den Entschluß, in zwei Arbeitsabschnitten vorzugehen. Zunächst wollten wir weiträumig im Oppidum, vor allem im gefährdeten Gebiet, sondieren, dann in der Mitte der Keltenstadt, wo am Westende des Flugplatzes am ehesten ungestörtes Arbeiten möglich war, zusammenhängende Flächen abdecken. Wir wollten dabei klären, ob das Oppidum überhaupt dauernd besiedelt war und ob man zu Recht von einer „Keltenstadt" sprechen kann, was immer wieder in Zweifel gezogen worden war. Des weiteren fragten wir nach dem Umfang der Innenbesiedlung und erhofften uns aus den Funden Antwort auf die Fragen nach Anfang und Ende der Siedlung.

Zum Zweck der Sondierungen zogen wir mit einem Löffelbagger schnurgerade Suchschnitte (in einer Gesamtlänge von 7,8 km) durch das gefährdete Terrain. In den sorgfältig präparierten Schnittkanten wurden die keltischen Siedlungsspuren sichtbar, die eine ausgedehnte Dauerbesiedlung des Platzes bezeugten. Dann begannen wir, während neben der Grabung die neue Startbahn des Militärflughafens gebaut wurde, in der Mitte des Oppidums, wo die Fundschicht am mächtigsten war, größere Siedlungsflächen abzudecken. War hier auch die Vielfalt der ausgegrabenen Grundrisse von Holzbauten zunächst etwas verwirrend, so war umso eindrucksvoller die nie geahnte Fülle bedeutender Funde. Die Prähistorische Staatssammlung in München, der diese Funde (und die später ausgegrabenen) zufielen, wurde mit einem Mal das wichtigste Museum für die Zeugnisse spätkeltischer Kultur in Deutschland. Es war klar, daß die Grabungen weiter gehen mußten (Abb. 83). Der Flugplatz fiel bald darauf an die neue Bundesluftwaffe, die ihn gleich in Gebrauch nehmen

Abb. 82: Karl Heinz Wagner.

Abb. 83: Ministerpräsident Dr. Hoegner besucht die Ausgrabungen am 28.7.1955. 2. v. r. Werner Krämer.

Abb. 84: Besuch des Historischen Vereins von Ingolstadt auf der Ost-torgrabung 1962/63. 2. v. l. Rolf Gensen, 2. v. r. Dr. Josef Reichart.

Abb. 85: Luftbildarchäologie in Manching 1965. Im Hubschrauber Franz Schubert.

und erweitern wollte. Als der Berichterstatter Ende 1956 nach Frankfurt a.M. an die Römisch-Germanische Kommission des Deutschen Archäologischen Instituts, eine Forschungseinrichtung des Bundes, berufen wurde, übernahm er auch die weitere archäologische Betreuung des Oppidums von Manching.

Da aber zunächst keine Haushaltsmittel für die Fortsetzung der Notgrabung vorhanden waren, die 1957 notwendig wurde, wandten wir uns um Hilfe an den damaligen Verteidigungsminister Franz Josef Strauß, die ebenso problemlos gewährt wurde wie vorher die der Amerikaner. Als viel später der Bundesrechnungshof die Finanzierung von archäologischen Forschungen aus Verteidigungsmitteln beanstanden mußte, war die Ernte schon in die Scheuer gebracht. Ministerialdirektor Dr. H. Kaumann ebnete im Ministerium und bei der Truppe alle Wege. Er ist nach seiner Pensionierung später ein aktiver Mitarbeiter bei den Grabungen in Manching geworden. Die Grabung wurde auf dem Platz bei vollem Flugbetrieb durchgeführt; von Sicherheitsbestimmungen war noch kaum die Rede.

Die Prähistorische Staatssammlung hat 1960 in München eine von Otto Kunkel gestaltete Ausstellung „Ausgrabun-

gen in der Keltenstadt bei Manching a.d. Donau" eröffnet, die über Bayern hinaus Beachtung gefunden hat.

Es war aber klar geworden, daß die künftige Forschung in Manching nicht mehr in gleicher Weise improvisiert werden konnte. Die Römisch-Germanische Kommission legte daher einen längerfristigen Forschungsplan vor und konnte erreichen, daß die Deutsche Forschungsgemeinschaft – Dr. Wolfgang Treue war hier die treibende Kraft – unser Vorhaben in ein Schwerpunktprogramm ihrer Wissenschaftsförderung aufnahm. Sie hat dann die Forschungen in Manching dreißig Jahre lang mit beträchtlichen Mitteln gefördert. Natürlich wurde nicht in jedem Jahr gegraben. Es gab auch Perioden der Fundauswertung und der Publikation. Bis 1961 hat der Berichterstatter die Arbeit geleitet. In den Jahren 1962 bis 1963 hat dann Rolf Gensen (Abb. 84) das Osttor des Ringwalles, das sehr gefährdet war, sorgfältig ausgegraben und die Geschichte dieses wohl wichtigsten Bauwerkes der Keltenstadt geklärt. In den Jahren 1965 bis 1967 konnte Franz Schubert in der Trasse einer geplanten neuen Straße mit verfeinerten Grabungsmethoden wichtige Probleme der Siedlungsstruktur klären (Abb. 85). Von 1971 bis 1973 hat er dann Lücken im Siedlungsplan durch großflächige Ausgra-

Abb. 86: Ferdinand Maier (l.) und Werner Krämer 1987.

schen Kommission in Ingolstadt, der die Stadt in großzügiger Weise geeignete Räume für die Auswertung der Grabungspläne und der großen Fundmassen, die mit dem Fortschreiten der Arbeit angefallen waren, zur Verfügung stellte.

Als 1984 im Nordteil des Oppidums am Wall und in der Peripherie der Keltensiedlung wieder Notgrabungen im Zuge eines Straßenbaues notwendig geworden sind, hat dann der damalige Direktor der Römisch-Germanischen Kommission, Ferdinand Maier, die Leitung der Untersuchungen übernommen *(Abb. 86)*. Sie wurden im wesentlichen vom Landesamt für Denkmalpflege in München finanziert. Die Grabung konnte 1987 beendet werden, und der Abschluß wurde gekrönt durch den Fund des goldenen „Kultbäumchens", das zu den Prachtstücken dieser Ausstellung gehört *(Abb. 174, Nr. 458)*.

Zieht man eine ganz knappe Bilanz von einem Menschenalter Forschungen in Manching, dann darf an erster Stelle die Feststellung stehen, daß die bis heute aufgedeckte Gesamtfläche rund 83 000 m², d.h. 8,3 ha, beträgt. Das ist vielleicht nicht viel im Blick auf die 380 ha des gesamten Oppidumareals, aber es sind immerhin 10% des vermuteten Kerngebietes der Siedlung, und mehr ist in keinem keltischen Oppidum erforscht worden. Die Ergebnisse der Ausgrabungen sind bisher in 15 stattlichen Bänden von der Römisch-Germanischen Kommission der Fachwelt präsentiert worden.

In Zusammenhang mit der Ausgrabung im Oppidum standen auch die großen Ausgrabungen im nahen Römerkastell Oberstimm, die Hans Schönberger als Direktor der Römisch-Germanischen Kommission in den Jahren 1968 bis 1971 unternommen und mustergültig publiziert hat.

Die Römisch-Germanische Kommission hat seit 1990 ihr Engagement in Manching weitgehend eingestellt, um sich neuen Vorhaben zuzuwenden. Nur der Abschluß des Publikationswerkes steht noch auf ihrem Programm. Die Verantwortung für das großartige Bodendenkmal ist wieder an den Freistaat übergegangen. Die alte Keltenstadt stellt Denkmalpflege und Forschung noch immer vor große Aufgaben. Es wird für die Altertumswissenschaft viel davon abhängen, wie sie bewältigt werden.

bungen geschlossen und durch elektromagnetische Sondierungen und Luftbildprospektion neue Erkenntnisse gewonnen. Er begründete eine Außenstelle der Römisch-Germani-

Abb. 87: Manching, Luftbild der Straßengrabung 1965.

Ergebnisse der Ausgrabungen in Manching

Von Rupert Gebhard

Siedlungsstruktur

Bereits in den ersten Grabungskampagnen von 1955–1961 konnte Werner Krämer eine planmäßige, auf die Haupthimmelsrichtungen bezogene Bebauung feststellen. Lange Zeit blieb die Gesamtstruktur der Siedlung jedoch unklar. Erst nach den Grabungen von Franz Schubert 1967–1971 wurde deutlich, daß ein Grundsystem der Anlage große, hofartig umschlossene Areale sind. Die Bebauung ist unterschiedlich dicht und nimmt in den Randbereichen an Intensität ab. Luftbildbefunde und auch die jüngsten Grabungen von Ferdinand Maier 1984–1987 konnten dieses Prinzip bestätigen. Die Deutung der Viereckanlagen und deren räumlicher Bezug zueinander wird durchaus kontrovers diskutiert, ist aber für die Einschätzung der Gesamtsiedlung wesentlich.

Eine der möglichen Interpretationen ist, daß diese Vier-

Abb. 88: Siedlungsmodell südlich des Stadtzentrums von Manching nach den Befunden der Grabungen 1955–1973 (Nr. 23).

eckanlagen unabhängige Hofbezirke waren. Die Struktur legt einen Vergleich mit einzeln stehenden, eingezäunten Gehöften nahe, die auf landwirtschaftlicher Grundlage autark arbeitende Betriebe waren. Solche Anlagen sind aus der Latènezeit beispielsweise aus der Picardie bekannt. Hierzulande würde man eher an Befunde aus der Hallstattzeit denken, die dort vielfach „Herrenhöfe" genannt werden. Wie die Anlage bei Eching jedoch zeigt *(Nr. 99)*, handelt es sich um eine typisch ländliche Siedlungsform. Im Vergleich zu diesen Beispielen wäre das Besondere im Fall des Oppidums von Manching, daß sich mehrere Anlagen zu einer größeren Struktur zusammengeschlossen haben.

Diesen Überlegungen widerspricht jedoch zum Teil die fortschreitende Auswertung der Funde. Es zeigt sich, daß die einzelnen Areale auf bestimmte Lebensbereiche spezialisiert sind und dadurch voneinander abhängig sein müssen. Es gibt Bezirke, in denen eindeutig das Handwerk dominiert, andere weisen eine vorwiegend landwirtschaftliche Nutzung auf.

F. Schubert fand bei der Interpretation seiner Ausgrabungen 1967–1971 („Straßengrabung") heraus, daß in dem archäologischen Befundbild großflächige Bauplanungen verborgen sind *(Abb. 87)*. Ausgehend von der Ausrichtung der Gebäude konnte er mehrere Richtungsachsen der Bebauung feststellen. Allen Bauten liegen nach F. Schubert regelhafte Maßsysteme zugrunde. Er vermutet sogar ein einheitliches Fußmaß von ca. 31 cm. Die praktische Anwendung des Messens entsprach jedoch sicher nicht der Anwendung des Meterstabes heutzutage. Es sei hier eher auf altüberkommene Maßtechniken hingewiesen, wie etwa die vielfach in der Länge halbierbare Schnur.

Ein wesentliches Ergebnis all dieser Untersuchungen ist, daß konstruktive und planerische Elemente eindeutig erkennbar sind. Dies betrifft nicht nur die einzelnen Parzellen, sondern auch deren Beziehungen zueinander. So finden sich die Baurichtungen der Straßengrabung auch in anderen Bereichen des Oppidums wieder. Vor allem im Süden der vielfach überbauten zentralen Grabungsfläche hat sich die ältere Bauphase der Straßengrabung erhalten. Die Funde aus den Straßen- und Traufgräben beider Gebiete entsprechen sich und datieren etwa ab der Mitte des 2. Jh. v. Chr. Im Zentrum des Oppidums können für die 2. Hälfte des 2. Jh. v. Chr. sechs weitgehend oder teilweise rekonstruierbare Areale festgestellt werden, in denen die Bauachsen völlig gleich ausgerichtet sind. Ausgehend davon, daß dies eine Gleichzeitigkeit bedeutet, was sich – wie erwähnt – an einigen Stellen durch Funde bestätigen läßt, wurde für die Ausstellung ein Modell hergestellt *(Nr. 23; Abb. 80, 88)*. Es umfaßt einen Ausschnitt

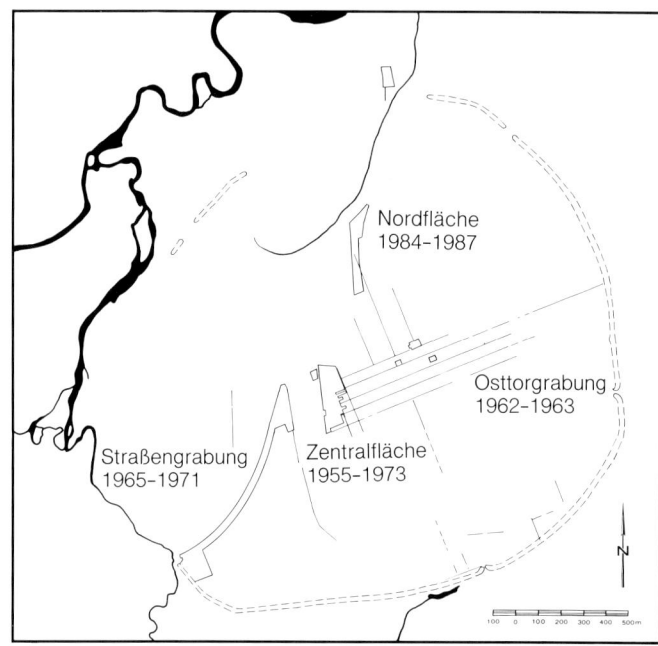

Abb. 89: Die Grabungen in Manching 1955-1987.

von 350 m auf 200 m (7 ha) und beschreibt den Zustand im Bereich des Stadtzentrums etwa zur Zeit des Baues der ersten Stadtmauer. Als Grundstruktur erkennt man eine parzellenartige Einteilung, die sich nach verschiedenen Straßenzügen richtet. Hauptachse ist eine Ost-West verlaufende Straße, deren Verlängerung auf das Osttor von Manching trifft.

Von den Bauten sind heute nur noch flache, viereckige Pfostengruben als Verfärbungen im Boden erhalten. Die Abstände sind regelmäßig. Aufgrund der geringen Eintiefung in den Boden ist eine Wandkonstruktion mit Schwellriegeln statisch notwendig bzw. wahrscheinlich. Die Verbindungsart zwischen den viereckig behauenen Pfosten und Schwellriegeln ist unklar. Es gibt hier zwei Möglichkeiten: Entweder wurde jeweils zwischen zwei Pfosten ein Schwellriegel eingezapft, oder es wurde ein langer Schwellriegel mit den Pfosten verblattet.

Über die Wand gibt es nur wenig Informationen. Vereinzelt wurden in den Grabungen Wandteile gefunden. Es handelt sich um Hüttenlehm mit Rutenabdrücken. Somit wird sicher ein Teil der Häuserwände wie die Fachwerkbauten der Neuzeit errichtet worden sein. Im Kern befand sich eine Flechtwerkwand, die außen mit Lehm verstrichen wurde.

Reste weißer Farbe auf Hüttenlehmbrocken zeigen, daß diese Häuser getüncht wurden. Die Menge des ausgegrabenen Hüttenlehmmaterials ist jedoch im Vergleich zur Anzahl der Gebäude gering. Viele Wände müssen deshalb auch aus Spaltbohlen gebaut worden sein. Mit Ausnahme der Spaltbohlenwand eines Annäherungshindernisses vor dem Osttor haben sich jedoch keine Hölzer erhalten. Die Dachabdeckung wird aus Riedgras oder Stroh bestanden haben. Eine Innenunterteilung der Häuser ist aus dem Grabungsbefund ersichtlich. Nachweisbar ist jedoch nur eine Unterteilung der Wohnhäuser in zwei Haupträume. Da das Fußbodenniveau nie erhalten war, gibt es über weitere Unterteilungen, Flure und die Lage von Küche, Wohnraum oder Nutzräumen keine Hinweise.

Vergleicht man die Gebäudetypen mit der Verbreitung von Werkzeugen, Geräten oder Produktionsabfällen, so zeichnen sich unterschiedlich genutzte Bereiche ab. Im Gebiet der Straßengrabung scheint die Landwirtschaft dominiert zu haben. Es finden sich dort lange Magazinbauten, Ställe und Speicher. Die Magazinbauten sind zweischiffig und weisen eine Länge von 50–55 m auf. Speicher gibt es in verschiedenen Größen mit vier oder sechs Pfosten. Nicht alle davon müssen geschlossene Bauten gewesen sein. Es ist möglich, daß die mächtigen Pfosten auch nur ein Dach getragen haben, unter dem sich beispielsweise Heuvorräte befanden. Der sehr gut erhaltene Grundriß eines ca. 17 m langen und 7 m breiten Wohnhauses in der Straßengrabung kehrt so oft wieder, daß man von einem „Standardhaus" sprechen kann. Das Gebäude ist durch eine Pfostenreihe in zwei verschieden große Räume unterteilt. Die Pfosten der Außenwand sind sehr regelmäßig, abweichende, größere Abstände scheinen die Lage der Türen zu kennzeichnen. In welchem Raum sich die Herdstellen befanden, ist in Manching meist nicht mehr nachweisbar, da das Laufniveau der Häuser im Bereich des Ackerhumus liegt.

Im Süden der Zentralfläche waren die Erhaltungsbedingungen so gut, daß einige Herdstellen ausgegraben wurden. Die hier aufgedeckten Gebäudegrundrisse sind 17–19 m lang und 7–8 m breit. Zahlreiche Werkzeugfunde, Rohprodukte und Produktionsabfälle zeigen, daß in diesen Häusern Handwerker wohnten und arbeiteten.

Im Norden der Zentralfläche befindet sich die bereits erwähnte große Ost-West-Tangentiale der Siedlung. Beidseits der Straße trifft man ganz andere Bauten an: kleine Hütten mit Maßen von 4 auf 8 m. Einige Funde von Eisenbarren (Nr. 20 a) und Handelsgut aus diesem Bereich geben einen Hinweis, daß die Hütten dem Verkauf von Waren dienten.

Öffentliche Bauten wurden bislang an drei Stellen ausgegraben: in der Straßengrabung, in der Zentralfläche und westlich der Zentralfläche. Es sind meist polygone Pfostensetzungen, außen von einem Viereckgraben umgeben. Diese als Tempel zu deuten gelingt teilweise durch die außergewöhnlichen Funde. So wurden in der Nähe der 1955 aufgedeckten Struktur bereits 1936 verbogene Waffen und verschiedene Votivgaben gefunden, Funde, die die Existenz eines Heiligtums anzeigen. Aus der Nähe des in der Zentralfläche direkt an der Hauptstraße gelegenen vermutlichen Kultbezirks (temenos) stammen eine Reihe spektakulärer Funde. Als wichtigsten zu nennen ist eine eiserne Pferdeplastik, die als Kultbild gedient hat (Abb. 146, Nr. 459).

Das Leben in der Stadt

Bereits in der Bebauungsstruktur läßt sich erkennen, daß die keltische Großsiedlung von Manching sehr komplex organisiert war. Selbst die gewaltige Menge an Funden kann hier nur einen vagen Eindruck vermitteln. Wie in jeder Stadt ist

Abb. 90: Bleigewicht mit Büste einer Gottheit aus Manching (Nr. 145 c).

115

Abb. 91: Graffito eines Hirsches auf einem Topf aus Manching (Nr. 423 c).

ten wohl vor allem für den Fernhandel, wie die boischen Goldmünzen auch in Bayern zeigen.

Landwirtschaft und Viehzucht waren Grundlage für die Ernährung. Über die Haustierhaltung wissen wir sehr gut aus der Auswertung der Tierknochen Bescheid. Von den Haustieren waren 41,8 % Rinder, 32,4 % Schweine, 20 % Schafe und Ziegen, 4,7 % Pferde, 0,8 % Hunde. Knochen von Wildtieren haben lediglich einen Anteil von 0,2 %. Bezieht man die Angaben von Joachim Boessneck auf eine intensiv besiedelte Fläche von 100 Hektar, so errechnet sich als jährliche Schlachtausbeute ein Gewicht von 308 000 kg. Durchschnittlich stand mindestens eine Tagesmenge von 844 kg zur Verfügung. Die Größe des Tierbestandes lag bei etwa 1150 Pferden, 11 575 Rindern, 13 000 Schafen und Ziegen, 12 000 Schweinen und 1325 Hunden.

Die extensive Viehzucht hatte während der Wintermonate sicherlich Fütterungsprobleme zur Folge. Man kann davon ausgehen, daß hier eine effektive Vorratswirtschaft bestand. In diesem Zusammenhang ist auch das Vordringen der Sense als Gerät zur Grasmahd während der jüngeren Eisenzeit zu sehen. Da das Umland von Manching bislang nicht ausreichend erforscht ist, ist unklar, wie weit sich hier die Landwirtschaft ausdehnte. Einzelhöfe außerhalb des Oppidums, die so wie etwa die römischen Villen zur zusätzlichen Versorgung der Stadt dienten, wurden noch nicht entdeckt.

Manching wurde an einem verkehrsgünstigen Standort errichtet. Die Flußschiffahrt auf der Donau ermöglichte eine rasche Verteilung von Waren und Produkten. Ein Reichtum der Siedlung war Eisen. Es findet sich in der Form von Raseneisenerz im unmittelbaren Nahbereich der Siedlung. Nicht weit entfernt, im Gebiet von Neuburg a.d. Donau und auf der Alb, kommt auch noch Bohnerz hinzu. Zahlreiche Verhüttungsplätze im Feilenmoos belegen eine umfangreiche Industrie. Überwiegend wurde das Eisen zum Eigenbedarf der Siedlung verhüttet. Ein Export von Roheisen erscheint unwahrscheinlich, hingegen ist eine große Anzahl fertiger Produkte verhandelt worden.

Handwerkliche Tätigkeiten sind in Manching vielfältig nachweisbar. Die Produkte und Werkzeuge sind in großer Anzahl, Vielfalt und Qualität vorhanden. All dies läßt den Schluß zu, daß das Handwerk in Manching eine Haupterwerbstätigkeit war. Deutlich wird dies unter anderem bei der Glasbearbeitung. Hergestellt wurden zwar nur Perlen und Glasarmringe, diese aber in großer Stückzahl und mit erstaulicher Perfektion. Bislang stammen etwa 900 Glasartefakte aus den Grabungen. Die Entwicklung der Glasherstellung zeigt, wie sehr das Handwerk in keltischer Zeit auf Traditionsbildung angewiesen war. Eine Untersuchung der

die Struktur und Organisation abhängig von mehreren Faktoren. Hierzu zählen die Spezialisierung, die Arbeitsteilung und die gesellschaftliche Differenzierung. Die Lebensfähigkeit des gesamten Systems beruhte auf verschiedenen wirtschaftlichen Grundlagen. Nach unterschiedlichen Berechnungen lebten zur Blütezeit der Siedlung zwischen 5000 und 10 000 Personen in dem Oppidum. Das Zusammenleben war notwendigerweise reglementiert, jedoch ist davon nur sehr wenig nachvollziehbar. Immerhin ließ sich mittlerweile ein Maß- und Gewichtssystem rekonstruieren sowie eine relativ genaue Kenntnis eines voll funktionsfähigen Münzsystems gewinnen. Kern war anscheinend eine Kleingeldwährung, die für den Zahlungsverkehr innerhalb der Stadt benutzt wurde. Sie besteht aus Kleinsilbermünzen und Büschelquinaren. Hinzu kommen Münzen aus unedlen Bronzelegierungen (Potin). Dagegen gibt es unter den Funden im Oppidum so gut wie keine Goldmünzen. Diese dien-

Glasarmringe von Manching hat ergeben, daß eine Herstellung dieser technisch aufwendigen Schmuckstücke über längere Zeit nur durch unmittelbare Weitergabe der Werkstattgeheimnisse auf die nächste Generation möglich war. Dazu zählen nicht nur die technischen Einzelheiten zur Schmelze und Formung des Glases, sondern auch das Wissen über die färbenden Bestandteile. Erfolgreiche Färbungsrezepte wurden über Generationen hinweg weitergegeben. Das typisch kobaltblaue Glas wird über mehr als 100 Jahre lang unter Beibehaltung der gleichen Zusammensetzung verarbeitet. Mit dem Ende der Kelten ging das Wissen um die Herstellung der Glasarmringe vollkommen verloren. Bereits die Römer konnten nur weit primitivere Ringe fertigen, die an einer Stelle zusammengeklebt waren.

Die Bildung einer starken handwerklichen Tradition wird vom Zusammenleben in der Stadt begünstigt. Die Stadt ist damit auch der Motor für die rasche technische und handwerkliche Entwicklung in der jüngeren Eisenzeit. Im Zentrum des Handwerks steht der Schmied. Er fertigt für sich und andere Handwerker die Werkzeuge. Die Verarbeitung von Bronze spielt in Manching eine eher untergeordnete Rolle. Dagegen zeigt sich die Perfektion der Manchinger

Abb. 92: Geschirrinventar aus Manching (Nr. 3).

Abb. 93: Bronzemaske mit geschlossenen Augen aus Manching (Nr. 407 a).

117

Eisenschmiede in vielen Bereichen. Eiserne Schmuckstücke werden in unglaublich filigraner Weise verziert. Aber auch der Erfindungsgeist für neue Werkzeuge und Geräte ist bemerkenswert. Meist dienen sie zur Erleichterung von Arbeitsvorgängen, zuweilen ermöglichen sie aber auch die Herstellung neuer Dinge. Drahtzieheisen erlauben die rasche Herstellung von Drähten zur Schmuckherstellung; Spannzangen rationalisieren Schmiedevorgänge; Eisenfeilen, Punzen und Ziselierwerkzeuge waren wichtigstes Werkzeug des Feinschmiedes. Die vom Schmied hergestellten Werkzeuge decken einen breiten Bereich ab. Sägen, Löffelbohrer, Dechsel und Breitaxt erlauben eine hochwertige Holzbearbeitung; Sattler- und Gerbwerkzeuge dienten dem Sattler und Kürschner zur rationellen Herstellung ihrer Produkte. Die Verarbeitung von Holz, sei es in der Wagnerei, Zimmerei oder in anderen Bereichen, spielte eine dominante Rolle. Da sich in Manching fast keine organischen Reste erhalten haben, müssen hier die Beschlagteile und die entsprechenden Werkzeuge Auskunft geben. Die gefundenen Eisenwerkzeuge lassen Rückschlüsse auf die Holzbearbeitungstechniken zu. Belegt sind Löffelbohrer, geeignet zum Bohren von Verzapfungslöchern, etwa an Gebäuden. Stemmeisen, Beitel und Hohleisen ermöglichten das Ausstemmen von Löchern oder das Aushöhlen von Gegenständen. Funde von fein- und grobgezackten Sägeblättern zeigen, daß ganz unterschiedlich dicke Hölzer gesägt wurden.

Daß die Herstellung von Produkten auch in Zusammenarbeit erfolgt sein konnte, zeigt das Beispiel von Schlüssel und Schloß. Hier arbeiteten Schmied und Holzhandwerker eng zusammen. Der Schmied stellte die Schlüssel her, der Holzhandwerker konstruierte die hölzernen Riegelmechanismen.

Es gab noch viele andere handwerkliche Betätigungen im Oppidum, auf die hier nicht im einzelnen eingegangen wird. Die Verarbeitung von Bein ist ebenso bezeugt wie das Textilhandwerk und vor allem die Töpferei. Die Töpfereien des Oppidums stellten hochwertige Keramik her (Abb. 92), die zum Teil zur Deckung des Eigenbedarfs diente, zum Teil aber auch für den Export bestimmt war. Wieviel und wieweit Keramik exportiert wurde, ist unklar. Umfangreiche naturwissenschaftliche Analysen sollen hier in nächster Zeit neue Ergebnisse bringen.

Künstlerisches Gestalten, auch aus religösen Motiven heraus, war ein Teil des Handwerks. Die unter dem Stichwort „Kunst" zusammenzufassenden Objekte aus den Ausgrabungen in Manching sind nicht Zeugnisse von individuell schaffenden Künstlern, sondern von Handwerkern. Dabei tritt der Handwerker oft in den Dienst der Religion. W.

Krämer hat die eiserne Pferdeplastik von Manching (Nr. 459), die vermutlich für einen Tempel angefertigt wurde, treffend als Arbeit eines Blechners bezeichnet. Religiöse Motive können aber auch funktionelle Gegenstände verzieren, wie die bekannten Achsnägel mit Käuzchenköpfen (Nr. 422 c), den Zügelring mit dem Vogel- und Stiermotiv (Nr. 422 a), oder die Beschlagplatte mit der Maske einer weiblichen Gottheit (Abb. 93, Nr. 407 a). Auf einem etwa 125 g schweren Bleigewicht, das vielleicht zum Abwiegen von Silber benutzt wurde, ist auf der Vorderseite das Brustbild eines Gottes dargestellt (Abb. 90, Nr. 145 c). Er trägt am Hals den Torques, im Arm ein schwer identifizierbares Attribut. Auf der Seite des Gewichtes sind Marken, Schrift- oder Zahlzeichen eingeritzt. In der Form ganz ähnliche Gewichte waren in den griechischen Kolonien Kleinasiens und an der Schwarzmeerküste gebräuchlich.

Einzigartig ist ein Gefäß mit eingeritzter Hirschdarstellung (Abb. 91, Nr. 423 c). Das schwungvoll gestaltete Tier befindet sich im Sprung. Im Maul trägt es einen runden Gegenstand, der eine Trense sein könnte. Eine Erklärung für das eigenartige Bild findet sich in einem Grab von Villeneuve in Frankreich. Dort wurde ein mit einer eisernen Trense gezäumter Hirsch begraben. Der Hirsch galt den Kelten als heiliges Tier. Der Gott Cernunnos trägt als Attribut ein Hirschgeweih auf dem Kopf.

Zu den ältesten Kunstobjekten, die bislang im Oppidum gefunden wurden zählt das sog. goldene Kultbäumchen von Manching (Abb. 174, Nr. 458). Den Schrein des Bäumchens bedeckten Blattgoldflächen, die im plastischen Stil gestaltet waren. Das Bäumchen weist enge Beziehungen zum Tarentiner Goldschmiedehandwerk auf. Es wurde möglicherweise im Rahmen eines Baumkultes verehrt und in Prozessionen getragen und gehört in die Frühphase einer dörflichen Siedlung bei Manching (1. Hälfte 3. Jh. v. Chr.).

Sobald die Siedlung von Manching im 2. Jh. v. Chr. städtische Strukturen ausbildete, tritt eine Verarmung des individuellen Kunststiles ein: Gegenstände mit perfektem Dekor werden massenhaft vervielfältigt. Virtuos verzierten die Waffenschmiede die Scheiden der Schwerter mit Punzen, die Klingen damaszierten oder ätzten sie. Auch die Emaillierkunst war den Schmieden vertraut. Das leuchtend rote Blutemaille brachten sie sowohl auf Eisen als auch auf Bronze auf. Die Entwicklung des keltischen Kunsthandwerks ab dem 3. Jh. v. Chr. erklärt sich aus den immer enger werdenden Beziehungen zur Mittelmeerwelt. Zunächst ist diese nur im Einfluß des Hellenismus auf den keltischen Kunststil faßbar, doch auch die städtische Lebensweise und der Bau der Stadtmauern sind als Folgeerscheinung anzuführen.

Geschichte der Siedlung

Die keltische Siedlung von Manching war im Gegensatz zu manchen anderen Oppida nicht von Anfang an von einer Mauer umgeben. Die ältesten Funde konzentrieren sich auf ein Gebiet im Zentrum. Der Bereich erstreckt sich ungefähr symmetrisch 100–150 m nördlich und südlich einer Ost-West verlaufenden Achse. Diese Achse entspricht der späteren Hauptstraße, die Ost- und vermutetes Westtor der Siedlung verbindet. Reste dieser Straße sind in den unteren Schichten des Osttores erhalten geblieben. Aufgrund der relativ wenigen Funde läßt diese Siedlung innerhalb des 3. Jh. v. Chr. keine Lageveränderungen erkennen.

Am Übergang zum 2. Jh. v. Chr. kommt es plötzlich zu einer Vervielfachung der Siedlungsfläche. Die Funde streuen nun weiter nach Norden, Süden und Westen. In der 2. Hälfte des 2. Jh. v. Chr. erreicht die Siedlung ihre maximale Ausdehnung. Es wird nun die gesamte Fläche genutzt, die auch dann von der Stadtmauer umgeben wurde. Damit ist die größte Ausdehnung der Siedlung erreicht.

Der Bau der ersten Stadtmauer muß irgendwann zu Beginn der 2. Hälfte des 2. Jh. v. Chr. stattgefunden haben. Es war eine immense Leistung: Der 7,2 km lange *murus Gallicus* erforderte nach ersten Berechnungen F. Maiers und J. Köhlers 2 Tonnen Eisennägel, 11 800 Festmeter Holz für das Rahmenwerk (ohne das Material der Brustwehr), 6900 m³ Kalkstein für die Frontverkleidung, 100 800 m³ Erde für die Rampenschüttung sowie 90 000 m³ Erde und Steinmaterial für die Füllung der Mauer. Der Umfang der Baumaßnahme wird deutlich, wenn man bedenkt, daß allein die 20 000 Tonnen Kalksteinmaterial der Frontmauer 1000 Eisenbahnwaggons füllen würden.

Die zweite Stadtmauer ist spätestens 104 ± 10 v. Chr. errichtet worden. Diese Datierung stammt von erhaltenen Bauhölzern eines wegen eines Torumbaues errichteten Absperrgrabens. Dieser Sperrgraben gehört in die Phase der ersten Pfostenschlitzmauer. Vermutlich nach der Errichtung dieser Schlitzmauer wurde auch das Tor erneuert. Ein dritter Mauerbau, wiederum offenbar auf der gesamten Länge von 7,2 km, greift dieses Konstruktionsschema noch einmal auf.

Aus welchem Anlaß die Stadtmauern errichtet wurden, bleibt unklar. Es erscheint wahrscheinlich, daß zumindest der Bau der ersten Stadtmauer wohl keine Reaktion auf historische Ereignisse oder Gefahren darstellte. Vielmehr schien sie aus einem gewissen Prestigeanspruch heraus gebaut worden zu sein, da man gerade für sie eine fremde Bautechnik, den *murus Gallicus,* wählte. Dieser ist in Gallien beheimatet. Manching ist der am weitesten östlich liegende Fundort dieses Mauertyps.

Seit dem späten 2. Jh. v. Chr. trieb die keltische Welt allmählich ihrem Untergang entgegen. 121 v. Chr. richteten die Römer in Südgallien ihre erste Provinz ein, ein erster Keil, der von Süden gegen die keltische Welt getrieben wurde. Von Norden drangen die sich ausdehnenden Germanen in die keltische Welt ein. So kamen die Kimbern und Teutonen auf ihrem Zug um 120 v. Chr. auch durch Südbayern. Es ist nicht unwahrscheinlich, daß sich hier Auseinandersetzungen um Manching abspielten. Während des 1. Jh. v. Chr. nahmen die Bedrohungen zu. Germanische Einfälle von Norden und die Expansionspolitik Roms erschütterten das Wirtschaftssystem der Oppida schwer. Mit den caesarischen Eroberungen waren Veränderungen erreicht, die vermutlich das gesamte bis dahin aufgebaute Wirtschaftssystem zum Erliegen brachten. Die jüngsten Importe von italischem Wein nach Manching datieren in die Zeit um 80 v. Chr.

Daß Manching erobert wurde, ist nicht nachzuweisen und auch unwahrscheinlich. Das allmähliche Versiegen der Funde in der zweiten Jahrhunderthälfte macht eine ganz andere Entwicklung in der Schlußphase wahrscheinlich: Das Oppidum hörte auf, als das Handelssystem zusammenbrach und die Stadtmauer von einer sinkenden Bevölkerungszahl nicht mehr instandgehalten wurde. Das heißt jedoch nicht, daß die ganze Siedlung auf einmal verlassen wurde. Es ist vielmehr wahrscheinlich, daß ein Teil der Bevölkerung in einzelnen bäuerlichen Betrieben weitersiedelte. Die jüngsten keltischen Funde aus Manching datieren in die Zeit um 40/30 v. Chr. Als die Römer das Alpenvorland im Jahre 15 v. Chr. eroberten und die dort noch lebenden Vindeliker besiegten, war von der einst blühenden Stadt nur noch die verfallende Stadtmauer vorhanden.

Mensch, Natur und Umwelt

Umwelt und Ackerbau

Von Hansjörg Küster

Im 1. Jahrtausend v. Chr. bedeckten dichte Wälder weite Teile der Landschaft. In vielen Gegenden war die Buche der wichtigste Waldbaum. Vor allem in den wärmeren Gegenden bildeten Buche und Eiche einen Mischwald, auf sehr flachgründigen Böden wie zum Beispiel in der Münchner Umgebung herrschte die Eiche allein vor. Unmittelbar am Alpenrand bildete die Buche Mischbestände mit Fichte und Tanne, in Ostbayern gab es auch Buchen-Fichten-Mischwälder. In den höheren Lagen der Alpen waren Fichtenwälder verbreitet. Lichte Kiefernwälder wuchsen nur an Sonderstandorten, zum Beispiel nahe der alpinen Waldgrenze und auf den Schotterflächen von Isar, Lech, Inn und Donau. Diese Waldbilder änderten sich in keltischer Zeit nicht nachhaltig. Es gab immer wieder einmal kleinere Klimaschwankungen, doch waren diese nicht so erheblich, daß sie das Ökosystem Wald hätten nachhaltig beeinflussen können. Mitteleuropa wäre in dieser Zeit nahezu vollständig von Wäldern bedeckt gewesen, wären nicht Ackerbauern hier tätig gewesen, die das Aussehen der Landschaft gründlich veränderten. Ackerbau wird in Mitteleuropa schon seit dem 5. Jahrtausend v. Chr. betrieben. Man konnte in Mitteleuropa nur dort Felder für Getreide und andere Kulturpflanzen anlegen, wo der Wald durch Rodung und/oder Holznutzung beseitigt worden war. Das Roden von Wäldern und das Anlegen von Feldern hatte in keltischer Zeit schon lange Tradition im Waldland Mitteleuropa. Rein dörflicher Ackerbau, also eine Form der Landwirtschaft, die fast ausschließlich die Selbstversorgung der ländlichen Bevölkerung zum Ziel hat, konnte sich hier besonders lange ungestört entwickeln. Anderswo in der Alten Welt hatten sich schon längst städtische Zentren etabliert, in denen Handel und Gewerbe betrieben wurde, aber nicht primär der Ackerbau. Diese städtischen Zentren mußten im Vorderen Orient wie in den Anrainergebieten des Mittelmeeres aus einem dörflichen Umland heraus mit Nahrungsmitteln versorgt werden. In Mitteleuropa war das nicht der Fall: Vom 5. Jahrtausend v. Chr. bis in die Römerzeit, ja vielerorts bis ins Mittelalter hinein mußte hier fast ausschließlich die bäuerliche Bevölkerung mit Nahrung versorgt werden. Die agrarische Produktion hat sich daher optimal auf klimatische und landschaftliche Gegebenheiten einstellen können, die von denen des Vorderen Orients, in denen sie zuerst entwickelt wurde, erheblich abwichen.

In keltischer Zeit besaßen die Bauern Geräte aus Metall, mit denen Landwirtschaft besonders professionell betrieben werden konnte. Bei der Rodung von Bäumen kamen nun metallene Äxte zum Einsatz, was natürlich einen enormen Fortschritt zu den Verhältnissen in der Jungsteinzeit bedeutete, als man Bäume mit Steinäxten fällen mußte. Siedlungen mit ihren Ackerflächen ließen sich daher fast überall dort

Abb. 94: Dinkel.

Abb. 95: Reifer Emmer (vorne), unreifes Einkorn (hinten).

Abb. 97: Lein.

Abb. 96: Linse.

Abb. 98: Ackerbohne.

anlegen, wo Landwirtschaft auch heute betrieben wird. Archäologische Fundkarten zeigen denn auch, daß man keltische Siedlungsspuren, und das heißt vor allem: Spuren der Besiedlung durch eine bäuerliche Bevölkerung, weit verbreitet nachweisen kann. Nur wenige Landschaften, wie zum Beispiel Teile des Bayerischen Waldes, blieben noch frei von Siedlungen und Ackerbau.

Für die Bodenbearbeitung verwendete man anstelle hölzerner Geräte Pflüge mit eisernen Pflugscharen. Plinius war von den hochspezialisierten Pflügen der Raeter tief beeindruckt und beschrieb sie als technische Wunderwerke. Ihm fiel nämlich auf, daß ihre Pflugscharen die Schollen wendeten – im Gegensatz dazu ritzte man mit einem altertümlicheren Haken nur den Boden an. Die Kelten hatten also wohl bereits einen die Scholle wendenden Beetpflug erfunden. Die Arbeit mit einem solchen Pflug kann zur Bildung von Wölb- oder Hochackerbeeten führen, deren Entstehung möglicherweise bis in keltische Zeit zurückreicht. Bei der Ernte der Feldfrüchte kamen eiserne Sensen und Sicheln zum Einsatz. Auch dies bedeutete eine erhebliche Erleichterung der früher noch mühsameren Landarbeit.

Die Herstellung metallener Geräte setzte natürlich Bergbau und Verhüttung von Erzen voraus. Am Nordrand der Alpen entwickelte sich in keltischer Zeit ein Zentrum des Bergbaus. Dort verhüttete man auch die Erze; das verraten archäologische Funde von Schmelzöfen. Zur Verhüttung brauchte man große Mengen Holz, vor allem Buchenholz, das in Kohlenmeilern zu Holzkohle gebrannt wurde. Bei der Verbrennung von Buchenholzkohle entwickeln sich besonders hohe Temperaturen, die für die Erzverhüttung unbedingt erforderlich sind. Bei vegetationsgeschichtlichen Untersuchungen zeigt sich, daß die Buchenanteile in den Wäldern als Folge der Erzverhüttung merklich zurückgingen.

Bei der noch recht primitiven Form der Erzverhüttung wurden aber wohl auch Schwermetalle wie Blei und Cadmium freigesetzt; seit der keltischen Zeit wurden signifikant höhere Mengen dieser Schwermetalle auf der Oberfläche der Moore am Alpenrand abgelagert. Eine frühe (wohl sicher noch lokale) Belastung der Umwelt ist also mit heutigen Methoden meßbar, wurde aber in keltischer Zeit noch längst nicht als ein Problem empfunden.

Durch lange Erfahrung mit der Landwirtschaft hatte man herausgefunden, welche Kulturpflanzen auf den Äckern am besten gediehen und welche Kulturpflanzen man am besten über längere Zeit in Erdgruben, auf dem Dachboden der Hütten und in hölzernen Speichern aufbewahren konnte. Das wichtigste Brotgetreide war der Dinkel *(Abb. 94)*. Diese Pflanze ist mit dem Saatweizen verwandt; bei ihrem Anbau lassen sich recht gute Erträge erzielen. Dinkel ist heute wieder in der Vollwertkost wegen seines eiweißreichen Mehles beliebt. Allgemein wurde Dinkel jedoch in den letzten Jahrhunderten vom Saatweizen verdrängt, denn Dinkelkörner werden so fest von den harten Spelzen umschlossen, daß man beides beim Dreschen nicht voneinander trennen kann. Dies funktioniert aber beim Dreschen von Saatweizen, so daß es heute einfacher ist, Saatweizen anzubauen. Die heute als Nachteil des Dinkels empfundene Eigenschaft des festen Verbundes von Korn und Spelzen ist aber in früherer Zeit ein wichtiger Vorteil gewesen. Dinkelkörner konnten in den Spelzen gelagert werden, sie waren deswegen kaum anfällig gegen Fäulnis, Schimmel und Schädlingsbefall. Vor der Nahrungszubereitung mußte man den Dinkel portionsweise entspelzen. Dies ließ sich mit Mörser und Stößel oder mit einem leichten Läuferstein auf einer Sattel- oder Drehmühle leicht durchführen. Nach dieser Entspelzungsprozedur griff man zu einem schwereren Läuferstein, um das Korn zu zerquetschen und das Mehl zu gewinnen.

Dinkel baute man vor allem als Wintergetreide an. Wo der Anbau von Wintergetreide nicht möglich war, griff man auf andere Getreidearten zurück, vor allem den Emmer *(Abb. 95)*, ebenfalls einen Verwandten des Saatweizens, der schon rund zwei bis drei Monate nach der Aussaat erntereif sein kann. Gerade am Alpenrand war dies ein wichtiger Vorteil, der für den Anbau von Emmer sprach.

Große Bedeutung hatte auch die Gerste, die wohl überwiegend als Sommergetreide kultiviert wurde. Gerstenmehl hat nur einen geringen Eiweiß-Anteil, weswegen man daraus kein Brot backen kann. Man muß Gerstenmehl mit anderen Mehlsorten mischen oder etwas Mehl von eiweißreichen Hülsenfrüchten wie Erbse und Linse hinzufügen; erst dann hat das Mehl einen genügend hohen „Kleber"-Anteil, der zum Brotbacken notwendig ist.

Die Kelten kannten bereits die Vorteile des Fruchtwechsels, denn es wuchsen im Wechsel der Dinkel als Wintergetreide und die Gerste als Sommergetreide auf den Feldern. Auch gab es wohl bereits Brachäcker, auf denen sich der Boden erholen konnte, ehe er später erneut für die Ansaat von Wintergetreide umgebrochen wurde. Ob es in keltischer Zeit schon die im Mittelalter bekannte Dreifelderwirtschaft gab, läßt sich nicht entscheiden. Denn Dreifelderwirtschaft ist ein Begriff schriftlicher Quellen, in denen rechtliche Belange der Landnutzung festgelegt werden, und schriftliche Quellen über die Landnutzung gibt es aus vorchristlicher Zeit nicht. Wir wissen zwar von der Existenz eines Fruchtwechsels, wissen aber nicht, wieviele Jahre hintereinander

Winterkorn und Sommerkorn angebaut wurde und wie lange die Brachephase dauerte.

Es ist möglich, daß Haustiere auf den Brachäckern weideten und durch ihre Exkremente die Böden düngten. Für die Versorgung von Haustieren war vielleicht auch die reichlich angebaute Rispenhirse gedacht. Hirse ist ein gutes Pferdefutter. Die Versorgung der Pferde lag den Kelten sicher besonders am Herzen, denn auf sie waren sie angewiesen, wenn sie sich gegen andere Völker verteidigen wollten. Schafe, Ziegen, Rinder und Schweine finden auch in einem lichten Wald genügend Nahrung, Pferde nicht: Sie brauchen Weideflächen. Regelrechte Grünlandweiden gab es aber in keltischer Zeit nur an wenigen Stellen, am ehesten in den Bachtälern, am Rand der Niedermoore und in den Hochlagen der Alpen. Alle diese Gebiete wurden in keltischer Zeit wichtige Siedlungsräume, aber nicht überall gab es genügend Weideflächen. Man mußte Futterpflanzen anbauen, Brachen zur Beweidung freigeben.

Neben dem Getreide baute man in keltischer Zeit Hülsenfrüchte an, vor allem Erbse, Linse und Ackerbohne *(Abb. 96, 98)*. Ob man die Produkte dieser Gewächse primär für die menschliche Ernährung oder zur Fütterung des Viehs verwendete, läßt sich nicht entscheiden. Beides war wohl der Fall.

Leinanbau spielte seit der Jungsteinzeit eine wichtige Rolle *(Abb. 97)*. Aus den Leinsamen gewann man ein pflanzliches Öl. Vor allem aber hatten die Fasern des Leins Bedeutung, denn daraus ließen sich Textilien herstellen. Eine weitere wichtige Ölpflanze war der Schlafmohn. Man muß sich aber fragen, ob diese Pflanze deswegen so beliebt war, oder ob ihre Samen als Gewürz Verwendung fanden. Oder gewann man den Milchsaft aus den unreifen Samenkapseln, die Opium enthalten? Am Mittelmeer war die berauschende Wirkung des Schlafmohns schon mindestens seit der Bronzezeit bekannt. Weil man in Mitteleuropa Gewohnheiten der Oberschicht am Mittelmeer nachahmte, wird man wohl auch das Opium gekannt haben.

Die Kelten waren in erster Linie ein Agrarvolk. Auch in den Oppida, die man in vielen Fällen als Zentren des Gewerbes und der Macht deuten konnte, spielte Ackerbau eine wichtige Rolle. Keineswegs war zum Beispiel die Fläche des berühmten Oppidums von Manching bei Ingolstadt ganz und gar von Siedlung bedeckt. Der sieben Kilometer lange Wall dieses Oppidums umschloß vielmehr nicht nur die Siedelbereiche, sondern auch die agrarischen Nutzflächen der Siedlung.

Die von den Römern als hochentwickelt eingestufte keltische Landwirtschaft hatte für die Römer auch zur Zeit ihrer Besatzung große Bedeutung. Auch in römischer Zeit waren Dinkel und Gerste die wichtigsten Getreidearten in vielen Gebieten Süddeutschlands. Weil die Römer den Dinkel aus ihrem Mutterland nicht kannten, ist klar, daß die keltischen Bauern unter römischer Besatzungsherrschaft weiterhin diese Getreideart anbauten, sie für die Besatzer entspelzten und verarbeiteten und schließlich an die Römer ablieferten. Es gab also eine bäuerliche Tradition von der keltischen zur römischen Zeit, die in vielen Fällen auch noch bis ins frühe Mittelalter hinein nachwirkte.

Haustierhaltung und Jagd bei den Kelten in Süddeutschland

Von Angela von den Driesch

Die Kelten gehören zu den großen Völkern Alteuropas. Wenn im Zusammenhang mit einer umfassenden geschichtlichen Darstellung dieses Volkes, das im Verlauf des ersten vorchristlichen Jahrtausends einen weiten geographischen Raum besiedelte, auch ein Bild von der Tierwirtschaft entworfen werden soll, dann sei sogleich herausgestellt, daß die einzige zuverlässige Quelle für dieses Unterfangen Bodenfunde, d.h. Tierknochenreste aus archäologischen Ausgrabungen sind. Um den Rahmen des vorliegenden Aufsatzes einzugrenzen, wird im wesentlichen auf Untersuchungen im süddeutschen Raum Bezug genommen. Eine derartige Einschränkung ist schon deshalb notwendig, weil die Tierwirtschaft unter einfachen Bedingungen, wie wir sie für die Keltenzeit annehmen müssen, in starkem Maße von den Umweltbedingungen abhing. Da die deutsche Donauebene nicht nur eine ökologische Einheit bildet, sondern auch kulturhistorisch als ein „Verkehrsraum" anzusehen ist (Kossack 1989), bietet es sich an, die diesbezüglichen Entwicklungen für dieses Gebiet zu verfolgen.

Haustierhaltung und Jagd in der Hallstatt- und Frühlatènezeit

Eine gute Vorstellung von der Tierwelt während der frühen Phasen keltischer Geschichte, der Hallstattzeit und Frühlatènezeit (HaD und LTA), vermitteln die großen Knochenfundmengen aus dem frühkeltischen Herrensitz auf der Heuneburg bei Hundersingen a. d. Donau. Hier wurden in zahlreichen Grabungskampagnen mehr als 200.000 Knochenstücke mit mehr als 100 Zentner Gewicht ans Tageslicht gefördert und wissenschaftlich ausgewertet. Etwa 96 % der Funde stammen von Haustieren, 4 % von Jagdwild. Auch einige wenige Fischreste sind nachgewiesen. Als Haustiere kannte man Pferd, Rind, Schaf, Ziege, Schwein, Hund und Huhn. Nach Erhaltungszustand und Zusammensetzung handelt es sich bei den Knochenfunden, von wenigen Ausnahmen abgesehen, um Siedlungsabfall, mehrheitlich um Küchenabfall. So erfahren wir durch deren Studium in erster Linie etwas darüber, was die Bewohner der Burg aßen, sekundär ergeben sich Hinweise auf die Haustierhaltung selbst und auf Jagdaktivitäten sowie die natürliche Umwelt der Burg.

Anfänglich (Baustadien 23–12) dominiert nach der Fundmenge das Schwein. Es stellt die Hälfte der Knochen, das Rind etwa ein Drittel, die Schaf- und Ziegenknochen machen keine 10 % aus. Hund und Pferd liegen unter 1 %. Doch wie charakteristische Zerlegungsspuren an den Knochen beweisen, schlachtete man auch diese beiden Tierarten. In den jüngeren Besiedlungsphasen (Bauperioden 11 und 10) kommt es zu einer Umkehr der für Schwein und Rind festgestellten Relation. Der zunehmende Anteil an Rindern wird noch deutlicher, betrachtet man die Knochengewichte, die Rückschlüsse über die Tiergröße und damit über die Fleischmenge zulassen *(Tabelle 1)*. Während anfänglich etwa zu gleichen Teilen Rind- und Schweinefleisch gegessen wurde, bildet später das Rind den Hauptlieferanten in der Versorgung mit tierischem Eiweiß. Der Anteil des Rindes macht zwei Drittel oder mehr aus, der des Schweines nur ca. ein Fünftel und die kleinen Wiederkäuer, unter denen das Schaf bei weitem überwog, lieferten nur 3–4 % des nötigen Fleisches. Die Vorrangstellung des Rindes blieb bis zur Aufgabe des frühkeltischen Herrensitzes bestehen.

Auch wenn wir nicht wissen, ob die Heuneburger selbst Tierhaltung betrieben oder ob sie von den umliegenden Bauernhöfen Vieh requirierten, so zeigt doch die zahlenmäßige Zusammensetzung der Knochenfunde *(Tabelle 1 a)*, daß in der Umgebung der Burg vorwiegend Rinder- und Schweinehaltung betrieben wurde.

Die Rinder, die in der Nähe der Heuneburg lebten, waren klein und kurzhörnig. Ihre geringe Größe äußert sich auch in einem undeutlich ausgeprägten Größenunterschied zwischen Kuh und Stier. Kühe, die häufiger nachgewiesen sind, erreichten durchschnittlich eine Widerristhöhe von 1,05 bis 1,08 m, Stiere von etwa 1,15 m. Trotz ihrer geringen Größe wurden neben Stieren auch Kühe überwiegend zur Arbeit in der Landwirtschaft herangezogen. Der Milchertrag lag bei den extensiv gehaltenen Tieren wohl eher niedrig. Milchlieferanten waren auch die Ziege und im Frühjahr nach der Lammzeit das Schaf. Die Schafe waren gut mittelgroß und mittelschlankwüchsig mit Schulterhöhen von 63 bis 64 cm im Durchschnitt. Welche Qualität ihre Wolle besaß, ent-

Tab. 1: Tierartenverhältnis auf der Heuneburg 600–400 v. Chr.
(Nach von den Driesch und Boessneck 1989).

a) Zahl der jeweils geschlachteten Haustiere und des erlegten Wildes in Relation zueinander.

	Pferd	Rind	Schaf u. Ziege	Schwein	Wild (v.a. Hirsch)	von
Baustadien 23–12	1	32	9	56	2	100 Tieren
Baustadien 11–4	2	52	8	33	5	100 Tieren

b) Anteile der Tierarten in der Fleischversorgung

	Pferd	Rind	Schaf u. Ziege	Schwein	Wild	von
Baustadien 23–12	2	50	5	40	3	100 kg Fleisch
Baustadien 11–4	3	70	3	19	5	100 kg Fleisch

zieht sich unserer Kenntnis, doch erfahrungsgemäß dürfte es sich um schlichtwollige Schafe gehandelt haben. Ebenso extensiv wie bei den Wiederkäuern wurde Schweinehaltung betrieben, d.h. die Tiere weideten im Sommer und im Herbst im Wald. Sie waren deshalb schlankwüchsig und hochbeinig mit geringer Mastleistung. Es handelte sich, wie bei den anderen Arten, um spätreife Tiere, die ihr Schlachtgewicht erst im zweiten, oftmals erst im dritten Lebensjahr erreichten.

Auch die Pferde waren nach heutigen Maßstäben nur so groß wie Ponies, etwa 1,30 bis 1,40 m Stockmaß. Hunde entsprachen unserem Spektrum vom mittelgroßen Jagdhund bis zum Schäferhund. Ihrer Größe und Wuchsform nach zu urteilen, hat man sie als Wach- und Hirtenhunde gebraucht oder auf die Jagd mitgenommen. Trotz dieser speziellen Aufgaben hinderte das ihre Besitzer nicht, sie zu schlachten und ihr Fleisch zu essen. Insgesamt läßt die geringe Größe der landwirtschaftlichen Nutztiere den berechtigten Schluß zu, daß die tierzüchterischen Kenntnisse der frühen Kelten nicht groß gewesen sein können.

Haushühner bildeten auf der Heuneburg eine neue Errungenschaft. Die Funde gehören nämlich zu den frühesten Belegen des Haushuhns in Mitteleuropa. W. Schüle (1960), der die ersten von mehreren in ihrer Datierung anerkannten Hühnerknochen aus der HaD-Phase der Heuneburg beschrieb, mutmaßte, daß Hühner über Handelsbeziehungen aus dem Mittelmeergebiet, wo sie spätestens gegen Ende

des 6. Jh. v. Chr. allgemein verbreitet waren, über das Rhônetal nach Württemberg kamen. Dieses einfach zu haltende Haustier blieb zunächst wirtschaftlich unbedeutend, denn die Zahl der Hühner im archäologischen Fundgut war klein. Erst in der Römerzeit wurde die Haushuhnhaltung intensiviert. Die geringe Bedeutung des Huhnes in der Hallstatt-Latènezeit dürfte darauf zurückzuführen sein, daß die Hennen noch nicht jeden Tag ein Ei legten. Das würde auch das Überwiegen der Reste von Hähnen in den Funden erklären. Man hielt die Tiere vielleicht in erster Linie wegen ihres bunten Gefieders als Ziergeflügel.

Jagd brachte gesellige und kulinarische Abwechslung in das Burgleben. Von der Fundzahl der Wildsäugetier- und Vogelknochen aus gesehen, kann sie nur eine untergeordnete Rolle eingenommen haben. Man muß aber berücksichtigen, daß möglicherweise von den Jagdzügen keine ganzen Tierkörper mit auf die Burg gebracht wurden, oft nahm man vielleicht nur die fleischtragenden Partien oder das Fell mit. Außerdem gehen die Knochen kleinerer Tiere, vor allem von Flugwild, eher verloren, so daß das uns vorliegende Wildspektrum sicherlich die wirklichen Verhältnisse nur unvollkommen widerspiegelt. Aber trotz des relativ geringen Anteils an Jagdwild am Gesamtfundgut kann sich die Artenliste sehen lassen. Außer für das häufigste Wild, den Rothirsch, gibt es unter den Wildsäugetieren Belege für Ur, Reh, Elch, Wildschwein, Dachs, Iltis, Fischotter, Luchs, Wildkatze, Bär, Wolf, Fuchs, Biber und Hase.

Unter dem Wildgeflügel sind die verhältnismäßig zahlreichen Nachweise großer Raubvögel, darunter Bart- und Gänsegeier, bemerkenswert. Der Gänsegeier horstete früher auch in Württemberg. Eine Brutstelle lag in der Schwäbischen Alb an der oberen Donau zwischen Tuttlingen und Sigmaringen. Der Bartgeier lebt als Einzelgänger. Er brütete noch im letzten Jahrhundert in den Alpen. Stein- und Seeadler waren in alter Zeit keine Besonderheiten und werden entsprechend zahlreich nachgewiesen (Piehler 1976, 57 f., 67 f.). Diese großen Greifvögel erlegte man wohl in erster Linie ihrer Federn wegen, vielleicht auch, um aus ihren Knochen Vogelpfeifen herzustellen, denn die Knochenröhren sind zwar dünn, aber relativ hart. Ob das Fleisch der Greife regelmäßig genossen wurde, bleibt fraglich. In jedem Fall gehörte viel Geschick dazu, diese großen Vögel zu erlegen.

Außer Raubvögeln sind im Fundgut wald-, sumpf- und wasserliebende Vögel vertreten (von den Driesch und Boessneck 1989, Tab. 13). Gänse und Enten, die sich in großer Zahl an und auf der Donau und ihren Nebenarmen aufhielten, herrschen vor. Von der Menge der gefundenen Knochen her stellt die Gruppe der Waldhühner (Auerhuhn, Birkhuhn, Haselhuhn) nicht ohne Grund den drittgrößten Anteil nach den Gänsen, Enten und Raubvögeln. Relativ häufig sind Knochen des Kranichs vertreten, dessen Fleisch als schmackhaft gilt. Die zahlreichen Funde, die vom Kranich aus Knochenfunden der vor- und frühgeschichtlichen Zeit bekannt sind, untermauern zunehmend, daß der Kranich früher in ganz Deutschland gebrütet hat, wo immer sich geeigneter Lebensraum fand.

Wie sahen dagegen die Verhältnisse auf dem kleinen Herrensitz mehr ländlichen Zuschnitts auf dem Münsterberg in Breisach aus? Unterschiede zeigen sich zum einen in einem deutlich niedrigeren Wildanteil in Breisach (1,7 %). Andererseits kamen dort viel mehr Schafe und Ziegen zur Schlachtung als auf der Heuneburg (Arbinger-Vogt 1978). Ob sich hier ein sozialer Unterschied zwischen kleinem Herrensitz und großem Fürstensitz äußert, oder ob die Umgebung der beiden Fundorte die mengenmäßige Verteilung der Haustiere bestimmte, bleibt unklar. Große Unterschiede zwischen dem Umfeld des Münsterbergs und dem der Heuneburg bestanden sicherlich nicht.

Haustierhaltung und Jagd in der Spätlatènezeit

„In den letzten zweihundert Jahren der keltischen Zeit wächst als verhältnismäßig späte soziale Erscheinung ... nach der Burg der Hallstattzeit die ‚Stadt‘ als bäuerlich-

gewerbliche Siedlung ... heran“ (Noelle 1974, 78). Aus dieser Phase liegen uns wiederum viele osteologische Arbeiten als Grundlage für die Beurteilung der keltischen Tierwirtschaft in Süddeutschland vor, allen voran die durch Joachim Boessneck und Mitarbeiter (1971) untersuchten riesigen Knochenmengen (knapp 400.000 Fundstücke) aus dem größten bekannten Oppidum, dem von Manching (Abb. 99).

Neue Haustierarten sind in Manching nicht hinzugekommen. Der einzige Hauskatzenknochen, der zunächst als Novität hervorgehoben wurde, erwies sich bei näherem Nachprüfen der Fundumstände als Einmischung aus römischer Zeit. In Manching sinkt die Jagd zur Bedeutungslosigkeit ab. Nur 0,2 % aller registrierten Knochenreste gehörten zu Wildtieren. Wenn auch weiterhin das für Mitteleuropa charakteristische Großwild, wie Ur, Rothirsch, Elch, Reh, Wildschwein, Bär und andere, nachgewiesen wurde, so zeigt die geringe Ausbeute an Wildtierfunden in Manching, daß die nähere und weitere Umgebung der Stadt schon weitgehend abgejagt war und die Bevölkerungsdichte zugenommen hatte. Fische sind ganz vereinzelt belegt. Rind und Schwein nehmen in der Versorgung der Menschen wie bisher den Vorrang ein (Tabelle 2). Zugenommen hat gegenüber der Heuneburg die Pferdehaltung und damit auch die Bedeutung des Pferdes als Fleischlieferant. Pferde dienten als Reit-, Trag- und Zugtiere. Der Bedarf war anscheinend groß. Neben den gewöhnlichen Manchinger Pferden – Kleinpferden von durchschnittlich 1,25 m Widerristhöhe – konnten Reste von großen, mittelkräftigen Pferden nachgewiesen werden, die Schulterhöhen bis zu 1,50 m erreichten. Lange wurde gerätselt, woher die Vindeliker diese großen Pferde bezogen, die sie sicher nicht selbst zu züchten verstanden, hält man sich die schmächtige Größe der anderen Haustierarten vor Augen. Die Pferde können aus dem Karpatenbecken übernommen worden sein, wo schon immer größere Arten vorkamen (Bökönyi 1964). Sie können aber auch römischer Herkunft sein. Caesar schildert in seinem Buch über den gallischen Krieg (IV, 2,2), daß die Gallier eine besondere Vorliebe für große römische Pferde hatten und dafür sehr viel Geld ausgaben.

Wie gesagt, sind die eigentlichen Wirtschaftstiere in Manching – also Pferd, Rind, Schaf, Ziege, Schwein und Huhn – mit Ausnahme der Ziege klein. Dieser Ausnahmestatus der Ziege ist vermutlich mengenbedingt. Bei den wenigen Ziegen reichten die Ernährungsgrundlagen für jedes einzelne Tier vollkommen aus, während bei den Schafen und Rindern viel zu viele Tiere auf der zur Verfügung stehenden Weidefläche gehalten wurden und für den Winter zu wenig Futter zur Verfügung stand. Die Tiere paßten sich an diese Mangelzu-

Abb. 99: Sortieren der Tierknochen aus der Grabung in Manching 1955 (r. J. Boessneck).

stände durch geringe Körpergröße an. Manche Kühe wurden nicht einmal 1 m groß, und das kleinste Pferd wies eine Schulterhöhe von gut 1,10 m auf *(Abb. 100)*.

Anders bei den Hunden: Sie boten ein buntes Bild an Typen vom kleinen bis zum großen Hund. Überwiegend kamen mittelgroße bis große Hunde vor. Da Hunde bei mangelhafter Fütterung sich im Gegensatz zu den Pflanzenfressern selbst Nahrung beschaffen können, wirkt sich die schlechte Ernährung durch den Menschen nicht so nachteilig auf die Körpergröße aus. Hier trifft das Gegenteil zu: je kleiner der Hund, umso größer die zootechnischen Kenntnisse seines

Züchters. In Manching lebten mindestens zwei Hunde von der Größe von Zwergpinschern. Ihre Knochen heben sich deutlich von denjenigen der übrigen Manchinger Straßenhunde ab. Es steht zu vermuten, ist aber über die Knochenfunde nicht zu beweisen, daß die „Oberschicht" in Manching bereits Schoßhunde und andere Rassehunde aus dem römischen Kulturkreis bezog.

Werfen wir noch einen Blick auf ein anderes Oppidum. Die Anlage von Altenburg-Rheinau, Gde. Jestetten an der deutsch-schweizerischen Grenze, war zur späten Keltenzeit ein wichtiger Warenumschlagplatz. Sie lag an einer alten

Tab. 2: Tierartenverhältnis in Manching (2./1. Jh. v. Chr.)
(Nach Boessneck u. Mitverf. 1971).

a) Zahl der jeweils geschlachteten Haustiere in Relation zueinander

Pferd	Rind	Schaf u. Ziege	Schwein	Hund	von
5	42	20	32	1	100 Tieren

b) Anteile der Tierarten in der Fleischversorgung

Pferd	Rind	Schaf u. Ziege	Schwein	Hund	von
8,5	52	13	26	0,5	100 kg Fleisch

Süd-Nord-Verbindung, die den westlichen Teil Deutschlands über die Burgundische Pforte, die Saône und Rhône mit dem Golf von Lion, aber auch wohl über die Zentralalpen mit Italien verband. In Bezug auf ihre Tierwelt finden sich keine nennenswerten Unterschiede zu Manching, abgesehen von einem geringeren Anteil an Pferdeknochen (Moser 1986). Wie die Manchinger besaßen die Altenburger Kelten wenig Interesse an der Jagd und am Fischfang und zogen ihre Haustiere extensiv auf, wie die geringe Größe der meisten Tierknochen verdeutlicht. Die Verbindungen zum Süden schlagen sich jedoch auch in Form von einigen großen Pferde- und Rinderknochen und durch die Reste von Zwerghunden im zoologischen Fundmaterial nieder.

Daß die Jagd unter günstigen Umweltverhältnissen in spätkeltischer Zeit von Bedeutung sein konnte, zeigt die Untersuchung der Tierreste aus zwei spätlatènezeitlichen Grubenhäusern von Regensburg-Harting (von den Driesch, im Druck). In einem der Häuser beträgt der Anteil an Wildtierknochen 10 %. Dies zeigt, daß in einem kleinen Dorf mit ungestörten Biotopen in der weiteren Umgebung die Möglichkeiten eben anders waren als im Umfeld der Oppida.

Die Rolle der Tiere in Religion und Brauchtum

Die Kelten entwickelten im Laufe ihrer Geschichte Brauchtümer und Opferriten, die sie z.T. von anderen Kulturgruppen übernahmen und adaptierten. Um die Bedeutung der Haustiere bei der Versorgung der Toten oder während Opferhandlungen darzustellen, soll hier folgenden Fragen nachgegangen werden: a) Welche Rolle spielten Tiere im Grabkult? b) in den sog. Viereckschanzen? und c) was hat es mit den spätlatènezeitlichen Brandopferplätzen auf sich?

a) Soweit Tierknochenfunde aus hallstattzeitlichen Grabhügelnekropolen untersucht wurden, fällt auf, daß nur von den Haustieren Rind, Schwein sowie Schaf und Ziege Fleischbeigaben vorliegen. Innerhalb dieser festgelegten Tierarten bestehen große Unterschiede in der Auswahl des Alters und des Geschlechts der Tiere, des Körperteils und in der Artenrelation. In den meisten Gräbern vom Dürrnberg bei Hallein z.B. wurden die Tierkörper ohne Füße beigelegt, oft findet sich nur eine Vorder- oder Hinterkeule von Schaf und Ziege oder ein Wirbelsäulenabschnitt vom Rind (Stork 1974). Die Grabkammern des hallstattzeitlichen Gräberfeldes in Schirndorf i.d. Oberpfalz enthalten nur Schaf, Ziege und Schwein. Hier gab man ganze Tiere ohne Füße und oft auch ohne Kopf, seltener Teile von Tieren mit in die Gräber (Stroh 1986). Das zerlegte Skelett einer jungen Kuh, der Kopf und Füße entfernt worden waren, lag als Grabbeigabe in einem spälhallstattzeitlichen Grabhügel von Niedererlbach, Lkr. Landshut, in dem eine Frau mit reicher Ausstattung beerdigt war. Alle vier Gliedmaßen einschließlich der Fußknochen eines Jungschweins sind die tierischen Beigaben in einer anderen Doppelbestattung von Frau und Kind in Niedererlbach (Koch 1992). Eine birituelle Doppelbestattung in der Hügelgräbernekropole von Bruckberg-Mooswiese mit dem Skelett einer jungen Frau und dem Leichenbrand eines sechsjährigen Kindes enthielt „die besten Fleischteile

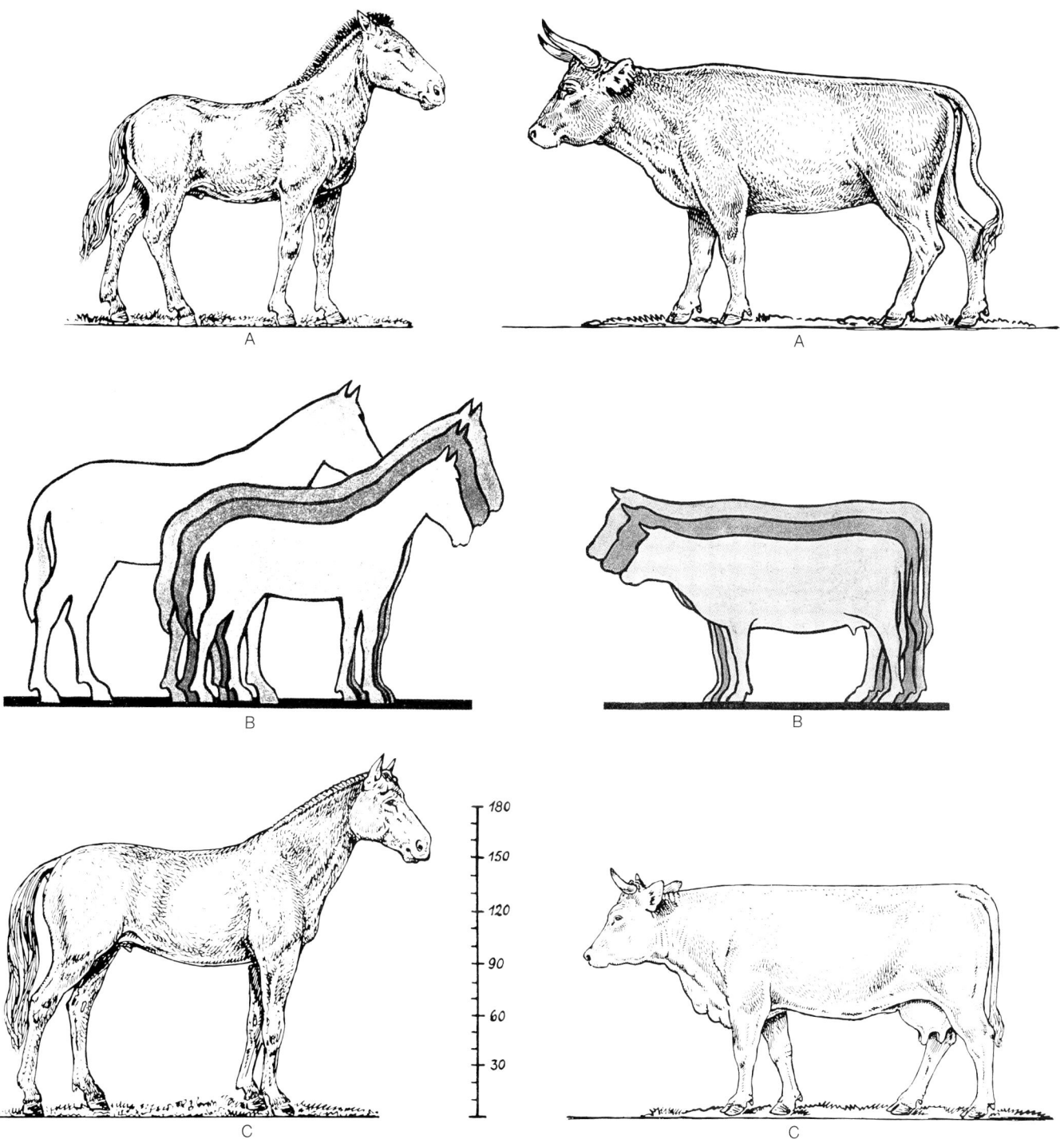

Abb. 100: Größenvergleich. Links: A) Przewalski-Pferd, B) Variationsbereich der keltischen Pferde aus Manching, C) rezentes Warmblutpferd. Rechts: A) Urkuh, B) Variationsbereich der keltischen Rinder aus Manching, C) rezentes Zuchtrind.

eines Kalbes" (Engelhardt 1987, 71). Der Fürst aus dem Grabhügel Magdalenenberg bei Villingen bekam ein ganzes Spanferkel als Wegzehrung mit (von den Driesch 1971, 49 f.). Ludwig Reisch (1985) beschreibt aus dem Hügel I der Nekropole bei Riedenburg-Haidhof die Reste eines zerlegten 3 1/2-jährigen Hammels, der ganz offensichtlich im Rahmen der Totenfeier geschlachtet und nach Entfernung des Kopfes und der Füße zubereitet, zerteilt und beigegeben wurde. Die Beispiele zeigen die gleichrangige Rolle von Schaf und Schwein im Grabkult der frühen Kelten in Süddeutschland. Rinder wurden weniger häufig gewählt, Ziegen nur ganz vereinzelt.

b) In der späten Latènezeit kommen die keltischen Kultplätze in Form der Viereckschanzen auf. Man kennt sie fast ausschließlich aus Böhmen, Süddeutschland und Nordwestfrankreich (Schwarz 1975, Abb. 2). Nachdem die kulturelle Bedeutung dieser oft quadratischen Areale, bestehend aus Wall, Graben und Brunnen oder Schacht, anfangs unklar war, deutet man sie heute als Opferplätze. Der Schacht (oder die Schächte) diente(n) zur Aufnahme der Opfer, darunter solche tierischer Herkunft. Leider liegen aus Viereckschanzen kaum Tierknochenanalysen vor. Wir kennen die diesbezüglichen Inventare aus dem heiligen Bezirk von Gournay-sur-Aronde (Méniel 1985, 125 ff.), aus der Viereckschanze von Fellbach-Schmiden (von den Driesch und Steger, im Druck) und aus derjenigen von Holzhausen (Kruszona, in Vorbereitung). Allen drei Viereckschanzen gemeinsam ist, daß die Tierknochen aussehen wie gewöhnlicher Küchenabfall. Sie tragen die von Siedlungsabfall her bekannten Zerlegungsspuren (z.B. Méniel 1985, Fig. 87). Die Tiere müssen demnach während Opferhandlungen geschlachtet, zerteilt und dann den Göttern der „Unterwelt" durch Einbringen in den Schacht geopfert worden sein. In Holzhausen in Bayern weisen chemische Untersuchungen der Bodenproben außerdem daraufhin, daß Blut und Fleisch mit dargebracht wurden (Schwarz 1967, 14).

Was nun die tierartliche Zusammensetzung betrifft, unterscheiden sich die drei genannten Opferplätze erheblich. In Holzhausen dominieren Schweineknochen bei weitem. Daneben kommen Rind, die kleinen Wiederkäuer und Pferd sowie vereinzelt Wildtierknochen vor. Demgegenüber steht in Fellbach-Schmiden mengen- und gewichtsmäßig das Rind an erster Stelle, es folgen gleichrangig Schwein und Schaf/Ziege, dann Pferd und Hund. Schließlich gibt es Reste von Hühnern sowie Jagd- und Flugwild. In der Faunenliste von Gournay, die fast ausschließlich Haustiere enthält, lautet die Abfolge der einzelnen Tierarten nach der Häufigkeit der gefundenen Knochen Rind, Schaf (und Ziege), Pferd,

Schwein und Hund. Vom Rind fanden sich ganze Schädel mit Schlagmarken auf dem Stirnbein (Méniel 1985, Fig. 98; Brunaux 1986, 126), die bei der Betäubung der Schlachttiere entstanden. In Gournay sind auch Menschenopfer nachgewiesen (Poplin 1985).

Die Gepflogenheiten waren also von Kultplatz zu Kultplatz verschieden. Sicherlich hing die Auswahl der Tiere für den Kult auch davon ab, welche Götter verehrt wurden. So deutet das relativ häufige Vorkommen von Pferdeknochen im französischen Gournay (12 %) zusammen mit den zahlreichen Waffenfunden auf die Verehrung einer Kriegsgottheit hin.

c) Eines der bemerkenswerten Zeugnisse keltischen Brauchtums sind die sog. Knochenhügel oder Brandopferplätze, die aus unzähligen, völlig verbrannten und meist in unkenntliche Splitter zerfallenen Tierknochen bestehen, durchmischt mit Lagen von Asche und verbrannten Gefäßscherben. Werner Krämer (1966, 60 ff.) wies nach den ersten Befunden von 1953 an dem Brandopferplatz auf dem Auerberg bei Schongau auf einen bei antiken Schriftstellern überlieferten Opferbrauch hin, wonach die Kelten „Bildwerke von ungeheuerer Größe aus Holz errichteten, sie mit Vieh und allerlei Tieren und Menschen gefüllt und alles zusammen verbrannt" haben (Strabon, Geogr.4, 4, 5). Als Max von Chlingensperg den Knochenhügel in der Nähe des Hofes Langacker bei Karlstein im Berchtesgadener Land Ende des letzten Jahrhunderts entdeckte und ausgrub, schätzte er die Menge an zersplitterten Tierknochen auf ein Volumen von 270 m³. Er berichtet: „Nach einer Schätzung des Großgrundbesitzers und königlichen Posthalters Georg Puchner sen. würde der jetzige gesamte Viehbestand im Bezirk Reichenhall nicht die Zahl der am Langacker verbrannten Tiere erreichen" (Chlingensperg 1904, 54). Eine zooarchäologische Analyse der Brandknochen erbrachte das ausschließliche Vorkommen von Schädelteilen, Hand- und Fußwurzelknochen sowie Metapodien und Phalangen, also Knochen der Vorder- und Hinterfüße, vom Rind (von den Driesch 1979, 153). Belege für große Röhrenknochen, Rippen und Wirbel fehlen. Vereinzelt liegen Knochen von Schaf und Ziege aus allen Bereichen des Skeletts vor.

Inzwischen sind die tierischen Reste aus dem Aschenaltar auf dem Auerberg (von den Driesch, im Druck a) und aus dem römerzeitlichen Brandopferplatz bei Schwangau untersucht worden (Maier 1985). Rudolf Albert Maier (1985, 231) weist darauf hin, daß die unter Kaiser Augustus durch den Räter-Feldzug des Jahres 15 v. Chr. im mittleren Alpenraum bewirkten politischen Veränderungen und gewaltsamen Völkerverschiebungen zum Wiederaufleben dieser urtümlichen Brandopfersitte geführt haben, die seit der Hallstatt-zeit, also seit einigen Jahrhunderten im Voralpenraum praktisch erloschen war, im rätischen Alpenraum aber weitergedauert hatte. Die ausschließliche Opferung der Köpfe und Füße von Rindern ist auch für den Auerberg und für Schwangau bezeugt. Man legte die Köpfe und Füße der Rinder, sozusagen symbolisch für das ganze Tier, auf den Brandaltar. Vielleicht verblieben Kopf und Füße im Fell, und die leere Hülle wurde mit Stroh ausgestopft, auf den Altar gestellt und verbrannt. Auch bei Schaf und Ziege überwiegen Schädelteile, Zähne und Fußknochen, wenngleich je zweimal die Bestimmung von Unterarm- und Unterschenkelknochen gelang. Da die kleinen Wiederkäuer weniger

wertvoll waren als Rinder, konnte man es sich leisten, auch „bessere Teile" der Schlachtkörper zu opfern. Schweine, die im täglichen Leben eine so bedeutende Rolle spielten, brachte man im Rahmen der Opferfeuer sehr selten dar, aber wenn doch, dann offensichtlich das ganze Tier, wie dies die Untersuchungen der Knochenreste aus dem Aschenaltar vom Auerberg vermuten lassen. Zu den im Brandopferritus obligatorischen „klassischen" Opfertieren gehörten auch im römischen Kult Rind und kleine Wiederkäuer. Bleibt abschließend noch die Feststellung, daß bei den keltischen Aschenaltären Wildtierknochen völlig fehlen.

Nachstehend eine Zusammenfassung der Wertigkeiten der einzelnen Haustierarten in den drei Kultgruppen:

Hügelgräberfelder	Viereckschanzen	Aschenaltäre
1. Schaf und Schwein ganze Körper, jedoch zerlegt oder Vorder- und Hinterkeulen sowie Wirbelsäulenabschnitte	Alle Wirtschaftstiere und der Hund in unterschiedlicher Reihenfolge, zerlegt wie im profanen Gebrauch	1. Überwiegend Rind, nur Köpfe und Füße
2. Rind, dito		2. Seltener Schaf/Ziege, dito
		3. Ganz selten Schwein als ganze Körper

Die Kelten aus anthropologischer Sicht

Von Erwin Hahn

Die Deutung archäologischen Fundgutes ist derzeit ohne die Einbeziehung verschiedenster Fachrichtungen nicht mehr denkbar. Oft können nur mittels interdisziplinärer Zusammenarbeit Aufschlüsse zu Umweltbedingungen, Lebensweisen oder zum Aussehen früherer Populationen gewonnen werden. Eine dieser Disziplinen ist die Anthropologie, ein Zweig der Biologie, die sich auch mit der Interpretation menschlicher Skelette befaßt. Mit ihrer Hilfe wird im folgenden eine Übersicht über die Kelten in Bayern gegeben, die aus archäologischer Sicht die ethnischen Träger des Westkreises der Hallstatt- und der Latènekultur sind. Da die Fundlage in Bayern aus anthropologischer Sicht nicht immer ganz befriedigend ist, werden zum besseren Verständnis der ethnischen Verhältnisse häufiger auch außerbayerische Vergleiche angesprochen.

Hallstattzeit

Durch die Überlieferung ihrer Skelette sind uns die Menschen der Hallstattzeit vergleichsweise weniger gut bekannt als aus anderen Epochen. Dieser Umstand wird zum Teil durch die übliche Bestattungsweise unter künstlich aufgeschütteten Grabtumuli bedingt, wodurch die Knochen schneller verwittern.
Im süddeutschen Raum ist die Hallstattbevölkerung typologisch sehr heterogen[1]. Viele Schädel zeigen an Hand ihrer Merkmalskombinationen einen starken „nordischen" Einschlag (Schädel in Aufsicht mehr lang und elliptisch, mehrheitlich dolichokran; geringere Breite; mehr spitz ausladendes Hinterhaupt; relativ hohes schmales Gesicht und Nase). Ihnen stehen in nicht geringer Zahl Schädel mit „mediterranen" (in der Aufsicht mehr rhombisch geformt, überwiegend dolicho-mesokran; ausladendes, mehr gerundetes Hinterhaupt; schlankeres und feinknöchigeres Gesicht), „alpinen" (in der Aufsicht rundlich, brachykran; gerundetes Hinterhaupt; niedriges Gesicht) oder „dinarischen" (in der Aufsicht rund, Hirnschädel im Verhältnis breit und kurz, brachykran; planoccipitale Form des Hinterhauptes; schmale Nase) Attributen gegenüber.
Die Untersuchung von Skeletten aus Rheinhessen und der Pfalz[2] und ihr Vergleich mit süddeutschen Funden zeigte, daß die Zahl der brachykranen Schädel nach Süden hin zunimmt. Mit großer Wahrscheinlichkeit zeichnet sich hier der Assimilierungsprozeß einer Vorbevölkerung ab, die in Süddeutschland schon seit der frühen Bronzezeit vorkommt. Die Ausbreitungsrichtung dieses Vorgangs unterscheidet sich jedoch von der der Hallstattkultur, die u. a. wesentliche Impulse aus Norditalien empfängt.

Latènezeit

Mit dem Beginn der Latènezeit vollzieht sich ein Wandel im Bestattungswesen. In der Früh- und Mittelphase dieser Epoche beerdigte man die Toten überwiegend in Flachgräbern in gestreckter Rückenlage und versah sie häufig mit reichen Grabbeigaben. Wie in der vorhergehenden Hallstattperiode zeichnet sich auch jetzt in der Bevölkerung ein breites Typenspektrum ab. So zeigte z. B. die Untersuchung des Gräberfeldes von Nebringen[3], daß hier eine Mischbevölkerung vorliegt, die sich hauptsächlich aus brachykranen „dinarischen" und in geringerem Umfang aus dolichokranen „nordischen" Merkmalsträgern zusammensetzt[4].
Im Unterschied zu anderen Kulturperioden und zu benachbarten Regionen scheint der südbayerische Raum aufgrund der bisher bekannten Gräberzahlen während der ersten beiden Latènephasen vergleichsweise dünn besiedelt gewesen zu sein. Eine Erklärung hierfür bietet möglicherweise die große Keltenwanderung des 4.–2. vorchristlichen Jahrhunderts, die anscheinend die Herausbildung politisch stabiler Verhältnisse verhinderte. Die kurze Belegungsdauer der Gräberfelder und starke Fluktuationen in der Siedlungsdichte sprechen für diese Annahme[5].
Mit dem Aufkommen der Oppida im Spätlatène festigte sich die politische Lage, es kam zu einer Bevölkerungszunahme und zu intensiven Kontakten mit dem Mittelmeerraum. Entsprechend zu diesen Veränderungen wandelte sich auch der Bestattungsbrauch. Die bereits in der mittleren Latènephase einsetzende Brandbestattung wird nun beherrschend, und es tritt gleichzeitig eine Verarmung in der Beigabensitte auf.

Obwohl die Leichenverbrennung die anthropologischen Aussagemöglichkeiten erheblich einschränkt, kann die Untersuchung von Brandresten dennoch sehr eindrucksvolle Ergebnisse erzielen. In diesem Zusammenhang wäre z. B. die Bearbeitung mehrerer Spätlatènegräber aus Kelheim[6] zu erwähnen. Neben einigen körperbestatteten Säuglingen wurden zwei Brandgräber untersucht. Eines von ihnen (Grab 7) enthielt menschlichen und tierischen Leichenbrand, das andere (Grab 6) nur Reste eines verbrannten Ferkels. Vergleichbare Befunde sind aus römerzeitlichen Friedhöfen bekannt, und es sollte nicht überraschen, wenn künftig solche Analysen kulturelle Interaktionen zwischen unterschiedlichen geographischen Räumen genauso dokumentieren wie die materiellen Hinterlassenschaften.

Die bisher umfangreichsten Erkenntnisse über die ethnische Zusammensetzung in Südbayern während der Spätlatènezeit verdanken wir den Ausgrabungen im Manchinger Oppidum. Da die zur Siedlung gehörenden Gräber bis jetzt nicht aufgefunden wurden, stammen die Ergebnisse bemerkenswerterweise aus Siedlungsfunden. Wie die zahlreichen Schädel und Schädelreste belegen, fällt auch hier zunächst die Heterogenität des untersuchten Materials auf. Aus der Vielfalt der Schädelformen treten drei mehr oder weniger deutliche Gruppen hervor. Von typendiagnostischer Bedeutung ist vor allem das klare Überwiegen der südlichen (mediterranen) Komponente gegenüber der nordischen Formengruppe, wobei wiederum „grazilmediterrane" Einschläge deutlich vorherrschen[7]. Die kraniometrische Vergleichsanalyse mit anderen Populationen ergab, daß die Manchinger Serie zeitgleichen Funden aus Böhmen am nächsten steht. Besonders hervorzuheben wäre noch, daß gegenüber den hallstattzeitlichen Befunden der Anteil der „nordischen" Formengruppe im Mittel- und Spätlatène zurückgeht.

Außer der Tatsache, daß das Manchinger Skelettmaterial weitreichende anthropologische Rückschlüsse erlaubt, kommt ihm bei der Interpretation von Ritualen, die unmittelbar mit dem Totenbrauchtum in Zusammenhang stehen, ein hoher Stellenwert zu. Das Vorkommen von Menschenknochen, die weitestgehend regellos über das Siedlungsareal verstreut waren, erklärte man ursprünglich dahingehend, daß es sich bei ihnen um die Reste von Erschlagenen handelt, welche bei der vermuteten Zerstörung des Oppidums durch die Römer im Gelände liegengelassen worden waren. Diese Theorie konnte durch die Untersuchung der Skelettreste nicht bestätigt werden. Es zeigte sich vielmehr, daß wir es hier mit den Überlieferungen von kultischen Gepflogenheiten zu tun haben, die während der

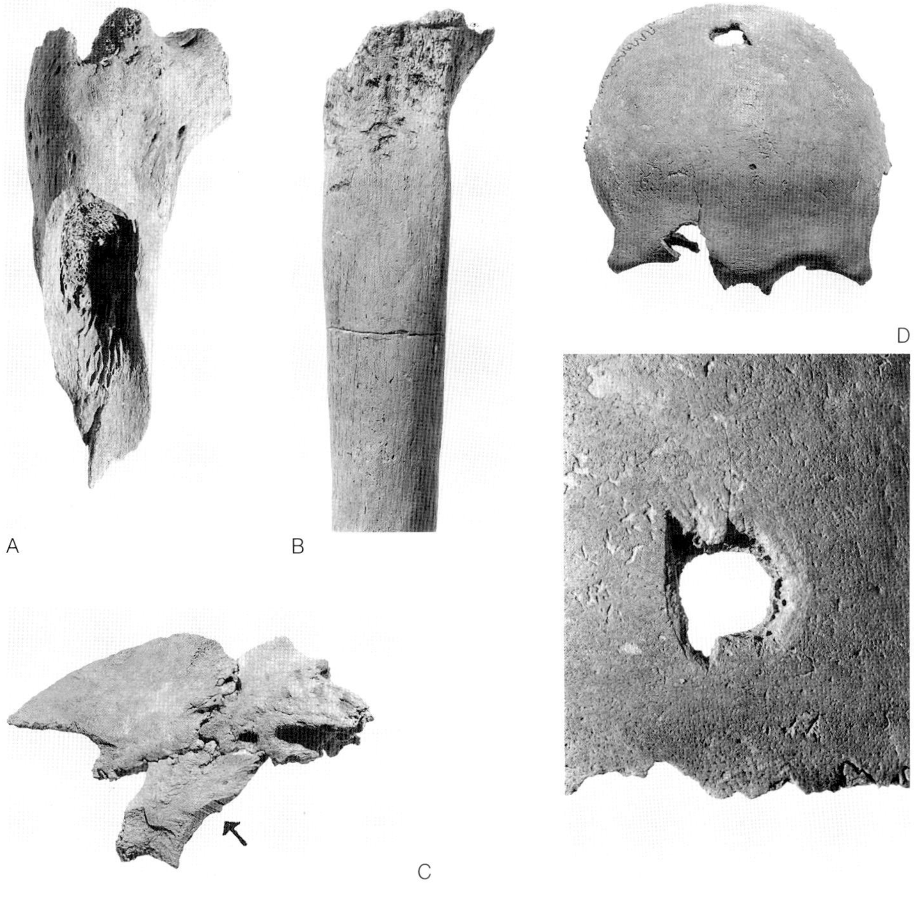

Abb. 101: Menschenknochen aus Manching. A) artifizeller Bruch des rechten Oberschenkelknochens, B) rechter Oberschenkelknochen mit Tierfraß und Schnittverletzung, C) Schädelfragment mit Hiebverletzungen am rechten Scheitelbein und Sägespuren am Hinterhauptbein, D) Stirnbein (Mann) mit Trepanation, Ansicht und Detail.

gesamten Besiedlungsphase des Oppidums gängig waren[8]. Der für die Kelten überlieferte Schädelkult findet in Manching durch die Schädelfunde seinen Ausdruck. Die Art der Hiebverletzungen, die sich an ihnen feststellen lassen, deuten eher auf ausgetragene Zweikämpfe hin. Somit wäre ein großer Teil der Schädel als Trophäenschädel anzusprechen, die zum Andenken an besiegte Feinde aufbewahrt worden sind. Daß sie gelegentlich an bestimmten Konstruktionen, z. B. Balken, befestigt waren, zeigt sich an mehreren perforierten Schädeldächern. Später, als der innere Bezug zur Trophäe verlorengegangen war, könnten diese in den Abfallgruben „entsorgt" worden sein. Daß Crania eine besondere Rolle in den Vorstellungen der Kelten spielten, belegen auch die im Fundgut angetroffenen Gesichtsmasken sowie Reste von Schädelschalen.

Auch die Befunde an den übrigen Skelettpartien sprechen für rituelle Vorgänge. Die überwiegende Mehrheit der postcranialen Teile stammt von den langen Extremitätenknochen und dokumentiert somit die gezielte Selektion dieser Körperteile. Sie tragen überwiegend Verletzungsspuren, die auf anthropogene Eingriffe zurückzuführen sind, wie sie beim Herauslösen dieser Knochen aus dem Körperverband entstehen (Abb. 101 A, B, C). Häufig vorkommender Tierverbiß spricht für ein vergleichsweise schnelles Einbringen dieser Knochen in die Gruben. Hiermit könnten die Beobachtungen am postcranialen Skelett als Hinweis für „Zweistufenbestattungen" gewertet werden, bei der die Toten bis zur weitestgehenden Verwesung der Weichteile ausgesetzt worden sind. Vor den nun folgenden Feuerbestattungen wurden ihnen bestimmte Knochen entnommen, in der Regel zerschlagen und noch anhaftende Reste von Sehnen und Muskelfleisch mit Messern entfernt. Diese Form der „Leichenzerstückelung" sollte den Toten womöglich an einer Rückkehr ins Leben hindern. Wie aus dem Fundmaterial hervorgeht, scheint die Entnahme vollständiger Langknochen ein Sonderfall gewesen zu sein, der nur bei herausragenden Persönlichkeiten zur Anwendung kam. Die überdurchschnittliche Körperhöhe solcher Individuen spräche jedenfalls für diese Vermutung.

Abschließend wird ein Fund aus Manching vorgestellt, dem eine herausragende medizinhistorische Bedeutung zukommt. Hierbei handelt es sich um eine Trepanation an einem männlichen Stirnbein. Dieses zeigt in der Nähe der Kranznaht und im Verlauf der Median-Sagittal-Linie ein etwa 12 x 12 mm großes, unregelmäßig geformtes Loch (Abb. 101 D). Die Ränder tragen Behandlungsspuren und sind zum Teil in Winkeln von 45° abgeschrägt und geglättet. Da die Kantenglättung nicht beendet wurde und an den Wundrändern weder eine Knochenneubildung noch Hinweise auf Entzündungsprozesse zu beobachten sind, muß dieses Individuum noch während der Operation verstorben sein. Entgegen der ursprünglichen Annahme[9] handelt es sich vermutlich nicht um die Versorgung eines Traumas, sondern um den mißglückten Versuch, mittels einer Eröffnung des Schädels eine Krankheit (z. B. Fallsucht) zu heilen.

Anmerkungen

[1] I. Schwidetzky, Rassengeschichte von Deutschland, in: Rassengeschichte der Menschheit, Europa V (1979) 60 ff.

[2] Dies., Hallstattzeitliche Skelettfunde aus Rheinhessen und Pfalz. Mainzer Zeitschr. 46/47, 1951/52, 7 ff.

[3] H. Preuschoft, Die Skelettreste aus dem Gräberfeld von Nebringen, in: W. Krämer, Das keltische Gräberfeld von Nebringen. Veröffentl. staatl. Amtes Denkmalpflege, R.A., 8. (Stuttgart 1964) 31 ff.

[4] Ders. Preuschoft meint mit der Bezeichnung „nordisch" die schnurkeramische und Aunjetitzer Bevölkerung, um sie von den Reihengräberformen abzugrenzen.

[5] W. Krämer, Die Grabfunde von Manching und die latènezeitlichen Flachgräber in Südbayern. Die Ausgr. in Manching 9 (Stuttgart 1987) 47 ff.

[6] P. H. Blänkle, Anthropologische Untersuchung von körperbestatteten Säuglingen sowie eines tierischen und eines menschlich-tierischen Leichenbrandes der Spätlatènezeit aus Kelheim/Donau, in: J. Kluge, Spätkeltische Gräber mit Säuglings- und Ferkelbestattungen aus Kelheim, Niederbayern. BVbl. 50, 1985, 210 ff.

[7] G. Lange, Die menschlichen Skelettreste aus dem Oppidum von Manching. Die Ausgr. in Manching 7 (Wiesbaden 1983) 79 ff.

[8] Ders. 105 ff.

[9] E. Hahn, Die menschlichen Skelettreste, in: F. Maier u.a., Ergebnisse der Ausgr. 1984–1987 in Manching. Die Ausgr. in Manching 15 (Stuttgart 1992) 227.

Hallstatt- und Latèneornament

Von Georg Kossack

Historischer Sprachvergleich mag die Bildung des Keltischen bis an den Beginn des 1. Jahrtausends v. Chr. zurückverlegen, einen zeitgenössischen Quellenbeleg gibt es dafür nicht. Antike Autoren nennen *keltoì* seit dem 6. und 5. Jh. v. Chr. für Teile der Iberischen Halbinsel und Südwestfrankreichs. Später übertrugen sie die Bezeichnung auf andere Regionen auch östlich des Rheins, so wie sie es mit dem Skythen- und Sarmatennamen hielten, die sie westwärts bis nach Mitteleuropa auszudehnen pflegten. Erst als Gallier und andere keltische Stammesgruppen die Grenzen des altweltgeschichtlichen Kreises während des 4. Jh. v. Chr. überschritten, wurde man sich dort der Fremdheit der Eindringlinge bewußt und fühlte sich veranlaßt, ihre Lebensgewohnheiten zu beschreiben. Eigenzeugnisse, hauptsächlich Personennamen in lateinischer und griechischer Schrift, sind erst aus der jüngeren vorrömischen Eisenzeit (Latèneperiode) bekannt, während Namen für Flüsse, Berge und Orte aus römischen Feldzugsberichten überliefert sind oder aus heutigen Namen erschlossen werden. Mehr als einen *terminus ante quem* erhalten wir in keinem dieser Fälle.

Angesichts dieser ungünstigen Quellenlage nahm sich die prähistorische Archäologie, kaum als historische Disziplin etabliert, der lohnenden Aufgabe an, den Werdegang der Kelten als Lebens- und Kulturgemeinschaft nachzuzeichnen; galten doch deren Sachbesitz und deren künstlerische Ausdrucksweise als Determinanten. Man fand sie nämlich auch dort, wo keltisch sprechende Stämme oder Stammesteile in fremder Umgebung sekundäre Siedelräume gewählt hatten, in England und Irland, in Ober- und Ostitalien, im Karpatenbogen oder auf dem Balkan. Hier schien sich der Satz zu bewahrheiten, daß gleichartige Formung und homogener Stil, gewöhnlich ein Ordnungs- oder Regelsystem, als dingliche Verständigungsweise, als gemeinsame Zeichensprache beurteilt werden dürfe. Wendet man den Satz jedoch auf die Latènekunst generell an, entstünde ein Problem, das zu formulieren Gegenstand des folgenden Essays ist: Wäre sie allein für das Keltentum typisch gewesen, hätte man seit dem 5. Jh. v. Chr. überall dort Kelten als Künstler und Verbraucher vorauszusetzen, wo diese Kunstprodukte verbreitet waren, und zwar bis in ein Zeitalter, in dem wesentliche Teile keltischer Siedelräume in das römische Reich einbezo-

gen und als römische Provinzen verwaltet oder von germanischen Scharen auf Dauer besetzt wurden, ja sogar bis ins Mittelalter wie in England und Irland. Hatte sich dagegen keltische Sprache, wie die Linguistik anzunehmen bereit ist, als weiträumiges Kommunikationsmittel schon während der 1. Hälfte des 1. Jahrtausends durchgesetzt (späte Bronze- und Hallstattzeit), lange bevor sich das vermeintliche Bewußtsein, zusammenzugehören, auch in der Formung des Sachbesitzes und im Stil auszudrücken begann, dann fragt man berechtigt nach dem Grad der archäologischen Überlieferungsstetigkeit und deshalb auch danach, wie der offensichtliche Bruch mit den vorausgehenden Traditionsketten während des 5. Jh. v. Chr. zu interpretieren sei, welche Kräfte ihn ausgelöst haben könnten und ob der Wechsel zu neuartigen Ausdrucksformen mit radikal veränderten Einstellungen zu diesseitigen und außerweltlichen Seinsweisen zusammenhinge.

Örtliche Siedelkontinuität ist vielfach belegbar. Späthallstatt- und Frühlatènezeitliches gehen häufig auf ein und demselben Platz zusammen, im Flachland und auf topographisch beherrschenden Höhen, die vielfach starke Mauerzüge weitflächig schützten. Es sind ferner von Gräben quadratisch umzogene Wirtschaftshöfe zu nennen, die zwar seit der Spätbronzezeit bekannt waren, aber an der Wende von der Späthallstatt- zur Latènezeit an Häufigkeit und Verbreitung zugenommen hatten, ja viel später noch das Grundmuster bei der Bebauung protourbaner Siedlungen vom Oppidum-Typus bilden sollten. Schließlich ist auf die Grabhügelfelder hinzuweisen. Gegen Ende der Spätbronzezeit hatte man die ersten wiederaufzuschütten begonnen und diese monumentale Bauart bis in die späte Hallstattzeit beibehalten. Grabhügel sind während der Frühlatènezeit teils für Sekundärbestattungen genutzt worden, teils hatte man sie auch damals noch auf älteren Grabfeldarealen oder in deren Nähe als isolierte Gruppe neu errichtet und sie dann regelhaft prunkvoll ausgestattet. Ihre Sonderstellung drückt sich auch in ihrer Verbreitung an der Peripherie des einstigen Hallstattkreises aus, einerseits zwischen Maas und Mittelrhein, andererseits zwischen Beraun und Moldau in Böhmen. Weil die Fundinhalte solcher Grabmonumente den frühen Latènestil am reinsten zu verkörpern schienen, ant-

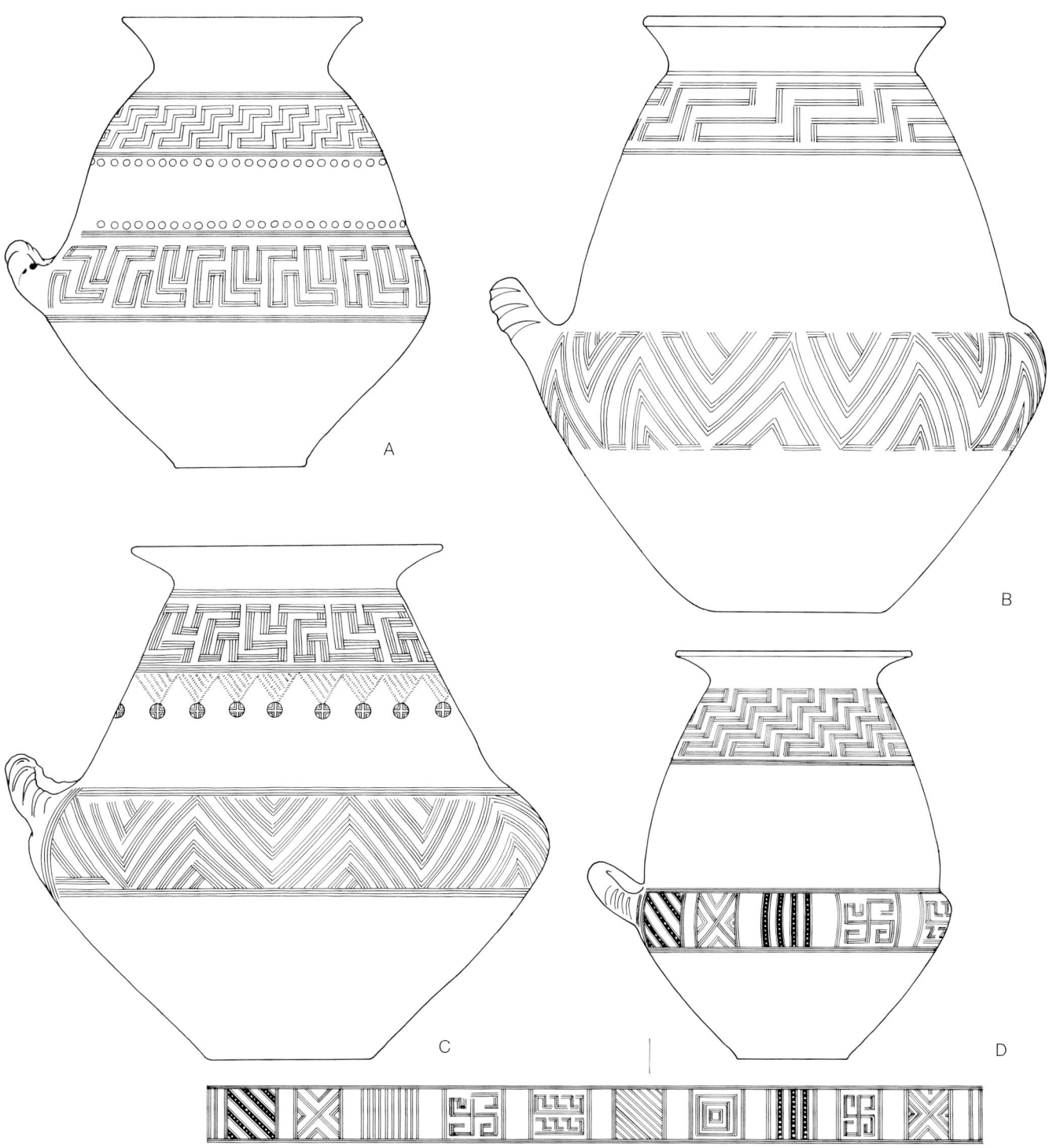

Abb. 102: Geometrische Ornamente auf spätbronzezeitlicher und früheisenzeitlicher Keramik.

wortete man auf die Frage, wo er sich gebildet habe, schlicht mit deren Verbreitung. Hier käme Einfuhr aus mediterranen Ländern, graeco-etruskisches Metallgeschirr und rotfigurige griechische Keramik, häufiger vor als anderwärts; sie habe die Handwerker der Führungsschicht, deren verstorbene Angehörige in den Tumuli begraben worden seien, zur Imitation vegetabilen Dekors herausgefordert und jenen neuartigen Stil entstehen lassen, der bei den Kelten für Jahrhunderte verbindlich geblieben sei.

Um der Trugspiegelung der Denkmälerstatistik aus dem Weg zu gehen, wären zuerst die Hallstattgruppen nach ihren Stiltendenzen zu befragen. Trotz aller regionalen Unterschiede hat man bei der Zeichnung, der Malerei und der Skulptur mit Recht geometrischen Stil und eine gliedernde Kompositionsart für dominant gehalten und unter diesem Gesichtspunkt auf ähnlich gestaltete Kunstprodukte aus Griechenland und Italien hingewiesen. In Griechenland hatte ja der geometrische Stil während des 9. und 8. Jh. v. Chr. eine ganze Kunstprovinz geprägt. Obwohl die verwendeten Muster (Mäander, Zickzack, Dreieck, Rhombus, Viereck, Schachbrett, Kreis) mit den in Italien und im westlichen Hallstattkreis üblichen grosso modo übereinstimmen, weichen ihre Kombination zu Motiven, deren Kompositionsart und ihr Bezug zum Träger des Dekors in allen drei Fällen voneinander ab. Beispielsweise bevorzugten attische Töpfer Umlaufdekor in horizontalen Bändern, die das Gefäß wie Reifen zonal umziehen und die Spannung der Gefäßkontur an der Stelle seiner größten Weite aufzuheben scheinen. Auf den einzelnen Gefäßteilen vertauschbar, gewinnen sie in ihrer Unabhängigkeit selbständiges Gewicht, eigene Dynamik. Schob man Figuren ein, silhouettenhaft-eckig geschnittene Tiere oder Klagende bei der Prothesis, reihte man sie wie anikonische Gebilde. Die gerichtete Bewegungsenergie blieb auch dann Prinzip, wenn senkrechte Bänder den Fluß der Darstellung in Bildfelder teilten. Erst seit sich der orientalisierende Stil während des 7. Jh. v. Chr. mit kurvolinearem und vegetabilem Ornament durchzusetzen begann (konzentrischer Mäander, Spiralranke, Palmette, Lotos), artikulierte es den Baugedanken des Gefäßes, auf dessen Glieder es in je spezifischer Gestalt achsial bezogen und auch dadurch zum Faktor tektonischer Gefüge wurde.
Geometrisches Ornament stellt sich im spätbronze- und früheisenzeitlichen Mittel- und Oberitalien ähnlich dar, allerdings schlichter bei der Wahl der Mittel, einseitiger und konservativer bis hin zur Überformung durch orientalisie-

renden Dekor seit der Mitte des 7. Jh. v. Chr. Austauschbare Rapportmotive auf der Schulter- und Halszone überwiegen (Zinnen-, Haken- und Hakenkreuzmänder, Zickzack). Sie sind in waagerechte, konturierte und gesäumte Streifen gefaßt (Abb. 102). Auf der Gefäßschulter erscheinen sie häufig gleichsam segmentiert und haben dann als gerahmte und gefüllte Vierecke ein gewisses Eigenleben. Das trifft selbst auf linierte Zickzackbänder zu: Ihre rhythmische Eigenschaft erstarrt in breiten Dreieckflächen aus hängenden und stehenden Winkeln, die wie die Viereckrahmen zu den richtungsgebundenen Mäanderstreifen kontrastieren. Hier mag die Absicht des Künstlers noch spürbar sein, ruhenden Zustand und Bewegtheit durch geometrische Zeichen auszudrücken. Doch bald ersetzte man dieses kaum mehr entwickelbare Ornamentsystem in der Emilia durch schlichten, gestempelten Streifendekor (Arnoaldi) oder durch erste figurale Friese mit Lebens- und Kultfestbildern aus der Hand von Holzschnitzern und Toreuten. Sie sind auch in Venetien tätig geworden und schufen damit die Basis für die kanonische „Situlenkunst", die in den Südostalpenländern bis in die Frühlatènezeit Bestand gehabt hat. Zwischen Arno und Tiber herrschte außer imitierter griechisch-spätgeometrischer Ware heimische, weiß und rot bemalte Keramik. Sie trägt entweder gefelderten oder umlaufenden Dekor aus geometrischen Mustern oder kann auch netzartig von „Bleistiftmalerei" überzogen sein. Doch hat man auch in dieser Region alsbald orientalisierende Motive und Bildgedanken aufgenommen und sie in Tierfriesen und symmetrisch angeordneten Figurengruppen zur Darstellung gebracht.
Der Anteil Griechenlands und Italiens am Werdegang ornamentaler Kunst im Hallstattkreis war viel geringer, als es auf den ersten Blick den Anschein haben mag. Die Grundformen der Keramik folgten hier spätbronzezeitlichen Vorgängern in Ton oder Bronzeblech (Situla, Trichterfuß). Aber so gleichartig ihre Bauart wirken mag und so sehr sich ihr Dekor in den angewendeten Mitteln und in der Kompositionsart der geometrischen Motive ähnelt (Rapport, Felderteilung), so selbständig verhielten sich die Töpfer einzelner Regionen im Detail; sie fanden eine je für sie allein typische Ausdrucksweise, der hier für vier geographisch weit entfernte Kulturareale in großen Zügen nachgegangen sei, die Ostalpenländer, Nordostbayern, Südwestdeutschland und Rheinland-Pfalz.

Zwischen oberer Save und March stellt sich der keramische Dekor besonders vielgestaltig dar (Abb. 103, 104). Außer

Abb. 103: Verzierung auf hallstattzeitlichen Gefäßen des Save- und Marchgebietes.

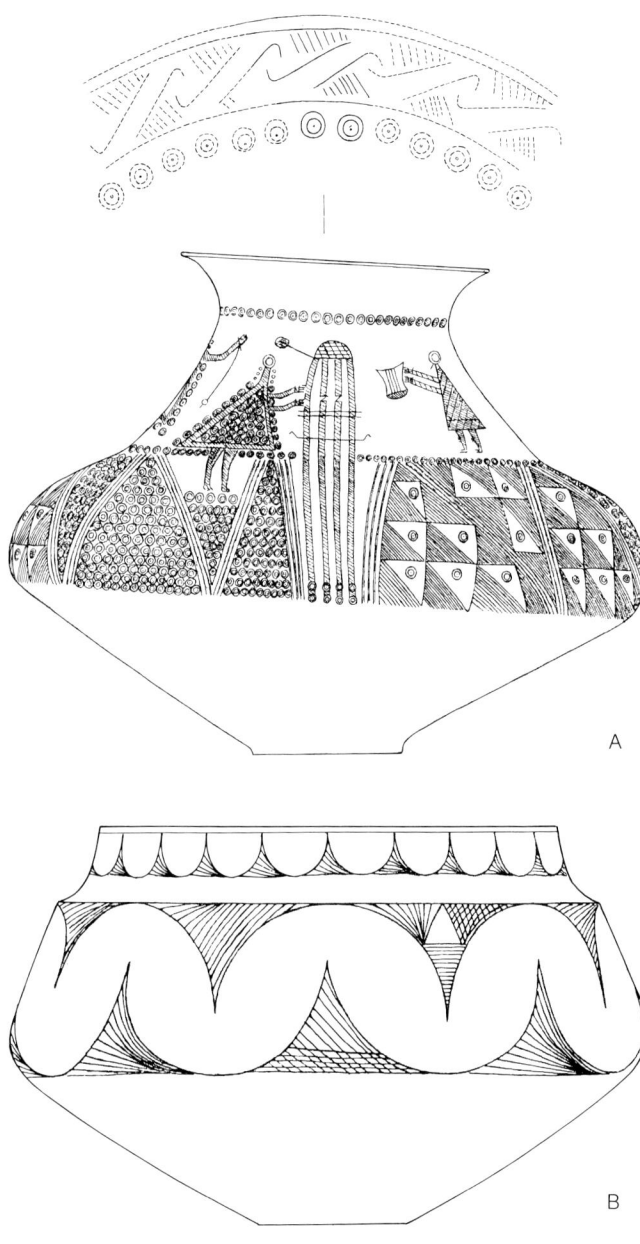

durch Licht und Schatten koloristisch wirken läßt. Die geometrischen Motive, unter denen der konzentrische Mäander, das linierte Winkelband und das schräg schraffierte Dreieck im Gegensatz zu Rhombus und Schachbrett dominieren, sind umlaufend, als Netzwerk flächendeckend oder metopierend verwendet worden; man hat sie auf den Gefäßgliedern vielfach ausgetauscht, so daß sie von den Spannungsverhältnissen der Bauteile unberührt zu bleiben scheinen. Nur farblich abgesetzte und geriefte waagerechte Streifen und fließende Hakenmäander trennen sie voneinander und artikulieren sie. Doch gewann die Halszone insofern an Bedeutung, als sie Figurales aufnahm. Man zeichnete Menschen und Tiere entweder in unbeholfenen Strichen oder konstruierte sie aus dem Dreieck, obwohl die Skulptur der Zeit sie sehr wohl nach dem Augenschein zu bilden verstand. Symmetrisch geordnete Figurenpaare sind nicht selten, Tanzende, Musikanten, Weberinnen, Berittene auf der Jagd nach Wild, handelnde Personen, so ist der Eindruck. Aber von einer Bilderzählung kann doch für uns heute nur dann die Rede sein, wenn man Betrachter voraussetzt, die den Zusammenhang der isolierten Bildzeichen selbst herstellten. Dagegen gilt wohl als sicher, daß sie die Bedeutung der gefeldert schraffierten Dreiecke kannten, deren punktgesäumte, eingerollte Langseiten als Derivate von Spiralranken aufzufassen sind. Bogen- und Spiralmotive spielen ja auch sonst eine Rolle im Dekor, paragraphenähnliche Wellenranken, allerdings schwunglos, weil ihr Zusammenhang verloren gehen konnte, Tangentenspiralen und kontinuierende Spiralbänder, auch plastische Spiralranken, die spiegelbildlich gegenüberstehen und herzförmige Dreiwirbel bilden. Schließlich wäre erstes Zirkelornament aus stehenden und hängenden, versetzten Bögen auf schraffiertem Grund zu nennen; was da als silhouettenhaftes, negatives Spitzblattmotiv entstand, dürfte komplementär aus Rankenkurven hervorgegangen sein. Woher auch immer das kurvilineare Element oder der teils flächenüberspannende konzentrische, teils dynamische Hakenmäander bezogen worden sein mögen, alle diese von Haus aus mehrfach fremdartigen Motive scheinen um so bereitwilliger rezipiert worden zu sein, als sie der Kurvatur der Gefäße leicht anzupassen waren und der Pinselführung breiteren Spielraum in der Fläche boten.

Fragt man nach den Eigenheiten des Dekors auf Keramik in Bayern nördlich der Donau zwischen Altmühl und Vils *(Abb. 105)*, sind außer Graphitmalerei oder Flächenanstrich in roter Farbe und Graphit vor allem inkrustierte Rollstempelbänder bemerkenswert, an Motiven neben Rhomben, Viereckrahmen, Winkeln, Girlanden, Sternen und Schach-

Abb. 104: Verzierungen auf hallstattzeitlichen Gefäßen des Save- und Marchgebietes.

Graphitmalerei, flächigem Farbanstrich, Inkrustation, Stempelung und Metallauflagen war auch plastische Zier beliebt (Kanneluren, Leisten, Buckel, Mugeln), so daß der Reichtum an Mitteln die Oberfläche sowohl durch Farbe als auch

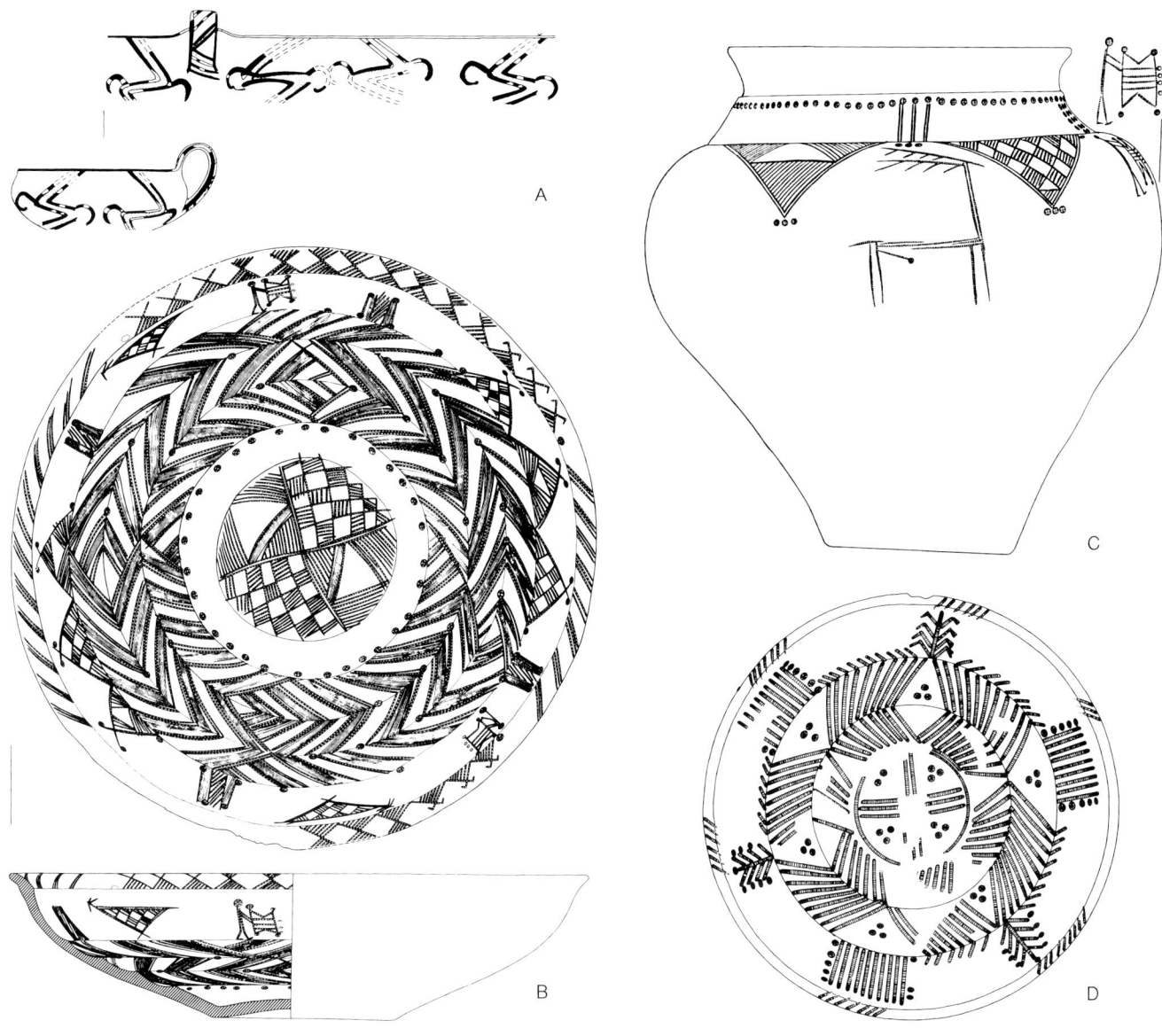

Abb. 105: Verzierungen auf hallstattzeitlichen Gefäßen aus Nordbayern.

brett besonders wieder das Dreieck, bei der Kompositionsart kontrastierende Felder und Umlaufzier, beide Male vielfach von anderen Motiven unterbrochen, wodurch nicht allein ihr Eigenwert hervortritt, sondern die spannungsgeladene Kurvatur der Gefäßschulter vom Dekor konterkariert wird. Senkrecht gestelltes Zickzack außen kehrt im Innern von getreppten Schalen wieder, wenn auch in anderer Weise: Gebrochene, leicht konisch verlaufende, mehrzeilige, von weiß inkrustierten Rollstempellinien konturierte Bänder umfahren im Kreisrund ein Kreuzmuster am Boden; dessen Sektoren sind derart gefüllt, daß es die scheinbar kreisende Bewegung der Winkelbänder auf der Wandung wiederholt. Richtungswechsel der Zickzackbänder läßt jedoch Rhomboide entstehen, die den stetigen Verlauf unterbrechen, wie denn auch der Dekor auf dem Schalenrand der wirbelnden Rotation nicht folgen will. Das erinnert entfernt an gedrehte

143

Bronzeringe aus der Mittelgebirgszone, wo sich die Torsion der Wendelringe immer nur ein kurzes Wegstück verfolgen läßt, um abzubrechen und die Gegenrichtung einzuschlagen.

Bisweilen hat man im Freiraum der oberen Schalenstufe und auf den breit ausladenden Schultern der Trichterrandgefäße Figurales eingeschoben: Leierspieler, Beter, Tänzer, Tiere, „Tierkopfkandelaber", Wagen, Kegeldachhütten, und zwar chiffrenartig isoliert, so daß nur der Zeitgenosse ihren Kontext zu verstehen imstande war. Noch wichtiger ist die Art der Darstellung. Obwohl Mensch und Tier in der Skulptur zwar gliederhaft steif, aber nach der Natur gebildet wurden, konstruierte man sie gezeichnet wie in den Ostalpenländern aus dem Dreieck, dem man bei Tieren gewinkelte Striche und bei Menschen Ringstempel als Kopf beifügte. An die „Gelenke" senkrechter Winkelbänder hängte man mitunter Bogenhaken als zoomorphes Merkmal an. Zeichner und Betrachter verliehen demnach der geometrischen Einzelform einen spezifischen Sinngehalt; jede Beifügung verstärkte ihn nur. Er wird genauso auf anderen Ornamentträgern wahrgenommen worden sein, unter denen die in Nordbayern seltenen blechernen Gürtelbeschläge aus der jüngeren Hallstattzeit, verziert im Felder- und Flächenstil, anschauliche Belege bieten *(Abb. 106, A–G)*. „Typ Schrotzhofen" zeigt wie übereinstimmende Bleche aus dem Hallstätter Friedhof kurvolineares Ornament um diagonal verbundene Buckelscheiben: gegenständige, nach außen geöffnete Spiralranken, aufgerollte, leierartige Halbbögen, Schlingbänder, Vierpässe und Kreuze, dann uralte Motive wie bogiges Tiergehörn, Speichenräder, Sonnenscheiben und Vogelbarken. Diese Emblematik ist es, die trotz aller Abstraktheit hermeneutisch einen Bezug zum religiösen Denken der Zeit gestattet. Wie der Lebende bei festlichem Anlaß, so stellte sich auch der Verstorbene unter den Schutz heiliger Zeichen. Man verstand ihre magische Kraft und verstärkte sie noch, indem man sie in die dingliche Ausstattung der Toten einschrieb und sie vielfach wiederholte. Man veranlaßte Zeichner, Graveure und Toreuten, die Wirksamkeit außerweltlicher Mächte chiffrenhaft sichtbar mitzuteilen.

Der „Alb-Salem-Kreis" Südwestdeutschlands verhielt sich nicht anders, fand aber bei weithin übereinstimmenden Mitteln und Motiven, unter denen der Stern besonders beliebt gewesen ist, einen eigenen Stil *(Abb. 107)*. Wo das Winkelband als Rapportmotiv gleichsam ins Unendliche verlaufen sollte, schraffierte man seine Zwickel im Gegensinn und füllte sie mit tiefem, weiß inkrustiertem Dreieckkerbschnitt

flächig aus. Es entstanden farbige, eigenständige Flächen. Sie hoben die Spannung der scharf gegliederten, in der Schulterpartie wie aufgeblasen wirkenden Gefäßteile wieder auf. Das trifft erst recht auf die viereckigen und rhombischen, verschieden gefüllten Bildfelder zu. Von senkrechten Trennern metopenartig geteilt, ähneln sie isolierten Abziehbildern. Der Dekor des großflächigen Schaleninnern folgte diesem intermittierenden Prinzip, wenn man die Wandung mit abweichend gefüllten hängenden Dreiecken oder Rhomben bedeckte und sie mit graphitierten oder schnittmusterverzierten Sternzacken verband, während Stufen und Rand gleichsam kontrapostisch Reihen aus Würfelaugen, Zickzack, Kreuzstempeln und Mäandern aufnahmen. Wo Graphitmalerei zum Zuge kam, blieb die Kompositionsart häufig die gleiche; der Pinselstrich drückte keineswegs regelhaft im Auf und Ab der Winkelstreifen rhythmische, stetig fortschreitende Bewegung aus; wie bei gewissen Tänzen brach man sie ab und setzte sie nach einer (optischen) Pause wieder fort. Die kontrastierende Farblichkeit ruft einen koloristischen Eindruck hervor, selbst wenn Riefenbänder Hals und Schulter der Gefäße scheiden, auf der Schulter selbst geometrische Figuren bilden oder gar bei schräger Führung Torsion anzudeuten scheinen. Aber von plastischer Tendenz kann schon deshalb keine Rede sein, weil die Wirkung von Licht und Schatten, von getriebenen Gürtelblechen mit Leisten- und Stempelzier aus der Spätzeit sehr gut bekannt, bei Mehrfarbigkeit bis zu einem hohen Grade wieder aufgehoben wurde. Um Farblichkeit ging es auch bei der Gold- und Bronzetauschierung in Eisensachen oder bei durchbrochen gegossenen Bronzen, deren Öffnung beleuchtete und beschattete Partien wechseln und Grund und Muster in gleicher oder abweichender Konfiguration vertauschen läßt.

Weil es den Motiven und deren Komposition an gerichteter Kraft zu fehlen scheint, bleiben kurvolineare Elemente wie Girlanden und Spiralen anfänglich so gut wie gänzlich aus. Auch Figurales gar in szenischem Verlauf war offensichtlich kein Thema. Erst auf Gürtelblechen der Spätzeit kommt es vor, allerdings nur in vielfach wiederholten Stempelbildern von Mensch und Tier. Einmal sieht man Schwerttänzer und bemannte Gespanne in Treibarbeit auf einer Sofalehne abgebildet, wobei das Bildfeld seitlich bezeichnenderweise von traditionellen Vogelbarken gerahmt ist. Schaut man sich bei der keramischen Ornamentik der jüngeren Hallstattperiode um, beherrschte die konstruierende, disponierend gliedernde Stilrichtung noch immer das Feld, selbst als Malerei auf weißer Grundierung und Batiktechnik erstmals eine umlaufende Wellenranke, gereihte konzentrische Kreise und

Abb. 106: Geometrischer Dekor der späten Hallstattzeit.

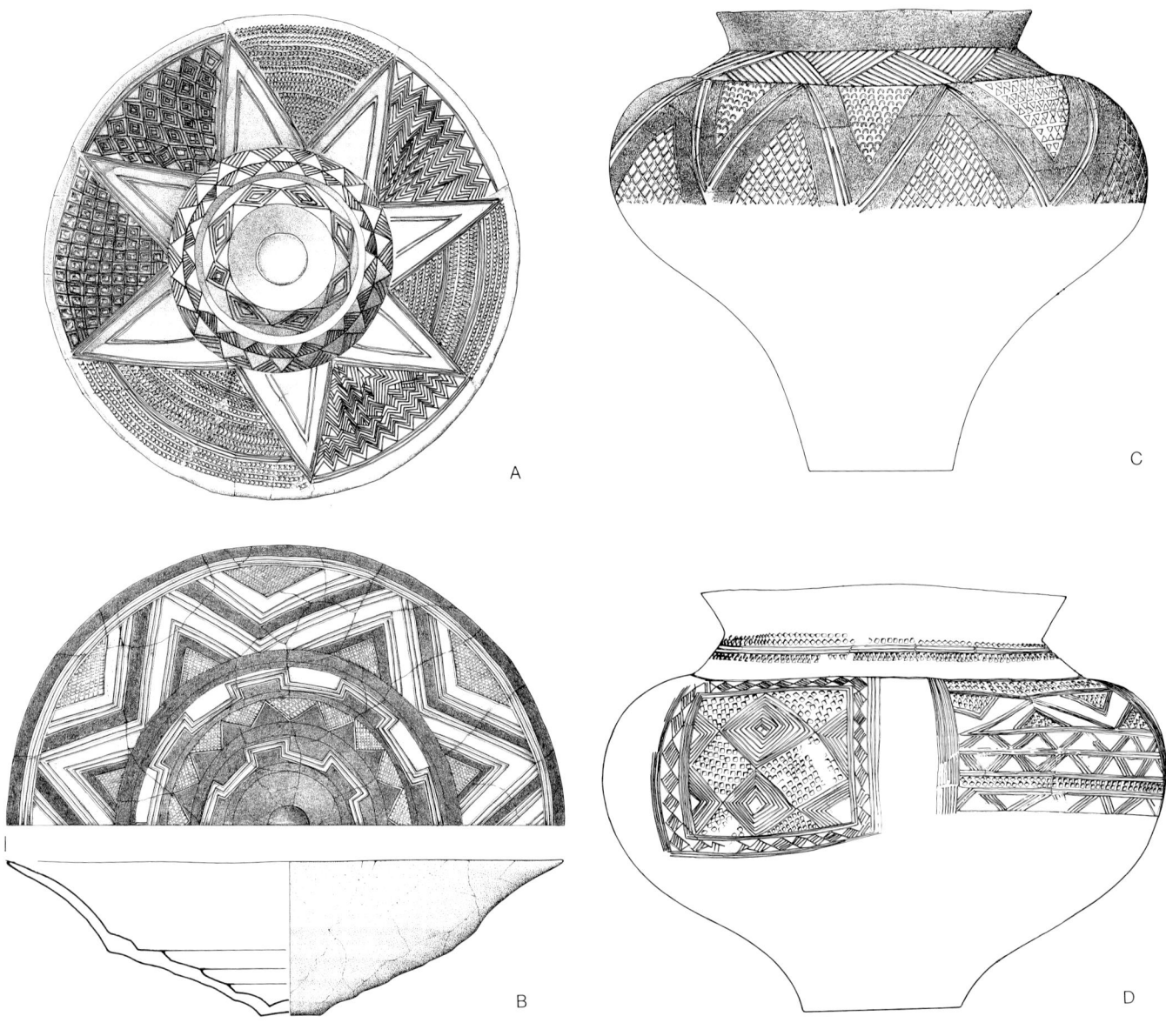

A

C

B

D

Abb. 107: Geometrisch verzierte Keramik des Alb-Salem-Kreises.

Halbbögen verwendeten. Halbbögen sind auf einem Ketten-schieber aus Knochen versetzt mit dem Zirkel eingeschlagen *(Abb. 106 H)*; deren Enden drehen zu Spiralen ein und ähneln darin Bogenmotiven auf späten Gürtelblechen aus dem Hallstätter Gräberfeld, wo sie auch als Maskenbild erscheinen *(Abb. 106 A-G)*. Es sind noch peltenförmige Ran-ken anzuführen, die den Grat einer Lanzenspitze begleiten

und in einem komplementären Herzblatt enden *(Abb. 106, I)*. Mit Recht hat man auf den mediterranen Anteil an solcher Zierweise hingewiesen: Die befestigten Häuptlingssitze an der oberen Donau, am Oberrhein und in der Schweiz ent-halten schwarzfiguriges Tongeschirr, das während des letz-ten Drittels des 6. Jh. v. Chr. in Griechenland hergestellt worden war, und wenn eine Gußform für eine Silensattasche und ein Nagelreiniger mit Palmettenkopf auf einem dieser bedeutenden Plätze zum Vorschein kamen, dann läßt sich daraus schließen, daß man dort Gelegenheit hatte, griechisches Ornament auch nachzuahmen. Man tat es dennoch nur vereinzelt. Obwohl man es sah, prägte es noch nicht den heimischen Stil. Parallele Vorgänge gibt es auf anderen Gebieten des Sachbesitzes. Als man die schnell rotierende Töpferscheibe einführte und auf ihr Geschirr nach fremden Formen und ungewohnter Funktion (Kanne, Flasche) herzustellen begann, diente es zunächst allein den führenden Familien; nicht anders erging es anspruchsvoller Tuchproduktion aus mehrfarbigen Garnen in komplizierter Technik (Spitzköper, Brettchenweberei, Seidenstickerei) und mit Motiven, die wieder aus mediterranen Ländern stammten, in die Malerei der Zeit aber keinen Eingang fanden.

Von alledem blieb man zwischen Mittelrhein und Mosel zunächst noch gänzlich unberührt. Der Sachbesitz auf Hunsrück und Eifel hatte anfänglich mit dem Hallstattkreis noch nichts zu tun; er wirkte sich dort verspätet aus, vermochte aber das Kommunikationsfeld nicht aufzulösen, das sich von der Mosel bis in das Thüringer Becken erstreckte. Der Brauch, Ringe satzweise zu tragen, blieb über lange Zeit typisch, und obgleich sie in den einzelnen Siedelarealen in der Form voneinander abweichen, haben sie doch so viel Gemeinsames, daß sich von einer „Ringsittenzone" sprechen läßt. Fibeltracht wurde überall dort erst gegen Ende des 6. Jh. v. Chr. mit späten Formen aufgenommen (Armbrustkonstruktion, Fußzier). Dagegen knüpfte die Keramik bis in diese Zeit und später noch an spätbronzezeitliche Traditionen an, auch wenn der ältere (Laufelder) Dekor aus graphitierten Winkelbändern auf Gefäßschultern und im Schaleninnern verlorenging und an ihre Stelle in Rollstempeltechnik gezogene und seltener gemalte Motive traten (schraffierte Dreiecke, Schrägstrichgruppen mit Richtungswechsel, Metopen), mit denen der Ornamentschatz bereits beschrieben ist. Er war durchgehend geometrisch-geradlinig konzipiert. Kurvolineares bleibt gänzlich aus und wurde bemerkenswerterweise auch nicht genutzt, als während der Frühlatènezeit mit der Drehscheibe neuartige Gefäßformen aufkamen (Flasche, Fußschale, Situla); die damals einsetzende Einglättzier brachte nichts nennenswert Neues an Motiven und deren Kompositionsart. Erst die wenig jüngeren, stempelverzierten Omphalosschalen von Typus Braubach tragen relativ steifes Bogenornament, dem wir an der Ostflanke seiner Verbreitung (Nordostbayern, Böhmen) ungleich schwungvoller ausgeführt begegnen werden. Der keramische Ornamentschatz war im Hunsrück-Eifel-Bereich zu konventionell und zu dürftig, als daß er die Vermutung begründen hülfe, hier habe sich während des 5. Jh. v. Chr. jener Latènestil herausgebildet, der zwischen Mittelgebirgszug und Alpenrand charakteristisch werden sollte.

Die Annahme stützt sich freilich nicht auf den keramischen Dekor, sondern bezieht sich auf Werke aus Edelmetall und Bronze, die dort gehäuft zusammen mit graeco-etruskischem Bronzegeschirr (Schnabelkanne, Stamnos, Becken) und anderwärts auch mit rotfiguriger griechischer Keramik die Gräber der Führungsschicht ausgestattet hatten. Mit Recht denkt man an Hofkunst und stellt sich vor, Familien von Rang hätten Eisenerzlager ausbeuten lassen, auf diese Weise wirtschaftliche Unabhängigkeit gewonnen und kunstfertige Schmiede an ihren Hof gezogen. Sie stellten Prestigegüter her, wählten als adäquate Vorlage für den Dekor fremdes Ornament und setzten es in eine eigene Formensprache um, indem sie wie bei einem mechanischen Puzzlespiel passende Elementarfiguren in wechselseitiger Ordnung aneinanderfügten. Bei solcher schlichten Lösung des Problems überträgt man den analytischen Verstand des Archäologen auf die Denk- und Arbeitsweise der Kunsthandwerker und vertauscht Zweck und konstruktives Mittel. Beispielsweise war die Kenntnis des Zirkels nicht etwa die auslösende Ursache für die im frühen Latènestil verwendeten Muster (kurvolineare Figuren aus Kreissektoren): Diese ergaben sich vielmehr aus der Vorstellungskraft der Künstler, die im Zirkelschlag eine geeignete Technik fanden, dem geistigen Gehalt sichtbare Gestalt zu verleihen.

Unter diesem begründenden Gesichtspunkt läßt sich wohl sagen, daß die im Vergleich zur Hallstattornamentik neuartigen Motive und ihr veränderter taktischer Zusammenhang in dem weiten Bereich zwischen Waag und Marne auf gemeinsame Auffassungen über den Gebrauchswert magischer Zeichen schließen lassen, Zeichen, die im religiösen Denken ihren Ursprung hatten, und auf die drängende Bereitschaft, es auch durch das Ornament und durch das Bild sichtbar in Symbolen auszudrücken. Wenn solche Werke in den Händen einzelner, in der sozialen Hierarchie herausgehobener Personen vor allem an der nordwestlichen Peripherie des einstigen Hallstattkreises und nur ausnahmsweise in dessen Zentrum selber akkumuliert erscheinen, hängt das mit der ungleichen Verbreitung der Prunkgrabsitte zusammen, also mit einer besonderen Überlieferungsart. Deshalb kann diese Sitte das Entstehungsgebiet des frühen Latènestils nur bedingt begrenzen, wenn es denn überhaupt nur einen einzigen Herd gegeben hat. Dagegen spricht

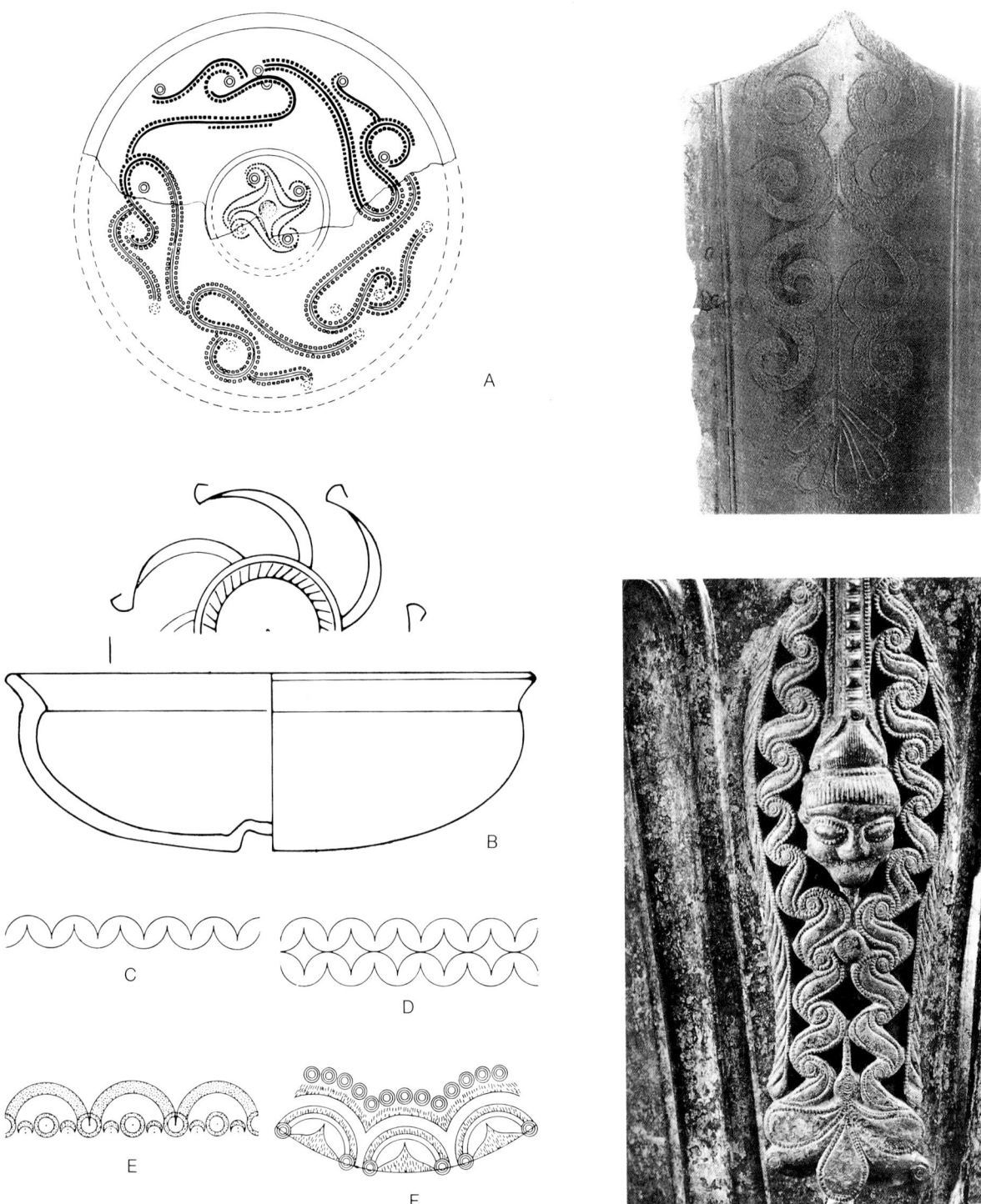

Abb. 108: Kurvolineare Ornamente im östlichen Frühlatènekreis.

nicht nur, daß der Latènestil auch dort dominierte, wo der Brauch, Verstorbene der Nobilität prunkvoll mit Prestigegütern auszustatten, gar nicht üblich war, sondern vor allem die zeitgleiche Bildung zweier geographisch umfassender Kunstlandschaften, von denen die eine zwischen Nordostbayern und der Westslowakei abstraktes Ornament (gereihte Stempelfiguren, versetzte Halbbögen, Spiralranke) bevorzugte, während die andere zwischen Mittelrhein und Marne vegetabile Motive verarbeitete (Palmette, Lotos, Leicr). Beide Formenkreise durchdrangen sich innerhalb des Kommunikationssystems, das den Austausch von Gütern und Ideen gewährleistete, in wechselnder Intensität; sie brachten je nach der Wirkkraft heimischen Erbes und der Vorbilder aus der Fremde selbständige Stilgruppen hervor.

An der Ostflanke schlug heimischer Fundus in hohem Maße durch, und zwar sowohl beim kurvolinearen Dekor als auch bei der figürlichen Zeichnung. Versetzte Halbbögen, liegende, gekoppelte S-Spiralen, Spiralranken und Tangentenspiralen, auch die Praxis, sie zu geometrischen Figuren wie mehrarmigen Wirbeln zu vereinen, kannte dort bereits das hallstattzeitliche Repertoire (vgl. *Abb. 103 C, D*). Aber die verdichtete und wieder nachlassende Spannung im An- und Abschwellen der Spiralbänder, der zu geschwungenen oblongen Blattpaaren verwandelten Wellenranken und der vegetabilen Gebilde aus stehenden und hängenden, versetzten Halbbögen *(Abb. 108 C-F)* verleiht jetzt den kurvigen Figuren eine eigene, gerichtete Dynamik und eine akzentuierende Funktion, wenn sie Gefäßteile voneinander trennen oder einer Achse folgen wie auf einer Schwertscheide in Südböhmen, auf der Gabelranken die Mittellinie derart begleiten, daß herzförmige Blätter als komplementäres Grundmuster entstanden, an dem unten eine Palmette hängt *(Abb. 108 H)*. Nehmen wir als weiteres Beispiel die Innenzier von Schalen: Auf einem Exemplar aus dem Traisental in Niederösterreich umziehen keilförmig geschnittene, rückwärts schwingende Bögen mit tierkopfähnlichen Annexen den Gefäßboden *(Abb. 108 B)*, auf eincm anderen aus Nordostbayern kräftige, von Rollstempellinien konturierte Gabelranken einen vierarmigen Spiralwirbel *(Abb. 108 A)*. Beide Male paßt sich der Dekor gleichsam rotierend dem Rund der Schalen an. Die Freiheit des Ornaments vom Träger, während der Hallstattperiode noch fast überall strikt befolgt, wich Gefügen tektonischen Charakters.

Das trifft in gleichem Maße auf figürliche, achsialsymmetrisch komponierte Bildfelder zu, die je einem eigenen Thema gewidmet sein können. Gürtelplatten mit umgeschlagenen Rändern aus Niederösterreich und der Slowakei

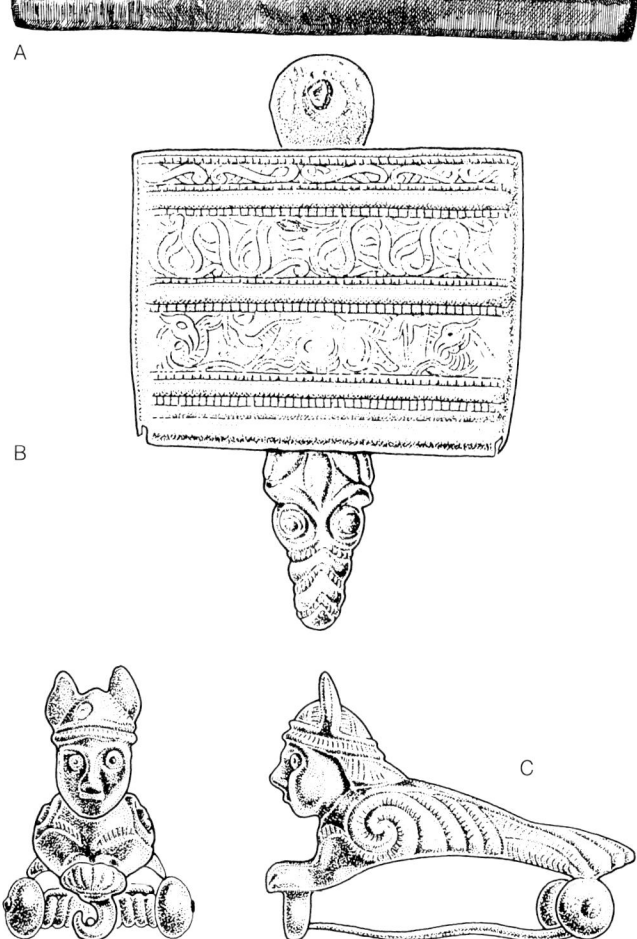

Abb. 109: *Figürliche und lineare Verzierungen im östlichen Frühlatènekreis.*

erläutern, was hier gemeint ist. Die eine Platte *(Abb. 109 B)* ist in drei Zonen aufgeteilt, von denen die linke bloß liegende S-Spiralen enthält, die mittlere ein Schlangenbild aus

149

Abb. 110: Ornamente im westlichen Frühlatènekreis.

einer Wellenranke und Annexen, die sich um Palmetten schlingen, und die rechte, antithetisch angeordnete, hockende Tiere; eine andere Gürtelplatte *(Abb. 109 A)* folgte einem seit der Hallstattzeit bekannten heraldischen Emblem, das einen Menschen von Tieren flankiert darstellt. Es ersetzte damals das seit der Spätbronzezeit weit verbreitete Motiv der „Vogelbarke", die das Sonnenrad mit der

spiegelbildlich angeordneten Tiergestalt verband, ein Vorgang, der insofern eine veränderte Denkweise ins Bild zu setzen suchte, als man das traditionelle solare Symbol mit anthropomorph gedachten Kräften identifizierte. Am Beginn der Latèneperiode wurde das Emblem in Bewegung aufgelöst. Hockende, geflügelte Bestien, kurvolinear gezeichnet, strecken ihren Vorderlauf zu einer inversen anthropomorphen Maske aus, während ihre bleckenden Zungen deren Kinn berühren. Stellte man die Maske aufrecht, wären die Läufe der Tiere nach oben geklappt, sie ähnelten dann Tierbildern der Steppe, wo Inversion als Stilmittel angewendet wurde. Es gibt noch einen anderen Bezug dorthin: eingeschriebene Schulter- und Schenkelspiralen an zoomorpher Plastik auf Maskenfibeln. Von einem Tierstil in strengem Sinne wie in der Steppe kann dennoch keine Rede sein, weil dort das Menschenbild erst durch griechische Toreuten eingeführt worden ist, die frühe Latènekunst dagegen Mensch und Tier gegenüberstellt, in ein und demselben Bild zusammenfaßt, ja beide Wesen ineinander verwandeln kann. Keilschnittartige Kurven und kräftig modellierte Leisten verteilen auf solchen figürlichen Werken helles Licht und dunkle Schatten, sie wirken durchweg plastisch *(Abb. 109 C; 118)*. Aber sie zeigen wie figürliche Rundplastik auch, daß man den Körper nicht in seiner organischen Ganzheit sah oder gar nicht sehen wollte, sondern jene Teile ausdrucksstark aneinanderfügte, die man für entscheidend hielt, weil von ihnen eine wünschenswerte Aussage zu erwarten war (Haare, Augen, Mund- und Maulpartie). Es sind, so scheint es heute, Gestalten dämonischen Charakters oder aus mythischer Vergangenheit. Kein Künstler hätte wohl daran gedacht, Idealbilder von Mensch und Tier mit individuellen Eigenschaften zu formen wie Griechen und Etrusker seit archaischer Zeit.

Dagegen erzielte das Ornament westlich des Rheins vornehmlich koloristisch-optische Effekte, vor allem bei durchbrochenen oder getriebenen Edelmetallarbeiten mit Materialwechsel (rote und weiße Koralle, Bernstein, noch selten Email). Obwohl vielerlei geometrische Figuren als Elemente des einem Maßwerke ähnlichen Dekors üblich waren (überschnittene Kreise, versetzte Bögen, Wellen- und Spiralranken, Pelten und Wirbel), die sich aus Kreissektoren auch als schwellende Körper konstruieren ließen, dominierten Blatt- und Blütenmuster (Palmette, Lotos, Leier), die auf griechischem und graeco-etruskischem Importgeschirr gesehen wurden und leicht hatten entlehnt werden können *(Abb. 110)*. Kontrastierende Kurven ließen dynamische Gebilde entstehen, die im Gegensatz zu hallstattzeitlichen Motiven aus der lebenden Natur abzuleiten waren und bei symmetrischer Ordnung achsiale Bezugspunkte erhielten. Alle diese Motive und deren taktischer Zusammenhang in Flächen auf durchsichtigem Grund und in geschichteten Zonen brachen mit der heimischen Geometrie und mit der Herrschaft bloß räumlicher Gliederung, der die zeitgenössische Keramikzier noch in hohem Maße verpflichtet war *(Abb. 110 B)*. Diese widersprüchliche Verhaltensweise läßt sich wohl nur ver-

Abb. 111: Ornamentale Einbindung figürlichen Dekors.

stehen, wenn man vermutet, daß die Goldschmiede damals noch als isolierte Kaste für eine geschlossene Führungsgruppe arbeiteten. Sie sprachen für den engen Kreis der Abnehmer Ideen gegenständlich aus, die sichtbar zu artikulieren bis dahin nicht möglich gewesen zu sein scheint, nun aber magischer Praxis dienstbar gemacht werden durften. Wenn es überhaupt berechtigt ist, den freilich kontrovers erörterten Begriff des Kunstwollens auf die Kunst eines prähistorischen Zeitalters anzuwenden, dann trifft er auf die neuartige, radikale Stilrichtung der Frühlatènezeit unbestreitbar zu.

Das läßt sich in noch höherem Maße als beim Dekor der Komposition des meist reliefierten figuralen Bilds entnehmen. Westlich des Rheins, damals erstmals in das Werkrepertoire aufgenommen, verwendete man anfänglich das orientalisierende Emblem aus rückwärts blickenden Greifen und anderen Fabeltieren, die ein zur Maske stilisiertes und verkürztes Menschenbild flankieren oder nur gegeneinander gestellt sind *(Abb. 111 A)*. Handlungsabläufe in szenischen Bildern lehnte man offensichtlich ab, obwohl man sie aus toreutischen Werkstätten der Emilia, Venetiens, des Save-Drau-Bereichs und Etruriens kannte. Und doch gab es Versuche, die Starrheit solcher emblematischen Figurengruppen aufzulösen und sie mitteilen zu lassen, was der Künstler beabsichtigte. Die besonders reiche Durchbrucharbeit, ein dichtes Geflecht aus Tierkörpern und Menschenleibern auf zwei Goldhohlringen, die man oberhalb des Reusstals an der Gotthardroute fand, drückt das fast kommentarlos aus *(Abb. 111 B)*: Beiderseits eines in Aufsicht gegebenen Vogels liegt je ein gekleideter Mann mit kolbenförmigem Kopfaufsatz und beringtem Arm, den er gewinkelt rückwärts streckt, um seinen Zopf zu halten, während sein Gesäß mit dem eines gehörnten Mischwesens verwachsen zu sein scheint, dessen ebenfalls beringter Arm diesmal seinen eigenen Bart ergreift. Es folgen Greifen mit Vogelkörper, Menschenkopf und Krallen, die sich auf den gefiederten Leib eingerollter Schlangen legen. Wie auch immer man dieses ausdrucksstarke und technisch vorzüglich gearbeitete Werk inhaltlich interpetieren mag, in ihm steckt der weit verbreitete Grundgedanke der Metamorphose menschlichen Seins, der Glaube an die Lösbarkeit und die Verwandlung der Seele (alter ego) oder an die Epiphanie der Gottheit in der Tiergestalt, die hier als Mischwesen differente Eigenschaften in sich vereinigte. Solche Mischwesen waren bereits, allerdings additiv kombiniert, im Hallstattkreis bekannt (Vogelrind, Pferd und Vogel u.a.m.). Jetzt war es die spiegelbildliche Anordnung der Figurengruppen und der betonte gegenseitige Bezug der Einzelfiguren, die den mediterranen Vorbildern (Greif) eine neuartige, informative Gestalt verliehen.

Die verständliche Frage, ob der Latènestil als gemeinkeltisch und als Ausdruck des Bewußtseins gelten dürfe, durch Sprache und Kunst trotz Stammesfehden, von denen antike Autoren häufig berichteten, gemeinsame Prinzipien im Denken und im Glauben zu vertreten, läßt sich nur insofern positiv beantworten, als er Traditionsketten vielfach nur dort hat entstehen lassen, wo ethnische Verbände keltischer Mundart gesiedelt und in einem Kommunikationssystem miteinander Kontakt hatten, das die rasche Ausbreitung spezifischer Verhaltensweisen bei der künstlerischen Gestaltung religiöser Überzeugungen ermöglichte. Seit dem älteren Neolithikum hatte es ein geographisch so weit gespann-

tes Verständigungsnetz in Mitteleuropa nicht mehr gegeben, ausgenommen kurzfristige, turbulente Zeitabschnitte, in denen traditionsbildende Stile dann allerdings gar nicht erst hatten zustande kommen können. Dennoch gibt es keinen sicheren Beleg für eine Identität von keltischem Sprachraum und keltischem Formempfinden, weder für die frühe Latènezeit noch erst recht für die älteren Jahrhunderte nach der Jahrtausendwende, wie das nach den Überlegungen der Linguistik erwartet werden könnte. Deshalb wäre die Archäologie überfordert, wollte sie einen Zusammenhang der beiden Phänomene oder gar deren gemeinsame Formierung während der Frühlatènezeit behaupten. Es scheint vielmehr, als ob die östliche und die westliche Kunstlandschaft damals unabhängig voneinander und unter abweichenden Voraussetzungen entstanden seien, und wenn auch der kurvolineare Grundzug des Latènestils eine ebenso neuartige wie charakteristische Ausdrucksweise hervorgebracht hat, stimmen doch Gehalt und Gefüge keineswegs in dem Maße überein, das es rechtfertigte, schon am Beginn der Latènezeit von einer gemeinsamen, ins Sichtbare transponierten Kunstsprache der Kelten überzeugt zu sein. Dagegen darf als gesichert gelten, daß griechisches Ornament seit dem 5. Jh. v. Chr. beide Male an ihrer Bildung mal stärkeren, mal schwächeren Anteil hatte. Wir beobachten während der gleichen Zeit ähnliche Vorgänge bei den Skythen der Steppenzone nördlich der Schwarzmeerküste, bei den Etruskern in Mittelitalien und bei den Iberern in Spanien. In keiner dieser Kulturen stellt sich das Kunsthandwerk als bloßer Imitator griechischer Vorbilder dar. Alle haben sie eine selbständige Formensprache gefunden, und alle traten sie, von antiken Autoren erstmals mit Sammelnamen bezeichnet, mit ihr in das Licht schriftlich überlieferter Geschichte ein. Der Prozeß wiederholte sich noch einmal in spätrömischer Zeit, freilich unter anderen historischen Bedingungen. Als sich die damaligen kunstgewerblichen Arbeiten, in der Forschung zuerst wieder fälschlich als barbarische Umsetzung klassischer Werke beurteilt, in den nördlichen Randprovinzen des Reichs verbreitet hatten, wurde der neuartige Stil aus Spiralranken, kontrastierenden Kurven und koloristischen Zutaten seit dem späten 3. und 4. Jh. n. Chr. auch von den Bronzegießern und Goldschmieden ethnischer Verbände rezipiert, die nach Sprache und Sachbesitz grundverschieden waren. Bei den Germanen und bei den Inselkelten bildeten sich Traditionsketten, die bis ins Mittelalter reichten.

Die Bilderwelt der Kelten

Von Otto-Hermann Frey

Mit der Wende von der Hallstatt- zur Latènezeit im 5. Jh. v. Chr. erscheint im keltischen Kunsthandwerk eine Fülle neuer Bildmotive, die uns – wenn auch noch verhangen und undeutlich – einen Zugang zur Vorstellungswelt der alten Bewohner Mitteleuropas eröffnen. Die Bezeichnung „neu" mag in gewisser Weise irreführend sein. Denn teilweise handelt es sich um Bildzeichen, die schon in der vorangehenden Epoche wurzeln und nur jetzt eine neue Darstellungsform fanden. Ein anderer Teil scheint aber erst jetzt für die Kelten Wert erlangt zu haben. Ein Beispiel mag das erläutern: Bei Fibeln aus Frühlatènegräbern ist häufig der zurückgebogene „Fuß" als Enten- oder Schwanenkopf geformt *(Abb. 112 A)*. Solche Köpfe oder auch ganze Wasservögel bilden schon seit mehreren Jahrhunderten ein festes Symbol im Kunsthandwerk Mitteleuropas, darüber hinaus auch im ägäischen Raum und in Italien. Im westlichen Hallstattkreis wird dieses Motiv gerade am Ende der Epoche wiederbelebt. Fremd wirken dagegen Darstellungen von Raubvögeln, von denen es scheint, daß sie erst am Beginn der Latènezeit von Osten und Süden „zugeflogen" sind. Bei einigen weniger abgekürzten Wiedergaben ist die Herkunft genauer zu bestimmen. Beispielsweise entspricht eine beinerne Fibel vom Dürrnberg bei Hallein, die einen ganzen Vogel zeigt, zweifelsohne Vorbildern aus dem Südostalpenraum *(Abb. 112 C)*. Oder müssen wir annehmen, daß erst die Bereitschaft der Kelten, sich mit dem reicheren Kunstschaffen im Mittelmeergebiet auseinanderzusetzen und eine differenzierte Bildersprache zu entwickeln, zwar schon vorhandenen, jedoch noch nicht ausgeformten Ideen Gestalt verlieh?

Solche Überlegungen sind auch für andere Tiere gültig. Pferdedarstellungen gibt es bereits in der Hallstattzeit. Dagegen kommen weitere Tiere wie Widder, Eber und vor allem Fabelwesen erst mit Beginn der Latènezeit auf. Letzteres trifft – bedingt – ebenfalls auf Abbilder des Menschen zu. Zwar sind schon in Gürtelbleche des Westhallstattkreises (in dem sich die folgende Latènekultur ausbreitet) kleine schematisierte Männchen eingepunzt; ferner sind vom Ende der Epoche menschlich gebildete Anhänger bekannt, Amulette, die auch noch weiter in der Frühlatènezeit eine Rolle spielen; eine wirkliche Einbindung von Köpfen in unterschiedlicher Ausprägung und manchmal von ganzen Menschenfiguren in das Kunsthandwerk erfolgt aber erst mit dem Einsetzen des Latènestils.

Die kurz skizzierten bildlichen Darstellungen finden sich nicht im gesamten Raum, den die Latènekultur in ihrem frühesten Abschnitt (LTA) einnimmt. Gut verdeutlicht das die Verbreitung von Fibeln mit menschlichen Köpfen, „Maskenfibeln", die nur vom Rhein-Mosel-Gebiet bis nach Böhmen und noch weiter nach Osten vorkommen *(Abb. 113)*. In Frankreich, vor allem in der Champagne, einem Kernbereich der Latènekultur, in dem eine Fülle von Gräbern aufgedeckt wurde, fehlen sie jedoch fast ganz. Erst in der zweiten Phase (LTB) wird auch dieser Raum von menschlichen Gesichtern, die bespielsweise aus dem Dekor von Ringen herausschauen, förmlich überschwemmt. Entsprechend gibt es in Frankreich in der ersten Zeitstufe relativ wenige Tierbilder. Eine Ausnahme macht nur der Greif, dessen Darstellungen hier eine besondere Rolle spielen *(Abb. 121)*.

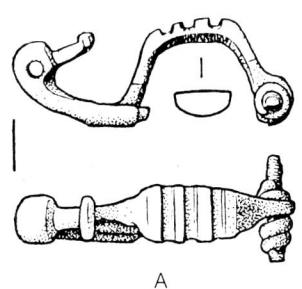 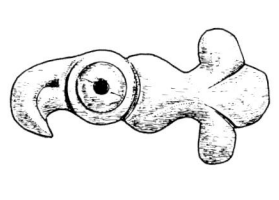 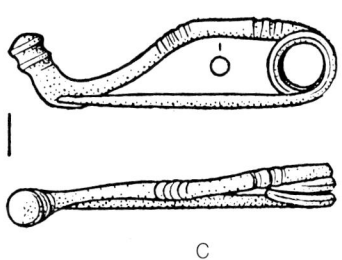

A B C

Abb. 112: Fibeln der Frühlatènezeit.

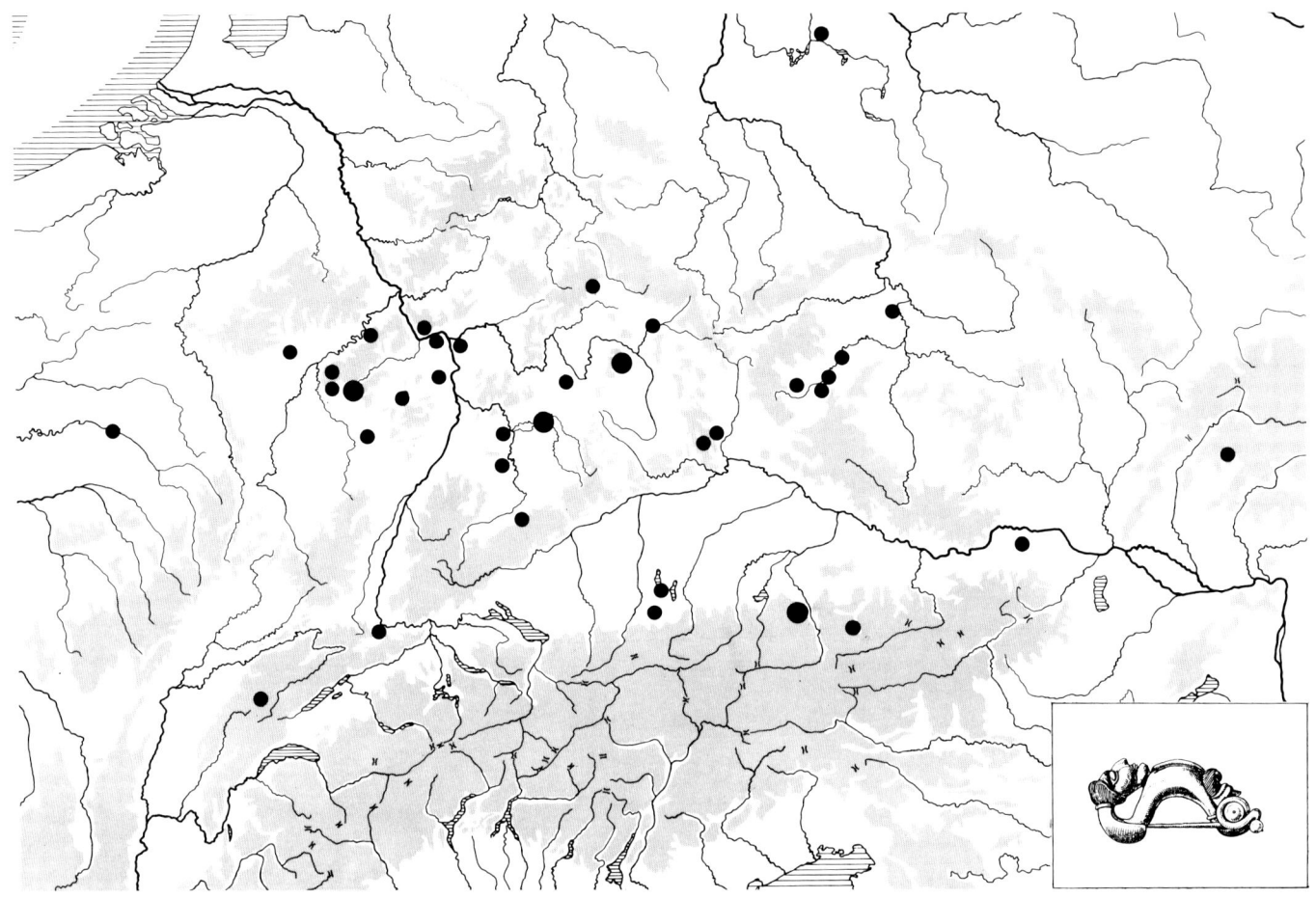

Abb. 113: Verbreitung der Maskenfibeln.

Die Verbreitungskarte der Maskenfibeln zeigt eine große Dichte von Fundpunkten im Gebiet westlich des Mittelrheins mit einer lockeren Streuung bis nach Württemberg hinein. Es handelt sich um die Region der „Fürstengräber", der reichen Bestattungen der damals führenden Gesellschaftsschicht mit Goldschmuck und mediterranem Importgut, die über die entsprechenden Beziehungen zur antiken Welt verfügte. So haben wir auch gerade aus diesem Bereich die besten Zeugnisse für die Umsetzung der griechischetruskischen Pflanzenornamentik in das keltische Kunstschaffen. Es ist anzunehmen, daß spezialisierte Handwerker, die im Auftrag der genannten Elite mit Gold oder Bronze arbeiteten und von ihr unterhalten wurden, einen wesentlichen Anteil an der Herausbildung des neuen Latènestils hatten, in dem sich Fremdes und Einheimisches begegnen.

Ähnliche „Fürstengräber" kennen wir ferner aus Westböhmen. Darüberhinaus hat das „Industriezentrum" am Dürrnberg, das seinen Reichtum aus der Salzgewinnung bezog, zahlreiche hochwertige Fundstücke geliefert. Endlich stammen viele Fibeln, z.T. erster Qualität und sicher auch in lokalen Werkstätten gefertigt, aus Franken und aus der Oberpfalz. In diesen Gebieten fehlen jedoch „Fürstengräber" als sichtbare Zeichen einer sozialen Schichtung. Oder können wir aus den nicht seltenen Höhenburgen erschließen, daß es auch hier eine entsprechende Elite gab, die letztere innehatte? Es wäre ein Thema für sich, genauer zu erörten, wie die Struktur der Gesellschaft war und wie darin die Stellung der Kunsthandwerker anzunehemen ist.

Wir sprachen bisher, sieht man von den Amuletten ab, nur von Schmuckstücken wie Fibeln, bei denen die figürlichen

Darstellungen direkt mit dem Gebrauchsgegenstand verbunden sind. Losgelöste Bildwerke, etwa Votivbronzen, die in Heiligtümern geweiht werden konnten, gibt es erst seit dem 3.–1. Jh. v. Chr. Dabei fällt im 5.–4. Jh. v. Chr. fast alles unter die Rubrik „Kleinkunst". Denn steinerne Stelen sind uns nur vereinzelt überkommen. Zu nennen wäre etwa aus dem Rheingebiet die „Säule von Pfalzfeld" *(Abb. 114)*. Der vierkantige, sich leicht verjüngende Pfeiler, ursprünglich noch höher und mit einem Kopf bekrönt, trägt auf allen Seiten jeweils ein menschliches Gesicht („Maske") – von zwei großen Blättern überragt –, das in ein Ornament aus verketteten Spiralen und Blättern eingefügt ist. Etwas mehr an eine Freiplastik erinnert die Stele aus Holzgerlingen in Württemberg *(Abb. 135, Nr. 457)*. Ein Januskopf sitzt hier auf einem entsprechenden Oberkörper, an dem jeweils ein Arm angedeutet ist. Interessant sind wieder zwei blattartige Fortsätze am Kopf (davon einer weggebrochen), ein Motiv, das ebenfalls häufig bei Werken der Kleinkunst erscheint. Ansprechend ist die Deutung, daß es sich hier um Blätter der den Kelten heiligen Mistel handele (Plinius, nat.hist. XVI, 95). Wegen dieser Blattkronen ist wohl anzunehmen, daß die Steine keine Abbilder von Toten sind, sondern solche göttlicher Wesen.

Von der Holzplastik der Frühlatènezeit haben wir keine Vorstellung. Zwar wurden in dem Heiligtum von Libenice in Böhmen Spuren hölzerner Male entdeckt, bei denen zwei Bronzereifen lagen, die, wie man rückschließend annehmen möchte, jeweils den Hals einer vergangenen „Figur" umgeben hatten; ferner kennen wir Reste hölzerner „Pfähle" auf Grabhügeln, die vielleicht bemalt oder plastisch überformt wurden; doch fehlen eindeutige Beweise.

Kehren wir zu den Werken der Kleinkunst der Stufe LTA zurück. Sie wirken außerordentlich lebendig. Kein Stück gleicht dem anderen. Es sind alles individuelle Schöpfungen. Das ergibt sich schon aus der Herstellungstechnik der Bronzearbeiten, nämlich aus dem „Guß in verlorener Form." Dabei wird ein Wachsmodell mit einer Tonform umgeben. Nachdem das Wachs ausgeschmolzen und die Bronze erkaltet ist, wird die Tonform zerschlagen.

Im Gegensatz zu Tierfiguren sind Gegenstände mit ganzen Menschengestalten selten. Meistens wird nur das Haupt wiedergegeben. Ein ganzer Mensch bildet aber z.B. den Bügel einer Fibel aus Manětín nahe Pilsen *(Abb. 115, Nr. 410 b)*. Die Form dieser Fibel ist Certosafibeln angenähert, einem oberitalischen Fibeltyp, der besonders in Nordostbayern nachgeahmt wurde *(Abb. 112 C)*. Der Kopf der Manětíner Figur ersetzt dabei den Fußknopf der Fibel, der Leib und die Beine wiederholen genau den Bügelschwung des Vorbildes.

Abb. 114: Frühlatènezeitliche Steinsäule aus Pfalzfeld (Nordrhein-Westfalen).

Die Kleidung des Mannes ist ebenfalls an Darstellungen aus Italien angeglichen. Das macht nicht nur die kurze Hose deutlich, sondern auch die von den Etruskern getragenen Schnabelschuhe. Schließlich gibt es neben kleineren runden

Abb. 115: Bronzefibel von Manětín (Nr. 410 b)

Abb. 116: Bronzekanne aus dem Grab von Reinheim, Detail. ▷

Öffnungen für Einlagen große Querkerben, die wie bei anderen Fibeln in Oberitalien Korallen aufgenommen hatten. An dem Stück wird evident, wie nicht nur die Form des Gegenstandes, sondern auch die Darstellung aus dem Raum südlich der Alpen beinflußt wurde.

Aus Berlin-Niederschönhausen stammt eine Fibel, auf deren Bügel ein kleines Männchen mit im Verhältnis zu seinem Haupt winzigem Körper im flachen Relief aufgelegt ist. Der als Widderkopf gebildete Fibelfuß ist zu ihm zurückgebogen. Eine einzelne Maske ist noch oberhalb des Männchens auf dem Bügel angegeben.

Die Kombination Mensch/Widder – meistens beschränkt sich die Darstellung auf die Köpfe – erscheint recht zahlreich auf keltischen Werken. Weitere Fibeln wären dafür zu nennen. Ferner sitzt am oberen Ende des Henkels der Röhren-

kanne aus dem „Fürstengrab" von Reinheim im Saargebiet über einem Widderkopf ein menschliches Haupt (Abb. 116). Bei der verwandten Röhrenkanne aus Waldalgesheim (Kr. Kreuznach) ziert dieselbe Stelle ein Widderkopf allein; doch kehrt die Kombination in gleicher Anordnung auf den keltischen Silberbeschlägen von Manerbio bei Brescia wieder. Ohne daß wir die Bedeutung dieses Motives entschlüsseln können, ist doch anzunehmen, daß es einen ganz bestimmten Sinngehalt in der Vorstellungswelt der frühen Kelten besaß.

Als ein weiteres Beispiel aus der großen Gruppe der Maskenfibeln soll auf ein besonders qualitätvolles Exemplar aus Parsberg (Oberpfalz) eingegangen werden (Abb. 118, Nr. 395 a). Wieder zeigt es das Schema der „Certosafibel". Ausdrucksstark ist der runde Kopf am Fibelfuß mit seinen riesigen

◁ A B △
*Abb. 117: A Kannenattasche
vom Kleinaspergle (Nr. 139),
B Attasche eines etruskischen
Bronzestamnos aus Weißkirchen
(Saarland).*

Augen. Auch ein großer, schön geschwungener Schnurrbart ist angedeutet, die typisch keltische Barttracht, die als nationales Kennzeichen stets bei den antiken Skulpturen besiegter Gallier – etwa dem berühmten Weihegeschenk im Athenaheiligtum zu Pergamon – wiedergegeben ist. Auch der Historiker Diodor beschreibt ihn (V, 28,3): *„Die (keltischen) Adeligen rasieren die Backen, lassen aber den Schnurrbart wachsen und bis über den Mund herabhängen. Deshalb verwickelt sich der Schnurrbart beim Essen mit den Speisen, und der Trank wird gleichsam durchgesiebt".*

Auf dem Scheitel des Menschenkopfes der Parsberger Fibel sind zwei Augen über einem Dreieck, das wie ein Schnabel wirkt, zu sehen. Soll dieser angedeutete Vogelkopf ein Schutz spendendes (?) Tierattribut sein, vergleichbar etwa der Darstellung auf dem Goldhalsring aus dem Reinheimer „Fürstengrab", wo über den beiden Köpfen jeweils ein Raubvogel hervorschaut? Oder soll man an Masken- oder Tierkopffibeln vom Dürrnberg denken, bei denen oft noch zusätzlich ein kleiner Vogelkopf angebracht ist?

Köpfe wie der an der Parsberger Fibel, deren Ausdruck sehr wechseln kann, charakterisieren die ganze Serie der Maskenfibeln. Sie kehren ebenfalls auf Ringen, Gürtelhaken oder als Schmuck von Kannen und ähnlichem wieder. Darunter befinden sich solche, die grotesk verzerrt wirken, die wie aus einzelnen Stücken addiert zu sein scheinen. Als ein Beispiel dafür sei die Henkelattasche der Bronzekanne aus dem „Fürstengrab" Kleinaspergle (Kr. Ludwigsburg) angeführt *(Abb. 117 A)*. Wie zwei Halbkugeln tritt die Stirn vor, darunter sitzen große Augen, die Backen sind dick aufgebläht; kugelig springen auch Nase und Kinn heraus. Ein Vollbart ist hier angedeutet, der sich nach unten in der in einzelne Teile auf-

gelösten Palmette fortsetzt. Mit Recht wurde als Vorlage für diese keltische Umbildung an Satyrbilder gedacht, wie sie auf den Attaschen importierter etruskischer Stamnoi erscheinen *(Abb. 117 B)*. Nur sind bei unserem Werk die spitzen Tierohren auf den Scheitel gewandert. Ähnliche Tierohren zeigt noch eine ganze Reihe weiterer keltischer Kopfdarstellungen.

Andere Masken sind dagegen weit ebenmäßiger, etwa Goldappliken aus dem einen „Fürstengrab" von Schwarzenbach, Kr. Sankt Wendel *(Abb. 119)*. Über der Stirn am Haaransatz quellen „Buckellöckchen" hervor, die von spätarchaischen griechischen oder etruskischen Werken abzuleiten sind. Diese Köpfe werden von Blattkronen überragt, deren häufige Wiedergabe bereits betont wurde. Über anderen Häuptern, z.B. denen von der Reinheimer Kanne, oder von einem durchbrochenen Goldbelag aus Bad Dürkheim (Rheinpfalz), wachsen Palmetten empor. Bei noch anderen stehen über der Stirn zwei große Doppelvoluten. Solchen unterschiedlichen wiederkehrenden Details dürften wohl bestimmte Bedeutungsinhalte zukommen.

Häupter, die die ganze Latènezeit hindurch auf keltischen Werken erscheinen, repräsentieren sicherlich das ganze Wesen, sei es übernatürlicher oder menschlicher Art. Aus dieser Vorstellung heraus ist wohl auch die Kopfjagd der Kelten zu verstehen, von der die antiken Historiker wiederholt berichten (z.B. Diodor V, 29). Immer wieder finden sich auch bei Ausgrabungen Schädel, so etwa in der Keltenstadt von Manching, die ursprünglich als Trophäen an Pfählen oder dergleichen aufgehängt waren. Bildliche Wiedergaben von Häuptern mit geschlossenen Augen, die also Tote darstellen sollen, kennen wir aber erst ab dem 3. Jh. v. Chr.

Kehren wir noch einmal zu der Parsberger Fibel zurück. Das Bügelende schmückt ein weiteres Haupt. Hier könnte man allerdings auch an ein nicht näher benennbares Tier denken (?) – auch von Tieren wird meistens nur der Kopf wiedergegeben. Wahrscheinlich muß man aber wegen der gewollten Übersteigerung einzelner Züge von einem Fabelwesen sprechen. Die Zahl der Bilder phantastischer Geschöpfe ist riesig. Manche davon, bei denen eindeutig Teile von Mensch und Tier kombiniert sind, können genauer beschrieben werden. Z.B. ist bei einer Fibel von Langenlonsheim bei Bad Kreuznach an den Körper eines Löwen ein Menschenkopf gefügt. Ein bärtiges Männerhaupt besitzt auch das Pferd vom Deckel der Kanne aus dem Reinheimer Fürstengrab. Menschenköpfige Pferde erscheinen später wieder auf verschiedenen keltischen Münzen. Bei den meisten Phantasiegestalten, vor allem wenn nur die Köpfe wiedergegeben sind, ist aber die Vermischung viel unklarer.

Abb. 118: Bronzene Maskenfibel von Parsberg (Nr. 395 a).

Abb. 119: Goldapplike aus einem Fürstengrab von Schwarzenbach.

▷

Abb. 120: Bronzeschnabelkanne von Hallein-Dürrnberg (Nr. 405 a).

Greifen in heraldischer Anordnung zeigt. Eine solche Anordnung von Fabelwesen war sehr beliebt. Erwähnt wurden bereits die Greifenpaare von Gürtelhaken aus der Champagne *(Abb. 121 A)*. „Leiern" mit Greifenköpfen bilden ebenfalls den mehrfach belegten Dekor durchbrochener Gürtelhaken, die vor allem in Oberitalien und in Alpennähe vorkommen. Schon die auffällige Verbreitung der Greifenmotive macht deutlich, daß ihre Vorbilder aus Italien kommen.

Auf der Gürtelplatte aus dem einen „Fürstengrab" von Weiskirchen (Kr. Merzig-Wadern) ist eine heraldische Gruppe erweitert *(Abb. 111 A)*. Denn hier flankieren zwei Paare von Sphingen eine einzelne Maske. Ihre nach Menschenart gebildeten Vorderbeine tragen wieder Schnabelschuhe. Die Flügel ahmen etruskische Darstellungen nach.

Man kann nur sagen, daß die Vorstellungswelt der frühen Kelten mit vielen magischen Wesen angefüllt war.
Die Spiralkonstruktion der Parsberger Fibel wird von einer durchbrochenen Fibelplatte verdeckt, die zwei Löwen oder

Die Köpfe mit den großen Schnurrbärten sind uns bereits von anderen Werken vertraut. Die Gruppierung magischer Gestalten um ein Menschenhaupt begegnet noch öfter. Genannt sei nur noch der Gürtelbeschlag von Stupava in der Westslowakei, auf dem zwei geflügelte Löwen (?) eine Maske einfassen *(Abb. 109 B)*.

Die Bedrohung (?) eines Hauptes mit menschlichen Zügen durch magische Kräfte zeigen wohl auch die Henkelfiguren der bekannten keltischen Schnabelkanne vom Dürrnberg *(Abb. 120, Nr. 405 a)*. Hinter einem Haupt kauert ein Raubtier. Es stützt nur seinen Unterkiefer auf den Kopf. Es soll also nicht das Verschlingen eines Menschen ausgedrückt werden, sondern wieder nur eine dunkle, gefährliche Macht. Das Dürrnberger Raubtier mit dem Gesicht, aus dem einzelne Partien wie Kugeln hervorquellen, über dem dicke, hörnerartige Augenbrauen stehen, ist nur schwer genauer zu identifizieren. Bei der Schaffung des Körpers könnten Löwenbilder Pate gestanden haben. Doch paßt manches nicht dazu, etwa der buschige Schweif, der eher vom Wolf genommen ist. An dieser Figur läßt sich besonders gut erkennen, daß die Kelten Bilder, die ihnen die antike Kunst bot, nicht einfach nachzuahmen suchten, sondern daß sie Motive nach ihren Bedürfnissen auswählten und ihren Vorstellungen anverwandelten. So schufen sie aus vielen heterogenen Elementen ihren eigenen Kunststil, in dem ihre mit magischen Wesen angefüllte Welt einen Ausdruck fand. Löwen waren ihnen natürlich unbekannt. So konnten antike Löwenbilder nur als Anregung benutzt, auf ihnen vertraute Tiere bezogen und umgedeutet werden.

Solche Tiere, die die Kelten um sich sahen, sind leichter wiederzuerkennen. Pferde, Widder und verschiedene Vögel wurden schon angeführt. Seltener sind weitere Tiere. Der Eber, in späterer Zeit das wichtigste Symbol, begegnet so früh allein bei Fibeln vom Dürrnberg *(Abb. 125, Nr. 78)*. Nur ver-

Abb. 122: Ornamente mit Vexierspielen.

einzelt sind Stier, Reh, Wolf oder Hund, ja sogar der Fisch belegt, wobei sich die Darstellung wieder auf Köpfe beschränkt. Insgesamt handelt es sich um ein begrenztes Spektrum. Im Universum der Kelten spielten phantastisch veränderte Wesen, oft auch mit einzelnen menschlichen Zügen ausgerüstet, die Hauptrolle. Trotz der großen Variationsbreite der Wiedergaben ließ sich zeigen, daß in ihnen bestimmte Vorstellungen Gestalt gewonnen hatten. Diese weiter zu präzisieren, ist aber nur bedingt möglich. Mehr

Abb. 121: Greifendarstellungen. A) Bronzegürtelhaken von Somme-Bionne; B) - D) Schwertscheiden.

ahnend erfassen wir die übersinnliche Welt der frühen Kelten, als daß wir ihre Zeichen genauer benennen könnten.
Dem Ausstellungsbesucher mag das Fehlen szenischer Bilder auffallen. Das ist um so bemerkenswerter, als die griechische und etruskische Kunst, ja sogar lokale Kunstkreise vom Südrand der Alpen, ein reiches Angebot entsprechender Schilderungen bereithielten, die den keltischen Künstlern sicherlich nicht unbekannt waren. Es ging also den Kelten nicht darum, ein Geschehen darzustellen; sie wollten mit ihren Bildern nicht erzählen, sondern stattdessen Symbole ihrer Vorstellungskraft wiedergeben.
Nur wenige Werke fallen heraus. Eine bronzene Schwertscheide aus Hallstatt im Salzkammergut zeigt u.a. einen Zug von Fußkriegern und Reitern *(Abb. 36)*. Genau ist ihre Bewaffnung angegeben, an der auch der höhere Rang der Berittenen erkennbar wird. Die Handlung wird dadurch erweitert, daß ein am Boden liegender Mann von einem Reiter zusammengestochen wird. Auch wenn die Bewaffnung und Kleidung typisch keltisch sind und die Hinterschenkel der Pferde im Latènestil verziert wurden, ist doch die ganze Schilderung fremd. Sie wird dem Einfluß aus der Situlenkunst verdankt, einem Kunstkreis des Südostalpenraumes. Von dort wurden auch verschiedene Tierbilder angeregt. Ein gutes Beispiel dafür bietet die Linsenflasche aus Matzhausen in der Oberpfalz *(Nr. 440)*. Auf die Schulter des tönernen Gefäßes ist ein Fries mit mehreren Tieren eingeritzt. Ein Hirsch und ein „Reh" sind weidend wiedergegeben, ein Wolf oder Hund jagt einen Hasen, andere Tiere sind einander gegenübergestellt. Nicht nur diese abwechslungsreiche Tierfolge, sondern auch Schmuckdetails wie die unterhalb des Frieses eingestempelten S-Muster lassen sich am besten mit Werken aus Oberitalien zusammenbringen.
Die schnelle Verbreitung des Latènestils spricht dafür, daß sich die Kelten schon im 5. Jh. v. Chr. einer Gemeinsamkeit bewußt waren, die über Stammesverbände hinausging. Doch findet die reiche Entfaltung figürlicher Schöpfungen der frühen Phase in der folgenden Zeit (LTB) zunächst keine Fortsetzung. Man kann sogar von einem Bruch sprechen. Masken- und Tierfibeln werden nicht mehr getragen. Auch andere Gegenstände mit figürlicher Zier fehlen. Nur vereinzelt erscheint etwa ein Vogelpaar. Häufig, und jetzt im gesamten Verbreitungsgebiet der Latènekultur, sind es allein menschliche Masken, die in die Ornamente eingefügt werden. Diese Reduzierung figürlichen Kunstschaffens ist um so erstaunlicher, als die Kelten mit der antiken Welt immer enger zusammenkamen. Zwar dürften wir wohl schon im 5. Jh. v. Chr. mit einzelnen keltischen Scharen in Oberitalien rechnen, eine massive Einwanderung mit Landnahme

Abb. 123: Kantharos aus Novo mesto-Kandija, Detail (Nr. 94 a).

ganzer Stammesgruppen bis in den Raum um Bologna und noch weiter nach Mittelitalien entlang der Adria bis in die Gegend um Ancona erfolgte jedoch erst um 400 v. Chr. Um 387 v. Chr. schlug dann ein keltisch-gallischer Kriegshaufen die Römer an der Allia und besetzte für Monate Rom. Die folgende Zeit war mit Raubzügen durch ganz Italien ausgefüllt. Zur gleichen Zeit begann auch die Expansion nach Osten, die schrittweise zur Okkupation des Karpatenbeckens und weiter Teile des Balkans führte. Durch die antike Geschichtsschreibung bekannt ist wieder der Raubzug 279 v. Chr. gegen Delphi. Zur gleichen Zeit setzten keltische Scharen nach Kleinasien über. Obwohl die von den Wanderungen ausgelösten Kontakte, die sich durch die Überschichtung und Assimilierung fremder Bevölkerungsgruppen noch verstärkten, das keltische Kunstschaffen mit der Zeit stark beeinflußt haben, kommt es anfangs noch zu keiner Zunahme und Bereicherung figürlicher Schöpfungen. Nur das Kopfmotiv (die Maske) wird weiterentwickelt. Zwar verschwinden einige Zusätze, wie z.B. die Blattkronen, doch muß das, was die Gesichter bedeuteten, Bestand haben, und das sogar bis in das 2. und 1. Jh. v. Chr. hinein.

Doch kehren wir zunächst wieder zu Werken des 4.–3. Jh. v. Chr. zurück, d.h. aus der entwickelten Stufe LTB und vom Anfang der Mittellatènezeit LTC. Von den Köpfen, die wir antreffen, sind manche klar durchgestaltet. Bei anderen beschränkt sich dagegen die Wiedergabe auf wenige Details, etwa daß zusätzlich zu zwei Augen entweder nur die Nase oder lediglich ein Mundstrich angegeben werden. Solche Köpfe sind oft so weit in Ornamente eingebunden, bzw. direkt aus ihnen entwickelt, daß man zweifeln kann, ob überhaupt ein Gesicht gemeint ist oder nur ein reines Ornament (Abb. 122). Diese flüchtigen Zeichnungen, die das Unbestimmte, Zweideutige zum Stilmittel erheben, wurden von dem bedeutenden Archäologen Paul Jacobsthal als Cheshire-Style bezeichnet. Er fühlte sich dabei an die Traumwelt erinnert, in die das Kinderbuch von Lewis Carrol, „Alice im Wunderland", versetzt. Dort erscheint oder verschwindet die Cheshire-Katze auf den Zweigen eines Baums, wobei, noch ehe sie selbst Gestalt gewinnt, schon ihr Grinsen sichtbar wird. Ein solches Schwanken zwischen figürlicher Darstellung und Ornament ist in der keltischen Kunst nicht auf menschliche Gesichter beschränkt. Auch Vögelköpfe oder Greifen können als unklare Schemen beschworen werden.

Eine Verbindung zwischen frühen Darstellungen und späteren ist ferner noch bei Greifenmotiven wahrscheinlich. „Leiern" mit Greifenköpfen oder andere, abgekürzte wappenartige Greifendarstellungen schmücken sehr oft im späten 4. und 3. Jh. v. Chr. die Scheiden von Schwertern unterhalb des Scheidenmundes (Abb. 121 B–D). Das Motiv kann isoliert auftreten oder vor allem im 3. Jh. v. Chr. auch in Ornamente eingebunden sein. Die Archäologen sprechen gewöhnlich von einem „Drachenpaar". Naheliegend ist, daß die Greifen von den Haken des Schwertgurts der Stufe Latène A (Abb. 121 A) als wichtiges Symbol auf die Waffenscheide übertragen wurden. Dieses Drachenmotiv findet sich in sehr einheitlicher Ausführung in der gesamten keltischen Welt in einem breiten Streifen zwischen Südengland und Nordspanien quer durch Mitteleuropa weit nach Osten bis nach Siebenbürgen. In südlicher Richtung greift es nach Nord- und Mittelitalien aus bzw. auf dem Balkan bis nach Serbien. Wir müssen in dem Greifen-/Drachenpaar ein

Abb. 124: *Bronzeeber von Lindau (Nr. 435 b).*

„Heilszeichen" sehen, das über weite Distanzen die keltischen Krieger verband.

Nicht von ungefähr sind die Drachen gerade auf den Schwertern angebracht, die die wichtigste Waffe der Krieger sind. Schwerter wurden besonders aufwendig verziert. Dabei stammen die am reichsten dekorierten Stücke des 4.–3. Jh. v. Chr. aus dem Karpatenraum. Sie bilden einen Höhepunkt keltischer Kunstfertigkeit. P. Jacobsthal sprach von dem „ungarischen Schwertstil".

Ob sich die besondere kulturelle Blüte in diesem Gebiet aus der Vermischung der keltischen Einwanderer mit dem bodenständigen Bevölkerungssubstrat ergab? Wir kennen jedenfalls auch Fundgegenstände, bei denen fremde Traditionen spürbar sind. Beispielsweise gibt es „offene" gehenkelte Tongefäße – sonst in der keltischen Welt ganz ungebräuchlich –, darunter zweihenklige Kantharoi, die einerseits ältere lokale Wurzeln haben, andererseits den Einfluß hellenistischer Bronzegefäße verraten (Abb. 123, Nr. 94 a). Die Henkel können als menschliche Figuren oder als Tiere gebildet sein. Auch erscheinen Tierköpfe mit menschlichen Masken, z.T. mit „toten" Augen, auf ihnen.

Ein besonders bemerkenswertes Tongefäß, in das Tiere eingeritzt und -gestempelt sind, stammt aus Lábatlan (Ungarn). Ein zurückblickender Hirsch in der Mitte wird von zwei Raubtieren angefallen. Es handelt sich um eine der bekannten Tierkampfgruppen, ein Motiv, das ein nicht sehr geschickter keltischer Künstler aus dem benachbarten skythisch-thrakischen Kulturbereich übernommen hat. Zwischen den Kelten und den östlich angrenzenden Völ-

Abb. 125: Eberfibeln von Hallein-Dürrnberg Grab 118 (Nr. 78).

kern gab es manche Verbindungen. Zwar kam es zu keinem bedeutenden Handel mit Luxusgütern, wie er sich mit den antiken Städten in Südfrankreich, Italien und Griechenland ergab. Deshalb hinterließ auch kein überlegenes Kunstschaffen, wie das aus dem Süden, kräftige Spuren. Doch finden in den uns erhaltenen Zeugnissen einige ähnliche Vorstellungen Ausdruck, so mag sich daraus z. B. die Kelten und Skythen gemeinsame Sitte der Kopfjagd erklären.

Anders war das Verhältnis der Kelten zu den Germanen. Denn der keltische Kulturkreis war nicht nur Mittler für Güter und Ideen aus dem mediterranen Süden, sondern er hat auch selbst die Nachbarn im Norden stark beeinflußt. Diese Kontakte genauer zu schildern, wäre wieder ein umfangreiches Thema. Nur angeschnitten soll es werden durch einen kurzen Hinweis auf Prunkgefäße, die als Opfer für die Götter vornehmlich in Mooren abgestellt wurden. Am bekanntesten ist der Silberkessel von Gundestrup im Norden Jütlands, dessen reicher, so häufig besprochener Figurenschmuck aus Götterbildern und szenischen Wiedergaben einen Mischstil mit starken fremden und keltischen Elementen verkörpert *(vgl. auch Abb. 134)*. Ein weiterer Kessel – nur zur Hälfte erhalten – stammt aus Rynkeby auf

Fünen, dessen Außenseite mit Stierprotomen und einem menschlichen Kopf mit Halsring geschmückt ist. Das getriebene Gesicht ist gut mit dem des Gottes von Bouray zu vergleichen, auf den weiter unten eingegangen wird.

Abb. 126: Glashund aus Wallertheim (Rheinhessen), Brandgrab 31.

163

Etwas ausführlicher sei ein dritter Kessel beschrieben aus Brå, ebenfalls Jütland. Die Henkelattaschen tragen ein Rankenmuster, das in die Übergangszeit von der Früh- zur Mittellatènezeit, in das 3. Jh. v. Chr. datiert werden kann. Damit ist dieses Gefäß deutlich älter als die beiden anderen Kessel. An den Attaschen, in den Kessel hineinschauend, sitzen Eulenköpfe *(Abb. 127)*. Der Schnabel, die „Augensäcke" und die Haarwülste über der Stirn sind scharf akzentuiert. Die Darstellung bildet einen vorzüglichen Beleg für die Darstellungsweise, die P. Jacobsthal als „plastischen Stil" bezeichnet hat (der sich zeitlich mit dem der „ungarischen Schwerter" überschneidet). Weniger hart, man könnte sagen fast realistisch, sind Stierköpfe modelliert, die ähnlich wie die Protomen am Rynkebykessel außen neben den Attaschen angebracht sind. Auch ihre Ausführung ist typisch für die Epoche, wie es das folgende Werk aus Mähren noch deutlich machen wird. Bei letzterem kehren auch die auffälligen Stirnlocken der Stiere bzw. Haarwülste der Eulen wieder, so daß über dieses Detail Schlüsse auf die Herkunft des Kessels gezogen werden können. Die als Opfergaben verwendeten Prunkgefäße, für die wir aus der keltischen Welt selbst keine Belege haben, was an den unterschiedlichen Fundbedingungen liegen wird, machen uns klar, wie ausschnitthaft, von vielen Faktoren abhängig, unser Wissen vom Kunsthandwerk ist.

Bei dem Meisterwerk aus Mähren, auf das bereits hingewiesen wurde, handelt es sich um Bronzebeschläge einer Holzkanne aus Brno-Maloměřice/Brünn-Malmeritz *(Abb. 128, Nr. 406)*. Kostbare Gefäße aus Metall oder mit Metallbeschlägen sind uns aus der Zeit nur wenige überliefert, da es in weiten Regionen der Latènekultur nicht üblich war, dem Toten Gefäße in das Grab mitzugeben. Die Beschläge aus Maloměřice bestehen aus einem üppigen Blattwerk (verwandt dem Dekor „ungarischer Schwerter"), in das verschiedene figürliche Motive eingefügt sind. Beispielsweise ist unter dem röhrenförmigen Ausguß der Kopf eines Bocks angebracht, dessen Hörner sich um die Tülle legen. Er setzt sich nicht wie bei früheren Werken aus mehreren getrennten Flächen zusammen, sondern ist als ganzes lebendig durchmodelliert. Kontrastreich sind die dicken, buschigen Augenbrauen hervorgewölbt, die den Stirnlocken der Brå-Stiere entsprechen. Den Deckelgriff bildet ein Greif, dessen Körper ringförmig zusammengebogen ist. Sein Zackenkamm ist wieder eindeutig von antiken Modellen entlehnt. Über seinen Augen treten ebenfalls dicke Brauen hervor. Die Seiten der Kanne bedecken Rankengeflechte, an deren Gabelungen wie dicke Knoten Tierköpfe sitzen. Auch einige Ableger der Ranken, die sich wie aus Hülsen lösen, lassen

erkennen, daß die ganze Komposition von der antiken Akanthusornamentik angeregt ist. Ferner zieren drei menschliche Köpfe die Kanne. Bei dem einen handelt es sich, entsprechend dem Zeitstil, um ein asymmetrisches Gesicht mit grotesk übersteigerten Formen, das gut in die Tradition keltischer „Fratzen" zu passen scheint. Die beiden weiteren miteinander verbundenen Gesichter sind jedoch völlig anders mit gleichmäßig modellierten Zügen. Besonders sprechend sind die Augen, die nicht einfache Spitzovale bilden, sondern deren Oberlider etwas höher gewölbt sind. Die Gesichter stehen antiken Darstellungen näher als alles, was wir bisher bei keltischen Werken gesehen haben. Diese Nähe empfindet man aber nicht als eine Überfremdung. Vielmehr hat der Meister, der diesen Beschlag schuf, Anregungen von außen und Überkommenes harmonisch verschmolzen. Die Beschläge gehören in die hohe Zeit keltischen Kunstschaffens auf dem Kontinent. Nicht ohne Grund wurde gerade ein Beschlag der Kanne als Emblem der großen internationalen Kunstausstellung 1991 in Venedig gewählt.

Aus dieser Epoche sind ebenfalls wieder einzelne größere Skulpturen in Stein erhalten. Auch könnten noch einige

Abb. 128: Bronzebeschlag einer Holzkanne aus Brno-Maloměřice (Nr. 406 b)

◁ *Abb. 127: Bronzeattasche mit Eulenkopf des Kessels von Brå.*

hervorragende Werke aus Metall genannt werden, die einen Eindruck von der neuerlich einsetzenden Blüte eines figuralen Kunstschaffens der Kelten vermitteln.

Mit den beschriebenen Funden wurden zwei etwas jüngere, der eine aus Manching bei Ingolstadt, der andere aus Ungarn, aus Jàszberény-Cseröhalom (Ungarn), verglichen. Bei letzterem handelt es sich um ein Trinkhorn aus einem mittellatènezeitlichen Grab *(Nr. 418)*. Den Spitzenbeschlag bildet ein Meeresdrache, wieder mit Zackenkamm, der nach keltischem Brauch einen Halsreifen trägt. Seine direkte Herleitung von einem antiken Vorbild, einem *ketos*, ist evident. Das Horn ist ein vorzüglicher Beleg dafür, daß nicht nur am Beginn der Latènezeit, sondern die ganze Epoche hindurch ein großer Einfluß auf die keltische Kunstproduktion von den antiken Hochkulturen ausging, dem nicht nur einzelne Stilelemente, sondern auch Anregungen bei der Auswahl von Bildthemen verdankt wurden.

Den zweiten Fund bilden zwei Achsnägel mit Eulenköpfen aus dem Oppidum von Manching *(Abb. 185, Nr. 422 c)*. Wieder ist ihre plastische Gestaltung mit fast naturalistischen Zügen neben stilisierten Details mit den Darstel-

lungen der Kanne von Brno-Maloměřice zusammenzubringen.

Mit diesen Achsnägeln sind wir zu Fundstücken aus den Oppida gelangt, die vielerorts im Laufe der Mittel- und Spätlatènezeit zur wichtigsten archäologischen Quelle werden, da gleichzeitig die Zahl der mit Beigaben ausgestatteten Gräber stark zurückgeht. Allerdings sind größere Bronzegegenstände seltener, da in Siedlungen meistens nur das erhalten ist, was zufällig verloren ging oder als wertlos erachtet liegenblieb. Ausnahmen bilden Weihungen von Gegenständen. Denn sicherlich gab es Heiligtümer nicht nur an besonderen Stätten, sondern auch in den Großsiedlungen. Allerdings ist die Erforschung solcher heiliger Plätze noch in einem Frühstadium.

Bei der Fülle von Funden aus den Oppida sind uns auch nicht wenige figürlich verzierte Gegenstände überliefert, allerdings oft nur in Fragmenten. Darunter sind z. B. kleine Anhänger in Form menschlicher Köpfe oder ganzer Tiere. Ferner sei die Fassung für einen Eberzahn aus Manching genannt, die ein Phantasiewesen mit großen Ohren und Stierhörnern darstellt. Aus den Oppida in Böhmen und Mähren kennen wir Zierstücke von Schwertknäufen in Form eines menschlichen Hauptes, oder es wären auch Achsnägel, die ein Männerkopf schmückt, zu nennen. Dabei schließt sich z. B. ein Exemplar von Hradiště bei Stradonice in Böhmen mit seinem bewegten Gesicht und wirren Haaren deutlich an hellenistische Vorbilder an *(Abb. 129)*.

Noch eine lange Liste könnte folgen. Doch soll hier allein auf eine Gruppe besonders eingegangen werden, die sowohl aus Oppida als auch aus anderen Siedlungen und ebenfalls aus Niederlegungen mit religiösem Hintergrund auf uns gekommen ist. Viele stammen auch, leider ohne irgendeine Fundangabe, als interessante Einzelstücke aus alten Sammlungen. Es handelt sich um Kleinbronzen in Form von Tierbildern, die nicht Teil eines größeren Gegenstandes waren, sondern für sich als Weihungen in den Boden kamen. Dabei ist nicht auszuschließen, daß sich unter diesen Tieren auch einzelne Helmaufsätze oder dergleichen befinden, deren ursprünglichen Zusammenhang wir nur nicht mehr kennen.

Die mit Abstand größte Gruppe dieser Kleinbronzen sind Eber *(Abb. 124)*. Das ist insofern erstaunlich, weil, wie angeführt, aus der frühen Latènezeit Eberdarstellungen allein vom Dürrnberg bekannt sind. Was führte zur Beliebtheit gerade dieses Tieres? Etwa als Totenspeise spielte das Schwein seit langem eine Rolle. Es bildet die häufigste Fleischbeigabe in Bestattungen, ja, es werden auch ganze Schweine/Ferkel separat in Friedhöfen beigesetzt. Doch rechtfertigt das keinesfalls die Bedeutung der Eberdarstellun-

Abb. 129: Achsnagel mit Bronzekopf von Stradonice (Böhmen).

gen. Bis auf eine kleine Serie von Bronzen erscheint der Eber immer in Angriffshaltung mit gesträubten Rückenborsten. Dieser Haarkamm ist gewöhnlich überbetont, oft dekorativ verziert oder durchbrochen. Es ist also der wütige gefährliche Eber, der wiedergegeben wird. Er bildet z. B. das wichtigste Feldzeichen der Kelten, von denen wir bisher aber nur einen sicheren Originalfund aus Soulac-sur-Mer (Dép. Gironde) kennen. Doch sind solche Ebersigna beispielsweise auf dem römischen Triumphbogen von Orange abgebildet oder auf keltischen Münzen *(Abb. 34)*. Auch bei der Carnyx, auf der zum Kampf geblasen wurde, ist der gesträubte Kamm eindeutig vom Eber genommen. Ebenfalls kommt außer Vögeln der Eber als Helmaufsatz vor. Können wir ihn als Attributtier eines Gottes sehen, das dem Krieger Schutz und Sieg verleihen sollte? Häufig erscheint auch auf der Vorderseite keltischer Münzen über dem Haar des Kopfes ein Eber. Wieder möchte man dabei an ein „Heilszeichen" denken. Bei der Beliebtheit des Symbols verwundert es nicht, daß der Eber ebenfalls unter den Schlagmarken auf spätlatènezeitlichen Schwertern das häufigste Tierzeichen ist.

Die wenigen Darstellungen des Ebers ohne betonten Kamm lassen sich direkt von etruskisch-italischen ableiten. Nicht so eindeutig sind aber die Vorbilder der Eber in Angriffsstellung bestimmbar. Man kann diese Wiedergaben in verschiedene Gruppen gliedern, wobei vor allem die mit leicht hochge-

recktem Rüssel auf keltischen Münzen genaue Entsprechungen besitzen, was innerhalb der Spätlatènezeit auch Datierungsanhalte bietet. Doch erscheint der Eber auf Münzen ebenfalls in anderen Stilisierungen (vgl. *S. 221 f.*).

Nach dem Eber ist das Pferd das häufigste Votivtier, das, wie wir sahen, bereits eine lange Geschichte innerhalb des keltischen Kunsthandwerks hinter sich hat. Durch die Auswahl der erhaltenen Knochen etwa in der Station von La Tène selbst ist es auch als Opfertier nachweisbar. Auf Münzen erscheint es häufig, wobei es von den Viergespannen und Reiterdarstellungen der antiken Münzen leicht auf keltische übertragen werden konnte. Schließlich ist es mit Götterbildern in Gallien aus römischer Zeit verbunden.

Als weitere Votive sind einige Male Hirsche überliefert. Die Bedeutung sowohl von Hirschen als auch von Böcken innerhalb der geistigen Welt der Kelten zeigt ein überraschender Fund aus Fellbach-Schmiden in Nordwürttemberg *(Abb. 136, Nr. 460)*. In einen Brunnenschacht, der zu einem Heiligtum, einer „Viereckschanze", gehörte, waren hölzerne Figuren hineingestürzt. Die Jahresringe von Holzresten datieren den Brunnen in das Jahr 123 v. Chr. Einerseits handelt es sich um eine heraldische Gruppe hochgereckter Böcke, die eine Götterfigur umgaben, von der auf den Tierleibern noch die Arme und Hände erkennbar sind; andererseits ist der vordere Teil eines wiederum aufgerichteten Hirsches erhalten, der gleichfalls zu einer 1 m hohen Gruppe gehört haben dürfte.

Daß der Hirsch das Attributtier des keltischen Gottes Cernunnos war, der auch selbst ein Hirschgeweih trägt, wird durch spätere römische Bildsteine oder auch durch eine Darstellung auf dem Gundestrupkessel bewiesen.

Unter den Kleinbronzen gibt es nur wenige andere Tiere. Ein paar Stiere sind belegt, die aber z.T. schon aus römischer Zeit stammen dürften. Auch Stiere wie der von Weltenburg *(Abb. 139, Nr. 431)* oder einzelne Stierköpfe, etwa aus dem Oppidum Altenburg-Rheinau am Hochrhein, sind uns überkommen. Daß der Stier ein besonderes Zeichen war, geht ferner daraus hervor, daß eiserne Feuerböcke öfter mit Stierköpfen oder auch nur -hörnern verziert sind oder daß z. B. Helme mit Stierhörnern dargestellt werden.

Auf einen bedeutenden Fund soll hier noch kurz hingewiesen werden, nämlich auf einen schweren offenen Silberring mit Eisenkern aus Trichtingen in Württemberg *(Abb. 138)*. Seine beiden Enden werden durch Köpfe von Jungstieren gebildet, die selbst Halsringe umgelegt haben. Der Halsring ist das wichtige Emblem keltischer Götter und Krieger. Die unregelmäßig fallenden Stirnlocken verraten den Einfluß hellenistischer Werke. Das Stück wird meistens als eine

Arbeit aus dem südöstlichen Randbereich der keltischen Welt angesprochen. Der Ring mit seinen Stiersymbolen, wohl ursprünglich in einem Wasser niedergelegt, der nach seinem Durchmesser und seinem Gewicht gar nicht um den Hals getragen werden konnte, stellt sicherlich die kostbare Weihung an eine Gottheit dar.

Verschwindend klein ist schließlich die Zahl der Widderfiguren. Ein Exemplar wurde nahe der Viereckschanze von Sempt (Kr. Ebersberg) entdeckt. Ein Bezug zu dem Heiligtum ist anzunehmen *(Nr. 432)*.

Außer diesen Bronzen, die im gesamten Bereich der Oppidakultur vorkommen und deren Deutung als Votive wahrscheinlich ist, gibt es noch kleine Plastiken mit anderer Funktion. Die besten Beispiele dafür sind kleine Hündchen aus Bronze oder Glas *(Abb. 126)*, die im Mittelrheingebiet, wo im Gegensatz zu anderen Gebieten auch in der Spätlatènezeit die Bestattung mit Grabgut üblich war, mehrfach als Beigabe in Kindergräbern angetroffen wurden.

Neben den Kleinbronzen gibt es auch größere „Weihegeschenke", die allerdings nur in Ausnahmefällen überliefert sind. Aus Manching stammen z. B. Reste eines Pferdes aus Eisenblech *(Abb. 146)*. Das für eine Figur erstaunliche Metall erklärt sich daraus, daß die Kelten als Schmiede berühmt waren. Allerdings wirkt das Pferd, das eine Widerristhöhe von mehr als 50 cm besessen haben dürfte, nicht sehr kunstvoll. Die Beine sind nur einfache Röhren, doch ist der erhaltene Kopf detaillierter durchmodelliert.

Schließlich werden am Ende der Latènezeit zum ersten Mal eindeutige Götterbilder in Menschengestalt faßbar. Sie können aus Holz bestehen: Erinnert sei an eine überlebensgroße Figur, die sich im Hafenwasser der keltischen Vorgängersiedlung von Genf erhalten hat *(Abb. 153)*. Sie können aber auch in Stein geschlagen oder aus Bronzeblech getrieben sein. Für letztere ist wohl das bekannteste Beispiel der Gott von Bouray (Dép. Seine-et-Oise), der aus dem Fluß Juine geborgen wurde *(Abb. 130)*. In dem übergroßen Kopf sind die Augen mit Glas eingelegt wie auch bei anderen keltischen Werken aus der Zeit kurz vor oder nach Einsetzen der Römerherrschaft. Der Gott ist nackt, nur ein Halsring ist dargestellt. Er sitzt mit übereinandergeschlagenen Beinen auf dem Boden, in einer typischen Haltung, die wir ebenfalls vom Gundestrupkessel kennen oder von den bekannten Skulpturen aus Südfrankreich, lokalen religiösen Äußerungen der mit Ligurern vermischten, dort eingewanderten Kelten. Statt Menschenfüßen hat der Gott Hirschläufe. Desgleichen ist an seinem Kopf der Ansatz eines Hirschgeweihs erkennbar. Dadurch ist er eindeutig als der Gott Cernunnos zu bezeichnen, dessen Attribut der Hirsch ist. Sein Name ist durch eine

Abb. 130: Blechstatue eines Gottes von Bouray (Frankreich).

Beischrift auf einem römischen Bildstein überliefert, der sich im Museum Cluny in Paris befindet. Weitere römische Reliefs bieten gleichfalls das Abbild des Gottes, der wohl ein Naturgott war, aber auch Reichtum spendend mit Merkur und noch anderen römischen Göttern gleichgesetzt wurde.

Wir nähern uns hier dem Problem der *interpretatio romana* keltischer Götter. Um dafür nur noch ein weiteres Beispiel zu bringen, sei von einer römischen Bronze aus Châtelet bei Saint-Dizier ausgegangen, die einen Gott mit Rad und Blitzbündel wiedergibt. Letzteres deutet auf Jupiter hin, der wiederum nach einigen Inschriften mit Teutates gleichgesetzt wird. Das Rad erscheint ferner bei einem der Götterbilder des Gundestrupkessels. Kleine Räder gibt es auch als Anhänger, desgleichen erscheinen sie als ein häufiges Zeichen auf Münzen. Wie weit dürfen wir sie als Symbol dieses Gottes ansprechen? Unklar ist auch, ob es für diesen Gott Tierattribute gab. Vielleicht ist das Pferd mit ihm verbunden, das jedoch ebenfalls zur Göttin Epona gehört und noch zu einer Reihe anderer Gottheiten. In den antiken Kommentaren zu Lucans Dichtung wird Teutates entsprechend seinen besonderen Eigenschaften ebenfalls mit Mars oder Merkur zusammengebracht.

Es sollte hier nur verdeutlicht werden, daß in römischer Zeit die religiösen Vorstellungen der Kelten mit römischen verschmelzen. Doch gibt es zwischen den Göttern keine präzisen Gleichungen. Vielmehr werden öfter verschiedene Züge der alten Gottheiten in den Eigenschaften römischer wiedererkannt. Bei diesen sich wandelnden Glaubensvorstellungen und ohne eine Kontinuität der Priesterschaft – die keltischen Priester, die Druiden, wurden von den Römern bekämpft – ist es fast unmöglich, die frühesten Erscheinungsformen keltischer Götter eindeutig zu umreißen.

Mehrfach wurde in der Forschung versucht, über Tierattribute oder andere Symbole keltische Gottheiten, die uns erst in der römischen Überlieferung mit solchen unbestimmten Konturen entgegentreten, weit bis in die Frühlatènezeit zurückzuverfolgen und mit einzelnen Darstellungen zusammenzubringen. Dagegen sollte hier dargelegt werden, daß in der Auswahl der Bildthemen und der begleitenden Zeichen keine klare Kontinuität vorhanden ist. Somit bleiben Deutungsversuche mit Benennungen aus der römischen Epoche, die man über das 1. Jh. v. Chr. zurückverfolgen möchte, problematisch.

Was die hier besprochene Auswahl aus dem Bilderschatz der Kelten bieten konnte, war nur das tastende Eindringen in eine großenteils mit magisch wirkenden Gestalten angefüllte Vorstellungswelt. Ihre Inhalte sind mehr zu ahnen, als daß sie genauer bezeichnet werden könnten.

Menschen, Götter und Dämonen

Zeugnisse keltischer Religionsausübung

Von Wolfgang Kimmig

Zugang zum Denken und Fühlen, nicht zuletzt zum religiösen Empfinden antiker Völker und Kulturen zu gewinnen, gehört zu den schwierigsten Aufgaben, die dem Archäologen gestellt sind. Dies gilt auch dann, wenn – wie im Falle der Kelten – zahlreiche griechische und römische Aussagen zur Religion dieses alteuropäischen Volkes erhalten geblieben sind. Dabei darf nicht übersehen werden, daß sich diese vorab während der keltischen Spätzeit überlieferten Nachrichten zunächst nur auf das linksrheinische, von Caesar unterworfene gallische Kernland beziehen. Ob man diese Hinweise, wie man vermuten möchte, auch auf das rechtsrheinische, von Helvetiern und Rauraken im Westen und von Vindelikern und Norikern im Osten bewohnte süddeutsche Keltengebiet übertragen darf, muß indes offen bleiben. Hier wie dort kommt im übrigen die Schwierigkeit hinzu, den archäologischen Befund mit der schriftlichen Überlieferung in glaubwürdigen Einklang zu bringen. Letztere beruht überwiegend auf den zumeist fragmentarischen und zudem nur selten auf eigener Anschauung beruhenden Schilderungen griechischer Historiker wie Poseidonios, Polybios, Timagenes, Diodoros und Strabon und – fraglos genauer – auf solchen der Römer Gaius Julius Caesar, Annaeus Lucanus und Ammianus Marcellinus. Von letzteren hat vor allem Caesar während seines gallischen Feldzugs keltische Religionsäußerungen aus unmittelbarem Erleben kennengelernt. Im 6. Buch seiner *Commentarii de bello gallico (de Galliae Germaniaeque moribus)* beschreibt er eingehend seine Beobachtungen (b.G. VI, 17). Die keltischen Hauptgötter Teutates, Esus und Taranis vergleicht er dabei, um sich dem römischen Volk verständlich zu machen, mit den heimischen Göttern Mercurius, Mars und Juppiter. Er schildert, auf Poseidonios zurückgreifend, religiöse Gebräuche und Riten der Gallier und er nennt auch den Personenkreis, der zwischen Volk und Gottheiten Mittlerdienste übernahm. Es waren dies die Barden, welche die Volkshelden besangen, die als Wahrsager ausgewiesenen *vates*, vor allem aber die in einem Orden zusammengeschlossenen Druiden, die bis auf den heutigen Tag die Forschung beschäftigt haben.

Folgendes schreibt Caesar über die Druiden (b.G. VI, 13, 14, hier in Auszügen): „*Die Druiden leiten die Gottesdienste, sie besorgen die öffentlichen und privaten Opfer, sie sind die Lehrer und Vertreter der Religion. Die Jugend sucht bei ihnen ihre Ausbildung und sie stehen bei den Galliern in hohen Ehren. Sie entscheiden über Streitigkeiten aller Art ... und bestimmen über Belohnung und Strafe. ... Als härteste Strafe gilt, wenn die Druiden einen Schuldigen aus der Gemeinschaft ausstoßen. ... Die Druiden nehmen nicht am Kriege teil und zahlen keine Steuern. ... Den Inhalt ihrer Lehre müssen sie auswendig lernen, ... damit sie dem Volke verborgen bleibt. ... Die Druiden beschäftigen sich mit der Unsterblichkeitslehre, mit den*

Abb. 131: Glasperlen mit Schichtaugen.

Abb. 132: Höhle von Tiefenellern (Oberfranken). ▷

Gestirnen und der Natur und vor allem mit der Macht der Götter."

Was sagen zu solchen Schilderungen die archäologischen Zeugnisse des süddeutschen Raumes? Hier ist die Forschung naturgemäß in erster Linie auf die Aussagen der schlichten Volksreligion angewiesen mit ihren meist zählebigen und sich über lange Zeit fast unverändert haltenden Riten und Gebräuchen, die erklärlicherweise kaum Ansprache in der schriftlichen Überlieferung gefunden haben. Dazu kommt, daß gerade numinose Zeugnisse stark von Zufälligkeiten ihrer Auffindung abhängig sind und in ihrer Deutung einen oft schillernden Charakter aufweisen.

Wie steht es zunächst mit ortsfesten Denkmälern, die Spuren keltischer Religiosität erkennen lassen? Schon in der keltischen Frühzeit, also während des 6.–4. Jh. v. Chr., haben die im Verlauf des Jurahöhenzuges von Ostfrankreich bis nach Oberfranken häufigen Schacht- und Spalthöhlen die Menschen als Plätze göttlicher Mächte angezogen und zu Kulthandlungen aller Art angeregt *(Abb. 132).* So haben etwa vor den Eingängen der Dietersberghöhle bei Egloffstein oder dem Felsenloch im Veldensteiner Forst, beides Fundstellen in Oberfranken, geheimnisvoll-düstere Kulte stattgefunden, in deren Verfolg zahlreiche Menschen – Frauen, Männer und Kinder – getötet und im Anschluß an unbekannte Zeremonien in die Schachthöhlen geworfen wurden. Brand- und Schnittspuren an den Knochen schließen nicht aus, daß im Zuge dieser Rituale auch Anthropophagie bzw. kultischer Kannibalismus eine Rolle gespielt haben. Zwischen den Toten lagen auffallend viele, Krankheit und böse Geister abschreckende Amulette wie exotische Kaurimuscheln, gelbblaue große Augenperlen *(Abb. 131),* durchbohrte Tierzähne sowie – besonders einprägsam – aus Menschenschädeln geschnittene runde Scheiben, die man um den Hals hängen konnte *(Abb. 133).*

Vor allem letztere erinnern daran, daß der menschliche Kopf in der religiösen Vorstellungswelt der Kelten eine bedeutsame Rolle spielte. Kopfdarstellungen auf Waffen und kriegerischem Gerät, die dem Träger Glück im Kampf mit dem Gegner sichern sollten, begegnen immer wieder im archäologischen Sachgut. Mit Abscheu schildert Diodoros die keltische Sitte, dem besiegten Gegner den Kopf abzuschneiden und ihn an die Mähne seines Pferde zu hängen oder die Köpfe Vornehmer sorgsam mit Zedernöl zu balsamieren und in Truhen aufzubewahren. Für den Kelten bedeutete solcher Brauch indes nichts anderes, als symbolhaft des Gegners Kraft und Tüchtigkeit auf sich selbst zu übertragen.

Deutlich jünger, wenn auch vielleicht mit schon älteren

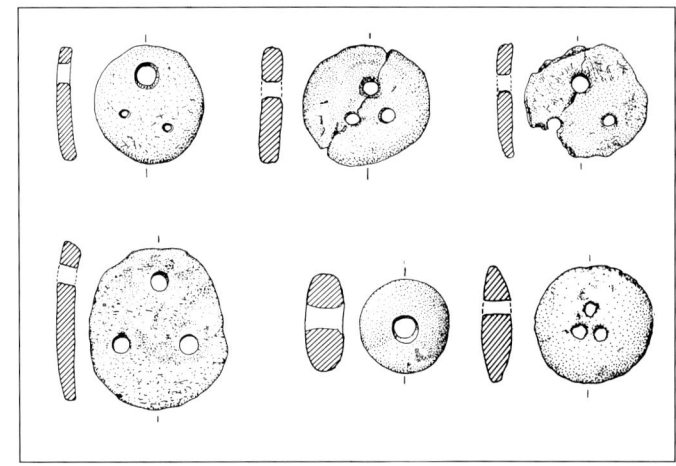

Abb. 133: *Amulette, aus menschlichen Schädeln geschnitten und durchlocht (Oberfranken).*

Abb. 134: *Opferszene auf dem Silberkessel von Gundestrup (Dänemark).* ▷

Anläufen, sind die in Süddeutschland, aber auch im linksrheinischen Gallien teilweise dicht gestreuten, ihrer Form nach als „Viereckschanzen" bezeichneten Geländedenkmäler, die in ihrer Masse dem 2.–1. Jh. v. Chr. angehören und die hier im nachfolgenden Beitrag von F. Müller gewürdigt werden. Sie sind erstmalig in Bayern, in der Folge auch in Baden-Württemberg, neuerdings auch in Frankreich genauer untersucht worden mit dem Ergebnis, daß sie bei unterschiedlicher Nutzung des Innenraumes mit großer Wahrscheinlichkeit als keltische Heiligtümer angesehen werden dürfen. Caesars Mitteilung kommt dabei in Erinnerung, wonach die Druiden einmal im Jahr an einem *locus consecratus,* einem geweihten Ort, einen Gerichtstag abhalten würden (b.G. VI, 13). Es liegt nahe, hierbei an eben die „Viereckschanzen" zu denken, die der Kelte in seiner Sprache vermutlich als *nemeta* bezeichnet haben würde. Der Kelte suchte und fand das göttliche Walten in Quellen und heiligen Hainen, im Rauschen der Bäume, im Orakelspruch und in geheimnisvollen Kulten, die vermutlich in eben diesen *nemeta* zelebriert wurden. In ihnen müssen vor allem Baumkulte eine bestimmende Rolle gespielt haben. Bei Plinius dem Älteren heißt es etwa (XVI, 95): *„Die Druiden . . . halten nichts heiliger als die Mistel und den Baum, auf dem sie wächst, sofern es der Eichbaum ist. Aber auch so pflegen sie die Eichenhaine und vollziehen kein Opfer ohne den Laubschmuck*

172

dieser Bäume. . . . Wenn sie das Opfer gerichtet haben, führen sie zwei weiße Stiere herbei, deren Hörner sie zuerst bekränzen. Dann besteigt ein weiß gekleideter Druide den Eichbaum und schneidet mit goldener Sichel den Mistelzweig ab, der in einem weißen Tuch aufgefangen wird. Daraufhin opfern sie die Stiere und beten."

Hinweise auf Baumkulte haben sich verschiedentlich in Süddeutschland nachweisen lassen. In mehreren der bis zu 32 m tiefen, kunstvoll gegrabenen Schächte im Inneren von Viereckschanzen haben sich Standspuren und Stammreste von an ihrer Basis eingesetzten „Kultbäumen" erhalten. Man erinnert sich dabei an die bekannte Szene auf dem Silberkessel von Gundestrup (Jütland), wo eine Prozession, an ihrer Spitze eine Gruppe von Kriegern, einen sorgfältig mit Blättern geschmückten „Kultbaum" zu dem ein Menschenopfer vollziehenden druidischen Priester heranträgt *(Abb. 134)*. In den Umkreis eines Baumkultes gehört sicherlich auch das Fragment eines im spätkeltischen Oppidum von Manching bei Ingolstadt gefundenen „Kultbäumchens", das einen Kern aus Laubholz besitzt und ringsum mit Goldblech überzogen ist *(Abb. 174, Nr. 458)*. Die an Stamm und Seitenzweigen kunstvoll angebrachten Blätter, Blüten und Früchte erinnern unmittelbar an die Blätter des „Kultbaumes" vom Gundestrupkessel.

Was sich in den keltischen Heiligtümern – *nemeta* – alles abspielte, ist bestenfalls zu erahnen. Daß dabei auch Menschenopfer vollzogen wurden, ist von Caesar ausdrücklich bezeugt und vom Gundestrup-Kessel belegt. Bei Caesar heißt es (b.G. VI 16): „*Wenn jemand schwer krank wird oder Gefahren und Kämpfen entgegengeht, so pflegt er Menschenopfer zu geloben, deren Durchführung natürlich Sache der Druiden ist. Diese nämlich verkünden, daß die Götter nur dann besänftigt werden könnten, wenn ihnen als Ersatz ein Menschenleben dargebracht wird. Auch von Staates wegen finden dergleichen Opfer statt. Zu ihrer Durchführung macht man riesige Götterfiguren aus Stroh und Reisig, die mit lebenden Menschen gefüllt werden. Dann wird das Ganze angezündet, so daß die Menschen in den Flammen umkommen.*"

Solche Rituale klingen nicht gerade sympathisch, und man versteht, daß ein kultivierter Römer wie Cicero im Senat darüber gewettert hat und daß die Kaiser Tiberius und Claudius die Menschenopfer zum Anlaß genommen haben, um den von ihnen als unheimlich empfundenen Druidenkult zu verbieten.

Humanes und Entsetzliches lag also in der keltischen Religion nahe beieinander. Dabei gehörten Menschenopfer durchaus zur Vorstellungswelt der Antike. Wenn in der Bibel Abraham seinen Sohn Isaak, wenn in der griechischen Mythologie Agamemnon seine Tochter Iphigenie ohne zu zögern auf göttliches Geheiß zum Opferaltar bringt, wenn

Abb. 135: Stele von Holzgerlingen (Nr. 457).

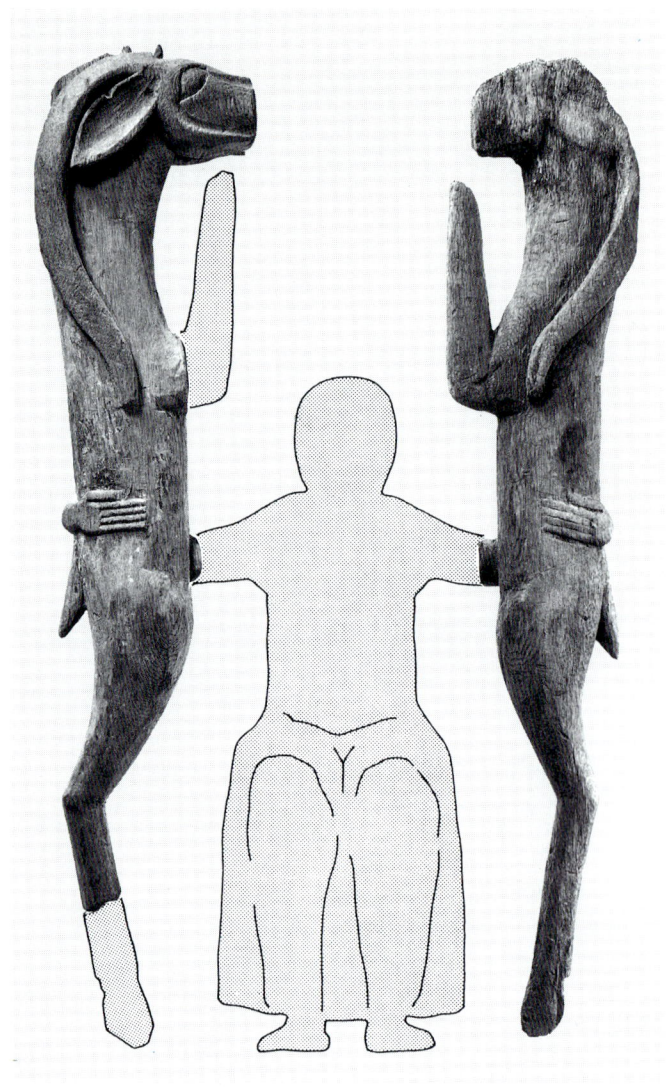

Abb. 136: Geschnitzte Tierfiguren aus Fellbach-Schmiden (Nr. 460).

Achilleus bei der Totenfeier für seinen Freund Patroklus zwölf gefangene trojanische Jünglinge tötet und mit auf den Scheiterhaufen legt oder wenn der sumerischen Königin Schub-ad ihr ganzer Hofstaat mit ins Grab folgt, dann bekunden solche Vorgänge, daß nur das Menschenopfer als höchste Weihe Schlußpunkt einer solchen Handlung sein konnte. Blut ist ein ganz besonderer Saft, meint Mephisto zu Faust aus Anlaß der Unterschreibung ihres Paktes.

Was gibt es sonst an archäologischen Gütern aus Süd-

deutschland, die Einblicke in die keltische Religiosität vermitteln können? Wir müssen uns hier auf eine Auswahl beschränken. In die Frühzeit (6.–4. Jh. v. Chr.) gehört eine Reihe steinerner Stelen gelegentlich figürlicher Art, die mindestens teilweise auf Grabhügeln aufgestellt waren. Eindrucksvollstes Beispiel ist hier der „Mann von Hirschlanden" (Kr. Ludwigsburg) mit Hut oder Helm, Maske, Halsring, Leibring mit eingestecktem Dolch, ansonsten nackt, das älteste lebensgroße Bildwerk Mitteleuropas, das den

Abb. 137: Bronzene Amulettfigürchen aus Stuttgart-Uhlbach (Nr. 436).

Abb. 138: Silberring von Trichtingen, Detail. ▷

Namen Mensch verdient und das vom Bildhauerischen her deutliche Beziehungen zu mediterranen Jünglingsfiguren *(kouroi)* aufweist *(Abb. 37, Nr. 481)*. Deutlich einheimische Züge trägt demgegenüber die sicher jüngere Stele von Holzgerlingen (ebenfalls Großraum Stuttgart) mit ihrem zweigesichtigen, finster blickenden, sparsam gezeichneten Antlitz und den Kopf rahmenden großen Schwellkörpern *(Abb. 135)*. Man hat in diesen Stelen, von denen es sicherlich auch welche aus Holz gegeben hat, Zeugnisse für einen keltischen Ahnenkult gesehen, sie aber auch als Götterfiguren im Sinne Caesarischer *simulacra* zu deuten versucht. Einzigartig, und zugleich die ganze Spannweite keltischer Bildnerei anzeigend, sind die in einem Kultschacht oder sogar Kultbrunnen einer „Viereckschanze" von Fellbach-Schmiden nahe Stuttgart geborgenen, aus Eichenholz (!) lebensvoll geschnitzten Tierfiguren zweier sich aufbäumender Böcke und eines Hirsches *(Abb. 136, S. 169)*. Erkennbare Hände am Leib der Böcke machen klar, daß diese zu einer verschollenen menschlichen Figur gehörten, welche – vermutlich sitzend – die beiden Böcke umfaßt hielt. Der Situation nach kann es sich nur um ein mehrteiliges Kultbild gehandelt haben, das – im übrigen dendrochronologisch exakt auf 123 v. Chr. datiert – irgendwo im Heiligtum aufgestellt war und bei dessen Zerstörung in den Schacht gestürzt wurde. Die erstaunliche Lebendigkeit der Tierfiguren straft dabei den spöttischen Ausspruch des Lucanus (1. Jh. n. Chr.) Lügen, bei

dem es einmal heißt (bellum civ. III, 412 ff): Die (keltischen) Bildwerke der Götter „*entbehren jeglicher Kunst und sehen unförmig wie Baumstrünke aus.*"

Neben monumentalen Bildwerken gibt es nicht selten auch kleine, aus Bronze gegossene Menschenfigürchen, häufig mit einem Ring am Rücken und damit deutlich als zum Tragen bestimmte Amulette charakterisiert. Sie mögen als Mittelpunkt einer Kette oder auch eines Halsrings gedient haben – Beispiele dafür gibt es –, um den Träger vor Unheil zu bewahren. Besonders eindrucksvoll sind vier Figürchen aus Uhlbach bei Stuttgart, zwei männliche und zwei weibliche, die aus einem Grabe stammen und in drastischer Weise ihren Sexus kundtun *(Abb. 137)*. Ob sie einen Fruchtbarkeitszauber versinnbildlichen oder generell Amulett-Charakter haben, läßt sich kaum entscheiden.

In diesem vielschichtigen, zumeist übersinnlichen Gedankengebäude keltischer Religiosität hat auch das Tierbild seinen festen Platz, das uns in anderem Zusammenhang schon verschiedentlich begegnet ist. Keltisches Kunsthandwerk des 5.–4. Jh. ist reich an Trachtbestandteilen aller Art, vorab Fibeln (Broschen), die neben ornamentaler Wirrnis zusätzlich noch mit menschlichen Fratzen und dämonisch empfundenen Fabeltieren verziert sind *(Abb. 118)*. Erst während der späten Keltenzeit (3.–1. Jh. v. Chr.) kommen dann im süddeutschen Raum aus Bronze gegossene oder aus Eisen getriebene Tierfiguren hinzu, deren naturalistisches Flair die

Abb. 139: Bronzestier von Weltenburg (Nr. 431).

inzwischen erfolgte unmittelbare Berührung mit dem mediterranen Kulturkreis ahnen läßt. Meist sind es männliche Tiere: Stiere, Eber, Hirsche, Greifen, selten Pferde (Hengste), insgesamt also Tiere, die Kraft und Wildheit verkörpern und die zugleich sinnbildhaft für die zeugende Fruchtbarkeit stehen *(Abb. 138, 139)*.

Es ist nicht leicht, Zugang zum Symbolcharakter all dieser Tiere zu gewinnen. Daß etwa den Fabeltieren der Frühzeit ein unverkennbar apotropäisches, also unheilabwehrendes Element innewohnt, scheint unbezweifelbar. Aber nicht übersehen werden sollte auch die Möglichkeit eines starken erzählerischen Moments, ein bildhaftes Anknüpfen an Mythen und Sagen, wie sie sich etwa im keltischen, nie von den Römern betretenen Irland noch nach Jahrhunderten in den Mabinogion-Erzählungen und im Sagenkreis um den Helden Cuchulainn erhalten haben.

Was die naturalistischen Tiere der Spätzeit anbelangt, so könnte man sich diese gut als Begleittiere von Göttern vorstellen, wie sie so zahlreich auf dem Gundestrupkessel erscheinen und über die man – stellvertretend für die für einen Kelten nicht darstellbaren Götter selbst – deren Schutz und Hilfe erflehen konnte. Manche dieser Tiere mögen auf Hausaltären gestanden haben, andere – kleinere wie etwa Eberfigürchen – hat man wohl auch unmittelbar am Körper getragen. Der Anruf an das unbekannte Göttliche drückt sich besonders eindrucksvoll in den großartigen Manchinger Achsnägeln aus *(Abb. 185, Nr. 422 c)*, deren Eulenköpfe so etwas wie ein Garant für eine unfallfreie Wagenfahrt waren!

Die keltische Götterwelt insgesamt, blicken wir noch einmal zurück, hatte nichts Heiteres, Gelöstes an sich. Sie war nicht zu vergleichen mit dem griechischen Olymp, wo menschlich empfundene Götter froh vereint beim Gastmahl saßen. Das keltische Pantheon flößte statt dessen Furcht ein und drohte überall mit Vergeltung und Tod. Dieser dämonischen Welt suchte der Kelte dadurch zu begegnen, daß er sich überall mit Objekten apotropäischen, also unheilabwehrenden Charakters umgab. Es ist dies eine Welt, zu der wir Heutigen nur schwer Zugang finden, die wir aber nicht deswegen ablehnen sollten, weil sie nicht die unsrige ist.

Kultplätze und Opferbräuche

Von Felix Müller

Der weitaus größte Teil des öffentlichen Interesses, das heute den Kelten entgegengebracht wird, gilt deren religiösen Weltanschauungen und mystischen Vorstellungen. Angesichts der Vielschichtigkeit des Kelten-Begriffes ist es verständlich, daß dabei in den meisten Fällen auf die irischen Heldenepen oder auf die walisischen und bretonischen Sagenkreise des Mittelalters zurückgegriffen wird. Eine Gleichsetzung mit keltischem Gedankengut auf dem Kontinent und in den vorchristlichen Jahrhunderten wird dabei als selbstverständlich angenommen, eine historische oder gar archäologische Absicherung (im wissenschaftlichen Sinne) gar nicht erst angestrebt. Gerade der in letzter Zeit besonders im englischen Sprachgebiet schier unüberschaubare Ausstoß an esoterischen Büchern keltischen Inhalts zeigt aber, daß deren Zielsetzungen grundsätzlich anderer Art sind: Es geht nicht in erster Linie um den Versuch, historische Realitäten zu rekonstruieren, sondern im Mittelpunkt steht sowohl die Suche nach der eigenen Identität wie auch die Legitimierung einer „neuen", „ganzheitlichen" Weltanschauung oder „naturnahen" Lebensweise. In jüngster Zeit führte das in Frankreich sogar zur Gründung neuer Religionsgemeinschaften, wie z.B. der „Eglise Druidique des Gaules". Diesem sozio-psychologischen Phänomen steht der „praktizierende" Archäologe relativ hilflos gegenüber. Was bei archäologischen Grabungen an „Religiösem" zutage gebracht wird, ist äußerst karg, spröde und überhaupt nur sehr schwierig als solches zu erkennen und zu deuten.

Was bei der Behandlung anderer Fundgattungen, wie der Siedlungen oder auch der Gräber, in geringerem Maße ins Gewicht fällt, wird beim Thema „Religion und Kult" zu einem eigentlichen erkenntnistheoretischen Problem: Wie läßt sich die Spur von etwas auffinden, das man selber gar nicht kennt? Fest steht, daß wir die Dinge nur im Kontext unserer eigenen Ideen und Denkschemata, die ihrerseits geprägt sind von der christlich-abendländischen Kulturtradition, zu verstehen vermögen. Dies gilt insbesondere für das ganze Begriffsvokabular (wie z.B. „Kult", „Opfer", „Religion"), welches eher als der Kommunikation dienendes Behelfsvehikel zu verstehen ist denn als die präzise Umschreibung eines genau definierten vorgeschichtlichen Sachverhalts.

Für die theoretische Durchdringung des angesprochenen Themenbereiches wäre die Erarbeitung einer systematischen „Phänomenologie des Sakralen" von archäologischen Funden und Befunden von größter Nützlichkeit. Im speziellen ginge es darum, bestimmte Gesetzmäßigkeiten, was die Örtlichkeiten und Fundobjekte betrifft, die eindeutig sakralen Charakters sind, herauszuarbeiten. Gerade in diesem Forschungsbereich herrscht ein großes Defizit.

Keltische Kultplätze können am ehesten dort erkannt werden, wo sie in einer zweifelsfreien zeitlichen und funktionalen Kontinuität mit römischen Sakralbauten stehen. Vom Bekannten ins Unbekannte vorstoßend, d.h. von der römischen in die vorgeschichtliche Zeit, oder auch vom eindeutigen zum rudimentären Ausgrabungsbefund rückschließend, lassen sich bestimmte architektonische oder topographische Gesetzmäßigkeiten von Kultplätzen herauskristallisieren. Diese Arbeitsweise in Analogieschlüssen ist eigentlich das Grundprinzip aller vorgeschichtlicher Forschung und hat sich seit jeher bewährt. Eine anderere steht letztlich gar nicht zur Verfügung.

Falls die Grabungsbefunde keine konkreten Hinweise liefern, bleibt der tiefere Grund der sakralen Überhöhung einer bestimmten Örtlichkeit oftmals im dunkeln. Schier unbegrenzt viele Möglichkeiten bieten sich dann an. In der Stadt Rom reichen diese z. B. von der legendären Felsspalte auf dem Forum, in welche hinein sich in mythischer Vorzeit Marcus Curtius als Selbstopfer stürzte, bis zu jener Ecke an der aurelianischen Stadtmauer, an der eine fünfköpfige Familie im März 1944 einen Bombenhagel unversehrt überlebte und wo nachher eine kleine Andachtsstätte entstand. Ohne mündliche Überlieferungstradition wären beide Stellen für uns inhaltslos geworden. Eine ganze Reihe ähnlich instruktiver Beispiele aus der römischen Welt hat Ludwig Pauli zusammengetragen.

Mit einem analogen Vorgehen lassen sich nicht nur Fundplätze, sondern auch gewisse Fundkategorien einer sakralen Deutung zuführen oder diese doch mindestens wahrscheinlich machen. Wurde einmal die spezifische Zusammensetzung und auch Behandlung von bestimmten Funden in Heiligtümern analysiert und ihre Funktion als Weihegaben erkannt, so kann eine adäquate Deutung bei entsprechend zusammengesetzten Fundkomplexen auch dort erschlossen werden, wo keine topographischen oder architektonischen Indizien vorhanden sind. Da einerseits in der Religion die Tradition und andererseits in der Kultausübung das Ritual geradezu Grundvoraussetzungen für ihre Rechtmäßigkeit und ihr Wirkungsvermögen darstellen, ist ganz allgemein – und auch in vorgeschichtlichen Kulturen – mit einer starken Kontinuität in allen Bereichen, die den Glauben berühren, zu rechnen. Mindestens sollte man gleichbleibende archäologische Phänomene in sich ablösenden Zeitepochen auf identische Verhaltensmuster bzw. Motivationsauslöser zurückführen dürfen.

Dennoch muß man sich, gerade was die Deutung und Bedeutung der Gegenstände betrifft, in Ermangelung an inhärenten Kenntnissen oft auf das Allgemeingültige, auf das Archetypische, berufen. Es ist das Verdienst von Marcel Mauss, das Prinzip des Tausches als soziales Verflechtungsnetz im allgemeinkulturellen Kontext und auch für das Keltische im Besonderen erkannt zu haben. Nach ihm basiert die Grundidee menschlichen Denkens und Handelns auf dem Prinzip des Gebens mit der Verpflichtung des Zurückgebens. Sie läßt auf diese Weise Güter nicht nur unter Menschen, sondern auch zwischen Menschen und Göttern zirkulieren, wo wir dann von Opfer- oder Weihegaben sprechen. Vom materialistischen Standpunkt aus gesehen soll in Situationen des Überflusses gegeben werden, um bei Bedarf zurückfordern zu können. „*Do, ut des*" nannten die alten Römer dieses Lebensprinzip: Ich gebe, damit Du (mir) gibst.

Das Problem der „Viereckschanzen"

Was die Deutung als sakrale Anlage betrifft, so gibt es zum jetzigen Zeitpunkt kein zweifelsfreieres Beispiel für ein latènezeitliches Heiligtum als dasjenige von Gournay-sur-Aronde in der französischen Picardie. Dieser Kultplatz liegt innerhalb eines Oppidums und weist bezeichnenderweise eine Kontinuität von der Mittellatènezeit bis in die spätrömische Epoche auf. Während seiner ganzen Benützung änderte sich seine architektonische Grundkonzeption nicht: Ein annähernd quadratisches Graben- und Palisadengeviert von rund 45 x 38 m Seitenlänge umgibt ein freistehendes zentrales Gebäude, das mehrere Umbauten erfährt, bis es in seiner letzten Ausführung einen gallo-römischen Umgangstempel darstellt. Bemerkenswert ist die große Zahl von Metallfunden, die in den Umfassungsgräben zum Vorschein kamen. Von den mehr als 2000 geborgenen Metallobjekten bestanden nahezu zwei Drittel aus ganz erhaltenen oder

Abb. 140: *Verbreitung spätkeltischer Viereckschanzen in Bayern.*

fragmentierten Waffen (Schwerter, Scheiden, Schilde, Lanzen), die in den meisten Fällen und oft in geradezu grotesker Weise verbogen, zerhackt und zertrümmert waren. Dieser Umstand führte zum Schluß, daß es sich um Beutewaffen handeln müsse, die einer Kriegsgottheit in ihrem Heiligtum geweiht worden sind.

Das Erscheinungsbild von Gournay blieb in Frankreich kein Ausnahmefall, sondern wurde unterdessen durch neue Forschungen mehrfach bestätigt, so z.B. in Faye-L'Abbesse, Nalliers und Tronoën.

Die entsprechenden spätkeltischen Kultplätze Süddeutschlands und der Schweiz glaubte man bereits seit langem in den sog. „Viereckschanzen" erkannt zu haben *(Abb. 140)*. Nachdem eine kleine Zahl von ihnen unterdessen archäologisch genauer untersucht werden konnte, traten in manchen Fällen Details und Einzelerscheinungen auf, für die sich nicht immer Entsprechungen haben finden lassen. Allen gemeinsam ist das viereckige Wall-Grabensystem, welches in der Regel mit einer Toröffnung gegen Westen, Süden oder Osten (aber nie nach Norden) versehen ist, sowie die Spärlichkeit des Fundgutes, das keine Waffen umfaßt und kaum einmal über Keramikscherben hinausreicht.

Abb. 141: Viereckschanzen von Holzhausen.

Abb. 142: Viereckschanzen bei Gilching.

Zu einem Paradebeispiel keltischer „Viereckschanzen" ist diejenige von Holzhausen bei München geworden *(Abb. 141)*. Ihre Einfriedung in der Form eines einfachen Palisadenzauns entwickelte sich über mehrere Bauphasen, die im einzelnen nicht datiert sind, bis zu einem eindrücklichen Wallgeviert und Grabensystem mit beinahe befestigungsartigem Charakter. Für die Deutung als Heiligtum stellte Klaus Schwarz nicht nur den in einer Ecke stehenden „Tempel" aus Holz in Rechnung, sondern auch drei „Kultschächte", von denen der tiefste 35 m in die Erde reichte.

Während sie an anderen Stellen (z. B. in Ehningen bei Böblingen) fehlen, wurde ein 20 Meter tiefer Schacht in der Viereckschanze von Fellbach-Schmiden als Brunnen, der bis auf den Grundwasserspiegel hinunter reichte, gedeutet. Er enthielt die drei prächtigen, in Holz skulpierten Tierfiguren *(Abb. 136)*. Die Jahrringanalyse der hölzernen Schachtverkleidung legte ihren Bau auf Mai/Juni 123 v. Chr. fest. Eine profane Deutung als Brunnen wie im Falle von Fellbach-Schmiden wurde unterdessen für andere Orte (z.B. Holzhausen und Tomerdingen) ebenfalls in Erwägung gezogen.

Schließlich ist auch mit im Minimum vier bzw. sieben Gebäuden in den Anlagen von Ehningen und Wiedmais in Niederbayern eine dichtere Überbauung nachgewiesen, als dies bis anhin dem allgemeinen Kanon der „Viereckschanzen" entsprochen hat. Für eine sakrale Deutung würden wiederum die in Wiedmais nachgewiesenen „Brandstellen" von mehreren Quadratmetern Ausdehnung sprechen. Sie enthielten „zahlreiche Keramikreste sowie winzige kalzinierte Knochensplitter", die auf einen Opferritus hindeuten könnten.

Das bereits in Süddeutschland recht uneinheitliche Erscheinungsbild der „Viereckschanzen" verstärkt sich noch, wenn man einen größeren geographischen Umkreis ins Auge faßt. Gerade in Frankreich, in der Schweiz und auch in Böhmen haben genauere Untersuchungen in machen Fällen Zweifel an der sakralen Deutung von „Viereckschanzen" aufkommen lassen. Es konnten dort auch andere Zweckbestimmungen und Zeitstellungen für viereckige Geländedenkmäler, die nur oberflächliche morphologische Verwandtschaften zu „Viereckschanzen" aufweisen, wahrscheinlich gemacht werden.

Nicht zu übersehen sind die Unterschiede zu den französischen Heiligtümern vom Typ Gournay. In den „Viereckschanzen" gibt es nie Funde mit eindeutigem Weihecharakter, wie z.B. Waffen oder Münzen, und auch eine besondere Häufung von Tierknochen oder Menschenknochen mit atypischen Verletzungen, die ebenfalls von Opferritualen herrühren könnten, ist bis jetzt nicht festgestellt worden.

Ein entscheidendes Merkmal, das eventuell sogar gegen eine sakrale Deutung sprechen könnte, ist der Umstand, daß über den in „Viereckschanzen" festgestellten „Tempeln", d.h. in stratigrafisch jüngerer Lage, bis jetzt nie römische Heiligtümer entdeckt worden sind. Trotz bisweilen erwähnter römerzeitlicher Einzelfunde kann nirgends von einer Kontinuität in der Kultausübung gesprochen werden. Gerade das ist aber in französischen Heiligtümern mehrfach der Fall.

Vielleicht läßt sich die Funktion der „Viereckschanzen" nicht auf diesen einzigen, sakralen Bereich einengen. So ist wiederholt auf die Nachrichten antiker Schriftsteller hingewiesen worden, wonach es bei den Arvernern und auch bei den Galatern der Brauch gewesen sei, Gefolgsleute in *„Einhegungen aus Pfahlwerk und Weidengeflecht"* mit Speis und Trank freizuhalten, sozusagen als Entlöhnung des Oberhauptes für die ihm geleisteten Dienste. Man fühlt sich dabei auch an die von Polybios beschriebenen keltischen Festgelage erinnert, an denen großzügige Geschenke, u.a. in Form von Gold und Wein, ihre Besitzer wechselten. Daß sich daraus oft blutige Streitigkeiten entwickelten, weist darauf hin, daß diesen Anlässen eine wichtige soziale Regelfunktion zukam. Dies steht ganz im Einklang mit der eingangs erwähnten Theorie der „Umverteilung des Reichtums" nach M. Mauss. Tauschrituale solcher Art – sowohl unter Menschen wie zwischen Menschen und Göttern – konnten wohl an einem eigens dafür hergerichteten Platz stattfinden. Nur bleibt eben auch bei diesem (theoretischen) Deutungsmodell ein zuverlässiger Konnex zu den (konkreten) „Viereckschanzen" schwer herzustellen.

Schließlich gibt es auch Hinweise auf eine profane Deutung. So ist beispielsweise der einzigen „viereckschanzenähnlichen" Anlage aus der Hallstattzeit von Aiterhofen ihre sakrale Funktion von verschiedenen Forschern abgesprochen worden, nachdem man das archäologische Erscheinungsbild hallstattzeitlicher „Herrenhöfe" klarer zu fassen vermochte. Ähnliches könnte man sich bei verbessertem Kenntnisstand für die latènezeitlich datierten „Viereckschanzen" vorstellen. Dann ließen sich der bisweilen über-

höhte Innenraum und die kürzlich in Tomerdingen registrierten, ungewöhnlich hohen Phosphatwerte (falls diese nicht allerjüngsten Ursprunges sind) auf eine natürliche Bodenbildung durch Mensch und Tier zurückführen. In Fellbach-Schmiden war der Brunnenschacht mit einer dicken Schicht von Stallmist und Tierkot verfüllt, was die Bearbeiterin der botanischen Fundproben, Udelgard Körber-Grohne, auf eine Siedlung mit Viehhaltung „in unmittelbarer Nähe" schließen ließ. Warum nicht in der „Viereckschanze" selber?

Es müssen noch sehr viele Einzelfragen gelöst werden, bevor die Deutung dieser geheimnisvollen Erdwerke endgültig geklärt werden kann. Die Chancen für eine Vermehrung unseres jetzigen Wissensstandes stehen aber gut, da durch die Luftbildarchäologie – gerade in Bayern – ständig neue „Viereckschanzen" entdeckt werden, manchmal in so ungewöhnlicher Konzentration wie zwei Anlagen bei Gilching *(Abb. 142)* oder fünf bei Teufstetten südlich von München. Klarheit über ihr Alter und ihre Funktion werden aber nur Ausgrabungen schaffen.

Heiligtümer in Manching?

Obwohl bis jetzt handfeste Beweise fehlen, sprechen die Ausgrabungsbefunde an drei verschiedenen Stellen im Oppidum von Manching für Bauten sakralen Charakters.

So setzt sich eine von Franz Schubert als Tempelbezirk gedeutete Anlage aus verschiedenen Gebäuden mit zum Teil sonst unüblichen Grundrissen zusammen, die durch eine Einfriedung von der unmittelbar daran vorbeiziehenden Straße abgegrenzt sind *(Abb. 143)*. Trotz oftmaligen und zum Teil massiven Umbauten blieben die einzelnen Gebäude immer an derselben Stelle, was auf eine starke Kulttradition zurückzuführen ist. Unter den mehrheitlich viereckigen Bauten sticht ein „Rundtempel" von ca. 11,20 m Durchmesser hervor, von dem noch massive Pfostenlöcher der Außenwände erhalten sind. Eine rechteckige Pfostenstellung im Innern mit einer flachen Vertiefung im Zentrum stellt nach Ansicht des Ausgräbers „möglicherweise die Standspur eines Götterbildes" dar. Ein anderer Rundbau, der einer älteren Bauphase angehört, ist von einem quadratisch angelegten Umfassungsgraben umgeben.

Während dieser „Tempelbezirk" in der Ebene liegt und sich heute in keiner Weise topografisch von seiner Umgebung abhebt, nahm die zweite Anlage eine bezeichnende Stellung innerhalb des Oppidums ein *(Abb. 144)*. Das im Jahre 1955 von Werner Krämer untersuchte sog. Tempelchen stand

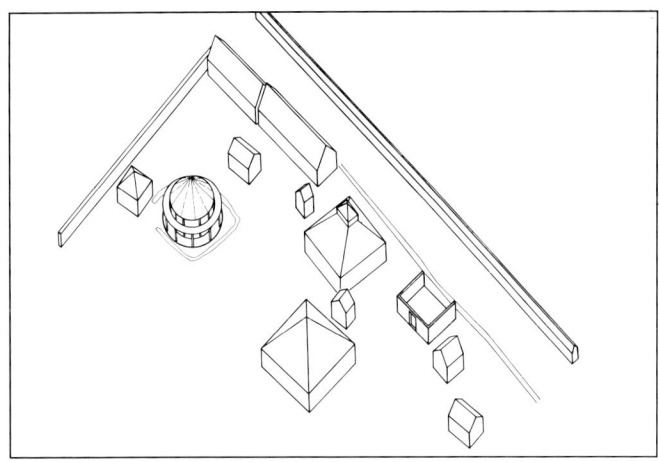

Abb. 143: *Rekonstruktion eines Tempelbezirks im Oppidum von Manching.*

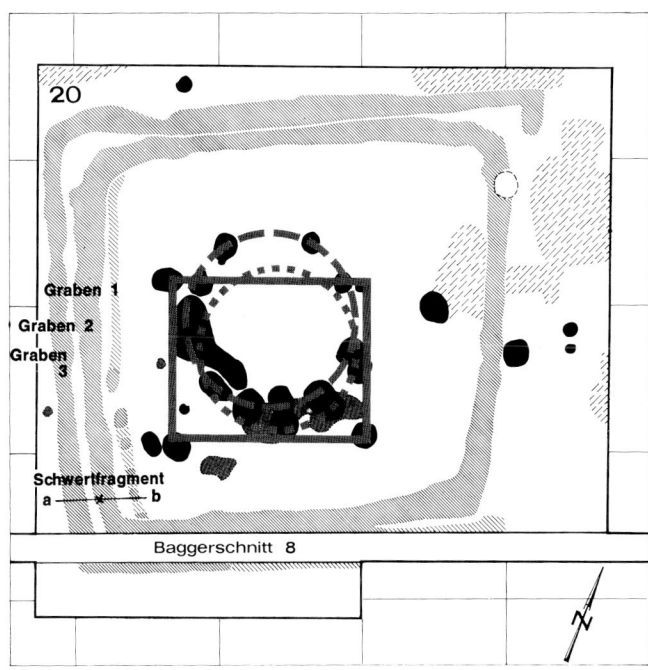

Abb. 144: *Grundriß eines Tempels im Oppidum von Manching.*

nämlich auf dem höchsten Punkt der ganzen Siedlung und lag offensichtlich an einem von sonstiger Bebauung freien Platz sowie vermutlich auch am Kreuzungspunkt zweier Hauptstraßen.

Auch hier traf man auf die Pfostenstellungen mehrerer sich zeitlich ablösender Gebäude mit rechteckigem oder rundem Grundriß, der jeweils von einem Grabengeviert umgeben war. Im Westteil von Graben 2, der ein geschlossenes Quadrat von etwa 15 m Seitenlänge bildete, fand sich das Fragment eines hallstattzeitlichen Schwertes.

Bereits 19 Jahre früher kamen etwa an derselben Stelle zwei umfangreiche Metallfunde zum Vorschein. Sie umfaßten auffallend viele latènezeitliche Waffenteile, u.a. 30 Schwert- und Scheidenfragmente, zudem mehrere Lanzenspitzen sowie einen Schildbuckel und die Wangenklappe eines Helmes – aber auch einen kleinen hallstattzeitlichen Bronzeeimer. In Ermangelung genauer Einmessungen ist der Zusammenhang zwischen dem „Tempelchen" und den beiden Metallkomplexen leider nicht völlig geklärt.

Ähnlich verhält es sich mit dem dritten Fundplatz. Auch hier kann ein viereckiges Grabensystem erst vorläufig mit einem Kultplatz in Verbindung gebracht werden. Auffällig sind die in geringer Entfernung gehäuft auftretenden, stark beschädigten Waffen *(Abb. 145)*. Von dort stammen die Fragmente eines eisernen Pferdes mit plastisch geformtem Kopf und einer Widerristhöhe von knapp 60 cm *(Abb. 146)*. Für dieses bemerkenswerte Stück wurden Deutungen als Votiv, Standartenaufsatz oder gar Götterbild in Betracht gezogen.

Abb. 145: *Verbogenes Schwert aus dem Oppidum von Manching.*

181

Abb. 146: Pferdekopf aus Eisenblech aus dem Oppidum von Manching (Nr. 459).

Während die beschädigten Waffen Assoziationen zum Heiligtum von Gournay hervorrufen, bleibt die Deutung der beiden hallstattzeitlichen Objekte bislang unklar. Könnte es sich hierbei einmal um ein latènezeitliches Heiligtum handeln, dessen Anfänge bereits in der Hallstattzeit liegen?

Brandopferplätze: Die läuternde Wirkung des Feuers

Ein offenkundiger Zusammenhang mit Opferritualen äußert sich im archäologischen Erscheinungsbild der sog. Brandopferplätze, die in den Alpen und im nördlichen Alpenvorland sehr verbreitet sind. Ihr gemeinsames Kennzeichen sind Spuren von massiver Feuereinwirkung an den zutage geförderten Funden und Erdschichten. Zum Teil gewaltige Mengen Asche und verbrannte Tierknochen zeugen von intensiven bzw. über längere Zeitspannen hinweg geübten Kulthandlungen. Das einheitliche Erscheinungsbild veranlaßte W. Krämer, einen Bogen zu bekannten antiken Aschenaltären wie demjenigen von Olympia zu schlagen. Von dort berichtete Pausanias (um das Jahr 160 n. Chr.), daß es der Brauch erfordere, *„die Opfertiere am unteren Teil des Altars . . . zu schlachten. Die Schenkelstücke aber tragen sie hinauf zur höchsten Spitze des Aschenaltars und verbrennen sie dort"* (V 13). Der Aschenberg der dem olympischen Zeus geopferten Tiere habe eine Höhe von beinahe 7 m erreicht. Er bilde den kultischen Mittelpunkt des heiligen Bezirkes

und soll der Sage nach in heroischer Vorzeit begründet worden sein.

Einen beredten Eindruck einer entsprechenden nordalpinen Brandopferstätte vermitteln die Schilderungen des „Knochenhügels" im Langackertal bei Reichenhall in Oberbayern. Die ursprünglich mehr als 4 m hohe Erhebung bestand aus *„klein zersplitterten, hart klingenden, weißgebrannten Tierknochen"*. Selbst nach deren weitgehender Abtragung wurden noch 1890/91 aus dem *„Knochenschotter von Tausenden geschlachteter Haustiere die Bruchstücke von mehr als 700 Gefäßen herausgezogen. Nach einer Schätzung des Großgrundbesitzers und königl. Posthalters Georg Puchner sen. würde der jetzige gesamte Viehbestand im Bezirk Reichenhall nicht die Zahl der am Langacker verbrannten Tiere erreichen"* (Chlingensperg 1904).

Die oftmals bis zu einer grusartigen Masse verbrannten Knochen stammen, sofern sie noch bestimmbar sind, durchwegs von Haustieren. Nachgewiesen sind Rinder, Ziegen, Schafe und Schweine, wobei mehrheitlich die Reste von Körperteilen mit eher geringem Fleischwert vorliegen. Offenbar genügte es, wenn man die Götter mit den bei den kultischen Mahlzeiten anfallenden Resten „abspeiste". Von solchen gemeinschaftlichen Beköstigungen rühren die zum Teil ebenfalls riesigen Mengen von Tongefäßen und Keramikscherben her.

Obwohl es keine allgemeine Regel in der Standortwahl zu geben scheint, stechen vor allem die Brandopferplätze in geographisch exponierter Höhenlage ins Auge. Vermutlich glaubte man sich an solchen Orten den überirdischen Mächten besonders nahe. Dennoch liegen nicht alle Kultplätze auf so imposanten Bergmassiven wie am sog. Burgstall auf der unwirtlichen Hochfläche des Schlern in Südtirol, auf 2500 m Höhe und fernab von jeglicher menschlichen Behausung *(Abb. 147)*. Kalzinierter Knochenschotter und große Scherbenmengen aus der Urnenfelderzeit dehnten sich hier 40 cm dick auf einer Fläche von 12 x 16 m aus.

Am Traunsee in Oberösterreich lag der Opferplatz auf einem steil aufragenden und in den See vorspringenden Kalksteinfelsen und ist damit gut vergleichbar mit dem „Eggli" bei Spiez im Berner Oberland, auf dessen Bergkuppe über dem Thuner See 1,5 Tonnen Scherben aus der Bronze- und Hallstattzeit aufgesammelt worden sind. Erwähnenswert sind schließlich die Beispiele vom Weiherberg, vom Rollenberg und vom Stätteberg im bayerischen

Abb. 147: Burgstall mit Brandopferplatz (Bildmitte) auf dem Schlern, Südtirol.

▷

Ries und im Donautal, die alle inmitten von prähistorischen Ringwallanlagen liegen. Nicht selten befinden sich die Fundstellen aber auch in flachen Talebenen.

Eigentliche Bauvorrichtungen sind, abgesehen von Steinsetzungen und Steinkreisen, mit denen die Brandplätze abgegrenzt waren, kaum einmal nachgewiesen. Unmittelbar neben den Aschenlagern gibt es vereinzelt Konzentrationen von Metallfunden (z. B. an der Stauanlage am Forggensee bei Schwangau), welche zum Teil ebenfalls durch das Feuer in Mitleidenschaft gezogen sind.

Sehr oft stammen die bei Brandopferplätzen gefundenen Scherben aus der Bronze-, Hallstatt- und Frühlatènezeit, während jüngere Epochen oft zusätzlich mit Schmuck, Waffen und Werkzeugen belegt scheinen. Eher ungewöhnlich sind die Votivstatuetten, die im Abraumschutt an der Flanke des Gutenbergs im Fürstentum Liechtenstein gefunden worden sind *(Abb. 148)*. Sie stammen aus der 2. Hälfte des letzten Jahrtausends v. Chr. und stehen ziemlich sicher in Zusammenhang mit mächtigen Schichten von Knochenschotter, der zu irgendeinem Zeitpunkt den Hang hinunter befördert worden ist. Die nackten Krieger sind teils ithyphallisch, teils hermaphroditisch dargestellt.

Von besonderem Interesse ist der Kultplatz von Gauting, wo sich neben den üblichen Tierknochen, Aschenteppichen und Keramikkonzentrationen auch keltische Fibeln und Glasarmringe fanden – und unter den römischen Funden die Teile einer Militärstandarte, wie sie auch im berühmten Paßheiligtum auf dem Großen St. Bernhard nachgewiesen ist. Überhaupt scheinen große Brandopfer bis in die römische Zeit hinein weitergeführt worden zu sein, wie u.a. ein entsprechender Befund auf dem Auerberg im Allgäuer Alpenvorland zeigt, wo ausschließlich Funde aus der frühen Kaiserzeit zum Vorschein kamen.

Felsentürme und Felsenschächte

Sowohl herausragende Berggipfel wie erratische Felsblöcke, aber auch sonstwie imposante Naturphänomene und auffällige Geländeeigenheiten bilden für den Menschen natürliche Orientierungs- und Anziehungspunkte. Als Orte von ungewöhnlicher Bedeutung sind sie dazu prädestiniert, als Opferplätze zu dienen und eine besondere Verehrung zu erfahren. In einem solchen Zusammenhang stehen vielleicht die winzigen Scherbenfragmente, die auf der Plattform des Rabenfelsens bei Krottensee in Mittelfranken gefunden worden sind *(Abb. 151)*. Die kahlen Wände der 40 m hoch aufragen-

Abb. 148: Votivstatuetten vom Gutenberg bei Balzers (Nr. 506).

den, weiß strahlenden Kalksteinsäule können heute nur von geübten Bergsteigern erklommen werden.

Neben den „Felsentürmen" ist eine andere, sozusagen komplementäre Art von „Naturheiligtümern" auf der Fränkischen Alb, im Gebiet der Pegnitz und Regnitz, besonders häufig. Gemeint sind Höhlen, Schächte und Felsspalten, deren Auffüllung mit prähistorischem Fundgut, das am ehesten mit Opferhandlungen in Verbindung gebracht werden kann, durchsetzt sind. In der Regel handelt es sich um senkrecht in die Tiefe stürzende Schächte, die ihre Entstehung der natürlichen Wassererosion im Kalkgebirge verdanken. Bisweilen wurden die Opfergaben in den schwarzen Schlund geworfen, ohne daß dessen Grund überhaupt betreten werden konnte oder mußte. Was sich im einzelnen jeweils tatsächlich vor dem Höhleneingang alles abgespielt hat, läßt sich nur erahnen, da wir lediglich über diejenigen Überbleibsel verfügen, die entweder mit Absicht oder eher zufällig in das Höhleninnere gelangt sind und sich auf diese Weise erhalten haben. Dies war zum Beispiel beim „Felsenloch" im Veldensteiner Forst (Oberfranken) der Fall, wo sich der

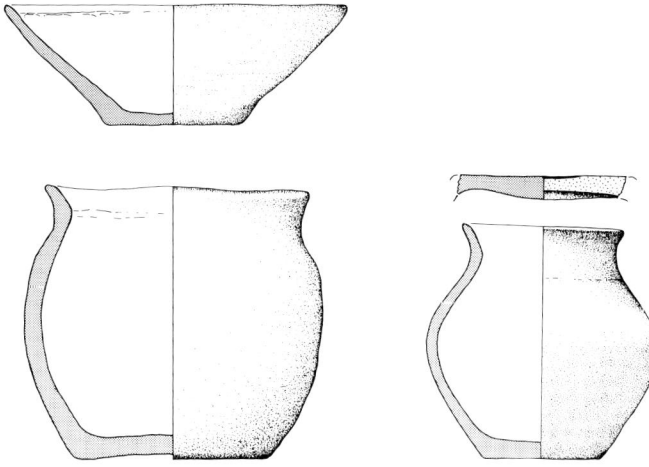

Abb. 149: Gefäßdepot aus der Saugartenhöhle.

Schacht bis in eine Tiefe von 10 m absenkte, um sich dann zu einem waagrecht abzweigenden Höhlenraum zu erweitern. Die von der frühen Bronzezeit bis in die frühe Latènezeit reichende Schichtenfolge enthielt nicht nur Keramik, sondern auch mehrteiligen Ringschmuck aus Bronze und einen tönernen Amulettanhänger *(Abb. 150)*.

Hingegen eröffnete sich den Ausgräbern in der relativ leicht zugänglichen „Saugartenhöhle" im Wellucker Wald eine andere eigenartige Fundsituation. Hier waren etwa 13 m gegenüber des Höhleneinganges, an die Höhlenrückwand angelehnt, zwei Gefäße deponiert worden – genau an derjenigen Stelle, auf die vom Einstieg her ein schmales Lichtband fällt. Die beiden Töpfe waren mit einem Deckel sorgfältig verschlossen *(Abb. 149)*, der eine zusätzlich durch eine darübergelegte Steinplatte vor herabstürzenden Felsbrocken geschützt. Über deren Inhalt konnte nichts in Erfahrung gebracht werden. Jedenfalls scheint es sich nicht um Leichenbrand gehandelt zu haben, weshalb eine Deutung als Brandgräber nicht in Betracht kommt. Dies ist insofern von Bedeutung, als in manchen Fällen, wo Skelettreste von Menschen vorliegen, schwer zu entscheiden ist, ob es sich um Gräber oder um Menschenopfer handelt. Die beiden Gefäße aus der „Saugartenhöhle" gehören in die Späthallstatt- oder Frühlatènezeit.

Obwohl die „Jungfernhöhle" bei Tiefenellern *(Abb. 132)*, deren Fundgut bis in die Jungsteinzeit zurückreicht, die bekannteste ist, lohnt es sich, noch einen Blick auf den in jüngerer Zeit untersuchten „Kleebergschacht" im Bärnhofer

Wald zu werfen. Dort fanden die Ausgräber in einer Tiefe von 3 m die Überreste eines jungen Mannes – oder genauer gesagt, einen aus Becken und Oberschenkeln bestehenden Skelettorso, der offenbar noch im Fleischverband dorthin gelangt ist. Daß gerade diese Körperpartie ausgewählt wurde, „die wegen der Gesäß- und Oberschenkelmuskulatur besonders muskelreich und fleischig ist", ließ bei den Ausgräbern den Verdacht auf kultische Anthropophagie aufkommen.

Dies ist nicht abwegig. Jedenfalls fanden sich auch im bereits erwähnten „Felsenloch" im Veldensteiner Forst die Überreste von nicht weniger als 49 Männern, Frauen und Kindern in allen Lebensstufen und sogar von Neu- und Ungeborenen. Die Knochen sollen dort auffällige Manipulationen in Form von „Tötungsschlägen", Schnittmarken und Bruchkanten aufgewiesen haben, weshalb eine Deutung als Menschenopfer zur Diskussion gestellt wurde.

Im „Kleebergschacht" konnten außer dem Beckentorso noch weitere Menschen- und auch Tierknochen geborgen werden. Erwähnenswert sind die verbrannten Reste eines großen Hundes. Die geborgene Keramik, z.T. mit einem gezielten Hieb zerschlagene Töpfe, gehört in die späte Urnenfelderzeit und in die Hallstattzeit.

Abb. 150: Funde aus dem Felsenloch im Veldensteiner Forst.

Abb. 151: Rabenfels bei Krottensee (Mittelfranken).

„An heiligen Wassern"

Fast zu allen Zeiten wurden Opfergaben auch in Quellen, Flüssen, Seen, Sümpfen und Mooren versenkt – sei es, daß der Lebensnotwendigkeit des Wassers damit Rechnung getragen wurde, die Gewässer als Pforte zur Unterwelt galten oder daß deren glückliche Überquerung und Befahrung Dankesgeschenke erforderten.

Einer der bekanntesten latènezeitlichen Quellenfunde stammt aus der Duxer „Riesenquelle" bei Teplice in Nordböhmen *(Nr. 453).* 1882 entdeckte man dort in einer Tiefe von 5 m in einem Bronzekessel eine große Menge von Fibeln und Ringschmuck; die Schätzungen bewegen sich von 1200 bis zu 4000 Einzelobjekten. Da es sich um Frauenschmuckstücke handelt, werden sie aus der Hand von

Spenderinnen in den engen Brunnenschacht gelangt sein. Die Mehrzahl der Fibeln stammt aus dem fortgeschrittenen 4. Jh. v. Chr. Eine in 9 m Tiefe gefundene Lanzenspitze aus der Bronzezeit zeigt an, daß die Verehrung dieses Ortes eine lange Tradition besaß.

Eine immense Anzahl archäologischer Funde wurde bis heute in Flüssen und in Kiesgruben entlang alter Flußläufe ausgebaggert oder sonstwie zusammengelesen, nicht nur in Bayern, sondern in ganz Mitteleuropa. Da es sich in der Regel um qualitätvolle Einzelstücke handelt, werden sie nicht einfach „entsorgt", sondern bewußt und unwiederbringlich dem Wasser übergeben worden sein *(Abb. 152).* Auch zeigt ihre nach bestimmten Kriterien erfolgte Anhäufung, daß diese nicht dem Zufall, sondern der menschlichen Intention zugrunde liegen muß. Anders sind solche Fundkonzentrationen wie z. B. am Zusammenfluß von Naab und Donau bei Kneiting nicht erklärbar, von wo u.a. fünf Schwerter aus spätkeltischer Zeit stammen.

Unter den Gewässerfunden bilden diejenigen aus der Latènezeit keine Einzelfälle. So konnten am bayerischen Inn bei Töging auf einer Länge von 1,5 km nicht nur römische Altsachen aus den Flußschottern aufgesammelt werden, sondern auch bronzezeitliche Gewandnadeln, Beile, Schwerter, Lanzenspitzen und Kupferbarren in Massen. Dennoch lassen sich die Fundanteile der mittleren und späten Latènezeit Bayerns nicht vergleichen mit den enormen Mengen, welche die Saône in Ostfrankreich oder die westschweizerischen Seen und Flüsse geliefert haben. So stammen bekanntlich von der namengebenden Fundstelle La Tène am Neuenburger See im Minimum 166 Schwerter und 269 Lanzenspitzen. Daß es sich oft (wenn auch nicht ausschließlich) um Waffen handelt, läßt an Beutegut denken, das nach gewonnener Schlacht geopfert worden ist, wie es von römischer Seite bei den Kelten mehrfach geschildert worden ist.

Auch der Votivcharakter von in gleichem Zusammenhang gefundenen Werkzeugen und Geräten wird in letzter Zeit von der Forschung vermehrt diskutiert. Ein idealer oder gar sakraler Wert scheint bei den Gerätschaften der Bodenbearbeitung und Ernte am offenkundigsten, wofür es im traditionellen bäuerlichen Volksglauben verschiedene Anhaltspunkte gibt.

Im Prinzip kommen sämtliche Gegenstände, welche unter den Menschen eine besondere Wertschätzung erfahren, als Opfergaben in Betracht. Dazu gehören auch reine Materialwerte wie zum Beispiel Metalle in Barrenform. Dies muß man aus dem Umstand schließen, daß latènezeitliche Roheisenbarren unter den Gewässerfunden überproportional stark vertreten sind; teils kamen sie zusammen mit den

Abb. 152: Eisernes Knollenknaufschwert aus der Saône bei Châlons (Nr. 455 b).

Waffen zum Vorschein, teils alleine oder zu mehreren Stücken gebündelt.

Vielleicht als der weiblichen Sphäre angehörendes Äquivalent zu den Waffen könnte man die vielen Gewandnadeln aus bayerischen und österreichischen Mooren entlang von Isar, Inn und Salzach deuten. Sie stammen aus der Bronze- und beginnenden Urnenfelderzeit. Man kann in diesen Nadeln entweder eine sehr persönliche Opfergabe oder aber einen Ersatz für die Weihung von ganzen Kleidern sehen.

Aus dem Zusammenhang gerissene Weihegaben

Schwierig ist die Deutung von Fundkomplexen und Einzelstücken dort, wo die Grabungsbefunde stumm bleiben oder die Herkunft gar unbekannt ist. Bisweilen können sie auf einen Kultplatz hinweisen, auch wenn dieser archäologisch gar nicht (mehr) faßbar ist.

Beim jetzigen Stand der Auswertung ergeben sich jedenfalls keine Anhaltspunkte über die Funktion des 1984 entdeckten „Kultbäumchens" von Manching, das zu einer Höhe von rund 70 cm rekonstruiert werden konnte *(Abb. 174)*. Stamm,

Blätter, Knospen und Früchte bestehen teils aus Holz, teils aus Bronze und sind mit einer hauchdünnen Goldplattierung überzogen. Die Bedeutung von weiterem Beiwerk aus Eisen, Bronze und zusätzlicher Goldfolie mit feinen Verzierungen im Latènestil ist vorderhand ebenfalls unklar. Die Aufwendigkeit in der handwerklichen Ausführung sowie die Kostbarkeit des Materials unterstreichen, daß es sich um ein nicht alltägliches Ensemble handeln muß.

Obwohl von einem kürzlich aus dem Handel erworbenen Waffenkomplex nur der Fundort Förker Laas Riegel in Kärnten bekannt ist, unterliegt kaum einem Zweifel, daß er aus einem keltischen Heiligtum stammt *(Nr. 50)*. Dafür sprechen neben seiner Zusammensetzung auch die starken Brandspuren, die bei solchen Waffenvotiven oft beobachtet werden können. Sämtliche Waffen, u.a. sechs Helme und vier in ihren Scheiden steckende Schwerter, bestehen aus Eisen und tragen z.T. hervorragend erhaltene Verzierungen und Stilmerkmale, die eine Datierung in die Zeit rund um 300 v. Chr. ermöglichen.

Zum Schluß soll noch kurz auf die bis anhin nicht erwähnten Münzen eingegangen werden. Seit deren Einführung in die keltische Welt im 3. Jh. v. Chr. besteht damit ein nor-

mierter Wert, der als Opfergabe allgemein akzeptiert scheint. Geld- oder Münzspenden stehen bis heute in Gebrauch. Ein anschauliches Beispiel für eine Geldspende lieferte die im Genfer See bei Villeneuve gefundene Holzstatue, welche in einer Spalte in der Armgegend drei Münzen aus keltischer Zeit verborgen hielt *(Abb. 153)*. Mag es sich bei der dargestellten Person um eine Gottheit oder bloß um ein vergöttlichtes Wesen handeln, die Absicht als Spende ist offenkundig. Gerade weil den Münzen eine sowohl sakrale wie profane Seite innewohnt, ist ihre Deutung im Einzelfall dennoch oft problematisch.

Schließlich gibt es Opferspenden, die im archäologischen Zusammenhang noch seltener oder überhaupt nicht in Erscheinung treten und trotzdem von größerer Bedeutung waren, als wir uns heute vorstellen können: Die gewöhnlichen Leute spendeten ihren Göttern das, was sie eben hatten: Backwaren, Früchte, Blumen.

Abb. 153: Zwei Holzstatuen aus Genf und Villeneuve (Schweiz) mit rekonstruierten Goldtorques aus dem Schatz von Saint-Louis.

Symbolgut

Von Hans Peter Uenze

Auch für das letzte Jahrtausend v. Chr. besitzen die **Sonnensymbole** die stärkste Verbreitung von allen Symbolmotiven. Man darf darin wohl einen Hinweis auf die große Bedeutung des Sonnenkultes für die Menschen jener Zeit sehen. Als Sonnensymbole haben die Kreisornamente zu gelten. Sie finden sich auf den urnenfelderzeitlichen Goldkegeln von Ezelsdorf und Schifferstadt, auf verschiedenen Besatzstücken aus verziertem Goldblech vom Bullenheimer Berg *(Abb. 16)*, auf den Goldbechern von Unterglauheim oder auf Tonscheiben verschiedener Fundorte in Unterfranken. Auf dem Goldkegel von Ezelsdorf tritt zudem ein Fries von Speichenrädern auf: das Rad als *pars pro toto* für den Sonnenwagen stehend. Das nämliche Sonnensymbol ist in der Bronze- und Urnenfelderzeit bei Gewandnadeln und Anhängern sehr geläufig.

Aus späteren Jahrhunderten kennt man Radnadeln und Radanhänger nicht mehr. Dagegen hält sich der Sonnendekor bei der Keramik von der Urnenfelderzeit bis in die Zeit um 300 v. Chr. hinein. Am häufigsten vertreten ist er auf Schalen, und zwar in zwei Ausprägungen: im 7. Jh. v. Chr. in Form der Sonne mit Strahlenkranz, im 6. Jh. v. Chr. in Form des Speichenrades. Weiterhin gibt es Swastika-Ornamente und Dellenrosetten auf hallstattzeitlichen Gefäßen. Daß mit dem letzteren Ornament die Sonne mit Strahlenkranz gemeint ist, erläutert die etwas realistischere Darstellung auf einem Kegelhalsgefäß aus Hügel 87 von Schirndorf (Oberpfalz). Der Dekor des nachfolgend als „Kultgefäß" bezeichneten Stückes wird hier in Abrollung vorgelegt *(Abb. 154)*. Die große Bedeutung, die der Sonnenkult für die Hallstattzeit besaß, zeigt sich ferner in den Tonstempeln mit Speichenrad oder Swastika (Prächting, Oberfranken).

Während das Sonnenmotiv in Form der Strahlensonne, des Speichenrades oder der Swastika von lokalen Töpfern der Hallstattzeit sehr oft verwendet wurde, gebrauchten die überregional arbeitenden Toreuten seit der Urnenfelderzeit ein anderes Motiv, die Schwanen-Sonnen(barke)-Kombination: auf dem urnenfelderzeitlichen Bronzeeimer von Unterglauheim (Schwaben) ebenso wie auf zwei hallstattzeitlichen Breitrandschalen von Unterwiesenacker (Lkr. Neumarkt/Oberpfalz) und bei den Stab-Ring-Gehängen vom Typ Thalling, von denen die Ausstellung ein Beispiel von Kirchenreinbach bringt *(Nr. 428)*.

In der jüngeren Latènezeit wurden in Bayern die Gefäße allenfalls noch mit Kreis-, Kreisaugen- oder Doppelkreis-Stempelmustern versehen. Ob diese Ornamente den Menschen jener Zeit noch als Sonnenmotive erschienen, bleibt Vermutung. Für diese Annahme spricht jedoch der Speichenradstempel auf dem flaschenartigen Gefäß von Schwebheim (Unterfranken), der dort jeweils an den unteren Enden einer umlaufenden Reihe von Bögen auftritt.

Gegenüber den verschiedenartigen Sonnenmotiven treten alle anderen Symbole deutlich zurück. Der **Wasservogel** bzw. **Schwan** findet sich in der Urnenfelderzeit Bayerns neben der bereits genannten Schwanen-Sonnen(barke)-Darstellung von Unterglauheim auch in Form von Aufsteckvögeln im Wagengrab von Hart a. d. Alz *(Nr. 469)*, als Vogelstecker von Poing *(Abb. 65, Nr. 468)* und als Ringaufsatz unbekannter Funktion von Grünwald bei München *(Nr. 61)*. Bei den Ringaufsätzen von Grünwald könnte der Ring durchaus wieder als Sonne angesehen worden sein. Gegenüber den mit ihren langen Hälsen verhältnismäßig naturgetreu gestalteten Schwänen der Urnenfelderzeit sind die Vogeldarstellungen der Hallstattzeit sehr stark abstrahiert, so daß die Vogelart nicht zu bestimmen ist: Das gilt für den Klappervogel von Degerndorf *(Nr. 430)* ebenso wie für das

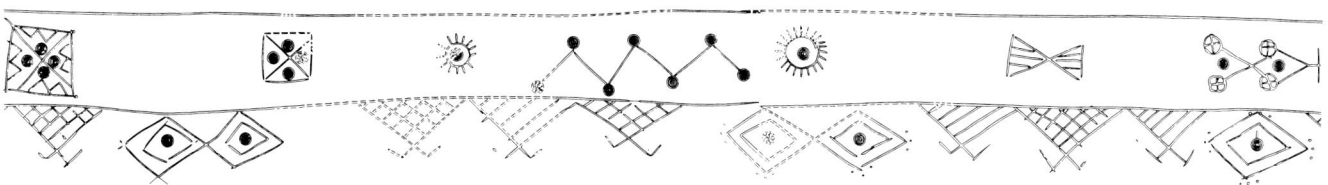

Abb. 154: Dekorabrollung eines Kegelhalsgefäßes aus Schirndorf (Nr. 446).

Abb. 155: Sonnenmotive am Boden von Schalen aus Schirndorf (Nr. 445 a–b).

Stempeldekor auf einer Schüssel von Beilngries (Nr. 429 b) und auf Schalen von Schirndorf.

Erst in der Frühlatènezeit ist wieder die Vogelart erkennbar (Schwanennadel von Bechthal, Mittelfranken und Schwanenfibel von Grafrath, Oberbayern). Gewöhnlich jedoch lassen die Vogelkopffibeln lediglich anhand der Schnabelbildung den Kopf eines Wasservogels von dem eines Vogels mit gekrümmtem Schnabel (s. u.) unterscheiden. Letztmals tritt der Kopf des Wasservogels dann auf dem bekannten Zügelführungsring von Manching auf.

Pferdedarstellungen, aus Nordeuropa etwa durch den Sonnenwagen von Trundholm (Dänemark) bekannt, fehlen hierzulande im urnenfelderzeitlichen Milieu. In der Hallstattzeit sind sie dagegen durch die Tonpferde in Baden-Württemberg (Zainingen), Nordbayern (Prächting Nr. 393 b, Schirndorf mit mehreren Stücken, Beilngries als Rhyton) und Böhmen bekannt. Hinzu kommen die Pferdestatuette mit einer Tonschale auf dem Rücken (Kirchensittenbach, Mittelfranken) und die Tonstatuette eines Reiters (Speikern, Nr. 442 a). Anzuschließen sind die Darstellungen von Pferd und Reiter auf Gefäßen von Beilngries oder die stark abstrahierten Pferde auf Gehängefibeln.

In der Latènezeit findet sich das Pferdemotiv bei Fibeln (z. B. Bechthal, Mittelfranken) wie bei Statuetten auf Bronzegefäßen (Odilienberg, Nr. 434, Kentaur von Reinheim, Saarland). Mit Pferdeköpfen sind eine Variante der Certosafibeln (Grafrath, Oberbayern), Gürtelhaken des 4. Jh. v. Chr. (Hölzelsau, Abb. 13, Nr. 409) und Gürtelketten des 2. Jh. v. Chr. verziert. Dem 2. Jh. v. Chr. gehören weiterhin das eiserne Roß von Manching, Bayerns einzige Kultstatue

der Latènezeit (Abb. 146, Nr. 459), dem 2. und 1. Jh. v. Chr. keltische Münzen mit Pferdemotiv an.

Reine Pferdedarstellungen sind nicht eindeutig zu interpretieren. Sie können als Motivkürzel für den Reiter stehen, vielleicht aber auch für Pferd und Wagen (d. h. den Sonnenwagen). Nicht zuletzt aber mögen sie wie die anderen Tierdarstellungen als tierische Begleiter einer bestimmten Gottheit gemeint sein.

Um einen Sonnenwagen oder **Kultwagen**, wie sie durch die Miniaturwagen (Acholshausen, Unterfranken; Milavce, Böhmen; Strettweg, Österreich) bekannt sind, muß es sich bei der Wagendarstellung auf dem „Kultgefäß“ von Schirndorf handeln (Abb. 154, Nr. 446), da sämtliche Motive auf diesem Gefäß Symbolcharakter besitzen. Dagegen sind die auf Wagen stehenden Schwertträger der Kline von Hochdorf (Abb. 25) ebensogut als Repräsentations- wie als Kultszene zu erklären.

Schlangendarstellungen, die noch nicht ihre entsprechende Würdigung erfahren haben, liegen zwar schon seit der Urnenfelderzeit vor, wurden aufgrund ihrer starken Abstraktion aber nicht erkannt (Gehängenadel von Esslingen). Bereits auf urnenfelderzeitlichen Armbändern ist ein Zickzackornament zu beobachten (Abb. 157, Nr. 447 f). Es tritt auch auf hallstattzeitlichen Armbändern auf (Erkertshofen, Oberbayern). Das gleiche Zickzackornament wird auf dem „Kultgefäß“ von Schirndorf von zwei Sonnenmotiven eingerahmt (Abb. 154), ein Hinweis auf den Rang des Symbols. Daß es sich bei diesen Zickzackmotiven um Schlangendarstellungen handelt, verdeutlichen zwei zweifelsfreie Schlangenanhänger aus dem Grabfeldgau.

Rinder- bzw. **Stierdarstellungen** sind in abstrakter Form für die Urnenfelderzeit durch die „Mondidole" und tönernen Feuerböcke belegt. Bei hallstattzeitlichen Bronzegefäßen gibt es gelegentlich mehr oder weniger realistisch ausgeführte Henkel in Rindergestalt (Au, Lkr. Aichach-Friedberg; Hallstatt, *Nr. 438*). Es ist wohl als urnenfelderzeitliche Tradition aufzufassen, wenn die hallstattzeitlichen Feuerböcke von Beilngries (Oberbayern) ebenso mit Rinderköpfen bzw. -gehörnen geschmückt sind wie die spätlatènezeitlichen von Oberried (Schwaben, *Nr. 483*). Dagegen scheinen die frühlatènezeitlichen Feuerböcke vom Heidelberg bei Schweinthal (Oberfranken) in Drachenköpfen zu enden *(Nr. 114)*.
Am Schlüssel (vielleicht eines Heiligtums) von Sonthofen *(Nr. 439 a)* taucht der Stierkopf ebenso wieder auf wie am kleinen Schlüssel aus dem Dürnbucher Forst *(Nr. 439 b)* oder am Zügelführungsring von Manching *(Nr. 422 a)*. Während die Statuette von Weltenburg *(Nr. 139)* eindeutig als männlich gekennzeichnet ist, gibt es an dem bereits genannten Hallstätter Krug eine Rinderdarstellung mit Kalb. Dasselbe Motiv findet sich an einem spätlatènezeitlichen Objekt unbekannter Funktion von Mörslingen *(Nr. 456)*. Hier dürfte es sich also um Kühe handeln. Es erscheint recht bemerkenswert, daß die Rinder sowohl als Stiere wie auch als Kühe und Kälber dargestellt werden, wobei letzteres wohl im Sinne einer Profanisierung zu erklären ist. Auffällig ist weiterhin die Verbindung des Rindermotives mit dem Haus (Feuerbock und Schlüssel). Es sei schließlich darauf hingewiesen, daß die mit Rinderköpfen versehenen Objekte der Latènezeit zumeist außerhalb der Siedlungen an einsamen Stellen gefunden wurden. Nicht selten sind sie in alter Zeit im feuchten Element als Opfergaben deponiert worden.
Der **Hirsch** ist auf einem hallstattzeitlichen Gefäß von Schirndorf, Hügel 65, mit einem Musikanten vereinigt *(Nr. 444 c)*, sei es im Sinne eines kultischen Zuges (entsprechend dem Kultwagen von Strettweg), sei es als kultische Szene: Der Musikant besingt die Hirschgottheit. Das Hirschgefäß von Manching *(Abb. 91, Nr. 423 c)* und das Fragment des Götterbildes von Fellbach-Schmiden *(Abb. 136, Nr. 460)* scheinen eine neue Blüte der Verehrung der Hirschgottheit während der Spätlatènezeit zu belegen.
Erst seit der Latènezeit bekannt ist die Darstellung von **Schweinen** (Lindau, Stöffling, Südostalpenraum, *Abb. 124, Nr. 435 a–c)* und **Eulen**. Bei den Eulen liegt eine Tradition seit der Frühlatènezeit vor: Vogelköpfe mit gekrümmtem Schnabel bei den Vogelkopffibeln, Vogelkopfwirbel auf der Schwertscheide des mittellatènezeitlichen Arztgrabes von München-Obermenzing *(Nr. 48)*, Vogelköpfe auf den Regen-

Abb. 156: Bronzearmreif vom Bullenheimer Berg.

Abb. 157: Dekorabrollung eines Bronzearmreifes aus Haunersdorf (Nr. 447 f).

bogenschüsselchen und schließlich das Achssteckerpaar von Manching *(Abb. 185, Nr. 422 c)*, das die Eulenköpfe zweifelsfrei erkennen läßt. Dagegen wurden Schweine erst in der Spätlatènezeit im kultischen Milieu dargestellt. Das Schweinepaar auf der frühlatènezeitlichen Flasche von Matzhausen *(Nr. 440)* ist hier nicht einschlägig, es gehört zu einem profanen Tierfries. Ob man den zu den Neufunden vom Dürrnberg zählenden Eberfibeln *(Abb. 125)* seinerzeit Amulettfunktion beigemessen hat, oder ob sie nur Zeugnis ablegen von der damaligen Freude am bildlichen Gestalten, steht noch dahin.
Das **Widder-** oder **Bockmotiv**, dessen schönstes Beispiel vom fragmentarischen Götterbild von Fellbach-Schmiden *(Abb. 136)* bekannt ist, geht bereits auf die Hallstattzeit zurück. Es findet sich als Tier mit sehr langem Gehörn zusammen mit einer betenden oder segnenden menschlichen Figur (Gottheit?) auf dem „Beutelgefäß" von Schirndorf, Hügel 1. Allein das Bronzefigürchen von Sempt läßt eindeutig erkennen, daß mit diesem Tier ein Widder gemeint war *(Nr. 432)*.

Menschliche Figuren in sehr starker Abstraktion wurden in der Urnenfelderzeit als Amulettanhänger getragen (Erben-Rottau). In der Hallstattzeit wurde im Südostalpenraum die Darstellung des Menschen profanisiert (Sänger mit Leier in der „Spinnstube" auf dem bekannten Gefäß von Sopron/Ödenburg, *Abb. 104 A*, sowie Szenen unterschiedlicher Art auf Gürtelblechen und Bronzegefäßen). Hierzulande ist das Menschenbild während der Hallstatt- und Latènezeit überwiegend religiös bzw. kultisch gemeint: der Betende bzw. die Gottheit auf dem „Beutelgefäß" von Schirndorf, der Leierspieler von Schirndorf, Hügel 65 *(Nr. 444 c)*, die auf einem Wagen stehenden, Schwert und Schild in die Höhe hebenden Männer auf der Kline von Hochdorf *(Abb. 25)*, die Köpfe auf frühlatènezeitlichen Maskenfibeln, die Figur auf dem Gürtelhaken von Hölzelsau *(Abb. 13)* usw. Hallstattzeitliche Anhänger mit menschlichen Paaren haben offensichtlich als Amulette gedient *(vgl. Abb. 436)*.

Bei den bisher aufgeführten Tiermotiven ist davon auszugehen, daß die Tiere jeweils als Stellvertreter einer bestimmten Gottheit angesehen wurden und so ebenso als „Heilsbringer" galten wie die zahlreichen Sonnenmotive oder die menschlichen/göttlichen Darstellungen.

Um Schutzbilder handelt es sich auch bei den **Augendarstellungen**, wie sie auf griechischen Gefäßen des 6. Jh. v. Chr. geläufig sind. Man weiß seit langem, daß die Augenperlen im 5. Jh. v. Chr. dieselbe Funktion besaßen. Weniger bekannt sind die Augenmotive auf hallstattzeitlichen Gefäßen, da sie sich aufgrund der starken Abstraktion in der Regel nicht zu erkennen geben. Durch die Angabe der Pupillen erschließen sich die Augenpaare auf dem Schirndorfer „Kultgefäß" vergleichsweise leicht *(Abb. 154)*.

Auf dem Schirndorfer „Kultgefäß" *(Abb. 154)* findet sich außerdem ein geometrisches Motiv, das seit der Urnenfelderzeit geläufig ist, das **„Sanduhrmuster"**, und zwar in stehender wie in liegender Form. Es tritt auf dem Rücken urnenfelderzeitlicher Messer ebenso auf wie in schlichter Ausprägung (als eingeritztes Kreuz) auf der Bodenaußenseite urnenfelderzeitlicher Schalen. Klar zu erkennen ist es als Dekor der Spiralplattenfibel von Utzwingen *(Nr. 656)*. Vor allem aber versteckt es sich im Bodenornament urnenfelder- und hallstattzeitlicher Schalen: Der Boden ist viergeteilt, die einander mit der Spitze berührenden Bodenviertel weisen Strichfüllungen gleicher Richtung auf. Ein urnenfelderzeitlicher Stempel für dieses Muster aus Unteruhldingen (Lkr. Friedrichshafen) bezeugt dessen kultische Bedeutung. Hilfreich beim Vexiercharakter jenes Ornaments sind eine Schale von Beilngries *(Abb. 158)*, die nur das „Sanduhrmuster" trägt, und eine andere aus Schirndorf, Hügel 89 *(Abb.

Abb. 158: Sanduhrmuster am Boden einer Schale aus Beilngries.

105)*, bei der das „Sanduhrmuster" innerhalb des genannten Bodenornaments durch eine abgesetzte Linie hervorgehoben wird.

Wenn auf der Schale von Beilngries das **Dreieck mit Winkelhaken an der Spitze**, das als Zelt- bzw. als Hausgiebeldarstellung gedeutet wurde, ebenso zu finden ist wie auf dem „Kultgefäß" von Schirndorf und beide Gefäße zudem das **Quadrat** zeigen, wird man diese Motive nicht als rein geometrische Verzierungen ansehen können. Gewißheit über den symbolhaften Charakter des letzteren Motivs gibt das Armband von Haunersdorf *(Abb. 157)*, das Zickzackschlange, Quadrat und verschränkte „Sanduhrmuster" wie in einem Musterbuch vereinigt und insoweit mit dem vorstehend so oft genannten Schirndorfer „Kultgefäß" zu vergleichen ist.

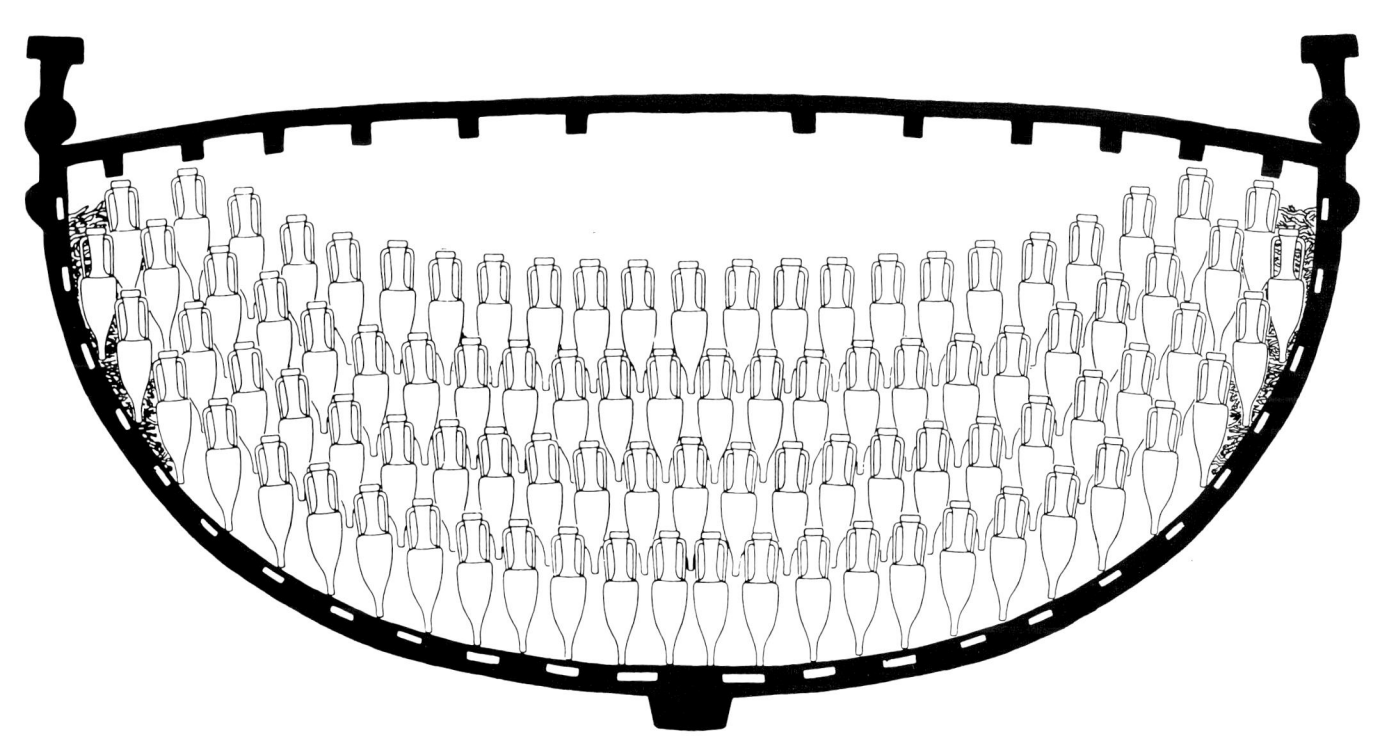

Güterverteilung in der Urnenfelderzeit

Von Amei Lang

Das Metallzeitalter ließ die bäuerlichen Gemeinschaften in noch viel höherem Maß als früher von Rohstoffen abhängig sein, die vor Ort nicht verfügbar, aber notwendig waren, um am zeitgenössischen Zivilisationsniveau teilhaben und es auch innovativ mitgestalten zu können. Für die Urnenfelderzeit (Spätbronzezeit) sind vor allem Kupfererze und Zinnseifen als Rohstoffe für Bronze zu nennen. Lagerstätten, die mit den damaligen technischen Mitteln ausbeutbar waren, konzentrierten sich in einigen Regionen Europas: Kupfererze z.B. in den Ostalpen, in Mitteldeutschland, Nordböhmen und in den Karpaten, Zinnseifen in der Bretagne und in Cornwall.

Es gab zwei Wege, um an notwendige Güter zu gelangen: 1. man beschaffte die notwendigen Rohstoffe und verarbeitete sie selber zu den gewünschten Produkten; 2. man besorgte sich die Produkte, wofür es vielfältige Möglichkeiten gab, z.B. Eintauschen gegen anderes, Beauftragen eines Befähigten zur Herstellung des Gewünschten, oder man raubte sie. Das Wort „Handel" wird dann gerne summarisch verwendet, wenn sich Produkte entfernt vom Vorkommen der verwendeten Rohstoffe bzw. vom Produktionsort finden. Man muß sich dabei aber im klaren sein, daß hier nicht die Tätigkeit eines einzelnen oder einer Gruppe gemeint ist, die auf eigenes Risiko Rohstoffe oder Fertiggüter an Interessenten weitergibt und damit den eigenen Lebensunterhalt sichert. Zutreffender ist die neutrale Bezeichnung „Güterverteilung", die hier im folgenden verwendet werden soll.

Rohstoffe konnte man sich auf verschiedene Weise besorgen. Expeditionen über weite Strecken hinweg waren in den Hochkulturen der Alten Welt üblich (Phöniker, Griechen, Etrusker), für die Urnenfelderzeit sind sie nicht belegbar. Daß es sie aber auch in prähistorischer Zeit durchaus gegeben haben kann, lehrt ein Beispiel aus Skandinavien: Am Ende des Mittelneolithikums legten Bevölkerungsgruppen aus dem nordschwedischen Norrland in wochenlanger Küstenschiffahrt mit Fellbooten rund 1500 km zurück, um sich in Südwestschonen mit einer bestimmten Feuersteinart zu versorgen. Sie transportierten dann nicht die Flintknollen selbst in die Heimat, sondern Zwischenprodukte in Form halbfertiger Beile.

Die Erz- oder auch Salzlagerstätten waren in der Spätbronzezeit zwar möglicherweise für jedermann frei zugänglich, so daß Selbstversorgung theoretisch möglich war. Die Ausbeutung war aber technisch so aufwendig, daß sie spezielle Kenntnisse voraussetzte. Urnenfelderzeitliche Bergwerke zum fachmännischen Abbau der Erze sind z.B. im Bergbaurevier am Mitterberg im salzburgischen Pongau gut erforscht. Man wird sich in der Nähe solcher Reviere „Marktorte" vorstellen können, in denen Gelegenheit war, entweder Rohstoffe selber zu erwerben oder bestimmte Zwischenprodukte, die für den Weitertransport handlich waren und nur als Ausgangsmaterial für die weitere Verarbeitung dienten. In der Frühbronzezeit waren Ring- und Spangenbarren solche Zwischenprodukte, in der Urnenfelderzeit vielleicht bestimmte Beilformen, die in manchen Gebieten in auffallend großer Stückzahl vorhanden sind. Marktorte kennen wir für die Urnenfelderzeit nicht, sie sind erst für die folgende Hallstattzeit belegt (Halle a.d. Saale, Dürrnberg).

Begehrte und seltene Rohstoffe wie z.B. Bernstein können auch über weite Strecken hinweg transportiert worden sein. Unter günstigen Umständen oder mit Glück kann man eine Relaisstation in der Verteilung finden: Die befestigte Höhensiedlung von Komorowo in Großpolen (hallstattzeitlich) hat auf einer Fläche von 200 m² 900 Stücke Rohbernstein baltischer Herkunft erbracht und ist damit als Umschlagplatz zu verstehen. Die geographische Verbindung solcher Umschlagplätze bezeichnet Verteilungswege („Handelsrouten"), die z.T. zu festen Begriffen geworden sind wie die „Bernsteinstraße" von der Ostsee zur Ägäis oder sehr viel später die „Seidenstraße" von China nach Persien.

Sekundäre Rohstoffquellen bildeten die Brucherzhorte *(Abb. 159)*, in denen Material zum Recyclen gesammelt wurde; im siebenbürgischen Uioara de Sus brauchte man zwei Eisenbahnwaggons, um den urnenfelderzeitlichen Altmetallhort abzutransportieren.

Die Verteilung von Fertiggütern konnte unterschiedlich vor sich gehen:

1. Denkbar waren Handwerker, die mit einer Art Musterkoffer von Siedlung zu Siedlung wanderten. Sie hatten Gußmodelle derjenigen Gegenstände dabei, die sie auf Wunsch in

Abb. 159: Urnenfelderzeitlicher Brucherzhort aus Bronze mit Waffen, Beilen und Gußkuchen von München-Widenmayerstraße (Nr. 108).

Wachs abformen und dann „in verlorener Form" gießen konnten. Es waren komplizierte Stücke (Werkzeuge, Schmuck, Waffen, toreutische Arbeiten wie Blechgeschirr), deren Herstellung die Fähigkeiten des Einzelnen überstieg und einen Spezialisten erforderte. Man kann die Existenz solcher Wanderhandwerker aus dem Vorkommen von Guß-modellen (z.B. die dreiteilige bronzene Schwertgrifform von Erlingshofen, Lkr. Eichstätt, *Abb. 160*) erschließen; dafür spricht auch z.B. der Umstand, daß die spätbronzezeitlichen schweizerischen Seeuferrandsiedlungen fast immer nur ein-fache Gußformen für den Herdguß (Sicheln) enthalten, aber nur selten zweiteilige und kompliziertere, auch wenn die Fertigprodukte aus diesen selber vorhanden sind. Über den Radius, in dem ein urnenfelderzeitlicher Wanderhandwer-ker Kundschaft suchte und seine Produkte absetzte, wissen wir nichts. Weiterführend wäre hier die Kartierung gußiden-tischer Stücke in einem geographisch eng begrenztem Raum.

2. In einer Siedelregion, einer Siedelkammer, produzierte man in den Dörfern Güter über den eigenen Bedarf hinaus und tauschte sie in der Umgebung gegen andere benötigte Waren. Vorstellen kann man sich dies für die sehr feine, dünnwandige und qualitativ hochwertige Keramik, die in fast allen Siedlungen der Urnenfelderzeit vertreten ist, deren Herstellung aber doch spezielle Fähigkeiten erforderte. Ihre Verbreitung kann man auf diese Weise, nämlich Produktion in einzelnen Dörfern und anschließend Verteilung in der Region, verstehen. Nachweisen ließe sich dies anhand mine-ralogisch-petrographischer Untersuchungen, bei denen in einer Kleinregion das Feingeschirr jeder Siedlung auf den verwendeten Ton und dessen Herkunft analysiert wird. Geschirr und Töpferei lassen sich damit zweifelsfrei einan-der zuordnen; im Idealfall kann man die Absatzgebiete ein-zelner Töpfereien ermitteln.

3. Aus der Urnenfelderzeit kennen wir eine Reihe unbefe-stigter Siedlungen im flachen Land wie auch befestigte

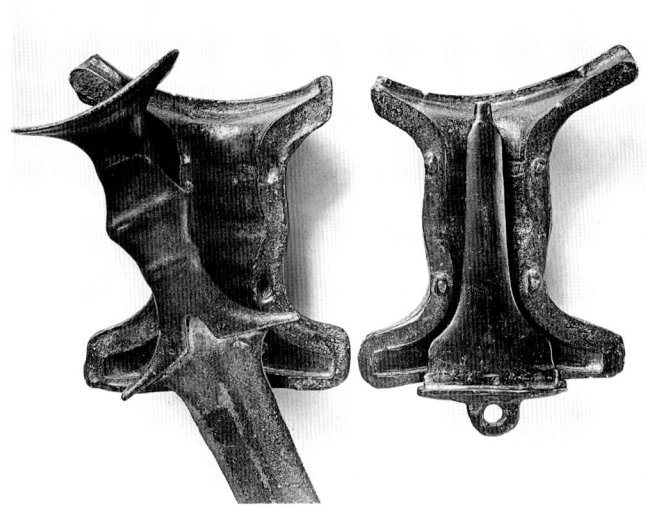

Abb. 160: Bronzegußform für Schwertgriff von Erlingshofen (Nr. 107 b).

Höhensiedlungen, deren Fundbestand mit Tondüsen, einfachen und komplizierten Gußformen, Schmelztiegeln, Gußlöffeln u.a. die Herstellung von Bronzen vor Ort anzeigt. In teilweise großen Werkstätten haben spezialisierte Handwerker gearbeitet und mehr produziert, als vor Ort gebraucht wurde, d.h. auch hier gab es Güter zum Verteilen in der Region. Für die befestigten Höhensiedlungen, deren Mauern das Ergebnis einer Gemeinschaftsleistung vieler sind, die unter der Organisation eines einzelnen oder einer kleinen Gruppe erbracht wurden, kann man daran denken, daß dieser einzelne oder die Führungsschicht den nötigen Rohstoff besorgte, Handwerker beauftragte und dann auch die Verteilung der Güter organisierte. Über den „Wirtschaftsradius" dieser Führungsschicht wissen wir nichts, ebensowenig weiß man, ob es abhängige Dörfer im Umkreis der befestigten Siedlungen gab, die gezwungenermaßen die Produkte

abnahmen und dafür etwa Naturalien in Form von Getreide oder anderes liefern mußten. Ein „Wirtschaftsradius" ließe sich erfassen, wenn man in einem größeren Gebiet befestigte Höhensiedlungen nach Zeitdauer wie Fundzusammensetzung analysierte und in Beziehung zu den offenen Siedlungen in der Umgebung setzte. Sitze der Führungsschicht waren die urnenfelderzeitlichen befestigten Höhensiedlungen z.B. auf dem Bullenheimer Berg in Franken und in Velem St. Vid im ungarisch-österreichischen Grenzgebiet; beides Plätze mit metallverarbeitenden Werkstätten und reichen Bronze- wie Goldfunden, die die wirtschaftliche Kraft des Platzes ausdrücken *(Abb. 16)*. Biskupin bei Gnesen in Polen ist ein Beispiel für eine Siedlung, die sich auf die Produktion bestimmter Güter des täglichen Bedarfs spezialisiert hatte. Sie wurde an der Wende von der Urnenfelder- zur Hallstattzeit gegründet. Die wirtschaftliche Basis der Einwohner wird in der Verbreitung von Gußformen, Fischfanggerät, Handmühlen und Webgewichten deutlich: In den einzelnen Quartieren wurden Güter gefertigt, die man in den Bauerndörfern der Umgebung gegen Agrarprodukte eintauschen konnte. Die Bewohner von Biskupin hatten die bäuerliche Wirtschaftsform als Lebensgrundlage aufgegeben und ihre Existenz von der ausreichenden Produktion und richtigen Verteilung anderweitig benötigter Güter abhängig gemacht.

In dieser kurzen Betrachtung zur Güterverteilung in der Urnenfelderzeit sind auffallende Einzelstücke fremder Herkunft im einheimisch-spätbronzezeitlichen Milieu außer acht gelassen. Als Beispiel seien hier nur das nordische Hängebecken und die Plattenfibel erwähnt, die sich im Pfahlbau von Corcelettes gefunden haben. Solche Stücke werden gerne als Zeugen urnenfelderzeitlichen „Fernhandels" benannt. Man kann solche singulären Stücke aber genauso als Ausdruck spätbronzezeitlichen Geschenkwesens verstehen, für das es in der folgenden Hallstattzeit sehr gute Beispiele gibt.

Fernhandel und Kulturbeziehungen der frühen Kelten

Von Franz Fischer

Unter „frühen Kelten" verstehen wir heute jene Bevölkerungsgruppen Alteuropas, die nach den Mitteilungen Herodots (etwa 484 bis kurz nach 430 v. Chr.), des „Vaters der Geschichte", wie ihn zuerst Cicero tituliert hat, im frühen 5. Jh. v. Chr. im Quellgebiet der Donau saßen. Dieses Gebiet darf man sicher nicht eng fassen. Die Baar, das Sammelbecken der Donau-Quellflüsse Brigach und Breg, ist damit sicher nicht gemeint, wenn man sich vergegenwärtigt, daß Herodot nur sagt, der Istros – unsere Donau – entspringe bei den Kelten (II 33; IV 49). Allem Anschein nach hat der weitgereiste Autor dies bei seinem Besuch der Griechenstädte am Schwarzen Meer erfahren; denn dort, vor allem im Mündungsgebiet der Donau, wußte man natürlich wie überall an den Mündungen der großen Ströme, wer an den Ufern saß und bei wem die Quellen liegen. Was damit gemeint war, läßt sich freilich nur – wenn überhaupt – vor dem Hintergrund zeitgenössischer Vorstellungen verstehen. So weit die Überlieferung erkennen läßt, waren sie bestimmt von Seefahrerberichten über die Küstenbewohner des Mittelmeers und ihre binnenländischen Nachbarn; dazu traten dann immer wieder Nachrichten wagemutiger Kaufleute über das tiefere Landesinnere, freilich viel weniger systematisch und noch viel märchenhafter verschleiert als die der küstenbefahrenden Seeleute. Immerhin ist deutlich, daß schon Herodots geistigem Vorgänger Hekataios von Milet die Kelten im 6. Jh. v. Chr. als großes, ja als das größte „Volk" im Westen des kontinentalen Europas galten. Möglicherweise hat Herodot diese noch etwas pauschale Vorstellung übertrumpft: einmal mit dem Ursprung des Istros bei den Kelten, dann aber mit der unmittelbar anschließenden Mitteilung (II, 33): *Die Kelten aber wohnen jenseits der Säulen des Herakles* (d.i. die Meerenge von Gibraltar) *als Nachbarn der Kyneten, den westlichsten Bewohnern Europas"* – den antiken Bewohnern der Algarve-Küste im Süden Portugals, offenbar durch Seefahrerberichte bekannt. Lassen die Formulierungen Herodots noch seine Quellen durchscheinen, so zeigt ihre Kombination zugleich das spekulative Denken des Autors.

Wie man sich diese frühen, so weit auseinander liegenden Lokalisationen des Namens „Kelten" auch erklären mag, so bleibt doch der Verdacht, daß dieser Name nicht gänzlich

neu, sondern schon seit geraumer Zeit in weitem Umkreis bekannt war, sein Alter also nicht unterschätzt werden sollte. Für die Kelten im Quellgebiet der Donau jedenfalls wird man nach der Mitteilung Herodots nicht allein an Südwest- oder überhaupt Süddeutschland, sondern zugleich an die Schweiz und an Ostfrankreich mit dem Schwerpunkt Burgund zu denken haben.

Indessen hat Herodot den Ursprung des Istros nicht nur mit den Kelten, sondern auch mit der „Stadt Pyrene" verbunden. Verständlicherweise erregt dieser Name immer wieder

Abb. 161: Zieraufsatz einer bronzenen Hydria aus Meikirch-Grächwil, Kanton Bern (Nr. 134).

197

Abb. 162: *Löwe auf dem Rand des Kessels von Hochdorf (vgl. Abb. 24).*

näen zu lokalisieren, nie zu überzeugenden Ergebnissen geführt haben. Seltener erwogen wurde die Möglichkeit, mit der „Stadt Pyrene" könne eine Siedlung im Ursprungsgebiet des Istros gemeint sein, obgleich die Formulierung Herodots gerade dies nahelegt. Aber bis weit in unser Jahrhundert schien die Vorstellung, daß hier an der oberen Donau, also tief in der *barbariké*, eine Siedlung vom Rang einer *polis* der Zeit Herodots existiert haben könnte, doch reichlich phantastisch zu sein. Hier hat erst die archäologische Forschung unserer Zeit gezeigt, daß diese Möglichkeit sehr ernsthaft erwogen werden muß.

Seit der Mitte des 19. Jh. sind in Burgund, im schweizerischen Mittelland, an Oberrhein und Main, am Neckar und an der oberen Donau immer wieder auffallend große Grabhügel beobachtet und auch vielfach ausgegraben worden. Wie eine Reihe neuerer, genauerer Untersuchungen, unter denen diejenige des Grabes von Eberdingen-Hochdorf nahe Stuttgart einen besonderen Glücksfall darstellt *(Abb. 20, 24, 25, 26, Nr. 471)*, durchwegs bestätigt hat, handelt es sich übereinstimmend um Grablegen des 6. und 5. Jh. v. Chr. In der zentralen, hölzernen Grabkammer waren ein oder mehrere Tote mit bemerkenswert prunkvollen Beigaben bestattet. Fast nie fehlte ein vierrädriger, oft mit Bronze oder Eisen kunstvoll beschlagener Wagen; Trink- und Speisegeschirr bestehen fast ausschließlich aus Bronze. Die im Winter 1876/77 ausgegrabenen Tumuli im „Gießübel" nahe der Heuneburg bei Hundersingen an der oberen Donau (Gem. Herbertingen, Kr. Sigmaringen) gaben durch ihre goldenen Halsring-Beigaben Veranlassung, von „Fürstengräbern" zu

den Verdacht, daß er in Wirklichkeit das Pyrenäen-Gebirge meine, wie es hundert Jahre später zuerst von Aristoteles zutreffend genannt wird. Tatsächlich gibt es bei Herodot noch weitere, ähnlich gelagerte Fälle, doch ist bei der „Stadt Pyrene" anzunehmen, daß Herodot den Namen nicht in seiner originalen, sondern in unkontrollierbar umgeformter Gestalt erfahren und tradiert hat. Vor einem Bezug zum Pyrenäen-Gebirge warnt auch die Beobachtung, daß die Versuche, die Stadt „Pyrene" am mediterranen Fuß der Pyre-

Abb. 163: *Attische Schale des Amphitritemeisters aus dem latènezeitlichen Fürstengrab Kleinaspergle bei Asperg (Nr. 139).*

Abb. 164: *Scherbe eines attischen Kraters von dem Fürstensitz auf der Heuneburg.*

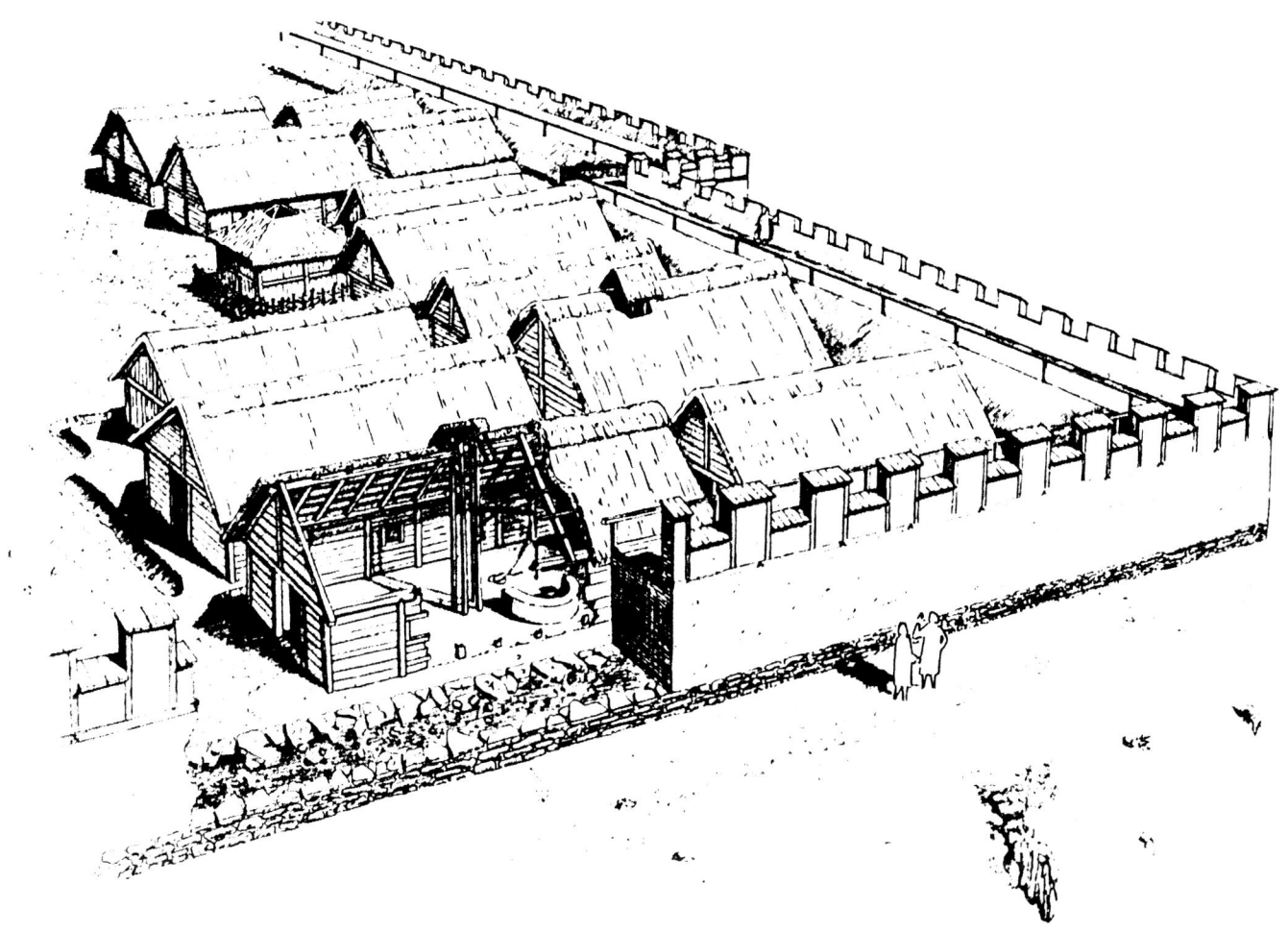

Abb. 165: Die Heuneburg bei Hundersingen, Rekonstruktion.

sprechen – und dieser Begriff hat sich ungeachtet seiner Problematik, die nicht übersehen, aber hier nicht diskutiert werden soll, allgemein eingebürgert.

Inzwischen wissen wir, daß in diese Grabhügel teils während ihrer Aufschüttung, teils nach ihrer Vollendung zahlreiche Nachbestattungen eingebracht worden sind, und darunter gibt es einige „Fürstengräber" in sekundären, kleineren Grabkammern. Daß zwischen den prunkvoll Bestatteten der zentralen Grabkammer und den später im gleichen Hügel beigesetzten Toten eine Beziehung bestanden hat, ist anzunehmen, auch wenn über deren genauere Qualität nur Vermutungen möglich sind; der Möglichkeiten sind viele, der archäologische Befund allein erlaubt es nicht, hier beweiskräftig zu entscheiden.

Unter den Grabbeigaben dieser „Fürstengräber" des 6. und 5. Jh. v. Chr. hat man schon im 19. Jh. etruskische und griechische Stücke erkannt. Erwähnt seien der bronzene Greifenkessel mit Dreifuß aus dem „La Garenne" genannten Tumulus von Sainte-Colombe nahe dem Mont Lassois unweit von Châtillon-sur-Seine (Côte-d'Or), die Bronze-Hydria von Grächwil im Kanton Bern *(Abb. 161, Nr. 134)* und die beiden attischen Vasen aus dem „Kleinaspergle" beim Hohenasperg nahe Ludwigsburg, nördlich von Stuttgart *(Abb. 163, Nr. 139)*. Heute wissen wir, daß Bronzegefäße etruskischer und griechischer Herkunft vereinzelt schon im späteren 7. Jh. v. Chr. in die Region nordwestlich der Alpen gelangten, daß aber erst gegen Ende des 6. und im 5. Jh. v. Chr. ein wahrer Strom mediterranen Imports unsere Gebiete erreicht haben muß. Dabei ist gerade bei manchen Metallgefäßen noch offen, welche importiert und welche

über- oder gar nachgearbeitet sind; denn die einheimischen Handwerker, die bei und für jene „Fürsten" gearbeitet haben, erwiesen sich ihren südländischen Kollegen wenigstens technisch als durchaus ebenbürtig.

Die hohe Wertschätzung von Gefäßen, von Geräten und gar Mobiliar aus Metall, die im Inventar der „Fürstengräber" so beredt zum Ausdruck kommen, steht in deutlichem Gegensatz zu dem vergleichsweise stark verspäteten Erscheinen griechischer Vasen in diesen Grablegen: Zuerst finden wir solche Stücke um 500 v. Chr. in dem Grab von Vix am Fuß des Mont Lassois, das auch den bekannten mannshohen Bronze-Krater enthielt (Abb. 22), zwei Generationen später sind die attischen Vasen in dem schon frühlatènezeitlichen Nebengrab des „Kleinaspergle" anzusetzen (Abb. 163); der gleichen und noch späterer Zeit gehören Vasen aus „Fürstengräbern" zwischen Rhein und Mosel und im Marne-Gebiet an. Es ist sicher kein Zufall, daß gleichzeitig mit den griechischen Vasen in einer Reihe von Siedlungen Fragmente von Amphoren aufzutreten beginnen, also von Vorrats- und Transportbehältern, die man damals im ganzen Mittelmeer vor allem für Wein benutzt hat. Während unsere „Fürsten" des 6. Jh. v. Chr. Metallgefäße auch fremder Herkunft dazu benutzten, Honigmet und andere heimische Alkoholika anzusetzen, verwendeten sie zum Trinken selbst noch ihre gewohnten Gefäße – nicht zuletzt gewaltige Trinkhörner. Offenbar kamen griechische Vasen erst zusammen mit dem Wein ins Land; ob sie deshalb auch ausschließlich beim Trinken von Wein benutzt wurden, ist damit noch nicht gesagt.

Etwas genauere Auskünfte haben sich aus

Abb. 166: Keltische Schnabelkanne aus Bronze aus Basse-Yutz (Dép. Moselle).

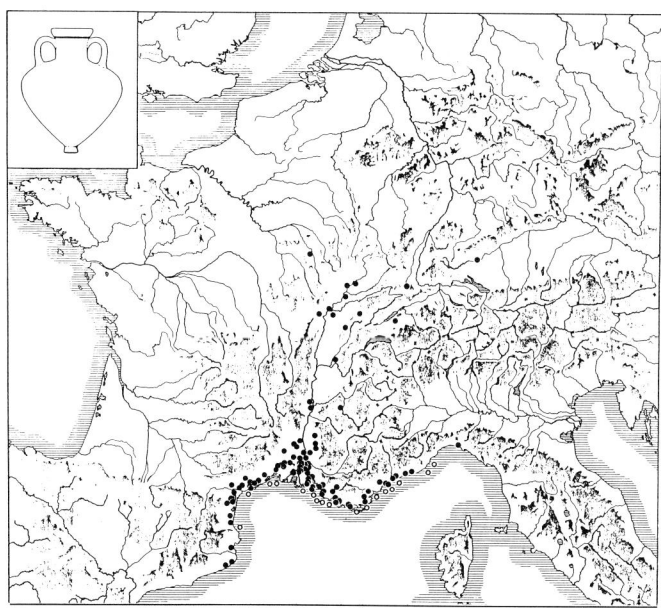

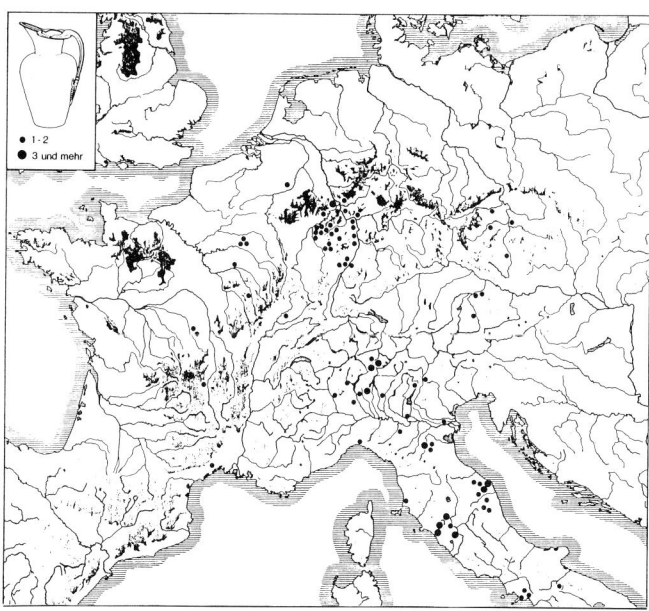

Abb. 167: Verbreitung griechisch-provençalischer Weinamphoren (um 500 v. Chr.).

Abb. 168: Verbreitung etruskischer Bronzeschnabelkannen.

der Untersuchung von Siedlungen ergeben, deren topographischer Bezug zu „Fürstengräbern" in unmittelbarer Nähe so auffallend ist, daß man sie geradezu als „Fürstensitze" bezeichnet hat, wenn es sich nicht um offenkundige Handelsplätze an Schiffsländen großer Flüsse handelt. Vor allem die gründliche Untersuchung der Heuneburg und ihrer Funde hat grundlegende Einblicke erlaubt, aber auch Fragen sichtbar gemacht, auf die immer noch keine befriedigenden Antworten gegeben werden können *(Abb. 165)*. Hier wurde im frühen 6. Jh. v. Chr. die bekannte, nördlich der Alpen bisher einzigartige Lehmziegelmauer als Burgbefestigung gebaut. Konstruktion und Baumaterial stehen einerseits in so schroffem Gegensatz zu einheimischen Bautraditionen, wie sie noch unmittelbar zuvor und wieder nach der Zerstörung der Mauer zur Anwendung kamen, entsprechen andererseits so deutlich gleichzeitigen mediterranen, um nicht zu sagen griechischen Usancen, daß Planung und Errichtung dieses Bauwerks ohne leitende Mitwirkung von Südländern gar nicht denkbar sind. Wie auch immer man sich aber deren Anwesenheit erklären will: Mediterraner Keramik-Import ist bisher weder aus der Bauzeit noch aus entsprechendem Schichtverband der Heuneburg bekannt. Er setzt erst mit fühlbarem zeitlichen Abstand ein, wenn auch noch vor der Zerstörung der Lehmziegelmauer. So weit also grie-

chische Vasen und Weinamphoren Auskunft geben, können die mediterranen Baumeister der Heuneburg-Mauer selbst noch keinen Wein mitgebracht oder dessen Import nachgezogen haben. Möglicherweise haben sie aber die einheimische Keramik-Produktion angeregt und bereichert: eine Gruppe pokalartiger Gefäße, die vielfach etruskischen Bucchero nero imitieren, ohne aber alle Details der offenbar vorbildhaften Kantharoi zu übernehmen, ist auffallend in der Zeit der Lehmziegelmauer belegt. Die genauere Betrachtung hat dazu geführt, die Vorbilder weniger im italischen Etrurien selbst als vielmehr im Gebiet der Rhonemündung zu sehen, wo etruskischer Bucchero nero massenhaft im Küstenbereich, nicht aber im weiteren Hinterland belegt ist. Kamen also die Baumeister der Lehmziegelmauer und ihre Gesellen von der Küste des Löwengolfes?

Die Kartierung des etruskischen und griechischen Imports in die innerkontinentalen Landschaften nördlich und nordwestlich der Alpen hat gezeigt, daß ein ganz wesentlicher Teil aus der gleichen Region wie die beschriebenen Bucchero-Vorbilder der auf der Heuneburg belegten Nachahmungen auf dem Weg über die Rhône und die nördlich anschließenden Gewässersysteme importiert worden sein muß *(Abb. 167, 168)*. Dabei ist die dominierende Rolle von Massalía (Marseille) nicht zu verkennen: Die um 600 v. Chr. von

201

Griechen aus Phokaia gegründete Stadt hat sich nach einer um 540 v. Chr. erlittenen Niederlage gegen die Karthager und Etrusker intensiv ihrem Hinterland zugewandt, nicht zuletzt, um wieder Zugang zu dem begehrten bretonisch-britannischen Zinn zu finden, von dem sie auf dem Seeweg jetzt abgeschnitten war. Daß der Weinhandel, vermutlich eher ein Begleiteffekt als Hauptzweck, vornehmlich die Wasserläufe benutzte, ist angesichts der Transportprobleme der schweren Weinamphoren verständlich.

Kaum weniger intensiv, aber mit leichter transportablem Kleingut lief der seit alters her eingespielte Handel von Oberitalien über die jeweils gangbaren Pässe und Saumpfade der Alpen nach Westen und Norden. Ob dabei gelegentlich auch attische Vasen aus Etrurien oder von der Adriaküste mitgekommen sind, ist zwar möglich, aber nicht sicher zu belegen; nach der Mitte des 5. Jh. v. Chr. freilich sind griechische Vasen vom *caput Adriae* nicht nur nach Venetien, sondern auch in und über die Alpen bis nach Böhmen gelangt.

Diese Einsicht stützt sich jedoch so gut wie ausschließlich auf Handelsobjekte im Sinn des Wortes: denn hochwertige Metallgefäße und sonstige Kostbarkeiten (im Maßstab der Zeit) dürften etwas anderen Regeln gefolgt sein. Die Hydria von Grächwil *(Nr. 134)*, der Löwenkessel von Eberdingen-Hochdorf *(Nr. 471)* und der Krater von Vix, um nur drei besonders eindrucksvolle Stücke zu nennen, waren schwerlich Handelsgut: Sie dürften im Verkehr der „Fürsten" mit südlichen Machthabern nach Norden gekommen sein. Etwas anders ist vielleicht die Naturseide zu beurteilen, die zu Stickerei auf Textilien verwendet wurde, wie sie etwa in der Nebenkammer (VI) des „Hohmichele", des Grabmonumentes des Gründers der Heuneburg, angetroffen worden

sind. Noch ist die Geschichte der Gast- und Gesandtschaftsgeschenke nicht geschrieben; aber jeder Blick in die antike und mittelalterliche Überlieferung zeigt, daß gerade auf diesem Weg Kostbarkeiten über erstaunliche Distanzen „gewandert" sind. Auch der „Erwerb" in Gestalt von Beutegut, ja auch Heiratsgut bleibt zu erwägen. Die beiden prachtvollen Bronzeschnabelkannen von Basse-Yutz in Lothringen *(Abb. 166)* bezeugen unmißverständliche Entlehnungen aus der persisch-achämenidischen Gefäßtoreutik; da eine Vermittlung über Italien nicht möglich ist, bleibt nur anzunehmen, daß ein entsprechend kostbares Gefäß, vermutlich aus edlem Metall, als Vorbild gedient hat – und dergleichen kann kaum anders denn auf dem Wege einer Gesandtschaft nach dem Westen gekommen sein. Stand etwa hinter der Kenntnis Herodots ein solcher Vorgang?

Am Ende haben aber diese Beziehungen insgesamt noch eine ganz andere Bedeutung erlangt. Nicht nur die ausgetauschten Objekte, auch die zunehmende Lebhaftigkeit des Verkehrs haben zu einer Öffnung geistiger Horizonte geführt, die schließlich zur Übernahme, vor allem aber zur selbständigen Verarbeitung vieler der neu ins Land gekommenen Kulturelemente anregen mußten. Daß hierbei den Werkstätten, die bei und für die „Fürsten" (und manch andere Herren) arbeiteten, schon wegen ihrer ständigen Beschäftigung auch mit importierten Stücken eine Führungsrolle zufiel, ist anzunehmen. Die „Fürstensitze" des späten 6. und des 5. Jh. v. Chr. sind auf diese Weise zur Keimzelle jener frühkeltischen Kunst geworden, die um die Mitte des 5. Jh. v. Chr. hervorzutreten beginnt und die kaum ganz zufällig knapp vor dem Beginn der großen keltischen Wanderungen nach Italien und in den Donauraum ausgeformt worden ist.

Fernhandel und Kulturbeziehungen in der zweiten Jahrtausendhälfte

Von Ferdinand Maier

Archäologisches Instrument zur Identifizierung von Fernhandel und Kulturbeziehungen ist die Kartierung weiträumig verbreiteten Fundgutes. Dabei gilt es, den besonderen Charakter dieses Fundgutes sowie die Aussagekraft seiner Verbreitungsbilder kritisch zu prüfen, nämlich zu unterscheiden zwischen nichtkeltischen Fertigprodukten aus dem antiken Mittelmeerraum, Erzeugnissen keltischen Kunsthandwerks aus benachbarten Regionen und einer Vielzahl von begehrten Rohmaterialien aus nahen und fernen Gebieten der Alten Welt. Die weite Streuung herausragender Güter wird bei echten Importen mit Fernhandel, ansonsten mit innerkeltischem Handel und Güteraustausch erklärt. Doch deckt der rein kommerzielle Aspekt nicht alle Erscheinungsformen des zu beschreibenden Phänomens ab. Prunkvolle Ehrengeschenke weisen auf politisch-diplomatische Aktivitäten des fernen Herkunftslandes, fremder Frauenschmuck auf Xenogamie. Als Folge der auch in antiken Schriftquellen bezeugten kriegerischen Wanderbewegungen keltischer Stammesverbände auf der Apenninen- und über die Balkanhalbinsel bis nach Kleinasien sowie auch im Zuge von Söldnerdiensten gelangten ab dem 4. Jh. v. Chr. keltische Waffen und Schmuck in die Mittelmeerländer. Die intensiven Kontakte mit der hellenistischen Welt, gekennzeichnet durch Mobilität der Krieger und vermutlich auch der Handwerker, führten zu einem kulturellen Rückstrom in die alte Keltenheimat. Erst mit dem zeitlich gestaffelt sich vollziehenden Niedergang der keltischen Macht auf der Apenninenhalbinsel im Laufe des 3. Jh. v. Chr., verursacht durch mehrere gegen die Römer verlorene Schlachten, und mit der Rückkehr keltischer Bevölkerungsgruppen kommt dieser Prozeß vorübergehend ins Stocken, bis in der keltischen Spätzeit, im 2. und 1. Jh. v. Chr., mit der Einfuhr von italischem Wein und den zugehörigen „standesgemäßen" Trinkutensilien der „römischen Tafel" erneut ein vielschichtiger Zivilisationsimport einsetzt. Von diesem Fernhandel wissen wir, daß er in Gallien schon einige Zeit vor der Eroberung durch Caesar von römischen Kaufleuten *(mercatores)* betrieben wurde. Eine befriedigende „personalrechtliche" Eingrenzung der den Handel Betreibenden ist jedoch weder auf der einen noch auf der anderen Seite möglich. Den Griechen, Italikern und Römern müssen von Anbeginn einheimisch-keltische Geschäftspartner gegenübergestanden haben, deren sicher bedeutende, aus der Stammesorganisation bezogene wirtschaftliche Kraft auch der politischen Macht der Adeligen zugute gekommen sein wird. Hierzu gewährt die literarische Überlieferung caesarisch-augusteischer Zeit nur spärliche Streiflichter, und schon gar nicht läßt sich der ältere griechisch-etruskische Handel mit den Fürstensitzen der Frühlatènezeit nach schriftlichen Quellen darstellen.

Aus den einleitenden, der Begriffsbestimmung dienenden Sätzen mag hervorgehen, daß die Grenzen zwischen Handel, Gütertausch und Kulturbeziehungen als fließend zu verstehen sind. Die nachstehend heranzuziehenden archäologischen Denkmäler sind stumm, die agierenden Personen – Großkaufleute, Händler, Handwerker, aber auch politische Führung und Gefolgschaft – bleiben anonym. Sicher

Abb. 169: Bei Giens gesunkenes römisches Lastschiff mit Amphoren.

203

Abb. 170: Etruskische Bronzesitula aus der Salzach b. Laufen.

Abb. 171: Etruskische Bronzebecken aus Loisnitz (Nr. 136 a).

Frühlatènebereich, dem Bayern angehört, nach Formengut und Brauchtum zwei große Gruppierungen zu unterscheiden: Der Marne-Mosel-Kreis der Stufe Latène A (5. bis 1. Drittel des 4. Jh. v. Chr.), der sich von der Champagne bis in das Mittelrheingebiet und in das nordmainische Hessen erstreckt, sowie der Rhein-Donau-Kreis der Stufe Latène B (4. bis Mitte 3. Jh. v. Chr.), der die Schweiz, das Elsaß, Baden-Württemberg und Südbayern umfaßt. Spärlicheres Fundmaterial aus Gräbern und Siedlungen der Stufe Latène A ist jedoch auch hier vorhanden; vor allem Nordbayern weist Beziehungen zum Kreis der Stufe Latène A auf.

Bemerkenswert ist, daß die beiden bedeutendsten Importströme des 5. Jh. v. Chr. Bayern nahezu aussparen, nämlich westlich und östlich vorbeiführen, andere Ziele anstreben. Gemeint ist der Fernhandel mit etruskischem Bronzegeschirr. Die Schnabelkannen, Stamnoi, Becken und Siebtrichter gelangten von oberitalischen Umschlagplätzen über die Mittelalpen unter Benutzung der Tessin-Passage in den Kreis der linksrheinischen Fürstengräber. Dort bildeten die fremden Trinkservice-Ensembles einen im Ritual fest verankerten Bestandteil der Totenausstattung. Eine zweite östliche Route führte vermutlich über die Etsch-Eisack-Passage zu den am Dürrnberg bei Hallein, in Oberösterreich und in Böhmen gelegenen östlichen Fürstengräbern. Eine bronzene Stamnos-Situla aus Laufen a. d. Salzach *(Abb. 170)* sowie zwei Bronzebecken aus Loisnitz (Lkr. Burglengenfeld; *Abb. 171)*, beides Grabfunde, markieren diesen Bayern gerade noch tangierenden Weg, auf dem übrigens auch attische Keramik zum Dürrnberg und bis nach Böhmen kam.

Wenn demnach weder aus weiteren Gräbern noch aus Siedlungen Serien fremder Güter aus Oberitalien nachzuweisen sind – der Dürrnberg erfährt gesonderte Behandlung –, so haben doch die von spezialisierten einheimischen Handwerkern nach griechischen und etruskischen Vorlagen im Frühlatènestil geschaffenen kunstvollen Erzeugnisse, die wohl im Umkreis auftraggebender „Herren" entstanden sind, auch in Bayern Verbreitung gefunden bzw. sind hier nach empfangenen Impulsen gearbeitet worden. Zu denken ist an zahlreiche figürliche Fibeln (Masken-, Tierkopf-, Vogelkopf- und Pferdchenfibeln), von denen als herausragendes Exemplar nur diejenige von Parsberg (Lkr. Neumarkt i. d. Opf.; *Abb. 118)* genannt sei, ferner an Gürtelhaken, die mit Maske (Markstetten, Lkr. Parsberg) oder „Tierbezwinger mit Drachen" (Hölzelsau bei Kufstein, Tirol; *Abb. 13, Nr. 409)* diesen Stil vertreten. Ein vermutlich schon jüngerer Bronzebeschlag von Kelheim *(Abb. 173)* wäre hier anzuschließen. Unter den keramischen Produkten tragen die Linsenflaschen, jene eigentümlichen, der östlichen Latèneprovinz

erscheint jedoch, daß eine bloß kaufmännische Interpretation des als Handel definierten Geschehens der Bedeutung der geistig-kulturellen „Beifracht" ausgetauschter Güter nicht gerecht würde. Unsere Darstellung bezieht sich auf das heutige Territorium des Freistaates Bayern. Sie richtet sich nach der zeitlichen Abfolge, wobei der Gesamtzeitraum vom 5. bis zum Ende des 1. Jh. v. Chr. trotz einiger Veränderungen in Bestattungssitte und Siedlungsbild als archäologisch-historische Einheit gesehen wird.

Für den Zeitraum von 500 bis 250 v. Chr. sind im westlichen

zuzuordnenden Drehscheibengefäße, neben üblichen Bogen-Stempelmustern weitere wie durchbrochene Wellenlinien, Spiralhaken in der Art des laufenden Hundes und Punktrosetten. Solche Zier sowie der einmalige Tierfries auf der Linsenflasche von Matzhausen (Lkr. Burglengenfeld; *Nr. 440*) weisen wieder in den thematischen Umkreis oberitalischer Ornamentwelt. Demgegenüber spiegelt die dichte Verbreitung der Graphittonkeramik, vor allem entlang der bayerischen Flußläufe, einen lebhaften innerkeltischen Handel. Von den Lagerstätten um Passau und solchen in Südböhmen, Westmähren und Niederösterreich wurden verschiedene Töpferzentren mit Graphiterde beliefert. Deutlicher als sonst tritt hier das Flußsystem als natürliche Voraussetzung keltischen Handels hervor.

Für den Zeitraum etwa ab der Mitte des 3. Jh. v. Chr. bis zum letzten Drittel des 2. Jh. v. Chr., die sogenannte Mittellatènezeit (Latène C), ist beim Brauchtum im Rhein-Donau-Kreis Kontinuität festzustellen, obgleich der Fundstoff klare Unterscheidungen zum Vorausgehenden zuläßt. Nachdem im Marne-Mosel-Kreis seit Ende der Frühlatènezeit eine Angleichung stattgefunden hat, präsentiert sich die Mittellatèneperiode in Brauchtum, Tracht und Sozialordnung von der Champagne bis in den Karpatenbogen in einem einheitlichen archäologischen Erscheinungsbild. In dieser Phase der Konsolidierung, Expansion und Auseinandersetzung mit den Mittelmeermächten kommt dem kulturellen Rückstrom besondere Bedeutung zu. Rezeption, Nachformung und Weiterentwicklung hellenistischer Vorbilder beleben als inspirierendes Element das keltische Kunsthandwerk.

Diesem Streben muß die allmähliche Herausbildung größerer zentraler Ansiedlungen, den nachmaligen Oppida, und der dabei zu beobachtende Aufschwung ortsgebundener Handwerke entgegengekommen sein. Das vergoldete Kultbäumchen aus der älteren Besiedlung von Manching in seiner singulären Kombination von hellenistischem Blattwerk nach unteritalisch-tarentinischem Muster und plastisch aus-

Abb. 173: Spätlatènezeitlicher Bronzebeschlag aus Kelheim (Nr. 421).

geprägtem keltischen Dreiwirbel kann dafür als schönstes Beispiel gelten *(Abb. 174)*. Nachahmungen hellenistischer Formen sind neben einigen bronzenen Gefäßappliken

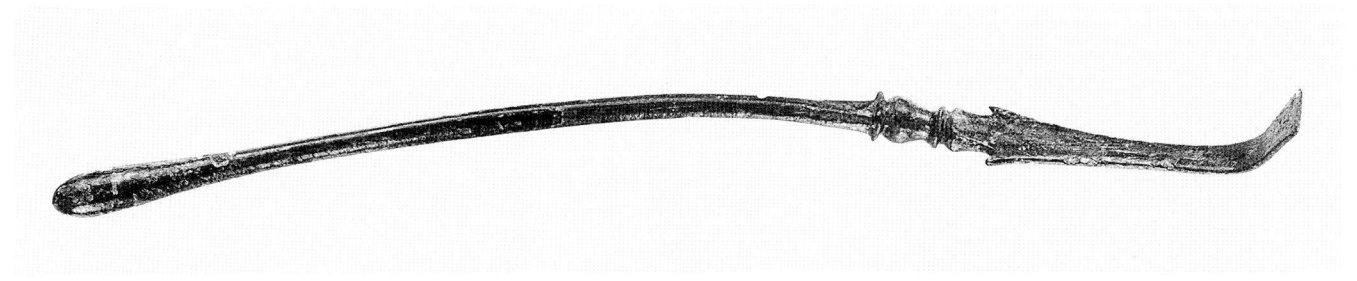

Abb. 172: Bronzene Spatelsonde aus Manching.

205

(Brno-Maloměřice, Manching, Kelheim; *Abb. 128*; *Nr. 406 b*) auch eiserne medizinische Instrumente – Trepanationssäge, Kratzer, Skalpell –, bekannt aus drei „Arztgräbern" von München-Obermenzing *(Nr. 48)*, aus Jugoslawien und Rumänien. Bei den fein gearbeiteten bronzenen Spatelsonden von Manching wird es sich dagegen um italischen Import spätrepublikanischer Zeitstellung handeln *(Abb. 172)*. Der mit diesen ärztlichen Bestecken umrissene Bereich von Pharmazie, Diagnostik, Wundversorgung und Chirurgie darf gewiß als Zivilisationsimport gewertet werden. Die dem „Arzt" von München-Obermenzing mitgegebene vollständige Rüstung mit Schwert, Lanze und Schild mag Ansehen und gesellschaftlichen Rang heilkundiger Personen unterstreichen.

Mit Aufkommen und Ausbreitung der rottonigen bemalten Drehscheibenkeramik im Laufe des 2. Jh. v. Chr. werden Einflüsse der polychromen hellenistischen Gattungen auf das keltische Tongeschirr faßbar. Ein Beispiel ist die verkürzte Wiedergabe des beliebten, ursprünglich griechischen Akanthus-Ornamentes auf einer bemalten Manchinger Tonflasche *(Abb. 177)*. Maßgeblich für die Herausbildung dieser Feinware waren die Kontaktzonen keltischer Stammesverbände im östlichen und westlichen Mittelmeerraum, aber auch Traditionen der Formenentwicklung und der Maltechnik im Gebiet der sogenannten Marne-Keramik. Die über die gesamte keltische Welt verbreitete bemalte Keramik kommt in Gräbern, Heiligtümern (Viereckschanzen), hauptsächlich aber in Siedlungen vor *(Abb. 176)*; sie gilt demgemäß als Merkmal der in der 2. Hälfte des 2. Jh. v. Chr. entstehenden, von gewaltigen Wehrmauern umschlossenen Oppida.

Nach der vorausgegangenen „Rezeptionsphase" sind es die volkreichen Großsiedlungen, die Oppida, die in der Spätlatènezeit vom letzten Drittel des 2. Jh. bis nach der Mitte des 1. Jh. v. Chr. als Handelszentren, Stapel- und Umschlagsplätze eine nachhaltige Belebung des Wirtschaftsverkehrs bewirkten. Handwerkliche Spezialisierung in der Herstellung von Waren und landesweite Organisation von Märkten haben hier im Verein mit regulärer Geldwirtschaft Selbstversorgung und Gütertausch weitgehend abgelöst, spiegeln sich in Zahl und Eigenart des ergrabenen Fundstoffes. Diente das im 5. Jh. v. Chr. in den Fürstengräberkreis importierte etruskische Trinkgeschirr noch dem Totenritual, so erfreuen jetzt die dominierenden Güter des Fernhandels in erster Linie die Lebenden beim Genuß an der Tafel.

Abb. 174: Vergoldetes Kultbäumchen aus Manching (Nr. 458).

Das Milieu ihres Auftretens in Siedlungen, Depotfunden und Gräbern läßt neben dem bevorzugten Platz im profanen Leben auch auf ihre Verwendung in der religiösen Sphäre schließen. Italischer Wein kam in Amphoren aus der *provincia* auf dem Wasserweg über die Rhône und die Donau bis nach Manching *(Abb. 169, Nr. 116)* und vereinzelt zu den Oppida in Böhmen und Mähren. Der Transport auf vierrädrigen Wagen über die Alpen in hölzernen Fässern ist antik überliefert. Ein solches Faß aus alpinem Tannenholz wurde wahrscheinlich in sekundärer Verwendung als Brunnenfassung in der keltischen Siedlung von Manching verbaut. Außer dem Wein wurden vollständige Sätze anspruchsvoller Trinkutensilien geliefert, die zum Vollzug „gehobener Trinksitten" nach römischer Lebensart notwendig waren: Das italische Bronzegeschirr spätrepublikanischer Zeit umfaßt Eimer, Kannen, Pfannen, Henkelbecher, Schöpf-, Sieb- und Hängegefäße. Als Trinkschalen verwendete man schwarzgefirnißte kampanische Keramik. Handelswege dieser in ganzen Gefäßen und in Bruchstücken reichlich belegten Metall- und Tongefäße, zu denen sich noch Millefioriglasschälchen *(Nr. 140 c)* gesellen, waren wieder die Rhône-Donau-Verbindung sowie die Alpenrouten. Die Ausstrahlungen der nunmehr romanisierten *Gallia cisalpina* fanden bereitwillige Aufnahme. Dies bezeugen italische Fibeln, wie etwa die silbernen von Manching *(Abb. 175)*, auch von italischen Fibeltypen abgeleitete Derivate oder die im östlichen Keltengebiet weit verbreiteten palmettenförmigen Gürtelhaken. In Manching gefundene Fibeln nichtkeltischer Fabrikation sind es auch, die Kontakte zu den rätischen Gebirgsstämmen der südlichen Alpentäler *(Nr. 508 a)* einerseits, zu den Germanen zwischen Mittelelbe und Weser andererseits aufzeigen. In beiden Fällen hat „Einheirat" eine plausible Erklärung für den fremden Frauenschmuck abgegeben. Edlen Rassepferden galt eine besondere Leidenschaft der Kelten. Antike Schriftsteller berichten, daß sie dafür hohe Preise zu zahlen bereit waren. Das Vorkommen unterschiedlicher Pferdetrensen (Hebelstangengebisse, *Abb. 186, Nr. 118 a)* italischer und thrakischer Machart in den Oppida mag einen Hinweis auf die Herkunft der Pferde geben, die auch als begehrte Ehrengeschenke ins Land kamen.

Es wurde versucht, Hauptzüge des Fernhandels und der Kulturbeziehungen der 2. Jahrtausendhälfte zu charakterisieren, doch mußten bei der großen Spanne der davon betroffenen Lebensbereiche wichtige Kategorien unberücksichtigt bleiben. Dazu rechnen außer dem zeitlich schwerer eingrenzbaren Handel mit den Rohstoffen Gold, Eisen, Sapropelit, Koralle, Bernstein, Glas und Salz auch die keltischen Ausfuhrgüter. Unter letzteren hat man sich Eisen, textile Roh-

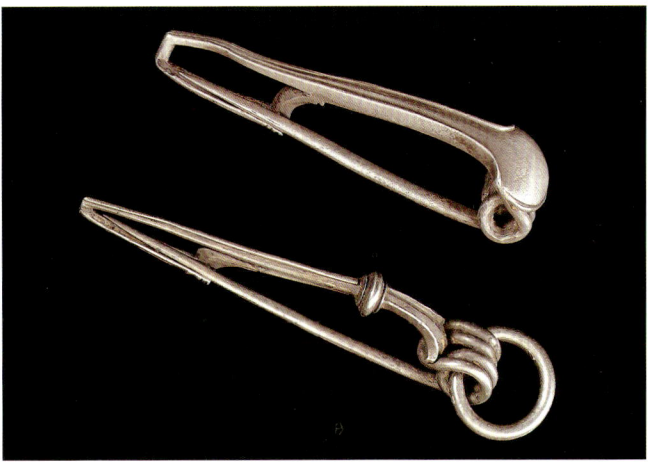

Abb. 175: Italische Silberfibeln aus Manching (Nr. 143 b).

Abb. 176: Streifenbemalter Topf aus Manching (Nr. 6 b).

materialien (Flachs und Wolle) sowie daraus gefertigte Män-
tel, ferner Häute und Hölzer vorzustellen. Nicht eingegangen wurde außerdem auf jene Einflüsse, die sich in der architektonischen Gestaltung des keltischen Wehrbaus ausge-
wirkt haben.

Die Darstellung soll nicht abgeschlossen werden, ohne den
Schriftgebrauch der Kelten zu erwähnen. Schreibgerät und
Siegelkapseln italischer Provenienz aus den Oppida werden
gemeinhin mit Fernhandel in Verbindung gebracht. Der
Merkur auf dem Deckel der Kapsel von Altenburg-Rheinau
bekräftigt solche Zuweisung. Bleibt am Ende zu erwägen, ob
bei der anzunehmenden großen Bedeutung zu siegelnder
Handelsverträge die auf keltischer Seite damit befaßten
sach-, schreib- und sprachkundigen Personen nicht auch an
den „Staatsgeschäften" Anteil hatten.

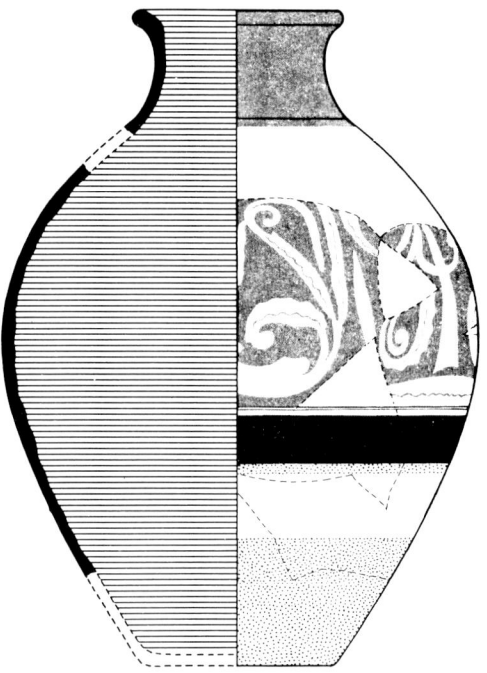

Abb. 177: Bemalte Tonflasche mit Akanthusornament aus Manching.

Keltische Wagen und ihre Vorläufer

Von Markus Egg und Christopher Pare

Erste Belege für den Wagen in Mitteleuropa reichen bis zum späten Neolithikum zurück, d.h. bis zur 1. Hälfte des 3. Jahrtausends v. Chr. (Scheibenräder vergesellschaftet mit Schnurkeramik oder sogar in Schichten mit Material der Pfyner oder Horgener Kultur). Wurden zunächst schwere, von Ochsen gezogene Wagen mit Scheibenrädern verwendet, so gelangte in der älteren Bronzezeit vermutlich über die Vermittlung des ägäischen Kulturkreises der leichte Pferdewagen mit Speichenrädern nach Mitteleuropa (etwa 17.–

16. Jh. v. Chr.). Während im Nahen Osten, auf der südrussischen Steppe und um die Ägäis dem von Pferden gezogenen zweirädrigen Wagen schnell große Bedeutung zukam, und zwar u.a. als Streitwagen im Krieg, so zeigen die spärlichen Belege aus Mittel- und Nordeuropa, daß dieser technische Fortschritt hier nicht eine vergleichbare Resonanz gefunden hat. Es fehlten wohl die gesellschaftlichen und wirtschaftlichen Voraussetzungen für den massiven Einsatz von Streitwagen; in Mitteleuropa läßt sich der Einsatz von zweirädri-

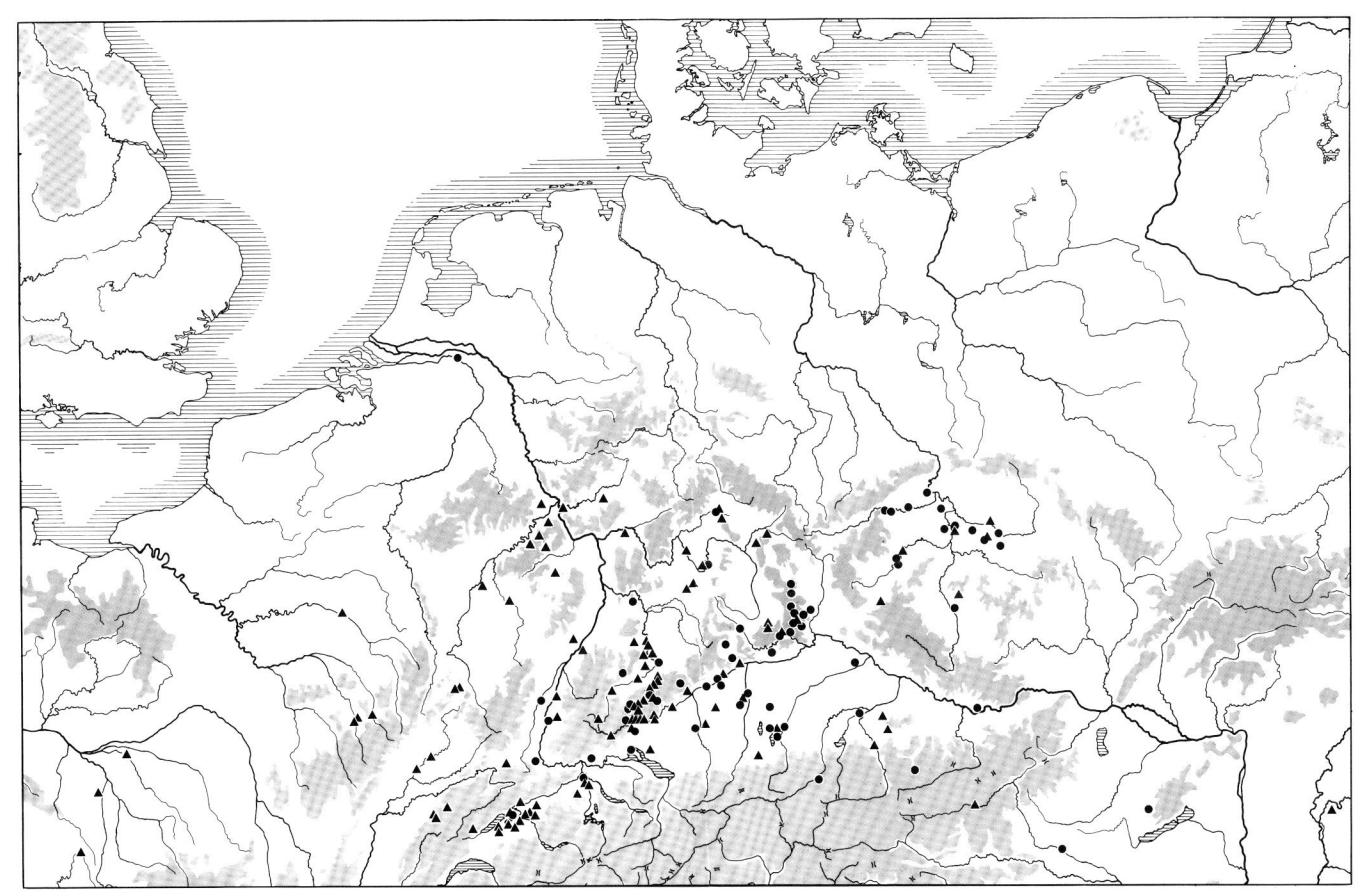

Abb. 178: Verbreitung hallstattzeitlicher Wagengräber. ● = HaC ▲ = HaD

Abb. 179: *Bronzenes Wagenmodell mit Kesselaufsatz aus Acholshausen (Nr. 470).*

gendste Vertreter dieser Gruppe gelten *(Nr. 469; 468).* Außer den reich mit Bronzebeschlägen versehenen vierrädrigen Wagen enthielten diese Gräber Waffen und kostbares Trinkgeschirr in Form von Gefäßsätzen aus Bronze und Ton. Obwohl die Wagengräber der frühen und älteren Urnenfelderzeit oft gestört und nur bruchstückhaft überliefert sind, scheinen sie doch eine regelhafte Grabsitte widerzuspiegeln, wobei die hohe gesellschaftliche Stellung des Verstorbenen durch die Beigabe von Wagen, Waffen und Trinkgeschirr ausgedrückt wurde. Von besonderer Bedeutung scheint die Tatsache, daß das gleiche Ausstattungsmuster mit Wagen, Waffen und Trinkgeschirr nach einer Unterbrechung von etwa vier Jahrhunderten in der älteren Hallstattzeit wieder die höchste gesellschaftliche Schicht kennzeichnete, und zwar wieder im Bereich nördlich der Alpen, zwischen Ostfrankreich und Böhmen.

Während die Rolle des Wagens als Statussymbol bislang nur für den Anfang der Urnenfelder- und für die Hallstattzeit sicher nachgewiesen werden kann, dürfen wir doch voraussetzen, daß der vierrädrige Wagen in der gesamten Urnenfelderzeit diese wichtige Funktion innehatte. Wie der Wagen wurden nämlich auch andere kostbare Objekte, wie Waffen oder Bronzegefäße, in der mittleren und späten Urnenfelderzeit nur noch selten in Gräbern beigegeben, was u.a. auf veränderte Bestattungssitten zurückzuführen sein dürfte.

Daß Wagen, Waffen und reiches Trinkgeschirr im Grab als Ausdruck einer gehobenen sozialen Stellung des Verstorbenen regelhaft ins Grab niedergelegt wurden, läßt auf die besondere Bedeutung dieser Gegenstände im Standesbewußtsein der urnenfelder- und hallstattzeitlichen Häuptlinge schließen. Die Beigaben weisen vermutlich auf gesellschaftliche Funktionen des Verstorbenen als Kriegsführer (Waffen), Gastgeber bei zeremoniellen Festen (Trinkgeschirr) und Veranstalter von Aufzügen (Wagen), die vermutlich auch kultischen Charakter besaßen.

Gleichzeitig mit den Wagengräbern treten mit dem Anfang der Urnenfelderzeit in Mitteleuropa auch Wagenmodelle in Erscheinung, von denen Bayern mit Acholshausen ein hervorragendes Exemplar geliefert hat *(Abb. 179).* Die vierrädrigen Modelle tragen ein Gefäß aus Bronze und werden als Kesselwagen bezeichnet. Die Form der Kesselwagen und die Tatsache, daß sie ähnlich wie die großen Wagen in reichen Waffengräbern aufscheinen, läßt an eine zeremonielle bzw. kultische Funktion denken. Die Wasservögel, die oft große wie kleine Wagen schmückten, können diese Interpretation unterstützen, gelten sie doch als klassische ,Heilssymbole' der Urnenfelderkultur.

gen Streitwagen erst viel später, bei den Kelten der Frühlatènezeit, sicher nachweisen.

Während also der leichtgebaute zweirädrige Pferdewagen im Nahen Osten und im Mittelmeerraum als Waffe diente, können wir in Mitteleuropa einen eigenen kulturgeschichtlichen Weg verfolgen, in dessen Mittelpunkt der vierrädrige Zeremonialwagen aus der Urnenfelder- und Hallstattzeit stand. Diese Wagen traten zuerst im Raum nördlich der Alpen zwischen der Schweiz und Oberösterreich in einer Reihe von reichen Bestattungen der älteren Urnenfelderzeit (13. und 12. Jh. v. Chr.) auf. Aus Bayern kennen wir vier Beispiele, wobei die Gräber von Hart a. d. Alz und Poing als hervorra-

Abb. 180: *Rekonstruktion eines hallstattzeitlichen Wagens aus Großeibstadt (Nr. 480).*

Abb. 181: Rekonstruktion eines hallstattzeitlichen Wagens aus Ohnenheim (Elsaß).

Obwohl Wagengräber und -modelle in der Hauptsache während der frühen und mittleren Urnenfelderzeit vertreten sind, tauchen Wagenteile auch in der jüngeren und späten Stufe, oft in Depotfunden, auf. Als Beispiel seien hier die Achskappen eines vierrädrigen Wagens aus einem Depotfund vom Bullenheimer Berg bei Seinsheim genannt. Die Köpfe der Achsnägel ziert eine Vogelsymbolik, deren Herkunft sich in einer Traditionskette bis zum Anfang der Urnenfelderzeit zurückverfolgen läßt. Aus der späten Urnenfelderzeit wurden auch in anderen Gebieten zahlreiche Wagen bzw. Wagenteile entdeckt, hauptsächlich im äußersten Westen Deutschlands, in der Schweiz und in Frankreich. Unter anderem sind die berühmten Bronzeräder des Coulon-Typs zu erwähnen, die den Höhepunkt der bronzezeitlichen Gußtechnik darstellen.

Mit der Hallstattzeit vervielfacht sich in Mitteleuropa die Zahl der Wagengräber. *Abb. 178* zeigt die Gesamtverbrei-

tung der über 240 Gräber mit Wagenbeigabe. Diese Beigabensitte taucht nach der erwähnten Unterbrechung während der mittleren und jüngeren Urnenfelderzeit massiert in der älteren Hallstattzeit (etwa Ende 8. Jh. v. Chr.) wieder auf. Die ältesten Belege stammen aus Mittelböhmen, Oberösterreich, Bayern und der Schwäbischen Alb. In der Späthallstattzeit findet dann eine Ausbreitung der Wagengrabsitte nach Westen bis zum Mittelrhein und nach Ostfrankreich hin statt. Parallel zu den Wagengräbern findet sich eine große Zahl von Bestattungen ohne Wagen, aber mit paarweise für ein Pferdegespann ausgelegtem Geschirr, manchmal sogar mit Joch. Diese Grabsitte setzt wahrscheinlich ein wenig vor den echten Wagengräbern ein (frühe Hallstattzeit, etwa 8. Jh. v. Chr.), zeigt aber ein ähnliches Verbreitungsbild. Gräber mit paarweisem Zuggeschirr für Pferde werden nämlich im gesamten Raum zwischen Ostfrankreich im Westen bis nach Mähren und Westtransdanubien im Osten entdeckt. Die östlich angrenzenden Gebiete, vor allem im Karpatenbecken, auf der Balkanhalbinsel und auf der südrussischen Steppe unterscheiden sich im Gegensatz dazu durch die Beigabe nur eines Geschirrs, das für ein Reitpferd gedacht war. Während also im Verbreitungsgebiet der Westhallstattkultur sowohl die Gräber mit Wagen- als auch mit Pferdegeschirrbeigabe auf die große Bedeutung des Wagens hindeuten, dürfte das Pferdegeschirr aus Gräbern im Osten Reitpferde symbolisieren.

Lange Zeit fehlten für die Urnenfelderzeit Gräber mit Pferdegeschirr für ein Pferdegespann (d.h. einen Wagen symbolisierend). Vor kurzem wurde aber in Sopron-Krautacker ein reiches Grab aus der mittleren Urnenfelderzeit (Übergang Ha A2/B1) mit Trensenpaar und bronzenen Phaleren ausgegraben, so daß jetzt ebenso wie die Wagengräber auch diese hallstattzeitliche Sitte der Beigabe von zwei Trensen einen Vorläufer aus der Urnenfelderzeit besitzt.

Wenngleich die archäologische Evidenz auf eine starke Verwurzelung des Hallstattwagens in einheimischen urnenfelderzeitlichen Traditionen schließen läßt, darf nicht außer acht gelassen werden, daß wichtige Neuerungen im Wagenbau und in der Schirrung aus Nachbargebieten übernommen wurden. Das Pferdegeschirr der älteren Hallstattzeit beispielsweise verrät viele Einflüsse aus dem Bereich der späturnenfelder-/frühhallstattzeitlichen präskythischen Kulturen der südrussischen Steppe und des Karpatenbeckens. Die Wagenbeschläge dagegen weisen auf Einflüsse aus Mittelitalien: Das gilt insbesondere für die eisernen Radreifen, die vor der älteren Hallstattzeit nördlich der Alpen gänzlich unbekannt waren. Weitere Einzelheiten wie die Gestaltung mancher Radnaben oder die Konstruktion des Wagenkastens mit sogenannten ‚Winkeltüllen‘ wurden ebenfalls von mittelitalischen Vorbildern übernommen.

Gegenüber dem urnenfelderzeitlichen Bestattungsritus, bei dem der Wagen oft zusammen mit der Leiche verbrannt wurde, bietet der unverbrannte Zustand des Wagens in den Gräbern der Hallstattzeit weit bessere Möglichkeiten für dessen Rekonstruktion. Obwohl organische Reste nur höchst selten erhalten blieben, erlauben die metallenen Beschläge mit ihren Holzabdrücken wichtige Erkenntnisse. Die Räder wurden mit Beschlägen für Radnaben, Speichen und Felgen versehen, die mitunter noch eine zuverlässige Rekonstruktion gestatten. Es handelte sich durchweg um Speichenräder, fast immer mit sechs, acht oder zwölf Speichen. Die Felgen wurden aus einem einzigen zu einem Kreis zusammengebogenen Felgenholz hergestellt. Mitunter wurde ein zusätzlicher Felgenkranz aus Segmenten angebracht. Die Radnaben konnten unterschiedliche Formen

Abb. 182: *Darstellung eines zweirädrigen Streitwagens auf einem Sarkophag im Museo Civico Chiusi (Italien).*

annehmen: Die Gestaltung der Radnabenbeschläge änderte sich während der Hallstattzeit verhältnismäßig schnell, so daß ihre Entwicklung recht genau verfolgt werden kann. Die Radbeschläge aus Wehringen zeigen z.B. noch rein urnenfelderzeitlichen Charakter. Die Räder von Großeibstadt dagegen, mit ihren eisernen Radreifen mit langköpfigen Felgennägeln und profilierten Radnaben vom Typ Breitenbronn, zeigen schon italischen Einschlag und gelten als typisch für die ältere Hallstattzeit *(Abb. 180, Nr. 480)*. Die konische Gestaltung der Radnaben und die Radreifen mit großen rechteckigen Nagelköpfen aus Uffing sind für die darauffolgende jüngere Hallstattzeit (HaD 1) charakteristisch. Die zylindrischen Radnaben vom Typ Cannstatt, die gerippten Speichenhülsen und die breiten flachen Radreifen des Wagens von Augsburg-Wellenburg sind für die Spätzeit (HaD 2/3) beispielhaft.

In manchen Fällen sind noch weitere Teile des Wagens mit Metall beschlagen. Einige ganz hervorragende Exemplare wurden sogar vollständig mit Eisen- oder Bronzeblech verkleidet, so daß eine vollständige und sichere Wagenrekonstruktion möglich ist. Bestes Beispiel ist der Wagen aus dem berühmten, modern ausgegrabenen Fürstengrab von Eberdingen-Hochdorf in Württemberg.

Eine eingehende Studie solcher Wagenbeschläge sowie die genaue Position der Wagenteile in den Grabkammern erlauben eine Vorstellung vom Aussehen der typischen Hallstatt-

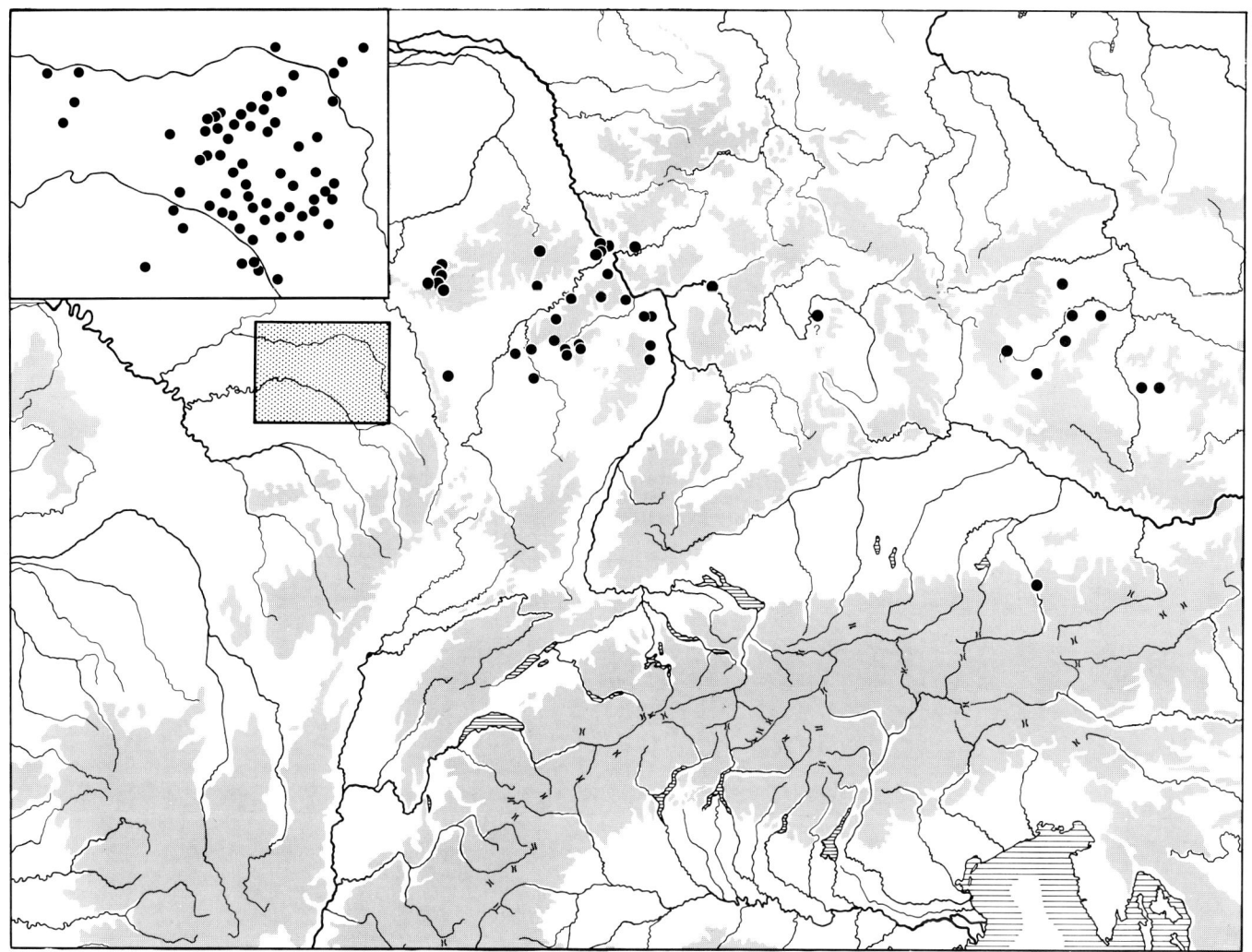

Abb. 183: Verbreitung frühlatènezeitlicher Wagengräber.

wagen (z.B. Ohnenheim, *Abb. 181*). Der Wagen besaß vier Speichenräder von etwa 70–95 cm Durchmesser. Der Unterbau des Wagens, der eher als klein zu bezeichnen ist (Radabstand 1,1–1,3 m, Achsenabstand 1,4–1,9 m), war wohl mit einer lenkbaren Vorderachse versehen. Der Wagenkasten besaß niedrige Seiten (8,5 bis 15 cm hoch) und hatte eine langrechteckige Form, ungefähr doppelt so lang wie breit (Länge zwischen 1,4 und 1,9 m, Breite zwischen 0,59 und 0,84 m). Mittels eines Scharnieres war die in senkrechter Richtung bewegliche Deichsel mit der Vorderachse verbunden. Am Ende der Deichsel saß das Joch für das Pferdegespann.

Aus der leichten Konstruktion sowie der geringen Größe des Kastens geht hervor, daß die Wagen nicht für die Beförderung großer Lasten konzipiert wurden. Auf dem Wagen konnten eine oder zwei Personen sitzen; er wurde vermutlich für kürzere Reisen oder festliche Aufzüge benützt. Ein genaueres Bild von der Gesellschaftsschicht, die zum Fahren eines solchen Wagens berechtigt war, können wir nicht liefern. Weil aber die reichsten Beigaben der Westhallstattkultur immer aus Wagengräbern stammen, können wir davon ausgehen, daß das Wagenfahren wohl für die führende gesellschaftliche Elite reserviert war. Im Laufe der Hallstatt-

213

Abb. 184: Achsnagelpaar mit Eulenköpfen aus Manching (Nr. 422 c).

zeit ist bekanntlich, durch einen Prozeß der allmählich zunehmenden Machtkonzentration, die Bildung von fürstlichen Machtzentren zu verzeichnen. Diese soziale Entwicklung macht sich auch im Rahmen des Bestattungswesens in Form eines steigenden Reichtums und einer steigenden Exklusivität des herrschaftlichen Grabritus bemerkbar. Der Wagen blieb dabei immer Bestandteil des herrschaftlichen Grabzeremoniells. Die untenstehende Tabelle gibt für den süddeutschen Raum die mit fortschreitender Hallstattzeit

Tabelle

	Wagengräber	Geschirr für Pferdegespann
HaC	46	45
HaD 1	36	10
HaD 2/3	20	0

zurückgehende Zahl der Wagengräber sowie der Bestattungen mit paarweisem Pferdegeschirr wieder.

Gleichzeitig mit diesem gesellschaftlichen Prozeß, der in der Späthallstattzeit zu einer Konzentration der Macht in den Händen weniger Aristokraten führte, lassen sich anhand der Wagengräber auch noch ganz andere gesellschaftliche Entwicklungen ablesen. Während sich in der älteren Hallstattzeit die Wagenbestattung fast nur auf Männer beschränkte (lediglich ca. 4,5% weibliche Bestattungen), kommt in der jüngeren und späten Hallstattzeit auf jeweils zwei männliche eine weibliche Bestattung (ca. 31% weibliche Bestattungen). Die Wagengräber spiegeln wahrscheinlich Veränderungen im Aufbau der führenden sozialen Schicht wider. In der jüngeren und späten Hallstattzeit tritt bei den Männern innerhalb der herrschaftlichen Grabausstattung die kriegerische Funktion etwas zurück: Die aufwendigen Dolche dieser Zeit sind eher als Abzeichen als für das Schlachtfeld gedacht. Gleichzeitig rücken Frauen in zunehmendem Maß in die mächtigste (archäologisch faßbare) gesellschaftliche Gruppe auf. Vom Ende der Periode ist beispielsweise das Grab der Fürstin von Vix zu erwähnen, das neben Hochdorf und dem ‚Grafenbühl' bei Asperg zu den reichsten Hallstattgräbern überhaupt zählt.

Auch während der Frühlatènezeit treten Wagengräber in stattlicher Zahl auf, allerdings gibt es gegenüber der Hallstattzeit einige gravierende Unterschiede. Zum einen wurden in der Frühlatènezeit fast ausschließlich zweirädrige Wagen in den Gräbern niedergelegt. Da die Wagengräber oft eine reiche Waffenausrüstung auszeichnet, liegt die Vermutung nahe, daß die zweirädrigen Wagen als Streitwagen eingesetzt wurden *(Abb. 182)*, wofür es auch in der historischen Überlieferung der Römer und Griechen Hinweise gibt. Die Wagen dienten nun offensichtlich nicht mehr lediglich dem Zeremoniell, sondern waren Waffen und zeichneten den Toten als Streitwagenkrieger aus. Spiegelt diese Tatsache möglicherweise den zunehmenden Einfluß der Kriegerschicht innerhalb der frühlatènezeitlichen Gesellschaften wider?

Es wurde oben kurz geschildert, wie der zweirädrige Streitwagen in Mitteleuropa zwar seit der älteren Bronzezeit bekannt war, doch mußte mehr als ein Jahrtausend vergehen, bis sich der Streitwagen in Mitteleuropa auch als Waffe durchsetzte, also mit einer deutlichen Verzögerung gegenüber den benachbarten Kulturen im Mittelmeerraum und im Vorderen Orient. Daß das kostspielige Training wie die aufwendige Unterhaltung eines Streitwagengespannes der Aristokratie vorbehalten war, bedarf wohl kaum der Erwähnung. Krieg mit Streitwagen zu führen setzt eine zahlen-

Abb. 185: Zaumzeug eines Pferdes aus Manching (Nr. 118 a).

starke und reiche Führungsschicht voraus, die wohl erst seit den historischen Kelten vorhanden gewesen ist.

Neben sozialen Gründen für die Verdrängung des vierrädrigen durch den zweirädrigen Wagen im Grabkult bleibt noch zu erwähnen, daß das Aufkommen des Streitwagens mit dem Beginn kriegerischer Auseinandersetzungen auf der italischen Halbinsel einhergeht: Die steigende Bedeutung des Streitwagens in Mitteleuropa mag auf Kontakte mit dem Süden zurückzuführen sein.

Darüberhinaus verschob sich der Verbreitungsschwerpunkt der Wagenbeigabe mit der Frühlatènezeit recht deutlich nach Norden *(Abb. 183)*. Die Zentren liegen nun in der Marne-Gruppe Nordostfrankreichs, in der Hunsrück-Eifel-Kultur des Mittelrheingebiets und in Böhmen. Im süddeutsch-österreichischen Nordalpenraum, dem Gebiet mit den zahlreichsten Wagengräbern aus der Hallstattzeit *(Abb.*

178), lassen sich nur am Dürrnberg bei Hallein sowie im nicht ganz sicher datierten Hügelgrab von Volkach (Mainfranken) frühlatènezeitliche Wagengräber nachweisen. Die Ausstattung des erstgenannten Grabes mit zweirädrigem Wagen, Schwert, Lanzenspitzen sowie reichen Metallgefäßen erinnert dabei an die Wagengräber der Champagne, wo dieses Ausstattungsmuster, z.B. in Châlons-sur-Marne, „Avenue Strasbourg" oder in Somme-Tourbe, „La Gorge-Meillet", mehrfach begegnet. Von den Wagengräbern dieser Region scheint eine gewisse Faszination ausgegangen zu sein, die andere Kulturgruppen zu imitieren versuchten. Trotzdem fehlt es nicht an Hinweisen auf Unterschiede zwischen den einzelnen Wagengrabprovinzen. So pflegte man beispielsweise im Marne-Gebiet auch die Trensen mit ins Grab zu legen, während man im Mittelrheingebiet darauf weitgehend verzichtete.

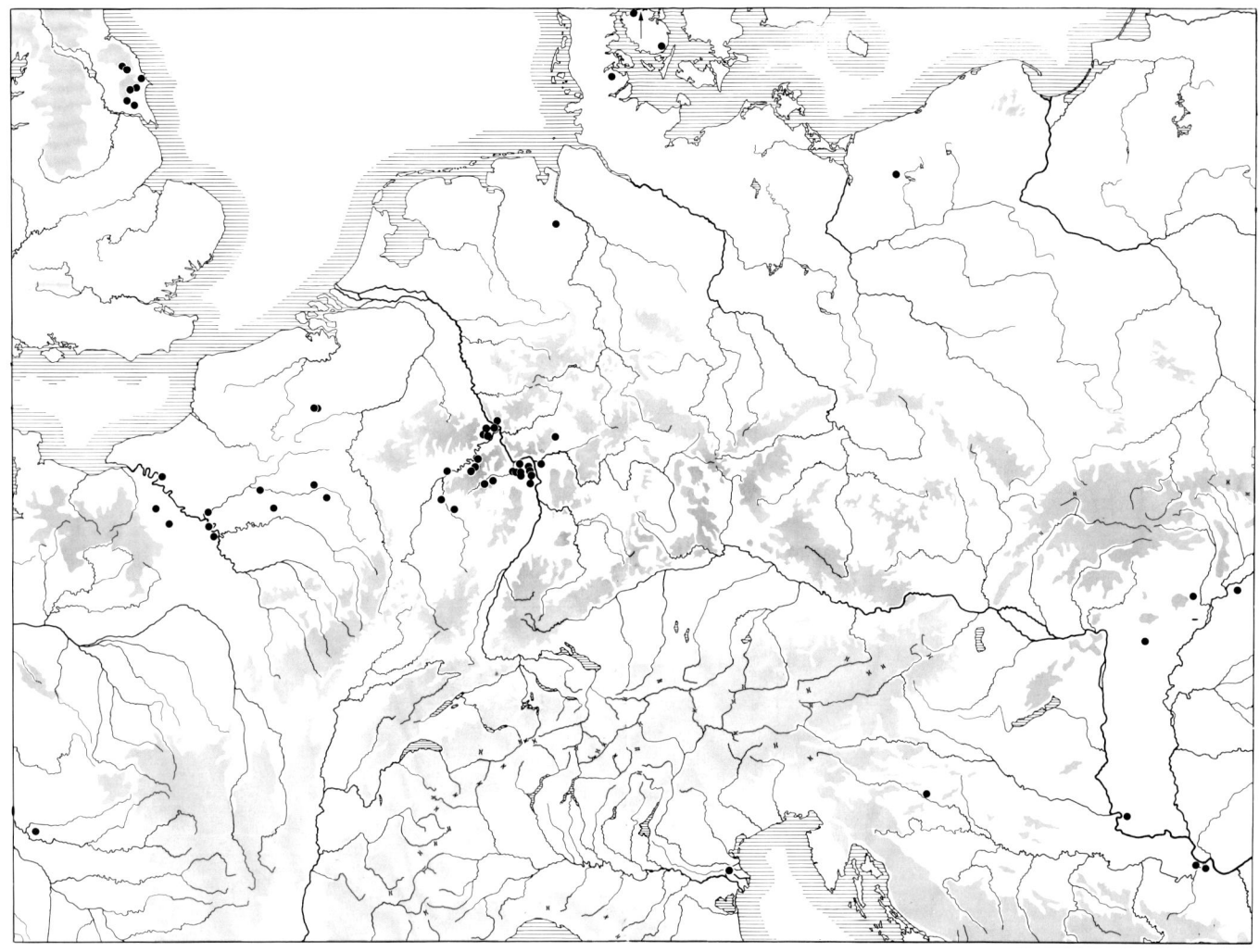

Abb. 186: Verbreitung der mittel- und spätlatènezeitlichen Wagengräber.

Angesichts der großen geographischen Verbreitung keltischer Kultur und der jahrhundertelangen Geschichte der
Kelten bis zur endgültigen Unterwerfung durch die Römer
wäre der Versuch sicherlich verfehlt, ein Bild vom typischen
zweirädrigen Wagen zu rekonstruieren. Es gab vermutlich
zahlreiche Varianten im Wagenbau. Gleichzeitig mit dem
Gebrauch im Krieg erfüllte der Wagen auch andere Funktionen, die vermutlich zur Ausbildung verschiedener Typen
führten. Bei Diodorus Siculus wird nicht nur beschrieben,
wie der zweirädrige Wagen im Krieg benutzt wurde, sondern daß der Wagen auch fürs Reisen verwendet wurde:

*„Wenn die Gallier reisen oder in den Krieg ziehen, benutzen
sie Streitwagen, auf denen ein Wagenlenker und ein Krieger sitzen. Wenn sie gegen Reiter kämpfen, schleudern sie den Speer
gegen den Feind, steigen ab und setzen den Kampf mit dem
Schwert fort."* (V, 29).

In den Wagengräbern der Latènezeit bleiben nur sehr selten
Reste des Wagenkastens erhalten, der in Form eines quadratischen, etwa 1 m x 1 m großen Schattens auf dem Boden der
Grabgrube überliefert ist. Manchmal sind bei besonders aufwendigen Wägen noch durchbrochen gearbeitete Metallplat-
ten als Seitenverzierung des Wagenkastens erhalten. Darstel-

Abb. 187: Latènezeitliches Joch aus Kelheim.

lungen auf keltischen Münzen und auf venetischen Grabstelen geben eine besondere Bauart des Wagenkastens wieder: Hier ist der Wagenkasten hinten und vorn offen, die zwei Seiten dagegen sind in der Form von doppelten Halbbögen gestaltet. Bogenförmige Beschläge dieser Art sind tatsächlich aus manchen Wagengräbern, etwa in Besseringen im Saarland, bekannt. Von bildlichen Darstellungen wird zudem deutlich, daß die Achse des Wagens am hinteren Ende des Wagenkastens befestigt wurde.

Ähnlich wie zur Hallstattzeit beträgt der Durchmesser der Räder durchschnittlich 90 cm, obwohl Werte zwischen 70 und 120 cm bekannt sind. Der Radabstand der Wagen mißt fast regelhaft 1,3 m. Vermutlich war diese Einheitlichkeit durch die Ausbildung von tiefen Spurrinnen auf vielbefahrenen Straßen verursacht: Wie die Geleise einer Eisenbahn zwangen die Spurrinnen zu einem normierten Radabstand der Latènewagen. Form und Konstruktion der Räder sind gegenüber der Hallstattzeit wegen der selteneren Metallbeschläge weniger gut überliefert. Die Form der Radnaben vermitteln uns die nur sehr selten erhaltenen Holzräder, beispielsweise von La Tène, Bad Nauheim oder Holme Pierrepoint. Die Felgen wurden entweder aus einem einzigen Holzspan zu einem Kreis gebogen oder aus mehreren Segmenten zusammengesetzt. Während Achskappen in der Latènezeit nur selten vertreten sind, kommen reich verzierte Achsnägel vor allem in der mittleren Latènezeit relativ häufig vor, so z.B. in Waldalgesheim, am Donnersberg oder in Manching in Bayern *(Abb. 184, Nr. 422)*.

Manche Wagengräber geben noch Auskunft über die Länge der Deichsel. Entweder war die Grabgrube mit einem Fortsatz für Deichsel und Joch versehen (z.B. Somme Bionne), oder Jochbeschläge weisen auf die ursprüngliche Position des Deichselabschlusses hin (z.B. La Gorge-Meillet). Anhand der verschiedenen Befunde wird ersichtlich, daß die Länge der Deichsel 2 bis 3 m betrug. Während das Joch in den Gräbern nie erhalten blieb, sind einzelne hölzerne Beispiele aus Siedlungen auf uns gekommen, so etwa in der schweizerischen Fundstelle La Tène oder in Kelheim in Bayern *(Abb. 187)*. Darüberhinaus sind zahlreiche Jochbeschläge aus Siedlungen bekannt: so z.B. die ringförmigen Aufsätze, die vor allem in den Oppida der späten Latènezeit gehäuft vorkommen.

Die Verbreitungskarte der Wagengräber aus der mittleren und späten Latènezeit *(Abb. 186)* zeigt einen deutlichen Rückgang dieser Sitte. Die räumliche Ausbreitung läßt aber erkennen, daß ganz neue Gebiete miteinbezogen wurden. Es mag sein, daß diese Ausbreitung mit der historisch überlieferten keltischen Expansion zusammenhängt. Das Auftauchen keltischer Wagenfunde im Karpatenbecken und sogar auf der Balkanhalbinsel (z.B. ein reich verzierter Achsnagel aus Mezek, Bulgarien) könnte so leicht erklärt werden.

Die Wagengrabsitte scheint in der mittleren und späten Latènezeit nicht mehr so regelhaft geübt worden zu sein. Zudem mindern die nun übliche Sitte der Einäscherung des Verstorbenen und die damit verbundene Mitverbrennung des Wagens gegenüber früheren Stufen die Qualität archäologischer Überlieferung, so daß die herrschaftlichen Grabsitten nur noch schwer erkennbar sind. Während die verhältnismäßig aufwendige Grabkonstruktion die besondere Bedeutung der mit Wagen beigesetzten Kelten andeutet, wurden reiche Beigaben nur noch vereinzelt vorgefunden.

Eine deutliche Kontinuität der Wagengrabsitte zeigt sich vor allem am Mittelrhein. Im nordostfranzösischen Marne-Gebiet hat sich der Verbreitungsschwerpunkt jetzt gegen Westen und Norden verlagert. In Böhmen fand diese Art von Begräbnis nicht mehr statt. Neu gegenüber der Frühlatènezeit sind Wagengräber in der englischen Grafschaft Yorkshire („Arras-Kultur"), in Norddeutschland und Dänemark („Kimbrische Wagengräber") sowie im Karpatenbecken. Solche Gräber im Osten und in England spiegeln die Ausbreitung und Ausstrahlung keltischer Zivilisation wider. Grabfunde wie aus Dobova in Slowenien oder aus Wetwang Slack in Yorkshire gelten mit ihren typischen Latèneschwertern und zweirädrigen Wagen als Begräbnisse keltischer Krieger.

Das allmähliche Ausklingen der Wagengrabsitte in der Spätlatènezeit und das gleichzeitige Auftreten von Reitergräbern spiegeln die Verdrängung des Streitwagens durch die Kavallerie im letzten vorchristlichen Jahrhundert wider. Während Diodorus Siculus noch den Gallischen Streitwagen beschreiben konnte, zeigt das Fehlen von Streitwagen in dem von Julius Caesar beschriebenen Kriegsgeschehen, daß mindestens seit 58 v. Chr. der Krieg mit dem Streitwagen auf dem Kontinent unüblich geworden ist. Caesar begegnete in Gallien bei den Kelten lediglich der Reiterei *(Abb. 185, Nr. 118 a)* und der Infanterie. Nach der Beschreibung Caesars wird deutlich, daß Krieg mit dem Streitwagen lediglich auf den britischen Inseln weiterlebte. Hier stieß das römische Heer mit dem berühmten keltischen *essedum* und sogar mit dem gefürchteten *covinnus,* dessen Räder mit geschweiften, sichelartigen Messern bewaffnet waren, zusammen. In einer berühmten Stelle schildert Caesar keltische Streitwagen: *„Die Kampfesart von den Streitwagen herab ist folgende: Zuerst umschwärmen sie alle feindlichen Linien, schleudern Geschosse, bringen meistenteils schon durch den Schrecken, den die Pferde verursachen, und durch das Dröhnen der Räder die Reihen in Verwirrung und drängen sich zwischen die Reiterschwadronen hinein, die Kämpfer springen dann von den Wagen und kämpfen zu Fuß. Die Wagenlenker fahren eine Strecke aus dem Gefechtsfeld heraus und stellen die Wagen so auf, daß die Wagenkämpfer, wenn sie von einer feindlichen Übermacht bedrängt werden, einen ungehinderten Rückzug zu ihren Leuten haben. So zeigen sie sich im Kampf beweglich wie Reiter, aber auch standfest wie Soldaten zu Fuß und bringen es durch tägliche Übung so weit, daß sie auf abfallendem, ja stark abschüssigem Gelände die Pferde in vollem Lauf anhalten, in kurzer Zeit zu einer Wendung zügeln und daß sie selbst die Deichsel entlanglaufen, in Höhe des Jochs stehenbleiben und von dort schnell in die Wagen zurücklaufen können."* (b.G. IV, 33).

Die heroische Tradition des Streitwagens überdauerte am längsten an den Rändern der keltischen Welt. Die Táin Bó Cuailnge, ein wohl im 4. Jh. n. Chr. fertiggestelltes irisches Epos, gewährt dem Streitwagen immer noch eine hervorragende Bedeutung, wenn auch nicht mehr im alltäglichen Leben, so doch in den Wertvorstellungen der Aristokratie.

Keltisches Geld

Das keltische Münzwesen

Von Bernward Ziegaus

Im vergangenen Jahrzehnt konnten in der Erforschung der keltischen Numismatik erhebliche Fortschritte verzeichnet werden. Entscheidend hierfür waren einerseits ein beträchtlicher Materialzuwachs durch neue große Münzfunde, eine hohe Zahl von Lesefunden und nicht zuletzt Münzen aus Siedlungsgrabungen und andererseits die Verfeinerung der Untersuchungsverfahren durch die Methode des Stempelvergleiches, naturwissenschaftliche Analysen, statistische Auswertung und Anfertigung von Typenverbreitungskarten. Dennoch verfügen wir für einige Teilbereiche nach wie vor nur über sehr allgemeine Kenntnisse: So weiß man immer noch wenig über die Herkunft und Gewinnung des Metalls, die Münzherstellung, die zeitliche Einordnung von Münztypen sowie den Münzumlauf in der Latènezeit. Viele Wissenslücken beruhen auch darauf, daß uns die antiken Autoren nur dann einen Einblick in das Münzwesen der Kelten geben, wenn ihnen dies bei der Schilderung bedeutsamer Ereignisse notwendig erschien (etwa durch keltische Einfälle nach Italien, Bedrohung von Kolonien oder verbündeten Städten und Stämmen), Rom unmittelbar betroffen war oder den Römern durch einen siegreich beendeten Kampf finanzielle Vorteile erwuchsen (Nash 1981). Da keltische Münzen in Kombination mit anderen Kleinfunden eher selten sind, lassen sie sich nur in Ausnahmefällen datieren. Daher wird man zusätzliche Informationen zum Münzwesen der Kelten nur durch eine systematische Auswertung des Materials erwarten dürfen.

Der Beginn der keltischen Prägungen

Über den Beginn der keltischen Münzprägung sind wir insoweit informiert, als für die meisten Prägungen griechische und römische Vorbilder gewählt wurden (Pink 1974). Beliebte griechische Motive waren die Herrscherbilder Philipps II. von Makedonien (359–336), Alexanders III., des Großen (336–323), des Lysimachos von Thrakien (323–281) oder des Antigonos Gonatas (277–239). Besonders zahlreich sind keltische Nachahmungen, die das Bildnis Philipps II. auf der Vorderseite und ein Bigamotiv mit Wagenlenker auf der Rückseite zeigen. Auf Silberprägungen wurde der sog. Siegesreiter, der einen Palmzweig hält, oder ein behelmter Königsreiter dargestellt (Göbl 1973 a/b; Kent/Mays 1987). Von den original makedonischen Alexanderprägungen adaptierte man die Stücke mit den Motiven Herakles im Löwenfell (Vorderseite) bzw. thronender Zeus mit Adler und Szepter (Rückseite). Als Vorbilder wurden jedoch nicht nur Herrscherporträts, sondern auch Münzbildmotive griechischer Kolonien und Städte, wie z. B. Emporion, Rhoda, Massalia, Patraos oder Thasos, und römisch-republikanische Denar-Typen von den keltischen Stempelschneidern aufgegriffen (Castelin 1985, 27).

Unklar ist in vielen Fällen der zeitliche Abstand zwischen den original griechischen und römischen Prägungen und dem Einsetzen der keltischen Imitationen. Als einziger Anhaltspunkt bleibt oft nur, daß die Vorbilder vor den Nachprägungen entstanden sein müssen, welche aufgrund ihrer Datierbarkeit zumindest einen *terminus post quem* liefern. Besonders bei den Nachahmungen von Philipperstateren und Tetradrachmen fallen am Beginn der keltischen Prägung die Bildunterschiede gering aus (vgl. *Nr. 150–153*). Man hat deshalb vermutet, daß am Beginn der keltischen Münzprägung möglicherweise sogar griechische Originalstempel in den keltischen Münzstätten verwendet wurden, die mit zunehmendem Stempelverschleiß auch Veränderungen in der Bildqualität erfuhren, und sich erst dadurch ein eigenständiger Bild- und Formenschatz entwickelte. Einige keltische Philipper-Tetradrachmen, die im Bildstil sehr hochwertig ausfallen, scheinen sogar darauf hinzudeuten, daß sie noch zu Lebzeiten des Herrschers oder postum, bald nach seinem Ableben, geprägt wurden.

Bildmotive

Trotz der beliebten und häufigen Nachahmungen griechischer und römischer Münzen gibt es mindestens ebensoviele eigenständige Gepräge, für die sich keine Vorläufer benennen lassen und die als Neuschöpfungen keltischer Stempelschneider angesprochen werden können. Folgende regionale Besonderheiten in Hinblick auf die Bildmotive lassen sich festhalten:

Abb. 188: Münzfund von Gaggers (Nr. 383).

Abb. 189: Tüpfelplatte mit Reguli (geschmolzene Goldtropfen).

Süddeutschland: Nur in der allerersten und wohl sehr kurzen Prägephase am Ende des 3. Jh. v. Chr. scheint man sich in Süddeutschland an römischen Münzbildern zu orientieren, z.B. am Januskopfmotiv, das für die Vorderseite von 1/24-Stateren Verwendung fand. Schon die dazugehörige Rückseite zeigt aber ein keltisches Bildmotiv, nämlich ein stilisiertes Pferd mit Reiter, dessen Kopf übergroß erscheint, Rumpf und Beine jedoch fehlen. Bei einem weiteren Motiv wird der Reiter durch drei in ein Dreieck gestellte Punkte ersetzt. Ansonsten wurden für die Gold- und Silbergepräge ab der Mitte des 2. Jh. v. Chr. Bildmotive bevorzugt, die das Pferdemotiv, den Torques, die Lyra, das Vogel- bzw. Greifenmotiv, das sog. Rolltiermotiv und den Triskeles (Dreiwirbel) zeigen. Darüber hinaus gibt es noch zahlreiche Ornamente, die keine direkten Sachbezüge zu bestimmten Objekten erkennen lassen (Kellner 1990, Typenübersicht).

Böhmen: Die Münzen der „Älteren Goldprägung", die man in sog. Hauptreihen untergliedert, unterscheiden sich im Bildstil von den süddeutschen Geprägen erheblich. Am Beginn der Münzprägung werden griechische Vorbilder nachgeahmt, v.a. das Motiv mit der behelmten Göttin Athene (Vorderseite) und der geflügelten und nach links schreitenden Siegesgöttin Nike (Rückseite). Diese Bildkombination wird jedoch durch einen zunehmend roher werdenden Bildstil abgelöst, bis schließlich keine Bilder mehr erkennbar sind (Paulsen 1974, Taf. 1–6). In einer weiteren Entwicklungsphase werden diese frühen Prägungen durch die sog. Muschelstatere abgelöst, die auf der Rückseite eine muldenförmige Vertiefung zeigen und wegen ihrer Strich-

verzierung im Bild an eine Muschel erinnern. Die goldenen Teilstücke zeigen häufig symmetrische Punkt- und Strichverzierungen. Eine Sonderstellung nehmen die Münzen der sog. böhmischen Nebenreihen ein, die bis auf den heutigen Tag in nur relativ kleiner Zahl bekannt wurden, aber eindeutige Bezüge zur Welt der Kelten erkennen lassen. Darstellungen von Pferd, Eber oder Rolltier sind hier die bevorzugten Motive, die man bei den sog. Hauptreihen vergeblich sucht. Beim boischen Kleinsilber ist die Bildkombination Vorderseite Kopf, Rückseite Pferd am häufigsten; auch hier handelt es sich um eigenständige Bildideen, die ohne griechische oder römische Vorbilder entstanden.

Noricum, Pannonien: Die hier dominierenden Silberprägungen unterscheiden sich in ihrer stilistischen Ausfertigung erheblich voneinander, denn bei den pannonischen Prägungen gibt es zahlreiche Typen, die einfache, manchmal sehr unbeholfene Bildgravuren erkennen lassen und die mit der hochwertigen Ausfertigung der norischen Bilder nicht konkurrieren können. Man gewinnt den Eindruck, daß es sich von Anfang an um eine keltische Prägung handelt, da römische und griechische Bildelemente fehlen. Die Großsilbermünzen der norischen Fürsten zeigen ein Herrscherporträt, das mit einem Pferdemotiv und dem Namen des Münzherren kombiniert wurde, so daß wir im Gegensatz zu den süddeutschen Prägungen zumindest die Personen kennen, die die Prägungen veranlaßten. Die Vorderseiten der norischen Kleinsilberprägungen zeigen einen nach rechts oder links gerichteten Kopf oder bleiben bildlos, die Rückseiten ein Pferdemotiv oder ein kreuzförmiges Ornament.

Donau-/Balkanraum: Das Bildspektrum dieser Region beschränkt sich auf eine relativ kleine Zahl an Motiven und lehnt sich an die Tetradrachmenprägung Philipps II. und Alexanders III. an. Bei allen Varianten läßt sich nicht nur eine Verschlechterung in der Bildqualität, sondern auch im Abfall der Legierung von hochwertigem Silber bis hin zu schlechtem Kupfer nachweisen. Die Herrscherportraits werden immer stärker stilisiert, gleichen manchmal eher Ornamenten und lassen kaum noch einen Bezug zu den ursprünglichen Motiven erkennen. So entwickelt sich die Schnauze eines Pferdes zu einem Entenschnabel (sog. Entenschnabelreiter, Göbl 1973 a, Taf. 20), ein Reiter ähnelt aufgrund seiner Gesichtszüge einem Frosch (sog. Froschkönigsreiter, Göbl 1973 a, Taf. 36), und mitunter werden sogar Teile eines Motivs weggelassen, wie es z.B. bei einer Philipperimitation der Fall ist, bei der vom Gesicht die Kinnpartie fehlt, weshalb dieser Typ in der Literatur als sog. Kinnloser Typ bezeichnet wird (Göbl 1973 a, Taf. 27).

Gallien, Schweiz, Rheinland: In diesen Gebieten dominieren die griechischen und römischen Vorbilder (Philipperstatere mit Biga oder Quadrigamotiv sowie das Bildnis der Göttin Roma mit den Dioskuren). Eine Keltisierung erfolgt vor allem durch das Hinzufügen von charakteristisch keltischen Objekten, wie der Lyra, dem Torques oder einzelnen Tieren, wie z.B. Vogel, Eber oder androkephales Pferd. Fast alle diese hinzugefügten Motive in der Gold- und Silberprägung haben, abgesehen vom Pferdemotiv, eher Beizeichencharakter und bestimmen nur selten die gesamte Bildvorder- oder Rückseite der Münze. Anders scheint dies bei den Bronze- und Potinmünzen (Potin: zinnreiche Bronzelegierung) zu sein, denn hier dominieren einfache und in der bildlichen Ausgestaltung nicht sonderlich herausragende Motive wie z.B. der stoßende Stier, das sich aufbäumende Pferd, der Widder, aber auch abstrakte Bilder, etwa wie das sog. Ankerornament auf den Zürcher Potinmünzen.

Nominale

Der imitative Charakter von keltischen Münzen äußert sich nicht nur in der Übernahme von Bildmotiven, sondern auch in der Angleichung an den Gewichtsstandard griechischer und römischer Münzen. Man verwendet deshalb, da die keltischen Bezeichnungen für die unterschiedlichen Münzsorten nicht bekannt sind und um eine leichtere Unterscheidung zwischen den verschiedenen Größen zu ermöglichen, die griechischen und römischen Münzbezeichnungen. Beim Gold werden die Begriffe Stater (in Anlehnung an den Goldstater Philipps II.) und die dazugehörigen Teilstücke, beim Silber die makedonische Tetradrachme (mit den Teilstücken von Drachme und Obol) sowie der römische Quinar verwendet. Über die Bezeichnungen von Bronzelegierungen weiß man nichts, so daß man hier nur zwischen Groß- und Kleinbronzen und Potin unterscheiden kann. Auch die Frage nach den Wertverhältnissen verschiedener Münznominale bleibt aufgrund der schlechten Quellenlage offen,

	Gold	Silber	Bronzelegierungen
Süddeutschland	¹⁄₁-Stater (ca. 7,5 ± 0,5 g) ¹⁄₄-Stater (ca. 1,7 ± 0,2 g) ¹⁄₂₄-Stater (ca. 0,3 g) ¹⁄₄₈-Stater? (ca. 0,15 g) ¹⁄₇₂-Stater (ca. 0,11 g)	Quinar (ca. 1,8 g) Kleinsilber (ca. 0,4 g)	?
Böhmen, Noricum Pannonien, Donau-/Balkanraum	¹⁄₁-Stater (ca. 7,7 ± 0,7 g) ¹⁄₃-Stater (ca. 2,6 g) ¹⁄₈-Stater (ca. 1 g) ¹⁄₂₄-Stater (ca. 0,3 g)	Großsilber (ca. 13,5 ± 3,5 g) Drachme (ca. 2,5 g) Kleinsilber (ca. 0,5 ± 0,2 g)	Großbronze (ca. 13 g) Kleinbronze (ca. 2,2 g)
Gallien, Schweiz Rheinland	¹⁄₁-Stater (ca. 7,5 ± 1,0 g) ¹⁄₂-Stater (ca. 3,7 ± 0,2 g) ¹⁄₄-Stater (ca. 1,7 ± 0,2 g)	Drachme (ca. 2,2 g) Quinar (ca. 1,7 g)	Potin (ca. 4,0 ± 2 g)

Tab. 1: *Nominale Gold, Silber und Bronzelegierungen in Mitteleuropa in der Zeit vom 3. Jh. v. Chr. bis Anfang des 1. Jh. n. Chr.*

wenngleich zumindest die sehr exakte und kleinteilige Stückelung der Goldnominale keinen Zweifel daran läßt, daß auch kleine und kleinste Münzen einen erheblichen Wert repräsentiert haben. Die in *Tabelle 1* notierten Gewichtswerte markieren die mögliche Spannbreite für die bisher bekannten Nominale und gelten für die gesamte Zeitspanne der keltischen Münzprägung. Innerhalb dieses Zeitrahmens läßt sich bei den Edelmetallprägungen ein Gewichtsabfall feststellen, der jedoch von Region zu Region verschieden und in unterschiedlicher Geschwindigkeit erfolgt, so daß die Gewichtsdaten nur als ungefähre Anhaltswerte angesehen werden dürfen.

Herstellungsverfahren

Über das Verfahren der Herstellung von keltischen Münzen wurde in den vergangenen Jahrzehnten intensiv diskutiert. Die zahlreichen Funde der sog. Tüpfelplatten (auch: Fingertupfenplatten, *Abb. 189*) aus dem Oppidum von Manching, aber auch aus anderen latènezeitlichen Siedlungen haben gezeigt, daß Tonplatten mit relativ gleichmäßigen, muldenförmigen Vertiefungen dazu verwendet wurden, den Schrötlingen eine einheitliche Form zu verleihen. Die von Karel Castelin vertretene Ansicht, daß das Rohmaterial in die Vertiefungen eingefüllt und anschließend unter Verwendung von Holzkohle und eines Blasrohres zusammengeschmolzen wurde, findet heute immer weniger Befürworter, denn das sicher sehr kleinteilige Material wäre nach diesem Verfahren durch den Luftdruck zweifellos aus den Vertiefungen herausgeblasen worden. Zudem hätte man damit kaum die notwendigen Temperaturen erzielen können, um ein gänzlich geschmolzenes Metallstück zu erhalten. Des weiteren wäre diese Vorgehensweise auch noch äußerst zeitaufwendig, denn jede einzelne Vertiefung hätte gesondert erschmolzen werden müssen.
Eine relativ einfache Methode der Schrötlingsherstellung dürfte hingegen im Einfüllen des Rohmaterials in Tüpfelplatten nach vorausgehendem Abwiegen bestanden haben, wobei man die Tonplatten anschließend mit Holzkohle abdeckte und das ganze durch reichliche Wärmezufuhr bis zum Schmelzpunkt brachte. Ein Justieren, d.h. ein Nachwiegen und Befeilen des Schrötlings erfolgte, falls notwendig, nach dem Schrötlingsguß. Für das Abwiegen von Rohmaterial oder Schrötlingen sprechen die hinreichend bezeugten keltischen Feinwaagen aus den latènezeitlichen Siedlungen, die wohl vornehmlich für diesen Zweck Verwendung fanden.

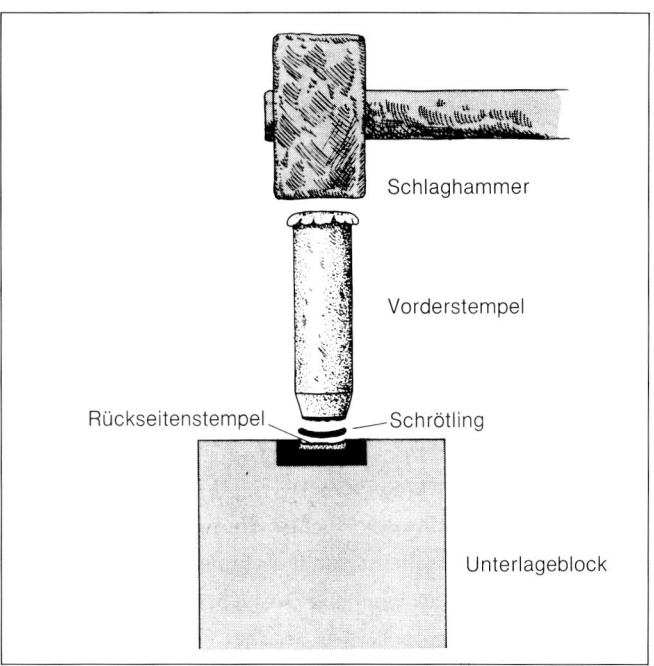

Abb. 190: Schema der Hammerprägung von Münzen.

Für die Herstellung von sehr kleinen Schrötlingen könnte man jedoch auch annehmen, daß Goldkügelchen in Tropfenform hergestellt wurden, wobei diesen anschließend durch Breithämmern und Rundfeilen eine schrötlingsähnliche Gestalt verliehen wurde. Belege für diese Vorgehensweise gibt es aus der Latènesiedlung von Stöffling.
Nachdem die zusammengeschmolzenen Schrötlinge aus den Tüpfelplatten – wahrscheinlich noch in warmem Zustand – herausgenommen worden waren, prägte man sie. Mit zunehmendem Erkalten wurde das Material allerdings spröde, und gerade bei den großen und meist dicken Goldschrötlingen für die sog. Regenbogenschüsselchen entstanden durch den Prägevorgang manchmal breite und tiefe Risse an den Rändern und auf den Vorderseiten der Münzen. Die Entstehung von Rissen könnte aber möglicherweise auch auf eine schlechtere Legierung hinweisen, da sich stärker silberhaltige Goldmünzen schlechter verformen lassen als hochwertige Goldmünzen.
Die Prägung erfolgte mit einem freigeführten Oberstempel (= Rückseite der Münze) und einem in einen Block eingelassenen Unterseitenstempel (= Vorderseite der Münze), wobei der Schrötling auf den Unterseitenstempel gelegt wurde und mit Hilfe eines Hammerschlages auf den Ober-

223

seitenstempel beide Münzseiten zugleich mit den Bildern versehen wurden *(Abb. 190)*. Die Funde von Münzstempeln aus latènezeitlichen Siedlungen zeugen von lokaler Münzprägung, was sich durch das Vorhandensein von Schrötlingen und Tüpfelplatten noch erhärten läßt.

Neben der Herstellung von Gold- und Silbermünzen, die ausschließlich geprägt wurden, wurden Kupfermünzen nicht nur geprägt, sondern auch mit starkem Zinnzusatz gegossen (Potin). Dieses Verfahren erfolgte nach der Methode des Zweischalengusses: In der Gußform waren Vertiefungen mit dem Bildmotiv in einer Reihe angeordnet und durch Stege verbunden. Das flüssige Metall wurde in zwei aneinandergepreßte Halbschalen an einer Stelle eingefüllt und nach anschließendem Erkalten die fertigen Münzen herausgenommen. Da die Münzen noch durch Gußkanäle miteinander verbunden waren, mußten sie voneinander getrennt werden. Meist brach man sie einfach ab, was sich an zahlreichen Exemplaren noch gut nachweisen läßt, da man die verbleibenden Gußzapfen, Ecken und Kanten nicht regelmäßig von den Münzen entfernte.

Prägeherren, Prägerecht, Prägestätten

In der Literatur wurde immer wieder der Versuch unternommen, Münztypen bestimmten keltischen Stämmen zuzuordnen (de La Tour 1991/Forrer 1968). Obwohl man gerade in Gallien (Scheers 1983) und Britannien (van Arsdell 1989) eine relativ große Zahl von Stammesnamen kennt, ist die Lokalisierung und Ausdehnung der zugehörigen Territorien schwierig, und man wird die Häufung von bestimmten Münztypen nicht vorbehaltlos mit einem Stammesgebiet verbinden dürfen. Zudem sind die Bildmotive und Legenden auf den Münzen wenig auskunftsfreudig und bestimmte Typen nicht nur in einer ganz bestimmten Region anzutreffen, sondern manche können auch über eine größere Fundregion streuen. Ein Grund dafür kann zunächst die unterschiedliche Erforschung der einzelnen Regionen sein, doch zeigen die bisher vorgelegten Verbreitungskarten von Münztypen noch keine eindeutigen Schwerpunkte, die als repräsentativ erachtet werden können. In einigen Fällen wurden Münzen sogar über sehr weite Strecken transportiert. So finden sich etwa süddeutsche Goldmünzen an der französischen Atlantikküste, im Rheinland, in Oberitalien und Böhmen, ostkeltische Münzen hingegen in Süddeutschland oder auch nordgallische Potinmünzen in Böhmen. Vor kurzem fand man bei Ausgrabungen auf Sizilien sogar eine süddeutsche Kleingoldmünze.

Über den Personenkreis, der befugt war, Münzen zu prägen, wissen wir nach wie vor sehr wenig, wenngleich man davon ausgehen kann, daß dafür sicherlich nur solche Personen in Betracht kamen, die über den Zugriff auf genügend Rohmaterial verfügten. Auf gallischen Münzen finden wir beispielsweise die Namen von Königen, Fürsten und Adeligen, die uns durch Caesars *commentarii de bello Gallico* überliefert sind. Man darf mit guten Gründen annehmen, daß sie auch die Prägung von Münzen veranlaßten. Gleiches gilt ganz offensichtlich auch für die norische und pannonische Großsilberprägung, die auf den Rückseiten über Namensabkürzungen verfügen. Insgesamt scheint das Anbringen von Namenslegenden jedoch eher typisch für die ausgehende Spätlatènezeit zu sein, während die Münzen in der Zeit vom Ende des 3. Jh. bis ungefähr Ende des 2. Jh. v. Chr. über so gut wie keine Legenden verfügen.

Mit der Frage nach den Prägeherren eng verbunden ist die nach der Prägestätte. Hier gilt es vor allem auch auf die Diskrepanz zwischen den bereits nachgewiesenen Prägeorten (Belege z. B. durch Funde der Tüpfelplatten, Feinwaagen und Münzstempel) und den Fundorten von großen Münzschätzen hinzuweisen, die bisher überwiegend in einiger Entfernung von den Oppida und Siedlungen entdeckt wurden. Man kann dies als Hinweis verstehen, daß es einige wenige zentrale Prägestätten gab, in denen Goldmünzen geprägt wurden, von denen sie an verschiedene Orte und in die Depots gelangten.

Münzfunde

Hier sollen in erster Linie die Münzen aus den Regionen berücksichtigt werden, die in der Ausstellung bevorzugt vertreten sind, also Süddeutschland, Böhmen und Noricum.

Die Neuentdeckung von großen Münzfunden in den letzten 15 Jahren erbrachte eine erhebliche Erweiterung des Typenspektrums und erlaubt erstmals einen Vergleich von Fundkomplexen untereinander. So zeigt sich beispielsweise deutlich, daß sich die Schatzfunde meistens aus einer großen Zahl von Münzen, aber aus einer relativ kleinen Zahl von Typen zusammensetzen und keineswegs über alle in Frage kommenden und bisher bekannten Typen verfügen. Auffällig ist v.a. der hohe Anteil von hochwertigen Gold- und Silbernominalen (Statere, Viertelstatere, Tetradrachmen, Quinare), denen Kleinsilber nur sehr selten, Kupfer und Potin

Abb. 191: Münzschatz von Großbissendorf (Nr. 376). ▷

224

überhaupt nicht beigemischt wurden. Diese charakteristische Zusammensetzung der Münzdepots ist wahrscheinlich auch in Zusammenhang mit der Entstehung und Verbergung zu sehen.

So ergeben sich z.B. große Übereinstimmungen bei den alten Funden von Gaggers *(Abb. 188, Nr. 383)* und Irsching *(Nr. 384)*, aber auch zwischen den 1986 entdeckten Münzfunden von Großbissendorf in der Oberpfalz *(Abb. 191, Nr. 376)* und einem großen Münzfund aus der Umgebung von Sontheim *(Nr. 377)*. Bemerkenswert ist die homogene Struktur des 368 Goldmünzen umfassenden Münzfundes von Wallersdorf *(Abb. 8, Nr. 379)*, der sich bis auf zwei Ausnahmen aus glatten Regenbogenschüsselchen zusammensetzt und mit höchstens sechs bis sieben Stempeln geprägt wurde. Ähnliches gilt auch für den Silberfund von Neuses (Overbeck in: Kellner 1990, 227 ff.), wenngleich hier die Zahl der Stempel, bedingt durch die nicht ganz so homogene Materialzusammensetzung, etwas höher ausfällt. Die Häufigkeit von Münzen eines bestimmten Typs in einem großen Schatzfund könnte deshalb bedeuten, daß diese Stücke während der Anlagezeit des Depots bevorzugt gesammelt wurden, hingegen andere Typen zum Zeitpunkt der Schließung bzw. Verbergung des Depots nicht mehr sehr häufig umliefen oder ganz fehlen, weil es sie einfach noch nicht gab. Neuere Untersuchungen ergaben außerdem, daß für die Münzen aus großen Funden, in denen dieselben Typen vertreten sind, vielfach dieselben Stempel zum Einsatz gelangten. Von besonderer Bedeutung für die süddeutschen Goldfunde ist ferner, daß ihnen auch ortsfremde Gepräge beigemischt wurden, wie dies die boischen Prägungen in den Funden von Gaggers, Großbissendorf und Wallersdorf deutlich zeigen. Daß diese Vermischung auch für Münzfunde aus anderen Regionen Geltung zu haben scheint, zeigt sich im Fund von Niederzier *(Nr. 388)*, der sich aus süddeutschen Regenbogenschüsselchen und gallischen Stateren der Ambiani zusammensetzt. Möglicherweise können diese ortsfremden Prägungen im Zusammenhang mit Handelskontakten gesehen werden, zumal aus den Oppida und Siedlungen ebenfalls eine größere Zahl von ortsfremden Prägungen vorliegt.

Eine Besonderheit sind die Münzfunde, die mit Schmuckstücken kombiniert wurden, wie das etwa bei den Funden von Niederzier, Saint-Louis bei Basel (Furger-Gunti 1982), Tayac *(Nr. 389)* und Lauterach *(Nr. 387)* der Fall ist. Hier möchte man in erster Linie an die Verbergung von gefährdeten Objekten vor Feinden oder die Weihung an eine Gottheit denken. Konkrete Anhaltspunkte für den einen oder anderen Anlaß der Verbergung ergaben sich für die meisten Funde jedoch nicht.

Datierung

Im Gegensatz zu den römisch-republikanischen und griechischen Münzen verfügen wir bei den keltischen Prägungen nur über ungefähre Anhaltspunkte hinsichtlich ihres Prägebeginns, ihrer Prägedauer und ihrer Umlaufzeit. Von archäologischer Seite hat man nun vor einiger Zeit den Versuch unternommen, Münzen, die in latènezeitlichen Gräbern zusammen mit weiterem archäologischem Fundgut entdeckt wurden und sich über diese Beifunde in die Latènechronologie einpassen lassen, zeitlich exakter zu fassen (Polenz 1982, 130 Tab. 2). Durch diese Vorgehensweise wurde es möglich, etwas mehr als zehn Münztypen aus Gallien, der Schweiz, Süddeutschland und Böhmen einem bestimmten Zeithorizont zuzuweisen. Durch die Ausgrabungen in latènezeitlichen Siedlungen und die Beobachtung der Schichtenabfolge, aus denen Fundmünzen stammen, konnte dieses Grobgerüst noch verfeinert werden (Kellner 1990, 35 ff.). Es würde hier zu weit führen, die in *Tabelle 2* angegebene Datierung ausführlich zu begründen, daher sei bei den Datierungsvorschlägen auf drei Autoren verwiesen (Göbl 1989, Kellner 1990 und Polenz 1982), die sich zur Chronologie von keltischen Münzen geäußert haben.

Das Ende der keltischen Münzprägung

Lange Zeit herrschte in der numismatischen Forschung die Meinung vor, daß spätestens mit dem Voralpenfeldzug des Augustus im Jahre 15 v. Chr. das Ende der keltischen Münzprägung erreicht war. Die Untersuchungen im Oppidum von Manching lassen allerdings vermuten, daß schon mit dem Ende der Oppidazivilisation am Ende der Stufe LTD 1, also vielleicht um 50/30 v. Chr., die Münzprägung ihren Abschluß findet. Dies mag für den süddeutschen Raum zutreffen, ist jedoch sicherlich nicht auf alle Regionen Mitteleuropas übertragbar. Neue Forschungen von Robert Göbl für Noricum zeigen deutlich, daß es eine sog. postnorische Prägung gab, die in einigen Höhensiedlungen, wie z.B. auf dem Oberleiserberg, dem Magdalensberg oder in Karlstein über den Alpenfeldzug hinaus fortgesetzt wurde (Göbl 1989). Ihr Ende finden diese späten keltischen Prägungen wahrscheinlich erst unter Kaiser Claudius, also zu dem Zeitpunkt, an dem Noricum der römischen Administration unterstellt wurde. Auch Ausgrabungen in den frührömischen Militärlagern des Rheinlandes erbrachten Hinweise, daß die keltische Bevölkerung oder die Hilfstruppen, die sich aus Soldaten keltischer Herkunft rekrutierten, noch eine Zeitlang späte einheimische Prägungen benutzten. Die Verwendung und Akzeptanz dieser Münzen dürfte jedoch in dem Maße geschwunden sein, in dem sich die römische Münze Geltung verschaffte.

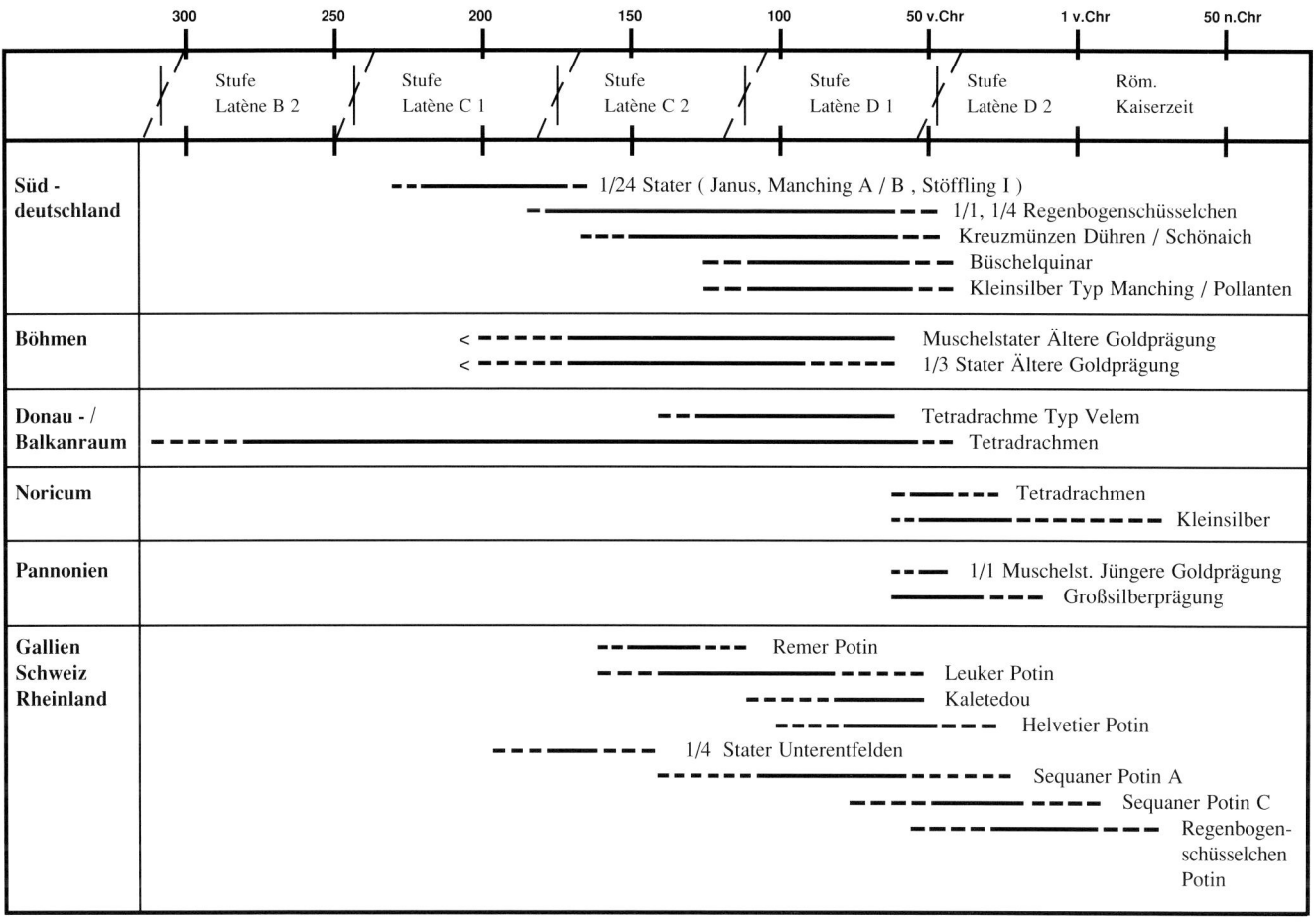

Tab. 2: Vorschlag für eine zeitliche Einstufung ausgewählter Gold-, Silber- und Potinmünzen.
Umlauf- und Prägezeit: sicher (—) bzw. vermutet (- - -).

Die Kelten im Spiegel der römischen Münzprägung

Von Bernhard Overbeck

Roms Auseinandersetzung mit keltischen Volksstämmen war meist kriegerischer Natur. Schon 387/386 v. Chr. erfolgte jene keltische Expansion oder Wanderungswelle, deren Höhepunkt für die Römer die Belagerung Roms selbst war. Der Ausruf des Keltenführers Brennus „Vae victis", die Anekdote von den schnatternden Gänsen des Kapitols sind seitdem sprichwörtliches Allgemeingut.

Das Zurückdrängen keltischer Völker aus Italien blieb für lange Zeit eine der militärischen Aufgaben der römischen Republik. Erinnert sei nur an den Sieg über Boier und Senonen 282 v. Chr. oder über die Gaesaten in der Schlacht bei Telamon/Etrurien 225 v. Chr.

Im unruhigen 3. vorchristlichen Jh. führte eine andere Stoßrichtung keltischer Völkerschaften nach Osten. So wurde ca. 280 v. Chr. Delphi im Herzen Griechenlands geplündert. 278/275 v. Chr. setzten jene Kelten dann nach Kleinasien über und ließen sich dort im nun „Galatien" genannten Bereich in Zentralkleinasien nieder. Für lange Zeit bildeten sie für die hellenistischen Königreiche, speziell für Pergamum, eine ernsthafte Bedrohung, einen ständigen Unruheherd.

Doch dieser blutige Zusammenprall der hellenistischen und der „barbarischen" Welt hat künstlerisch bis hin in die triumphale Staatskunst des römischen Reiches gewirkt. Speziell die Galaterdarstellungen in der pergamenischen Kunst, auch die Wiedergabe keltischer Waffen, wurden zum Kanon innerhalb römischer Triumphalkunst, nicht nur bei Siegen über die keltischen Stämme, auch ganz allgemein bei Siegen über sogenannte „Barbaren".

Wie nicht anders zu erwarten, gehört die Wiedergabe des keltisch-gallischen Kriegsgegners mit zum Bilderspektrum römischer Münzkunst. In der Tat erscheint dieses Thema mit als eine der ersten wirklich politisch motivierten Darstellungen auf einem Denar *(Abb. 192)*, geprägt ca. 116/115 v. Chr. durch den Magistrat M. Sergius Silus. Die Rückseite dieses Denars zeigt, wie so oft in der Republik, ein glorreiches Thema aus der Familiengeschichte dieses in seiner Eigenschaft als Quaestor prägenden Beamten: Der nach links galoppierende behelmte Reiter hält ein Schwert und einen abgeschnittenen Kopf. Diese recht ungewöhnliche Darstellung bezieht sich auf die Taten des Großvaters dieses

Beamten, ebenfalls M. Sergius Silus mit Namen, eines alten Haudegens in den Kämpfen der Römer gegen die Kelten der Po-Ebene (der Gallia Cisalpina), der nach dem Bericht des Plinius in seiner Naturgeschichte (nat. hist. VII, 104–106) ähnlich dem Ritter Götz von Berlichingen mit einer eisernen Hand gegen die Kelten kämpfte und sich dabei besonders verdient machte. Somit ist der abgeschnittene Kopf sicher der eines Kelten. In ihrer unmittelbaren Brutalität mag sich die Darstellung somit direkt auf eine Begebenheit während dieser Kämpfe beziehen.

Natürlich ist Caesars gallischer Krieg (58/50 v. Chr.), von ihm selbst in seinem Kriegsbericht *de bello Gallico* dargestellt und propagandistisch aufbereitet, auf den von ihm und seinen Parteigängern ausgegebenen Münzen entsprechend illustriert worden. Hier sind die Denare des Caesar-Anhängers L. Hostilius Saserna, Münzmeister zu Rom im Jahre 48 v. Chr., ganz besonders interessant und vielfach diskutiert worden. Die von ihm ausgeprägten drei verschiedenen Denartypen sind in einem einzigen Zusammenhang zu sehen, sie stellen einen Satz dar, um einen modernen philatelistischen Begriff zu verwenden. Nur in ihrer Gesamtheit erschließt sich daher die richtige Aussage, in diesem Fall das Lob auf den siegreichen Feldherrn C. Julius Caesar, der die barbarischen Bewohner Galliens besiegt hatte. Das wird mit drei Münzen deutlich zum Ausdruck gebracht: Ein Denar *(Abb. 193)* führt mit allgemeiner caesarischer Siegessymbolik in das Thema ein. Der Kopf einer Göttin mit Diadem und Eichenkranz ist vielleicht als Venus, die Stammutter des julischen Hauses und somit Caesars, zu deuten. Die Rückseite zeigt eine Victoria nach rechts mit geschulterter Trophäe und einem Caduceus (Merkurstab) als Symbol der Felicitas, des glücklichen Gelingens. Diese allgemeine Siegessymbolik ergibt zusammen mit dem Venuskopf der Vorderseite somit die emblematisch verschlüsselte Botschaft: Der Sieg ist errungen im Zeichen der Venus, der göttlichen Ahnin des Julius Caesar. Die weiteren beiden Münzen erklären diesen Sieg nun noch näher durch die Wiedergabe weiterer Details. Einer diese Denare zeigt auf der Vorderseite einen Gallierkopf mit markanten Zügen und der typischen langhaarigen Frisur, hinten zur weiteren Erklärung einen Gallierschild *(Abb. 194)*. Oft findet man die Behauptung in der Literatur,

Abb. 192: Denar (Nr. 496 a).

Abb. 195: Denar (Nr. 496 d)

Abb. 193: Denar (Nr. 496 b).

Abb. 196: Denar (Nr. 496 e).

Abb. 194: Denar (Nr. 496 c).

Abb. 197: Denar (Nr. 496 f).

es handle sich hier um ein Porträt des Vercingetorix. Diese Annahme ist durch nichts zu begründen, schon gar nicht, wenn man die drei Münzen in ihrer Serienhaftigkeit betrachtet. Die Rückseite dieses Denars mit dem Kampfwagen in rascher Bewegung nach rechts mit Wagenlenker und einem nach rückwärts gewandten Kämpfer, der eine Lanze schleudert, wird bisweilen als auf Caesars Landung in Britannien anspielend bezeichnet. Auch das ist in keiner Weise zwingend.

Dem typischen Kopf eines besiegten Galliers auf der Vorderseite des oben besprochenen Denars wird im dritten Stück dieser Serie *(Abb. 195)* der Kopf einer trauernden Gallierin beigesellt. Sie trägt lang herunterhängendes Haar, links hinter dem Kopf sieht man eine gallische Kriegstrompete, die Carnyx. Die Rückseite dieses Stücks zeigt eine weibliche Gottheit von vorn, die mit der Rechten einen Hirsch am Geweih, in der Linken eine Lanze hält. In der römischen Interpretation wäre dies die Göttin Diana, doch ist hier

229

Abb. 198: Denar (Nr. 496 g).

sicher, in Analogie zu dem vorigen Stück, eine gallisch zu interpretierende Gottheit angesprochen. Der Hirsch und der Hirschgott Cernunnos könnten gemeint und vom römischen Stempelschneider in die ihm geläufige weibliche „Hirschgottheit" Diana verwandelt worden sein. Nicht nur die bekannten Reliefs des Cernunnos und die Münze von Gaggers mit dem Hirschkopf *(Abb. 188, Nr. 383),* vor allem die bekannte Holzskulptur aus dem Schacht der Viereckschanze von Fellbach-Schmiden drängt sich als Vergleichsobjekt geradezu auf, wenngleich hier die Gottheit gegenständig Hirsch und Steinbock hält *(Abb. 136, Nr. 460).* Man kann wohl annehmen, daß ein gallisches Kultbild, mit römischem Auge gesehen und entsprechend umgesetzt, auf diesem Denar zur Darstellung gekommen ist, so wie auch die zwei anderen Münzen der Serie zur Erinnerung und zum Ruhme des C. Julius Caesar und seines gallischen Krieges entsprechend eingängige Motive zeigen.

Natürlich feiern die Feldmünzstätten von C. Julius Caesar selbst ganz besonders den gallischen Sieg des Feldherrn.

Einige Beispiele seien wahlweise hier ausgestellt, alles Denare, die das triumphale Motiv der Trophäe variieren.

Ein Denar von 48/47 v. Chr. *(Abb. 196)* zeigt auf der Vorderseite den Kopf einer weiblichen Gottheit mit Eichenkranz, ähnlich *Abb. 193,* auf der Rückseite ist eine Trophäe mit gallischen Waffen erkennbar. Man sieht einen gallischen Langschild, die drachenköpfige Kriegstrompete (Carnyx), einen Helm mit Flügeln oder Hörnern auf der Spitze und seitlich rechts eine Axt. Noch eindrucksvoller ist ein weiterer Denar *(Abb. 197)* aus dem gleichen Jahr und mit gleichem Vorderseitenmotiv. Zu Füßen der Trophäe mit gallischen Waffen sitzt ein gefesselter Gallier mit der typischen Haartracht und markanten Gesichtszügen, nicht unähnlich dem Gallier auf dem Denar des Hostilius Saserna *(Abb. 194).*

Ein Denar des Caesar, geprägt 46/45 v. Chr. in einer spanischen Münzstätte *(Abb. 198),* variiert das Thema der gallischen Trophäe noch weiter. Der Kopf der weiblichen Gottheit mit Diadem auf der Vorderseite ist hier eindeutig als Venus ansprechbar, denn links neben ihrem Hinterkopf sieht man klein den geflügelten Cupido. Die Rückseite zeigt wiederum eine gallische Trophäe, seitlich jeweils mit Carnyces und Langschilden geschmückt, seitlich darunter sitzen ein Gallier und eine Gallierin, deutlich in der Pose der Trauer über ihre verheerende Niederlage.

Alle diese republikanischen bzw. caesarischen Münzemissionen machen deutlich, daß der „barbarische" Kriegsgegner aus dem Nordwesten, der Gallier oder Kelte, meist mit ganz bestimmten, meist kriegerischen Motiven verbunden wurde. Ganz offensichtlich waren diese Motive beim Beschauer der Münzen bekannt genug, um jene Assoziationen zu wecken, die beabsichtigt waren: Die Vorstellung vom Sieg über den wilden und barbarischen keltischen Gegner.

Die Römer nannten sie Räter

Von Paul Gleirscher

Intensiver Kupferbergbau führte während der älteren Spätbronzezeit (ca. 1300–1000/900 v. Chr.) im inneralpinen Raum zwischen dem Bodensee und dem Unterinntal zu einer wirtschaftlichen Blüte und einer relativ dichten Besiedlung. Darüberhinaus konsolidierten sich die archäologischen Kulturgruppen durch den Zuzug von Siedlern aus dem südwest- und besonders aus dem oberbayerischen Raum. Man unterscheidet eine Alpenrheintal- von einer Inntalgruppe. Der drastische Rückgang der Belegungsdichte in den Gräberfeldern dürfte im 10. Jh. v. Chr. eine Abwanderung von größeren Teilen der Bevölkerung anzeigen. Spärliches Fundgut der jüngeren Spätbronze- und älteren Hallstattzeit (ca. 1000/900–600 v. Chr.) weist insgesamt auf eine Siedlungs- und Bevölkerungskontinuität hin.

Im 6. Jh. v. Chr. zeigt sich im Alpenrheintal sowohl an den Trachtelementen als auch an der Keramik (Taminser Ware) ein starker Einfluß der Golaseccakultur, einer Kulturgruppe in der nordwestlichen Lombardei und der Südschweiz, die im Kontakt mit den Etruskern erstarkt war. Ein beständiges Beziehungssystem (Gütertausch) ist wohl als gewichtigster Grund dafür anzusehen. Das Tiroler Inntal, über das Etschtal wohl gleichfalls in diese transalpinen Verbindungen einbezogen, zeigt sich im archäologischen Fundgut dagegen im „süddeutschen Kleid". Dies wird im Unterinntal durch vereinzelte südostalpine Elemente bereichert, die nun auch

zunehmend aus dem angrenzenden Salzburger Raum bekannt werden.

Kulturelle wie auch politische Eigenständigkeit wird archäologisch gegen 500 v. Chr. greifbar, als die Fritzens-Sanzeno-Gruppe entstand. Deutlich mediterran geprägt sind in dieser Kulturgruppe erstmals die Gebiete nördlich und südlich des Brenners kulturell vereint, wobei den damals auch im südlichen Gardaseeraum siedelnden Etruskern eine entscheidende Vermittlerrolle zukam. Hatte man dabei wiederholt an eine „südalpine Unterwanderung" des Tiroler Inntals gedacht, so mehren sich heute die Anzeichen dafür, daß es sich in beiden Regionen um einen Entwicklungsprozeß handelt, in dem heimisches Substrat von den Hochkulturen des Mittelmeerraumes geprägt wird. So gesehen, wird man bei der „rätischen Kultur", von der uns hier vornehmlich der nördliche Bereich interessiert, von einer Randkultur der antiken Hochkulturen des Mittelmeerraumes sprechen dürfen.

Die lange Zeit gegensätzliche kulturelle Orientierung hin zu den Ebenen beiderseits der Alpen wird an unterschiedlichen Trachtelementen genauso wie an keramischen Formen oder Verzierungsmotiven deutlich. Gewichtiger noch mag sein, daß im Grabkult im Tiroler Inntal große Töpfe, südlich des Brenners jedoch Krüge eine bedeutende Rolle spielten. Hierin dürfte sich eine bis in die Spätbronzezeit zurückver-

Abb. 199: Fritzener Schüssel aus Tarrenz (Tirol).

Abb. 200: Fragment einer Bronzesitula aus Matrei (Nr. 478 c).

folgbare unterschiedliche Tradition abzeichnen (Fritzener Kreis, *vgl. Abb. 199*). Ob auch nennenswerte Unterschiede in der Sprache oder im Kult hinzukommen, bleibt noch zu untersuchen. Strabon (gest. 19 n. Chr.) jedenfalls hob die Bewohner des Tiroler Inntals von den „Rätern" ab (er nennt dabei den Stamm der *Breunoi* und den der *Genaunoi*) und rechnete sie zu den Illyrern. Wenn das auch keinesfalls mehr, wie lange auch in der Forschung angenommen, wörtlich zu verstehen ist, so könnte man die Frage stellen, ob sich hinter dieser Angabe Strabons nicht doch das berühmte „Körnchen Wahrheit" verbirgt, nämlich ein vages „Wissen" um die Genese der Fritzens-Sanzeno-Gruppe. Warum Strabon die Bewohner des Tiroler Inntals von den „Rätern" abhob, ist letztlich jedoch nicht mehr zu ergründen.

Als die Kelten um 400 v. Chr. in Italien eingefallen waren, hatten sie auch die Etrusker aus der Poebene verdrängt. Der bei Titus Livius (gest. 17 n. Chr.) und Plinius dem Älteren (gest. 79 n. Chr.) überlieferte Hinweis, wonach es sich bei den „Rätern" um damals in die Alpentäler versprengte Etrusker handle, fand archäologisch keine Bestätigung. Im Gegenteil, der etruskische Einfluß auf die alpinen Kulturgruppen endete damals und wurde vom keltischen verdrängt. Wie bei dem Hinweis Strabons auf Illyrer im Tiroler Inntal könnte man allenfalls daran denken, daß sich Kunde von der kulturprägenden Rolle der Etrusker aus dem angrenzenden alpinen Raum im späten 6. und 5. Jh. v. Chr., also rund 200 Jahre vor dem Einfall der Kelten in Oberitalien, erhalten und literarisch niedergeschlagen hatte.

Da im 4. Jh. v. Chr. innerhalb der Fritzens-Sanzeno-Gruppe nicht nur der keltische Geschmack Aufnahme fand und nach eigenen Vorstellungen weiterentwickelt wurde, sondern sich gleichzeitig auch eine siedlungsgenetische Zäsur abzeichnet, wurde dafür mehrfach zumindest ein indirekter Zusammenhang mit den keltischen Wanderungen vermutet. Im Gegensatz zu großen Teilen der Schweiz oder Oberösterreichs weist jedoch nichts auf eine Keltisierung des Raumes zwischen Bodensee, Lago Maggiore, Piave und Unterinntal hin.

Eine ähnliche Zäsur um 100 v. Chr. wird gelegentlich indirekt mit den germanischen Wanderzügen unter Führung der Kimbern in Verbindung gebracht. Tatsache ist, daß infolge jener Ereignisse das Gebiet der Fritzens-Sanzeno-Gruppe erheblich schrumpfte: etschtalaufwärts bis vor Meran (Mündung der Falschauer), eisacktalaufwärts bis vor Sterzing (Mittewald). Als neue Machthaber erscheinen einerseits die Römer, andererseits, im Eisack- und Pustertal, die Kelten des Königreiches Noricum, das längst durch einen Freundschaftsvertrag mit den Römern verbündet war. Am *tropaeum Alpium* bei Monaco, dem Siegesdenkmal des Augustus über die Alpenvölker (7/6 v. Chr. errichtet), werden in diesem Restgebiet der Fritzens-Sanzeno-Gruppe die *Venostes* im heutigen Vinschgau sowie die *Breuni* und *Caenaunes*(?) im Tiroler Inntal genannt. Weder sie noch andere alpine Stämme werden übrigens dort, im Gegensatz zu den Vindelikern, als Bund bzw. als „Räterstämme" angeführt.

Zu den kulturellen Besonderheiten der Fritzens-Sanzeno-Gruppe zählen das Aufkommen bildlicher Darstellungen auf Bronzeeimern (Situlenkunst, *vgl. Abb. 200*), die Aufnahme, Imitation und Adaption mediterraner Votivfigürchen *(Abb. 201 C-E)* sowie die Übernahme der Schrift in Form eines nordetruskischen Alphabets (Alphabet von Sanzeno), das vornehmlich im kultischen Bereich, auf Votivgaben in Heiligtümern sowie auf Grabstelen Verwendung fand *(Abb. 202)*.

Bald nach 500 v. Chr. gelangte das Alpenrheintal erneut in nordalpine Abhängigkeit. Die Geschirrformen (Schneller Ware; *Abb. 203*) orientierten sich nun zum überwiegenden Teil am keltischen Formenschatz. Wie Trachtelemente, Teile der Bewaffnung oder das Beibehalten der Brandbestattung aber zeigen, ist eine Bevölkerungskontinuität anzunehmen. Es werden im Alpenrheintal zwischen dem 5. und 3. Jh. v. Chr. lediglich keltische Elemente aufgenommen, von einer Keltisierung kann nicht gesprochen werden. In bezug

Abb. 201: Italisch geprägte Votivfigürchen aus dem Rätergebiet. A Kriegerfigürchen von Balzers. B Beterfigürchen aus Bludenz (Vorarlberg). C Halbplastisches Beterfigürchen aus Imst (Nr. 504 a).

Abb. 202: *Votivinschriften in einer Felsspalte am Schneidjoch im Rofangebirge (Tirol).*

Abb. 203: *Becher der Schneller Ware vom Montlinger Berg (St. Gallen).*

auf den nördlichen Teil des Alpenrheintales und auf das Montafon wird neuerdings von einer weiteren keramischen Fazies im Alpenrheintal gesprochen, der Illtal-Ware. Das Beibehalten von Höhenopfern unterscheidet das Alpenrheintal im kultischen Bereich genauso wie das Fehlen von Votiv- und Grabinschriften von der Fritzens-Sanzeno-Gruppe. Während italische, später auch keltische Votivstatuetten in heimischen Werkstätten nachgebildet wurden *(Abb. 201),* stehen wiederum Zeugnisse der bildlichen Darstellung nach Art der Situlenkunst aus. Zu einer tiefergreifenden Keltisierung des Alpenrheintals könnte es in spätkeltischer Zeit (2.–1. Jh. v. Chr.) gekommen sein, als vermutlich auch in Bregenz und Chur keltische Städte (Oppida) entstanden, quasi Vorläufer der späteren römischen Städte.

Damit erscheinen die wenigen archäologischen Daten genauso widersprüchlich wie die antiken Quellen, wenn es darum geht zu klären, ob am Südufer des Bodensees einst auch „Räter" siedelten. Nicht einmal der epigraphische Hinweis auf dem Grabstein des L. Munatius Plancus, eines römischen Generals, der um die Mitte des 1. Jh. v. Chr. am Hochrhein einen Sieg über die „Räter" errungen hat, bringt hier Klärung. In den zugehörigen Triumphalfasten findet sich nämlich die Angabe, es handle sich dabei um einen Sieg über „Gallier", also Kelten.

Mehrere antike, auf das Alpenrheintal zu beziehende Stammesnamen erscheinen im Zusammenhang mit dem Alpenfeldzug Kaiser Augustus' und lassen sich mit unterschiedli-

cher Sicherheit lokalisieren: die *Rigusci* (Domleschg, Oberhalbstein, Schams?), die *Suanetes* (Oberrheintal?), die *Calucones* (Churer Rheintal bis Luzisteig?), die *Vennones* (Montafon und Rheintal nördlich Luzisteig?) sowie die *Briganti* (nördliches Rheintal, rechtsrheinisch?, um Bregenz bzw. Ostufer des Bodensees?); von den letzteren verschiedentlich abgehoben werden die *Brixenetes* (nördliches Rheintal, linksrheinisch?).

Wie der Vinschgau und das Tiroler Inntal zählt das Alpenrheintal in römischer Zeit zweifellos zur Provinz *Raetia.* Diese erstreckte sich nordwärts bis an die Donau und umfaßte dort ein Gebiet, in dem in vorrömischer Zeit mit Sicherheit nie „Räter" wohnten. Umgekehrt gerieten die südalpinen Täler, wo im Hinterland von Como und Verona von „Rätern" die Rede ist, teilweise schon im frühen 1. Jh. v. Chr. unter starken römischen Einfluß und wurden mehrheitlich im Zuge der *adtributio* schließlich direkt dem Reich angegliedert. Und wenn im Frühmittelalter gerade am Alpenrheintal der Name Rätien hängenblieb *(Raetia curensis),* so könnte es durchaus sein, daß sich in vorrömischer Zeit dort nie jemand als „Räter" verstanden hat. Wie beim Landschaftsnamen „Ries" ließe sich dafür dann eine Tradition nicht über die Römerzeit zurückverfolgen.

Was ist also unter den „Rätern" zu verstehen? Die Angaben der römischen und griechischen Geschichtsschreiber oder Dichter sind beiläufig, unpräzise und deshalb auch widersprüchlich. Aus ihnen läßt sich mit Sicherheit nur soviel

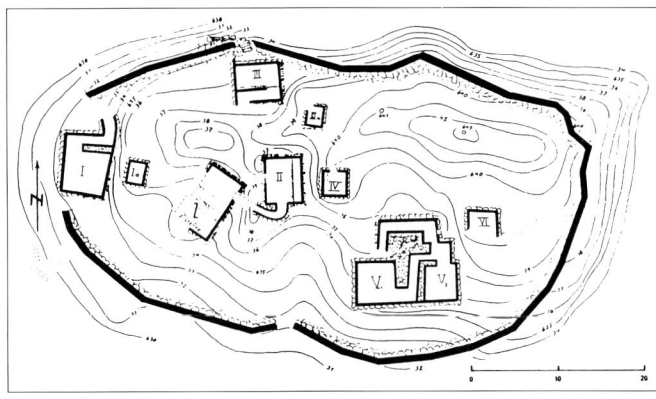

Abb. 204: Himmelreich bei Wattens (Tirol). A Hausgrundrisse.
B Haus, teilweise in den anstehenden Fels eingetieft (Zustand 1989).

ableiten, daß die Römer im 2. und 1. Jh. v. Chr. die im Alpenraum zwischen dem Lago Maggiore und dem Piave bzw. zwischen dem Bodensee und dem Unterinntal siedelnden Stämme (auch) als „Räter" bezeichneten. Ob diese oder Teile davon sich selber als „Räter" verstanden, und warum, geht daraus nicht hervor. Insbesondere bleibt auch die Frage, ob diese Benennung etwas mit der in Este verehrten Göttin „Reitia" zu tun haben könnte, in den antiken Quellen unbeantwortet.

Archäologisch grenzt sich dieser Raum nun tatsächlich seit dem 5. Jh. v. Chr. von seinem Umfeld in mehrfacher Hinsicht ab. Dies zeigt sich an Geschirrformen, Trachtelementen, Werkzeug und Gerät, Teilen der Bewaffnung, dem Hausbau (Abb. 204 A, B), den Bestattungssitten oder im Kult. Auf Grund innerer „Eigenheiten" können im Rätergebiet fünf Kulturgruppen unterschieden werden (Abb. 205): die keltisch sprechenden Lepontier im Südwesten, die Alpenrheintalgruppe im Nordwesten, die Valcamonica-Gruppe zwischen Comer- und Gardasee, die Fritzens-Sanzeno-Gruppe an Etsch und Inn sowie die auch der venetischen Estekultur nahestehende Magrè-Gruppe im Südosten.

Da aus den antiken Quellen kein Stamm oder Stammesbund der Räter zu erschließen ist, erwog man seit langem, ob diese Bezeichnung nicht auf Gemeinsamkeiten im Kult, möglicherweise auf eine Göttin „Reitia" zurückzuführen sein könnte. Nun wurde in einem Heiligtum der Veneter in Este, südlich von Padua, tatsächlich eine Göttin mit dem Epitheton „Reitia" verehrt. Sie wurde also nicht mit ihrem Namen, sondern mit Hilfe eines „charakterisierenden Bei-

wortes" angerufen. Aus der Valpolicella, damals Teil der Magrè-Gruppe und Wohngebiet der *Arusnates*, kennt man wiederum eine römerzeitliche Inschrift, die einen Priester für die rätischen Opfer *(sacrorum Rae[ticorum])* nennt.

Die Magrè-Gruppe scheint über die Brandopferplätze und durch besondere Votivgaben, Hirschhornvotive, Schlüssel und anthropomorphe Anhäger, auch in kultischer Hinsicht sehr eng mit der Fritzens-Sanzeno-Gruppe verbunden gewesen zu sein. Deshalb wäre eine Benennung der dort verehrten (Haupt-)Gottheit auf Grund von Ähnlichkeiten im Kult

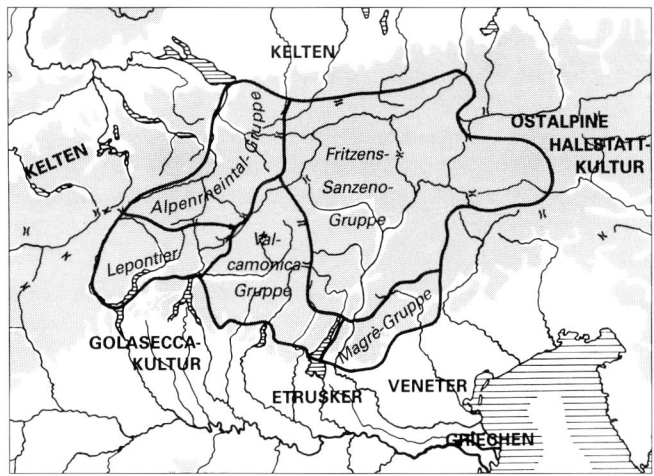

Abb. 205: Archäologische Gruppen im Rätergebiet und angrenzende Kulturen um 400 v. Chr.

235

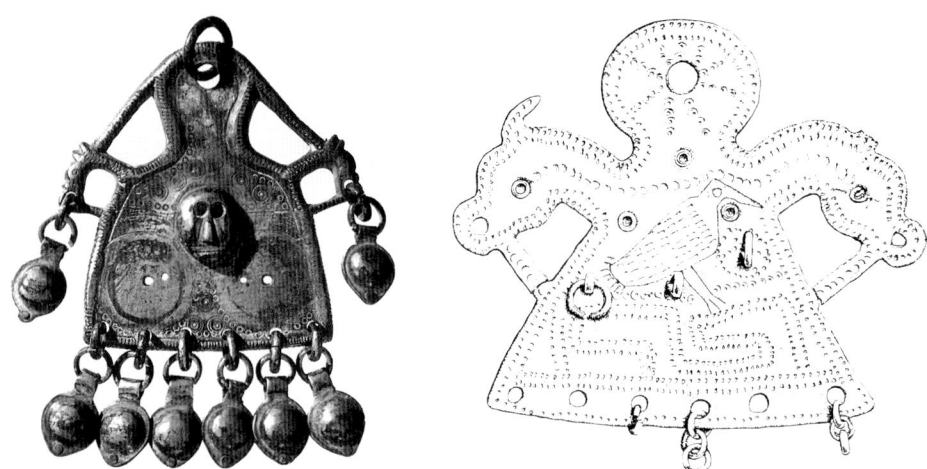

Abb. 206: Anthropomorphe Anhänger aus dem Nonsberg (Prov. Trient), „Reitia"-Figürchen?

mit der venetischen Göttin „Reitia" gut denkbar. Diese Göttin könnte uns in einer Gruppe von Frauenfigürchen entgegentreten *(Abb. 206)*, bei denen eindrucksvoll zu beobachten ist, wie sich mediterrane Ikonographie (Pferdeköpfe und „Gorgoneion"; Dreizahl) mit heimischen Vorstellungen (Vogel) vermischt. Ein derartiger Nachweis auf der Basis der alpinen Votivinschriften, der eine solche Annahme absichern könnte, steht noch immer aus.

Der Name „Räter" könnte also von den in der Poebene ansässigen Völkern auf Grund oberflächlicher ethnographischer Kenntnisse für Teile des alpinen Raumes, eben das Rätergebiet, als Etikette für die dort ansässigen Stämme erfunden und gebraucht worden sein. Archäologisch zeichnet sich heute in diesem Rätergebiet – ähnlich? – eine unübersehbare kulturelle Einheit ab, wenn auch in unterschiedlichen Facetten.

Frühe Germanen in Südbayern

Von Sabine Rieckhoff

Über die Herkunft der Kelten ist viel gerätselt worden, und letztlich ist die Frage nach ihrem Ursprung bis heute nicht befriedigend gelöst worden. Im Gegensatz dazu schien die Frage nach dem Untergang einfach zu beantworten. Der Vormarsch der römischen Armeen spiegelt sich in der antiken Überlieferung ebenso wie in den Bodenfunden. Schließlich besitzen wir eine recht detaillierte Schilderung über den Zusammenbruch keltischer Macht durch den römischen Feldherrn Gaius Iulius Caesar. Zwischen 58 und 51 v. Chr. eroberte er Gallien bis zum Rhein, ein Gebiet, das nahezu die westliche Hälfte der spätkeltischen Oppidakultur auf dem Kontinent umfaßte. Damit schien das Keltentum des Westens vernichtet. Aber trotz der ungeheuren Verluste, die der gallische Krieg mit sich brachte, erholte sich das Land relativ rasch wieder. Es entwickelte sogar eine eigenständige gallorömische Kultur, in der keltische Elemente noch lange Zeit – bis in die Spätantike hinein – nachwirkten.

Der Untergang der Kelten östlich des Rheins läßt sich nicht so rasch skizzieren, weil über diesen Raum nur wenige, widersprüchliche Quellen vorliegen. Selbst die friedliche Entwicklung Österreichs vom keltischen *regnum Noricum* zur römischen Provinz *Noricum* – ein Zeitraum von immerhin rund 60 Jahren – erfolgte so gleitend, daß sich die einzelnen Schritte in ihrer politischen und kulturellen Auswirkung auf die einheimische Bevölkerung bisher noch nicht darstellen lassen[1]. Offenkundig ist jedoch ebenfalls ein organisches Hineinwachsen keltischer Kulturelemente in die römische Kaiserzeit, getragen von einer norischen Oberschicht. Erst im 3. Jh. n. Chr. verschwinden einheimische Namen und Trachten endgültig von den Steindenkmälern. Selbst im ungarischen Donauraum, in der späteren Provinz Pannonien, ist Ähnliches zu beobachten. Obwohl deren Vorgeschichte tumultuarisch verlief, da die Daker zur Entvölkerung Pannoniens beigetragen und die römischen Eroberungen 12-9 v. Chr. das Stammesgefüge nachhaltig erschüttert hatten, behaupteten sich keltische Splitter sprachlich und kulturell bis in severische Zeit[2].

Ein völlig anderes Bild bietet nun Süddeutschland, insbesondere Bayern. Hier hat eine blühende Oppidakultur keinerlei Erbe hinterlassen. Die „Städte" selbst – Manching bei Ingolstadt, der Michelsberg bei Kelheim, der Staffelberg am Ober-

main, Passau – und die unbefestigten Handelsniederlassungen – zum Beispiel Altendorf bei Bamberg, Berching-Pollanten in der Oberpfalz, Straubing im Donautal – sind schon in der älteren Spätlatènezeit noch vor der Mitte des 1. Jh. v. Chr. verlassen worden. Von den Vindelikern, die nach Auskunft des griechischen Geographen Strabon zur Zeit der römischen Eroberung 15 v. Chr. im Alpenvorland zwischen Bodensee und Inn gelebt haben sollen, fehlen nach wie vor eindeutige Spuren. Unter den Einzelstämmen, die Strabon aufzählt, lassen sich zwar die Brigantier und Estionen identifizieren, deren „Städte" Bregenz und Kempten er nennt (allerdings in verkehrter Reihenfolge). Kempten liegt aber ausgerechnet in demjenigen Teil Bayerns, der schon seit der jüngeren Spätlatènezeit so gut wie fundleer bleibt. Schriftliche Überlieferung und archäologische Fundstatistik stehen in krassem Widerspruch. Er wird verschärft durch die Tatsache, daß im Osten der römischen Provinz Raetien – mit Ausnahme der Hauptstadt Augsburg – nie Verwaltungseinheiten (*municipia* und *civitates*) eingerichtet worden sind, wie sie üblicherweise aus einheimischen Zentralorten und Stammesgemeinschaften hervorwuchsen. Das kann nur heißen, daß es solche Orte und Gemeinschaften nicht gab, denn „für lokalstaatliche Organisationen benötigt man nun einmal vorderhand Menschen"[3]. Um den besagten Widerspruch aufzulösen, müssen deshalb die Quellen – die schriftlichen und die archäologischen – einer kritischen Revision unterzogen werden. Neue Funde aus Südostbayern lieferten den aktuellen Anlaß dazu und könnten des Rätsels Lösung bieten[4].

Um das Problem verständlich zu machen, muß man etwas ausholen. Schon vor 40 Jahren veröffentlichte Werner Krämer[5] einige spätlatènezeitliche Gräber aus Traunstein und Uttenhofen *(Nr. 497)*, die in Keramik und Tracht eine eigenartige Mischung aus keltischen und germanischen Traditionen erkennen ließen *(Abb. 207, 208)*. Später kamen noch die Brandgräber von Kronwinkl hinzu *(Nr. 498)* sowie Einzelfunde aus zerstörten Gräbern. So klein die Gruppe war, so eigenständig wirkte sie doch. Für ihr Verständnis gewann W. Krämers Chronologie grundlegende Bedeutung: Er unterschied nämlich als erster zwischen der älteren Oppidazivilisation (LTC und LTD 1) und der jüngeren Gräbergrup-

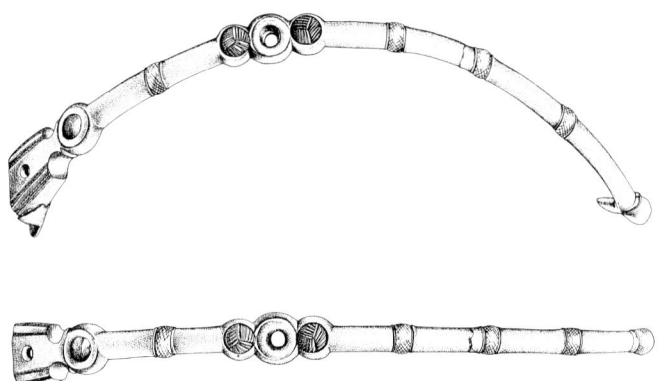

Abb. 207: Bronzener Stabgürtelhaken aus einem Brandgrab von Traunstein.

pe Traunstein-Uttenhofen-Kronwinkl (LTD 2) – eine relative Abfolge, die seitdem nie bestritten, sondern nur typologisch verfeinert worden ist. Umstritten war dagegen von Anfang an W. Krämers ethnisch-historische Deutung: Er sah in dieser südostbayerischen Gräbergruppe die Zeugnisse der keltisch-vindelikischen Restbevölkerung, die den Untergang der Oppida im römischen Alpenfeldzug überlebt hätte. Das setzte allerdings die Existenz der Oppida bis 15 v. Chr. voraus – ein historisches Datum, das sich in der Folgezeit archäologisch als nicht haltbar erwies. Wie sollte man sich aber nun stattdessen den Zusammenbruch der Oppidazivilisation in Bayern und die Zeitspanne bis zur römischen

Eroberung vorstellen? Von „innerkeltischen Wirren" war die Rede und – wegen der fremdartigen Beigaben von Uttenhofen und Kronwinkl – von einem „germanischen Einbruch" um 20 v. Chr. bis tief in das südliche Bayern hinein[6]. Ganz anders deutete Rainer Christlein[7] den Fundstoff: Ein großräumiger keltischer Exodus, der zur Verödung ganz Süddeutschlands führte und der als „Auszug der Helvetier" 58 v. Chr. den gallischen Krieg einleitete, hätte die Einwanderung von „Kelten" aus dem Thüringer Becken nach sich gezogen, die in Südostbayern seßhaft geworden seien. Schließlich schien sogar die Zerstörung der süddeutschen Oppida durch diejenigen germanischen Scharen erwägenswert, deren Vordringen uns Caesar 58 v. Chr. in der Figur des Suebenkönigs Ariovist überliefert; im Anschluß an diese Zerstörungen wären dann Gruppen unterschiedlicher Herkunft – Kelten aus Böhmen und Germanen aus Thüringen – in das verlassene Land eingedrungen[8]. Die ethnische Zugehörigkeit der südostbayerischen Gruppe blieb also umstritten, aber einig war man sich inzwischen jedenfalls darin, daß nach dem Untergang der Oppida nur noch Südostbayern besiedelt war und dessen keltische und/oder germanische Restbevölkerung spätestens mit der römischen Eroberung 15 v. Chr. verschwand – auf welche Weise, blieb indessen unbestimmt. Bei jeder dieser ethnisch-historischen Deutungen der „südostbayerischen Gruppe" (Abb. 209) stand stets die Hand-

Abb. 208: Keramik aus spätlatènezeitlichen Brandgräbern von Uttenhofen.

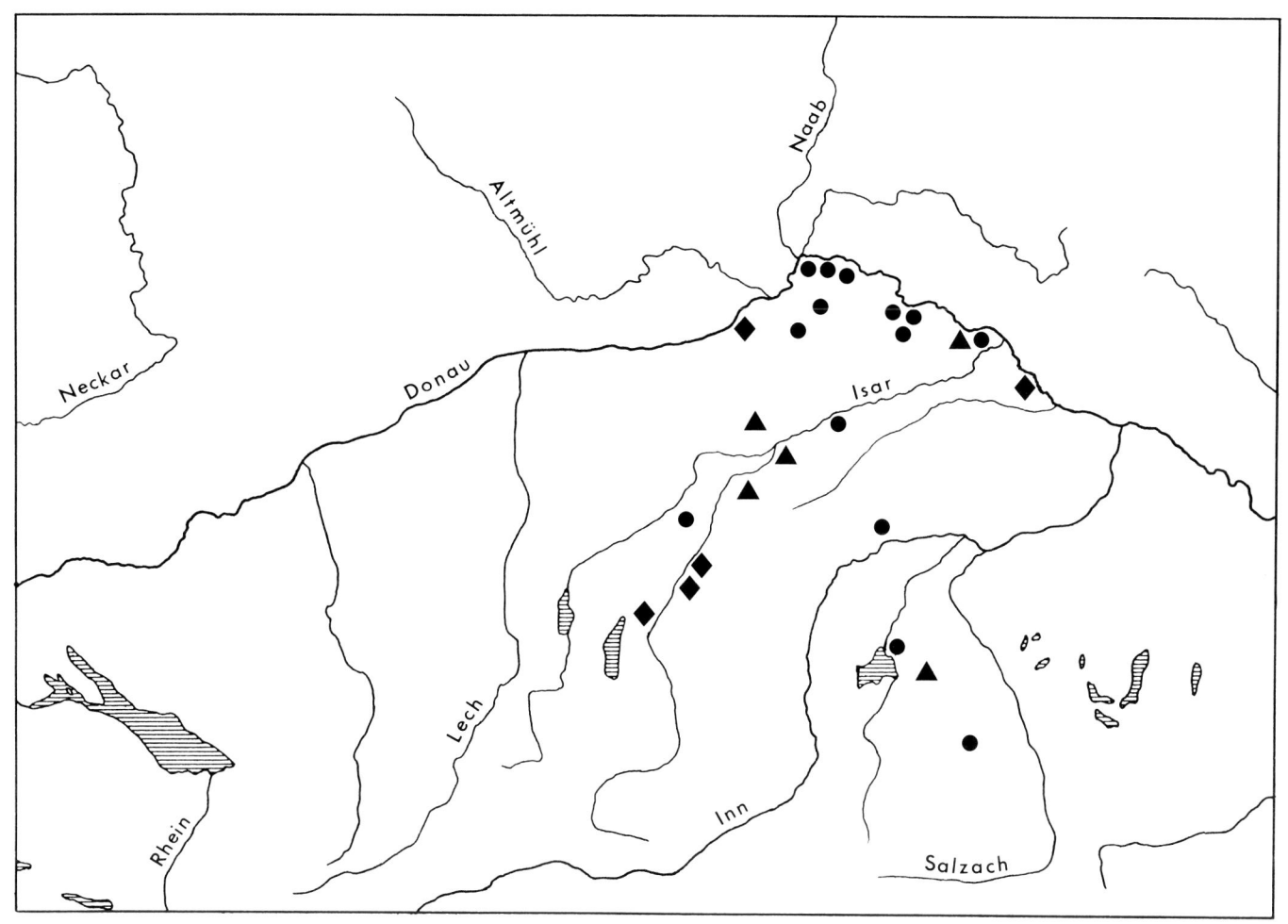

Abb. 209: Fundorte der südostbayerischen Gruppe. ● *Siedlung,* ▲ *Grab,* ◆ *Einzelfund.*

voll Grabfunde im Vordergrund, das heißt Tracht und Schmuck sowie die keltisch anmutende Drehscheibenkeramik. Erst seit wenigen Jahren haben sich die Siedlungsfunde so vermehrt, daß sie das bisherige Bild ergänzen und korrigieren können, vor allem durch neue Ausgrabungen in Regensburg-Harting, Thalmassing (Lkr. Regensburg) und Eching (Lkr. Freising). Die handgemachte Keramik von diesen Fundplätzen ist nach Herstellungstechnik und Form – vor allem Tonaufbereitung, Schlickauftrag und kantig abgestrichenen („facettierten") Rändern – ganz und gar unkeltisch, aber identisch mit germanischer Keramik von Südthüringen bis ins südliche Sachsen-Anhalt. In eben diesem Gebiet war auch eine feine polierte Handmacherware ver-

breitet, die sich unter dem Einfluß von Zuwanderern aus der polnischen Przeworsk-Kultur entwickelt hatte. Derartige mitteldeutsche Keramik im Stil der Przeworsk-Kultur ist nun unter der Siedlungskeramik im Donautal ebenfalls aufgetaucht und stellt ein weiteres wichtiges Bindeglied zur germanischen Spätlatènekultur dar *(Abb. 210)*. Dagegen ist die qualitätvolle, keltischen Produkten nachempfundene germanische Drehscheibenkeramik auf die unmittelbare Nachbarschaft zu den Kelten, nämlich auf West- und Nordthüringen beschränkt. Hier befand sich auch ein Zentrum für die Herstellung bronzener Fibeln sowie von Loch- und Stabgürtelhaken *(Abb. 211, Nr. 499)*, die für die südostbayerische Gruppe so charakteristisch sind. In diesem Raum zwischen

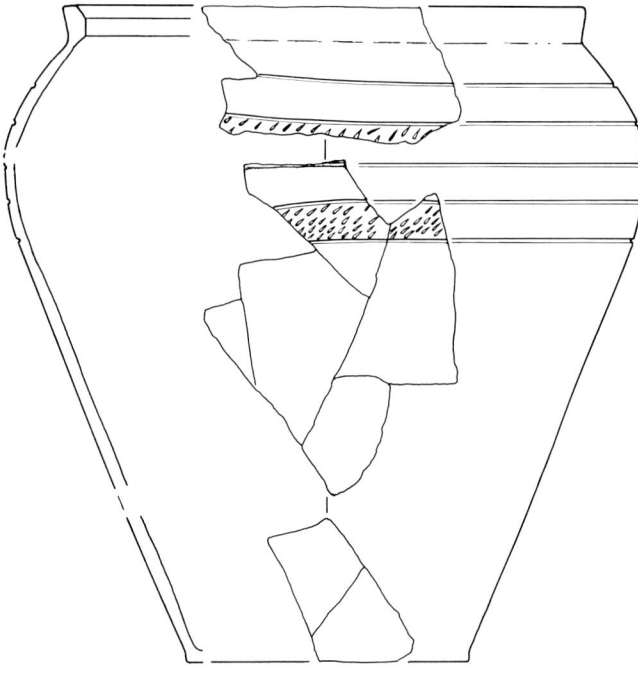

Abb. 210: Handgemachtes Gefäß im Stil der Przeworsk-Kultur aus Paring.

Harz, Thüringer Wald und Saale wird man deshalb nun die Herkunft der südostbayerischen Gruppe endgültig lokalisieren und sie mit Sicherheit als Germanen bezeichnen dürfen[9]. Dazu paßt die Bauweise der Siedlungen: kleine rechteckige, in den Boden eingetiefte Hütten, wie wir sie aus Mitteldeutschland kennen, aber auch aus Böhmen. Böhmische Importe finden sich außerdem unter der Keramik. Sie sind ein Zeichen für wirtschaftliche Kontakte zwischen der südostbayerischen Gruppe und der böhmisch-keltischen Oppidakultur, die zu diesem Zeitpunkt noch intakt gewesen sein muß. Es ist nicht auszuschließen, daß mit dieser Keramik auch persönliche Zuwanderung verbunden war, wie überhaupt mit der Anwesenheit verschiedener Fremdlinge gerechnet werden muß. Dafür sprechen z. B. die verschiedenartigen Bestattungssitten, die unterschiedlichen religiösen Vorstellungen und Gebräuchen entspringen, sowie Schmuckstücke, Amulette und Gebrauchsgegenstände aus allen Himmelsrichtungen.

Dieser „internationale" Aspekt verrät weitgespannte Fernhandelsbeziehungen und erklärt zweierlei: erstens die Bin-

dung der südostbayerischen Gruppe an das Wegenetz (und keineswegs an das fruchtbare Altsiedelland) und zweitens ihren relativen Wohlstand, wenn er auch für uns nur in wenigen Gräbern sichtbar wird. Wie die Verbreitung spezieller Trachteigentümlichkeiten (vor allem einer Frühform der geschweiften Fibel: *Nr. 497, 498, 499*) zeigt, verband dieser Fernhandel Mitteldeutschland mit dem Ostalpenraum. Die südostbayerische Gruppe spielte darin den Zwischenhändler. Dem Donaubogen scheint in diesem Transit eine besondere Rolle als Drehscheibe zugekommen zu sein. Eine identische Situation finden wir in der Bronzezeit wieder, und man ist geneigt, die Frage nach dem spätlatènezeitlichen Handelsgut ähnlich zu beantworten: nämlich mit Kupfer und Bronze aus den Ostalpen, mit dem die Werkstätten an Unstrut und Saale beliefert wurden, die so überaus aktiv die erwähnten Fibeln und Gürtelhaken produzierten. Auch alpines Silber muß über den Thüringer Wald gebracht worden sein, und nicht zuletzt wäre an norisches Eisen zu denken. Der florierende Handel, der bezeichnenderweise erst nach dem Untergang der bayerisch-keltischen Oppida und fast schlagartig aufblühte, dürfte schließlich der wichtigste Grund dafür gewesen sein, daß es zwischen dem germanischen Heerkönig Ariovist und dem norischen König Voccio zu Verhandlungen gekommen ist, deren quasi vertraglicher Abschluß die Heirat zwischen Ariovist und der Schwester des Königs bildete (Caesar, b.G. I,53,4). Da die Heirat vor 58 v. Chr. (der Vertreibung Ariovists aus Gallien) erfolgte, treffen diese Überlegungen nur zu, wenn die südostbayerische Gruppe schon vor diesem Zeitpunkt existiert hat. Welche Anhaltspunkte gibt es dafür? Da die Gruppe wirtschaftlich recht „erfolgreich" war, wie wir gesehen haben, muß man ihr eine gewisse Dauer zubilligen und eine Erklärung dafür finden, warum sie plötzlich verschwunden ist. Dieses Verschwinden läßt sich nun glücklicherweise zeitlich ungefähr bestimmen, nämlich in die Jahre, bevor sich die Großromstedter Kultur ausbreitete, die jüngste mitteldeutsch-germanische Spätlatènekultur[10]. Diese Kolonisationsbewegung, die sich bis Nordbayern (Mainfranken) vorschob und gleichzeitig auch Böhmen ergriff, ist dank eines guten Forschungsstandes inzwischen archäologisch so weit faßbar, daß ihre zeitliche Verschiebung gegenüber der südostbayerischen Gruppe und ihre Datierung in die Mitte und 2. Hälfte des 1. Jh. v. Chr. deutlich geworden ist. Wenn nun die südostbayerischen Germanen weder Großromstedter Fibeln getragen noch die typische Großromstedter Tonware eingeführt haben, heißt das, daß sich unsere Gruppe aus zunächst unbekannten Gründen gegen Mitte des 1. Jh. v. Chr. aufgelöst hat. Jüngerer Fundstoff ist aus ihrem Umfeld bisher nicht bekannt mit Ausnahme des Innviertels. Das ist kein Zufall, denn damit betreten wir bereits norischen Boden. Das *regnum Noricum* erlebte keine solch tiefgreifende Besiedlungszäsur wie das restliche Bayern, das offensichtlich von einem massiven Bevölkerungsrückgang betroffen worden ist. Wenn man nach einem historischen Kontext sucht, liegt es nahe, das plötzliche Verschwinden der frühen Germanen aus Südbayern in größerem Zusammenhang zu sehen: als eine Bewegung innerhalb der letzten großen Keltenwanderungen, wie sie in der Geschichte dieses Volkes immer wieder auftraten und von der der Helvetierauszug 58 v. Chr. nur einen kleinen Ausschnitt darstellt[11]. Wie weit der Kontext reichte, geht aus Caesars Nachricht hervor, daß sich 32 000 Boier, die sich zuvor in den Ostalpen aufgehalten hatten, den Helvetiern anschlossen. Zu diesen konnten die Boier gar nicht anders als durch das Voralpenland gelangen, und spätestens hier dürften sie durch die Germanen von den helvetischen Auswanderungsplänen erfahren haben. Da das Fundmaterial enge persönliche Kontakte zwischen Südostbayern und Nordwestschweiz spiegelt, drängt sich der Gedanke auf, daß sich unsere Germanen den Boiern anschlossen.

Eine Abwanderung der frühen Germanen aus Südbayern gegen 58 v. Chr. zöge neue Konsequenzen für das Ende der bayerisch-keltischen Oppida nach sich. Denn selbst wenn man der südostbayerischen Gruppe nur eine Existenz von rund 20–25 Jahren zubilligt, so bedeutet das, daß die Oppidazivilisation zwischen Mittelmain und Inn um 80 v. Chr. endet. Denn der Vergleich zwischen dem Fundmaterial aus den keltischen „Städten" und den frühgermanischen Dörfern läßt keinen Zweifel daran, daß es zwischen beiden keinen oder kaum Kontakt gab und daß die kurzfristig aus Nord- und Westthüringen einwandernden Germanen mehr oder weniger in ein Vakuum stießen. Wie aber könnte ein solch begrenztes Vakuum entstanden sein? In diesem Zusammenhang ist es erwägenswert, ob nicht um 80 v. Chr. ein uns namentlich unbekannter Teilstamm der Boier aus dem östlichen Teil Bayerns ausgewandert ist, genau die 32 000 Boier nämlich, von denen Caesar berichtet, daß sie in die Ostalpen gezogen seien (und deren Heimat wir nicht kennen). Auf diese Weise ließen sich archäologischer Sachverhalt und schriftliche Überlieferung durchaus miteinander vereinen. Umgekehrt sollte man nicht zögern, die durchweg wenig verläßlichen Angaben Strabons aufgrund des archäologischen Befundes zu korrigieren und den Widerspruch dahingehend aufzulösen, daß er spätaugusteische Zustände beschrieb, nachdem die Römer Fremde ins Land geholt hatten, zum Beispiel vindelikische Stammesteile aus dem Rae-

Abb. 211: Bronzener Stabgürtelhaken mit Tierkopf aus Eining (Nr. 499).

tergebiet. Wie widersprüchlich die Antike selbst die Bevölkerungsverhältnisse in Süddeutschland tradiert hat, geht ja aus Quellen hervor, in denen sich Germanien bis zum Fuß der Alpen erstreckt. Da selbst ein Feldherr des Augustus das Voralpenland zu Germanien zählte, schimmert durch solche Überlieferungen unter Umständen exakteres Wissen hindurch, als man bisher anzunehmen geneigt war.

Für die Geschichte der späteren Provinz Raetien ist es letztlich unerheblich, ob sich die südostbayerischen Germanen den Helvetiern angeschlossen oder ob sie das Land aus uns unbekannten Gründen und mit unbekanntem Ziel gegen Mitte des 1. Jh. v. Chr. verlassen haben. Entscheidend für die Landesgeschichte ist die neue Erkenntnis der archäologischen Bodenforschung, daß sich in Südbayern westlich des Inn in der 2. Hälfte des 1. Jh. v. Chr. bis zur Ankunft der Römer Ödland erstreckte.

Anmerkungen
[1] G. Dobesch, Die Okkupation des Regnum Noricum durch Rom. In: Studien zu den Militärgrenzen Roms III. Vorträge des 13. Internationalen Limeskongresses, Aalen 1983 (Stuttgart 1986) 308–315.
[2] A. Mocsy, Pannonia and Upper Moesia (London–Boston 1974) 147 ff.
[3] H. Wolff, Die verspätete Erschließung Ostraetiens und der Nordgebiete von Noricum – ein Forschungsproblem. Ostbairische Grenzmarken 30, 1988, 9–16.
[4] S. Rieckhoff, Süddeutschland im Spannungsfeld von Kelten, Germanen und Römern. Ungedr. Habil.-Schr. Univ. Marburg (1992); dies., Überlegungen zur Chronologie der Spätlatènezeit im südlichen Mitteleuropa. BVbl. 57, 1992, 103 ff.
[5] W. Krämer, Das Ende der Mittellatènefriedhöfe und die Grabfunde der Spätlatènezeit in Südbayern. Germania 30, 1952, 330–337; ders., End-

241

latènezeitliche Brandgräber aus Kronwinkl in Niederbayern. Germania 37, 1959, 140–149.

[6] W. Krämer wie Anm. 5, 148 Anm. 20; P. Glüsing, Frühe Germanen südlich der Donau. Offa 21/22, 1964/65, 7–20.

[7] R. Christlein, Zu den jüngsten keltischen Funden Südbayerns. BVbl. 47, 1982, 275–292.

[8] S. Rieckhoff, Spätkeltische und frühgermanische Funde aus Regensburg. BVbl. 48, 1983, 63–128.

[9] K. Peschel, Kelten und Germanen während der jüngeren vorrömischen Eisenzeit (2.–1.Jh. v.u.Z.). In: F. Horst/F. Schlette (Hrsg.), Frühe Völker in Mitteleuropa (Berlin 1988) 167–200.

[10] Ch. Pescheck, Die germanischen Bodenfunde der römischen Kaiserzeit in Mainfranken. Münchner Beitr. Vor- u. Frühgesch. 27 (München 1978); K. Peschel, Zur Chronologie und Struktur des elbgermanischen Gräberfeldes Großromstedt. In: F. Horst/H. Keiling (Hrsg.), Bestattungwesen und Totenkult in ur- und frühgeschichtlicher Zeit (Berlin 1991) 131–155.

[11] J. Moreau, Die Welt der Kelten (Stuttgart 1958) 47.

Nachleben in römischer Zeit?

Von Siegmar von Schnurbein

Die schriftliche Überlieferung, in der uns die verschiedenen keltischen Stammesnamen im süddeutschen Alpenvorland genannt werden, ist ebenso wie die in größerer Zahl begegnenden keltisch geprägten Orts- und Flußnamen und die vereinzelten Personennamen erst zu einer Zeit niedergeschrieben worden, als das Gebiet fester Bestandteil des römischen Reiches war, d.h. es spiegelt sich darin z.T. ein Zustand, der bereits mehr oder weniger stark durch die Anwesenheit vieler italisch-römischer Menschen geprägt war. Eigene keltische Überlieferung in schriftlicher Form gibt es nicht. Bei der Frage nach einem möglichen Fortleben der einheimischen Bevölkerung, die die Römer in Süddeutschland angetroffen haben, ist das Zeugnis der römischen Schriftquellen also von zentraler Bedeutung; ob und wie weit diese Angaben in die Zeit vor der römischen Erobe-

rung zurückprojiziert werden können, braucht hier nicht erörtert zu werden.

Insbesondere aus den Berichten über den Alpen-Feldzug des Jahres 15 v. Chr. ist zu erschließen, daß das römische Heer nicht gerade auf ein ganz dünn besiedeltes Gebiet vorgestoßen ist. Ausdrücklich werden die Vindeliker als Gegner erwähnt (Seegefecht auf dem Bodensee), und die Räter sind in einer schweren Schlacht besiegt worden. Auch die Bemerkung von Strabo, daß die von Drusus und Tiberius unterworfenen Völker, d.h. die Räter und Vindeliker, samt ihren Teilstämmen bereits seit 33 Jahren friedlich seien und regelmäßig ihre Steuern bezahlten, setzt eine so zahlreiche Bevölkerung voraus, daß sie sofort nach der Eroberung steuerlich organisiert werden konnte. Hat ein größerer Teil der rätischen Stämme sicher im Alpengebiet gesiedelt, so wird man dies für die Vindeliker und namentlich deren Teilstamm der Likatier, die nach dem Lech benannt sind, nicht annehmen dürfen. Gleiches gilt für die Estionen um Cambodunum-Kempten und die Brigantier (Bregenz); die geographische Zuordnung der übrigen Teilstämme des Alpenvorlandes ist problematischer.

Daß gerade auch die Vindeliker – wohl samt ihren Teilstämmen – volkreich gewesen sein dürften, zeigt die Tatsache der bei ihnen durch die Römer durchgeführten Zwangsrekrutierung: Vindelikische Hilfstruppen kämpften an Roms Seite im Jahr 16 n. Chr. im Wesergebiet gegen die Cherusker, und im 1. Jh. n. Chr. begegnet im obergermanischen Gebiet eine *Cohors Raetorum et Vindelicorum*, die zur frühen Aushebungsphase gehören könnte. Wohl später ausgehobene Raeter- und Vindelikerkohorten sind dann noch in der ganzen Kaiserzeit bezeugt. Trotz des Namens ihrer Einheit brauchen diese Soldaten nicht sämtlich unmittelbare Abkömmlinge der Räter und Vindeliker gewesen zu sein, sondern können auch teilweise von umgesiedelten Volksgruppen stammen, soweit sie später nicht ohnehin in ganz anderen Reichsteilen rekrutiert worden sind.

Zusammen mit den weiterverwendeten keltischen Orts- und Flußnamen *(vgl. Beitrag J. Untermann)* lassen all diese Nachrichten nicht daran zweifeln, daß unter römischer Herrschaft zumindest in Teilen des Alpenvorlandes die keltische Vorbevölkerung weitergelebt hat.

Abb. 212: Votivaltäre für Juppiter Arubianus und Bedaius aus Pittenhart bei Traunstein (links) und für Bedaius Sanctus und die Alounae aus Chieming bei Traunstein.

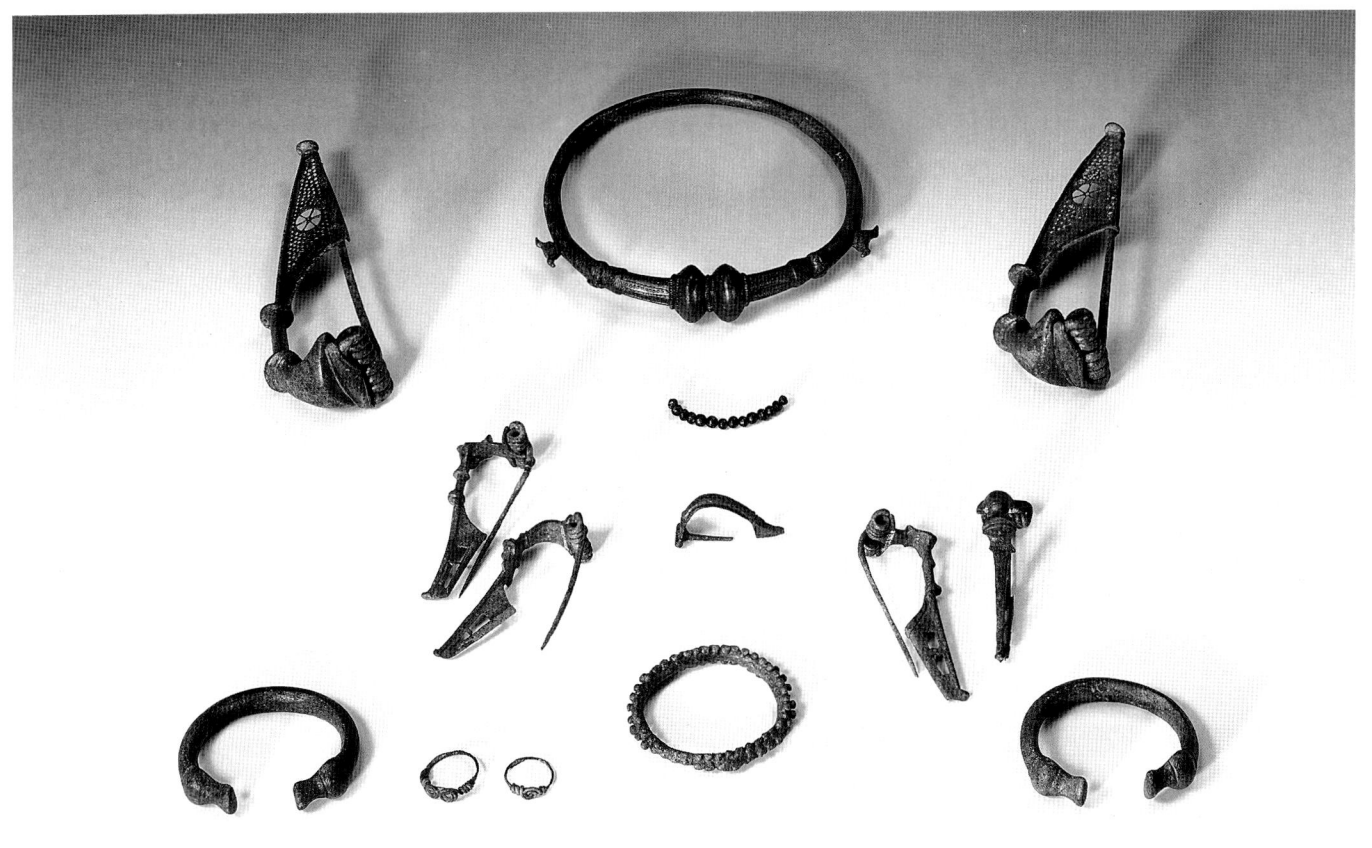

Abb. 213: Grabinventar mit alpinen Elementen einer Frau aus Heimstetten bei München (Nr. 514).

Merkwürdigerweise ist dieses Fortleben zwischen Schwarzwald und Inn archäologisch aber nicht nachzuweisen. Als Grund hat man verständlicherweise zunächst einmal die gewaltsame römische Besetzung des Landes angesehen, aber auch daran gedacht, daß das einheimische Keltentum schon Jahrzehnte vorher entscheidend geschwächt worden ist. Die unmittelbar von der Okkupation ausgehenden Wirkungen und der anschließende Gang der Romanisierung sind archäologisch somit kaum zu beurteilen. Man kennt nämlich in diesem Gebiet, von geringen Anzeichen in Bregenz abgesehen, bisher keine Siedlungen oder Gräberfelder, die kontinuierlich von der spätkeltischen bis in die römische Zeit genutzt worden sind. Damit unterscheidet sich unser Raum in markanter Weise z. B. vom benachbarten Noricum, wo insbesondere die norische Stadt auf dem Magdalensberg bei Klagenfurt von den Römern prachtvoll ausgebaut worden ist. Bereits im Gebiet um Salzburg ist kontinuierliches Fortleben norisch-keltischer Bevölkerung archäologisch nachgewiesen. Auch westlich des Schwarzwaldes, am Oberrhein sowie in der Nordschweiz ist zwischen der rein keltischen Phase und der anschließenden römischen Zeit keine größere Unterbrechung zu beobachten.

Es ist ein eigentümliches Phänomen, daß in Süddeutschland auch an jenen Orten, die eindeutig keltische Namen tragen, wie *Sumelocenna* (Rottenburg), *Abodiacum* (Epfach), *Sorviodurum* (Straubing) oder *Cambodunum* (Kempten), keinerlei Indizien gefunden worden sind, die die Tradition des Namens am Ort selbst oder in unmittelbarer Umgebung archäologisch bis in die vorrömische Zeit zurückverfolgen lassen; auch Ortsverlegungen, wie Rom sie häufiger nach der Eroberung, z. B. in Gallien, durchführen ließ, lassen sich bisher nicht erschließen.

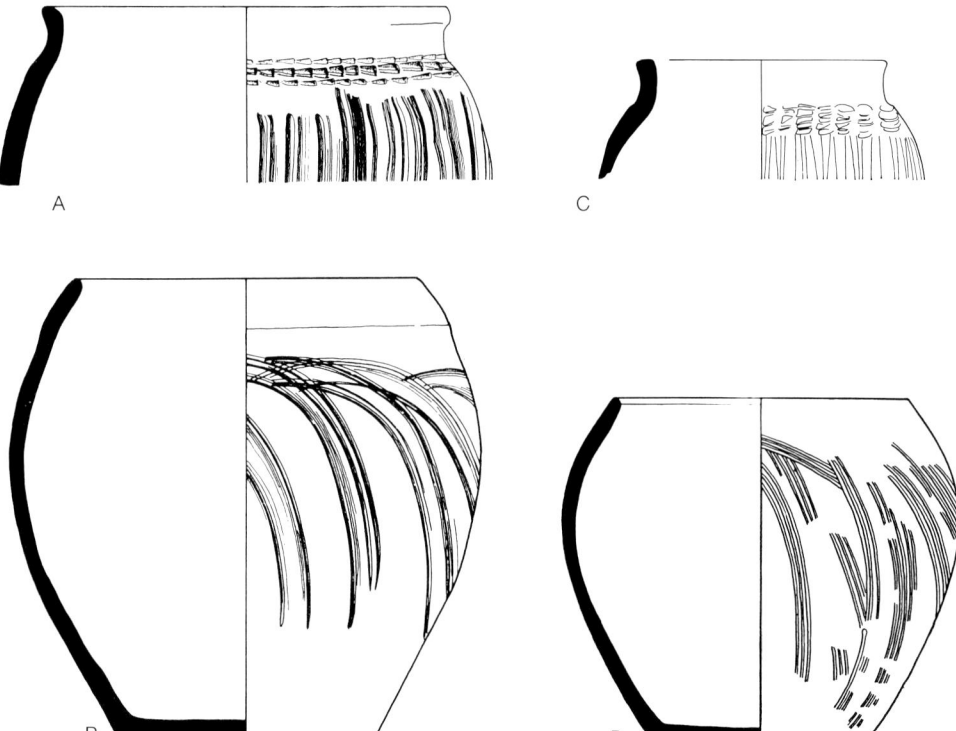

Abb. 214: Keltische (links) und römische handgemachte Keramik aus Manching (A, B), Oberstimm (C) und Kempten (D).

Zwischen Schwarzwald und Inn spricht der archäologische Befund tatsächlich für eine tiefe Unterbrechung, die die keltische von der römischen Besiedlung trennt. Ein stärkerer Widerspruch zwischen der historischen Überlieferung und den archäologischen Funden läßt sich schwer vorstellen!

Besonders deutlich wird dieses Bild im religiösen Bereich: Während wir zwischen Schwarzwald und Inn in römischer Zeit von keiner lokal gebundenen keltischen Gottheit irgendeine Spur kennen, wurde gleich jenseits des Inn in römischer Zeit der Gott Bedaius *(Abb. 212)* verehrt, der uns nur im Chiemgau begegnet; er war offensichtlich der lokale Stammgott der dort weiterlebenden keltischen Bevölkerung. Ähnliche Traditionen sind in Gallien häufig zu finden. Das Fehlen solcher rein keltischer Gottheiten im raetisch-vindelikischen Alpenvorland bestätigt wohl sogar den übrigen archäologischen Befund. Bei Apollo-Grannus in Faimingen handelt es sich ja ebenso wie bei Epona um eine überregional verehrte keltische Gottheit. Der Faiminger Tempelbezirk ist auch erst in römischer Zeit begründet worden; zumindest ist eine Kontinuität des Kultes seit keltischer Zeit bei den Grabungen nicht erkennbar geworden. Dies gilt auch für den nach keltischem Muster in Cambodunum errichteten kleinen Tempelbezirk.

Archäologisch gut begründbar erscheint daher die Vorstellung, das Alpenvorland sei zur Zeit der römischen Eroberung praktisch siedlungsleer oder so dünn besiedelt gewesen, daß sich in der Folgezeit hier im Gegensatz zu den Nachbargebieten keine keltisch-römische Mischkultur ausbilden konnte. Und doch treten im römisch besiedelten Alpenvorland verschiedentlich archäologische Funde auf, die deutlich keltische Bezüge erkennen lassen, freilich erst geraume Zeit nach der Eroberung von 15 v. Chr. und nur in bescheidener Zahl. Die markanteste Gruppe bilden etliche kleine Gräberfelder im Gebiet zwischen Isar und Lech. Die Tracht der hier bestatteten Menschen ist stark keltisch geprägt und nur durch wenige römische Stücke angereichert, wobei einige Elemente starke Beziehungen zum zentralen Alpengebiet (Tirol) erkennen lassen *(Abb. 213, Nr. 514)*. Mit guten Gründen sieht man in dieser Bevölkerungsgruppe Menschen, die in der Zeit ab etwa 30 n. Chr. zugewandert oder hierher umgesiedelt worden sind. So plötzlich diese Gruppe auftaucht, so spurlos verschwindet sie im archäologischen

A

C

B

D

Abb. 215: Keltische (links) und römische streifenbemalte Keramik aus Manching (A, B) und Kempten (C, D) (Nr. 515).

Material bereits nach rund einer Generation; die Bestattungsplätze werden nicht mehr weiter genutzt.
Ähnlich kurzlebig war die große Siedlung auf dem Auerberg bei Bernbeuren, halbwegs zwischen Füssen und Schongau.

Von den Römern etwa um 12/14 n. Chr. gegründet, ist die stadtartige Siedlung intensiv ausgebaut, aber schon um 40 n. Chr. wieder komplett geräumt worden. Im Fundgut begegnet neben großen Mengen rein römischer Objekte auch Keramik keltischer Tradition, die sich jedoch in der Masse deutlich von derjenigen des keltischen Süddeutschlands absetzt, soweit dies bisher zu beurteilen ist. Überraschenderweise befindet sich germanische Keramik darunter, die auf zugewanderte Bevölkerungsteile aus dem Elbegebiet schließen läßt. Auch auf dem Auerberg zeigt sich also massiver Zuzug fremder Bevölkerung und abrupter Abzug nach rund einer Generation.

Ausgesprochen unstabile Siedlungsverhältnisse lassen sich demnach für die ersten Jahrzehnte nach der römischen Eroberung in der Archäologie des schwäbisch-bayerischen Alpenvorlandes erkennen. Solche Vorgänge erschweren naturgemäß die Entdeckung von Siedlungen und Gräbern: Kurz bestehende Häuser und kleine Gräberfelder hinterlassen in der Regel im Boden nur so geringe Spuren, daß ihre Auffindung reiner Zufall bleibt!

Dem Unscheinbaren muß man sich also wohl widmen, will man die vielleicht doch vorhandenen Spuren der weiterlebenden keltischen Bevölkerung entdecken, die nach den schriftlichen Belegen zu fordern sind. So ist bis heute nicht befriedigend geklärt, welche Menschen in der römischen Provinz Rätien die grobe handgemachte Keramik hergestellt haben, deren Verzierung z.T. durchaus an keltische Vorbilder erinnert und die in fast allen römischen Siedlungen begegnet *(Abb. 214)*. Keltische Keramiktradition läßt sich auch an den mit braunen und roten Streifen bemalten Töpfen erkennen, die z. B. in Kempten gefunden worden sind *(Abb. 215)*.

Das Auftreten beider Keramikgruppen kann natürlich mit fremden zugewanderten oder gezielt umgesiedelten Gruppen keltischer Herkunft erklärt werden; es mag sich aber teilweise auch Seßhaftigkeit dahinter verbergen. Solange es nicht gelingt, die Wurzeln dieser Keramiktraditionen zu erkennen, wird man also seitens der Archäologie gut daran tun, die Frage des Fortlebens der vorrömisch-keltischen Bevölkerung offenzulassen und besser nicht entgegen den doch eindeutigen schriftlichen Quellen von einer Siedlungsleere sprechen.

Indirekt läßt sich das während und nach der römischen Eroberung zu postulierende keltisch besiedelte Gebiet vielleicht auch daran erkennen, daß vom römischen Heer zunächst nur der Raum des heutigen Oberschwaben und westlichen Oberbayern militärisch besetzt und durch die Via Claudia verkehrstechnisch erschlossen worden ist. Daß im Areal um die spätere Provinzhauptstadt *Augusta Vindelicum,* d.h. vor allem im Siedlungsgebiet der Likatier am Lech, die ersten Militärstützpunkte errichtet worden sind, paßt also bestens zu den sogleich nach der Eroberung erwähnten Vindeliker-Hilfstruppen Roms, und es ist sicher kein Zufall, daß gerade in diesem Umfeld etwa zur selben Zeit die Stadt *Cambodunum* und die Auerberg-Siedlung *(Damasia?)* gegründet worden sind. Die erwähnte kleine Gruppe von Gräbern im Gebiet zwischen Isar und Lech ergänzt dieses Bild. Zwischen Iller und Isar scheint sich also nach der römischen Eroberung in erster Linie das Leben im Alpenvorland abgespielt zu haben, und hier gilt es, in Zukunft verstärkt nach dem Weiterleben der keltischen Bevölkerung, d.h. der Vindeliker und speziell ihres Teilstammes der Likatier sowie der Estionen, zu suchen.

Von ganz anderer Seite ergaben sich in den letzten Jahren weitere Indizien, die gegen eine längere Unterbrechung in der Besiedlung unseres Raumes sprechen. Vegetationsgeschichtliche Untersuchungen im Umfeld des Auerberges zeigten nämlich, daß hier, schon in vorkeltischer Zeit beginnend, über Jahrhunderte kontinuierliche Waldwirtschaft (Holzkohlegewinnung) betrieben worden ist, die offenbar bruchlos in die römische Zeit und später in das Mittelalter mündete. Bisher ist es nicht gelungen, die entsprechenden keltischen Siedlungen archäologisch nachzuweisen. Dieser Befund warnt eindringlich davor, aus dem Fehlen archäologischer Funde und Befunde auf völlige Besiedlungsleere zu schließen!

So müssen wir feststellen, daß auf der einen Seite die archäologischen Funde im Alpenvorland praktisch keine Hinweise auf das Weiterleben der keltischen Bevölkerung erkennen lassen. Dieser Befund läßt sich auf der anderen Seite nicht mit den historischen Quellen der römischen Zeit in Einklang bringen, und die vegetationsgeschichtlichen Untersuchungen warnen davor, das archäologische Fundbild als unbestreitbare historische Tatsache zu interpretieren. Nur im Zusammenwirken dieser drei wissenschaftlichen Disziplinen kann eine Antwort auf die Frage des Schicksals der Kelten in Süddeutschland erarbeitet werden. In jedem Fall ist die vielleicht fortlebende keltische Vorbevölkerung zwischen Schwarzwald und Inn in den vier Jahrhunderten der römischen Herrschaft so vollständig überfremdet und romanisiert worden, daß sie ihre keltische Identität schon nach kurzer Zeit restlos eingebüßt hat.

Sind die Bayern keltischer Abstammung?

Von Werner Krämer

Bei der Diskussion um Herkunft und Abstammung der Baiern (Baiuwaren) hat die ältere Historiographie seit Aventin (1477–1534) sich auf eine Bemerkung in der Lebensbeschreibung des hl. Columban (gest. 615) berufen. Da heißt es, dessen Schüler sei *zu den Boiern, die jetzt Baiuwaren heißen (ad Boias, quo nunc Baioarii vocantur)"* gezogen, um ihnen zu predigen.

Nun waren die Boier in vorchristlicher Zeit, also viele Jahrhunderte vor Columban, ein weitverzweigtes Keltenvolk, das vor allem in Böhmen seine Herrschaft aufgerichtet hatte. Diesem hat es dann seinen Namen *Boiohaemum* (Boierheim) hinterlassen, als es im letzten Jh. v. Chr. seine Wohnsitze vor andringenden Germanen räumen mußte. Im späteren bayerischen Siedlungsgebiet zwischen Alpen und Donau sind in den antiken Quellen keine Boier bezeugt. Hier wird das Keltenvolk der Vindeliker genannt, das auch nach der römischen Okkupation des Landes (15 v. Chr.) der neuen Provinzhauptstadt den Namen *Augusta Vindelicum* (Augsburg) gegeben hat.

Eine Herkunft der Baiuwaren von den keltischen Boiern ist also nach dem Zeugnis der antiken Quellen mehr als unwahrscheinlich. Da aber die Franzosen sich seit der napoleonischen Zeit gerne mit den keltischen „Ureinwohnern" ihres Landes, den Galliern, identifiziert haben, konnte in München die Stelle aus der Columbansvita zur Rechtfertigung der Rheinbundallianz herangezogen werden, wegen der angeblichen keltischen Verwandtschaft von Bayern und Franzosen. Der Geheime Staatsarchivar Vinzenz von Pallhausen (1759–1817) hat z.B. in seinen Studien zur „Urgeschichte der Baiern" in diesem Sinne argumentiert.

Es war dann ein anderer bayerischer Gelehrter, der große Sprachforscher und Begründer der wissenschaftlichen Keltologie, Johann Kaspar Zeuß (1806–1856), der gezeigt hat, daß die Baiuwaren nicht nur der Sprache, sondern auch der Abstammung nach Germanen waren. Der Baiernname bezeichnet nicht die Abstammung von den Boiern, sondern die Herkunft seiner Träger aus dem alten Boierland *Boiohaemum*. Diese „Leute aus Böhmen" waren Germanen, deren Vorfahren sich nach Abzug der Boier hier festgesetzt hatten. Ich will diese Fragen hier nicht vertiefen. Sie sind in dem schönen Katalog zur Rosenheimer Landesausstellung von

1988 „Die Bajuwaren von Severin bis Tassilo (488–788)" von kompetenten Fachleuten nach historischen und archäologischen Quellen eingehend behandelt worden. Dabei zweifelt trotz vieler offener Fragen niemand daran, daß germanische Völkerschaften bei der Stammesbildung der Baiern den Ausschlag gegeben und schließlich auch ihre Sprache durchgesetzt haben. Die in Jahrhunderten der Römerherrschaft romanisierte, einst keltische Vorbevölkerung war von den landnehmenden Germanen natürlich nicht vollständig verdrängt oder ausgerottet worden; sie hatte aber jeden prägenden Einfluß eingebüßt, so daß schließlich nur wenige keltische Fluß- und Ortsnamen an die „Ureinwohner" des Landes erinnerten.

Offenbar lassen sich solche historischen Vorgänge, welche die „nationale Identität" berühren, auch dann nicht ohne Leidenschaft und Parteinahme erörtern, wenn sie sich in grauer Vorzeit abgespielt haben. Daß jetzt sogar von Historikern wie Karl Bosl die längst totgeglaubte „Boierthese" wieder hervorgeholt und die keltische Abstammung der Baiuwaren propagiert wurde, das mag mit dem verständlichen Unbehagen zusammenhängen, das die Germanomanie der Nationalsozialisten uns hinterlassen hat. Wer möchte da heute noch gerne „Germane" sein? Und so holt man sich lieber seine Ahnen wieder aus dem Dunkel keltischer Vorzeit, auch wenn die sprachliche und die historische Überlieferung dafür keine rechten Anhaltspunkte bieten können.

Man wird aber bei einer archäologischen Keltenausstellung in Bayern trotzdem noch fragen, was die keltische Archäologie zur Diskussion über die angeblich boische Abstammung der Baiern beitragen kann. Siegmar von Schnurbein hat in diesem Katalog die Frage nach den Spuren keltischer Vorbevölkerung in der römischen Provinz Raetien nach dem neuesten Kenntnisstand beantwortet. In keiner der ehemals keltisch besiedelten römischen Provinzen im Norden der Alpen gibt es so wenige Spuren einer keltischen Kontinuität im Bereich von Siedlungen oder in der Belegung der Friedhöfe wie im alten Vindelikerland zwischen Alpen und Donau. Spätestens mit der römischen Okkupation ist hier die keltische Entwicklung jäh unterbrochen. Ganz im Gegensatz dazu finden wir bei den keltischen Nachbarvölkern, etwa bei den Norikern im heutigen Österreich, den

249

Abb. 216: „BOIOS"-Scherbe aus dem Oppidum von Manching (Nr. 423 d).

Helvetiern in der Schweiz und erst recht bei den gallischen Völkerschaften im heutigen Frankreich viele Zeugnisse für ein Weiterleben keltischer Siedlungen und Heiligtümer bis in die römische Kaiserzeit. Ein Grund für diese Diskontinuität im vindelikischen Gebiet, wo auch alle Oppida wie Manching in der Römerzeit nicht mehr besiedelt waren, ist noch nicht gefunden.

All dies macht es unwahrscheinlich, daß sich noch 600 Jahre nach der römischen Okkupation im späteren Bayern keltisches Volkstum konserviert hatte. Schon gar keine Boier, von denen sich schon in vorrömischer Zeit hier keine Spuren nachweisen lassen! Energisch muß man sich in diesem Zusammenhang dagegen wehren, daß für die „Boierthese" das älteste Schriftzeugnis aus Bayern herangezogen wird, obwohl wir schon bei der Erstveröffentlichung ausdrücklich davor gewarnt hatten. Es ist die Ritzinschrift auf einer Tonscherbe aus dem Manchinger Oppidum *(Abb. 216; Nr. 423 d)* mit dem Personennamen BOIOS, der sich vom Völkernamen der Boier herleitet. Bestimmt ist er aber kein Zeugnis für boische Einwohner des Oppidums von Manching in vorchristlicher Zeit. Die aus Völkernamen abgeleiteten Personennamen wie Böhm, Bayer, Frank oder Schwab erhielt man auch später nicht zu Hause in Böhmen, Bayern, Franken oder Schwaben, sondern natürlich in der Fremde. Was den antiken Ortsnamen *Boiodurum* (Passau) angeht, so liegen die Dinge ähnlich. Er ist kein Zeugnis für die boische Besiedlung der Gegend von Passau. Nach Meinung der Sprachforscher heißt *Boiodurum* soviel wie etwa „Burg des Boios" und leitet sich von dem Personennamen, nicht von dem Völkernamen ab. Dazu kommt, daß der antike Geograph Ptolemaios in der römischen Kaiserzeit noch wußte, daß *Boiodurum* zu den Städten in Vindelikien gehört. Als die Römer nach der Eroberung der Alpen und des nördlichen Voralpenlandes (15 v. Chr.) durch Ausheben der wehrfähigen Mannschaft die unterworfene Bevölkerung im Zaum halten wollten, stellten sie in ihrem Heer Räter- und Vindelikerkohorten auf. Boische Hilfstruppen werden nicht genannt, weil eben keine Boier hier gesiedelt haben.

Das alles kann offenbar neue Keltomanen wenig beeindrucken. Wir halten dagegen an der These fest, die schon im Jahre 1839 der bayerische Historiker Johann Nepomuk Sepp (1819–1909) bei seiner Münchner Promotion verfochten hat: *Baiuvarii non sunt Boii*, die Baiern sind keine Boier.

Vorbemerkung zum Katalog

Die Katalogtexte wurden, sofern nicht ausdrücklich gekennzeichnet, von R. Gebhard, A. Lorentzen und B. Ziegaus (Münzkatalog) verfaßt. Abgekürzte Autorennamen sind im Autorenverzeichnis S. 369 aufgeführt. Ein Verzeichnis der abgekürzten Literatur befindet sich im Anhang.

I.1 Das keltische Oppidum bei Manching

Anfang und Ende der Ausstellung bildet das keltische Oppidum von Manching. Es symbolisiert die letzte Blütezeit des freien Keltentums auf dem europäischen Festland. Das 2. und 1. Jh. v. Chr. stellt die Endphase einer Entwicklung dar, in der städtische Großsiedlungen, „Oppida", in ein ganz Mitteleuropa umfassendes Wirtschaftssystem eingebunden waren.

Die anschauliche Darstellung der Lebensverhältnisse, wie sie vermutlich in der keltischen Stadt bei Manching herrschten, muß aufgrund der Erhaltungsbedingungen, vor allem wegen des Verlustes aller organischer Materialien, auf Hilfsmittel zurückgreifen. Um die ursprüngliche Funktion von Werkzeug und Gerät, aber auch das Aussehen von Gebäuden zu rekonstruieren, muß die Archäologie Vergleichbares im ethnologischen oder volkskundlichen Bereich suchen. Zu Hilfe kommt ihr dabei, daß sich viele bewährte Gebrauchsformen von Werkzeug und Gerät während der letzten zweitausend Jahre kaum geändert haben. Den keltischen Funden aus Manching sind hier deshalb moderne Entsprechungen gegenübergestellt. Die modernen Geräte und Werkzeuge des 19. und frühen 20. Jh. stammen aus dem Bayerischen Wald. Sie sind in der umfangreichen Werkzeugsammlung des Museumsdorfes Bayerischer Wald in Tittling, Lkr. Passau, Niederbayern, verwahrt. Die Funde befinden sich in der Prähistorischen Staatssammlung; die Auflistung enthält die mit einem Schrägstrich geschriebene Inventarnummer.

I.2 Haus 1

Haus 1 wurde nach den Grundrißmaßen eines typischen Wohn-/Wirtschaftsgebäudes rekonstruiert. Die Maße entsprechen einem Gebäudegrundriß, der in der Grabungskampagne 1971 ausgegraben wurde (Straßengrabung Schnitte 633–635; 639–641). Mehrere Gebäude mit exakt übereinstimmenden Maßen wurden bereits 1955–1958 im Bereich der zentralen Grabungsfläche aufgedeckt.

Bei den Ausgrabungen im Oppidum von Manching traf man auf mehrere Geschirrsätze mit vollständigen Gefäßen. Die Geschirrinventare, die teils in Häusern, teils in Erdkellern verschüttet wurden, zeigen einen Ausschnitt aus dem Haushalts- und Tafelgeschirr. Einige Komplexe scheinen versteckt worden zu sein und konnten anschließend von den Besitzern nicht mehr geborgen werden. Die Fundkomplexe Nr. 5-7 stehen in Zusammenhang mit anderen Funden, die aufgrund von Zerstörungen im Zentrum des Oppidums gegen Ende des 2. Jh. v. Chr. unter die Erde kamen: eine eiserne Pferdeplastik *(Nr. 459)*, ein Gefäß mit Hirschdarstellung *(Nr. 423 c)*, eine Geldbörse *(Nr. 382)* sowie das Zaumzeug zweier Pferde *(Nr. 118 a)*.

1 Gefäßgruppe
Schnitt 724, Grube a$_1$ Nord. 1. Jh. v. Chr.

Handgemachter Napf (H. 7,8 cm; Mdm. 8,5 cm). Kleine Kugelflasche (H. 6,8 cm). Kugelflasche mit Feinkammstrichverzierung (H. 11,8 cm). Topf aus Graphitton mit Feinkammstrichverzierung (H. 13,5 cm). Zwei kleine ovoide Fußflaschen mit roter Bemalung (H. 19,3 cm; 21,2 cm). In der Nähe wurde eine weitere Flasche gleicher Form mit Gitternetzbemalung gefunden (H. 21,7 cm).

1974/1723 (Gefäßgruppe); 1974/1737 (Flasche). – Lit.: F. Maier, Ein Gefäßdepot mit bemalter Keramik von Manching. Germania 54, 1976, 63–74.

2 Gefäßgruppe
Schnitt 10, Grube r. 2. Jh. v. Chr.

Aus der Verfüllung eines Brunnens stammen neben Tierknochenabfall mehrere ganze Gefäße. 3 Töpfe aus glatter Drehscheibenkeramik mit geripptem Oberteil (H. 22 cm; 22,5 cm; 23,5 cm). 2 Kammstrichtöpfe aus Graphitton (H. 10,9 cm; 15,8 cm). Kleiner Becher (H. 11,5 cm). Schüssel aus glatter Drehscheibenware (Mdm. 18,5 cm).

1956/211-212. – Lit.: Kappel 1969, Nr. 9; 24; Pingel 1971, Nr. 189; 191; 196; 520; 1212.

3 Gefäßgruppe
Schnitt 700, Grubenkomplex c. 2. Jh. v. Chr.

3 schlanke Töpfe, glatte Drehscheibenware (H. 21,5 cm; 23,5 cm; 28 cm). Großer Topf, weißgrundig mit roter Streifenbemalung (H. 34,4 cm). Große Flasche, weißgrundig mit roter Streifenbemalung (H. 37 cm). Handgearbeiteter Topf mit Besenstrichverzierung (H. 20,5 cm). Kleines Graphitton-Kammstrichgefäß (H. 7,7 cm; Mdm. 8,4 cm). Schale (Mdm. 14,5 cm). Kleine Flasche mit abgeschlagenem Hals (H. 9 cm). Zu dem Komplex gehört auch das große Vorratsgefäß *Nr. 10.*

1974/1453-1458. – Lit.: Stöckli 1979, Nr. 735 u. unpubl.

4 Gefäßdepot

Schnitt 689, Grube e.

Auf dem Grund des Schachtes wurden ein vollständiger Topf mit Feinkammstrichverzierung (H. 20,9 cm) und ein Rinderschädel gefunden.

1974/1228. – Lit.: unpubl.

5 Gefäßgruppe

Schnitt 696, Grube k_1. 1. Jh. v. Chr.

Topf, glatte Drehscheibenware (H. 24 cm). Feinkammstrichtopf, mit Eisenklammer geflickt (H. 15,2 cm). Großer Graphittontopf mit Kammstrichverzierung (H. 30 cm).

1974/1339. – Lit.: unpubl.

6 Bemalte Keramik

a) Große Flasche 1961/304 (H. 41,5 cm). – Lit.: Maier 1970, Nr. 336.

b) Töpfe 1956/345 (H. 26 cm); 1962/243 (H. 26,8 cm); 1974/2182 (H. 23,5 cm). *(Abb. 176).* – Lit.: Maier 1970, Nr. 972; 1182 u. unpubl.

c) Flaschen 1956/612 (H. 22 cm); 1958/227 (H. 27 cm); 1962/354 (H. 29 cm); 1967/345 (H. 35,1 cm). – Lit.: Maier 1970, Nr. 120; 1084; 1177; 1251.

7 Glatte Drehscheibenkeramik

a) Töpfe 1956/695 (H. 26,5 cm); 1956/819 (H. 21,5 cm); 1956/832 (H. 26 cm); 1974/1775 (H. 28 cm). – Lit.: Pingel 1971, Nr. 142; 184; 343 u. unpubl.

Nr. 8 d, 11

b) Kleine Töpfe 1961/289 (H. 1,5 cm); 1974/476 (H. 7 cm); 1974/1051 (H. 6,8 cm). – Lit.: Pingel 1971, Nr. 376 u. unpubl.

c) Becher 1957/30 (H. 19,5 cm); 1962/50 (H. 10 cm); 1974/1092 (H. 9,8 cm). – Lit.: Pingel 1971, Nr. 499; 507 u. unpubl.

d) Flaschen 1974/283 (H. 36,2 cm); 1974/2397 (H. 24 cm).

e) Schüsseln 1956/681 (Mdm. 12 cm); 1956/684 (Mdm. 21 cm); 1974/1077 (Mdm. 29 cm); 1974/1550 (Mdm. 15 cm); 1974/1680 (Mdm. 16 cm). Schüssel mit Flickloch 1974/1432 (Mdm. 23,5 cm).

Nr. 13 c

253

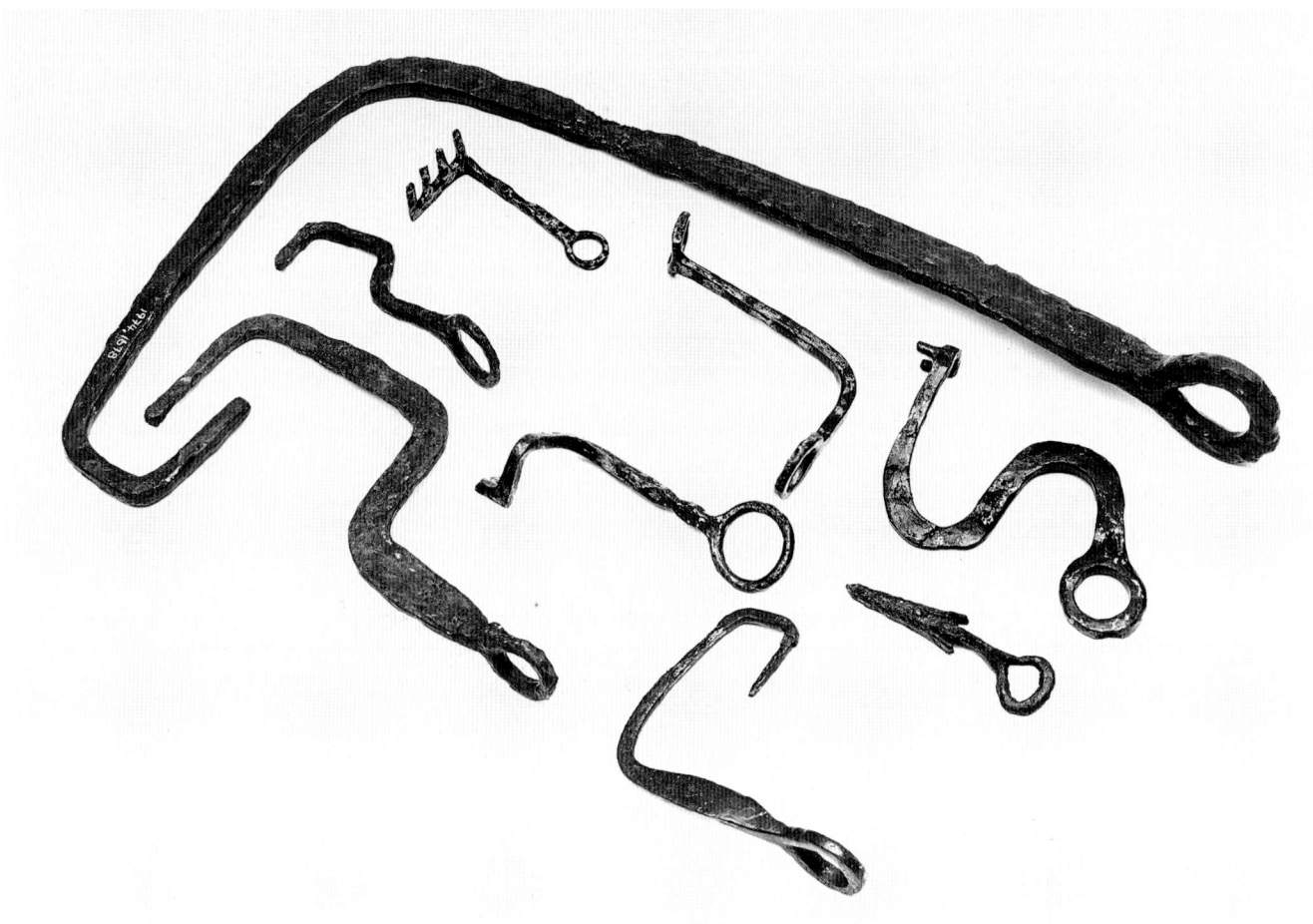

Nr. 14

Verzierte Schüssel 1957/21 (Mdm. 18 cm). Sieb 1961/327 (Mdm. 16 cm). – Lit.: Pingel 1971, Nr. 940; 1161; 1229; 1341 u. unpubl.

8 Graphittonkeramik

a) Töpfe mit Feinkammstrichverzierung 1956/434.436 (H. 19,6 cm); 1959/327 (H. 12,4 cm); 1962/398 (H. 11 cm). – Lit.: Kappel 1969, Nr. 711; 716; 723.

b) Geflickte Töpfe mit Grobkammstrichverzierung 1958/122 (H. 13,1 cm) mit Reparatur am Rand; 1974/2433 (H. 19 cm) mit Reparatur am Boden. – Lit.: Kappel 1969, Nr. 160 u. unpubl.

c) Näpfe mit Grobkammstrichverzierung 1961/248.333 (H. 6,5 cm; Mdm. 9 cm); 1974/2203 (H. 6,3 cm). – Lit.: Kappel 1969, Nr. 988 u. unpubl.

d) Deckel 1959/242 (Mdm. 13 cm); 1974/1369 (Mdm. 12 cm). – Lit.: Kappel 1969, Nr. 755 u. unpubl.

e) Schüssel 1956/588 (Mdm. 26,2 cm; Inhalt 4l). – Lit.: Kappel 1969, Nr. 758.

9 Handgemachte Keramik

a) Töpfe 1956/401 (H. 40 cm); 1958/222 (H. 22 cm); 1959/327 (H. 28,5 cm). – Lit.: Stöckli 1979, Nr. 187; 276; 780.

b) Schüsseln 1956/795 (Dm. 16 cm); 1956/437 (Dm. 26 cm). – Lit.: Stöckli 1979, Nr. 381; 413.

10 Vorratsgefäß

Schnitt 700, Kulturschicht und Grubenkomplex c. 2. Jh. v. Chr.

Großes Faß aus mit Pferdemist gemagertem Ton, Oberfläche gepicht (H. 73 cm).

1974/1440.1457. *Vgl. Nr. 3.* – Lit.: Stöckli 1979, Nr. 4.

Nr. 16 b

11 Töpferwerkzeuge
Zwei Knochenstempel mit eingeschnittener Kreisaugenverzierung 1956/562.826. Rippe mit gezahnter Kante zur Herstellung der Kammstrichverzierung 1958/140. – Lit.: Jacobi 1974, Nr. 1609–1611.

12 Kessel und Eimer
Eisenkesselhaken 1963/1257 (L. 104 cm). Eiserner Kesselrand eines Kupferkessels 1956/506 (Dm. ca. 23,5 cm). Kesselrandbeschlag 1974/2046 (L. 14 cm). Kesselgriffe von Holz- und Eisenkesseln 1963/1106 (Dm. 10,8 cm); 1974/2394 (Dm. 9 cm). Griffpaar 1974/1275 (Dm. 8 cm; 6,8 cm). – Lit.: Jacobi 1974, Nr. 592; 667 u. unpubl.

13 Gerät aus dem Haushalt
a) Herdschaufeln 1956/635 (L. 65 cm); 1974/1074 (L. 33 cm). – Lit.: Jacobi 1974, Nr. 533 u. unpubl.

b) Fleischgabeln 1956/686 (L. 22,5 cm); 1956/501 (L. 28,3 cm); 1974/194 (L. 39 cm). – Lit.: Jacobi 1974, Nr. 568; 570 u. unpubl.

c) Ringgriffmesser 1967/225 (L. 21,8 cm); 1974/49 (L. 21 cm); 1974/111 (L. 24,5 cm); 1974/274 (L. 27 cm); 1974/315 (L. 11,7 cm); 1974/422 (L. 13,8 cm); 1974/1296 (L. 25,8 cm); 1974/2544 (L. 24,2 cm); 1974/2569 (L. 36,5 cm); 1974/2220 (L. 22,4 cm); 1974/1832 (L. 13 cm). Rasiermesser 1974/1195 (L. 8,9 cm). Messer mit Griffdorn 1974/1569 (L. 22,5 cm). Messer mit umgebogenem Griffende 1974/1092 (L. 28 cm). – Lit.: unpubl.

d) Eisenschere 1974/2382 (L. 17 cm). – Lit.: unpubl.

e) Mühlsteine: Unterteil 1987/2107l (Dm. 40 cm). Oberteil 1956/949 (Dm. 43,5 cm). – Lit.: Maier u.a. 1992, Taf. 101,14; Jacobi 1974, Nr. 1773.

14 Schlüssel und Schloß
a) Hakenschlüssel 1974/1678 (L. 35 cm); 1974/2149 (L. 9 cm). – Lit.: unpubl.

Nr. 13 d   Nr. 16 f   Nr. 16 d, g, f

b) Hakenschlüsselpaar 1974/2220 (L. 17,3 cm; 9,5 cm). – Lit.: unpubl.

c) Federschloßschlüssel 1974/1742 (L. 9 cm) und Federschloßstift 1974/1287 (L. 7 cm). – Lit.: unpubl.

d) Einzinkiger Schlüssel 1974/37 (L. 9,8 cm). – Lit.: unpubl.

e) Mehrzinkige Schlüssel 1974/425 (L. 6,5 cm); 1974/2010 (L. 7 cm); 1974/1294 (L. 18,5 cm). – Lit.: unpubl.

f) S-förmig gebogene Schlüssel 1967/379 (L. 12 cm); 1974/2336 (L. 11 cm). – Lit.: unpubl.

g) Kästchenschlüssel 1974/1867 (L. 5,5 cm). – Lit.: unpubl.

h) Schloßbleche aus Eisen 1956/515 (L. 10,8 cm) und aus Bronze 1959/75 (L. 6,8 cm). – Lit.: Jacobi 1974, Nr. 762; 769.

15 Abfall

Mehr als 60% der Funde stammen aus dem humosen Oberboden. Dieser kann an einigen Stellen eine bis zu 1 m mächtige Abfallschicht bilden. In ihr finden sich verlorene kleine Gegenstände wie Münzen, Tierknochen aus Schlacht- und Speiseabfällen, zerbrochene Geräte, Werkzeuge und Schmuck oder zerbrochene Keramik. Daneben gibt es auch einige Menschenknochen in der Abfallschicht. Schädelteile können auf Trophäen zurückzuführen sein,

Nr. 16 h

stellung von Alltagsgegenständen erkennen. Originale Holzfunde fehlen aufgrund der Erhaltungsbedingungen fast vollständig. Spätkeltische Fundstellen mit besseren Erhaltungsbedingungen zeigen jedoch, welche Vielfalt es einst an Holzgerät und Mobiliar gab. In großer Zahl fand man in Manching auch feine Schnitzwerkzeuge – ein indirekter Hinweis auf die Verzierung der Gegenstände.

a) Hohldechsel 1963/1260 (L. 9,8 cm); 1962/177 (L. 9,3 cm). – Lit.: Jacobi 1974, Nr. 291–292.

b) Tüllenbeile 1967/397 (L. 11,5 cm); 1974/1613 (L. 7,5 cm); 1974/2030 (L. 9,5 cm); 1974/2490 (L. 11,5 cm). Breitbeil mit Schnurloch 1974/2480 (L. 11,8 cm). Fällbeil 1974/1476 (L. 14 cm). – Lit.: unpubl.

c) Stichsäge 1956/185 (L. 10,8 cm). Sägeblatt 1959/321 (L. 15,8 cm). – Lit.: Jacobi 1974, Nr. 406–407.

d) Löffelbohrer 1963/1257 (L. 31,5 cm); 1958/515 (L. 20,7 cm); 1974/335 (L. 18,2 cm). – Lit.: Jacobi 1974, Nr. 159; 162 u. unpubl.

e) Stemmeisen 1958/423 (L. 16,6 cm). – Lit.: Jacobi 1974, Nr. 77.

f) Stecheisen 1958/261 (L. 13,5 cm); 1963/1257 (L. 17,2 cm); 1961/159 (L. 13,3 cm); 1962/278 (L. 11,7 cm); 1959/127 (L. 10,8 cm). 1974/84 (L. 16,5 cm); 1974/179 (L. 13,7 cm); 1974/227 (14,2 cm); 1974/394 (L. 11,7 cm); 1974/481 (L. 13,2 cm); 1974/1253 (L. 14,8 cm). Stecheisen mit Knochengriff 1984/4929f (L. 15,2 cm). – Lit.: Jacobi 1974, Nr. 109; 111; 122; 126–127; Maier u.a. 1992, Taf. 114,4.

g) Hohleisen 1958/528 (L. 18,3 cm); 1956/826 (L. 19,8 cm); 1967/7 (L. 10,7 cm); 1974/2460 (L. 14 cm). – Lit.: Jacobi 1974, Nr. 164–165; 170 u. unpubl.

h) Tüllenmeißel 1956/141 (L. 21,6 cm); 1958/332 (L. 22,5 cm); 1974/91 (L. 24,5 cm). Kreuzmeißel 1974/387 (L. 12,3 cm); 1974/1443 (L. 23 cm); 1974/1505 (L. 11,2 cm). – Lit.: Jacobi 1974, Nr. 142–143; 290 u. unpubl.

i) Schnitzmesser mit hakenförmiger Klingenspitze und Griffdorn 1974/145 (L. 14,7 cm). Schnitzmesser mit Ringgriff 1974/1773 (L. 16,4 cm). – Lit.: unpubl.

j) Messer mit gebogener Klinge 1962/322 (L. 9,8 cm); 1962/278 (L. 14 cm). – Lit.: Jacobi 1974, Nr. 400–401.

k) Eisernes Messerpaar 1974/2266. Messer mit nach innen gekrümmter Schneide (L. 20 cm). Griffdornmesser (L. 14,5 cm). – Lit.: unpubl.

die Skeletteile stammen teilweise aber auch aus aufgelassenen Gräbern oder Ossuarien.

Schnitt 696, Kulturschicht: Tierknochen, Menschenknochen, Keramik, Eisen, Glas, Bronze 1974/1315–1318.

I.3 Wagnerei und Holzhandwerk

16 Werkzeuge zur Holzbearbeitung
Die Vielzahl und Vielfalt der Werkzeuge, mit denen Holz bearbeitet werden kann, läßt die wichtige Rolle dieses Materials zur Her-

17 Wagnerei
a) Eiserne Radfelge 1967/726 (Dm. 78–83 cm). Den Kelten wird die Erfindung zugeschrieben, eiserne Radreifen heiß auf nasse hölzerne Speichenräder aufzuziehen. – Lit.: Jacobi 1974, Nr. 1796.

b) Eiserner Nabenring 1974/2413 (Dm. 11,5 cm). Eiserner gewellter Nabenring 1974/1319 (Dm. 14 cm). – Lit.: unpubl.

c) Eiserne Achsnägel 1956/413 (L. 13 cm); 1961/358 (L. 15,5 cm); 1967/94 (L. 8 cm); 1974/1704 (L. 13,5 cm). – Lit.: Jacobi 1974, Nr. 843; 846 u. unpubl.

d) Eiserner Zügelhalter 1961/103 (L. 14 cm). – Lit.: Jacobi 1974, Nr. 820.

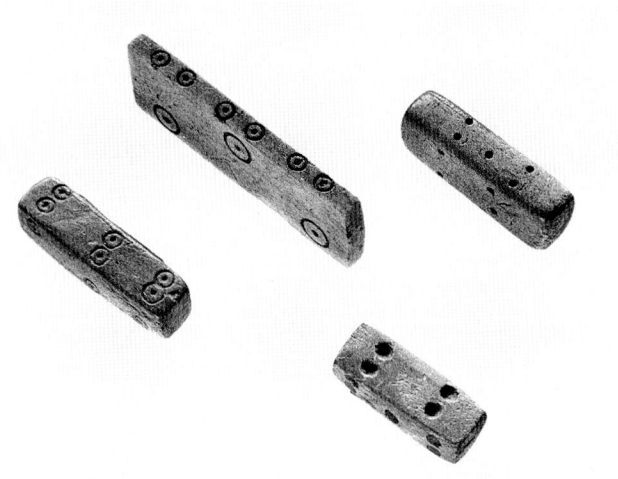

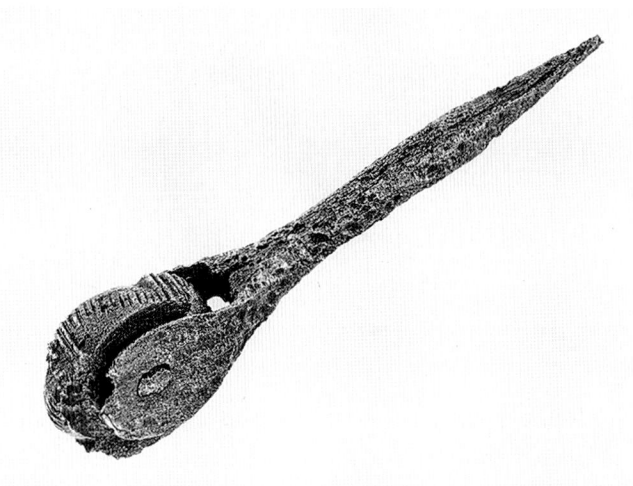

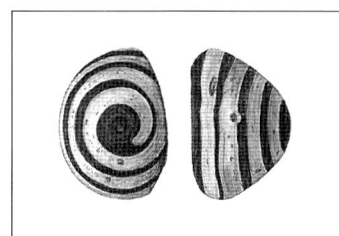

Nr. 18 a   Nr. 18 b ▷

Nr. 19 g

e) Felgenklammern 1956/475 (L. 12 cm; B. 7,5 cm); 1956/711 (L. 10,8 cm; B. 7,5 cm). – Lit.: Jacobi 1974, Nr. 828–829.

18 Bearbeitung von Knochen

a) Spielwürfel 1963/1002 (L. 4 cm); 1974/11 (L. 2,7 cm); 1984/5231c (L. 2,6 cm); 1974/88 (L. 2 cm). – Lit.: Maier u.a. 1992, 194; Taf. 157,2.

b) Spielstein aus Glas 1958/336 (Dm. 2 cm). – Lit.: unpubl.

c) Abgebrochenes Messer mit Knochengriff 1974/1033 (L. 24 cm). Verzierter Messergriff 1974/1912 (L. 10 cm). – Lit.: unpubl.

19 Sattlerwerkzeug

a) Ahlen 1974/131 (L. 10,4 cm); 1974/1692 (L. 17,4 cm). – Lit.: unpubl.

b) Ahle mit Seitenrille 1974/1692 (L. 17,4 cm). – Lit.: unpubl.

c) Pfrieme 1974/406 (L. 10,2 cm); 1974/1763 (L. 9,7 cm). – Lit.: unpubl.

d) Durchschläge 1967/223 (L. 8,7 cm); 1974/249 (L. 8,7 cm); 1974/1654 (L. 9,9 cm). – Lit.: Jacobi 1974, Nr. 193.

e) Schlichtmesser 1962/174 (L. 13,5 cm). – Lit.: Jacobi 1974, Nr. 388.

f) Ledermesser 1967/41 (L. 7,3 cm); 1967/185 (L. 7,3 cm). – Lit.: Jacobi 1974, Nr. 389–390.

g) Rädchen 1974/2176 (L. 13,4 cm). – Lit.: unpubl.

20 Gefäßgruppe

Schnitt 53 (1373/ -30 m). 2.–1. Jh. v. Chr.

Zwei Feinkammstrichgefäße (H. 9,3 cm; 9,1 cm; Mdm. 12,4 cm; 12,6 cm). Kleine Flasche, glatte Drehscheibenware (H. 12 cm). Graphitierter kleiner Topf, glatte Drehscheibenware (H. 6,5 cm). Handgemachter kleiner Becher und Schale. Rot und weiß mit Streifen bemalte Flasche (H. 17 cm) und Tonne (H. 15,2 cm).

1956/854. – Lit.: Kappel 1969, Nr. 985; 998; Pingel 1971, Nr. 165; 485; Stöckli 1979, Nr. 420; 447; Maier 1970, Nr. 121; 753.

I.4 Schmiede

21 Schmiedewerkzeug und Gerät

a) 6 Schwertbarren, einer davon bereits abgehackt. Teil eines Doppelspitzbarrens. Eine Roh- und Handelsform des Eisens waren sogenannte Schwertbarren. Sie konnten leicht zu verschiedenen Gegenständen ausgeschmiedet werden. Die vollständig erhaltenen

Nr. 21 c

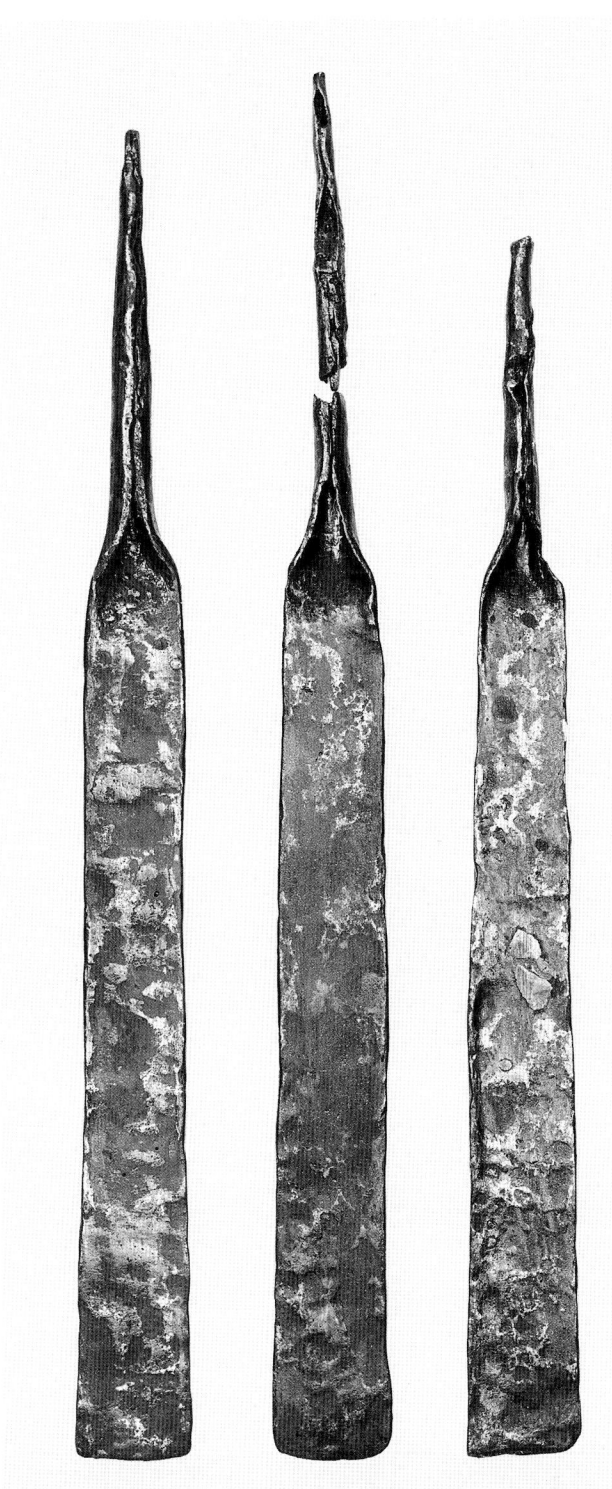

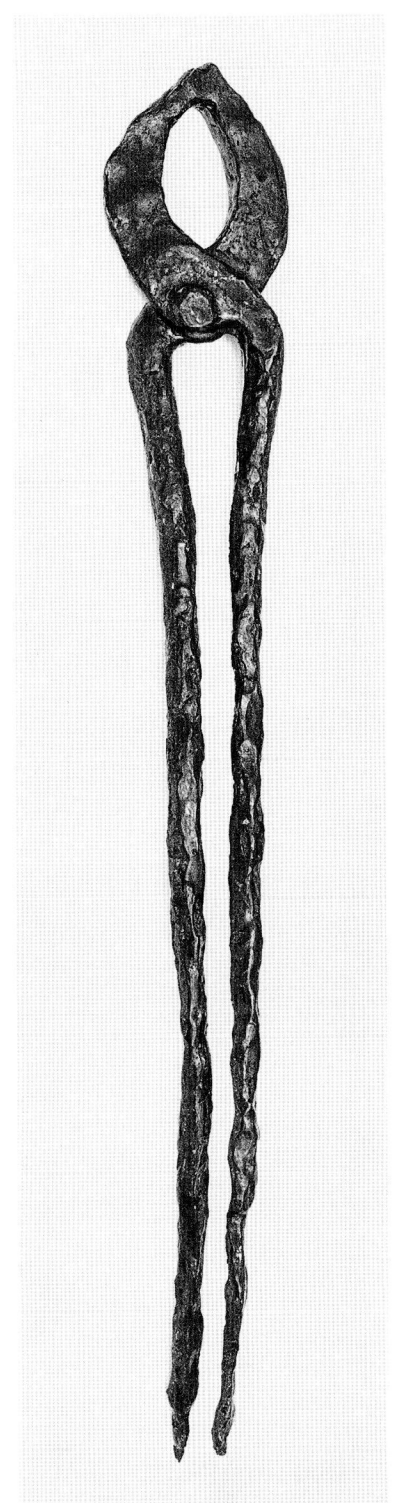

◁ Nr. 21 a

Nr. 21 e ▷

259

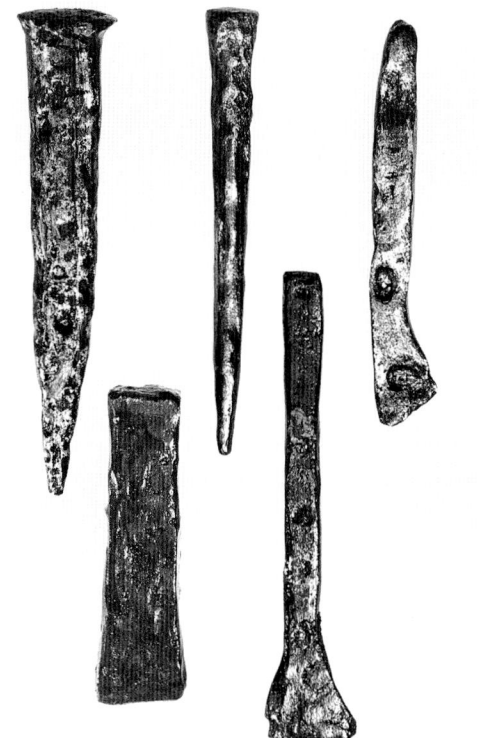

Nr. 21 h, i, k

Barren wurden im Bereich der Hütten beiderseits der Straße im Zentrum des Oppidums gefunden. 1974/1005 (L. 45 cm); 1974/1009 (L. mit Flickung 46 cm); 1974/1035 (L. 41 cm); 1974/1156 (L. 20,5 cm); 1974/1237 (L. 34,5 cm); 1974/1312 (L. 17 cm); 1974/2559 (L. 16 cm). – Lit.: unpubl.

b) Düsen. Am vorderen Ende der Blasebalge aus Holz und Leder waren Tondüsen angebracht. Sie verhinderten den unmittelbaren Kontakt des brennbaren Blasebalges mit dem Feuer. An den Rennfeueröfen, mit denen im Feilenmoos das Raseneisenerz verhüttet wurde, waren sehr große Düsenziegel angebracht. Die Essen der Schmiede besaßen meist kleinere Gebläse. 1958/156; 1974/2576. – Lit.: Jacobi 1974, Nr. 1807–1808 u. unpubl.

Nr. 22 d

c) Finnenhämmer 1956/461 (L. 17 cm); 1959/169 (L. 15 cm). Niethammer 1961/377 (L. 6,5 cm). Kleiner Treibhammer 1956/722 (L. 4,7 cm). Setzhammer 1963/1274 (L. 12,5 cm). – Lit.: Jacobi 1974, Nr. 2–4; 6; 8.

d) Amboß. Es wurden bislang in Manching nur kleinere Ambosse gefunden, meist Treibambosse und Sperrhörner. Große massive Ambosse, die nur selten

von anderen keltischen Fundorten belegt sind, stellen einen Wert dar, der nicht so ohne weiteres in den Abfall gelangte. Sperrhorn 1963/1257 (H. 10 cm). Einsteckamboß (Daumen) 1963/1257 (H. 11 cm). Einsteckfäustel 1963/1257 (H. 12,4 cm). Einsteckamboß 1974/2330 (H. 10 cm). – Lit.: Jacobi 1974, Nr. 24; 26–27 u. unpubl.

e) Zangen 1956/479 (L. 23,9 cm); 1962/367 (L. 17,6 cm); 1963/1274 (L. 53,5 cm); 1967/351 (L. 16,7 cm); 1974/1957 (L. 19,5 cm). Die fünf Grob- und Feinschmiedezangen, von denen eine eine Spannvorrichtung besitzt, zeigen, daß sich der Schmied für jede Art von Tätigkeit sein eigenes Werkzeug herstellte. – Lit.: Jacobi 1974, Nr. 9; 16; 18–19 u. unpubl.

f) Topf mit Hammerschlag 1974/1274. In der Nähe einer Esse aufgestellt, diente der Topf einem Schmied als Sammelbehältnis für den sogenannten Hammerschlag. Hammerschlag sind feine Eisenoxidplättchen, die beim Hämmern vom heißen Eisen abplatzen. – Lit.: unpubl.

g) Halbrundfeile 1967/251 (L. 18,3 cm); 1974/1069 (L. 12,4 cm). Flachfeilen 1958/68 (L. 16,5 cm); 1974/2549 (L. 15,4 cm). – Lit.: Jacobi 1974, Nr. 49–50 u. unpubl.

h) Schroteisen 1967/252 (L. 5,5 cm). – Lit.: unpubl.

i) Punzen 1956/812 (L. 14,7 cm); 1958/360 (L. 12,5 cm); 1959/22 (L. 6,8 cm); 1959/302 (L. 6,7 cm); 1959/103 (L. 5,8 cm); 1959/216 (L. 9 cm); 1974/111 (L. 6,9 cm). – Lit.: Jacobi 1974, Nr. 93–94; 99–102 u. unpubl.

j) Blechschneider 1967/224 (L. 13 cm). Der Blechschneider war als Gegenschneider umgekehrt in die Werkbank eingesteckt. – Lit.: Jacobi 1974, Nr. 103.

k) Flachmeißel 1962/55 (L. 10,4 cm); 1958/520 (L. 7,8 cm); 1974/111 (L. 6,8 cm); 1974/1205 (L. 16 cm); 1974/1311 (L. 23,5 cm); 1974/1831 (L. 5 cm). Kreuzmeißel 1967/380 (L. 22,4 cm); 1974/500 (L. 16,5 cm). Einsatzmeißel 1961/358 (L. 10,8 cm); 1974/1772 (L. 7,4 cm). – Lit.: Jacobi 1974, Nr. 53; 75; 104 u. unpubl.

l) Durchschläge 1962/414 (L. 7,1 cm); 1962/180 (L. 10,3 cm); 1959/292 (L. 5,5 cm); 1961/140 (L. 8,8 cm); 1974/408 (L. 7,5 cm). – Lit.: Jacobi 1974, Nr. 242; 247–248; 258 u. unpubl.

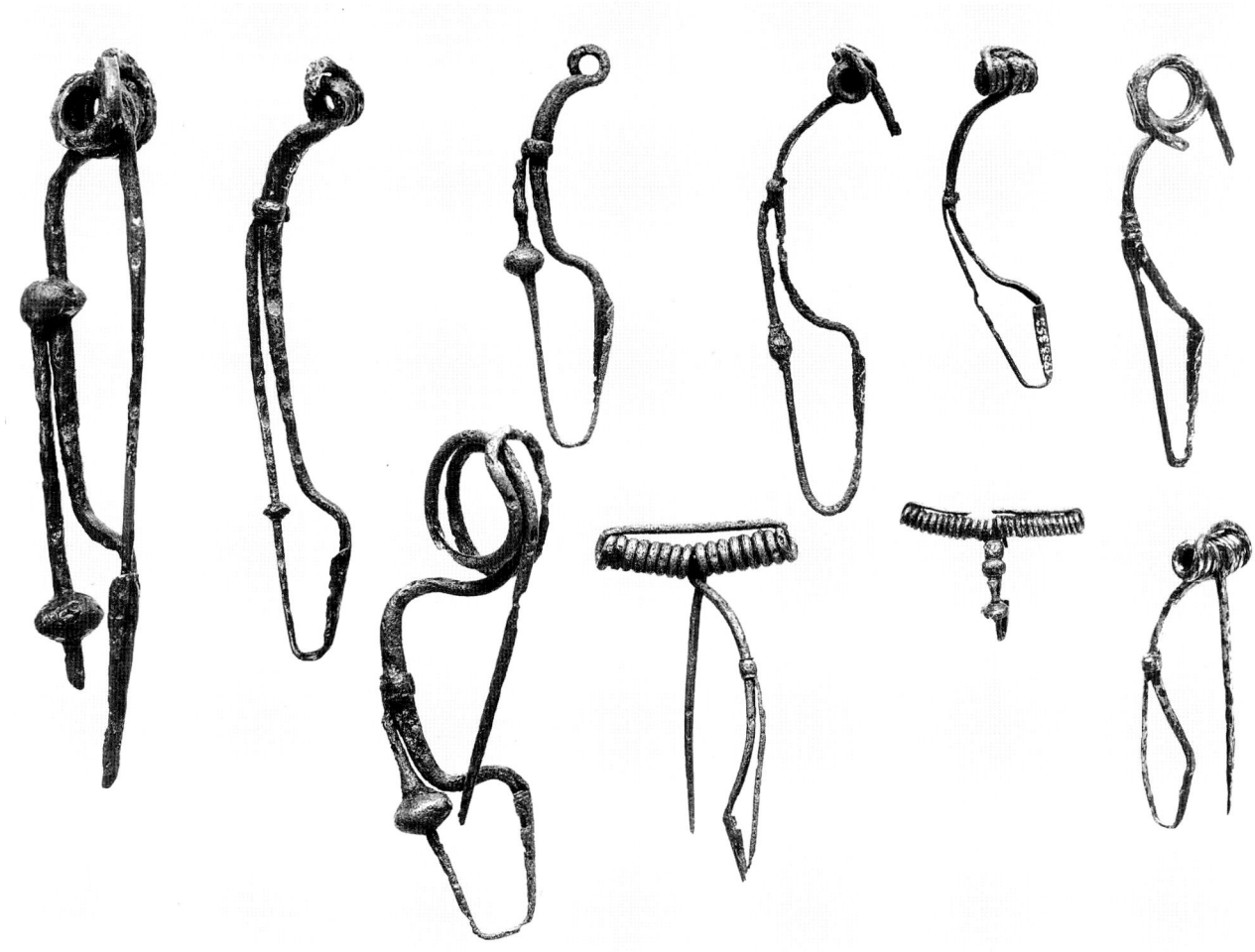

Nr. 22 g

m) Pinzette 1974/237 (L. 9,2 cm). – Lit.: unpubl.

n) Abgeschrotete Axttülle 1974/2522 (L. 7,5 cm). – Lit.: unpubl.

o) Eisenschlacken von einem Schmelzplatz im Feilenmoos 1963/1323; 1974/2576–2577. – Lit.: unpubl.

22 Werkzeug und Gerät

a) Die größte Gattung unter den Eisenfunden stellen Klammern, Baueisen und Nägel dar. Viele Teile davon wurden in den Häusern verbaut. Die langen Nägel dienten zur Verbindung der Balken in der Stadtmauer. Die kräftigen Nägel mit den breiten Köpfen stammen von Türbeschlägen.

T-förmige Nägel 1974/503 (L. 10 cm); 1974/510 (L. 9 cm). Lange Nägel mit Rundkopf 1974/1265 (L. 14 cm); 1974/1217 (L. 25 cm). Türnägel 1967/1994 (L. 4,8 cm); 1956/826 (L. 5,6 cm); 1958/139

(L. 5,5 cm). Flachkopfnägel 1956/709 (L. 10,2 cm); 1956/281 (L. 5,9 cm); 1956/120 (L. 6,1 cm); 1956/957 (L. 5,9 cm); 1956/945 (L. 5,5 cm). Murus-Gallicus-Nägel 1963/1205; 1963/1206; 1963/1207; 1963/1208; 1963/1209 (L. 6,1 cm–27,8 cm). – Lit.: Jacobi 1974, Nr. 1372; 1392–1395; 1430; 1436; 1437; D. van Endert, Das Osttor des Oppidums von Manching. Die Ausgr. in Manching 10 (Stuttgart 1987) Nr. 91–95; 109 u. unpubl.

Eisenklammern 1956/178 (L. 13,5 cm); 1958/279 (L. 10,3 cm); 1961/26 (L. 7,2 cm); 1958/140 (L. 6,5 cm); 1958/104 (L. 3,6 cm); 1962/18 (L. 10,6 cm). – Lit.: Jacobi 1974, Nr. 1212; 1219; 1230; 1233; 1289; 1304.

U-förmige Eisenhaken 1959/240 (L. 6,8 cm); 1956/696 (L. 7,8 cm); 1962/197 (L. 8 cm). – Lit.: Jacobi 1974, Nr. 1135, 1145, 1147.

b) Eiserne Zugkette 1963/1257 (L. 91 cm). – Lit.: Jacobi 1974, Nr. 867.

c) Kupferkessel 1963/1319 (H. 28,8 cm). – Lit.: van Endert 1991, Nr. 388.

d) Eiserne Ringtrensen 1974/2057 (L. 33,5 cm); 1974/2194 (L. 23,5 cm). – Lit.: unpubl.

e) Rebmesser 1967/133 (L. 12 cm); 1967/135 (L. 10 cm); 1974/1354 (L. 9,8 cm); 1974/1375 (L. 10,5 cm). – Lit.: unpubl.

f) Kleine verzierte Eisenaxt. 1974/2177 (L. 8,8 cm). – Lit.: unpubl.

g) Feinschmiedeerzeugnisse: Toilettegerät 1967/83 (L. 12,4 cm). Zweischenkliger Eisenanhänger 1967/353 (L. 4,5 cm). Anhängerbommel einer Gürtelkette 1974/1829 (L. 2 cm). Eiserner Fingerring 1967/107 (Dm. 1,8 cm). – Lit.: Jacobi 1974, Nr. 531 u. unpubl.

Eisenfibeln vom MLT-Schema 1956/519 (L. 10 cm); 1958/352 (L. 6,6 cm); 1958/354 (L. 7,7 cm); 1959/241 (L. 2,6 cm); 1961/408 (L. 14 cm); 1961/449 (L. 7,9 cm); 1962/272 (L. 8,8 cm); 1974/1115 (L. 9 cm); 1974/1238 (L. 10,6 cm); 1974/1425 (L. 4,7 cm); 1974/2283 (L. 11,9 cm); 1974/2551 (L. 11,6 cm); 1984/4855g (L. 6,1 cm). Eisenfibeln vom MLT-Schema mit Blutemaileinlage 1956/539 (L. 9,1 cm); 1958/191 (L. 7,8 cm). – Lit.: Gebhard 1991, Nr. 277, 281, 283, 284, 316, 375, 379, 380, 423, 475, 557, 577, 641, 645, 662.

Eisenfibeln vom SLT-Schema 1959/75 (L. 4,7 cm); 1962/375 (L. 4,7 cm); 1967/363 (L. 11,7 cm); 1974/1555 (L. 8,2 cm); 1974/1955 (L. 11,5 cm); 1984/4516k (L. 3,8 cm). – Lit.: Gebhard 1991, Nr. 740, 768, 892, 893, 922, 928.

Bronzefibeln vom MLT-Schema 1956/826 (L. 4,4 cm); 1984/4989o (L. 4,8 cm); 1984/5003x (L. 3,9 cm); 1984/5003y (L. 5,9 cm). – Lit.: Gebhard 1991, Nr. 15–17, 21.

Bronzefibeln vom SLT-Schema 1958/134 (L. 7,5 cm); 1958/451 (L. 4,9 cm); 1959/167 (L. 8,1 cm); 1961/458 (L. 8,4 cm); 1962/54 (L. 7,8 cm); 1962/406 (L. 4,5 cm); 1974/449 (L. 8,8 cm); 1984/4879c (L. 4,8 cm); 1984/5027n (L. 6,7 cm); 1984/5122m (L. 7,1 cm). – Lit.: Gebhard 1991, 55, 56, 130, 154, 156, 162, 171, 172, 185, 190.

Eiserne Oberarmringe 1967/341 (Idm. 7 cm; D. 6 mm); 1967/373 (Idm. 7,4 cm; D. 3,5 mm). – Lit.: unpubl.

I.5 Speicher

Neben Wohn- und Wirtschaftsgebäuden wurden zahlreiche Grundrisse von Speichern aufgedeckt. Sie sind meist auf vier, sechs oder acht Pfosten errichtet. Bei manchen wird der Speicherteil, ähnlich wie bei rezenten Stützenspeichern etwa im Wallis, vom Boden abgehoben gewesen sein. Da keine Informationen über den überirdischen Teil erhalten sind, können einige der Pfosten auch nur ein Dach getragen haben, unter dem Heu gestapelt war.

23 Siedlungsmodell
Manching, Zentrum des Oppidums. Etwa 2. Hälfte 2. Jh. v. Chr. Modell im Maßstab 1:200. Entwurf R. Gebhard, Ausführung Atelier W. Birmann.

Das Siedlungsmodell des Oppidums von Manching wurde nach den Grabungsplänen der Kampagnen 1955–1974 gebaut. Es zeigt

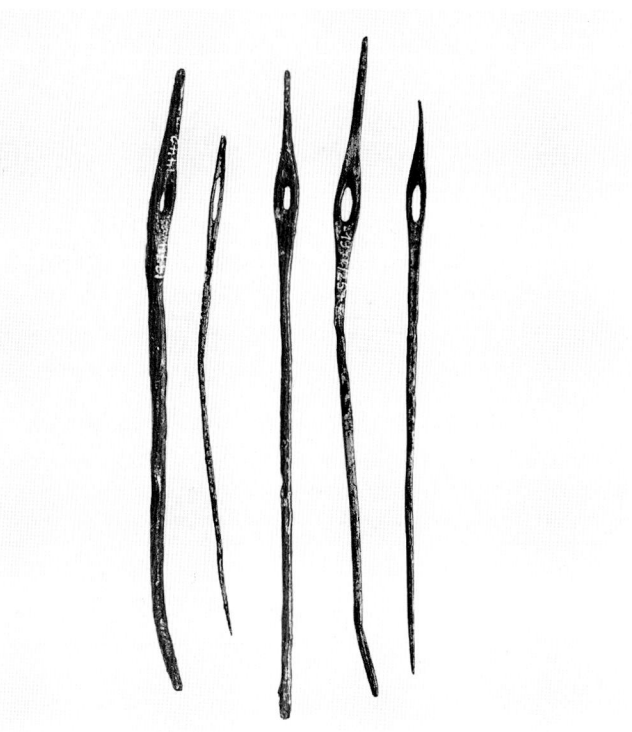

Nr. 24 a

einen Ausschnitt aus dem Zentrum der Siedlung. Dabei wurde versucht, alle gleich ausgerichteten Gebäude darzustellen. Im Mittelteil ist die im Bau befindliche Häusergruppe frei ergänzt, da in diesem Bereich bislang keine Grabungen stattgefunden haben. Bis auf Ergänzungen im Bereich außerhalb der Grabungsgrenzen richtet sich das Modell exakt nach den ausgegrabenen Grundrissen. Die durch Zäune eingegrenzten Bezirke lassen teilweise eine unterschiedliche Bebauung erkennen. Im Westen finden sich lange Magazin- oder Stallbauten, unmittelbar südlich davon Gebäude, die offenbar der Gemeinschaft dienten. Im Südosten der Fläche zeichnet sich ein Bezirk ab, in dem durch die Funde handwerkliche Tätigkeiten nachgewiesen sind. Von Ost nach West verläuft durch das Modell die vermutliche Hauptstraße des Oppidums, gesäumt von kleinen Händler- oder Handwerkerhütten. An ihr lag auch ein Tempelbau. *(Abb. 80, 88).*

I.6 Haus 2

24 Textilherstellung
Die Herstellung von Textilien war vermutlich Frauenarbeit. Die Kelten waren berühmt für ihre Vorliebe für bunte Kleidung. Nach den Berichten antiker Autoren gab es vielerlei Farben, allseits berühmt sind die karierten Stoffe.

a) Nähnadeln 1974/423 (L. 10 cm); 1974/1283 (L. 11,3 cm); 1974/442 (L. 12 cm); 1974/1205 (L. 12,8 cm); 1974/2547 (L. 13 cm). – Lit.: unpubl.

b) Webgewichte 1958/81 (H. 9,2 cm); 1958/30 (H. 10,5 cm); 1967/44 (L. 11 cm); 1974/1700 (L. 12 cm). – Lit.: Jacobi 1974, Nr. 1714–1715 u. unpubl.

c) Eisenschere 1963/1262 (L. 22,5 cm). – Lit.: Jacobi 1974, Nr. 410.

d) Spinnwirtel 1956/644 (Dm. 4 cm); 1956/358 (Dm. 4,2 cm); 1961/114 (Dm. 5 cm). Spinnwirtel aus Kammstrichscherben 1959/133 (Dm 3,7 cm); 1958/30 (Dm. 6,5 cm). – Lit.: Jacobi 1974, Nr. 1704–1705; 1712; 1723; 1742.

I.7 Steinbrunnen

Der viereckige Brunnen ist in Trockenmauertechnik errichtet. Er wurde bei der Grabung geborgen und befindet sich heute im Stadtmuseum Ingolstadt. Im tieferen Bereich ist unterhalb der Brunnenstube eine Holzröhre bis unter den Grundwasserspiegel eingegraben. In der Brunnenstube konnten Gefäße zur Kühlung aufgestellt werden. Der Grundwasserspiegel in Manching lag in früherer Zeit sehr hoch, oft nur 1,5–2 m unter der Oberfläche.

25 Gefäßgruppe
Schnitt 688, Grube b. 2. Jh. v. Chr.

Verziertes Schälchen (Mdm. 12,6 cm). Kleines Kammstrichgefäß aus Graphitton (H. 10,9 cm). Verzierte Schale (H. 10,9 cm).

1974/1205. – Lit.: unpubl.

II.1 Mensch und Gesellschaft im 1. Jtsd. v. Chr.

Die Stammesgesellschaft prägte das Zusammenleben. Sie regelte sich nach dem Prinzip des Ranges, dem Unterschied des sozialen Status' der Menschen zueinander. Ansehen und Rang richtete sich nach der Beziehung zum Häuptling. Die Rolle des Häuptlings war entscheidend. Caesar unterschied bei der Charakterisierung der keltischen Gesellschaft nur eine Oberschicht mit Rittern und Druiden. Das gemeine Volk hatte nach seiner Einschätzung keinen Einfluß auf Beschlüsse. Aufgrund dieser Gesellschaftsstruktur haben sich bei den Kelten unzählige Einzelstämme herausgebildet.

II.2 Paneuropäische Schutzbewaffnung

Waffe und Rüstung zeichnen den führenden Krieger aus. Seit der Spätbronzezeit finden sich überall in Mitteleuropa zahlreiche Schutzwaffen, die auf ähnliche Rüstungsgewohnheiten hinweisen. Vorbildfunktion bei den Prestige-Ausrüstungen hatten die Krieger der Mittelmeerwelt. Zur Standardbewaffnung der Oberschicht gehörten Panzer, Helm, Schild, Beinschienen, Schwert und Lanze.

26 Kammhelm
Haid bzw. Indling, Lkr. Passau. In der Nähe des Inns in ehemals sumpfigem Gelände gefunden. 10. Jh. v. Chr.

Glatter Bronzehelm mit spitzer Kalotte. 2 Löcher am seitlichen Rand dienten zur Befestigung des Kinnriemens. H. 22,8 cm.

PS Inv. Nr. IV 567. – Lit.: J. Pätzold/ H.P. Uenze, Vor- und Frühgeschichte im Landkreis Griesbach. Kat. Prähist. Staatsslg. 6 (Kallmünz 1963) Taf. 26–27.

27 Panzer
Marmesse, Dép. Haute Marne. 9.–8. Jh. v. Chr.

Zweiteiliger Bronzepanzer. Ursprünglich innen mit Leder gefüttert. Die Punktbuckel- und Rippenverzierung diente gleichzeitig zur Verstärkung des Bleches. Der Panzer wurde zusammen mit fünf weiteren, teilweise ineinandergestellten Panzern aufgefunden. H. 49 cm, Br. 38 cm, T. 28 cm.

Musée des Antiquités Nationales St. Germain/Paris Inv. Nr. 83 753. – Lit.: J.P. Mohen in: Kat. Paris 47 ff.

28 Schild
Spalt, Regnitztal bei Bamberg, Lkr. Roth. 9. Jh. v. Chr.

Bronzener Schild. An der Rückseite befindet sich im Zentrum des Schildes eine Schildfessel. Dm. 41,5 cm.

Mittelrheinisches Landesmuseum Mainz Inv. Nr. V 2221. – Lit.: Hennig 1970, 142; Taf. 86–87.

29 Beinschiene
Schäfstall, Lkr. Donau-Ries. 9.–8. Jh. v. Chr.

Aus Bronzeblech getriebene Beinschiene mit Punktbuckelverzierung. Die Verschnürung am Bein erfolgte durch die Löcher am Blechrand. L. noch 27 cm.

Archäologisches Museum der Stadt Donauwörth Inv. Nr. D 027. – Lit.: G. Krahe, Beinschiene der Urnenfelderzeit von Schäfstall, Stadt Donauwörth, Ldkr. Donau-Ries, Schwaben. Das Arch. Jahr in Bayern 1980, 76–77 Abb. 58.

30 Lanze
Stephansjoch bei Schneizlreuth, Lkr. Berchtesgadener Land. 10. Jh. v. Chr.

Tüllenlanze aus Bronze. L. 20,1 cm.

PS Inv. Nr. 1966,798. – Lit.: L. Mertig, Eine Bronzelanzenspitze vom Stephans-Joch, Ldkr. Berchtesgaden. BVbl. 32, 1967, 158 ff.; Abb. 1.

31 Schwert
Preinersdorf, Lkr. Rosenheim. 9.–8. Jh. v. Chr.

Bronzeschwert vom Typ Auvernier, im Griff Einlagen aus organischem Material. L. 63,4 cm.

PS Inv. Nr. NM 3473. – Lit.: Müller-Karpe 1961, 122; Taf. 67,5.

Nr. 31

II.3 Der Mann

Der Mann ist archäologisch in Grabfunden vor allem als der „Waffentragende" gekennzeichnet. Der Waffenträger muß im Verlauf des 1. Jahrtausends v. Chr. unterschiedlich interpretiert werden. Waffenbeigabe kennzeichnete in der Urnenfelderzeit (12.–9. Jh. v. Chr.) eine Kriegerschicht, die eine führende gesellschaftliche Rolle besaß. Dieser Personenkreis stellt sich kaum in Grabfunden dar, da es üblich war, Waffen dem Numinosen in Gewässern anzuvertrauen. Der Panzerkrieger mit Schild, Schwert und Lanze spiegelt eine überregionale Waffentechnik wider. Die Leichenverbrennung in dieser Zeit erschwert eine Interpretation der Gesellschaftsstruktur.

Die Hallstattzeit zerfällt in zwei Abschnitte. Im älteren Abschnitt stellt sich der „Adelige" als Schwertträger dar. Im 6. Jh. v. Chr. hingegen war der Dolch Waffe und Standessymbol. Der einfache Mann der Hallstattzeit wurde unbewaffnet und nur mit den notwendigen Beigaben fürs Jenseits beerdigt. Fürstengräber zeichnen sich dagegen durch besonders aufwendigen Grabbau, Goldbeigaben und Insignien wie goldene Halsringe aus.

„Fast jeder Mann ein Waffenträger". Mit dieser Aussage lassen sich die Verhältnisse in der späten Latènezeit beschreiben. Auch die antike Literatur bemerkt die besondere Stellung des keltischen Kriegers. Die Söldnertätigkeit der Kelten im Mittelmeerraum beeinflußte heimische Militärtradition. Differenzierungen sind erkennbar: Anführer, Fahrzeuglenker, Reiter, Fußsoldaten, Bogenkrieger, Schleuderer, Standartenträger und Signaltrompeter. Im latènezeitlichen Grabbrauch lassen sich erstmals auch spezialisierte Personen erkennen: Schmiede, Ärzte, Handwerker. Von Druiden und Barden kennen wir keine Gräber.

II.4 Männergräber der Urnenfelderzeit

32 Einfaches Grab
Grünwald, Lkr. München, Grab 47. 11. Jh. v. Chr.

Rasiermesser (L. 11,2 cm) und Messer (L. 18,7 cm) aus Bronze.

Gemeinde Grünwald. – Lit.: Müller-Karpe 1957, 23 ff.; Taf. 12,C 1.2.

33 Kriegergrab
Unterhaching, Lkr. München, Grab 13. 11. Jh. v. Chr.

Zerbrochenes, verbogenes Bronzeschwert (L. 57 cm). Bronzemesser (L. 16,7 cm). Wetzstein (L. 5,9 cm). Bronzepfriem (L. 4,5 cm).

PS Inv. Nr. 1934,93. – Lit.: Müller-Karpe 1957, 32 ff.; Taf. 15, A8–10.14.

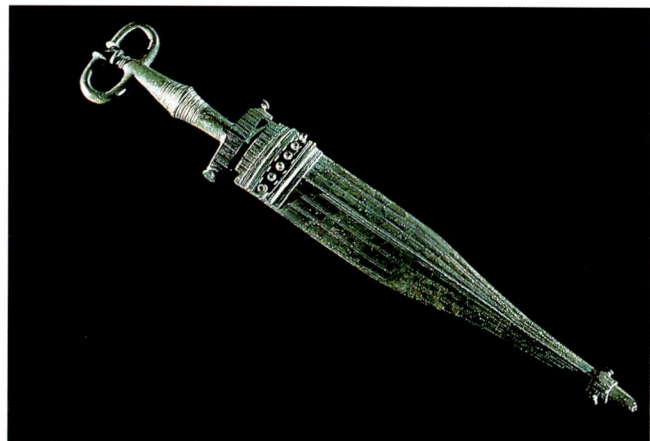

Nr. 26, 28

Nr. 40

Nr. 39

34 Kriegergrab mit Wagen
Hart a.d. Alz, Lkr. Altötting. Um 1200 v. Chr.

Zerbrochenes Dreiwulstschwert aus Bronze (L. max. 15 cm). Gold-
spirale (Dm. 3 cm). Tüllenpfeilspitzen aus Bronze (L. 2,6–4,5 cm).
Fragmente eines Griffdornmessers aus Bronze (L. 6,5 cm). Nur wenige persönliche Gegenstände deuten auf die herausragende Position des Verstorbenen. Eindeutig kann die Sonderstellung nur aus
den übrigen Beigaben erschlossen werden. Hierzu zählen ein
Prunkwagen, bronzenes Trinkgeschirr und ein mehrteiliges Kera-
mikservice. *Vgl. Nr. 469.*

PS Inv. Nr. 1953,616–678. – Lit.: H. Müller-Karpe, Das urnenfelderzeitliche Wagengrab von Hart a.d. Alz. BVbl. 21, 1956, 46 ff.

35 Schwerter
a) Kleedorf-Unterkrumbach, Lkr. Nürnberger Land. 9. Jh. v. Chr.
Urnenfelderzeitliches Vollgriffschwert vom Typ Mörigen, im
Griff kreisförmige Eiseneinlage. L. 100 cm.

Nr. 42

Naturhistorische Gesellschaft Nürnberg Inv. Nr. 7705. – Lit.: Hennig 1970, 128; Taf. 62,1.

b) Töging a. Inn, Lkr. Altötting. Flußfund aus dem Inn. 12. Jh. v. Chr.
Dreiwulstschwert vom Typ Erlach. L. 72,6 cm.
PS Inv. Nr. 1985,3000. – Lit.: unpubl.

36 Brandbestattung
Leiterkofen, Lkr. Regensburg, Grab 16. 12.–9. Jh. v. Chr.

Reste eines verbrannten Männerschädels. Nach dem Brand nicht wie üblich in kleine Stücke zerschlagen.

PS zu Inv. Nr. 1978,532–539. – Lit.: unpubl.

37 Astragale
Grünwald, Lkr. München, Grab 7. 12.–11. Jh. v. Chr.

Hand- und Fußwurzelknochen von Tieren: Spielsteine oder Orakelknochen.

PS Inv. Nr. 1911,856.857. – Lit.: Müller-Karpe 1957, 25.

II.5 Männergräber der Hallstattzeit

38 Schwerter
a) Pruppach, Lkr. Amberg-Sulzbach. 7. Jh. v. Chr.
Bronzeschwert mit Ortband. L. 70,5 cm.
PS Inv. Nr. 1896,418. – Lit.: Torbrügge 1979, Taf. 133,1.2.

b) Kemmathen, Lkr. Forchheim. 7. Jh. v. Chr.
Vollgriffschwert aus Bronze mit Pilzknauf.
PS Inv. Nr. 1950,11. – Lit.: Torbrügge/ Uenze 1968, 176 Abb. 151; H. Müller-Karpe, Ein Hallstattschwert mit Bronzegriff aus Oberfranken. Germania 30, 1952, 100 ff.; Abb. 1.

39 Funde aus einem Fürstengrabhügel
Stuttgart-Bad Cannstatt, Grab 1. 6. Jh. v. Chr.

Unter einem Grabhügel wurden 2 Kammergräber entdeckt. Grab 1 enthielt die reich ausgestattete Bestattung eines Mannes mit der Beigabe eines vierrädrigen Wagens. In Grab 2 wurde ein Mann mit 2 Lanzen bestattet. In beiden Gräbern fand man als Statussymbole goldene Halsreifen sowie andere Goldgegenstände.
Halsreif aus Goldblech, umlaufend mit Rippen profiliert, dazwischen Reihen von Wellenlinien und Buckeln (Dm. 17–18 cm). Goldenes Armband mit 3 umlaufenden Wülsten (Dm. 6,8 cm). 2 offene massive Goldringchen (Dm. 1,4 cm; 1,8 cm). 2 Paukenfibeln aus Bronze, mit Goldblech plattiert und ornamentiert (L. 3,8 cm). Goldschale mit Rippen, Verzierungen mit Kreisaugen-, S-Haken- und Kreuzpunzen (Dm. 16,9 cm).

Württembergisches Landesmuseum Stuttgart Inv. Nr. A 34/165–169.171. – Lit.: Bittel u. a. 1981, 479 Abb. 280; H. Zürn, Hallstattzeitliche Grabfunde in Württemberg und Hohenzollern (Stuttgart 1987) 189 f.; Taf. 398.

40 Reiches Grab vom Dürrnberg
Hallein-Dürrnberg, Land Salzburg, Grab 256, GP 268/17 Simonbauernfeld. 6. Jh. v. Chr.

Armband aus gekerbtem Goldblech mit Ösen-Ringverschluß. Idm. 6,1 cm; B. 0,7 cm.

266

Antennendolch mit breiter, in der unteren Hälfte spitz zulaufender Eisenklinge mit Mittelgrat. Heft, Griff und Antennenabschluß aus einem Stück über die Griffangel geschoben und mit einem kräftig profilierten Schlußknopf fixiert. Das Scheidenblech aus Bronze ist vorne über das eiserne Rückenblech gefalzt. Beim Scheidenmund breite profilierte Querleiste mit 6 zylindrischen Fassungen für Koralleneinlagen. Unterer Scheidenabschluß mit aufgeschobener Manschette. Die beiden Antennen-Enden trompetenförmig verdickt. Heft und Scheidenmanschette (Ortband ?) mit seitlichen scheibenförmigen Fortsätzen. Der doppelkonische Mittelteil des Griffes, die Sichtseite der Heftplatte, das Scheidenvorderblech und die Querleiste mit Strichgruppen verziert. An der Rückseite der Scheide bandförmiges Eisenblech mit Punktreihenverzierung (Gürtelblech?). L. 42 cm; B. 5,3 cm (am Scheidenmund).

Keltenmuseum Hallein. – Lit.: unpubl.

K.W. Z.

41 Jagdwaffe
Sand, Lkr. Aichach-Friedberg. 6. Jh. v. Chr.

Köcher. In reich ausgestatten Gräbern finden sich bisweilen Jagdwaffen als Statussymbol. Plexiglasrekonstruktion mit Bronzebeschlägen. L. 65 cm.

PS Inv. Nr. 1989,153. – Lit.: G. Krahe, Hallstattzeitliche Grabhügel bei Todtenweis, Landkreis Aichach-Friedberg, Schwaben. Das Arch. Jahr in Bayern 1982, 61 ff.; Abb. 44 u. 45.

42 Gürtelblech
Kastlhof-Pillhausen, Lkr. Kelheim, Grab 7. 6. Jh. v. Chr.

Bronzeblech mit von der Rückseite getriebener Verzierung aus Buckeln, Kreisaugen, X- und winkligen S-Hakenmotiven. L. 33,5 cm.

PS Inv. Nr. 1917,83. – Lit.: Torbrügge 1979, 359; Taf. 124,7 (dort Grab 13).

43 Lanze
Kirchenreinbach, Lkr. Amberg-Sulzbach. 6. Jh. v. Chr.

Eiserne Tüllenlanze. L. 31,2 cm.

PS Inv. Nr. 1897,96 – Lit.: Torbrügge 1979, 379; Taf. 144,7.

II.6 Männergräber der Latènezeit

44 Kriegergrab
Höresham, Lkr. Altötting, Hügel 4/1958. 5. Jh. v. Chr.

Eisenschwert mit Schwertscheide (L. 68,4 cm; Schwertscheide L. 62,8 cm). Hiebmesser aus Eisen (L. 41,2 cm). Eiserner Pfriem mit Knochengriff (L. 8,9 cm). Linsenflasche mit Stempeldekor (H. 29,7 cm).

PS Inv. Nr. 1960,773. – Lit.: H.P. Uenze, Hügelgräber der Hallstatt- und Latènezeit bei Höresham. In: G. Kossack/ G. Ulbert (Hrsg.), Studien zur vor- u. frühgeschichtlichen Archäologie (München 1974) 73 ff.

Nr. 49

45 Kriegergrab
Gäufelden-Nebringen, Kr. Böblingen, Grab 11. 4. Jh. v. Chr.

Bestattung eines Mannes mit goldenem Fingerring (Dm. 2,4 cm), Eisenhelm mit Wangenklappe (H. 15 cm), Eisenschwert (L. 64 cm) und Eisenlanze (L. 54 cm). Herausragendes Grab aus einem Familienfriedhof.

Württembergisches Landesmuseum Stuttgart Inv. Nr. F 59,12. – Lit.: W. Krämer, Das keltische Gräberfeld von Nebringen, Kreis Böblingen (Stuttgart 1964) 27; Taf. 11.

Nr. 54

II.7 Männergräber und Siedlungsfunde der Latènezeit

47 Holzhandwerker
München-Harlaching, Grab 1. 2. Jh. v. Chr.

2 eiserne Flachdechsel (L. 15 cm; 20 cm). Eiserne Lanzenspitze (L. 29,1 cm).

PS Inv. Nr. 1912,622–624. – Lit.: Krämer 1985, 119; Taf. 55.

48 Chirurg
München-Obermenzing, Grab 7 („Arztgrab"). 3. Jh. v. Chr.

Schildbuckel (B. 32 cm). Eisenschwert (L. 85 cm). Koppelringe. Eisenlanzenspitze (L. 41 cm). Eisernes Rasiermesser (L. 13,1 cm) mit Klappfutteral. Arztbesteck: eisernes Skalpell mit Griffangel (L. 14,1 cm), Wundhaken (L. 19,2 cm), ursprünglich mit Bronzelegierung überzogene Knochensäge mit beidseitig abgeschrägtem Sägeblatt (L. 19,5 cm), Instrumentenbruchstück (L. 11,8 cm).

PS Inv. Nr. 1910,203–221. – Lit.: Krämer 1985, 121; Taf. 59.

49 Sklavenfesseln
Manching, Lkr. Pfaffenhofen a.d. Ilm. 2.–1. Jh. v. Chr.

Halsfessel mit Kette, Teile von Halsfesseln (L. 13,5 cm). Aufgebogene Handfessel mit Niet (Idm. 6,5 cm). Handfessel (Idm. 6,5 cm). Eisen.

PS Inv. Nr. 1984/4956h; 1974/2453; 1974/1929; 1967/360. – Lit.: Maier u.a. 1992, 179; Taf. 116,3 u. unpubl.

II.8 Keltische Krieger

50 Waffenopfer
Förker Laas Riegel, Gailtal, Kärnten. 3. Jh. v. Chr.

11 Eisenhelme mit Wangenklappen. 8 Eisenschwerter mit Scheide. Eisenschwert ohne Scheide. Eiserne Schwertscheide. Eiserne Schwertkette. Schildbuckel- und Schildrandfragmente aus Eisen. 9 gedrungene und pilumartige Lanzenspitzen aus Eisen.

Römisch-Germanisches Zentralmuseum Mainz Inv. Nr. O 40 889; Sammlung Axel Guttmann, Berlin Inv. Nr. AG 411. – Lit.: U. Schaaff, Keltische Waffen. Hrsg. Kulturstiftung der Länder (Mainz 1990); Arch. Österreichs 2/2, 1991.

51 Krieger
Hallein-Dürrnberg, Land Salzburg, Grab 102. 5. Jh. v. Chr.

Schädel mit verheiltem Schwerthieb. L. 22,2 cm; B. 14,5 cm.

Museum Carolino Augusteum Salzburg Inv. Nr. 6351–6372. – Lit.: Dürrnberg II, 68 f.

46 Grab eines Toreuten
Au a. Leithagebirge, Niederösterreich, „Kleine Hutweide" Grab 13. 4. Jh. v. Chr.

2 Tonflaschen (H. 40 cm; 26 cm). Zusammengebogenes Schwert mit Schwertscheide. Lanzenspitze, verbogen (L. 24 cm). Blatt einer eisernen Lanzenspitze (L. 17,7 cm). Schmiedewerkzeug: 2 Eisenmeißel (L. 9 cm), Treibhammer (L. 7 cm), Treibamboß.

Burgenländisches Landesmuseum Eisenstadt Inv. Nr. BLM SW 437–440, 446–448, 452–453. – Lit.: Kat. Hallein 300 f. Nr. 228.

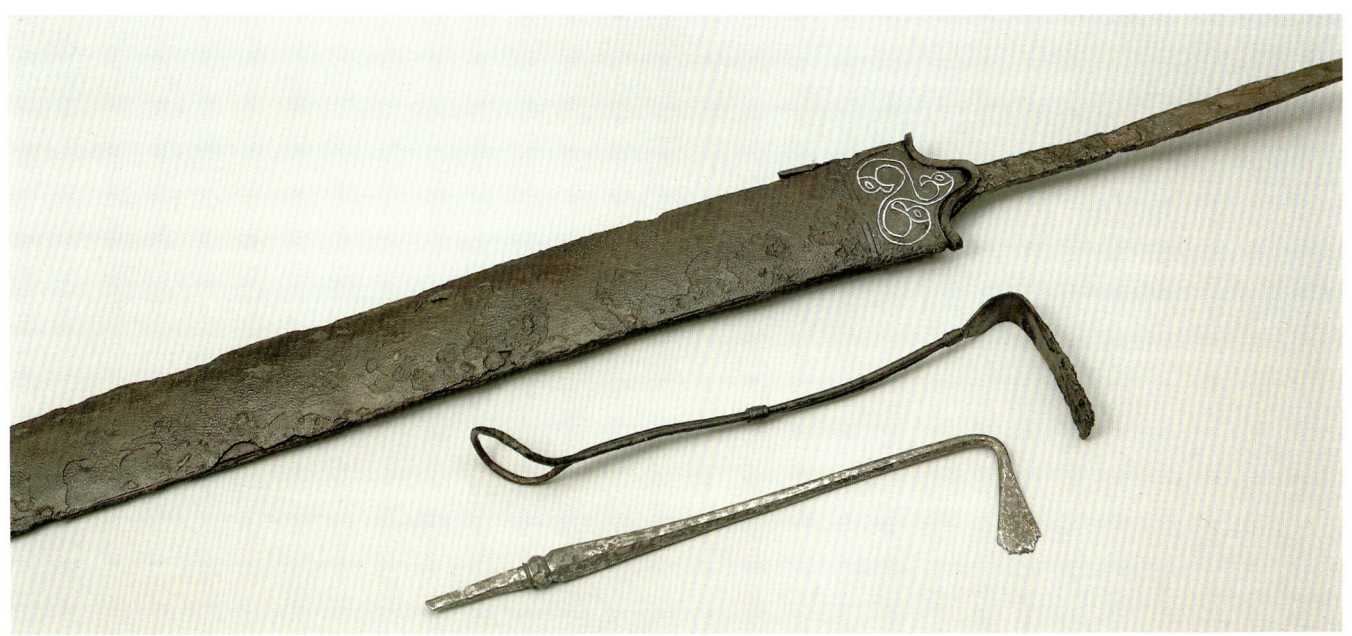

Nr. 48 ▽, 50 △

52 Kampfszene
Südetrurien. 4. Jh. v. Chr.

Rotfiguriger Stamnos aus dem Gebiet der Falisker.
Dargestellt ist ein Kampf zwischen Galliern und italischer Infanterie.

Akademisches Kunstmuseum Bonn. – Lit.: Kat. Venedig 61 Abb. S. 62.

53 Schleuderkugeln
Altrier, Luxemburg, Oberzerf-Irsch, Schleidweiler-Rodt. 5.-4. Jh. v. Chr.

6 Schleuderkugeln aus Ton, Grabbeigaben.

Rheinisches Landesmuseum Trier Inv. Nr. 11,727; 39,94 f.; 34,297 b.e. – Lit.: A. Haffner, Die westliche Hunsrück-Eifel-Kultur. Röm.-Germ. Forsch. 36 (Berlin 1976) 341, 398 Abb. 159,1; Taf. 128,3; 80,4–6.

54 Ostkeltischer Helm
Fundort unbekannt, wohl Türkei. 3.-2. Jh. v. Chr.

Bronzehelm mit verstärkter Kalotte und Wangenklappe. H. 18 cm (ohne Wangenklappe).

Sammlung Axel Guttmann, Berlin Inv. Nr. 380. – Lit.: unpubl.

II.9 Kleidung und Schmuck in der Hallstatt- und Latènezeit

55 Mann der Hallstattzeit
Aus Männergräbern des 6. Jh. v. Chr.

a) Grafrath, Lkr. Fürstenfeldbruck.
Dolch, Bronze u. Eisen (L. 38,0 cm).
PS Inv. Nr. 1896,195. – Lit.: Kossack 1959, 204; Taf. 74,22.

b) Lederköcher *vgl. Nr. 41.* Gürtel und Schnabelschuhe aus Leder.

56 Frau der Hallstattzeit
Niedererlbach, Lkr. Landshut, Grab 3/1988. 6. Jh. v. Chr.

Bernsteinkollier: 480 Perlen, 2 rechteckige, kerbverzierte Bernsteinschieber, 2 gerippte Bronzehülsen, 5 profilierte Bernsteinringe. Spiralen aus Bronzedraht für die Haare. 2 Prunkfibeln mit 4 Spiralen (Dm. 19,9 cm). 2 Lignitarmringe mit D-förmigem Querschnitt (Dm. 8,6–8,8 cm; 7,9–8,1 cm).

PS E.-Nr. 1993,5. – H. Koch 1992, 49 ff. Abb. 17.

57 Kind der Hallstattzeit
Niedererlbach, Lkr. Landshut, Grab 3/1988. 6. Jh. v. Chr.

2 offene Bronzearmringe. 1 Bronzearmring mit Strichgruppenverzierung (Dm. ca. 4,8 cm). 1 bronzener Fingerring. Perlenkette aus 200 grünlichen Glasringlein. Ringperle aus Bernstein (Dm. 2,6 cm).

PS E. Nr. 1993,5. – H. Koch 1992, 49 ff. Abb. 17.

58 Keltische Frau
Sulzbach am Inn, Lkr. Passau, Grab 1. 3. Jh. v. Chr.

Bronzener Dreiknotenarmring (Dm. 7,3). Klarer hellgrüner Glasarmring (Dm. 7,6 cm). Kleiner dunkelblauer Glasarmring mit Achterschleifenzier (Dm. 5,5 cm). 2 breite Fußringe mit Hohlbuckeln (Dm. 7,5 cm). Bronzegürtelkette mit gegossenen Stangengliedern (L. n. 110 cm). 1 kleine doppelkonische Tonflasche (H. 13,5 cm). *(Abb. 12).*

PS Inv. Nr. 1973,225–226. – Lit.: Krämer 1985, 146; Taf. 79.

59 Keltischer Krieger
a) Manching-Steinbichel, Lkr. Pfaffenhofen a.d. Ilm, Grab 27. 4.-3. Jh. v. Chr.
Eisenschwert (L. 75,5 cm). Sapropelitring (Dm. 8,3 cm). Eiserne Lanze (L. 28,4 cm).
PS Inv. Nr. 1903,16. – Lit.: Krämer 1985, 83; Taf. 16.

b) Langengeisling, Lkr. Erding, Grab 2. 4.-3. Jh. v. Chr.
Eiserne Schwertkette. L. ca. 57 cm.
PS Inv. Nr. 1928,243. – Krämer 1985, 105; Taf. 43,3.

c) Manching-Steinbichel, Lkr. Pfaffenhofen a.d. Ilm, Grab 15. 4.-3. Jh. v. Chr.
Eiserner Halsring (Dm. 13,5 cm).
PS Inv. Nr. 1900,37. – Lit.: Krämer 1985, 78; Taf. 7,10.

II.10 Die Frau

Das Ansehen der Frau war an die Stellung ihrer Sippe gebunden. Wie bei den Männergräbern lassen prunkvolle Gräber die Zugehörigkeit zur Führungsschicht erkennen.

Nr. 66

Nr. 69 a

61 Reiches Frauengrab
Grünwald, Lkr. München, Grab 1. 12. Jh. v. Chr.

Bronzetasse. 3 Ringe mit Doppelvogelprotomen. 2 gerippte Vasen-kopfnadeln. Bronzegürtelhaken. 2 gleiche Zwillingsarmringe aus Bronze. Drillingsarmring aus Bronze. Mehrere Radanhänger aus Bronze. Bronzering. 8 Bronzefußringe.

PS Inv. Nr. 1911,752–804. – Lit.: Müller-Karpe 1957, 23 ff.; Taf. 6–7.

62 Haarnadeln
Roseninsel, Lkr. Starnberg. 10.–9. Jh. v. Chr.

23 Bronzenadeln mit unterschiedlicher Kopfgestaltung.

PS Inv. Nr. EM 1032–1127. – Lit.: Müller-Karpe 1959, 304; Taf. 193.

63 Fußringe
Bullenheimer Berg, Lkr. Neustadt a.d. Aisch-Bad Windsheim u. Lkr. Kitzingen. 9. Jh. v. Chr.

Hortfund: Garnitur mit verzierten schaukelförmigen Ringen (Idm. 9–10,5 cm), 2 kleine Bronzeringe (Idm. 3,2 cm; 3,5 cm). *(Abb. 5).*

PS E.-Nr. 1990,72. – Lit.: R. Gebhard, Neue Hortfunde vom Bullenheimer Berg. Das Arch. Jahr in Bayern 1990, 54.

Ihre persönliche Ausstattung, Schmuck und Kleidung, ist viel umfangreicher als im Grab des Mannes. Regionale Besonderheiten äußern sich deutlich. Während des 1. Jahrtausends v. Chr. sind keine Veränderungen der Rolle der Frau erkennbar. Faßbar sind jedoch die Vielfalt der Kleidung, kurzlebige Modeerscheinungen und eine Vorliebe für neue, schöne Schmuckstücke. Traditionell waren den Frauen bestimmte Tätigkeitsbereiche zugewiesen: Spinnen und Weben, Erziehung der Kinder und alle häuslichen Tätigkeiten, vielleicht auch die Ernte des Getreides.

II.11 Frauenschmuck der Urnenfelderzeit

60 Haubentracht
Grundfeld-Staffelstein, Lkr. Lichtenfels, Grab 13. 10. Jh. v. Chr.

Haube mit Bronzeblechauflage (L. ca. 15 cm). Kette mit 27 Bernsteinperlen. Dunkelblaue Glasperle (Dm. 0,3 cm). Bronzenadel mit kolbenförmigem, geripptem Kopf (L. 31,5 cm). Ringe und Blechbesatzstücke aus Bronze.

PS Inv. Nr. 1964,331–333. – Lit.: Hennig 1970, 94; Taf. 22,1–18.

Nr. 70 b

271

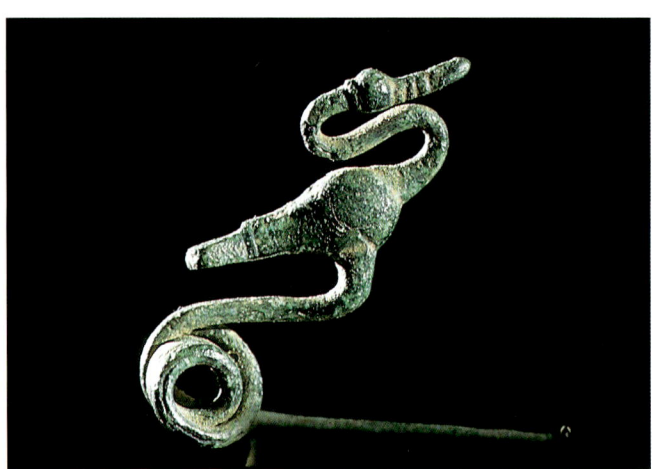

Nr. 71 d

64 Arm- oder Beinbergen

Großer Knetzberg, Lkr. Haßberge. 9. Jh. v. Chr.

Bergen aus Bronzeblech, auf der Vorderseite mit je 3 Rippengruppen verziert, dazwischen fein eingravierte Bänder und Dreiecke. B. 21,6 cm (Mittelteil).

PS Inv. Nr. 1980,3482. – Lit.: unpubl.

65 Plattenfibeln aus Bronze

a) Oberpöring, Lkr. Deggendorf. 10. Jh. v. Chr.

Kleine Spiralplattenfibel, verziert mit einem liegenden Sanduhrmuster (oder Doppelaxtmuster). L. 15 cm.
PS Inv. Nr. 1971,334 a. – Lit.: W. Torbrügge, Oberpöring. Katalog zur Vorgeschichte einer Ortsmarkung. Kat. Prähist. Staatsslg. 5 (Kallmünz 1963) 27 Abb. 4,1.

b) Utzwingen, Lkr. Donau-Ries. 10. Jh. v. Chr.
Spiralplattenfibel, verziert mit einzelnen großen Buckeln als Füllung eines liegenden Sanduhrmusters (oder Doppelaxtmusters) aus Perlbuckelreihen und Strichgruppen. L. 22,2 cm.
PS Inv. Nr. 1936,112. – Lit.: Germania 20, 1936, 272 Abb. 1.

c) Reisen, Lkr. Erding. 10. Jh. v. Chr.
Spiralplattenfibel, verziert mit einem liegenden Sanduhrmuster (oder Doppelaxtmuster) aus Rillen und Buckelreihen. L. 35 cm.
PS Inv. Nr. 1950,58. – Lit.: H. Müller-Karpe, Ein urnenfelderzeitlicher Depotfund von Reisen, Lkr. Erding. Germania 29, 1951, 193 ff.

II.12 Frauenschmuck der Hallstattzeit

66 Halsringsatz
Weikersdorf, Lkr. Erlangen-Höchstadt. 6. Jh. v. Chr.

5 Halsringe aus Bronzeblech mit Strichgruppenverzierung aus Winkelbändern und Leiterbändern mit Schrägstrichfüllung. Idm. 11–21 cm.

PS Inv. Nr. 1904,2. – Lit.: Hoppe 1986, 116; Taf. 18,9.

67 Armringe
a) Beilngries, Lkr. Eichstätt, Im Ried-Ost Grab 15. 6. Jh. v. Chr. Tonnenarming aus Bronze, mit Kreisaugen, strichgefüllten Dreiecken und Sanduhrmuster verziert. H. 7,2 cm; Idm. 6 cm.
PS Inv. Nr. 1920, 394. – Lit.: Torbrügge 1965, 46 f.; Taf. 6,8.

b) Huglfing, Lkr. Weilheim-Schongau, Hügel 13. 6. Jh. v. Chr. Melonenarmringpaar. Dm. 10,5 cm; Idm. 6,5 cm.
PS Inv. Nr. A 1136–1137. – Lit.: Kossack 1959, 235 f.; Taf. 106,9.

c) Obernzell/Eichstätt, Lkr. Eichstätt. 6. Jh. v. Chr.
Melonenarmbandpaar aus Bronze, an den Enden feine Zickzackverzierung in Tremolierstichtechnik. Dm. 14 cm; Idm. 7,1 u. 6 cm.
PS Inv. Nr. IV,221 – Lit.: G. Hager/ J.A. Mayer, Die vorgeschichtlichen, römischen und merowingischen Alterthümer. Kat. Bayer. Nationalmus. 4 (München 1882) Taf. 2,11.

68 Fußringe
Pähl-Wilzhofen, Lkr. Weilheim-Schongau, Hügel 14. 6. Jh. v. Chr.

Fußringpaar aus Bronze, schaukelförmig gebogen. Idm. 11 cm.

PS Inv. Nr. A 695–696. – Lit.: Kossack 1959, 243; Taf. 98,9.

Nr. 74

69 Gehängefibeln
a) Fibelpaar von Wilzhofen, Lkr. Weilheim. 6. Jh. v. Chr. B. 10,5 cm (Platte).
PS Inv. 1888,157. – Lit.: Kossack 1959, 242 f.; Taf. 99,13–14.

b) Rabeneck, Lkr. Bayreuth. 6. Jh. v. Chr. L. 7,5 cm.
PS Inv. Nr. L 86. – Lit.: unpubl.

70 Prunkfibeln
a) Gaisheim, Sandleite, Lkr. Amberg-Sulzbach, Hügel 2. 6. Jh. v. Chr.
2 Plattenfibeln mit 4 Zierspiralen aus Bronze. B. 10,5–11 cm.
Naturhistorische Gesellschaft Nürnberg Inv. Nr. 7366/1, 2. – Lit.: Torbrügge 1979, 382; Taf. 153,4–5.

b) Untereggersberg, Lkr. Kelheim. 6. Jh. v. Chr.
Plattenfibel mit 6 Zierspiralen aus Bronze. B. 16 cm.
Kreisarchäologie Kelheim. – Lit.: M. Hoppe, Ein hallstattzeitliches Prunkfibelpaar aus Untereggersberg. Das Arch. Jahr in Bayern 1990, 61.

71 Kleinfibeln
Paukenfibeln. Bronze. 6. Jh. v. Chr.

a) Görau, Lkr. Lichtenfels. L. 4,3 cm.
PS Inv. Nr. A 1031. – Lit.: K. Radunz, Vor- u. Frühgeschichte im Lkr. Lichtenfels. Kat. Prähist. Staatsslg. 12 (München 1969) 95; Taf. 14,1.

b) Kastlhof, Lkr. Kelheim, Grab 20. Dm. 1,2 u. 1,8 cm.
PS Inv. Nr. 1917,64–65. – Lit. Torbrügge 1979, 360; Taf. 125,1.2.

Figürlich verzierte Gewandspangen aus Bronze. 5. Jh. v. Chr.

c) Bechthal, Lkr. Weißenburg-Gunzenhausen, Pferdchenfibel.
PS Inv. Nr. IV,304. – Lit.: G. Hager/ J.A. Mayer, Die vorgeschichtlichen, römischen und merowingischen Alterthümer. Kat. Bayer. Nationalmus. 4 (München 1882)

d) Bechthal, Schwanennadel.
PS Inv. Nr. IV,305. – Lit.: G. Hager/ J.A. Mayer, Die vorgeschichtlichen, römischen und merowingischen Alterthümer. Kat. Bayer. Nationalmus. 4 (München 1882).

Fußzierfibeln. 5. Jh. v. Chr.

e) Muttenhofen, Lkr. Neumarkt. Bronze. L. 2,1 cm u. 3,3 cm.
PS Inv. Nr. 1891,244; 1895,177. – Lit.: Torbrügge 1979, 361; Taf. 126,23; 127,6.

f) Pappenheim-Rothenstein, Lkr. Weißenburg-Gunzenhausen, Hügel 1. Bronze, Eisen. L. 4 cm.
PS Inv. Nr. IV 187. – Lit.: Hoppe 1986, 189; Taf. 159,6.

g) Prüller Wald b. Pottenstein, Lkr. Bayreuth. L. 6 cm.
PS Inv. Nr. L 5. – Lit.: unpubl.

h) Hartenreuth, Lkr. Forchheim. Bronze. L. 2 cm.
PS Inv. Nr. 1903/47.2. – Lit.: unpubl.

Nr. 77 △ ▷

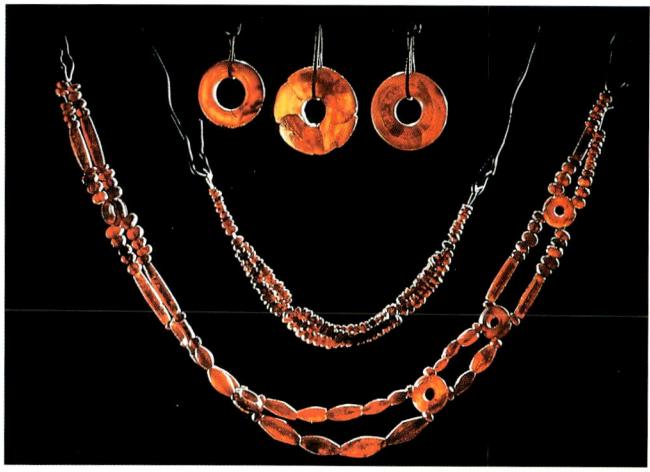

72 Nadeln
Kirchenbirkig, Lkr. Bayreuth. 7. Jh. v. Chr.

Schälchennadelpaar mit Nadelbüchse. Bronze. L. Hülsen 7,4 cm; L. Nadeln 12,5 u. 13,4 cm.

PS Inv. Nr. L 50. 53. 56a. – Lit.: Torbrügge/ Uenze 1968, 181 Abb. 160.

73 Toilettebesteck
a) Prunn-Emmenthaler Kirche, Lkr. Kelheim, Grab 1. 7. Jh. v. Chr.

Bronzenes Toilettebesteck mit Pinzette, L. 7,5 cm (Pinzette).
PS Inv. Nr.1919,94. – Lit.: Torbrügge 1979, 355; Taf. 114,3.

b) Kirchenbirkig, Lkr. Bayreuth. 7. Jh. v. Chr.
Bronzene Pinzette, verziert mit Zickzackband in Tremolierstichtechnik. L. 8,3 cm.
PS Inv. Nr. L 47. – Lit.: unpubl.

II.13 Frauengräber der Hallstattzeit

74 Regionale Schmucktracht
Großeibstadt, Lkr. Rhön-Grabfeld, Grab 19. 6. Jh. v. Chr.

Bronzener Halsringsatz (Dm. 12,0–15,5 cm). Gürtelschmuck, bestehend aus 2 bronzenen Hohlwulstringen (Dm. 16,0 u. 16,5 cm) und 3 Bronzebuckeln. 2 eiserne Nadeln (L. 27,5 cm). 2 bronzene Armringe.

PS Inv. Nr. 1987,1536–1538. 2651. 2653. – Lit.: P. Haller, Führer durch das Vorgeschichtsmuseum im Grabfeldgau. Bad Königshofen im Grabfeld, Ufr. (München 1991) 19 f.

75 Hohlwulstringe
a) Planegg, Lkr. München. 6. Jh. v. Chr.
Gegossener Bronzehohlwulstring, im Inneren noch Reste des Tonkernes; auf der Vorderseite verziert mit 8 feingekerbten Rippengruppen und Kreisaugendekor in den 8 Zierfeldern, auf der Rückseite 4 eingeschnittene Löcher. Dm. 16,5 cm.
PS Inv. Nr. 1910,194. – Lit.: E. Šimek, Die prähistorischen Bronzehohlringe. Wiener Prähist. Zeitschr. 3, 1917, 69–82; 74 Abb. 4; 75 Abb. 5.

b) Beilngries, Lkr. Eichstätt, im Ried-Ost Grab 13. 6. Jh. v. Chr.
2 Hohlwulstringe aus Bronzeblech, aus je 2 Hälften bestehend, auf der Außenseite mit je 3 umlaufenden Rippen und Buckelreihen verziert. Dm. 22,4 cm.
PS Inv. Nr. 1920,417.418. – Lit.: Torbrügge 1965, 46; Taf. 4,15; 5,4.

II.14 Reiches Frauengrab der Hallstattzeit

76 Grab einer „Fürstin"
Ditzingen-Schöckingen, Kr. Ludwigsburg. 6. Jh. v. Chr.

Grab einer 25jährigen Frau mit reichem Goldschmuck: 9 goldene Ringchen (Dm. 1,3 cm). 6 Bronzenadeln mit Köpfen aus verzier-

tem Goldblech. 6 gerippte offene Armreifen aus Goldblech (Dm. 5,5–6 cm). 4 Nadelköpfe aus Koralle. Geschlossener glatter Bronzehalsreif (Dm. 17 cm). Halskette aus 8 Korallenperlen. 1 große, aus Segmenten zusammengesetzte Korallenkugel. Gewundener Bronzearmring, Enden in einen Schlangenkopf und Schwanz auslaufend. Bronzefußring (Dm. 11,3 cm). Die Bronzenadeln mit den Goldköpfen und die kleinen goldenen Ringchen gehören zum Kopfschmuck. Die Goldbeigaben und die Nähe des Grabes zum 10 km entfernten hallstattzeitlichen Fürstensitz auf dem Hohenasperg deuten auf eine hochrangige Stellung der Verstorbenen hin.

Württembergisches Landesmuseum Stuttgart Inv. Nr. V 51/40. – Lit.: Bittel u. a. 1981, 398 Nr. 7 Abb. 280; H. Zürn, Hallstattzeitliche Grabfunde in Württemberg und Hohenzollern (Stuttgart 1987) 95; Taf. 136.

II.15 Reiche Frauengräber des 5. Jh. v. Chr. vom Dürrnberg

Am Dürrnberg bei Hallein reichen die salzhaltigen Gebirge stellenweise bis an die Oberfläche empor. Im Bereich solcher Salzausbisse treten solehaltige Quellen zutage, die temporär bereits seit der Jungsteinzeit genutzt wurden (ca. 2500–2000 v. Chr.).
Der älteste nachweisbare untertägige Salzbergbau beginnt frühestens am Ende des 7. Jh. v. Chr. In verhältnismäßig kurzer Zeit entwickelt sich daraus ein wirtschaftlich ertragreiches Unternehmen mit weiten Handelsbeziehungen. Hallstatt, die ältere Salzmetropole, wird bald überflügelt, und vom 5. bis in das 3. Jh. v. Chr., der Blütezeit des Dürrnbergs, beherrscht der neue Salzort den gesamten Markt. Die meisten der bis heute geborgenen 350 Gräber stammen aus dieser Zeit. Überaus reiche Ausstattungen, Importe aus ganz Europa, vornehmlich aus dem mediterranen Süden, verweisen auf weitläufige Handelsbeziehungen und lassen einen erstaunlich hohen Lebensstandard erkennen. Ab dem 4. Jh. v. Chr. treten die Besitzabstufungen in den Gräbern deutlich zurück. Es ist eine Zeit von großen Änderungen, die sich zuletzt in großen Wanderungen ganzer Völkerschaften entladen. In der Folge bekommen die stark mediterran beeinflußten Bewohner des Dürrnbergs zunehmend „Hautkontakt" mit jenem barbarischen Volksgemisch, das gemeinhin Kelten genannt wird.

K.W. Z.

77 Hallein-Dürrnberg Grab 225
GP 278, Eislfeld. Land Salzburg. Um 500 v. Chr.

3 bronzene Doppelspiralnadeln, Nadelende mit abnehmbarem, profiliertem Schlußknopf (max. L. 27,8 cm; max. B. 23,8 cm). Großer Bernsteinring (Dm. 5,6 cm; D. 3,1 cm). Kollier aus ehemals mindestens 54 Bernsteinperlen (L. ca. 14,6 cm): 3 flache rechteckige Bernsteinschieber mit vier parallelen Bohrungen (L. 2,3–3,3 cm; D. 0,5 cm); 2 dreieckige Bernsteinschieber (L. 1,2 cm; B. 2,2 cm; D. 0,4 cm); 16 scheiben- bis kugelförmige Bernsteinperlen (max. Dm. 0,8 cm); 16 scheiben- bis kugelförmige Bernsteinperlen (max. Dm. 0,6 cm); schwarze doppelkonische Walzenperle (L. 2,1 cm); tonnenförmige Walzenperle (L. 2,1 cm). Kollier aus ehemals 29 Bernsteinperlen (L. 21,3 cm): großer Bernsteinring (Dm. 4,8 cm); 2 flache Ringperlen mit 3 regelmäßig versetzten Querbohrungen

(max. Dm. 2,45 cm); 3 schwarze doppelkonische Walzenperlen (max. L. 1,5 cm); 2 flache Ringperlen mit regelmäßig versetzten Querbohrungen (max. Dm. 2,5 cm); 4 schwach doppelkonische Walzenperlen (max. L. 1,5 cm); 8 scheiben- bis kugelförmige Perlen (max. Dm. 1,3 cm).

Keltenmuseum Hallein. – Lit.: unpubl.

K.W. Z.

78 Hallein-Dürrnberg Grab 118
GP 278, Eislfeld. Land Salzburg. 5. Jh. v. Chr.

Bronzedrahtfibel mit kräftig profiliertem Fußknopf (L. 4,1 cm). Drahtförmige Vogelkopffibel aus Bronze, blattförmiger Bügel mit aufgenieteter dunkelbrauner Einlage, in den Augen des Raubvogelkopfes eingeklemmte Koralleneinlage (L. 4 cm). Doppeltierkopffibel aus Bronze, am Fußende ein Drachenkopf, am Kopfende Maske mit großen, spiralförmig gedrehten Augen und kurzem Schnabel (L. 3,4 cm). 2 Eberfibeln aus Bronze (L. 3,4 cm). Bronzefibel mit langgestrecktem, profiliertem Bügel und 7 Löchern für Koralleneinlagen; Fuß mit 2 Koralleneinlagen, eine erhalten (L. 4,1 cm). Stangengliederkette aus Bronze mit 7 Gliedern (L. der Glieder 13,8–15,7 cm), daran Amulette aufgehängt: zusammengebogenes Bronzearmringfragment (Dm. 4,3 cm); durchbohrter Kalkstein (L. 4,1 cm); hellkobaltblaue Schichtaugenperle mit schwarzbraun/weißen Augen (Dm. 1,8 cm); durchbohrter Tierzahn mit Bronzeringchen (L. 7,7 cm); blaue, gerippte Glasperle (Dm. 2,6 cm); bronzenes Ösenringfragment mit Kalkstein (Dm. 5,2 cm). Wohl mit einer Schnur an der Kette befestigt: durchbohrtes Steinbeilfragment (L. 5,2 cm); violettultramarinblaue Glasperle mit blau/weißen Schichtaugen (Dm. 2,4 cm); natürlich durchlochter Sandstein (L. 4,5 cm). Silexgerät (L. 4,4 cm). 2 Bronzeblecharmringe (Idm. 5,3–5,8 cm; 5,5 cm). 2 rundstabige Bronzebeinringe (Idm. 9,1–9,9 cm; 9,7 cm). 5 dicke Bronzescheiben mit Rückenöse (Dm. 2,3–2,5 cm). Stab aus Bronzeblech (L. 48,5 cm), an beiden Enden angefügte Knöpfe im Überfangguß; knapp unter dem oberen Ende Öse mit 2 Kettchen (L. 14,2 cm) mit halbmondförmigem Anhänger, an dem 3 weitere Kettchen (L. 21 cm) mit keulenförmigen Anhängern eingehängt sind. Eisenmesser mit geschweifter Klinge (L. ca. 37,5 cm). Ringgefäß aus Ton mit Kreisaugenverzierung (H. 22,7 cm). Kegelhalsgefäß mit Stempelverzierung (H. 17,3 cm). Große bemalte Fußschale mit Kragen (H. 9 cm). Schale mit Omphalosboden und Stempelverzierung (Mdm. 14 cm).

Keltenmuseum Hallein. – Lit.: Kat. Hallein 253 f. Nr. 99.

K.W. Z.

II.16 Frauen der Flachgräberlatènezeit

79 Manching, Hundsrucken Grab 16
Lkr. Pfaffenhofen a.d. Ilm. 3. Jh. v. Chr.

3 FLT-Bronzefibeln (L. 4 cm; 4,5 cm). Bronzearmring mit Hohlbuckeln (Dm. 5,6 cm). Sapropelitarmring (Dm. 7,5 cm). Bronzearmring mit Knoten (Dm. 5,5 cm). 2 Fußringe mit Hohlbuckeln (Dm. 7,5 cm).

PS Inv. Nr. 1937,184–190. – Lit.: Krämer 1985, 95 f.; Taf. 33.

80 Langengeisling Grab 1
Lkr. Erding. 3. Jh. v. Chr.

Bronzefibel mit Kugelfuß (L. 4,7 cm). Kleiner Sapropelitring (Dm. 4,3 cm). Verzierter zweiteiliger Bronzearmring (Dm. 5 cm). Geschlossener, glatter Bronzearmring (Dm. 5,3 cm). 2 Bronzeknotenarmreifen mit Hohlbuckeln an den Enden (Dm. 7 cm; 7,2 cm).

PS Inv. Nr. 1928,242. – Krämer 1985, 105; Taf. 42.

81 Straubing-Alburg, Grab IV
Lkr. Straubing-Bogen. 3. Jh. v. Chr.

2 große MLT-Eisenfibeln (L. 18 cm). 2 MLT-Bronzefibeln (L. 4,5 cm; 5,5 cm). 2 kleine MLT-Eisenfibeln. Teile einer eisernen Gürtelkette. Hellblauer Glasarmring (Idm. 8,5 cm). Hellblauer Glasarmring mit dunkelblauen Glasfäden (Idm. 6,9 cm). 2 bronzene Hohlbuckelringe (Idm. 6,8 cm). Tongefäß (H. 12 cm).

Gäubodenmuseum Straubing Inv. Nr. IV/a–f,i,k–m. – Lit.: Krämer 1985, 152; Gebhard 1989, Abb. 41–42.

Nr. 81

275

Nr. 80

II.17 Frauen der Flachgräberlatènezeit

82 Manching, Steinbichel Grab 1
Lkr. Pfaffenhofen a.d. Ilm. 2. Jh. v. Chr.

MLT-Bronzefibel (L. 10,2 cm). Hohler Bronzeblecharmring (Dm. 5,2 cm). 2 blaue Glasarmringe mit gelben und weißen Zickzackfäden (Dm. 7,1 cm; 7,5 cm). Kette aus Glas- und Bernsteinperlen. Bronzegürtelkette mit Tierkopfhaken, Blutemaileinlage und profilierten Bommeln (L. noch 103 cm).

PS Inv. Nr. 1898,14–19. – Lit.: Krämer 1985, 75 f.; Taf 1.

83 Manching, Steinbichel Grab 37
Lkr. Pfaffenhofen a.d. Ilm. 2. Jh. v. Chr.

MLT-Bronzefibel (L. 13,3 cm). Klarer Glasarmring mit gelber Folie (Dm. 7 cm). Gürtelkette (L. 152 cm). Terrinenförmiger Topf (H. 22,6 cm).

PS Inv. Nr. 1903,25. – Lit.: Krämer 1985, 88; Taf. 23.

84 Gürtelkette
Mitterndorf, Lkr. Dachau. 2. Jh. v. Chr.

Bronzene Gürtelkette mit gegossenen Stangengliedern und Tierkopfhaken. L. 171 cm; Gew. 975 g.

PS Inv. Nr. 1954,120. – Lit.: Krämer 1985, 103; Taf. 39.

85 Bunte Glasarmringe aus Frauengräbern
Um die Mitte des 3. Jh. v. Chr. gelang es keltischen Handwerkern erstmals, nahtlose Armringe aus gefärbtem Glas herzustellen. Die Glasarmringe wurden nur in wenigen Produktionszentren hergestellt. Aufgrund ihrer Beliebtheit findet man sie jedoch in großer Zahl im gesamten keltischen Siedlungsgebiet. Das Oppidum bei Manching war eines der bedeutendsten Herstellungszentren. Mit

der römischen Okkupation ging das Wissen um die Herstellungstechnik solcher Armringe verloren. *(Abb. 27)*.

a) – h) Manching-Steinbichel, Lkr. Pfaffenhofen a.d. Ilm. 3.-2. Jh. v. Chr.

a) Grab 9. Blauer Oberarmring mit breiter Mittelrippe und regelmäßigen Knotengruppen. Dm. 9,5 cm. PS Inv. Nr. 1893,79.

b) Grab 12. Blauer Glasarmring mit schräg gekerbter Mittelrippe und Fadenverzierung. Dm. 7,4 cm. PS Inv. Nr. 1893,82.

c) Grab 17. Klarer Glasarmring mit gelber Innenfolie, fünf Rippen. Dm. 7,5 cm. PS Inv. Nr. 1903,14.

d) Grab 18. Klarer Glasarmring mit gelber Innenfolie, schräg gekerbtes Mittelrippenpaar. Dm. 7,6 cm. PS Inv. Nr. 1902,28.

e) Grab 31. Blauer Glasarmring mit spitzen Noppen. Dm. 7,3 cm. PS Inv. Nr. 1903,19.

f) Grab 33. Grünlicher Glasarmring mit gekniffenem Mittelgrat. Dm. 6,9 cm. PS Inv. Nr. 1903/21.1.

g) Grab 39. 3 klare Glasarmringe mit gelber Innenfolie, davon je 2 mit fünf glatten Rippen, 1 mit schräg gekerbten Mittel- und Seitenrippen. Dm. 6,8 cm; 7,1 cm; 7,9 cm. PS Inv. Nr. 1903/27,1–3.

h) Einzelfund. Klarer Glasarmring mit gelber Innenfolie, plastisch verzierte Mittelrippe. Dm. 7,5 cm. PS Inv. Nr. 1902,27a2.

Lit. zu a) – h): Krämer 1985, 76–89; Taf. 125.

i) St. Ottilien, Lkr. Landsberg, Grab 2. Schmaler blauer Glasring mit spitzen Noppen. Dm. 7 cm. PS Inv. Nr. 1942,4. – Lit.: Krämer 1985, 116; Taf. 126.

j) München-Moosach, Grab 2. Blauer Glasarming, fünf Rippen mit schräg gekerbter Mittelrippe und bunter Fadenverzierung. Dm. 8,8 cm. PS Inv. Nr. 1913,25. – Lit.: Krämer 1985, 119; Taf. 126.

k) Hofham, Lkr. Landshut. Schmaler grünlicher Glasarmring mit gekniffener Mittelrippe. Dm. 7,9 cm. PS Inv. Nr. 1964,755. – Lit.: Krämer 1985, 142 f.; Taf. 126.

II.18 Barden und Druiden

Nur schriftliche Berichte bezeugen Barden und Druiden. Antike Autoren erwähnen Barden als Sänger und Dichter. Sie begleiteten ihre Lieder auf leierartigen Instrumenten. Man schätzte sie auch als Chronisten, weil sie wichtige Ahnenreihen festhielten und in ihren Lobgesängen weitergaben.

Hochgerühmt wegen ihrer Bildung und Weisheit waren die Druiden. Sie galten als Astronomen, Seher, Priester, Richter und Lehrer. Als privilegierte Schicht zahlten sie keine Steuern und waren vom Kriegsdienst befreit. Die Ausbildung zum Druiden dauerte bis zu 20 Jahre. Einzelheiten der Religion sind kaum bekannt, da es die Druiden für Frevel hielten, ihre Lehren schriftlich niederzulegen. Die griechische

Nr. 83 ▷

Nr. 86

Macht über die Gesellschaft aus. So vermochten nur sie zu sagen, wann für bestimmte Vorhaben – Aussaat, Eintreiben der Herden oder Eröffnung von kriegerischen Handlungen – die Zeit günstig war. Die richterliche Funktion der Druiden war für das Zusammenleben der Gesellschaft von großer Bedeutung.

86 Leierspieler
Paule, Saint-Symphorien, Dép. Côtes-du-Nord. 2. Jh. v. Chr.

Steinfigur mit Torques. H. 42 cm.

Musée d'Histoire Saint-Brieuc Inv. Nr. M 5 (Nachbildung). – Lit.: Kat. Venedig 645.

II.19 Die Wanderungen der keltischen Stämme

Nach den großen keltischen Völkerwanderungen des 5. bis 3. Jh. v. Chr. erstreckte sich das keltische Siedlungsgebiet über ganz Mitteleuropa. Vom Schicksal einiger Stämme gibt es schriftliche Berichte. Der Umfang der Stammeswanderungen läßt sich vor allem aus archäologischen Funden und deren Verbreitung erschließen. Die keltischen Wanderungen waren nicht in große Ströme gerichtet. Die Funde zeigen, daß es ein wirres Hin und Her gab. Kelten aus Südbayern wanderten nach Griechenland, Kelten aus Südwestdeutschland nach Böhmen und ins Karpatenbecken, Kelten aus Böhmen wiederum nach Südbayern und Oberitalien. Manche kehrten wieder in ihre Heimat zurück. Auch an der West- und Südküste Frankreichs lassen sich Zeichen einer keltischen Expansion erkennen. Zum Teil waren die keltischen Wanderungen eng mit der Söldnertätigkeit keltischer Krieger im Mittelmeerraum verbunden. Der weiteste Vorstoß brachte keltische Scharen nach Delphi und bis nach Anatolien.

II.20 Funde aus der Zeit vor und während der großen Wanderungen

87 Frauengrab
Villeneuve-Renneville, Dép. Marne, Grab 56. 5. Jh. v. Chr.

Durchbrochener Bronzehalsring (Dm. 20,5 cm). Torques (Dm. 21,5 cm). Bronzefibel (L. 5,6 cm). 2 tordierte Bronzeamringe mit profilierten Enden (Dm. 6,2 cm). 2 Bronzeohrringe. Teile einer Perlenkette. 2 Anhänger. Trinkservice aus Ton: Topf („Krater", H. 21,6 cm), hoher Becher (H. 19,9 cm), kleiner Becher (H. 6,8 cm), 2 Schalen (Dm. 18,7 cm).

Musée Municipal Epernay 14 864 B–14 876 B, 14 878 B–14 880 B. – Lit.: Kat. Hallein 247 Nr. 79.

Schrift, derer sie kundig waren, benutzten sie nur für Privat- und Staatsgeschäfte. Vor allem ihre Lehren von der Unsterblichkeit der Seele und einem Leben nach dem Tode in einem anderen Körper sind von antiken Autoren überliefert.

Über die Riten der Druiden ist wenig bekannt. Sie wurden zu Opferhandlungen herangezogen. Bei der Opferung von Menschen war ihre Anwesenheit unbedingt erforderlich. Nach Plinius sahen sie die Mistel als heilkräftige Pflanze an; fand man diese auf einer Eiche, so galt sie als besonders heilkräftig. Als Astronomen waren die Druiden Hüter des keltischen Kalenders. Das Jahr war unterteilt in Monate und Jahreszeiten, gezählt nach Nächten und dem Zyklus des Mondes. Durch die Macht über die Zeit übten die Druiden

88 Kindergrab

Hallein-Dürrnberg, Land Salzburg, Grab 71/1, GP 278 Eislfeld 1967. 5. Jh. v. Chr.

Kindergrab mit Amulettschmuck. 2 typengleiche Doppelmasken-fibeln mit Koralleneinlagen in den Augen und Bronzekettchen; eine Fibel aus Bronze, eine aus Weißmetall, vermutlich stark zinn-haltige Bronze (L. 3,7 cm; Kettchen: 14,3 cm). Große Drahtfibel vom Typ Marzabotto (L. 6,4 cm). 2 Certosafibeln aus Bronze (L. 3,5 cm; 3,7 cm). Vogelkopffibel aus Bronze mit Rest eines Kett-chens (L. 2,2 cm). Certosafibel mit Ritzverzierung am Fuß (L. 6,5 cm). Golddraht (L. 4,5 cm). Kopfring mit angegossener Pal-mette (Idm. 16,9–17,7 cm). Rundstabiger Bronzehalsring (Idm. 15,4 cm) mit Amuletten: Bernsteinperle mit Schrägbohrungen (Dm. 2,3 cm); 3 kleine Bernsteinperlen (max. Dm. 1,3 cm); gelbe Glasperle mit blau/weißen Schichtaugen (Dm. 1,5 cm); 2 indigo-blaue Glasperlen mit weißer Zickzackverzierung (Dm. 1,3–1,4 cm); Bronzedraht; 33 violettblaue Glasperlen (Dm. max. 1,1 cm). Blau-schwarze opake Glasperle mit gelben Bändern und vier Noppen (Dm. 0,8 cm). Bronzedrahtöse (L. 2 cm). 2 rundstabige Armringe mit leicht gekerbten Enden (Idm. 4,9 cm; 5,1 cm). 2 rundstabige Armringe mit Steckverschluß, Verzierung aus Längs- und Querrie-fen sowie S-Ranken (Idm. 5,2–5,3 cm). *(Abb. 29).*

Keltenmuseum Hallein. – Lit.: Dürrnberg II, 33 f.; Taf. 137.
K.W. Z.

89 Frauengrab

Riekofen, Lkr. Regensburg, Grab 5. 4. Jh. v. Chr.

3 kleine Bronzefibeln vom Duxer Schema (L. 4,8 cm; 5 cm). 1 gol-dener Fingerring (Dm. 1,8 cm). 1 kleiner Knotenring aus Bronze (Dm. 3,8 cm). 1 gepunztes Bronzeblecharmband mit Scharnierver-schluß (Dm. 5–6,1 cm). 1 Wellenarmband aus Bronzedraht (Dm. 5,6 cm). Fußringpaar mit Petschaftenden (Dm. 8,1 cm; 8,3 cm). Nach den Schmuckformen lebte die Frau ursprünglich im Gebiet der böhmischen Flachgräberfelder.

PS Inv. Nr. 1979,1279. – Lit.: H.P. Uenze, Ein Friedhof der frühen Mittellatènezeit von Riekofen, Ldkr. Regensburg/Opf. BVbl. 47, 1982, 251 ff.

II.21 Funde aus der Zeit der großen Wanderungen

90 Hohlbuckelringe

a) Untersaal a.d. Donau, Lkr. Kelheim. Bronze. 3. Jh. v. Chr.
2 Hohlbuckelringe mit je 9 Buckeln, davon 2 am Verschlußstück (Dm. 7,5 cm; 8,5 cm).
Museen der Stadt Regensburg Inv. Nr. 1953,47.

b) Erlau, Lkr. Passau. Bronze. 3. Jh. v. Chr.
2 Hohlbuckelringe aus Bronze mit je 8 Buckeln, davon 2 am Ver-schlußstück (Dm. 9,3 cm; 10 cm).
Stadt- und Kreismuseum Landshut Inv. Nr. A 624.

c) Weihefund aus Isthmia, Griechenland. 3. Jh. v. Chr.
Brunnenfund, Hohlbuckelringpaar aus Bronze. Die Form der Rin-ge weist auf eine südbayerische Herkunft der Trägerin hin. Museum Isthmia.

Lit. zu a) – c): W. Krämer, Keltischer Frauenschmuck vom Isthmus von Korinth. Germania 39, 1961, 35 ff.; Abb. 3; 4,11–12; 13; 14.

91 Scheibenhalsringe

a) Beine, Dép. Marne. 3. Jh. v. Chr.
Scheibenhalsring aus Bronze mit Glasauflage. Dm. 14,2–16 cm. Musée des Antiquités Nationales St. Germain/Paris Inv. Nr. 34 182. – Lit.: F. Müller, Die frühlatènezeitlichen Scheibenhalsrin-ge. Röm. Germ. Forsch. 46 (Mainz 1989) 94; Taf. 55.

b) Gäufelden-Nebringen, Kr. Böblingen. 3. Jh. v. Chr.
Scheibenhalsring aus Bronze mit blutroten Glasflußauflagen. Dm. 15 cm.
Württembergisches Landesmuseum Stuttgart. – Lit.: W. Krämer, Das keltische Gräberfeld von Nebringen, Kr. Böblingen (Stuttgart 1964) Taf. 13–14.

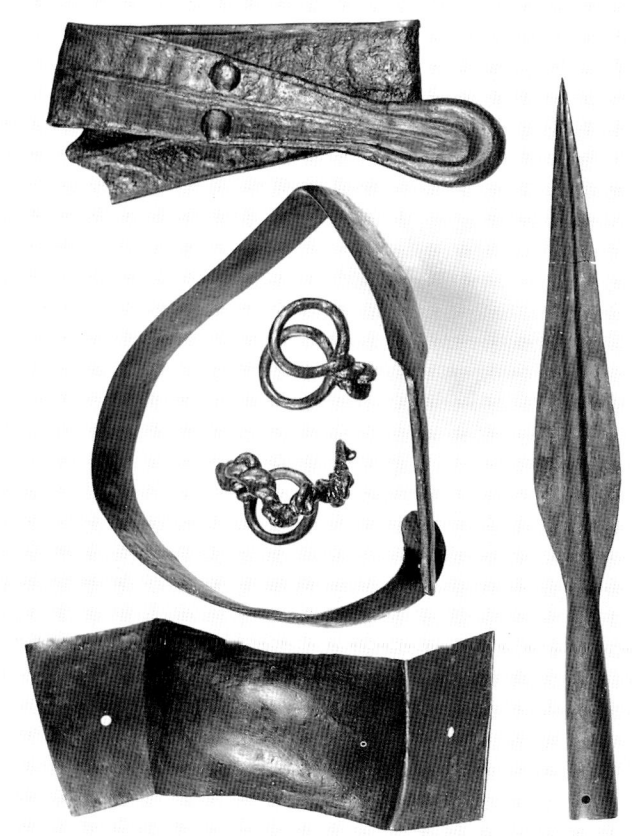

Nr. 93

279

Nr. 91 b

92 Ostkeltisches Frauengrab
Novo mesto-Kapiteljska njiva, Grab 11. 2. Hälfte 3. Jh. v. Chr.

Frauengrab mit hellgrünem Glasarmring , Halskette mit Bernstein und 4 kleinen Tongefäßen.

Dolenjski Muzej Novo mesto Inv. Nr. 1095–1097, 1099–1101. – Lit.: T. Knez, Sto let arheoloških razikovanj v Novem mestu 1890–1990 (Novo mesto 1990) 25 ff.; Abb. 89.

93 Ostkeltisches Männergrab
Novo mesto-Kapiteljska njiva, Grab 71. 1. Hälfte 3. Jh. v. Chr.

Waffengarnitur: bandförmiger Schildbuckel, verbogenes Schwert mit ebensolcher Scheide, gedrehte Gürtelkette, Lanzenspitze. Eisen. Der Mann gehört zur ersten Einwanderungsgeneration der Ostkelten im Gebiet Sloweniens.

Dolenjski Muzej Novo mesto Inv. Nr. 1028–1035. – Lit.: T. Knez, Sto let arheoloških razikovanj v Novem mestu 1890–1990 (Novo mesto 1990) 25 ff.; Abb. 83.

94 Ostkeltische Gefäße
a) Novo mesto-Kandija, Grab 40. 3. Jh. v. Chr.
Kantharos, verziert mit 2 menschlichen Masken. H. 28 cm. *(Abb. 123).*
Dolenjski Muzej Novo mesto Inv. Nr. 230. – Lit.: T. Knez, Sto let arheoloških razikovanj v Novem mestu 1890–1990 (Novo mesto 1990) 21; Abb. 90; 91.

b) Tiszafüred. 3. Jh. v. Chr.
Pseudo-Kernos mit Maskenappliken. H. 38 cm.
Damjanich János Múzeum Szolnok Inv. Nr. 92.1.1. – Lit.: unpubl.

Die beiden von griechischen Vorbildern beeinflußten Gefäße zeigen Verbindungen der ostkeltischen Gruppen an.

Nr. 94 a

Nr. 94 b

III.1 Mensch, Natur und Umwelt

Natur und Umwelt wurden bereits während der Vorzeit vom Menschen geprägt. Industriesiedlungen und bäuerliche Großsiedlungen verursachten Veränderungen der natürlichen Vegetation. Die pollenanalytische Vegetationskunde und moderne Spurenelementuntersuchungen ermöglichen eine differenzierte Darstellung der damaligen Zeit.

Der Wald lieferte Holz als wichtigstes Bau- und Brennmaterial. Großsiedlungen wie das Oppidum von Manching trugen zur Entwaldung ganzer Landstriche bei. Bei den technisch primitiven Verhüttungsverfahren war es zudem nicht möglich, besonders umweltbelastende Stoffe zu vermeiden. So wurden bereits in spätkeltischer Zeit in den Mooren des Alpenvorlandes Schwermetalle wie Blei und Cadmium abgelagert. Holzkohle zur Eisenverhüttung gewann man aus Buchenholz. Die Folge war in der zweiten Jahrtausendhälfte ein Rückgang der Buchen in den Wäldern.

III.2 Funde aus Siedlungen

95 Siedlungsfunde der Spätbronzezeit
Kronach-Gehülz, Heunischenburg. 9. Jh. v. Chr.

Waffenfunde aus einer Militärsiedlung. *(Abb. 63).*

PS E.-Nr. 1991/25. – Lit.: B.U. Abels, Die Heunischenburg bei Kronach. Archäologische Denkmäler in Oberfranken (Kronach 1988).

96 Siedlungsfunde der Späthallstattzeit
a) Oberhaching-Kyberg, Lkr. München. 6. Jh. v. Chr.
Bronzefibel. Halsring aus Hohlblech.
PS Inv. Nr. 1961,1116; 1961,1115. – Lit.: K. Schwarz/ J. Pätzold, Ein späthallstattzeitlicher Herrensitz am Kyberg bei Oberhaching im Landkreis München. Ber. Bayer. Bodendenkmalpflege 1961, 5–15.

b) Eiersberg bei Mittelstreu, Lkr. Rhön-Grabfeld. 6. Jh. v. Chr.
Hortfund. 3 feingerippte Steigbügel-Armringe aus Bronze, von einem umfangreichen Armringsatz (Dm. 6,5–6,9 cm). Steigbügel-Armring aus Bronze, von einem Armringsatz, an den Enden fein

Nr. 96 b

281

Nr. 101

gekerbt (Dm. 6,4 cm). Steigbügel-Armring aus Bronze, von einem Armringsatz, auf dem Ringkörper abwechselnd Querstrichgruppen und unverzierte Partien (Dm. 6,8 cm). Offener Bronzearmring mit abgesetzten Enden (Dm. 6,8 cm). Stark ergänztes Bronzeblecharmband, mit Kreisornamenten und Strichgruppenbändern verziert (Dm. 6,2 cm–7,6 cm). Bronzezinnenring (Dm. 10,7 cm). Doppelpaukenfibel, Bronze (L. 4,5 cm). 2 kleine Riemenbesatzknöpfe, Bronze (Dm. 1,8 cm).
Privatbesitz. – Lit.: L. Wamser, Eine befestigte Dauersiedlung der Hallstatt- und Latènezeit aus dem Mittelgebirgsraum: Der Eiersberg bei Mittelstreu, Landkreis Rhön-Grabfeld, Unterfranken. Das Arch. Jahr in Bayern 1982 69–72; 71 Abb. 52.

97 Siedlungsfunde der Frühlatènezeit
Kleiner Knetzberg, Lkr. Haßberge. 5. Jh. v. Chr.

3 eiserne Vogelkopffibeln (L. 5,6 cm; 4,0 cm; 3,5 cm). Eiserne Lanzenspitze (L. 16,7 cm). Eisernes Hiebmesser (L. 29,5 cm). Kleiner

eiserner Tüllendechsel (L. 6 cm). Gekerbter Spinnwirtel aus Ton (Dm. 3,7 cm). Eiserne Herdschaufel.

PS Inv. Nr. 1982,132h–i; 133b-c; 136g; 142h; 147d. – Lit.: unpubl.

98 Höhensiedlung
Kronach-Gehülz, Heunischenburg. 9. Jh. v. Chr.

Modell im Maßstab 1:200. Entwurf B.U. Abels, Ausführung Atelier W. Birmann. – Lit.: B.U. Abels, Die Heunischenburg bei Kronach. Archäologische Denkmäler in Oberfranken (Kronach 1988).

99 Bäuerliche Flachlandsiedlung
Eching, Lkr. München. 8.–7. Jh. v. Chr.

Modell im Maßstab 1:200. Entwurf St. Winghart, A. Lorentzen, Ausführung Atelier W. Birmann.

100 Siedlungsgrößen im 1. Jahrtausend

Modelle im Maßstab 1:2500. Entwürfe H. Dannheimer, R. Gebhard, Ausführung Atelier W. Birmann.

a) Bullenheimer Berg, Lkr. Neustadt a.d. Aisch-Bad Windsheim u. Lkr. Kitzingen. 12.–9. Jh. v. Chr. Befestigte Höhensiedlung, Fläche 30,5 ha.

b) Kronach-Gehülz, Heunischenburg. 9. Jh. v. Chr. Spornsiedlung mit Abschnittsbefestigung aus ca. 110 m langer Mauer und Palisade. Fläche 1,4 ha.

c) Staffelberg, Lkr. Lichtenfels. 1. Jh. v. Chr. Befestigte Höhensiedlung, Oppidum. Fläche 49 ha.

d) Oberhaching-Kyberg, Lkr. München, Spornsiedlung (ca. 5–10 ha) mit Abschnittsbefestigung (0,5 ha).

e) Manching, Lkr. Pfaffenhofen a.d. Ilm. 2.–1. Jh. v. Chr. Flachsiedlung mit Mauerring, Fläche 380 ha.

101 Bohlenweg

Rottauer Filze, Lkr. Traunstein. 9.–8. Jh. v. Chr.

Bohlenweg. Auf einen längs verlaufenden Unterzug wurden Bohlen, Halbhölzer und Prügel verlegt. Überwiegend Erlenholz sowie Buchen-, Fichten- und Tannenholz.

PS. – Lit.: H. Schmeidl/ G. Kossack, Archäologische und paläobotanische Untersuchungen an der „Römerstraße" in den Rottauer Filzen, Ldkr. Traunstein. Jahresber. Bayer. Bodendenkmalpflege 8/9, 1967/68, 9 ff.

102 Fischerei

Manching, Lkr. Pfaffenhofen a.d. Ilm. 2.–1. Jh. v. Chr.

Großer Angelhaken, wohl zum Wallerfischen. L. 9 cm.
PS Inv. Nr. 1974/1685. – Lit.: unpubl.

103 Aussaat und Ernte

Manching, Lkr. Pfaffenhofen a.d. Ilm. 2.–1. Jh. v. Chr.

a) Eiserne Pflugschar. L. 27,5 cm.
PS Inv. Nr. 1963/1168. – Lit.: Jacobi 1974, Nr. 470.

b) Eiserne Sense. L. 39 cm. PS Inv. Nr. 1974/194. – Lit: unpubl.

c) Wetzstein, in der Mitte ausgeschliffen. L. 16,2 cm.
PS Inv. Nr. 1958/156. – Lit.: Jacobi 1974, Nr. 1673.

Nr. 103 b, c

283

IV.1 Handel, Import, Wirtschaft, Handwerk

In weiten Teilen Mitteleuropas bildete das bäuerliche Wirtschaften die Lebensgrundlage der Bevölkerung. Die Ausbeutung lokaler Rohstoffvorkommen ermöglichte daneben eine Produktion, die über den Eigenbedarf hinausging. Rohstoffzentren z.B. für Salz oder Eisen waren immer Orte von kultureller Vielfalt und lokaler Machtentfaltung. In diesen Zentren entwickelte sich das spezialisierte Handwerk zum eigenständigen Erwerbszweig. Auch der Zwischenhandel wurde für verschiedene Siedlungsgebiete zu einer zusätzlichen Lebensgrundlage. Bäuerliches Wirtschaften beschränkte sich im wesentlichen auf die Produktion von pflanzlicher und tierischer Nahrung. Insbesondere zur Zeit der großen Oppida gab es eine umfangreiche Tierhaltung.

Bronze, Eisen, Glas und Ton, Stein, Bein und Holz waren die Hauptwerkstoffe des ersten Jahrtausends. Die meisten dieser Materialien erforderten eine hohe Kenntnis der Bearbeitungstechniken. So mußten bei der Verarbeitung von Eisen oder Glas Temperaturen von über 1000 °C kontrolliert werden. Handwerkliche Tradition und die Weitergabe von Werkstattgeheimnissen über Generationen waren die Grundlage bei der Herausbildung von Spezialberufen: Toreuten, Feinschmiede, Wagner, Glashandwerker und zur Zeit der Oppida auch Küfer, Töpfer, Münzmeister, Kürschner und Sattler. Nicht alles stellte der Handwerker her. Vieles wurde in den bäuerlichen Betrieben auch selbst gefertigt.

IV.2 Vorratsgefäße aus Keramik

104 Gefäße aus Siedlungen
a) Künzing, Lkr. Deggendorf. 10. Jh. v. Chr.
Trichterrandgefäß mit vier Henkeln, an der Lippe und am Schulteransatz Fingertupfenleiste. H. 54,5 cm; Rdm. 75,5 cm.
PS Inv. Nr. 1980,4073. – Lit.: unpubl.

b) Knetzgau, Lkr. Haßberge, Hügel 3. 6. Jh. v. Chr.
Kegelhalsgefäß mit Abdruckleiste unterhalb des Randes; Schlickrauhung auf Bauch und Unterteil. H. 54 cm; Rdm. 45,5 cm.
PS Inv. Nr. 1981,181. – Lit.: unpubl.

c) Staffelberg bei Staffelstein, Lkr. Lichtenfels. 5. Jh. v. Chr.
Hochhalsgefäß mit Abdruckleiste oberhalb der Schulter, nur der Hals geglättet. Durch Brandkatastrophe in der Siedlung zum Teil deformiert und verfärbt. H. 53 cm; Rdm. 34,5 cm.
PS Inv. Nr. 1993,476. – Lit.: unpubl.

d) Staffelberg bei Staffelstein, Lkr. Lichtenfels. 5. Jh. v. Chr.
Großes Enghalsgefäß mit geglättetem Hals und Schlickrauhung des Unterteiles. H. 48 cm; Mdm. 19 cm.
PS Inv. Nr. 1976,3703. – Lit.: unpubl.

e) Staffelberg bei Staffelstein, Lkr. Lichtenfels. 5. Jh. v. Chr.
Große Schüssel, Drehscheibenware; stark ergänzt, doch Form gesichert. H. 24 cm; Mdm. 47 cm.
PS Inv. Nr. 1993/474. – Lit.: unpubl.

IV.3 Großgefäße aus Metall

105 Gefäße aus Gräbern
a) Uffing, Lkr. Garmisch-Partenkirchen, Fdst. 1. 6. Jh. v. Chr.
Rippenziste aus Bronzeblech.
PS Inv. Nr. HV 357. – Lit.: Kossack 1959, 241 Abb. 45.

b) Uffing, Lkr. Garmisch-Partenkirchen, Hügel 4. 6. Jh. v. Chr.
Situla aus Bronzeblech.
PS Inv. Nr. A 1215. – Lit.: Kossack 1959, 241; Abb. 45; Taf. 109.

c) Aichach, Grab von 1948. 6. Jh. v. Chr.
Bronzesitula. H. 42,5 cm.
PS Inv. Nr. 1970,1879. – Lit.: Kossack 1959, 186 f.; Taf. 47,1.

Nr. 105 d

Nr. 106

d) Rehling-Au, Lkr. Aichach-Friedberg, Hügel von 1927. Um 500 v. Chr.
Großer Bronzeeimer und Bronzekännchen. H. 84 cm; 13,5 cm.
PS Inv. Nr. 1952,495 (Eimer); 1952,496 (Kännchen). – Lit.: Kossack 1959, 8/ f.; Taf. 47,2–3.

e) Hallein-Dürrnberg, Land Salzburg, Grab 256, GP 268/17 Simonbauernfeld. 6. Jh. v. Chr.
Situla aus Bronzeblech, fünfteilig gearbeitet aus Bodenschale, zwei Unter- und zwei Oberteilen, Rand gebördelt. Hals mit drei profilierten Leisten von der Schulter abgesetzt. Zwei bandförmige, verzierte Henkel, innen am Hals und außen an der Schulter mit breiten Versteifungsleisten vernietet. H. 49,5 cm; Mdm. 40,3 cm. *Vgl. Nr. 40.*
Keltenmuseum Hallein. – Lit. unpubl.

K.W. Z.

106 Weihefund
Ehingen-Burgfeld, Lkr. Wertingen, Depotfund. 9.–8. Jh.

3 bronzene Stufenteller. 12 bronzene Schälchen. Bronzehenkel (Auswahl).

Römisches Museum Augsburg Inv. Nr. VF 97. – Lit.: F. Holste, Der frühhallstattzeitliche Bronzegefäßfund von Ehingen. Praehistorica. Beitr. zur Ur- u. Frühgesch. des Menschen 5 (Leipzig 1939).

IV.4 Bronzeschmiede und Textilverarbeitung

107 Gußformen

a) Gössenheim, Lkr. Main-Spessart. 9–8. Jh. v. Chr.
Zweischalige Gußform aus Bronze für oberständiges Lappenbeil mit seitlicher Öse. L. 18,2 cm.
PS Inv. Nr. A 491.492. – Lit.: Müller-Karpe 1959, Taf. 173 B.

b) Erlingshofen, Lkr. Eichstätt. 9.–8. Jh. v. Chr.
Dreiteilige Bronzegußform für Schwertgriff vom Typus Mörigen. L. 11,5 cm. *(Abb. 160)*.
PS Inv. Nr. 1937,40. – Lit.: Müller-Karpe 1961, 73.121; Taf. 64,1–3; 85,1–3.

c) Landshut-Hascherkeller. 6. Jh. v. Chr.
Sandsteinform für den Guß bronzener Ringe. B. 10 cm.
Stadt- und Kreismuseum Landshut. – Lit.: P.S. Wells, Gußform für Fingerringe aus einer Siedlung der Urnenfelder- und Hallstattzeit von Landshut-Hascherkeller, Niederbayern. Das Arch. Jahr in Bayern 1980, 82 f.

d) Bullenheimer Berg, Lkr. Neustadt a.d. Aisch-Bad Windsheim u. Lkr. Kitzingen. 9.–8. Jh. v. Chr.
Beilgußform. L. 17,8 cm.
PS E.-Nr. 1992,4. – Lit.: unpubl.

108 Gießereischrott

München, Wiedenmayerstraße. 11. Jh. v. Chr.

6 Gußkuchenfragmente. Fragmente von Lanzenspitzen. Lanzenschuhe. Beile. Schwertfragmente. *(Abb. 159)*.

PS Inv. Nr. 1900,86–107; 1913,41–50. – Lit.: E. Bruck/ F. Weber/ A. Schwager, Eine bronzezeitliche Gießstätte auf Münchener Boden. Beitr. zur Anthropologie und Urgeschichte Bayerns 13, 1899, 119–128; Taf. 8.

109 Blasebalgdüsen

Bellenberg, Lkr. Neu-Ulm. 13.-12. Jh. v. Chr.

Tondüsen.

Vorgeschichtsmuseum Neu-Ulm. – Lit.: R. Ambs/ P. Wischenbart, Metallverarbeitung in einer spätbronzezeitlichen Höhensiedlung bei Bellenberg (Schwaben). BVbl. 55, 1990, 257–271; 265 Abb. 8.

110 Stoffdruck

Hellbrunnerberg, Land Salzburg. 5. Jh. v. Chr.

Pintadera (Stoffdruckstempel) aus Ton.

Museum Carolino Augusteum Salzburg Inv. Nr. 263/76. – Lit.: F. Moosleitner, Ein hallstattzeitlicher „Fürstensitz" am Hellbrunnerberg bei Salzburg. Germania 57, 1979, 68 Abb. 13,2.

111 Schuhleisten

Sommerein, Niederösterreich. 6. Jh. v. Chr.

Zwei Schuhleisten aus gebranntem Ton zur Herstellung von Schnabelschuhen. L. 25,2 cm (Schuhgröße 37).

Museum Mannersdorf am Leithagebirge Inv. Nr. S. 23/1–2. – Lit.: J.-W. Neugebauer, Tönerne Leisten für Schnabelschuhe aus Sommerein, NÖ., in: Die Hallstattkultur. Symposium Steyr 1980 (1981) 159 ff., Abb. 3–4.

IV.5 Eisenschmiede

112 Werkzeugdepot

Nikolausberg, Land Salzburg. Um 400 v. Chr.

Gerätedepotfund eines kelt. Grobschmiedes: schwerer Einsteckamboß (H. 14,7 cm; Gew. 11,7 kg), Setzhammer mit quadratischem Querschnitt (H. 10 cm; Gew. 0,75 kg), 2 große Schmiedezangen (L. 55 cm; L. 82 cm), große Herdschaufel mit Ösenenden (L. 70 cm), kleiner scheibenförmiger Eisenring (Dm. 2,4 cm), gefaltetes Bandeisen (L. 60 cm).

Heimathaus Golling Inv. Nr. 1–7/82. – Lit.: F. Moosleitner/ E. Urbanek, Das Werkzeugdepot eines keltischen Grobschmiedes vom Nikolausberg bei Golling, Land Salzburg. Germania 69, 1991, 63 ff., Abb. 5.

113 Schwertfegerei

a) Oberigling, Lkr. Landsberg. 3. Jh. v. Chr.
Schwert mit gedellter Klinge und Schwertfegermarke in Form eines Kreisauges. L. 83,5 cm.
PS Inv. Nr. 1965,899–900. – Lit.: Krämer 1985, 115, Nr. 37.

b) Genderkingen, Lkr. Donau-Ries. 1. Jh. v. Chr.
Schwert mit Damaszierung, Gewässerfund aus der Donau. L. 90,7 cm.
PS Inv. Nr. 1965,267. – Lit.: BVbl. 27, 1962, 226.

114 Werkzeugdepot

Heidelberg bei Schweinthal, Lkr. Forchheim. 5. Jh. v. Chr.

Werkzeuge zur Metall- und Holzbearbeitung ; zwei Feuerböcke mit Tierkopfenden.

PS E.-Nr. 1990/65. – Lit.: B.U. Abels, Ein frühlatènezeitlicher Depotfund von Heidelberg bei Schweinthal. Das Arch. Jahr in Bayern 1988, 83 ff.

IV.6 Wasserwege und Schiffahrt

Zahlreiche Wege durch die Alpen sind bereits früh entdeckt worden. Seit der Bronzezeit wurden auf den Nord-Süd-Verbindungen Güter über die Alpen getragen. Zu Fuß oder mit Saumtieren bewegte sich der Verkehr auf schmalen Pfaden. Das perfektionierte, vielspeichige Rad erschloß im 1. Jahrtausend v. Chr. neue Transportwege. Der Verkehr benutzte

Landwege ebenso wie das System der Flüsse. Keltische Schiffe sind aus Beschreibungen antiker Schriftsteller und archäologischen Funden bekannt. Die Schiffe aus Eichenholz waren flach, so daß sie unabhängig vom Wasserstand be- und entladen werden konnten. Die Segel bestanden aus Fell oder aus mit Salz gegerbtem Leder.

Die Griechen kannten bereits im 6. Jh. v. Chr. zwei Fernhandelsberufe. Von Alexander dem Großen bis zum Ende der römischen Republik waren das keltische Europa, Südrußland, Westsibirien, Indien und Ostafrika in das mediterrane Fernhandelsgebiet eingegliedert.

Transportiert wurden vor allem wertvolle Waren. Nach Mitteleuropa gelangten kostbares Geschirr, Metallgefäße, Gewänder, Schmuck, exotische Möbel und Wein als exklusives Getränk. Mitteleuropas Gegengaben waren Nahrungsmittel, Rohstoffe, Eisen, Salz, Felle, Bernstein und auch Sklaven.

In der Oppidazivilisation des 2. Jh. v. Chr. existierte ein keltisches Handelssystem, das kleinräumig und überregional fixiert war. Der Tauschhandel wurde zu dieser Zeit durch das keltische Geld abgelöst.

115 Kobaltblaues Rohglas
Sanguinaire, Ajaccio, Korsika. 3. Jh. v. Chr.

25 kg kobaltblaues Rohglas aus einem gesunkenen hellenistischen Schiff. Das Schiff hatte insgesamt über 500 kg Rohglas geladen; daneben stammen aus dem Wrack Kupferbarren und Amphoren, u.a. auch aus Rhodos, sowie Feinkeramik. Rhodos ist seit der Entdeckung einer hellenistischen Glasmacherwerkstatt als Glasproduktionszentrum bekannt. Die sensationelle Entdeckung des Rohglases in dem Schiffswrack von Sanguinaire wirft erneut die Frage auf, ob die Kelten das Glas für ihre Glasprodukte als Barren importierten und dann erst weiterverarbeiteten. Naturwissenschaftliche Analysen können hier eine Antwort geben. *Vgl. Nr. 124.*

Commission Régionale Corse d'Archéologie Sous-Marine, Ajaccio. – Lit.: Publikation durch H. Alfonsi, M. Feugère u.a. in Vorbereitung.

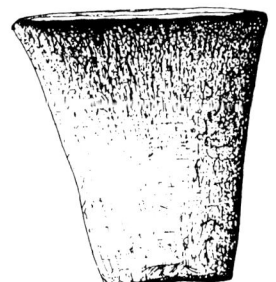

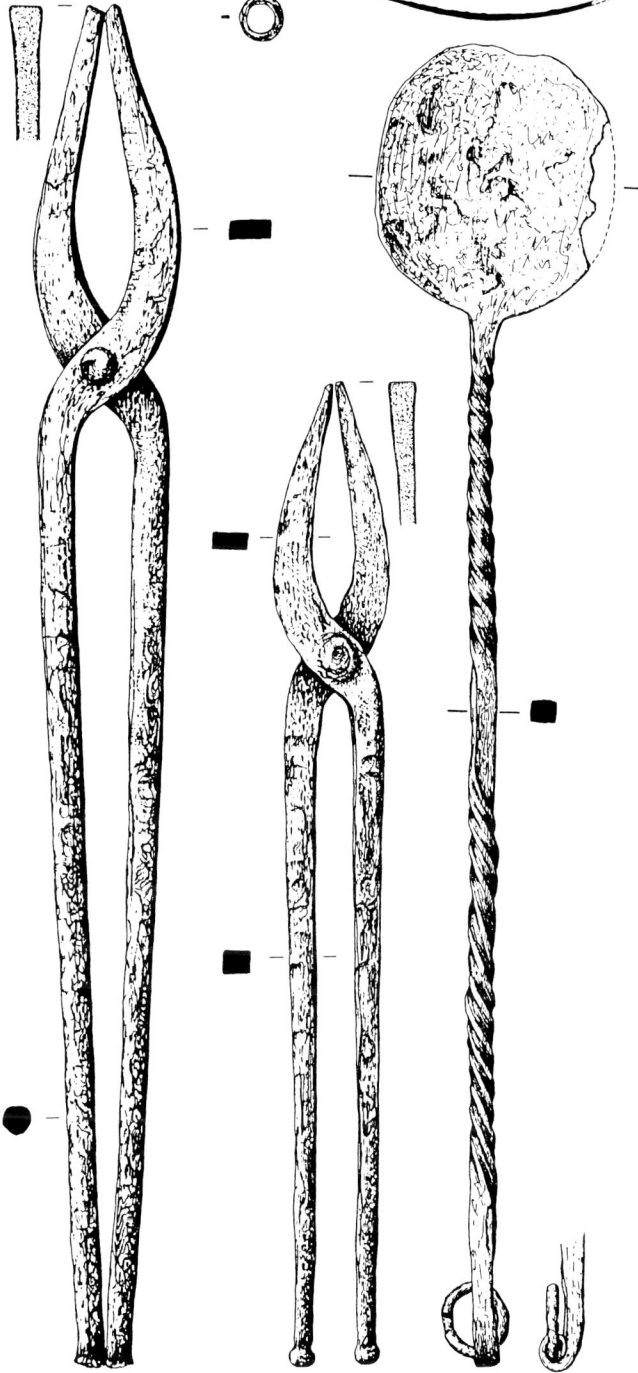

Nr. 112

Nr. 117

Nr. 124

116 Amphoren

Manching, Lkr. Pfaffenhofen a.d. Ilm. 2.–1. Jh. v. Chr.

Bauch- und Henkelfragment zweier italischer Weinamphoren.

PS Inv. Nr. 1956/714; 1963/1035. – Lit.: Stöckli 1979, Nr. 943, 945.

117 Schiffchen aus Goldblech

Hallein-Dürrnberg, Land Salzburg, Grab 44/1. 4. Jh. v. Chr.

Die flache Bauweise dieses Bootstyps mit zwei Stechrudern ermöglichte den Transport von Gütern, wie z.B. Salz, auch auf Flüssen mit niedrigem Wasserstand. Über die breite Bugkonstruktion konnten Waren und Fässer leicht entladen werden. L. 6,6 cm.

Keltenmuseum Hallein. Kopie PS Inv. Nr. 1965,697.– Lit.: Kat. Hallein 230, Nr. 36.

IV.7 Landwege, Reiten und Fahren

118 Zaumzeug und Sporen

Manching, Lkr. Pfaffenhofen a.d. Ilm. 2.–1. Jh. v. Chr.

a) 2 Pferdezaumzeuge, in einer Grube ausgegraben. Das Zaumzeug wurde offenbar versteckt und konnte nicht mehr geborgen werden. Zu jedem Zaumzeug gehören 1 eiserne Ringtrense, 2 große und 4 kleine Bronzephaleren, Zierscheiben vom Stirnriemen sowie Eisenringe mit Zwingen vom Verschlußriemen.
4 große Bronzephaleren. 8 kleine Bronzephaleren. Bronzezierblech vom Stirnriemen. Fragmente zweier weiterer Bronzezierbleche, davon eines identisch mit dem ersten Stirnriemenblech. 2 kleine Eisenringe mit Zwingen und anhaftenden Lederriemenresten. 2. Jh. v. Chr. *(Abb. 185).*
PS Inv. Nr. 1974,1212 . – Lit.: v. Endert 1991, Nr. 362 ff., 378 ff. u. unpubl.

b) 3 Sporen aus Bronze.
PS Inv. Nr. 1956/765; 1967/612; 1967/599. 1. Jh. v. Chr. – Lit.: v. Endert 1991, Nr. 231 ff.

IV.8 Handel mit Bernstein und Glas

119 Schwert mit Bernsteingriff

Hallstatt, Oberösterreich, Grab 573. 7. Jh. v. Chr.

Griffteil eines Eisenschwertes aus Elfenbein mit reicher Bernsteineinlage.

Naturhistorisches Museum Wien Inv. Nr. 25.499. – Lit.: Lessing 1980, Abb. 139.

120 Bernsteinperlen

Waltershausen, Lkr. Rhön-Grabfeld. 6. Jh. v. Chr.

Kette aus 60 Bernsteinperlen (Dm. 1–5 cm).

PS Inv. Nr. IV 351. – Lit.: Torbrügge/ Uenze 1968, 185 Abb. 164.

121 Sphinx mit Bernsteingesicht
Grafenbühl, Asperg, Kr. Ludwigsburg. 6. Jh. v. Chr.

Sphinxapplike aus Elfenbein mit Bernsteingesicht, tarentinische Arbeit, vermutlich ein Möbelbeschlag. *Vgl. Nr. 131 (Abb. 21).*

Württembergisches Landesmuseum Stuttgart Inv. Nr. 68, 20. – Lit.: Bittel u.a. 1981, 263, Abb. 153.

122 Rohstücke aus Bernstein
Manching, Lkr. Pfaffenhofen a.d. Ilm. 3.–1. Jh. v. Chr.

PS Inv. Nr. 1959,135.306; 1962,200. – Lit.: unpubl.

123 Glasperlen
a) Novo mesto, Slowenien. 6.–5. Jh. v. Chr.
Bunte Glasperlenketten.
Dolenskij muzej, Novo mesto. – Lit.: T. Knez, Sto let arheoloških razikovanj v Novem mestu 1890–1990 (Novo mesto 1990) 81 Abb. 40.

b) Bachetsfeld, Lkr. Amberg-Sulzbach. 5. Jh. v. Chr.
2 gelbe Schichtaugenperlen. Blaue Glasperle.
PS Inv. Nr. 1895/148,2.13.19. – Lit.: W. Auer in: Abhandl. Naturhist. Ges. Nürnberg 39 (1982 – Festschr. 100 Jahre NHG) 215 ff.

c) Manching, Lkr. Pfaffenhofen a.d. Ilm. 2.–1. Jh. v. Chr.
Klare Glasperle mit gelber Innenfolie 1963/1278 (Dm. 2,7 cm). Blaue Ringperle 1985/5511v (Dm. 3,6 cm). Purpurfarbene Ringperle mit Irisbelag (Dm. 4,7 cm). Ringperlen mit Schraubenfäden 1990/890 (Dm. 4,9 cm); 1903,27a1 (Dm. 3,1 cm); 1958/137 (L. 3,4 cm); 1962/67 (L. 3,5 cm); 1984/4451 (L. 3,2 cm); 1962/142 (Dm. 3,2 cm); 1962/307 (L. 3,5 cm); 1967/469 (L. 3,2 cm); 1967/569 (Dm. 2,9 cm). Gesprenkelte Perle 1958/436 (L. 3,2 cm).
PS. – Lit.: Gebhard 1989, Nr. 627; 654; 769; 775; 776; 779; 820; 823; 827; 828; 836; 848.

Nr. 116

124 Purpurfarbenes Rohglas
Manching, Lkr. Pfaffenhofen a.d. Ilm. 1. Jh. v. Chr.

Purpurfarbener Rohglasbrocken (Gew. 450 g) und Armring (Idm. 5,8 cm). *Vgl. Nr. 115.*

PS Inv. Nr. 1958/294; 1962/286. – Lit.: Gebhard 1989, Nr. 484; 891.

IV.9 Eisenhandel

125 Eisenbarren
Forstbezirk Krottensee, „Maximiliansfelsen", Lkr. Sulzbach-Rosenberg. 1. Jh. v. Chr.

Länglicher Eisenbarren. L. 33,0 cm.

PS Inv. Nr. 1971,451a.– Lit.: unpubl.

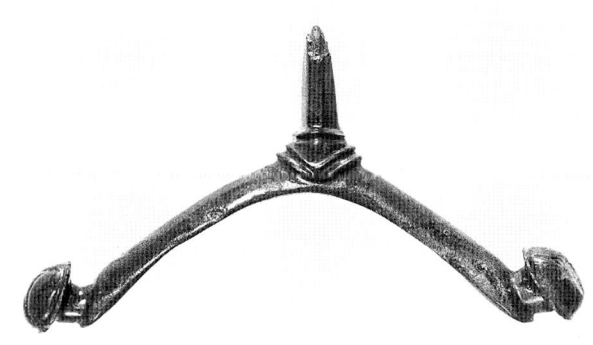

Nr. 118 b

Nr. 126

126 Pyramidenbarren
Ay a.d. Iller, Lkr. Neu-Ulm. 2.–1. Jh. v. Chr.

Pyramidenförmige Barren, zum Teil mit stark ausgezogenen Enden. Gewicht der Barren 4,4–6,7 kg; L. 25,5–29,5 cm; 45,3 cm; 77–85 cm.

PS Inv. Nr. 1935,20–32. – Lit.: E. Pressmar, Vor- und Frühgeschichte des Ulmer Winkels (München, Berlin 1938) 94; 51 Abb. 36.

127 Schwertbarren
Schwanberg, Lkr. Kitzingen. 1. Jh. v. Chr.

25 eiserne Langbarren, sogenannte Schwurschwerter. Zu dem Hortfund gehören insgesamt 51 Eisenbarren.

PS E.-Nr. 1987,34. – Lit.: P. Haller, Führer durch das Vorgeschichtsmuseum im Grabfeldgau, Bad Königshofen im Grabfeld, Ufr. (München 1991) 25.

IV.10 Salz

128 Schuhwerk im Salzbergwerk
Hallein-Dürrnberg, Land Salzburg. 5.–1. Jh. v. Chr.

Opankenartiger Schuh aus dünnem Kalbsfell.

Museum Carolino Augusteum Salzburg Inv. Nr. 175. – Lit.: Kat. Hallein 308, Nr. 253.

129 Tragsack
Hallstatt-Grünerwerk, Oberösterreich, Landsteinerkehr der Nordgruppe. 10.–9. Jh. v. Chr.

Tragsack aus Rindsfell, durch Holzleisten verstärkt. Die Tragvorrichtung besteht aus einem Gurt, der mit beiden Enden am unteren Teil des Sackes befestigt ist, und einem kurzen Holzknüppel, der am oberen Ende des Sackes angebracht ist. Sie erleichtern das Entleeren des Sackes. H. 80 cm.

Naturhistorisches Museum Wien Inv. Nr. 86.955. – Lit.: Lessing 1980, 269; Abb. 26.

130 Bergwerksbeleuchtung
Hallstatt, Oberösterreich.

Salzbrocken mit eingeschlossenen Spänen. Die Späne stammen von eisenzeitlichen Kienspanfackeln. L. 14 cm; B. 7,5 cm.

Privatbesitz. – Lit.: unpubl.

IV.11 Importe aus dem Süden in der Hallstatt- und Frühlatènezeit

131 Füße eine Kesselgestells
Grafenbühl-Hohenasperg, Kr. Ludwigburg. 6. Jh. v. Chr.

Zwei massiv gegossene Löwenfüße eines griechischen Kesselgestells. Die Funde stammen aus einem reichen Fürstengrab, in dem sich auch ein geschnitzter syrischer Spiegelgriff aus Bernstein fand. Die schönsten Funde des Grabes sind zwei aus Elfenbein geschnitzte Sphingen mit aufgesetzten Bernsteingesichtern *(Nr. 121)*.

Württembergisches Landesmuseum Stuttgart Inv. Nr. 68,20. – Lit.: Bittel u.a. 1981, 263 f. Abb. 153; 390 ff.

132 Griechische Keramik
Marienberg bei Würzburg. 6. Jh. v. Chr.

a) Scherbe mit Strahlenkranz, von einem Stangenhenkelkrater.

b) Scherbe einer Bandschale.

c) Scherbe mit Zungenband, von einer Bandschale.

d) Scherbe einer rotfigurigen Schale.

e) Scherbe von einem Volutenkrater.

Mainfränkisches Museum Würzburg Inv. Nr. 51911; 51922; 52156; 52157; 52160; 52164; 52278. – Lit.: G. Mildenberger, Griechische Scherben vom Marienberg in Würzburg. Germania 41, 1963, 103 f.

133 Glasgefäße
Hallstatt, Oberösterreich, Gräber 502 u. 733. 6. Jh. v. Chr.

Die gerippten Glasschälchen sind die bislang ältesten bekannten Hohlgläser nördlich der Alpen. Die Stücke stammen wohl aus einer adriatischen Werkstatt. Dm. 6–7,5 cm.

Naturhistorisches Museum Wien Inv. Nr. 25 231; 25 232; 25 911 (Nachbildungen). – Lit.: Lessing 1980, 86, Abb. 44.

134 Griechische Hydria
Grächwil, Kt. Bern. Um 580 v. Chr.

Bronzener Schulteraufsatz einer griechischen Hydria (Wasserbehälter). Der Ziergriff behandelt das Motiv der „Herrin der Tiere".

Eine geflügelte Frauenfigur hält in jeder Hand einen Hasen und wird von vier Löwen flankiert. Auf dem Kopf thront ein Adler, die oberen Löwen sitzen auf einer zweiköpfigen Schlange. H. 57, 2 cm, Dm. 37 cm. *(Abb. 161)*.

Bernisches Historisches Museum Inv. Nr. 11 620 (Nachbildung). – Lit.: H. Jucker, Altes und Neues zur Grächwiler Hydria. Antike Kunst, Suppl. 9, 1973, 41 ff.

135 Applike
Horgauergreut, Lkr. Augsburg. 6. Jh. v. Chr.

Bronzefortsatz mit Rinderkopf, vielleicht Gestellbeschlag. L. noch 7 cm.

PS Inv. Nr. 1904,9. – Lit.: Torbrügge/ Uenze 1968, 264, Abb. 235 f.

136 Etruskische Bronzebecken
a) Loisnitz/„Samsbacher Forst", Lkr. Burglengenfeld. 5. Jh. v. Chr.
Zwei flache etruskische Bronzebecken aus Fürstengrab, Dm. ca. 28 cm. *(Abb. 171)*.
Museen der Stadt Regensburg Inv. Nr. A 11 681. – Lit.: W. Kersten, Der Beginn der La-Tène-Zeit in Nordostbayern. Prähist. Zeitschr. 24, 1933, 137, 150 ff.; Abb. 9,11.

b) Pürgen, Lkr. Landsberg, Hügel 1/1911.
Flaches Bronzebecken. Dm. 28,1 cm; 27,5 cm.
PS Inv. Nr. A 1168,1. – Lit.: Kossack 1959, 209, Taf. 58,12.

IV.12 Importe und Einflüsse aus dem Süden in der Latènezeit

137 Etruskische Kanne und Becken
Hradiště bei Písek, Böhmen. Aus Grabhügel. 5. Jh. v. Chr.

Bronzene Schnabelkanne und flaches Becken mit Wellenornament. Henkelattasche der Schnabelkanne: Sirene mit vier Flügeln, Menschenarmen und Vogelbeinen. An den Enden der Griffarme am Mündungsrand liegende plastische Löwen, an den Ecken von Mündung und Schnabel eingeritzte Löwenfiguren. Um den Hals Bogenfries mit Eichellotos und Rosenknospen. H. 23 cm.

Národní Muzeum Praha. Inv. Nr. 791–792. – Lit.: Kat. Steyr 241, Abb. 13.4,5.

138 Schnabelkanne
Borsch, Lkr. Bad Salzungen. 5. Jh. v. Chr.

Henkel mit Attasche und Teilen der Mündung, Gefäßkörper rekonstruiert. H. 38 cm.

Friedrich-Schiller Universität Jena, Wissenschaftsbereich Ur- und Frühgeschichte Inv. Nr. 5188–5189. – Lit.: Wiss. Zeitschr. Friedrich-Schiller-Univ. Jena, Ges. wiss. Reihe 35, 1986, 411 ff.

Nr. 139

139 Trinkgeschirr aus Fürstengrab
Kleinaspergle, Hohenasperg, Kr. Ludwigsburg. 5. Jh. v. Chr.

Reich ausgestattetes Fürstengrab der frühen Latènezeit. Rippenziste. Trinkhornbeschläge. 2 attische Schalen. An Schmuckgegenständen enthielt das Grab einen Lignitarmring und einen Goldblechbeschlag. Zu dem umfangreichen Trinkservice gehören ein Bronzekessel (Dm. 93 cm), in dem eine Holzschale lag, eine Bronzeschnabelkanne und ein etruskischer Stamnos. Einheimisch ist die Rippenziste. Ferner gehören zum Trinkservice zwei Endbeschläge von Trinkhörnern mit Widderköpfen, die mit verziertem Goldblech überzogen sind. Der Kern der Trinkhörner ist aus Bronze, Eisen und Holz. Eine rotfigurige attische Schale des Amymonemalers (um 450 v. Chr.) und eine attisch schwarzgefirnißte Schale vervollständigen das Trinkservice. Beide Schalen sind nachträglich mit keltischen Goldblechornamenten verziert worden. *(Abb. 163)*.

Württembergisches Landesmuseum Stuttgart Inv. Nr. 8723. – Lit.: Bittel u.a. 1981, 393; Abb. 97 ff.; 150; 155 f.

140 Glasgefäße
a) Ehrenbürg bei Forchheim. 5. Jh. v. Chr.
Glasscherbe eines mediterranen Aryballos.
Naturhistorische Gesellschaft Nürnberg Inv. Nr. 9020. – Lit.: B.U. Abels, Eine mediterrane Glasscherbe von der Ehrenbürg bei Forchheim. Das Arch. Jahr in Bayern 1988, 82, Abb. 50.

b) Strakonice, Südböhmen. 5.–4. Jh. v. Chr.
Scherbe eines mediterranen Aryballos, blau-gelb gefärbtes Glas.
Museum Strakonice. – Lit.: J. Michálek, Eine mediterrane Glasscherbe aus Südböhmen, ČSFR. Germania 70, 1992, 123 ff.

Nr. 137   *Nr. 138*

c) Manching, Lkr. Pfaffenhofen a.d. Ilm. 2. Jh. v. Chr.
Fragmente mittel- und späthellenistischer Glasschalen. Millefiori-
glas mit blauem Rand, Sternmuster, Streifensegmenten, türkisblaue
Segmentgläser.
PS Inv. Nr. 1956/286; 1962/329; 1962/410. – Lit.: M. Feugère/ R.
Gebhard, Publ. in Vorbereitung.

141 Italisches Bronzegeschirr
a) Willanzheim, Lkr. Kitzingen. 1. Jh. v. Chr.
Gestauchte Bronzekanne und Pfanne. H. 14,5 cm (Kanne).
PS Inv. Nr. 1990,851; Privatbesitz. - Lit: unpubl.

b) Manching, Lkr. Pfaffenhofen a.d. Ilm. 1. Jh. v. Chr.
Becherhenkel und Daumenplatten von Sieben. Bronze.
PS Inv. Nr. 1958/167; 1959/136; 1967/17. – Lit.: v. Endert 1991,
Nr. 404 f., 411.

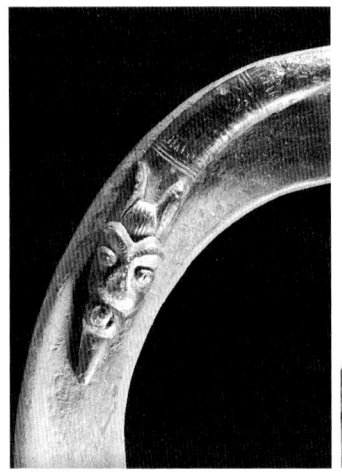

Nr. 138, Detail

142 Italische Keramik
Manching, Lkr. Pfaffenhofen a.d. Ilm. 2. Jh. v. Chr.

Schwarz gefirnißte italische Keramik aus Kampanien.

PS Inv. Nr. 1958/147.258, 1963/1027; 1967/226. – Lit.: Stöckli 1979, Nr. 1054 f., 1057.

143 Silberschmuck
a) Oppidum Entremont, Dép. Bouches-du-Rhône. 2. Jh. v. Chr.
MLT-Silberfibel mit langer Spirale (L. 7 cm). FLT-Silberfibel mit scheibenförmigem Blechbügel und scheibenförmigem Fuß (L. 6,3 cm).
Musée Granet Aix-en-Provence Inv. Nr. 738–739. – Lit.: Archéologie d'Entremont au Musée Granet (Aix-en-Provence 1987) Abb. 175.

b) Manching, Lkr. Pfaffenhofen a.d. Ilm. 1. Jh. v. Chr.
Silberfibelpaar. Schüsselfibel (L. 5,8 cm) und Bügelknotenfibel (L. 6,6 cm). *(Abb. 175)*.
PS Inv. Nr. 1956,466. – Lit.: W. Krämer, Silberne Fibelpaare aus dem letzten vorchristlichen Jahrhundert. Germania 49, 1971, 111 ff.

144 Bronzeschmuck
Manching, Lkr. Pfaffenhofen a.d. Ilm. 1. Jh. v. Chr.

Gürtelhakenpaar mit palmettenförmigem Ende; Reste von Blutemaileinlagen. L. 6,6 cm.

PS Inv. Nr. 1974/1907. – Lit.: v. Endert 1991, 198–199.

IV.13 Wiegen und Messen

145 Wiegen
a) Hellbrunnerberg, Land Salzburg. 5. Jh. v. Chr.
Scheibenförmiges Bronzegewicht. Gew. 295,1 g.
Museum Carolino Augusteum Salzburg Inv. Nr. 280/77. – Lit.: Kat. Hallein 234, Nr. 45.

Nr. 144

b) Eberdingen-Hochdorf, Kr. Ludwigsburg. 6. Jh. v. Chr.
Bronzewaage mit Markierungen. L. 11,6 cm. *(Abb. 23)*.
Landesdenkmalamt Baden-Württemberg, Abt. Arch. Denkmalpflege. – Lit.: *vgl. Beitrag J. Biel.*

c) Manching, Lkr. Pfaffenhofen a.d. Ilm. 2.–1. Jh. v. Chr.
Bleigewicht mit Büste (H. 4,8 cm; Gew. 125,18 g). Bleigewicht mit Kreisaugenverzierung, entlang des Randes Eichmarkierungen aus halbkreisförmigen Stempeln (H. 5,0 cm; Gew. 50,6 g).
PS Inv. Nr. 1962,150; 1974/1283. – Lit.: Idole. Frühe Götterbilder und Opfergaben. Kat. Prähist. Staatsslg. 12 (Mainz 1985) 172 u. unpubl.

Nr. 145 c

Nr. 146

Nr. 147

146 Messen
Manching, Lkr. Pfaffenhofen a.d. Ilm. 2.–1. Jh. v. Chr.

Eiserner Maßstab mit Markierungen aus Bronzeringen. Nach den Untersuchungen von F. Schubert entspricht die Länge der Hälfte eines keltischen Fußmaßes (L. 31 cm), die Bronzeringe markieren eine Unterteilung in Daktylen.

PS Inv. Nr. 1974/2391. – Lit.: F. Schubert, Metrologische Untersuchungen zu einem keltischen Längenmaß. Germania 70, 1992, 293 ff.

147 Gewichtssystem
a) Gewichtsgrößen bei keltischen Münzen. Stater, Manching. ¼-Stater, Baldersheim. ¼₄-Stater, Kraiburg. ¼₈-Stater, Stöffling. ¼₂-Stater. Büschelquinar, FO unbekannt. Kleinsilber, Neuses. Leuker Potin, Manching.
PS MK-K 2; E.-Nr. 1991/48; 1988/58; 1993/8; PS MK-K 52; E.-Nr. 1990, 103; 1992/1b; PS MK-K 66. – Lit.: Kellner 1990, Nr. 46; 63; 6 u. unpubl.

b) Manching, Lkr. Pfaffenhofen a.d. Ilm, 2.–1. Jh. v. Chr.
Münzwaage, bestehend aus einem kurzen Waagbalken mit zwei Waagschalen.
PS Inv. Nr. 1958/336. – Lit.: Jacobi 1974, Nr. 510.

V.1 Gold und Geld

Gegen Ende des 3. Jahrhunderts v. Chr. wurden nordwärts der Alpen die ersten keltischen Münzen geprägt. Bildvorlagen fanden sich in griechischen und römischen Prägungen. Im Laufe des 2. Jahrhunderts entwickelte sich ein komplexes Münzsystem. Es bildete die Grundlage der wirtschaftlichen Organisation in den Siedlungen und Städten. Die Bezahlung von Waren mit Geld löste den Tauschhandel ab. Nahezu jeder keltische Stamm besaß seine eigenen, unverwechselbaren Bildmotive, so daß man auch von Stammesprägungen spricht. Gold- und Silbermünzen wurden für den Fernhandel, als Lohn für Söldner oder als Bestechungsgeld verwendet. Viele Horte enthalten wertvolle Goldmünzen. Die Ursachen für die Verbergung sind unklar. Die Angst vor einer drohenden Feindgefahr ist ebenso denkbar wie ein Opfer an eine Gottheit.

Vorbemerkung zum numismatischen Katalog

Zur Darstellung der Vorder- und Rückseite werden jeweils zwei typengleiche Münzen ausgestellt.

V.2 Griechische und römische Vorbilder und keltische Nachahmungen

a. Bildmotive Philipps II. von Makedonien (359–336 v. Chr.)

148–149 Griechischer Goldstater Philipps II.
Makedonien. Vs. Apollokopf r. – Rs. Zweigespann r. mit Wagenlenker, unter den Pferdevorderbeinen Kantharos (doppelhenkeliger Krug), darunter die Legende: ΦΙΛΙΠΠΟΥ.

Privatbesitz; Staatliche Münzsammlung München. – Lit.: G. Le Rider, Le monnayage d'argent et d'or de Philippe II (Paris 1977) Pl. 57, 141.

150–151 Gallischer Goldstater
Lokalisierung fraglich. Frühe keltische Nachahmung. Vs. Schwach barbarisierter Apollokopf l. – Rs. Zweigespann r. mit Wagenlenker, stilisierte Ähre, darunter ΦΙΛΙΠΠΟΥ-Legende in Form von Punktresten.

Privatbesitz. – Lit.: Castelin 1978, Nr. 520 (Viertelstater).

152–153 Gallischer Viertelstater
Lokalisierung fraglich. Vs. Schwach barbarisierter Apollokopf r. – Rs. Zweigespann r. mit Wagenlenker, stilisierte Ähre, darunter Reste der ΦΙΛΙΠΠΟΥ-Legende in Punkt- u. Strichform.

Privatbesitz; PS MK-K 1494. – Lit.: Kellner 1990, Nr. 2154.

154–155 Gallischer Goldstater
Lokalisierung fraglich. Vs. Schwach barbarisierter Apollokopf r., die Lippen in Form von Punkten, das Ohr als Halbbogen mit Punkt. – Rs. Stilisiertes Zweigespann r. mit Wagenlenker, die Pferdeschnauzen, Gelenke u. Hufe als Kugeln, darunter Reste der ΦΙΛΙΠΠΟΥ-Legende.

Privatbesitz; Schweizerisches Landesmuseum Zürich Inv. Nr. M 11 924. – Lit.: Castelin 1978, Nr. 429.

156–157 Gallischer Goldstater
Lokalisierung fraglich. Vs. Barbarisierter, sehr großer Apollokopf r. mit Doppelkinn u. Hakennase. – Rs. Zweigespann r. mit Wagenlenker, unter den Pferdevorderbeinen Dreizack, darunter Legendenrest: ΙΛΙΠΠΟΥ.

Privatbesitz; Schweizerisches Landesmuseum Zürich Inv. Nr. M 11 225. – Lit.: Castelin 1978, Nr. 370.

158–159 Gallischer Goldstater
Bituriges Vivisci. Vs. Stilisierter Apollokopf r., das Auge als Oval mit Mittelpunkt, der Lorbeerkranz aufgelöst. – Rs. Stilisiertes Zweigespann r. mit Wagenlenker, unter den Pferdevorderbeinen Viereck, die Gelenke u. Hufe als Punkte, darunter Reste der ΦΙΛΙΠΠΟΥ-Legende.

Schweizerisches Landesmuseum Zürich Inv. Nr. M 8156; Privatbesitz. – Lit.: Castelin 1978, Nr. 149.

160–161 Westgallischer Goldstater
Lokalisierung fraglich. Vs. Barbarisierter Apollokopf r., Nase u. Lippen in Form von Strichen u. Punkten, um den Hals doppelreihige Perlenkette, vor dem Gesicht S-förmige Volute. – Rs. Stilisiertes Zweigespann r. mit Wagenlenker, Pferdemähne als Punktreihe, unter dem Pferdeleib Triskeles.

Privatbesitz. – Lit.: vgl. Castelin 1978, Nr. 195 f.

162–163 Mittelgallischer Goldstater
Lapte. Vs. Apollokopf l. mit Winkelnase. – Rs. Stilisiertes Zweigespann l. mit Wagenlenker, darunter Reste eines Leiermotivs in Form von Strichen mit Punktabschlüssen.

Privatbesitz. – Lit.: vgl. Castelin 1978, Nr. 461–463.

164–165 Westgallischer Goldstater
Namnetes. Vs. Barbarisierter Apollokopf r., rundherum Perlenschnüre. – Rs. Stilisiertes androkephales Pferd (= Pferd mit Menschenkopf) r. mit Wagenlenker, darunter menschliche Halbfigur mit ausgestreckten Armen.

Privatbesitz. – Lit.: vgl. Castelin 1978, Nr. 163.

166–167 Westgallischer Goldstater
Parisii. Vs. Stilisierter Apollokopf r., die Haare in Form von Bögen mit Punktabschlüssen, der Lorbeerkranz durch leicht gebogene

Ovale angedeutet (Prüfhieb!). – Rs. Galoppierendes stilisiertes Pferd l., darüber Netz ausgefüllt mit vielen Punkten, unter dem Pferdeleib Punktrosette.

Privatbesitz. – Lit.: vgl. Castelin 1978, Nr. 272.

168–169 Westgallischer Viertelstater
Parisii. Vs. Kopf r., Haare in Form von Ringeln angedeutet, das Ganze im Perlkreis. – Rs. Galoppierendes Pferd l. mit Kugelschnauze, darüber Punktrosette mit zwei Voluten, das Ganze im Perlkreis.

Privatbesitz. – Lit.: vgl. Castelin 1978, Nr. 274.

170–171 Nordgallischer Goldstater
Ambiani. Vs. Stilisierter, kleiner Apollokopf l. mit übergroßen Haaren u. langem Lorbeerkranz. – Rs. Galoppierendes Pferd l. mit kugelförmiger Schnauze, über dem Pferd Punktstrichverzierungen, darunter Punktrosette, davor vierstrahliger Stern.

Privatbesitz. – Lit.: vgl. Castelin 1978, Nr. 281 f.

172–173 Nordwestgallischer Billonstater
Coriosolites. Vs. Lockenkopf r., das Ohr als S-förmige Volute, die Nase in Form eines Hakens mit Kugelenden. – Rs. Stilisiertes, androkephales Pferd mit Wagenlenker r., der einen Siegeskranz hält, davor S-förmige Volute.

Privatbesitz. – Lit.: vgl. de La Tour 1991, Nr. 6654.

174–175 Nordwestgallischer Billon-Teilstater
Osismii. Vs. Stilisierter Kopf mit großen Locken, die Lippen in Form von zwei Strichen mit Punktabschlüssen, darum herum Perlenschnur. – Rs. Androkephales Pferd l. mit stilisiertem Reiter, der lange Zügel hält, die vor den Vorderbeinen des Pferdes enden.

Privatbesitz. – Lit.: vgl. de La Tour 1991, Nr. 6506.

176–177 Nordgallischer Goldstater
Ambiani. Vs. Verwilderter Lockenkopf l., am Halsansatz zwei Perlenreihen. – Rs. Stilisiertes Pferd mit Wagenlenker r., vor dem Kopf des Pferdes Oval mit Mittelpunkt, unter dem Pferd große Kugel, das Ganze im Perlkreis.

Privatbesitz. – Lit.: vgl. Scheers 1983, Nr. 86; 154–156.

178–179 Britannischer Goldstater
Trinovantes. Vs. Verwilderter Lockenkopf r. – Rs. Stilisiertes Pferd r. mit Wagenlenker, unter dem Pferd eine Kugel.

Privatbesitz. – Lit.: vgl. van Arsdell 1989, Nr. 1470–1; 1472–1.

180–181 Britannischer Goldstater
Atrebates. Vs. Glatt. – Rs. Stilisiertes Pferd r. mit Wagenlenker, die Schnauze des Pferdes als Dreieck, darunter mehrspeichiges Rad.

Privatbesitz. – Lit.: vgl. van Arsdell 1989, Nr. 216–1.

182–183 Ostgallischer Viertelstater
Mediomatrici. Vs. Stilisierter Apollokopf r., Ohr, Lippen u. Nasenspitze als Punkt. – Rs. Pegasus r., darunter Philippou-Legendenreste in Form von Strichen mit Punktabschlüssen.

Privatbesitz. – Lit.: vgl. Castelin 1978, Nr. 491–496.

184–185 Griechische Tetradrachme Philipps II.
359–336 v. Chr. Makedonien. Vs. Zeuskopf r. im Perlkreis. – Rs. Trabender Königsreiter l., unter dem Pferdeleib Punktrosette, Philippou-Legende, das Ganze im Linienkreis.

Privatbesitz. – Lit.: G. Le Rider, Le monnayage d'argent et d'or de Philippe II (Paris 1977) Pl. 5, 127.

186–187 Frühe ostkeltische Nachahmung einer Tetradrachme Philipps II.
Vs. Schwach barbarisierter Zeuskopf r. mit großen Bartlocken. – Rs. Trabender Siegesreiter r. mit Palmzweig, darüber unvollständige Legende: ΦΙΛΙΠΠV, unter dem Pferdeleib stilisiertes Beizeichen in Form einer liegenden römischen Eins.

Privatbesitz. – Lit.: vgl. Göbl 1973 a, Taf. 4,10/2 f.; 14/4.

188–189 Ostkeltische Tetradrachme
Sog. Kinnloser Typ. Vs. Kopf r. mit Lorbeerkranz in zwei Perlenreihen, das Kinn des Gesichtes fehlt. – Rs. Stilisiertes Pferd mit Reiter r., zwischen einem der Vorder- u. Hinterhufe eine Verbindungslinie mit Mittelpunkt.

Privatbesitz. – Lit.: vgl. Göbl 1973 a, Taf. 20,244/1; 244/4.

190–191 Ostkeltische Tetradrachme
Sog. Kapostaler Typ. Vs. Stilisierter Kopf r. mit fransigem Bart, Lippen als Punkte, Nase als Winkelspitz mit Punkt, das Ganze im Perlkreis. – Rs. Stilisiertes Pferd mit Reiter l., davor Halbmond mit Punktabschlüssen, darunter liegende Acht.

Privatbesitz. – Lit.: vgl. Göbl 1973 a, Taf. 39,484/2; 484/6.

192–193 Ostkeltische Tetradrachme
Triskeles-Typ. Vs. Barbarisierter Kopf r. mit Strichauge, das Ganze im Perlkreis. – Rs. Pferd mit Reiter r., Reste der Philippou-Legende noch erkennbar, unter dem Pferdeleib Triskeles (Dreiwirbel).

Privatbesitz. – Lit.: vgl. Göbl 1973 a, Taf. 35,434/3 f.

194–195 Ostkeltische Tetradrachme
Vs. Stilisierter Kopf r. mit großer, dreiecksförmiger Nase. – Rs. Pferd mit stark stilisiertem Reiter r., unter dem Pferd Y-förmiges Monogramm (Audoleonmonogramm) mit Punktabschlüssen.

Privatbesitz. – Lit.: vgl. Göbl 1973 a, Taf. 35,429/3 f.

196–197 Ostkeltische Tetradrachme
Sog. B-Reiter. Vs. Kopf r. mit Bartkranz, darunter zwei kleine Schleifen, das Ganze im Perlkreis. – Rs. Pferd l. mit Reiter, der einen Helm trägt u. als Abschluß über ein B-förmiges Ornament verfügt, das Ganze im Perlkreis.

Privatbesitz. – Lit.: vgl. Göbl 1973 a, Taf. 27,308/3 u. 5.

198-199 Ostkeltische Tetradrachme

Typ Schnabelpferd. Vs. Stilisierter Kopf r. mit Winkelauge, Lippen in Form von zwei Punkten, Lorbeerkranz in Form von mehreren Ovalen. – Rs. Stark stilisiertes Pferd l., der Kopf in Form eines Schnabels, die Beine als Schleifen mit Punktabschlüssen (Prüfhieb!).

Privatbesitz. – Lit.: vgl. Göbl 1973 a, Taf. 28,326/1 u. 3.

200-201 Ostkeltische Tetradrachme

Typ Sattelkopfpferd. Vs. Extrem stark stilisierter Kopf r. angedeutet durch Striche u. Punkte. – Rs. Pferd l., der Oberkörper des Reiters durch drei Punkte stilisiert, die Beine angedeutet, Gelenke u. Hufe des Pferdes in Form von Kugeln.

Privatbesitz. – Lit.: vgl. Göbl 1973 a, Taf. 26,303/14.

202-203 Ostkeltische Tetradrachme

Kinnloser Typ. Vs. Kaum noch kenntlicher, nach r. gerichteter Kopf (bildliche Weiterentwicklung von *Nr. 188*). – Rs. Stilisiertes Pferd r. mit großem Korpus, die Schnauze in Schnabelform.Der Reiter durch mehrere Striche angedeutet.

Privatbesitz. – Lit.: vgl. Göbl 1973 a, Taf. 20,244/13-15.

204-205 Ostkeltische Tetradrachme

Typ Ringelkopfreiter. Vs. Großer, stark stilisierter Kopf r. mit Mundrosette, unter dem Hals Torquesbogen mit Punktabschlüssen. – Rs. Stark stilisiertes Pferd r., die Schnauze als kleiner Halbmond, der Kopf des Reiters als Kreis mit Mittelpunkt u. Strichhaaren.

Privatbesitz. – Lit.: vgl. Göbl 1973 a, Taf. 21,250/1 f.

b. Bildmotive Alexanders III., des Großen (336–323 v. Chr.)

206-207 Griechischer Stater Alexanders III.

Vs. Kopf der Athene mit Helm r. – Rs. Göttin Nike mit Siegeskranz steht l., im l. Feld E(Biene)Φ, im r. Feld abwärts die Legende: ΑΛΕΞΑΝΔΡΟΥ. Münzstätte von Ephesus.

Privatbesitz; Staatliche Münzsammlung München. – Lit.: vgl. M. J. Price, The Coinage in the name of Alexander the Great and Philip Arrhidaeus Vol. 2 (Zürich/London 1991) Pl. 6,1875.

208-209 Boischer Stater

Athene-Nike-Typus Westerhofen, Lkr. Eichstätt; Umgebung von Lindau. Vs. Stilisierter Kopf l. in Form von Strichen u. Punkten. – Rs. Stilisiertes Bildmotiv der nach l. stehenden Siegesgöttin Nike.

PS MK-K 1495; Württembergisches Landesmuseum Stuttgart Münzkabinett Inv. Nr. MK 1953/280. – Lit.: Kellner 1990, Nr. 2098; 2209.

150   161   188

191   281   289

231   246   270   315

M. 1:1

210–211 Boischer Muschelstater
Sog. Ältere Goldprägung. Schatzfund Westböhmen. Vs. Buckel mit Halbbogen u. abschließendem Punkt (Reste des Helms der Athene?). – Rs. Unebenheiten u. Punkt- u. Strichverzierung (Bildmotiv?).

Privatbesitz. – Lit.: vgl. Paulsen 1974, Nr. 309; 416.

212–213 Boischer Muschelstater
Sog. Jüngere Goldprägung. Vs. Buckel, darauf dezentrierter Punkt, davon ausgehend fünf Striche. – Rs. Halbbogenförmige Erhöhung mit anschließender Vertiefung u. schwacher Strichverzierung, das Ganze ähnelt im Bild einer Muschel.

Privatbesitz; PS MK-K 1510. – Lit.: Kellner 1990, Nr. 2331; vgl. Paulsen 1974, Nr. 357–365.

214–215 Boischer Drittelstater
Athene-Alkis-Typ. Großbissendorf, Lkr. Neumarkt. Vs. Kopf der Athene r. – Rs. Barbarisiertes Motiv des Kriegers mit Speer u. Schild. Frühe keltische Nachahmung.

PS MK-K 3012; 2868.– Lit.: unpubl., vgl. Paulsen 1974, Nr. 59 ff.

216–217 Boischer Drittelstater
Athene-Alkis-Typ. Großbissendorf, Lkr. Neumarkt. Vs. Halbbogenförmiger, kleiner Buckel als Bildmotivrest (?) des Athenekopfes. – Rs. Zwei gegenüberliegende, halbbogenförmige Erhöhungen, darum herum Zickzacklinie. Späte keltische Nachahmung.

PS MK-K 2872; Privatbesitz. – Lit.: unpubl., vgl. Paulsen 1974, Nr. 441.

218–219 Griechische Tetradrachme Alexanders III.
Makedonien. Vs. Herakles im Löwenfell r. – Rs. Thronender Zeus l. hält Vogel u. Szepter, davor als Beizeichen Kantharos (doppelhenkeliger Krug), unter dem Thron das Monogramm: ΗΓ dahinter: ΑΛΕΞΑΝΔΡΟΥ.

Privatbesitz. – Lit.: vgl. M. J. Price, The Coinage in the name of Alexander the Great and Philip Arrhidaeus Vol. 2 (Zürich/London 1991) Pl. 18,12.

220–221 Ostkeltische Nachahmung einer Tetradrachme Alexanders III.
Vs. Herakles im Löwenfell r., schwach barbarisiert. – Rs. Barbarisiertes Motiv des thronenden Zeus, davor u. dahinter Legendenreste: ΛΕΞΑΝΔΡΟ ΛΞΙΛΕΩ.

Privatbesitz. – Lit.: vgl. Göbl 1973 a, Taf. 44,58/3 f.; 43,573.

222–223 Ostkeltische Nachahmung einer Tetradrachme Alexanders III.
Vs. Herakles im Löwenfell r., im Bild schon undeutlich. – Rs. Stark barbarisiertes Motiv des thronenden Zeus, Legendenreste in Form von einigen undeutlichen Strichen.

Privatbesitz. – Lit.: vgl. Göbl 1973 a, Taf. 44,581/9.

224–225 Ostkeltische Nachahmung einer Tetradrachme Alexanders III.
Vs. Barbarisierter Herakleskopf im Löwenfell r., Perlkreis angedeutet. – Rs. Barbarisiertes Motiv des thronenden Zeus l., dahinter die Alexander-Legende in Form von Strichresten, davor Monogramm in Form von 2 gegenständigen Dreiecken.

Privatbesitz. – Lit.: vgl. Göbl 1973 a, Taf. 44,581/13.

226–227 Ostkeltische Nachahmung einer Drachme Alexanders III.
Vs. Stilisierter Herakleskopf im Löwenfell r., das Ganze im Perlkreis. – Rs. Barbarisiertes Motiv des thronenden Zeus mit Vogel, darunter ein undeutliches Monogramm, hinter dem Thron Reste der Alexander-Legende.

Privatbesitz. – Lit.: vgl. Göbl 1973 a, Taf. 45,591/1–3.

c. Bildmotive von römischen Münzen und von Münzen der griechischen Kolonien

228–229 Griechische Drachme
Rhoda. Vs. Lockenkopf l. im Perlkreis. – Rs. Fadenkreuz mit Mittelpunkt, in den Winkeln Halbbögen u. Strichverzierungen.

Staatliche Münzsammlung München. – Lit.: vgl. Castelin 1985, 27 e.

230–231 Südwestgallische Drachme
Typ Monnaie à la croix. Vs. Stilisierter Kopf l. mit Nase- u. Lippenpunkten. – Rs. Fadenkreuz mit Mittelpunkt, in den Winkeln je ein Punkt mit Halbbogen.

Privatbesitz. – Lit.: vgl. G. Savès, Les monnaies gauloises „à la croix" (Toulouse 1976) Taf. I 1; IV 62.

232–233 Südwestgallische Drachme
Typ Monnaie à la croix. Südwestgallien. Vs. Stilisierter Kopf l. mit Nase- u. Lippenpunkten u. welligen Haaren. – Rs. Fadenkreuz, in den Winkeln Kreis, Bogen, Punkt.

Privatbesitz. – Lit.: wie 230–231, Taf. V 88.

234–235 Römischer Denar
150–146 v. Chr. Vs. Romakopf r., dahinter Zahlzeichen X. – Rs. Zweigespann r.

Staatliche Münzsammlung München. – Lit.: Sydenham 1976, Nr. 343.

236–237 Römischer Denar
187–155 v. Chr. Vs. Romakopf r., dahinter Zahlzeichen X. – Rs. Dioskuren nach r. reitend mit Lanze.

Staatliche Münzsammlung München. – Lit.: Sydenham 1976, Nr. 140.

238–239 Südostgallischer Quinar
Allobroges? Vs. Romakopf r., dahinter die Legende: AMBILLI. – Rs. Galoppierender Reiter r. mit Lanze, darunter die Legende: EBVRO.

Privatbesitz. – Lit.: vgl. de La Tour 1991, Nr. 5719.

240–241 Südostgallischer Quinar
Vs. Romakopf r., davor die Legende: DVCNACV. – Rs. Galoppierender Reiter r. mit Lanze.

Privatbesitz. – Lit.: vgl. Castelin 1978 Nr. 50; vgl. de La Tour 1991, Nr. 5888.

242–243 Quinar
Östliches Mittelgallien. Vs. Romakopf l. im doppelten Perlkreis. – Rs. Pferd l., darüber, darunter u. davor Reste der Legende: ΚΑΛΕΤΕΘΟΥ.

Privatbesitz. – Lit.: vgl. Castelin 1978, Nr. 612; 629.

244–245 Quinar
Sequani. Östliches Mittelgallien. Vs. Stilisierter Romakopf l., davor die Legende Q DOCI. – Rs. Pferd l. im Perlkreis, darunter Reste der Legende: ΣΔΛΦ.

Privatbesitz. – Lit.: vgl. Castelin 1978, Nr. 755–763.

246–247 Quinar
Sequani. Östliches Mittelgallien. Vs. Stilisierter Romakopf l., davor die Legende: TOGIRIX. – Rs. Pferd l., darunter langgezogener, offener Bogen.

Privatbesitz. – Lit.: vgl. Castelin 1978, Nr. 711; 714.

248–249 Quinar
Sequani. Östliches Mittelgallien. Vs. Stilisierter Romakopf l., die Lippen als Doppelpunkt. – Rs. Pferd l. im Perlkreis, darunter die Legende: ΣΛΛΙ.

Privatbesitz. – Lit.: vgl. Castelin 1978, Nr. 755–763.

250–251 Drachme
Südostgallien. Vs. Stilisierter Romakopf l. im Perlkreis. – Rs. Seepferdchen l. im Perlkreis (mit antiken Schnittspuren).

Privatbesitz. – Lit.: vgl. Castelin 1978, Nr. 32.

252 Römischer Denar des L. Cossutius C. F Sabula
74 v. Chr. Vs. Medusenhaupt l., dahinter: SABVLA.

Staatliche Münzsammlung München. – Lit.: vgl. Crawford 1991, Nr. 395.

253 Römischer Denar des M. Volteius M. F.
78 v. Chr. Rs. Eber läuft r., darunter: M VOLTEI M F.

Staatliche Münzsammlung München. – Lit.: vgl. Crawford 1991, Nr. 385.

254 Quinar
Westschweiz. Vs. Männlicher Kopf l. mit Flügel in den Haaren mit Legende: NINNO *(vgl. Nr. 252)*.

Schweizerisches Landesmuseum Zürich Inv. Nr. AG K 115. – Lit.: Castelin 1978, Nr. 962.

255 Quinar
Westschweiz. Rs. Eber l. im Perlkreis, darunter: MAVC *(vgl. Nr. 253)*.

Schweizerisches Landesmuseum Zürich Inv. Nr. Amiet 91. – Lit.: Castelin 1978, Nr. 972.

256–257 Griechische Drachme
Massilia. Vs. Lockenkopf r. im Perlkreis. – Rs. Löwe r. darüber ΜΑΣΣΑ.

Privatbesitz; Staatliche Münzsammlung München. – Lit.: vgl. A. Pautasso, Le monete preromane dell' Italia. Sibrium 7, 1962/63, Taf. IV 1 Prototyp.

258–259 Oberitalisch-keltische Drachme
Vs. Lockenkopf r. schwach barbarisiert. – Rs. Stilisierter Löwe r., darüber barbarisierte Legende: ΜΑΣΣΑ.

Privatbesitz. – Lit.: wie Nr. 256–257, Taf. LXXXIII Nr. 429; 418.

260–261 Oberitalisch-keltische Drachme
Vs. Stilisierter Lockenkopf r. mit Nase- u. Lippenpunkten. – Rs. Stilisierter Löwe r., darüber: ϽOVO1OIXVOX.

Privatbesitz. – Lit.: wie Nr. 256–257, Taf. LXXXIX Nr. 454; 453.

262–263 Römische Didrachme
Seit 222 v. Chr. Vs. Januskopf. – Rs. Viergespann r.

Staatliche Münzsammlung München. – Lit.: Sydenham 1976, Nr. 64–66.

264–265 Keltischer Vierundzwanzigstelstater
Manching, Lkr. Pfaffenhofen a.d. Ilm; Kempten. Vs. Januskopf. – Rs. Pferd l., der Reiter stilisiert in Form eines Kopfes.

PS MK-K 10; 1473. – Lit.: Kellner 1990, Nr. 62; 2199.

266 Keltischer Vierundzwanzigstelstater
Stöffling, Lkr. Traunstein. – Rs. Pferd r., der Reiter stilisiert in Form von drei Punkten.

PS E.-Nr. 1993, 2a. – Lit.: Egger 1993, Nr. 16.

267 Zweiundsiebzigstelstater (?)
Manching, Lkr. Pfaffenhofen a.d. Ilm. Vs. Januskopf. – Rs. Pferd r., der Reiter stilisiert in Form von drei Punkten.

PS MK-K 52. – Lit.: Kellner 1990, Nr. 63.

268–269 Römischer Denar des M. Serveilius C. F.
100 v. Chr. Vs. Romakopf r. – Rs. 2 kämpfende Soldaten mit Schwert u. Schild, 2 Pferde, darunter die Legende: M SERVEILI CF.

Staatliche Münzsammlung München. – Lit.: vgl. Crawford 1991, Nr. 327/1; Scheers 1983, Nr. 346.

270–271 Hessischer Quinar
Nauheimer Typ. Vs. Lockenkopf r. im Seilkreis. – Rs. Männlein mit Mäntelchen l., hält Torques, das Ganze eingefaßt durch einen Ringel- u. einen Blattkranzkreis.

Privatbesitz. – Lit.: vgl. Castelin 1978, Nr. 1113; Scheers 1983, Nr. 344–347.

272–273 Römischer Quadrans des Augustus aus Lyon
9–14 n. Chr. Vs. Kopf des Augustus r., Legende: AVGVSTVS DIVI F. – Rs. Stier r., darunter: IMP XII.

Staatliche Münzsammlung München. – Lit.: vgl. C. H. V. Sutherland, The Roman Imperial Coinage Vol. I (London 1984) Augustus Nr. 187 a.

274–275 Keltische Kleinbronze
Vs. Im Perlkreis männliches Brustbild r. *(vgl. Nr. 272)* – Rs. Stier l., darüber: GERMANVS, darunter INDVTILLI L *(vgl. Nr. 273)*.

Privatbesitz; Schweizerisches Landesmuseum Zürich Inv. Nr. ZB 1050. – Lit.: Castelin 1978, Nr. 509.

276 Römischer Denar (Serratus) des Q. Fufius Kalenus u. P. Mucius Scaevola Cordus
70 v. Chr. Vs. Honos und Virtus r. mit Legende HO/VIRT, darunter: KALENI.

Staatliche Münzsammlung München. – Lit.: vgl. Crawford 1991, Nr. 403/1.

277 Römischer Denar des L. Marcius Philippus
56 v. Chr. Rs. Reiterstatue auf einem Aquädukt stehend r., l. davor: PHILIPPVS, darunter die Legende: AQUAMAR.

Staatliche Münzsammlung München. – Lit.: vgl. Crawford 1991, Nr. 425/1.

278 Pannonisches Großsilber des Fürsten BIATEC
Vs. Zwei stilisierte Köpfe r., der eine mit Zöpfen *(vgl. Nr. 276)*.

Privatbesitz. – Lit.: vgl. Paulsen 1974, Nr. 723.

279 Pannonisches Großsilber des Fürsten BIATEC
Rs. Reiter r. auf Standlinie, darunter: BIATEC *(vgl. Nr. 277)*.

Privatbesitz. – Lit.: wie Nr. 278.

d. Bildmotive aus Noricum

280–281 Westnorische Tetradrachme
Typ Kugelreiter. Haimburg, Kärnten. Vs. Kopf l. mit Winkelnase u. breitem Lorbeerkranz. – Rs. Pferd mit Reiter l., die Hufe in Hackenform, die Schnauze tetraederförmig.

Privatbesitz. – Lit.: R. Göbl, Der norische Tetradrachmenfund 1972 aus Haimburg in Kärnten (Wien 1989) Nr. 67; 114.

282–283 Westnorische Tetradrachme
Vs. Kopf l. mit spitzer Nase u. breitem Hals. – Rs. Lanzenreiter r., Gelenke u. Hufe des Pferdes als Punkte, darunter die Legende: ADNAMATI.

PS E.-Nr. 1990/66a. – Lit.: vgl. Göbl 1973 b Taf. 7.

284–285 Westnorische Tetradrachme
Vs. Kopf r. mit Lorbeerkranz im Perlkreis. – Rs. Reiter l. mit Speer u. 3 Ringeln, unter dem Pferd die Legende: ECCAIO.

PS E.-Nr. 1990/66a. – Lit.: vgl. Göbl 1973 b Taf. 17.

286–287 Ostnorische Tetradrachme
Typ Samobor/A. Vs. Kopf l. mit breitem Lorbeerkranz. – Rs. Pferd l. mit sog. Messerhufen.

Privatbesitz. – Lit.: vgl. Göbl 1973 b Taf. 22,7 f.

288 Ostnorische Tetradrachme
Augentyp-Stamm. Vs. Stark stilisierter Kopf l. mit breitem Lorbeerkranz u. Winkelauge.

Privatbesitz. – Lit.: vgl. Göbl 1973 b Taf. 37,30 E.

289 Ostnorische Tetradrachme
Typ Wuschelkopf. Rs. Pferd l. mit Perlenmähne, darüber großes achtspeichiges Rad.

Privatbesitz. – Lit.: vgl. Göbl 1973 b Taf. 40,86/51.

V.3 Münztechnik

290 Schrötlingsformen
Manching, Lkr. Pfaffenhofen a.d. Ilm, 2.–1. Jh. v. Chr.

Zur Herstellung von Schrötlingen benutzte man Tonplatten mit rundlichen Vertiefungen, in die man das vorher abgewogene Rohmaterial einfüllte. Zwei der Platten zeigen kleine Goldkügelchen, sog. *reguli*, die beim Schmelzen des Goldes aus der Vertiefung geblasen wurden und an der Oberfläche der Platte haften blieben (s. Pfeilmarkierungen auf den jeweiligen Stücken). *(vgl. Abb. 189).*

PS Inv. Nr. 1956,163 e–f; 1956,716; 1959,91 a; 1959,292 a; 1961,76. – Lit.: Kellner 1990, S. 131 ff.; 230 ff.; Taf. 31–40. Nr. 810, 811, 832, 855, 886, 899.

291 Tondüsenfragmente
Kelheim. 2.–1. Jh. v. Chr.

Zum Schmelzen des Rohmetalls, das in Form von Goldstaub und Granulat vorlag, waren hohe Temperaturen notwendig. Die Hitze eines Holzkohlenfeuers reicht im Normalfall dazu nicht aus. Man versuchte deshalb, mit Hilfe von Blasebälgen, an deren Ende sich Tondüsen befanden, das Feuer noch stärker anzufachen.

Archäologisches Museum der Stadt Kelheim. – Lit.: B. Overbeck, Alkimoënnis, eine neue keltische Münzstätte. BVbl. 52, 1987, 245 ff.; Taf. 8,11 a/b.

292 Feinwaagen
Manching, Lkr. Pfaffenhofen a.d. Ilm. 2.–1. Jh. v. Chr.

Zur Überprüfung des Gewichts der Schrötlinge (Münzrohlinge), aber auch um die Qualität der eigenen und fremden Münzen zu überprüfen, wurden Waagen eingesetzt. Von den Waagen sind heute vielfach nur noch die Waagbalken erhalten, die Schälchen und die Verbindungsdrähte zwischen Balken und Schalen fehlen häufig. Waagen sind auch aus anderen latènezeitlichen Siedlungen überliefert.

PS Inv. Nr. 1956,502; 1962,299. – Lit.: Jacobi 1974, Nr. 505; 515. Zu Funden von Feinwaagen aus Böhmen u. Mähren vgl. J. L. Píč, Čechy na úsvitě dějin. Starožitnosti země České, 2. Hradiště u Stradonic jako historické Marobudum, Praha 1903, S. 76; F. Lipka/ K. Snětina, Staré Hradisko. Gallské Oppidum na Moravě. Časopis Moravského Musea Zemského, Ročník 12, 1912, 73–92 u. 298–309 Tab. VIII.

293 Münzstempel
Staffelberg, Lkr. Lichtenfels. 2.–1. Jh. v. Chr.

Gew. 22,60 g; Dm. 2,4 cm; H. 0,6 cm. Teil eines Vorderseitenstempels mit leicht muldenförmiger, stark korrodierter Vertiefung. Der Stempel diente möglicherweise zur Prägung von Regenbogenschüsselchen-Stateren.

Staatliche Münzsammlung München. – Lit.: B. Overbeck, Neufunde sogenannter „glatter Regenbogenschüsselchen" aus Unterfranken. Mainfränk. Studien 37, 1986, 106 ff.; Abb. 9.

294 Münzstempel
Staffelberg, Lkr. Lichtenfels. 2.–1. Jh. v. Chr.

Gew. 18,68 g; Dm. 1,8 cm; H. 3,6 cm. Kegelförmiger, auf der Bildseite stark zerstörter Eisenstempel. Kein Bildmotiv mehr erkennbar, daher Zuweisung zur Prägung eines bestimmten Münztyps nicht möglich.

PS Inv. Nr. 1986/5278 a. – Lit.: B. Ziegaus, Der latènezeitliche Münzumlauf in Franken. BVbl. 54, 1989, 69 ff., bes. 109 Abb. 2.

295 Münzstempel
Karlstein, Lkr. Berchtesgadener Land. 1. Jh. v. Chr.

Gew. 105,0 g; Dm. 1,1–1,7 cm; L. 8,1 cm. Langer, im Durchmesser sehr schmaler Eisenstempel, insgesamt sehr gut erhalten. An der Außenseite des Stempels befindet sich etwa in der Mitte ein nach-

Nr. 295   *Nr. 299*

träglich angebrachter Eisenblechstreifen von ca. 2,5 cm L. Die Bildseite zeigt ein gleichschenkliges Kreuz mit zentraler Vertiefung in der Mitte, ein typisches Bildmotiv für norisches Kleinsilber.

PS E.-Nr. 1988,15 – Lit.: unpubl; zum Bildmotiv vgl. Göbl 1973 b Taf. 47 I Aa (ähnlich).

296 Münzstempel
Stöffling, Lkr. Traunstein. 2.–1. Jh. v. Chr.

Gew. 69,7 g; Dm. 0,9–1,2 cm; L. 8,2 cm. Langer, octaederförmiger, im Durchmesser sehr schmaler Eisenstempel. Das Bildmotiv ist nicht mehr erkennbar, aufgrund des Durchmessers könnte der Stempel jedoch für die Prägung von Kleingoldstücken (z.B. $\frac{1}{24}$-

Stateren), die aus der Latènesiedlung mehrfach nachgewiesen sind, oder Kleinsilbermünzen verwendet worden sein.

PS E.-Nr. 1990/68. – Lit.: unpubl.

297 Münzstempel
Fundort unbekannt

Gew. 68,5 g; Dm. 1,9–2,2 cm; H. 1,6 cm. Rückseitenstempel zur Prägung von glatten Regenbogenschüsselchen. Eventuell handelt es sich auch um ein Halbfabrikat.

PS Inv. Nr. 1990,3511. – Lit.: unpubl.; vgl. Auktionskatalog B. Peus 326, 1989, Nr. 27.

298 Münzstempel
Fundort unbekannt (wahrscheinlich Hessen).

Gew. 39,47 g; Dm. ca. 2,2 cm; H. ca. 2,9 cm. Fragment eines Rückseitenstempels mit dem Motiv des Männleins mit Torques (sog. Nauheimer Typ, *vgl. Nr. 232*). Der Stempel befand sich wahrscheinlich nur sehr kurze Zeit in Gebrauch, ein Teil davon brach ab.

Reiss-Museum Mannheim. – Lit.: unpubl.; vgl. Auktionskatalog B. Peus 318, 1987, Nr. 1113.

299 Münzstempel
Staré Hradisko, okr. Prostějov, Mähren.

Dm. 3,9 cm; H. ca. 2,0 cm. Eiserner Münzstempel mit Bronzeeinbettung, darin eingelassen eine kleine Vertiefung. Der Stempel diente möglicherweise zur Prägung goldener ⅛-Statere vom Athene-Alkis-Typ.

Moravské Zemské Muzeum Brno. – Lit.: unpubl.; Publikation von J. Sejbal in Vorbereitung.

J.S.

300 Münzstempel
Staré Hradisko, okr. Prostějov, Mähren. 2.–1. Jh. v. Chr.

Dm. 1,2–2,8 cm, H. 8,6 cm. Langer Eisenstempel, Bildfläche unkenntlich. Der Stempel diente zur Prägung eines größeren Nominals, vielleicht von Drittelstateren.

Museum Boskovice Inv. Nr. 602–654. – Lit.: J. Meduna, Staré Hradisko. Font. Arch. Moravicae II (Brno 1961) 29 Nr. 602–654; Taf. 19,6.

301 Bleifragment
Staré Hradisko, okr. Prostějov, Mähren. 2.–1. Jh. v. Chr.

Es handelt sich um einen bisher einmaligen Beleg für eine Probeprägung, mit der man auf einer runden Bleiplatte mehrmals prüfte, ob die Stempelgravur gelungen war und sich alle Teile des Motives deutlich abzeichneten. Alle vier Abdrücke zeigen ein nach links galoppierendes Pferd, das aus demselben Stempel stammt. Nachdem die Pferdedarstellung charakteristisch für die Rückseite von Silber-

münzen ist, dürfte es sich um einen Rückseitenstempel handeln. Dm. 5,0 cm.

Archäologisches Institut ČAV Brno Inv. Nr. 602–2158/66. – Lit.: J. Meduna, Das keltische Oppidum von Staré Hradisko in Mähren. Germania 48, 1970, 35 ff.; Taf. 16,10.

302 Halbfabrikate (Schrötlinge und Barren)
Manching, Lkr. Pfaffenhofen a.d. Ilm; Stöffling, Lkr. Traunstein. 2.–1. Jh. v. Chr.

Funde von Gold- und Silberschmelzresten sowie Schrötlingen gibt es aus latènezeitlichen Siedlungen bisher nur in sehr geringer Zahl. Einige Halbfabrikate sind aus dem Oppidum von Manching und der keltischen Siedlung von Stöffling am Chiemsee nachgewiesen. Herausragend ist vor allem ein goldener Schrötling im Gewicht eines ½₄-Staters, der völlig plan ist und noch vor dem Prägen verloren gegangen sein dürfte. Bemerkenswert ist ferner ein gefütterter Silberbarren von heute noch 8,1 cm L. (Gew. 18,31 g), der feine Markierungen auf einer Seite aufweist.

PS MK-K 15; 87; 27; PS E.-Nr. 1990/68; 1992/5. – Lit.: Kellner 1990, Nr. 117, 120, 121; Egger 1993, Nr. 25.

303 Gefütterte Gold- und Silbermünzen
Manching, Lkr. Pfaffenhofen a.d. Ilm; Stöffling, Lkr. Traunstein. 2.–1. Jh. v. Chr.

Die Zahl der gefütterten Münzen aus dem Oppidum von Manching fällt mit 40 % im Vergleich zu den guthaltigen Gold- und Silbermünzen hoch aus. Ein unedler Kupferkern wird mit einem Gold- oder Silberüberzug versehen. Ob hiermit eine betrügerische Absicht verbunden war, oder ob man sich aus Mangel an Rohmaterial damit behalf, die Münzen mit einem unedlen Kern (sog. Anima) zu versehen, wird in der Forschung noch diskutiert.

PS MK-K 107; 33; 573; 599; 604; 606; PS E.-Nr. 1990/68. – Lit.: Egger 1993, Nr. 223; Kellner 1990, 23–26; Nr. 50, 53.

304 Hackstücke und Gußfragmente
Manching, Lkr. Pfaffenhofen a.d. Ilm; Stöffling, Lkr. Traunstein. 2.–1. Jh. v. Chr.

Eine kleine Zahl von absichtlich deformierten Münzen mit Schnittspuren (Halbierung u. Viertelung) oder in Form von Schmelzresten zeigen, daß man hochwertiges (?) Münzmaterial dem Umlauf entzog, um es einzuschmelzen und neue Münzen mit niedrigerem Feingehalt zu prägen. Bisher kennen wir nur angeschmolzene Silber- und Bronzestücke, Belege für Gold fehlen. Ob es sich bei der Goldschmelze aus Stöffling ursprünglich um eine Münze handelte, ist unklar, das Gewicht von 2,683 g würde in etwa einem boischen Drittelstater gleichkommen. Aus dem süddeutschen Raum gibt es kein Münznominal mit entsprechendem Gewicht.

PS MK-K 108; 42; 91; PS E.-Nr. 1988/18; 1990/103. – Lit.: Kellner 1990, Nr. 10; 112; 118.

Nr. 300, 301

305 Gegossene Münzen
Manching, Lkr. Pfaffenhofen a.d. Ilm. 2.–1. Jh. v. Chr.

Direkte Hinweise auf die Herstellung von gegossenen Münzen (kenntlich an den Gußzapfen) im Oppidum von Manching gibt es bisher nicht. Bei dem relativ einfachen Herstellungsverfahren scheint es nicht ausgeschlossen, daß man mit entsprechend guten Vorbildern (z. B. Potinmünzen der Leuker oder Sequaner, die im Oppidum sehr häufig gefunden wurden) auf eigene Faust Stücke nachgegossen hat. Gußformen wurden bisher allerdings nicht entdeckt.

PS MK-K 81; 67; 64; 62; 21; 83; 68; 69. – Lit.: Kellner 1990, Nr. 5; 9; 14; 16; 18; 30; 33; 34.

306 Karte keltischer Münzstätten in Bayern
Als Nachweis einer Prägestätte gelten Funde von Schrötlingsformen, Münzstempeln und Halbfabrikaten in Form von Schrötlingen oder Gußkügelchen. Aus dem südbayerischen Raum kennen wir bisher fünf Prägestätten (Manching, Kelheim, Staffelberg, Karlstein, Stöffling). Für einige andere Orte werden Münzstätten vermutet (z.B. Berching-Pollanten, Wallersdorf).

Nach K. Castelin, Eine Karte keltischer Münzstätten in Mitteleuropa. Mitt. Österr. Num. Ges. 18, 1973, 31 ff.; Kellner 1990, 9 ff. und Ergänzungen.

V.4 Einheimische Prägungen und fremde Münzen im Oppidum von Manching

a. Einheimische Prägungen (Auswahl)

307–308 Zwei Regenbogenschüsselchen-Statere
Typ V A (glatt) und V D (Stern).

PS MK-K 6; 30. – Lit.: Kellner 1990, Nr. 48; 51.

309 Regenbogenschüsselchen-Viertelstater
Typ V A (glatt).

PS MK-K 1457. – Lit.: Kellner 1990, Nr. 54.

310–312 Drei Büschelquinare
Vs. Stark stilisierter Kopf l. – Rs. Pferdchen mit verschiedenen Beizeichen.

PS MK-K 29; 121; 53. – Lit.: Kellner 1990, Nr. 71; 88; 89.

313–314 Zwei Kleinsilbermünzen
Typ Manching – Rs. Pferdchen mit verschiedenen Beizeichen.

PS MK-K 221; 79. – Lit.: Kellner 1990, Nr. 97; 756.

b. Fremde Prägungen (Auswahl)

315 Rheinischer Pegasus-Viertelstater
Mediomatrici. Vs. Kopf mit Locken r. – Rs. geflügeltes Pferd r., darunter zahlreiche Punkte.

PS MK-K 61. – Lit.: Kellner 1990, Nr. 4.

316–318 Drei nordgallische Potinmünzen
Leuker. Vs. Kopf mit Stirnbinde l. – Rs. Eber l. mit verschiedenen Beizeichen.

PS MK-K 65; 82; 403. – Lit.: Kellner 1990, Nr. 7; 8; 424.

319–320 Zwei südostgallische Drachmen
Typ Monnaies à la croix. Vs. Stilisierter Kopf l. in Perlkreis. – Rs. Fadenkreuz,in den Winkeln Halbmonde u. Lilienornamente.

PS MK-K 59; 60. – Lit.: Kellner 1990, Nr. 2; 3.

321 Philipper-Stater
Helvetier. Schweiz. Vs. Kopf r. mit Lorbeerkranz. – Rs. Zweige-spann l. mit Wagenlenker.

PS MK-K 24. – Lit.: Kellner 1990, Nr. 32.

322–324 Drei Potinmünzen
Sequaner. Vs. Stilisierter Kopf l. mit doppelter Stirnbinde. – Rs. Stoßender Stier l.

PS MK-K 63; 25; 298. – Lit.: Kellner 1990, Nr. 21; 28; 458.

325–326 Zwei Kreuzmünzen
Typ Dühren. Vs. Lockenkopf r. – Rs. Kreuz, in den Winkeln Winkel u. Ringe.

PS MK-K 22; 142. – Lit.: Kellner 1990, Nr. 36; 483.

327–328 Zwei Kreuzmünzen
Typ Schönaich. Vs. Stilisierter Kopf r. – Rs. Kreuz, in den Winkeln Punkte u. Bögen.

PS MK-K 123; 41. – Lit.: Kellner 1990, Nr. 40; 41.

329–330 Zwei böhmische Muschelstatere
Vs. Unregelmäßiger Buckel. – Rs. muldenförmige Vertiefung.

PS MK-K 36; 71. – Lit.: Kellner 1990, Nr. 110; 111.

331–333 Drei böhmische Kleinsilbermünzen
Vs. Stilisierter Kopf. – Rs. Pferdchenmotiv.

PS MK-K 72; 290; 288. – Lit.: Kellner 1990, Nr. 104; 763; 775.

334–336 Zwei Asse und ein Semis der römischen Republik
2. Jh. v. Chr.

PS MK-K 39; 23; 136. – Lit.: Egger 1993, Nr. 446; Kellner 1990, Nr. 122; 123; 796.

337 Kampanische Mittelbronze
Ca. 250–200 v. Chr. Neapolis.

PS MK-K 140. – Lit.: Egger 1993, Nr. 445; Kellner 1990, Nr. 798.

V.5 Neue und seltene Münztypen aus Bayern

In den vergangenen Jahren wurden aus dem Oppidum von Manching und anderen latènezeitlichen Siedlungen viele Silbermünzen und eine ganze Reihe von Gold- und Bronzemünzen aufgelesen. Die Durchsicht des Materials bestätigt die Vermutung, daß das Typenspektrum der keltischen Prägungen in Süddeutschland bisher nur teilweise bekannt ist, da beispielsweise aus der Latènesiedlung von Stöffling am Chiemsee unter den knapp zwei Dutzend Goldmünzen

allein zwei neue Typen vertreten sind. Aber auch die neuen Goldfunde aus der Oberpfalz und dem Unterallgäu enthielten zahlreiche neue Münztypen.

a. Goldmünzen

338 Regenbogenschüsselchen-Stater
Typ Schleife I. Bimbach, Lkr. Kitzingen. Rs. Drei Schleifen mit Punktabschlüssen (vgl. Kellner 1990, Typ V F).

PS MK-K 1445. – Lit.: Kellner 1990, Nr. 2328.

339 Regenbogenschüsselchen-Stater
Typ Schleife II. Großbissendorf, Lkr. Neumarkt. Rs. Drei-Schleifen-Ornament.

PS MK-K 2754.– Lit.: unpubl.

340 Regenbogenschüsselchen-Stater
Typ Doppelschnörkel. Großbissendorf, Lkr. Neumarkt. Rs. Sog. Doppelschnörkelmotiv mit lanzenförmiger Spitze.

PS MK-K 2713. – Lit.: unpubl.; vgl. Kellner 1990, Typ VII B.

341–342 Regenbogenschüsselchen-Stater
Typ Vierwirbel, Großbissendorf, Lkr. Neumarkt. Vs. Kettengliederornament um einen unregelmäßigen Buckel. – Rs. Vierflügliges Windrad mit zentralem Kreis mit Mittelpunkt.

PS MK-K 2756. – Lit.: unpubl.; vgl. Kellner 1990, Typ X.

343 Regenbogenschüsselchen-Stater
Typ Lampion. Großbissendorf, Lkr. Neumarkt. – Rs. Querstreifen in doppeltem Linienkreis.

PS MK-K 2755; Galvano. – Lit.: unpubl.; vgl. Kellner 1990, Typ XII.

344–345 Regenbogenschüsselchen-Stater
Typ Haarkranz. Großbissendorf, Lkr. Neumarkt. Vs. Haarkranzmotiv, das um einen unförmigen Buckel eingraviert ist (stilisierter Kopf?). – Rs. Dreiviertelkreis mit kleiner Nut an der Außenseite, darin zentraler Punkt.

PS MK-K 2743, 2744. – Lit.: M. Egger, Der keltische Schatzfund aus dem Ammerseegebiet–Verbindungen zu Italien? In: H. Dannheimer (Hrsg.), Spurensuche. Kat. Prähist. Staatsslg. Beih. 3 (Kallmünz 1991) 105 ff.; Abb. 1,4.

346–347 Regenbogenschüsselchen-Stater
Typ Hakenornament. Großbissendorf, Lkr. Neumarkt. Vs. Hakenornament mit Punktabschlüssen. – Rs. Motivlos, jedoch mit unregelmäßigen Strichprägespuren.

PS MK-K 2750-2751. – Lit.: unpubl.

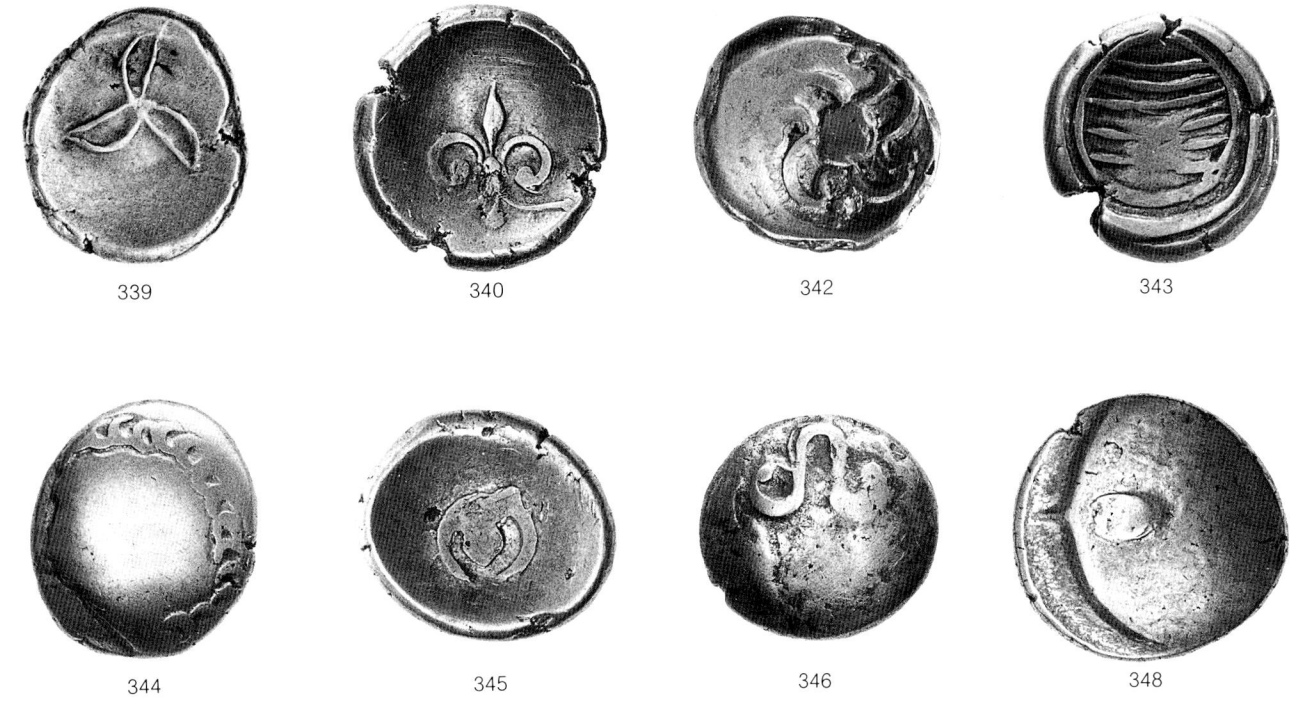

339   340   342   343

344   345   346   348

M. 2:1

348 Regenbogenschüsselchen-Stater

Typ Buckelpunkt. Heidenstein, Lkr. Kelheim. Vs. Glatt mit unregelmäßigem Buckel, darauf dezentrierter Punkt. – Rs. Glatt.

PS MK-K 3006 (Galvano). – Lit.: B. Ziegaus, Ein keltischer Goldstater vom Heidenstein bei Altessing, Lkr. Kelheim. In: M. M. Rind (Hrsg.), 80 000 Jahre Müll, Archäologische Forschungen im Landkreis Kelheim 1986–1990 (Kelheim 1991) 52 ff.; Abb. 25.

349 Regenbogenschüsselchen-Stater

Typ II E mit Aufschrift. Vs. Vogelkopf l. mit Blattkranz, Aufschrift: AV. – Rs. Stern, darüber drei pyramidal angeordnete Kugeln, darunter lyraförmiges Ornament, Aufschrift: ATVLL.

Privatbesitz; Württembergisches Landesmuseum Stuttgart Münzkabinett Inv. Nr. MK 1958/63. – Lit.: vgl. Kellner 1990, Typenübersicht 1.

350 Regenbogenschüsselchen-Viertelstater

Volutentyp Typ V J. Großbissendorf, Lkr. Neumarkt. Vs. Stilisierter Kopf r. – Rs. Volutenmotiv, stilisierter Vogelkopf?

PS MK-K 2827–2828. – Lit.: unpubl.; vgl. Kellner 1990, Typenübersicht 3.

351 Regenbogenschüsselchen-Viertelstater

Typ Zackenornament. Großbissendorf, Lkr. Neumarkt. Vs. Doppelzackenornament mit Halbbogenabschlüssen. – Rs. Punktprägespuren.

PS MK-K 2825–2826. – Lit.: unpubl.

352 Regenbogenschüsselchen-Viertelstater

Mit Punkt. Stöffling, Lkr. Traunstein. Vs. Glatt mit unförmigem Buckel. – Rs. Dezentrierter Punkt mit anschließenden Doppelstrich u. Prägeresten.

PS E.-Nr. 1993/8. – Lit.: Egger 1993, Nr. 7, 8.

353 Vierundzwanzigstelstater

Manching, Lkr. Pfaffenhofen a.d. Ilm, Stöffling, Lkr. Traunstein. Typ Manching A. Vs. Kopf r. mit Haarkranz. – Rs. Pferd r. mit zurückgewandtem Menschenkopf.

PS MK-K 51; PS E.-Nr. 1993/8. – Lit.: Kellner 1990, Nr. 64; Egger 1993, Nr. 18.

354 Vierundzwanzigstelstater
Manching, Lkr. Pfaffenhofen a.d. Ilm. Typ Manching B. Vs. Stilisierter Lockenkopf r. – Rs. Pferd l. mit zurückgewandtem Menschenkopf.

PS MK-K 50; 592. – Lit.: Kellner 1990, Nr. 65.

355 Vierundzwanzigstelstater
Stöffling, Lkr. Traunstein.

Typ Stöffling I. Vs. Drei in Triskelesform angeordnete stilisierte Menschenköpfe (Auge und Nasen als Punkte, konturierte Backenpartie) mit unterschiedlichen Haaransätzen: Die Haare von Kopf 1 werden durch kurze, waagerechte Doppelstriche dargestellt, die abwechselnd von einem senkrechten Strich unterbrochen werden; die Haare von Kopf 2 werden durch unregelmäßig angeordnete Punkte und Dreiecke angedeutet, die Haare von Kopf 3 bestehen aus vielen feinen, senkrecht verlaufenden Strichen, die von Punkten unterbrochen werden. – Rs. Pferd nach links, dessen Beine nicht mehr ganz auf die Münze gelangten. Der Reiter wird in Form eines Halbbogens dargestellt. Oberhalb des Kopfes und des Hinterleibes des Pferdes erkennt man mehrere feine Striche. Parallel oberhalb zum Pferderücken verläuft ein langer, feiner Stempelriß, der sich auf der rechten Bildseite nach unten fortsetzt. Der Münzrand zeigt an mehreren Stellen antike Feilspuren.
Die stilisierten Köpfe, wie auch das Pferdemotiv auf der Rs. erinnern an die ¼-Statere vom Typ Manching A und B *(vgl. Nr. 353; 354)*. Aufgrund der großen Bildähnlichkeit und des nahezu gleichen Gewichtes mit 0,336 g möchte man vermuten, daß dieses Stück zusammen mit den ¼-Stateren vom sog. Janus-Typ *(vgl. Nr. 264–265)* umlief, zumal von letzteren aus Stöffling auch noch zwei stempelgleiche Exemplare bekannt sind. Das Gewicht des Rechnungsstaters für die Münze vom Typ Stöffling I liegt bei über 8 g.

PS E.-Nr. 1993/8. – Lit.: Egger 1993, Nr. 15.

356 Achtundvierzigstelstater (?)
Stöffling, Lkr. Traunstein.

Typ Stöffling II. Vs. Stilisierter Kopf r., Nase und Auge jeweils als dicker Punkt, die Haare ebenfalls als Punkte. – Rs. Dezentrierte, buckelige Erhöhung. Am Übergang vom Buckel zur glatten Fläche mehrere punktförmige Reste.
Das Nominal ist bisher nicht belegt und stellt vielleicht das Bindeglied zwischen dem ¼-Stater und dem vermuteten ⅟₇₂-Stater *Nr. 266* dar. Ob die Rs. über ein Bildmotiv verfügt, läßt sich anhand des vorliegenden Exemplars nicht feststellen. Zu verweisen wäre in diesem Zusammenhang auf die zwei münzähnlichen Goldplättchen aus dem latènezeitlichen Grab von Weißenthurm, Lkr. Mayen-Koblenz, von denen ein Stück mit einem Gewicht von 0,144 g dem Stöfflinger Exemplar mit 0,154 g sehr nahe kommt (vgl. Forrer 1968, 223 Fig. 402). Sollte es sich bei unserer Münze tatsächlich um einen ¼₈-Stater handeln, so käme man bei der Umlegung auf den Rechnungsstater auf ein Gewicht von 7,392 g.

PS E.-Nr. 1993/8. – Lit.: Egger 1993, Nr. 24.

b. Silber

357 Nachahmung eines Haeduer-Quinars
Manching, Lkr. Pfaffenhofen a.d. Ilm; München-Zamdorf. Vs. Kopf r. mit Henkelohr im Perlkreis. – Rs. Pferd l. mit Punktmähne, darüber u. darunter je eine Schleife.

PS MK-K 3007; 1480. – Lit.: unpubl.; Kellner 1990, Nr. 2070.

358 Büschelquinar
Stöffling, Lkr. Traunstein. Vs. Stilisierter Kopf l. mit Henkelohr, dicker Backe u. spitzer Nase. – Rs. Pferd l. mit Strichmähne.

PS E.-Nr. 1993/8. – Lit.: Egger 1993, Nr. 90, 91.

359 Büschelquinar
Typ Torques. Stöffling, Lkr. Traunstein. Vs. Stilisierter Haarbüschel mit abschließendem Torquesbogen. – Rs. Pferd l. mit Punktmähne, darüber: V.

PS E.-Nr. 1993/8. – Lit.: Egger 1993, Nr. 176, 177.

360–361 Quinar mit Lockenkopf I
Stöffling, Lkr. Traunstein. Vs. Stilisierter Kopf r. mit großer Nase, die Haare in Form von vier bogenförmigen Reihen. – Rs. Kreuz, in den Winkeln: 3 Punkte/Bogen mit Punkt/3 Punkte/1 Punkt.

PS E.-Nr. 1993/8. – Lit.: Egger 1993, Nr. 50, 54.

362–363 Quinar mit Lockenkopf II
Manching, Lkr. Pfaffenhofen a.d. Ilm, Stöffling, Lkr. Traunstein. Vs. Naturalistischer Kopf r., Haare durch viele kleine Halbbögen angedeutet. – Rs. Kreuz, in den Winkeln: 3 Kreise im Wechsel mit einem Winkel, das Ganze im Perlkreis.

PS MK-K 3008; PS E.-Nr. 1993/8. – Lit.: Egger 1993, Nr. 40; vgl. M. Egger, Ein seltener keltischer Quinar von Langwied bei München. Das Arch. Jahr in Bayern 1989, 108; ders. 1993, Nr. 40.

364–365 Kleinsilber
Stöffling, Lkr. Traunstein. Typ mit Stachelhaaren. Vs. Kopf l. mit Haarkalotte u. Endkugeln. – Rs. Pferd l. mit Punktmähne, darüber fünf Punkte in Kreuzform.

PS E.-Nr. 1993/8. – Lit.: Egger 1993, Nr. 296, 301; vgl. Kellner 1990, Nr. 753.

366 Kleinsilber
Stöffling, Lkr. Traunstein. Typ Mondsichel. – Rs. Pferd l. mit Kugelschnauze, darüber Bogen mit kleinem Mittelpunkt, das Ganze ähnelt einer Mondsichel.

PS E.-Nr. 1990/68. – Lit.: Egger 1993, Nr. 446.

367 Kleinsilber
Stöffling, Lkr. Traunstein. Typ Pferdchen mit Kreisauge. Rs. Pferd l., darunter Kreisauge, darüber Torques?

PS E.-Nr. 1990/68. – Lit.: Egger 1993, Nr. 445.

368 Kleinsilber
Stöffling, Lkr. Traunstein. Typ Pollanten. Vs. Kopf l. mit spitzer Nase, Punktauge u. -lippen, Henkelohr.

PS E.-Nr. 1990/68. – Lit.: Egger 1993, Nr. 444; vgl. Kellner 1990, Nr. 962.

369 Kleinsilber
Stöffling, Lkr. Traunstein. Typ mit Strichnase. Vs. Kopf r. mit strichförmiger Nase u. Augenwulst, die Haare nur angedeutet.

PS E.-Nr. 1990/68. – Lit.: Egger 1993, Nr. 440.

370–371 Kleinsilber
Dürnbucher Forst, Lkr. Pfaffenhofen. Typ Mäusegesicht. Vs. Stark stilisierter Kopf r., Haare angedeutet. – Rs. Pferd r., darüber eine Kugel.

PS MK-K 3009 (Galvano). – Lit.: unpubl.

372–373 Kleinsilber Kreuz I
Stöffling, Lkr. Traunstein. Vs. Kopf r. mit Ringellocken. – Rs. Kreuz, in den Winkeln alternierend Kreis mit Mittelpunkt u. Winkel mit Punktabschlüssen.

PS E.-Nr. 1990/68. – Lit.: Egger 1993, Nr. 329, 356.

374 Kleinsilber
Manching, Lkr. Pfaffenhofen a.d. Ilm. Typ Gehörnter Stier (oder Pferd?). Vs. Rs. Stier oder Pferd l. mit Hörnern, die in Kugeln enden, darüber drei Punkte, davor Kreis mit Mittelpunkt, unter dem Pferd Sporn.

PS MK-K 3010. – Lit.: M. Egger, Die erste Stierdarstellung auf einer keltischen Münze aus Bayern. Das Arch. Jahr in Bayern 1988, 90.

375 Kleinsilber
Manching, Lkr. Pfaffenhofen a.d. Ilm. Typ Karlstein (neue Variante?). Vs. Stilisierter Kopf l. mit Stirnbinde (Lorbeerkranz?). – Rs. Pferd l. mit Kugelhufen- u. gelenken.

PS MK-K 3011; Galvano. – Lit.: unpubl.

V.6 Bedeutende Neufunde aus der Oberpfalz, dem Unterallgäu und Unterfranken

376 Münzfund von Großbissendorf
Lkr. Neumarkt. Etwa Mitte 2. Jh. v. Chr.

Der 1986 durch Zufall auf einem Privatgrundstück entdeckte Fund besteht aus 386 süddeutschen Regenbogenschüsselchen und boischen Goldmünzen. Sie lagen vermutlich in einem eisernen Gefäß nur etwa 20 Zentimeter unter der Erdoberfläche vergraben, wurden jedoch durch den Pflug auseinandergerissen und waren bei ihrer Auffindung auf eine Fläche von mehreren Quadratmetern verteilt.
Einige Regenbogenschüsselchen-Typen, die von anderen Münzfun-

350   351   353

354   355   356

357   370/371   375

Nr. 353–356: M. 3:1, sonst 2:1

den her bestens bekannt sind (z. B. die sog. Rolltier- und Vogelkopfstatere, die in den Funden von Irsching und Gaggers den größten Fundanteil stellen) fehlen. In der Zusammensetzung ähnelt der Fund von Großbissendorf sehr stark dem von Sontheim, Lkr. Unterallgäu *(vgl. Nr. 379)*.

Eine Untersuchung der Münzen nach der stempelvergleichenden Methode gab einen Einblick in die Prägetechnik sowie den Verschleiß von Stempeln und erbrachte Erkenntnisse zu den Stempelkoppelungspraktiken in einer keltischen Münzstätte. *(Abb. 191).*

a) 114 Regenbogenschüsselchen-Statere Typ Kellner V D
Vs. Glatt oder mit feinen Prägespuren. – Rs. 4-strahliger Stern.

b) 104 Regenbogenschüsselchen-Statere Typ Kellner IV Aa
Vs. 2 gegenläufige Blattkränze mit je 1 Endkugel. – Rs. Torques mit 6 Kugeln (pyramidal oder in 2 Reihen parallel zueinander angeordnet).

c) 33 Regenbogenschüsselchen-Statere Typ Kellner VII B
Vs. Glatt oder mit schwachen Prägespuren. – Rs. Doppelschnörkel mit lanzenförmiger Spitze.

d) 14 Regenbogenschüsselchen-Statere mit seltenen bzw. neuen Bildmotiven: 4 Stücke mit dem Bildmotiv Haarkranz u. ¾ Kreis; 2 Statere mit dem Motiv von drei kleinen Halbmonden; 2 Statere Typ Hakenornament; 1 glatter Stater; 1 Stater mit Haarkranzmotiv; 1 Stater Typ Buckelpunkt; 1 Stater Typ Schleife II; 1 Stater Typ Lampion; 1 Stater Typ Vierwirbel *(vgl. Nr. 339–348).*

e) 26 Regenbogenschüsselchen-Viertelstatere Typ Kellner V H
Vs. Glatt oder mit leichten Prägespuren. – Rs. Torques mit 3 Kugeln.

f) 42 Regenbogenschüsselchen-Viertelstatere Typ Kellner V D
Vs. Stilisierter Kopf nach r. oder glatt. – Rs. 4-strahliger Stern.

g) 8 Regenbogenschüsselchen-Viertelstatere mit seltenen bzw. neuen Bildmotiven: 2 Stücke mit stilisiertem Kopf l./Stern; 2 Stücke vom Typ Doppelzacke mit Halbbogenabschlüssen; 2 Stücke mit Volutenornament; 2 Stücke vom glatten Typ, davon eines mit zentralem Punkt auf der Rs. *(vgl. Nr. 350–352).*

h) 36 boische Statere der sog. Älteren Goldprägung
Typ Paulsen Taf. 13–15. Vs. Buckel, darum herum meist Strichprägespuren. – Rs. Muschelähnliche Vertiefung.

i) 6 Boische Drittelstatere vom Athene-Alkis-Typ
Typ Paulsen Taf. 3,59–6,111. Vs. Degenerierte Form des Athenekopfes meist als Buckel. – Rs. Degeneriertes Motiv eines Kriegers mit Schild, darum herum Zickzackmuster.

PS MK-K 2501–2876.– Lit.: M. Brandt/ Th. Fischer, Ein Hortfund spätkeltischer Goldmünzen aus Hohenfels. Das Arch. Jahr in Bayern 1987, 89 f; Kellner 1990, Nr. 2143; B. Ziegaus, Der Münzfund von Großbissendorf. Eine numismatisch-historische Untersuchung zu den spätkeltischen Goldprägungen in Südbayern (Diss. Passau 1991). Zum Druck vorbereitet als Kat. der Prähist. Staatsslg.

377 Münzfund von Sontheim
Lkr. Unterallgäu. Etwa Mitte 2. Jh. v. Chr.

Im Frühsommer 1990 wurde im Münchener Münzhandel eine größere Zahl von keltischen Goldmünzen angeboten, von denen man

heute weiß, daß sie zu einem sehr umfangreichen Münzschatz gehören. Die genaue Stückzahl ist nicht bekannt, da sich ein kleiner Teil noch in Privatbesitz befindet. Zum Zeitpunkt der Auffindung wurden auch moderne Fälschungen bekannt, die sich an antiken Originalen aus dem Fund orientieren; die Vorbilder fehlen aber bis heute. Der gesamte Komplex umfaßte mindestens 351 Regenbogenschüsselchen-Statere und verteilt sich auf folgende Typen:

a) 166 Regenbogenschüsselchen-Statere Typ Kellner V D
Vs. Glatt mit rundem, häufig dezentriertem Buckel und feinen Prägespuren. – Rs. 4-strahliger Stern.

b) 133 Regenbogenschüsselchen-Statere Typ Kellner IV Aa
Vs. 2 gegenläufige Blattkränze mit je 1 Endkugel. – Rs. Torques mit 6 Kugeln (in 2 Reihen parallel zueinander angeordnet).

c) 14 Regenbogenschüsselchen-Statere Typ Hakenornament
Vs. Hakenornament mit Punktabschlüssen. – Rs. Glatt oder unregelmäßige Strichprägespuren.

d) 11 Regenbogenschüsselchen-Statere Typ Schleife II
Vs. Buckel mit Streifen oder Punktprägespuren. – Rs. 3 Schleifen gegen den Uhrzeigersinn.

e) 6 Regenbogenschüsselchen-Statere mit Haarkranz und ¾-Kreis
Vs. Haarkranz auf breitem Buckel. – Rs. Zentraler Punkt, darum herum ¾-Kreis mit kleiner Spitze an der Außenkante.

f) 7 Regenbogenschüsselchen-Statere Typ 3 Halbmonde
Vs. Glatt. – Rs. 3 kleine Halbmonde.

g) 4 Regenbogenschüsselchen-Statere Typ Buckelpunkt
Vs. Buckel mit ovalem, dezentriertem Punkt. – Rs. Glatt.

h) 5 Regenbogenschüsselchen-Statere Typ Kellner X (Vierwirbel)
Vs. Kettengliedermotiv mit glattem Buckel. – Rs. 4-flügliges Windrad mit Endpunkten und großem, zentralem Punkt.

i) 4 Regenbogenschüsselchen-Statere Typ V A
Vs. Glatter Buckel. – Rs. Glatt oder feine Prägespuren.

Leihgabe des Bankhauses H. Aufhäuser München; PS MK-K 3001–3005. – Lit.: Th. Fischer, Falsches Gold aus dem Allgäu. Mitt. der Freunde Bayer. Vor- und Frühgesch. Nr. 60 Dez. 1990; H. Dannheimer, „Gefälschter Keltenschatz?" Num. Nachrichtenbl. Jg. 40 Mai 5/1991, 119; B. Ziegaus, Der Münzfund von Sontheim. Ein Schatz keltischer Goldmünzen aus dem Unterallgäu. Ausstellungskat. Prähist. Staatsslg. Nr. 24 (München 1993).

378 Münzfund von Albstadt
Lkr. Aschaffenburg. Anfang bis Mitte 1. Jh. v. Chr.

Der Fund wurde 1982/83 von Metallsuchern am Fuß der Schwedenschanze, etwa 1 km östlich von Michelbach, in der Böschung eines Straßeneinschnittes entdeckt. Von den ursprünglich mindestens 40–50 Münzen sind heute 18 Stücke bekannt. Es handelte sich, soweit rekonstruierbar, um einen Komplex von Silbermünzen. Hauptsächlich fanden sich Regenbogenschüsselchen mit Dreiwirbelmotiv. Sie sind zu den spätesten keltischen Prägungen zu rechnen. Bronzene Stücke dieses Typs finden sich noch in den frühen römischen Legionslagern im Rheinland. Über ein Fundgefäß ist nichts bekannt; die Münzen sollen über mehrere Meter verstreut im Boden gelegen haben.

a) 15 Regenbogenschüsselchen-Billonstatere Typ Kellner IX B
Vs. Dreiwirbel eingerahmt von 2 gegenläufigen Blattkränzen, die in je einem Kreis mit Mittelpunkt enden. – Rs. 3 große Doppelringe u. 3 Kreise mit Mittelpunkt eingefaßt von einem Zickzackkreis mit Punktabschlüssen.

b) 2 Quinare vom Typ Tanzendes Männlein
Vs. Sog. tanzendes Männlein im Perlkreis mit rückgewendetem Kopf, in der l. Hand Torques. – Rs. Vierfüßler mit rückgewendetem Kopf.

c) 1 Quinar Typ Nauheim
Vs. Lockenkopf r. im Schnurkreis. – Rs. Figur l. mit faltigem Gewand u. großem Torques.

PS MK-K 1414–1425,1427–1433. – Lit.: Kellner 1990, 218–220, Nr. 2292–2309.

V.7 Der Goldfund von Wallersdorf

379 Münzfund von Wallersdorf
Lkr. Dingolfing-Landau. 1. Hälfte bis Mitte 2. Jh. v. Chr.

Bereits im Jahre 1973 wurden auf einem Privatgrundstück in Wallersdorf vereinzelt Goldmünzen aufgelesen, deren Bedeutung dem Finder aber erst durch die Entdeckung des Münzfundes von Großbissendorf klar wurde. 1988 wurde eine Grabung an der Stelle mit der höchsten Funddichte durchgeführt. Die 368 Stücke fanden sich auf mehrere Quadratmeter verstreut, lagen aber wohl ursprünglich an einer einzigen Stelle deponiert. Hinweise auf ein Depotgefäß gibt es nicht.
Den Hauptanteil dieses Fundes bilden – von zwei Ausnahmen abgesehen – die sog. glatten Regenbogenschüsselchen. Gelegentlich sind auf den Vorder- und Rückseiten kleine Beizeichen, wohl die schwachen Reste eines Bildmotives, erkennbar. Der größte Teil der Münzen stammt aus 4–5 Stempelpaaren, so daß man nach der Prägung mit einer baldigen Deponierung zu rechnen hat, da eine Durchmischung, z.B. durch Hinzufügen von anderen bekannten süddeutschen Münztypen, unterblieb. Eine Ausnahme stellen der boische Stater und der süddeutsche Regenbogenschüsselchen-Viertelstater dar. Die Gewichte der Münzen sind sehr einheitlich und zeigen in nur sehr wenigen Fällen Abweichungen vom errechneten Durchschnittsgewicht, das bei fast 8 g liegt. *(Abb. 8).*

a) 366 Regenbogenschüsselchen-Statere Typ Kellner V A
Vs. Glatt oder mit feinen Prägespuren, sehr häufig mit sog. Stempelnase, einige wenige Exemplare ohne Nase. – Rs. Glatt, gelegentlich mit kleinen Strichverzierungen oder Prägestreifen.

b) 1 Regenbogenschüsselchen-Viertelstater Typ Kellner V D
Vs. Stilisierter Kopf r. – Rs. Glatt.

c) 1 boischer Stater der sog. Nebenreihe III
Typ Paulsen 1974, Taf. 10,207 f. Vs. Drei durch Furchen getrennte Buckel, auf jedem ein Punkt. – Rs. Stilisierter Krieger r. mit Schildbuckel und gekreuzten Stäben mit Punktabschlüssen.

PS E.-Nr. 1988/87. – Lit.: M. Egger/ Th. Fischer/ L. Kreiner, Der keltische Münzschatz von Wallersdorf. Das Arch. Jahr in Bayern 1988, 87 ff.; H.-J. Kellner, Der keltische Münzschatz von Wallersdorf. Kulturstiftung der Länder (München 1989) 8 ff.; ders. 1990, Nr. 2132.

V.8 Münzfunde in Gefäßen

380 Schatzfund mit Silbermünzen von Manching
Lkr. Pfaffenhofen a. d. Ilm. Ende 2. Jh. bis Mitte 1. Jh. v. Chr.

Im Jahr 1936 wurde beim Bau des ersten Flughafens in Manching eine Tonflasche entdeckt, die mit zahlreichen Silbermünzen gefüllt war. Nur etwas mehr als die Hälfte der ursprünglich wahrscheinlich 200 Münzen befindet sich heute im Museum Ingolstadt, viele von ihnen sind in Privatbesitz.
Die Masse der Münzen besteht aus sog. Büschelquinaren, die auf den Vs. stets einen abstrahierten Lockenkopf in Form eines Haarbüschels und auf der Rückseite ein Pferd zeigen. Vergleicht man die Bildvarianten der Büschelmünzen des Schatzfundes 1936 mit dem von Neuses *(Nr. 381),* so fällt auf, daß es in den Bildmotiven nur selten zu Überschneidungen kommt. Im Fund von Neuses herrschen die Varianten A, B und zu einem geringeren Maß auch noch Variante C mit naturalistischen und noch weniger stilisierten Köpfen vor, im Fund von Manching dagegen die Varianten C und E mit stark abstrahierten Köpfen. Der Anteil der Gepräge aus der Schweiz und aus Gallien hält sich in engen Grenzen, ist jedoch ein guter Nachweis für den zeitgleichen Umlauf unterschiedlicher Typen und die Akzeptanz von fremden Geprägen in Süddeutschland.

a) Fundgefäß. Grautonige, bauchige Flasche. Der Flaschenhals beschädigt, die Öffnung ursprünglich wohl mit organischem Material verschlossen. H. 16,3 cm, max. Dm. 15,9 cm.

b) 83 Büschelquinare der Gruppe C
Vs. Abstrahierter Lockenkopf in Form eines Haarwirbels mit mehreren Punkten. – Rs. Pferd l., darüber meist Kugel.

c) 45 Büschelquinare der Gruppe E
Vs. Wirbel mit 4 zentralen Punkten. – Rs. Pferd, darüber meist Punktkreisornament mit Zweigen, unter dem Pferd gelegentlich Torques mit Punkt.

d) 2 gallische Kaletedou-Quinare
Vs. Behelmter Kopf l. – Rs. Pferd l., darüber **KA**, unten Rad.

e) 2 Quinare der Haeduer
Vs. Kopf l. – Rs. Pferd l.

f) Quinar der Sequaner
Vs. Behelmter Kopf l., davor (Q) DOCI. – Rs. Pferd l., darüber DOCI, darunter SAL(F).

Stadtmuseum Ingolstadt Inv. Nr. 664. – Lit.: Kellner 1990, 63 ff.; Nr. 135–259.

381 Münzfund von Neuses a. d. Regnitz
Lkr. Forchheim. Etwa Ende 2. Jh. bis Anfang 1. Jh. v. Chr.

1976 wurden die Münzen mitsamt den Resten eines Gefäßes bei der Anlage eines Spargelbeetes zu Tage gebracht und gelangten zum größten Teil in die Prähistorische Staatssammlung (412 Stücke). Es handelt sich um einen der wenigen Funde, die sowohl Gold- wie auch Silbermünzen enthielten. Mit mindestens 443 Münzen gehört dieser Komplex zu den größten auf dem Boden des heutigen Bayern.
Ob diese Münzen aufgrund unmittelbarer kriegerischer Gefahr oder als Weihedepot in den Boden gelangten, läßt sich heute nicht

mehr entscheiden. Möglicherweise stammen sie von der nur etwa 2 km entfernten spätlatènezeitlichen Siedlung von Altendorf oder aus der keltischen Metropole dieses Bereiches, dem Oppidum auf dem Staffelberg bei Staffelstein.

a) Fundgefäß, bemalte Drehscheibenkeramik. Schulterh. 17 cm.

b) Regenbogenschüsselchen-Stater Typ Kellner I B
Vs. Ringförmig gekrümmte Schlange (sog. Rolltier) l. mit Widderhorn u. mit in Punkten endenden Strichborsten. – Rs. Drei lyraförmige Ornamente aus S-Schleifen um einem Mittelpunkt.

c) Regenbogenschüsselchen-Stater Typ Kellner II E
Vs. Vogelkopf l., davor zweigeteilter, gegenläufiger Blattkranz. – Rs. 4-strahliger Stern, darüber drei pyramidal angeordnete Kugeln, darunter zwei S-förmige Schleifen.

d) Regenbogenschüsselchen-Stater Typ Kellner V D
Vs. Glatt. – Rs. 4-strahliger Stern mit sehr großen u. breiten Balken.

e) Silberne Büschelquinare und Kleinsilbermünzen
α Quinare vom „naturalistischen Typ".
Vs. Stilisierter Kopf l., Haare büschelartig stilisiert bei deutlich erkennbar bartlosem Gesicht. – Rs. Pferd l. (seltener r.), bisweilen mit sich aufbäumender Schlange vor und wechselnden Beizeichen über dem Pferd.
Rs.- Variante: Beizeichen mit 2 Kugeln.
Rs.- Variante: Beizeichen 1 große Kugel.
Rs.- Variante: Beizeichen 1 Kugel, unter und vor dem Pferd eine sich aufbäumende Schlange.
Rs.- Variante: Beizeichen Kugel, darüber Torques.
Rs.- Variante: Beizeichen Torques, Pferd nach r. gewandt.
Rs.- Variante: Beizeichen Kugel, darüber Halbbogen aus Perlen.

β Quinare vom „abstrakten Typ".
Vs. Zum Büschel abstrahierter Kopf, bei dem kein Gesicht mehr erkennbar ist. Meist befinden sich drei Kugeln im Zentrum, bisweilen umschließen zwei zungenartig angeordnete Bögen eine weitere Kugel. – Rs. Pferd l., Kugel als Beizeichen, darüber Torques.

γ Viertelstücke vom sog. „Igeltyp".
Vs. Stilisierter Kopf mit strahlenartiger Haartracht l., an einen Igel erinnernd. Mund u. Kinn sind punktförmig gebildet, Nase u. Stirn bilden zusammen ein Dreieck. – Rs. Pferd l., darüber ein Beizeichen aus 3–5 Kugeln, unterhalb des Pferdes meist ein 3-strahliger Stern.
Rs.- Variante: Beizeichen 3 Punkte.
Rs.- Variante: Beizeichen 4 Punkte.
Rs.- Variante: Beizeichen 5 Punkte.

PS MK-K 1001–1412. – Lit.: B. U. Abels/ B. Overbeck, Ein Schatzfund keltischer Münzen aus Neuses, Gemeinde Eggolsheim, Ldkr. Forchheim, Ofr. Das Arch. Jahr in Bayern 1981, 126 f.; B. Overbeck, Schatzfund von Neuses a. d. Regnitz, Gemeinde Eggolsheim, Ldkr. Forchheim, Ofr. In: Kellner 1990, 227 ff. (mit weiteren Literaturverweisen).

B.O.

382 Börsenfund von Manching
Lkr. Pfaffenhofen a. d. Ilm. 1. Hälfte 2. Jh. v. Chr.

Der Behälter mit den noch *in situ* befindlichen sechs kleinen Goldmünzen wurde bei einer Grabung im Jahre 1972 entdeckt und gehört zweifellos zu den herausragenden numismatischen Zeugnissen aus dem Oppidum von Manching. Der Behälter wird wegen seines Inhaltes als keltische Geldbörse interpretiert und zeichnet sich durch sein beutelähnliches Aussehen aus. Das Aufnahmevermögen dürfte theoretisch bei etwa 50 Kleingoldmünzen gelegen haben. Für große Nominale, z. B. Regenbogenschüsselchen-Statere oder größere Silbermünzen, war das Behältnis ungeeignet. Als Verschluß für die Börse diente vermutlich ein Gegenstand aus organischem Material.

a) Bronzebehälter. Bocksbeutelähnliche Form mit rechteckiger Öse unterhalb der ovalen Öffnung. B. ca. 4,3 cm; H. 3,3 cm. Am Rand der Öffnung befindet sich eine kleine, buckelförmige Erhöhung, die zusammen mit der Öse als Verschluß gedient haben könnte.

b) Regenbogenschüsselchen-Viertelstater
Typ Kellner V A. Vs. Glatt. – Rs. Unregelmäßige Prägereste im Mittelraum, sonst aber anscheinend ohne Gepräge.

c) 4 Vierundzwanzigstelstatere
Typ Manching A und B. Vs. Kopf r. mit Lockenkranz. – Rs. Pferd r. oder l., mit rückgewendetem Menschenkopf, die Hufe in Form von Krallen, unter dem Pferd kleiner Vogel?

d) Boischer Vierundzwanzigstelstater
Athene-Alkis-Typ Paulsen 1974, Taf. 7,143–145. Vs. Buckel mit muldenförmiger Vertiefung. – Rs. Stilisierter Krieger mit Speer und Schild.

PS MK-K 44–49. – Lit.: Kellner 1990, Nr. 56–61 (Nr. 61 dort als Typ Manching C bezeichnet; es handelt sich jedoch um einen boischen Vierundzwanzigstelstater, frdl. Hinweis M. Egger); van Endert 1991, 91 ff.

V.9 Schatzfunde, gefunden im 18. und 19. Jahrhundert

383 Münzfund von Gaggers
Lkr. Dachau. Ca. Ende 2. Jh. bis Anfang 1. Jh. v. Chr.

Von den spektakulären Schatzfunden goldener Regenbogenschüsselchen auf bayerischem Boden ist dies der älteste überlieferte. Er wurde bereits 1751 entdeckt. Insgesamt sollen weniger als 1300 bis 1400 Regenbogenschüsselchen, ferner wohl die Reste eines Bronzekessels gefunden worden sein.
Nur wenige Münzen sind heute noch erhalten, ein großer Teil wurde in der kurfürstlichen Prägestätte eingeschmolzen und umgemünzt. Gleich nach der Auffindung wurde eine Auswahl von sieben verschiedenen Münzen auf einem Flugblatt der Verleger und Kupferstecher J. S. und J. B. Klauber abgedruckt. Dieser Stich, die früheste bayerische Schatzfundpublikation, konnte als Nachweis für die Identifikation der Regenbogenschüsselchen aus dem Fund herangezogen werden. Einige der abgebildeten Stücke befinden sich in der Staatlichen Münzsammlung München. Eine weitere

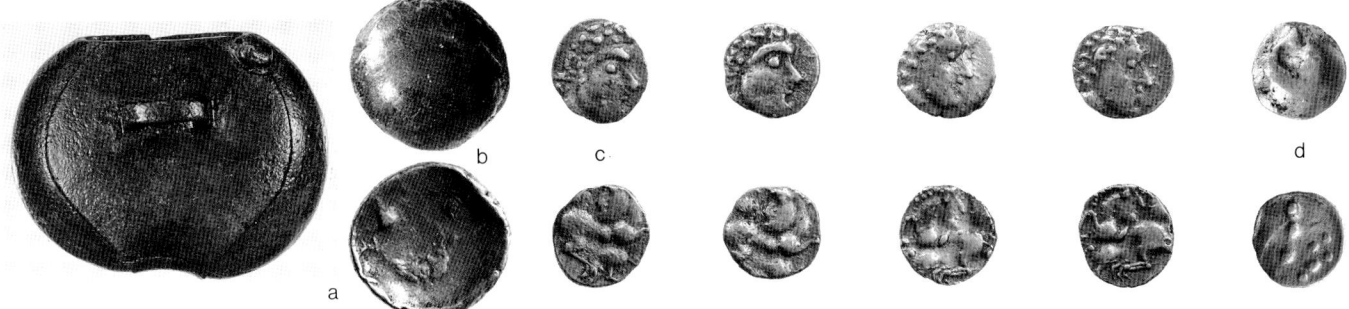

Nr. 382: Börsenfund von Manching mit einem Regenbogenschüsselchen-Viertelstater (b), 4 Vierundzwanzigstelstateren (c) und einem boischen Vierundzwanzigstelstater (d) (M. a 1:1, b–d 2:1).

zeitgenössische Abbildung einer Münze aus diesem Fund wurde erst kürzlich bekannt. *(Abb. 188).*

a) 2 Regenbogenschüsselchen-Statere Typ Kellner I A
Vs. Ringförmig gekrümmte Schlange (sog. Rolltier) l. mit Widderhorn u. mit in Punkten endenden Strichborsten. – Rs. Torques mit 6 pyramidal angeordneten Kugeln.
Staatliche Münzsammlung München Ph. 3,2 (neu), Ph. 3,5 (neu). – Lit.: Kellner 1990, Nr. 1947, 1949.

b) 2 Regenbogenschüsselchen-Statere Typ Kellner II C
Vs. Stilisierter Vogelkopf l., je 1 Kugel ober– u. unterhalb des Schnabels, davor gegenläufiger, geteilter Blattkranz mit je 1 Endkugel. – Rs. Torques mit 6 Kugeln.
Staatliche Münzsammlung München Ph. 4,1 (neu), Ph. 4,2 (neu). – Lit.: Kellner 1990, Nr. 1958, 1959.

c) Regenbogenschüsselchen-Stater Typ Kellner II D
Vs. Stilisierter Vogelkopf l., je 1 Kugel ober- u. unterhalb des Schnabels, davor gegenläufiger, geteilter Blattkranz mit je 1 Endkugel. – Rs. Torques mit 5 Kugeln, davon 2 mit Linienverbindungen hin zum Torquesbogen.
Staatliche Münzsammlung München Ph. 3,24 (neu). – Lit.: Kellner 1990, Nr. 1961.

d) Regenbogenschüsselchen-Stater Typ Kellner II G
Vs. Naturalistischer Vogelkopf l. mit leicht gebogenem Schnabel u. breitem Halsabschnitt, davor 2 gegenläufige sichelartige Segmente mit Punktabschlüssen. – Rs. Torques mit 6 pyramidal angeordneten Kugeln, im Zentrum Punktrosette.
Staatliche Münzsammlung München Ph. 3,15 (neu). – Lit.: Kellner 1990, Nr. 1963.

e) Regenbogenschüsselchen-Stater Typ Kellner VI
Vs. Hirschkopf frontal im Linienkreis, die Schnauze des Hirsches wird durch den Kreis überschnitten. – Rs. 3-Schleifenornament.
Staatliche Münzsammlung München Ph. 4 A,1 (neu). – Lit.: Kellner 1990, Nr. 1967.

f) 2 boische Statere Typ Paulsen Taf. 16, 345
Vs. Glatter Buckel. – Rs. Muschelartiges Ornament mit wenigen, regelmäßig gegliederten Strahlen.
Staatliche Münzsammlung München Ph. 4 A,20 (neu), Ph. 4 A,18 (neu). – Lit.: Kellner 1990, Nr. 1970,1971.

g) Boischer Stater Typ Paulsen Taf. 15,322
Vs. Unregelmäßiger Buckel. – Rs. Muschelähnliches Ornament, innen glatt.
Staatliche Münzsammlung München Ph. 4 A,21 (neu). – Lit.: Kellner 1990, Nr. 1969.

h) Boischer Stater Typ Paulsen Taf. 18,372
Vs. Regelmäßiger Buckel, am Rand Kugel mit 5 Strahlen. – Rs. Muschelartiges Ornament mit feinen, regelmäßigen Strahlen in einer Hälfte.
Staatliche Münzsammlung München Ph. 4 A,19. – Lit.: Kellner 1990, Nr. 1977.

Lit: Archivalien: Bayer. Hauptstaatsarchiv, Kurbayern, Äußeres Archiv 482 u. GL Fasz. 192/75 (Hofkammerakt); Kellner 1990, 171 ff. Nr. 1946–1977 (mit Verweis auf ältere Lit.); B. Overbeck in: Kat. Hallein 319 M 82–91; G. Dethlefs, Eine keltische Goldmünze aus dem Schatz von Gaggers (1751), Jahrb. Num. u. Geldgesch. 37/38, 1987/88, 9 f.

B.O. u. B.Z.

384 Münzfund von Irsching
Lkr. Pfaffenhofen a.d. Ilm. Ende 2. Jh. bis Anfang 1. Jh. v. Chr.

Etwa 100 Jahre nach dem spektakulären Fund von Gaggers, im April 1858, entdeckten zwei Arbeiter bei Irsching anläßlich der Anlage von Entwässerungsgräben einen großen Goldschatz von über 1000 Regenbogenschüsselchen. Im Unterschied zum Fund aus Gaggers fehlt die boische Komponente in Irsching gänzlich. Nach dem Bericht über die Auffindung fanden sich auch schwarze Tonscherben (Graphittonkeramik?), so daß die Vermutung nahe liegt, daß die Münzen ursprünglich in einem Gefäß verborgen lagen. Etwa 100 Stücke des Fundes wurden von den Findern heimlich veräußert. Erst später erfolgte eine Meldung, und der Fundrest von 917 Stücken wurde nach und nach sichergestellt. Nach einer endgültigen Regelung der Besitzverhältnisse gelang es, 85 Stücke als Typenauswahl aus dem Fund an das damalige Königlich-Bayerische Münzkabinett weiterzuleiten. Diese Münzen sind zum größten Teil noch heute in der Staatlichen Münzsammlung München identifizierbar. Der damalige Direktor Franz Streber hatte die Auswahl getroffen und zugleich das Material studiert und seine Erkenntnisse in zwei Akademieabhandlungen der Philosophisch-Historischen Klasse von 1860 und 1862 niedergelegt.

a) 7 Regenbogenschüsselchen-Statere Typ Kellner I A
Vs. Ringförmig gekrümmte Schlange (sog. Rolltier) l. mit Widderhorn u. mit in Punkten endenden Strichborsten. – Rs. Torques mit 6 pyramidal angeordneten Kugeln.
Staatliche Münzsammlung München Ph. 3,1 (neu); Ph. 3,3 (neu); Ph. 3,4 (neu); Ph. 3,6 (neu); PS MK-K 1459; Schweizerisches Landesmuseum Zürich AG K 21; M 8168. – Lit.: Kellner 1990, Nr. 1022; 1078; 1088; 1089; 1112; 1108; 1109.

b) 3 Regenbogenschüsselchen-Statere Typ Kellner I B
Vs. Wie Kellner I A. – Rs. Drei lyraförmige Ornamente aus S-Schleifen um einem Mittelpunkt.
Staatliche Münzsammlung München Ph. 3,7 (neu); Ph. 3,8 (neu); PS MK-K 1465. – Lit.: Kellner 1990, Nr. 1200; 1204; 1206.

c) 2 Regenbogenschüsselchen-Statere Typ Kellner II A
Vs. Stilisierter Vogelkopf l., je eine Kugel oberhalb u. unterhalb des Schnabels, hinter dem Kopf lange Spange mit Punktabschlüssen, davor zwei gegenläufige Blattkränze, die durch eine Kugel unterbrochen werden. – Rs. Torques mit 3 Kugeln.
Staatliche Münzsammlung München Ph. 4,3 (neu); Schweizerisches Landesmuseum Zürich M 8171. – Lit.: Kellner 1990, Nr. 1211; 1214.

d) 9 Regenbogenschüsselchen-Statere Typ Kellner II Ca
Vs. Stilisierter Vogelkopf l., je eine Kugel oberhalb u. unterhalb des Schnabels, davor zwei gegenläufige Blattkränze. – Rs. Torques mit 6 Kugeln.
Staatliche Münzsammlung München Ph. 3,16 (neu); Ph. 3,17 (neu); Ph. 3,18 (neu); Schweizerisches Landesmuseum Zürich AG K 22; Staatliche Münzsammlung München Ph. 3,19 (neu); Ph. 3,20 (neu); Ph. 3,21 (neu); Ph. 3,22 (neu); Ph. 3,23 (neu). – Lit.: Kellner 1990, Nr. 1460; 1461; 1464–1466; 1468; 1560; 1572; 1584.

e) 3 Regenbogenschüsselchen-Statere Typ Kellner II E
Vs. Stilisierter Vogelkopf l., davor zwei gegenläufige Blattkränze mit je einer Endkugel. – Rs. 4-strahliger Stern, darüber drei pyramidal angeordnete Kugeln, darunter zwei S-förmige Schleifen.
Staatliche Münzsammlung München Ph. 3,10 (neu); Ph. 3,11 (neu); Schweizerisches Landesmuseum Zürich ZB 1052. – Lit.: Kellner 1990, Nr. 1662–1664.

f) 1 Regenbogenschüsselchen-Stater Typ Kellner II D
Vs. Stilisierter Vogelkopf l. mit langem Schnabel. – Rs. Torques mit 5 Kugeln u. Strichresten.
Römisch-Germanisches Zentralmuseum Mainz O. 27 562. – Lit.: Kellner 1990, Nr. 1656.

g) 2 Regenbogenschüsselchen-Stater Typ Kellner II F
Vs. Stilisierter Vogelkopf l., davor zwei gegenläufige Blattkränze. – Rs. Torques mit 6 Kugeln, die untere Kugelreihe knospenartig geformt.
Schweizerisches Landesmuseum Zürich M 11 379; Staatl. Münzslg. München Ph. 3,13 (neu). – Lit.: Kellner 1990, Nr. 1665; 1666.

h) 5 Regenbogenschüsselchen-Statere Typ Kellner III A
Vs. Stilisierter Vogelkopf r., davor zwei gegenläufige Blattkränze. – Rs. Torques mit 6 Kugeln.
Schweizerisches Landesmuseum Zürich M 11 449; PS MK-K 1463; Staatliche Münzsammlung München Ph. 3,14 (neu); PS MK-K 1467; Schweizerisches Landesmuseum Zürich LM AB 2256. – Lit.: Kellner 1990, Nr. 1667; 1668; 1676–1678.

i) 1 Regenbogenschüsselchen-Stater Typ Kellner III B
Vs. Stilisierter Vogelkopf r., davor Blattkranz in Kommaform. – Rs. Torques mit 6 Kugeln, die untere Kugelreihe knospenartig geformt.
Staatliche Münzsammlung München Ph. 3,12 (neu). – Lit.: Kellner 1990, Nr. 1679.

k) 11 Regenbogenschüsselchen-Statere Typ Kellner IV Aa
Vs. Zwei gegenläufige Blattkränze mit je einer Endkugel. – Rs. Torques mit pyramidal angeordneten Kugeln.
Staatliche Münzsammlung München Ph. 4,7 (neu); Ph. 4,8 (neu); Ph. 4,9 (neu); Ph. 4,10 (neu); Ph. 4, 11 (neu); Ph. 4,15 (neu); Ph. 4,12 (neu); Ph. 4,14 (neu); Ph. 4, 13 (neu); Ph. 4, 16 (neu); Ph. 4, 17 (neu). – Lit.: Kellner 1990, Nr. 1685; 1691; 1694; 1696; 1697; 1769–1771; 1799–1801.

l) 2 Regenbogenschüsselchen-Stater Typ Kellner IV Ab
Vs. Wie Kellner IV Aa. – Rs. Torques mit fünf Kugeln.
Staatliche Münzsammlung München Ph. 4,18 (neu); Ph. 4,19 (neu). – Lit.: Kellner 1990, Nr. 1846; 1850.

m) Regenbogenschüsselchen-Stater Typ Kellner IV Ac
Vs. Wie Kellner IV Aa. – Rs. Torques mit drei Kugeln.
Staatliche Münzsammlung München Ph. 4,21 (neu). – Lit.: Kellner 1990, Nr. 1851.

n) 2 Regenbogenschüsselchen-Statere Typ Kellner IV Ba
Vs. Zweidrittelkranz, aber im Scheitel Punkt u. im offenen Teil drei Dreiecke. – Rs. Torques mit 6 Kugeln.
Staatliche Münzsammlung München Ph. 4,6 (neu); PS MK-K 1461. – Lit.: Kellner 1990, Nr. 1855; 1856.

o) Regenbogenschüsselchen-Stater Typ Kellner IV Bb
Vs. Wie Kellner IV Ba.– Rs. Torques mit 3 Kugeln.
Staatliche Münzsammlung München Ph. 4,20 (neu). – Lit.: Kellner 1990, Nr. 1897.

p) Regenbogenschüsselchen-Stater Typ Kellner IV C
Vs. Zweidrittelkranz, aber im Scheitel Punkt u. im offenen Teil drei Dreiecke. – Rs. Torques mit 6 Kugeln.
Staatliche Münzsammlung München Ph. 4,22 (neu). – Lit.: Kellner 1990, Nr. 1911.

q) 2 Regenbogenschüsselchen-Statere Typ Kellner V A
Vs. Konvex glatt. – Rs. Konkav glatt.
Staatliche Münzsammlung München Ph. 4 A,17 (neu); Ph. 4 A,16 (neu). – Lit.: Kellner 1990, Nr. 1914; 1915.

r) 4 Regenbogenschüsselchen-Statere Typ Kellner VII A
Vs. Blütenkelchartige Volute mit Punkt. – Rs. Doppelschnörkel mit Spitze.
Staatliche Münzsammlung München Ph. 4 A,4 (neu); Ph. 4 A,5 (neu); Ph 4 A,6 (neu); Württembergisches Landesmuseum Stuttgart Münzkabinett MK 1958/141. – Lit.: Kellner 1990, Nr. 1926–1929.

s) 3 Regenbogenschüsselchen-Statere Typ Kellner VIII
Vs. Stilisierter, bartloser Lockenkopf r. mit reicher Lockenfrisur. – Rs. 2 Leiern mit Gerstenkornmotiv, jeweils gegenständig.
Staatliche Münzsammlung München Ph. 4 A,2 (neu); Ph. 4 A,3 (neu); Schweizerisches Landesmuseum Zürich M 11 321. – Lit.: Kellner 1990, Nr. 1930; 1932; Castelin 1978 Nr. 1095.

t) 2 Regenbogenschüsselchen-Statere Typ Kellner XI
Vs. Zentraler Punkt u. Rillenlinie zum Rand. – Rs. Propellerartiges Ornament mit Winkelpunkten.
Staatliche Münzsammlung München Ph. 4 A,7 (neu); Schweizerisches Landesmuseum Zürich M 11 380. – Lit.: Kellner 1990, Nr. 1923; 1925.

Lit.: F. Streber, Über die sogenannten Regenbogenschüsselchen. 1. Von der Heimath und dem Alter der sogenannten Regenbogen-Schüsselchen. Abhandlungen d. Philosph.-Philolog. Classe d. Königl. Bayer. Akad. d. Wiss. Bd. 9 Abt. 1, München 1860; 2. Beschreibung der sogenannten Regenbogen-Schüsselchen und Erklärungs-Versuch ihrer Typen Bd. 9 Abt. 2, München 1862; Kellner 1990, 157 ff., Nrn. 1019–1935 (mit Verweis auf ältere Lit.).

B.O. u. B.Z.

385 Münzfund von Mardorf
Lkr. Mardorf-Biedenkopf. Ende 2. Jh. bis 1. Hälfte 1. Jh.

Der ursprünglich über 200 Gold- und Silbermünzen umfassende Fund wurde 1880 am Hang des sog. Goldberges südlich des Ortes Mardorf entdeckt. Eine größere Zahl von Münzen wurde sofort nach der Entdeckung an Händler verkauft bzw. eingeschmolzen, so daß heute nur noch etwa ein Viertel des gesamten Komplexes existiert. Bei dem verbleibenden Rest handelt es sich vornehmlich um die im Gewicht sehr leichten Vogelkopfstatere, deren besonderes Kennzeichen Strichverzierungen auf der Rückseite zwischen dem Torques und den Kugeln sind. Viele Stücke stammen aus denselben Stempelpaaren und zeigen damit eine auffällige Ähnlichkeit mit anderen süddeutschen Münzfunden, die ja auch über sehr viele stempelgleiche Stücke verfügen.
Sowohl die Vogelkopfstatere mit Strichzeichen als auch die sog. Triskelesmünzen mit dem Dreiwirbel scheinen nach den bisherigen Auffindungsorten weniger in Süddeutschland als vielmehr in Nordbayern, Hessen und im Rheinland beheimatet zu sein. Von ihrer Machart und den Bildern her ähneln sie den süddeutschen Regenbogenschüsselchen jedoch sehr stark.

a) 17 Regenbogenschüsselchen-Statere Typ Kellner II D
Vs. Vogelkopf l., der Schnabel zwischen 2 Kugeln, davor geteilter Blattkranz. – Rs. Torques mit 5 Kugeln, zwischen den Kugeln u. dem Torquesbogen Strichverzierungen.
Staatliche Museen Kassel Inv. Nr. 7786–7789; 7791; 7792–7802; 7805.

b) 7 Regenbogenschüsselchen-Statere Typ Kellner IX A
Vs. Dreiwirbel mit geteiltem Blattkranz. – Rs. 3 pyramidal angeordnete Doppelringe, darunter 5 Kreise mit Mittelpunkt, das ganz in einer Zickzackeinfassung.
Staatliche Museen Kassel Inv. Nr. 7815–7821.

c) 4 Regenbogenschüsselchen-Statere Typ Kellner I A
Vs. Ringförmig gekrümmte Schlange (sog. Rolltier) l. mit Widderhorn u. mit in Punkten endenden Strichborsten. – Rs. Torques mit 6 pyramidal angeordneten Kugeln.
Staatliche Museen Kassel Inv. Nr. 7811–7814.

d) Regenbogenschüsselchen-Viertelstater Typ Kellner V A
Vs. Glatt. – Rs. Glatt.
Staatliche Museen Kassel Inv. Nr. 7825.

e) 4 Quinare Typ Nauheim
Vs. Stilisierter Lockenkopf r. oder sog. Wulstrinne. – Rs. Männlein nach l., das einen Torques in der Hand hält, das Ganze im Blattkranz.
Staatliche Museen Kassel Inv. Nr. 7842–7845.

Lit.: I. Kappel, Der Münzfund von Mardorf und andere keltische Münzen aus Nordhessen. Germania, 54, 1976, 75–101; Göbel u.a. 1991, 62.

386 Münzfund von Schönaich
Lkr. Böblingen. Mitte 2. Jh. bis Mitte 1. Jh. v. Chr.

Der kleine Schatzfund bestand aus mindestens 20 Silbermünzen und zwei Goldmünzen (eine davon verschollen) und wurde 1852 in der Fahrrinne eines Weges am „obern Lehle, wo sich die Wege gegen die Mausäker scheiden" entdeckt. Der Hauptanteil des Fundes setzt sich aus dem nach dem Auffindungsort bezeichneten Münztyp Schönaich zusammen. Bemerkenswert ist die Vergesellschaftung von Gold- und Silbermünzen, ähnlich wie im Fall des Münzfundes von Neuses (vgl. Nr. 381). Für den goldenen Viertelstater liegen mehrere Vergleichstücke aus dem Fund von Großbissendorf (vgl. Nr. 376) vor. Der Umfang des Fundes erinnert an eine kleine Barschaft.

a) Regenbogenschüsselchen-Viertelstater Typ Kellner V D
Vs. Glatt mit unregelmäßigem Buckel. – Rs. 4-strahliger Stern.
Württembergisches Landesmuseum Stuttgart Münzkabinett 15 567.

b) 19 Kreuzquinare Typ Schönaich I/II
Vs. Stilisierter Lockenkopf r. – Rs. Kreuz, in den Winkeln verschiedene Beizeichen (Winkel, Strich mit Punktabschlüssen, Oval, Doppelpfeil, Lyra).
Württembergisches Landesmuseum Stuttgart Münzkabinett Inv. Nr. MK 2452; AS 777?; 755?; 15 586; 15 587; 15 589–15 598; 15 600–15 603.

c) Büschelquinar Typ C
Zugehörigkeit zum Fund fraglich. Vs. Stilisierter Lockenkopf l. in Form von Haarbüscheln. – Rs. Stilisiertes Pferd l., Schnauze in Form von 4 Punkten, über dem Pferd 1 Kugel.
Württembergisches Landesmuseum Stuttgart Münzkabinett Inv. Nr. MK 15 676.

Lit.: K. Castelin, Die Kreuzmünzen in Süddeutschland. Schweizer Num. Rundschau 49, 1970, 77–108; U. Klein, Der keltische Münzschatz von Schönaich und die Geschichte des Fundes (o.O. 1988) mit ält. Lit.

V.10 Münzen und Schmuck

387 Silberschatz von Lauterach bei Bregenz
Vorarlberg. Ende 2. bis Anfang 1. Jh. v. Chr.

Die Münzen und der Schmuck wurden 1880 in einer Tiefe von ca. 30 cm in der Flur „Auf dem Stand" nahe dem „uralten" Weg quer durch das versumpfte Rheindelta und einer Furt durch die Dornbirner Ache entdeckt. Der Fund wird von einigen Forschern als

Weihung interpretiert. Man könnte als Grund für die Deponierung jedoch ebensogut ein reguläres Versteck oder eine akute Notlage des Besitzers durch Bedrohung von Feinden erwägen. Für letzteres spricht die Passage in Caesars *bellum Gallicum* VI 5,7, in der es heißt, daß die Menapier beim Anrücken des caesarischen Heeres ihre Habe in den Wäldern und Sümpfen versteckten.

a) 2 Drachmen der Volcae Tectosages und ein Quinar der Haeduer.

b) 23 römisch-republikanische Denare, geprägt zwischen 150/146 und 117/116 v. Chr.

c) Armring aus Silberdraht, der in der Weite verstellbar ist. Silberner, leicht verbogener Fingerring (Dm. 2,3 cm). Bronzering (Dm.

3,1 cm). 2 durch eine feingliedrige Kette verbundene Silberfibeln (L. 4,0 cm u. 4,1 cm).

Vorarlberger Landesmuseum Bregenz Inv. Nr. Pr. 606–611/23. – Lit.: S. Rieckhoff-Pauli, Der Lauteracher Schatzfund aus archäologischer Sicht. Num. Zeitschr. 95, 1981, 11 ff.; B. Overbeck, Geschichte des Alpenrheintals in römischer Zeit Teil I. Münchner Beitr. Vor- u. Frühgesch. Bd. 20 (München 1982) 178 ff.

388 Goldschatz von Niederzier
Kr. Düren. Ende 2. bis Mitte 1. Jh. v. Chr.

Anläßlich einer Grabung im Braunkohlebergbaurevier Hambach wurde in einer oval angelegten und durch Doppelgräben begrenz-

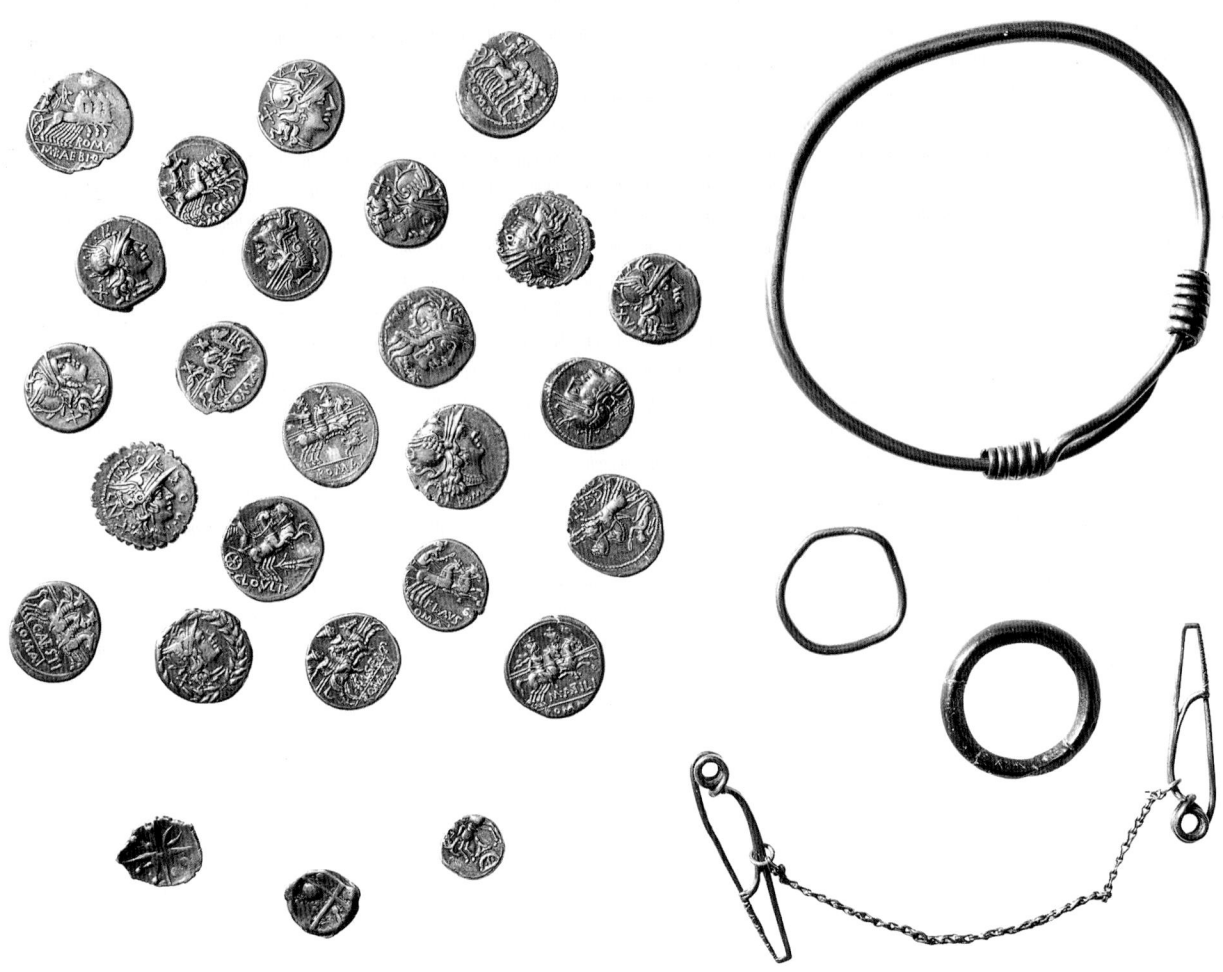

Nr. 387

ten spätkeltischen Siedlung 1978 ein Goldschatz entdeckt. Der Komplex lag in der Verfüllung einer Pfostengrube. Münzen und Schmuck waren dicht ineinander gepackt und sowohl von der Unter- als auch der Oberseite durch zwei große, zu einer Schale gehörende Graphittonscherben geschützt. Sowohl die Münzen als auch der Schmuck zeigen Gebrauchsspuren. Zu den im Fund enthaltenen Regenbogenschüsselchen gibt es mehrere stempelgleiche Stücke aus den Funden von Großbissendorf *(vgl. Nr. 376)* und Sontheim *(vgl. Nr. 377)*. Trotz des gut dokumentierten und eindeutigen Befundes bleibt die Frage nach den Motiven für die Verbergung und damit für die Art des Fundes (Depot, Weihung, Beutegut etc.) ungeklärt.

a) 3 Regenbogenschüsselchen-Statere Typ Kellner II Ca
Galvanos. Vs. Stilisierter Vogelkopf l., je 1 Kugel ober- u. unterhalb des Schnabels, davor gegenläufiger, geteilter Blattkranz mit je 1 Endkugel. – Rs. Torques mit 6 Kugeln.
Rheinisches Landesmuseum Bonn Inv. 79.1348,06–08. – Lit.: Göbel u.a. 1991, Nr. 1–3.

b) 3 Regenbogenschüsselchen-Statere Typ Kellner III A
Galvanos. Vs. Stilisierter Vogelkopf r., davor zwei gegenläufige Blattkränze. – Rs. Torques mit 6 Kugeln.
Rheinisches Landesmuseum Bonn Inv. Nr. 79.1348,09–11. – Lit.: Göbel u.a. 1991, Nr. 4–6.

c) 2 Regenbogenschüsselchen-Statere Typ Kellner IV Aa
Galvanos. Vs. 2 gegenläufige Blattkränze (diese jedoch nur schwach erkennbar) mit je 1 Endkugel. – Rs. Torques mit 6 pyramidal angeordneten Kugeln.
Rheinisches Landesmuseum Bonn Inv. Nr. 79.1348,12 u. 13. – Lit.: Göbel u.a. 1991, Nr. 7–8.

d) 18 Regenbogenschüsselchen-Statere Typ Kellner V D
Galvanos. Vs. Glatt mit Buckel. – Rs. 4-strahliger Stern.
Rheinisches Landesmuseum Bonn Inv. Nr. 79.1348,14–31. – Lit.: Göbel u.a. 1991, Nr. 9–26.

e) 20 gallische Statere Typ Scheers Klasse III
Galvanos. Vs. Stilisierter Lockenkopf r. – Rs. Pferd r., darunter meist 1 Kugel, im Abschnitt Zickzacklinie mit Punkten.
Rheinisches Landesmuseum Bonn Inv. Nr. 79.1348,32–51. – Lit.: Göbel u.a. 1991 Nr. 27–46.

f) Aus Goldblech getriebener Halsring mit Innenfuge u. Pufferenden (Dm. 13,7–15,0 cm; Galvanos). Goldener Halsring, die Ringkörperenden abgebrochen (Dm. 15,1–13,4 cm). Goldener (Ober-) Armring, bestehend aus 2 Teilen (Dm. 11,3–8,7 cm).
Rheinisches Landesmuseum Bonn Inv. Nr. 79.1348,03; 79.1348,04; 79.1348,05. – Lit.: Göbel u.a. 1991, 39 f.; 42 f.

389 Goldfund von Tayac
Kanton Lussac, Dép. Gironde. 2.–1. Jh. v. Chr.

Der Fund wurde 1893 entdeckt, befand sich in zwei Tongefäßen und enthielt neben einem Torques (Halsreif) eine verbogene Golddrahtspirale und zwei kleine Goldbarren. Dazu kommen 325 Münzen der *Bituriges Vivisci* und der *Ambiani* (Statere und Viertelstatere) sowie 73 kleine, runde Statere ohne Gepräge. Einige Originale befinden sich heute im Museum von Bordeaux und im Schweizerischen Landesmuseum Zürich sowie in mehreren Privatsammlungen. Obwohl über das Motiv der Verbergung nichts bekannt ist, wurde der Fund gelegentlich in Zusammenhang mit dem Zug der Kimbern und Teutonen gesehen, konkrete Anhaltspunkte hierfür gibt es jedoch nicht.

a) 3 Münzen der Bituriges Vivisci
Original u. Galvanos.
PS MK-K 1506; PS 1971,440 b. – Lit.: Kellner 1990, Nr. 2254; Castelin 1978, Nr. 128–147.

b) 3 Münzen der Ambiani
Galvanos.
PS Inv. Nr. 1971,440 b. – Lit.: Castelin 1978, Nr. 278–282.

c) Geprägeloser Stater
Lokalisierung fraglich.
PS MK-K 2013. – Lit.: Kellner 1990, Nr. 2255.

d) Goldener Halsring
Galvano. Dm. 14,9–14,4 cm.
PS Inv. Nr. 1971,440 a.

Lit.: H.-J. Kellner, Der Fund von Tayac, ein Zeugnis des Cimbernzuges? Jahrb. Num. u. Geldgesch. 20, 1970, 13 ff.; Taf. 10.

VI.1 Kunst – Symbol, Ornament und Figur

Die Kunst im vorgeschichtlichen Europa unterscheidet sich von der heutigen Kunstauffassung. Kunst war keine persönliche Äußerung, sondern diente der Sache: als Dekoration oder als Ausdruck religiöser Vorstellungen.

Die erste Jahrtausendhälfte zeichnet sich durch eine abstrahierende Darstellungsweise aus. Religiöses Symbolgut war auf wesentliche Erkennungsmerkmale reduziert. Im 6. Jh. v. Chr. findet man zunehmend Anregungen aus dem Mittelmeerraum. Tierfiguren hatten Vorbilder in etruskischer und griechischer Kleinplastik.

Die erste Blütezeit der keltischen Kunst fiel in das 5. und 4. Jh. v. Chr. In dieser wohlhabenden Zeit entwickelten keltische Kunsthandwerker einen individuellen Kunststil. Sie konstruierten geometrische Ornamente und entwarfen Vexierspiele mit Fratzen von Mensch und Tier. Zur Zeit der großen Städte (Oppida) trat die Vielfalt individuellen Gestaltens zurück. Beeinflußt von der hellenistischen Welt dominierte eine kunsthandwerkliche Auffassung. Gegenstände mit perfektem Dekor wurden massenhaft vervielfältigt.

VI.2 Geometrisches und Figürliches der Hallstattzeit

390 Verzierte Dolche
a) Ludwigsburg „Römerhügel", Lkr. Ludwigsburg. 6. Jh. v. Chr. Der Bronzedolch mit geometrischer Verzierung stammt aus einem reichen Kammergrab.
Württembergisches Landesmuseum Stuttgart Inv. Nr. 8722. – Lit.: Bittel u.a. 1981, 142, Abb. 68 rechts.

b) Aichach, Lkr. Aichach-Friedberg, Grab von 1948. 6. Jh. v. Chr. Eisendolch mit gegossenem Bronzegriff und Bronzescheide aus einem Grabhügel. *(Abb. 6)*.
PS Inv. Nr. 1970,1880a. – Lit.: Kossack 1959, 186 f.; Taf. 46,8.

391 Figural verzierte Gürtelbleche
a) Schippach, Lkr. Miltenberg. 6. Jh. v. Chr.
Blechauflage eines Ledergürtels, Punzverzierung mit abstrahierten menschlichen Figuren mit erhobenen Armen. L. 25,5 cm.
PS Inv. Nr. 1893,69. – Lit.: I. Kilian-Dirlmeier, Die hallstattzeitlichen Gürtelbleche und Blechgürtel Mitteleuropas. Prähist. Bronzefunde XII,1 (1972) 48 Nr. 293; Taf. 24,293.

b) Untermettenbach, Lkr. Pfaffenhofen a.d. Ilm. 6. Jh. v. Chr.
Verziertes Bronzeblech mit Tier- und Kreisbuckelornamenten. L. 14 cm.
PS Inv. Nr. 1938,10. – Lit. Kossack 1959, 218; Taf. 48,1.

Nr. 390 b

Nr. 391 a

392 Fibel mit Tierdarstellung
Pillhausen (Kastlhof), Lkr. Kelheim. 6. Jh. v. Chr.

Pferdchenfibel mit Vögeln.

PS Inv. Nr. 1917,84. – Lit.: H. Müller-Karpe, Die späthallstattzeitliche Tierfibel in Kastlhof, Landkreis Riedenburg (Oberpfalz). In: Aus Bayerns Vorzeit. Festschr. F. Wagner. Schriftenr. zur bayer. Landesgesch. 32 (München 1962) 101 ff.

393 Terrakottapferdchen
a) Römerstein-Zainingen, Kr. Reutlingen. 8./7. Jh. v. Chr.
4 Pferdefiguren mit langestreckten Hälsen, 2 Hengste, 2 Stuten aus Ton. Die Gestaltung ist von mediterranen Vorbildern im geometrischen Stil beeinflußt. H. 11,5 bis 13,5 cm.
Württembergisches Landesmuseum Stuttgart Inv. Nr. A 3493. – Lit.: Bittel u.a. 1981, 453, Abb. 363.

b) Prächting, Lkr. Lichtenfels, 7. Jh. v. Chr.
H. 17,5 cm. *(Abb. S. 251).*
PS Inv. Nr. 1979,1296. – Lit.: B.U. Abels, Vorbericht zu einer Grabung hallstattzeitlicher Grabhügel in Prächting, Ldkr. Lichtenfels, Oberfranken. Arch. Korrbl. 8, 1978, 203 ff.

Nr. 392

Nr. 395 b, c, d

394 Geometrisch verzierte Keramik
a) Mindelheim, Hügel 11. 7. Jh. v. Chr.
Stufenschale, kirschrot überfangen und graphitiert, geometrische Kerbschnittverzierung. Dm. 42,8 cm.
PS Inv. Nr. 1950,4089. – Lit.: Kossack 1959, 167 ff.; Taf. 26,9.

b) Schirndorf, Lkr. Regensburg, Hügel 89. 7. Jh. v. Chr.
Stufenschale, verziert mit geometrischen Mustern, Vögeln und Leierspielern. Dm. 43,5 cm. *(Abb. 105)*.
PS Inv. Nr. 1976,449. – Lit.: Stroh 1988, 137 ff.; Taf. 110,3.

VI.3 Maskenfibeln und Tierkopffibeln

395 Masken- und Vogelkopffibeln
a) Parsberg, Lkr. Neumarkt/Opf. 5. Jh. v. Chr.
Bronzene Maskenfibel. Langgestreckter, assymetrisch geschwungener Bügel. Am aufgebogenen Fuß ein plastisch durchgebildeter Männerkopf mit Schnurrbart, Glotzaugen, Augenbrauen und großen Ohren. Fibelbügel teils plastisch, teils durch Ritzlinien verziert. Über der Spirale eine Maske mit eher tierischen Zügen. L. 8,8 cm. *(Abb. 118)*.
Germanisches Nationalmuseum Nürnberg Inv. Nr. VB 1817. – Lit.: Torbrügge/Uenze 1968, 281.

b) Riekofen, Lkr. Regensburg. 5. Jh. v. Chr.
Bronzene Maskenfibel. L. 5,3 cm.
Museen der Stadt Regensburg Inv. Nr. A 1124. – Lit.: Torbrügge/Uenze 1968, 280.

c) Pöfersdorf, Lkr. Neumarkt. 5. Jh. v. Chr.
Bronzene Maskenfibel.
Museen der Stadt Regensburg Inv. Nr. A 101. – Lit.: P. Reinecke, Fibeln der La-Tènezeit aus der süd- und norddeutschen Zone. Die Altertümer unserer heidnischen Vorzeit V, 1911, 103; Taf. 20, 321.

Nr. 393 a

Nr. 390 a

d) Ostheim vor der Rhön, Lkr, Rhön-Grabfeld. 5. Jh. v. Chr.
Bronzene Maskenfibel. L. 8,8 cm.
Friedrich-Schiller-Universität Jena, Wissenschaftsbereich Ur- und Frühgeschichte Inv. Nr. 18 910. – Lit.: Chr. Pescheck, Die Kelten in Unterfranken im Spiegel der Bodenfunde. Mainfränkisches Jahrb. f. Gesch. u. Kunst 11, 1959, 3–19; 9 Abb. 3.

e) Kleiner Knetzberg, Lkr. Haßberge. 5. Jh. v. Chr.
Halbfabrikat einer bronzenen Maskenfibel. L. 6,5 cm.
PS Inv. Nr. 1982,60. – Lit.: L. Wamser, Frühkeltischer Fibelschmuck vom Kleinen Knetzberg, Forstbezirk Neuhaus, Landkreis Haßberge, Unterfranken. Das Arch. Jahr in Bayern 1981, 120 Abb. 106,4.

f) Kleiner Knetzberg, Lkr. Haßberge. 5. Jh. v. Chr.
Bronzene Maskenfibel. L. 4,6 cm. *(Abb. 18)*.
PS Inv. Nr. 1982,144a. – Lit.: wie e) 121 Abb. 107 (rechts).

g) Kleiner Knetzberg, Lkr. Haßberge. 5. Jh. v. Chr.
Eiserne Vogelkopffibel. L. 3,9 cm.
PS Inv. Nr. 1982,144d. – Lit.: unpubl.

h) Kleiner Knetzberg, Lkr. Haßberge. 5. Jh. v. Chr.
Bronzene Vogelkopffibel, auf dem Bügel abstrahierte Gesichtsdarstellung (Augen). L. 3,9 cm.
PS Inv. Nr. 1982, 132f. – Lit.: unpubl.

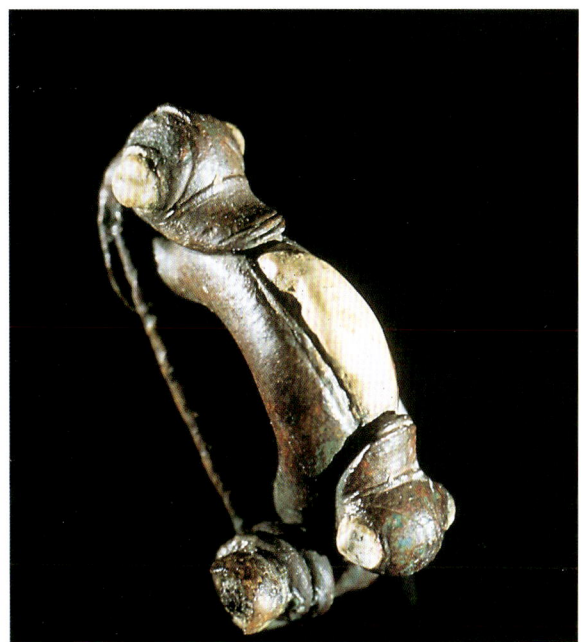

Nr. 397 b, c

i) Fundort unbekannt. 5. Jh. v. Chr.
Bronzefibel mit menschlicher Maske. Die Gesichtszüge sind scharf
eingeschnitten. L. 3,9 cm.
PS Inv. Nr. 1993,764. – Lit.: unpubl.

396 Masken- und Tierkopffibeln vom Dürrnberg
Hallein-Dürrnberg, Land Salzburg. 5. Jh. v. Chr.

a) Grab 49, GP 365/373. Schuhfibel aus Bronze mit achtschleifiger
Spirale und Bronzeknöpfen; gegenständige Bogenverzierung auf Eisenachse. Abnäher, Laschenfransen und Schuhverzierung in Ritz-
dekor, am Absatz kleiner Tierkopf. L. 2,8 cm.

b) Grab 125/2, GP 278 Eislfeld. Doppelmaskenfibel aus Bronze
mit dreischleifiger Spirale und Eisenachse. Die Maske am Fibelfuß
ist plastisch als Wasservogel (Ente?) ausgebildet. Beide Masken mit
Koralleneinlagen für Augen und Kamm. L. 5,3 cm.

c) Grab 125/2, GP 278 Eislfeld. Maskenfibel, 10schleifige Spirale
mit Eisenachse, seitliche Endknöpfe. Naturalistische Tiermaske
(Esel?) mit Stützschleife, Bügelende ringartig verdickt. L. 5,9 cm.

d) Grab 329, GP 316/1 Moserfeld-Ost. Tierfibel aus Bronze mit
Menschenkopf (Mischtyp). Flacher, plastischer Fibelbügel mit
Eberkopf am Bügelende. Ohren, Augen und selbst die Haare plastisch ausgeführt. Rückenkamm hoch aufgestellt mit abschließen-
der Kerbleiste und seitlich gezähnten Borten. Am Fibelfuß plastischer Menschenkopf mit flacher Kopfbedeckung, Kappenverzie-
rung (oder Haartracht?) durch kreuzweise angeordnete Strichgruppen angedeutet, die von einem umlaufenden Randwulst begrenzt
werden. L. 4,2 cm.

e) Grab 194/5, GP 368 Hinterramsau. Doppeltierkopffibel aus
Bronze. Am Kopf ein Raubvogel mit kurzem, kräftigem Schnabel,
am Fußende Wasservogel (?) mit langem, spitz zulaufendem Schnabel und breitem Unterkiefer (Futtertasche). Einseitig dreischleifige
Spirale auf Eisenachse erhalten. L. 3,8 cm.

Keltenmuseum Hallein. – Lit.: Dürrnberg I, 86 u. unpubl.

K.W. Z.

Nr. 396 b

397 Frauengrab mit Masken- und Tierkopffibeln
Schwieberdingen, Lkr. Ludwigsburg. 5. Jh. v. Chr.

a) Fibel in Gestalt eines Pferdes. Lange Spirale mit Endknöpfen aus Bronze. Schnauze, Kopf und Hals sind durch schmale Leisten gegeneinander abgesetzt. Die Mähne ist durch eine Rippe angedeutet. Bronze. L. 2,9 cm.

b) Vogelkopffibel mit zurückgebogenen stilisierten Entenköpfen an Schulter und Fuß. Bronze, Koralleneinlage im Bügel, Korallenperlen an der eisernen Spiralachse. L. 3,5 cm.

c) Maskenfibel mit menschlichem Kopf. Frisur und Gesicht scharf profiliert. Zweite Maske mit Lockenfrisur über der zweischleifigen Spirale. Bronze, drei Korallenperlen und Koralleneinlage an Bügel und Spiralachse. L. 4,3 cm.

Württembergisches Landesmuseum Stuttgart Inv. Nr. A35/34. – Lit.: Bittel u.a. 1981, 465, Abb. 380; Kat. Hallein 263, Nr. 117.

VI.4 Ornament der Frühlatènezeit

398 Zierscheibe vom Pferdegeschirr
Hořovičky, okr. Rakovnik, Böhmen. 5.–4. Jh. v. Chr.

Eisenscheibe mit Bronzeblechauflage und konzentrischen Kreisen, Buckeln und rundköpfigen Masken. Die Zierscheibe war Teil des Pferdegeschirrs. Sie stammt aus einem reichen Grab mit Wagen,

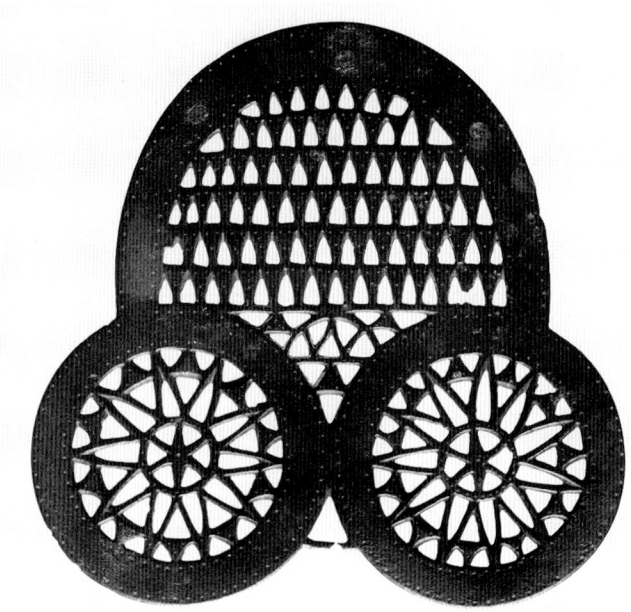

Nr. 400

Feuerböcken, Bratspießen sowie Goldschmuck. Zu der Scheibe gehört ein zweites, schlecht erhaltenes Exemplar. Dm. 12 cm.

Národní Muzeum Praha Inv. Nr. 85 028/29. – Lit.: E. Soudská, Arch. Rozhledy 28, 1976, 638 Abb. 11,1–2; Kat. Hallein 278, Nr. 172.

399 Prunkhelm
Agris, Dép. Charente. 4. Jh. v. Chr.

Prunkhelm aus Eisen mit Bronze-, Silber- und Goldblechauflage und Koralleneinlage. Der Helm wurde als Opfer in einer Höhle niedergelegt. H. 21,4 cm. *(Frontispiz, Abb. 110 C)*.

Musée des Beaux-Arts Angoulême, Staatliches Depot Nr. 81.9.1 (Nachbildung). – Lit.: Kat. Venedig 292 f.

400 Zierscheibe
Aus dem Rhein bei Mainz. 5. Jh. v. Chr.

Zierscheibe aus Bronze, Teil eines Pferdegeschirrs. Aus größerem Halbkreis und zwei kleineren Kreisen zusammengesetzt. Die Verzierung in Durchbruchstechnik ist teils linear, teils radial angeordnet. Das Ornament ist mit Zirkel und Lineal konstruiert. H. 9,6 cm.

Mittelrheinisches Landesmuseum Mainz Inv. Nr. V 1102. – Lit.: Kat. Hallein 275, Nr. 155.

Nr. 398

401 Scheibenfibel mit Zirkelornament

Hallein-Dürrnberg, Land Salzburg, Grab 42/1. 5. Jh. v. Chr.

Durchbrochene Scheibenfibel aus Bronze mit profiliertem Mittelknopf und 18schleifiger Spirale auf Eisenachse. Das Verzierungsschema der Scheibe beruht auf einer komplizierten Zirkelkonstruktion. Das Durchbruchsmuster erinnert an Phaleren und Beschläge der westlichen Hallstattkultur. Dm. 4,75 cm.

Keltenmuseum Hallein. – Lit.: Kat. Hallein 275, Nr. 156.

K.W. Z.

402 Zierscheibe mit Koralleneinlagen

St. Jean-sur-Tourbe, Dép. Marne. 4. Jh. v. Chr.

Zierscheibe aus Bronze mit Korallenbesatz, Dm. 24,5; H. 4 cm. Eines von zwei Exemplaren aus einem Wagengrab. Aus mehreren Teilen zusammengesetzt: konzentrisch gerillte Hauptscheibe mit schmalem Durchbruchsmuster am Rand, eingefaßt von einer Bronzebördelung; der Zierniet in der Mitte wird von einer Koralle geschmückt. Auf der Unterseite zwei eiserne Befestigungsbügel.

Musée des Antiquités Nationales St. Germain/Paris Inv. Nr. 33 284. – Lit.: Kat. Hallein 221, Nr. 30.

403 Eisenschwerter

a) Pottenbrunn, Niederösterreich, Grab 562. 4. Jh. v. Chr.
Verziertes FLT-Eisenschwert mit Gold und Koralleneinlage.
Bundesdenkmalamt, Abt. für Bodendenkmale, Wien. – Lit.: J.W. Neugebauer, Die Kelten im Osten Österreichs (St. Pölten 1992) 79 f.

b) Allach-Untermenzing, Stadtkr. München. 4. Jh. v. Chr.
Eisenschwert mit Messingeinlagen. Dargestellt sind auf der Vorderseite Sonne und Mond, voneinander durch eine Linie längs des Mittelgrades der Klinge getrennt. Auf der Seite des Mondes befinden sich 5 weitere eingelegte Punkte, die vielleicht die Wandelsterne symbolisieren. Auf der Rückseite Dreierwirbel und geöffneter

Nr. 404 b (oben),
404 a

321

Nr. 401

Halbkreisbogen mit kugelförmigen Enden („Torqueszeichen"). Heftbreite 4,2 cm.
PS Inv. Nr. 1892,158. – Lit.: H. Dannheimer, Zu zwei älteren keltischen Fundstücken aus der Münchner Schotterebene. Arch. Korrbl. 5, 1975, 59 f.; Taf. 14 f.

404 Plastic Style

a) Klettham, Lkr. Erding. 3. Jh. v. Chr.
Bronze-Fußringpaar mit Hohlbuckeln. Dm. 8,2 cm.
PS Inv. Nr. IV.511. – Lit.: Krämer 1985, 104: Taf. 41,7.8.

b) Aholming, Lkr. Vilshofen. 3. Jh. v. Chr.
Bronze-Fußringpaar mit Hohlbuckeln. Dm. 7 cm bzw. 7,5 cm.
Germanisches Nationalmuseum Nürnberg Inv. Nr. Vb 119–120. – Lit.: Krämer 1985, 156; Taf. 87,3.4.

405 Schnabelkanne aus Bronze

a) Hallein-Dürrnberg, Land Salzburg, Gr. 112. 5. Jh. v. Chr.
Bronzene Schnabelkanne aus völlig zerstörtem Wagengrab. Der schlanke Kannenkörper ist einschließlich Schulter und Hals aus einem Stück gearbeitet. Die plastische Verzierung auf dem Gefäßblech wurde über einem Model getrieben. Der Kannenhenkel weist reichen Schmuck auf; die durchbrochene Attaschenplatte mit S-förmigen, ineinandergreifenden Ranken läuft in einer Palmette aus. Der Griff endet in einer Maske mit Wulstaugen. Unmittelbar darüber ist ein Tierkopf erkennbar. Das Tier am Henkel hält im Maul einen am Kannenrand aufsitzenden menschlichen Kopf fest. H. insgesamt 45,8 cm; Dm 17,7 cm. *(Abb. 120).*
Museum Carolino Augusteum Salzburg Inv. Nr. 6629. – Lit.: F. Moosleitner, Die Schnabelkanne vom Dürrnberg. Schriftenr. Salzburger Mus. Carolino Augusteum 7 (Salzburg 1985).

b) Castel San Mariano, Perugia. 560–550 v. Chr.
Henkel einer etruskischen Schnabelkanne. Darstellung eines Löwen mit Menschenkopf im Maul, seitlich begleitet von zwei liegenden Ebern. H. 20 cm.
Staatliche Antikensammlungen München Inv. Nr. 9.293. – Lit.:

Nr. 405, Detail

Staatl. Antikensammlungen München, Kat. der Bronzen I (1982);
P. Jacobsthal, Early Celtic Art (Oxford 1944 Nachdruck 1969) 33;
Taf. 223.

406 Holzkanne mit Bronzebeschlägen

Brno Maloměřice, okr. Brno, Mähren. 4. Jh. v. Chr.

Aus einem zerstörten Grab stammen 22 Bronzebeschläge von einer
Holzkanne. Die Kanne stellt den Schlußpunkt des frühlatènezeitlichen Kunsthandwerkes dar. Traditionell werden Masken- oder
Tierelemente in ein vegetabiles Grundmuster einbezogen. Der Beschlag mit den zwei menschlichen Köpfen zeigt in seiner naturalistischen Ausformung den beginnenden Einfluß des hellenistischen
Kunsthandwerkes an.

a) Deckelgriff, verziert mit zwei Vogelköpfen.
b) Beschlag am Ausguß; aus einem Bockskopf wächst ein Gehörn-
und Netzmuster heraus. *(Abb. 128)*.
c) Fußbeschlag aus zwei menschlichen Köpfen.
d) Beschlag mit grinsender Maske.
e) Fußbeschlag, in einfache Palmette auslaufend.
f) Originalgetreue Nachbildung der Kanne aus Holz mit gegossenen Bronzebeschlägen.

Moravské Zemské Muzeum Brno Inv. Nr. 107/160.162–164.167; K
985. – Lit.: J. Meduna/ I. Peškař, K problematice rekonstrukce La-
ténské Dřevěné Konvice s bronzovými kováními z Brna-
Maloměřic. In: Pravěké a slovanské osídlení Moravy (Brno 1990)
211 ff.

VI.5 Das Bild des Menschen

407 Beschläge mit Masken

a) Manching, Lkr. Pfaffenhofen a.d. Ilm. 1. Jh. v. Chr.
Beschlag: Maske mit geschlossenen Augen. H. 5,1 cm. *(Abb. 93)*.
PS Inv. Nr. 1985,2921. – Lit.: v. Endert 1991, Nr. 234.

b) Gegend von Křivoklát, Böhmen. 1. Jh. v. Chr.
Kleine männliche Maske, H. 1,5 cm.
Národní Muzeum Praha. – Lit.: P.-M. Duval, Die Kelten. Univer-
sum der Kunst (München 1978) 180; 183 Abb. 189.

c) Staré Hradisko, Böhmen. 1. Jh. v. Chr.
Bronzebeschlag mit Kopfdarstellung.
Museum Boskovice Inv. Nr. 602–2. – Lit.: J. Meduna, Staré Hradis-
ko I. Fontes Arch. Moravia II (Brno 1961) Taf. 1,10.

408 Beschlagblech mit Reiterfigur

Kärlich, Kr. Mayen-Koblenz, Wagengrab 3/1928. 5. Jh. v. Chr.

Punzverziertes Bronzeblech in Form eines Reiters. Das Blech ist
leicht gewölbt und war wohl ehemals der Beschlag eines Gefäßes.
Arme und Beine des bärtigen Mannes sind nur als Streifen angedeutet. Das Schwert läßt sich durch das Ortband als Waffe der Frühlatènezeit bestimmen. Das Pferd besitzt einen Rückenstreifen, der
bei frühen Pferderassen üblich war. Bei dem großen runden Gegenstand, der an der Hand des Reiters hängt, könnte es sich um den
abgetrennten Kopf eines Feindes handeln, von dem Diodor (Bibl.

Nr. 406 f, 408

V 29) berichtet, daß die Kelten ihn „ihren Pferden um den Hals hängen". L. 4,8 cm; Br. 3,95 cm.

Mittelrhein-Museum Koblenz Inv. Nr. 5355,o. – Lit.: Einhundert Meisterwerke keltischer Kunst. Schriften des Rheinischen Landesmuseums Trier 7 (Trier 1992) 18 Abb. 2.

409 Bronzegürtelhaken
Hölzelsau bei Kufstein, Tirol. 5.–4. Jh. v. Chr.

Aus Bronze gegossener und getriebener Gürtelhaken mit zwei großen S-Spiralen, die oben in Pferdeköpfen enden. Zwischen den Köpfen eine stark stilisierte Menschenfigur. Diesem Motiv der „Herrin der Tiere" liegen orientalische Anregungen zugrunde. Die Umwandlung zu Pferdeköpfen, die zwei Wasservögel am Rand und das lyraförmige Motiv mit den Tierköpfen an der Spitze sind von hallstattzeitlichen Traditionen bestimmt, als noch Pferde und Wasservögel als religiöse Symbole die Bildkunst beherrschten. Damit ist das Stück aufschlußreiches Zeugnis für die Verschmelzung einer keltischen Schmuckform, eines in Oberitalien heimisch gewordenen orientalischen Motivs und der hallstättisch-nordalpinen Symbolwelt. L. 16,0 cm. *(Abb. 13).*

PS 1966/787. – Lit.: Torbrügge/ Uenze 1968, 277, Nr. 254.

Nr. 411

410 Anthropomorphe Fibeln
a) Hallein-Dürrnberg, Land Salzburg, Grab 135, GP 278 Eislfeld. 5. Jh. v. Chr.
Menschengestaltige Bronzefibel mit Hut, hemdartigem Untergewand, enganliegendem, vorne übereinandergeschlagenem Mantel, weiter Hose mit Überwurffalten und wahrscheinlich Schnabel-

Nr. 406 a (M. 1:1)

Nr. 406 c (M. 1:1)

324

Nr. 407 b   *Nr. 412*

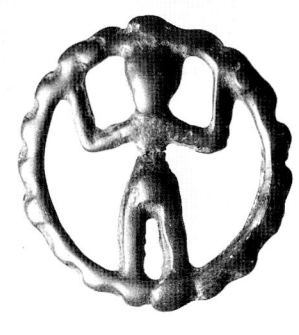

Nr. 413   *Nr. 416*

schuhen. Mindestens 4schleifige Spirale mit kräftig profilierten Endknöpfen. L. 4,4 cm.
Keltenmuseum Hallein. – Lit.: Kat. Hallein 168, Abb. 11; 245, Nr. 74.   KW. Z.

b) Manětín-Hrádek, Böhmen, Grab 74. 5. Jh. v. Chr.
Bügel in Form eines Mannes mit kräftig modelliertem Kopf. Die Bekleidung ist bis auf die Schnabelschuhe nur angedeutet. Die runden Vertiefungen enthielten Bernsteineinlagen. L. 8,8 cm. *(Abb. 115).*
Národní Muzeum Praha. – Lit.: Kat. Hallein 245, Nr. 75.

411 Tête coupée
Pocking, Lkr. Passau. 1. Jh. v. Chr.

Bronzebommel mit männlichem Kopf an Öse. L. 4 cm.

PS E.-Nr. 1991, 42. – Lit.: J.-P. Niemeier/ W. Wandling (Hrsg.), Geschichte aus der Baugrube (Passau 1992) 55 Abb. 36.

Nr. 407 c   *Nr. 415*

Nr. 410

412 Kopfapplike
Oppidum d'Aumes, Dép. Herault. 2.–1. Jh. v. Chr.

Männliche Kopfapplike mit Schnurrbart und zurückgekämmten Haaren. Der Kopf war auf einem flachen Metallgegenstand aufgelötet, möglicherweise ein Schild oder Pferdegeschirr. Denkbar ist auch die Anbringung auf einer Phalere, ähnlich wie in Manerbio (Prov. Brescia). H. 2,9 cm.

Maison du Patrimoine Montagnac Inv. Nr. 987.3.1. – Lit.: unpubl.
M.F.

413 Verzierter Schwertgriff
Stradonice, Böhmen. 1. Jh. v. Chr.

Verzierung eines Schwertgriffes in Form eines menschlichen Kopfes. H. 3,6 cm.

Národní Muzeum Praha Inv. Nr. 12 6977. – Lit.: P.-M. Duval, Die Kelten. Universum der Kunst (München 1978) 182.

414 Achsnagel
Unterradlberg–St. Pölten, Niederösterreich. Um 450 v. Chr.

Eiserner Achsnagel mit Bronzemaske. H. 10,6 cm.

Sammlung E. Wallner, St. Pölten. – Lit.: Kat. Venedig 189.

415 Signalhornspieler
Stradonice, Böhmen. 1. Jh. v. Chr.

Kleine bronzene Statuette eines nackten Mannes mit Signalhorn. H. 4,7 cm.

Národní Muzeum Praha Inv.Nr. 19 56190. – Lit.: E. Lessing, Die Kelten (Freiburg 1979) Abb. 44.

416 Amulettanhänger
Ptení, Mähren. 1. Jh. v. Chr.

Kreisförmiger Bronzeanhänger, in der Mitte ein Mensch mit erhobenen Armen. Dm. 3,7 cm.

Moravské Zemské Muzeum Brno Inv. Nr. 66.203. – Lit.: J. Meduna, Sborník Česk. Spol. Arch. 4, 1970–71, 47 ff.

VI.6 Kunst der Mittellatènezeit

417 Filigranverzierung
a) Lasgraïsses, Dép. Tarn. 3. Jh. v. Chr.
Arming aus Goldblech. Dm. 13 cm.
Musée Saint-Raymond Toulouse Inv. 25 044. – Lit.: L'Art Celtique en Gaule (Ausstellung Paris 1983–1984) Nr. 142.

b) Mistřín, Mähren. 3. Jh. v. Chr.
Filigranverzierte FLT-Bronzefibel mit großen Scheibenfuß.
Moravské Zemské Muzeum Brno. – Lit.: Filip 1956, Abb. 32,1.

c) Mikulčice, okr. Hodonín, Mähren. 3. Jh. v. Chr.
Filigranverzierter Bronzearmring.
Archäologisches Institut ČAV Brno Inv. Nr. A 2412. – Lit.: K. Ludikovski, Sborník ČSSA 2, 1962, 257 ff.

d) München-Moosach. 3. Jh. v. Chr.
Bronzearmring. Dm. 8,7 cm.
PS Inv. Nr. 1913,4. – Lit.: Krämer 1985, 120.

Nr. 417 f (oben), c, d, e (rechts)

Nr. 422 b

e) Plaňany, Böhmen. 3. Jh. v. Chr.
Filigranverzierter Armring.
Národní Muzeum Praha Inv. Nr. NM 52 425–29. – Lit.: Filip 1956, Taf. 37,1.

f) Manching, Lkr. Pfaffenhofen a.d. Ilm. 3. Jh. v. Chr.
Zwei rosettenverzierte Eisenarmringe, Verschlußsegmente. Dm. 6,1 cm; 5 cm.
PS Inv. Nr. 1974/1144.1408. – Lit.: R. Gebhard, Aus der Werkstatt eines antiken Feinschmiedes – Zum Depotfund von Ošanići bei Stolac in Jugoslawien. Zeitschr. Schweiz. Arch. u. Kunstgesch. 48, 1991, 10 Abb. 13.

418 Trinkhorn
Jászbereny-Cseröhalom, Kom. Szolnok. 3. Jh. v. Chr.

Trinkhorn mit Tierkopfbeschlag (Ketos). Bronze und Horn. Die Ketosdarstellung ist unmittelbar aus der hellenistischen Bilderwelt übernommen. L. 20,3 cm.

Damjanich János Múzeum Szolnok Inv. Nr. 62.11.15. – Lit.: Kat. Venedig 483.

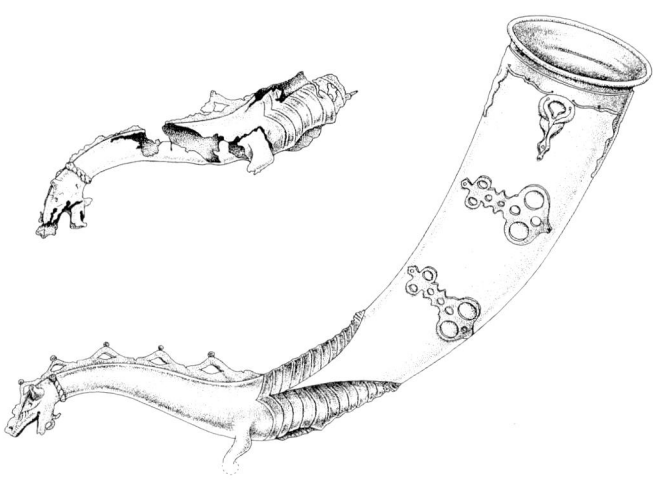

Nr. 418

Nr. 423 a

419 Verziertes Schwert
Marin-Epagnier „La Tène", Kt. Neuchâtel. 2. Jh. v. Chr.

Der untere eiserne Scheidensteg besteht vorn aus zwei großen, stark stilisierten Vogelköpfen; der Scheidenmund ist mit drei springenden Tieren (Hirsche, Pferde oder Fabelwesen) verziert. L. 82,9; B. 4,8 cm (Scheide).

Musée cantonal d'Archéologie Neuchâtel Inv. Nr. 380. – Lit.: A. Furger-Gunti, Die Helvetier (Zürich 1984) Abb. 92.

420 Gefäßattasche
Manching, Lkr. Pfaffenhofen a.d. Ilm. 2. Jh. v. Chr.

Ausgußtülle mit Tierkopf, Bronze. Als Vorbilder dienten hellenistische Gefäßattaschen.

PS Inv. Nr. 1974/2154. – Lit.: v. Endert 1991, Nr. 238; R. Gebhard, Zu einem Beschlag aus Brno-Maloměřice. Germania 67, 1989, 566 ff.

421 Beschlagblech mit Pferdeköpfen
Kelheim „Mitterfeld", Lkr. Kelheim. 1. Jh. v. Chr.

Fragmentierter rechteckiger Bronzebeschlag mit zwei gegenständigen Tierköpfen aus Bronzeblech. Der Beschlag mit seinen drei Nietlöchern diente vermutlich als Besatzstück. L. 6,1 cm; Br. 5 cm. *(Abb. 173)*.

Archäologisches Museum der Stadt Kelheim Inv. Nr. 529. – Lit.: Kat. Hallein 268, Nr. 134.

422 Verzierte Teile von Prunkwägen
Manching, Lkr. Pfaffenhofen a.d. Ilm.

a) Zügelführungsring. 1. Jh. v. Chr. H. 8,2 cm.
PS Inv. Nr. 1962/405. – Lit.: Jacobi 1974, Nr. 814.

b) Zweiteiliger Jochaufsatz aus Bronze. 2.–1. Jh. v. Chr.
Die beiden offenen Enden des Jochaufsatzes oder Zügelführungsringes sind mit Stierköpfen verziert. Am Fuß der Gabel befinden sich die Köpfe von zwei Wasservögeln. H. 9,2 cm.
PS Inv. Nr. 1958/233. – Lit.: v. Endert 1991, 53, Taf. 12,241.

c) Zwei Achsnägel. 2. Jh. v. Chr. Über die eisernen Stifte wurden Bronzeköpfe in Form von Käuzchen oder Eulen gegossen. Auf der Stirn eines der Köpfe befindet sich eine Blutemaileinlage, wie sie auf gleichzeitigen Gürtelketten üblich ist. L. 11,4 cm; 8,4 cm. *(Abb. 184)*.
PS Inv. Nr. 1967/748. – Lit.: W. Krämer/ F. Schubert, Jahrb. DAI 94, 1979, 369 f.

VI.7 Keramik- und Kunsthandwerk

423 Graffiti
a) Manching, Lkr. Pfaffenhofen a.d. Ilm. 2.–1. Jh. v. Chr.
Scherbe mit eingeritzem Tierkopf. Dargestellt ist vermutlich ein Löwe mit Mähne und weit aufgerissenem Maul. L. 3,7 cm.
PS Inv. Nr. 1984/5025b. – Lit.: Maier u.a. 1992, 90, Abb. 44.

b) Manching, Lkr. Pfaffenhofen a.d. Ilm. 2.–1. Jh. v. Chr.
Schüsselfragment mit Ritzzeichnung eines springenden Tieres. Mdm. 10 cm.
PS Inv. Nr. 1974/221. – Lit.: unpubl.

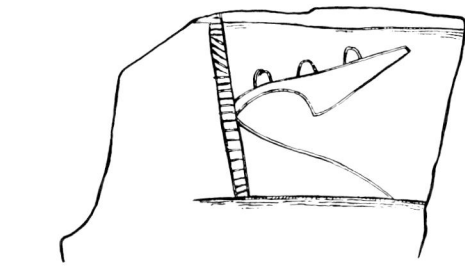

Nr. 423 e, f

c) Manching, Lkr. Pfaffenhofen a.d. Ilm. 2. Jh. v. Chr.
Topf mit Ritzzeichung eines Hirsches. H. 29 cm; H. des Hirsches 7 cm.
PS Inv. Nr. 1974/1596. – Lit.: unpubl.

d) Manching, Lkr. Pfaffenhofen a.d. Ilm. 1. Jh. v. Chr.
Scherbe mit Einritzung „BOIOS"; Scherbe mit Einritzung „ZH". *(Abb. 216)*.
PS Inv. Nr. 1974/1124. – Lit.: W. Krämer, Graffiti auf Spätlatènekeramik aus Manching. Germania 60, 1982, 489 ff.

e) Staré Hradisko, okr. Prostějov. 1 Jh. v. Chr.
2 Scherben mit Ritzeichnung eines Kranichs. H. 5,3; 4,8 cm; B. 4,8; 2,8 cm.
Archäologisches Institut ČAV Brno Inv. Nr. 602–589a/66, 602–589b/66. – Lit.: Kat. Venedig 547.

f) Staré Hradisko, okr. Prostějov. 1 Jh. v. Chr.
Scherbe mit Fibelzeichnung. H. 9,9; B. 6,5 cm.
Archäologisches Institut ČAV Brno Inv. Nr. 05 51991. – Lit.: M. Čizmář, Ritzzeichnungen auf Keramik vom keltischen Oppidum Staré Hradisko. Germania 70, 1992, 427–429.

424 Tonkannen, Nachahmungen von Metallgefäßen

a) „Ehrenbürg" bei Schlaifhausen, Lkr. Forchheim. Um 400 v. Chr.
Ergänzte Schnabelkanne aus Ton. Drehscheibenware, verziert mit horizontalen und vertikalen Riefen, Kreis- und S-förmigen Stempeln, dazu als Füllung von eingeritzten Linienbändern punktförmige Einstiche und halbkreisförmige Abdrücke. Bei einer lokalen Brandkatastrophe deformiert und fleckig gebrannt. H. 31 cm.
PS E.-Nr. 1993/6. – Lit.: B.U. Abels, Eine Tonschnabelkanne von der Ehrenbürg in Oberfranken. Arch. Korrbl. 22, 1992, 79 ff.; Abb. 2–7; ders., Eine Tonschnabelkanne von der Ehrenbürg, Schlaifhausen, Gemeinde Wiesenthau, Landkreis Forchheim, Oberfranken. Das Arch. Jahr in Bayern 1991, 94 ff.

b) Hallein-Dürrnberg, Land Salzburg, Grab 154, GP 373 NO-Abhang Ruedlkopf. 5.–4. Jh. v. Chr.
Mattbraune Röhrenkanne aus Ton, doppelkonischer Umbruch und konischer Hals mit weit ausladendem Mundsaum. Ausguß in Form eines Tierkopfes mit erhabenen Ohren und Halsfalte. Am Ausguß und an der Schulter Verzierungen mit Kreisaugenstempeln. H. 34 cm.
Keltenmuseum Hallein. – Lit.: Kat. Hallein 272, Nr. 143.

K.W. Z.

c) Hallein-Dürrnberg, Grab 71, GP 278 Eislfeld. Land Salzburg. 5.–4. Jh. v. Chr.
Schwarzbraune sackförmige Schnabelkanne mit tiefsitzendem Umbruch und fast konischem Oberteil; Kreisaugenverzierung am Schulteransatz in Form einer Doppelreihe, am Henkel in Form von Dreiergruppen. H. 40,8 cm; Dm. 32,7 cm.
Keltenmuseum Hallein. – Lit.: Kat. Hallein 194.

K.W. Z.

VII.1 Kult, Magie und Religion

Kult, Magie und Religion sind Ausdruck von Angst und Hoffnung und von der Auseinandersetzung des Menschen mit der Welt, in der er lebt. Im Mittelpunkt steht das Bemühen, den am schwersten zu begreifenden Teil des Lebens zu verstehen, den Tod. Individuelle Erlebnisse, wie etwa Reaktionen auf Gefahrensituationen, äußerten sich in der Niederlegung von Opfern oder Votivgaben. Diese sind uns dinglich überliefert. Opfer und Votivfunde begegnen an besonderen Kontaktstellen zum Numinosen, an Quellen, in Flüssen, Seen und Mooren.

VII.2 Goldene Kultkegel

425 Goldkegel von Ezelsdorf-Buch
Lkr. Nürnberger Land. 12.–9. Jh. v. Chr.

Goldener Kegel aus getriebenem Goldblech, mit eingepunzten Ornamentstreifen von Rad- und Sonnensymbolen. H. 88,3 cm; Goldgew. 310 g; Wandstärke 0,01 cm.

Germanisches Nationalmuseum Nürnberg Inv. Nr. Vb 8007. – Lit.: W. Menghin/ P. Schauer, Der Goldkegel von Ezelsdorf. Die vor- und frühgeschichtlichen Altertümer im Germanischen Nationalmuseum, Heft 3 (Nürnberg 1983) 60.

Nr. 425 ▷
◁ Nr. 426

426 „Goldener Hut" von Schifferstadt
Lkr. Ludwigshafen. 12.–9. Jh. v. Chr.

Gedrungener Goldkegel mit eingepunzten Ornamentstreifen. H. 29,7 cm. Goldgew. 350 g. Wandstärke 0,1–0,25 cm.

Historisches Museum der Pfalz Speyer Inv. Nr. 1934.20. – Lit.: W. Menghin/ P. Schauer, Der Goldkegel von Ezelsdorf. Die vor- und frühgeschichtlichen Altertümer im Germanischen Nationalmuseum, Heft 3 (Nürnberg 1983) 62.

VII.3 Symbolgut der Spätbronze- und Hallstattzeit

427 Bronzehalsringe
a) Breuvery, Dép. Marne. 5. Jh. v. Chr.
An der Vorderseite des Ringes befindet sich ein Vogelmotiv mit stilisiertem Baum.
Musée des Antiquités Nationales St. Germain/Paris Inv. Nr. 77 024 A. – Lit.: Kat. Venedig 150.

b) Somme-Tourbe, Dép. Marne. 5. Jh. v. Chr.
Zweiteiliger Ring mit aufgesetzten Vogelsymbolen, dazwischen ein Rad- oder Sonnensymbol. Dm. 20 cm.

Nr. 431, 432

Musée des Antiquités Nationales St. Germain/Paris Inv. Nr. 12.985. – Lit.: Kat. Hallein 265 Nr. 125.

428 Bronzegehänge
Kirchenreinbach, Lkr. Sulzbach-Rosenberg. 7. Jh. v. Chr.

Ring mit aufgesetzter Vogelbarke und Klapperblechen. Dm. des Hauptringes: 9,5 cm.

Naturhistorische Gesellschaft Nürnberg Inv. Nr. 7420/42. – Lit.: Torbrügge/ Uenze 1968, 267; Abb. 240; Torbrügge 1979, Taf. 149,1.

429 Tonschale mit Tierfiguren
a) Saal a.d. Saale, Lkr. Rhön-Grabfeld. 7. Jh. v. Chr.
Gefäß mit Graphitierung und geometrischem Stempeldekor, am Rand aufgesetzte Vogelfiguren. Dm. 37 cm.
PS Inv. Nr. 1985,4293. – Lit.: L. Wamser, Ausgrabungen und Funde in Unterfranken. Frankenland N.F. 30, 1978, 335; 338 Abb. 20,3.

b) Beilngries, Lkr. Eichstätt, Im Ried-West Hügel 74. 7. Jh. v. Chr.
Tonschale, in Rädchentechnik eingestempelte Vögel und Pferde. H. 10,5 cm.
PS Inv. Nr. 1920,1160. – Lit.: Torbrügge 1965, 86; Taf. 33,3.

Nr. 430

430 Klappervogel
Degerndorf, Lkr. Neumarkt. 7. Jh. v. Chr.

Klappervogel aus Ton. H. 11,5 cm.

PS Inv. Nr. 1893,61. – Lit.: Torbrügge 1979, 290 Nr. 123 A; Taf. 59,7.

VII.4 Tierfiguren der Latènezeit

431 Stier von Weltenburg
Lkr. Kelheim. 2.–1. Jh. v. Chr.

Bronzefigur eines stehenden Stieres. Die Mähne zwischen den Hörnern ist durch Einkerbungen herausgearbeitet, der Schweif ist tordiert. H. 9,5 cm; L. 11,5 cm. *(Abb. 139).*

PS Inv. Nr. 1950,85. – Lit.: W. Krämer, Der Bronzestier von Weltenburg. Germania 28, 1944–50, 210 ff., Taf. 29.30,3.

432 Widder von Sempt
Lkr. Ebersberg. 2.–1. Jh. v. Chr.

Bronzefigur eines Widders mit gedrehtem Gehörn. L. 8,2 cm.

PS Inv. Nr. NM 2432. – Lit.: W. Krämer, Der Bronzestier von Weltenburg. Germania 28, 1944–50, 211; Taf. 30,2.

433 Hirsch vom Biberg
Saalfelden, Land Salzburg. 1. Jh. v. Chr.

Bronzefigur eines Hirsches. Ein Vorderbein ist halb aufgerichtet, das andere ist gebeugt. H. 10,8 cm.

Museum Carolino Augusteum Salzburg Inv. Nr. 240/69. – Lit.: Kat. Hallein 279 Nr. 175.

434 Bronzepferdchen
Fundort unbekannt, angebl. Odilienberg, Elsaß. 4. Jh. v. Chr.

Bronzepferdchen mit gedrehtem Schweif. Auf einer Seite ist die Mähne durch eine Strichelung angegeben. Das Pferdchen steht auf einem X-förmigen Standkreuz und war urspünglich auf dem Deckel eines Bronzegefäßes (Kanne?) angelötet. L. 5,9 cm.

PS Inv. Nr. 1990,850. – Lit.: R. Gebhard, Bildtraditionen keltischer Tierfiguren. In: H. Dannheimer (Hrsg.), Spurensuche. Kat. Prähist. Staatsslg. Beih. 3 (Kallmünz 1991) 85.

Nr. 433

Nr. 434

435 Eberfiguren
a) Südostalpenraum. 2.–1. Jh. v. Chr.
Eberstatuette aus Bronze mit durchbrochenem Kamm aus Silber. Die Augen sind mit einer kreisförmigen Silbereinlage umrandet. L. 9,7 cm.
PS Inv. Nr. 1989,500. – Lit.: D. v. Endert, Münchner Jahrb. bildende Kunst 3. F. Bd. 41, 1990, 189; 188 Abb. 3.

b) Lindau (Umgebung). 2.–1. Jh. v. Chr.
Eberstatuette aus Bronze. Auf der Seite des Kopfes sind die Hauer als Ritzornament angedeutet. L. 7,8 cm; H. 4,5 cm.
PS Inv. Nr. 1984,3388. – Lit.: H. Dannheimer. Die Prähistorische Staatssammlung München. Große Kunstführer des Verlages Schnell u. Steiner 67/68 (München/Zürich 1980²) 91 Abb. 120. *(Abb. 124).*

c) Karlstadt, Lkr. Main-Spessart. 2.–1. Jh. v. Chr.
Eberstatuette aus Bronze. L. 5,5 cm.
Museum Karlstadt. – Lit.: Fundchronik 1989. BVbl. Beih. 5, 99 Abb. 67,1.

436 Amulettfiguren
Stuttgart-Uhlbach. 5. Jh. v. Chr.

Bronzefiguren: Stier, Rind und Menschenpaar. Die Stücke wurden, an den Ösen aufgehängt, als Amulette getragen. H. 2,7–3,0 cm. *(Abb. 137).*

Württembergisches Landesmuseum Stuttgart Inv. Nr. A 3365. – Lit.: Bittel u.a. 1981, 481; Abb. 35; 39.

VII.5 Wagen

437 Kultwagen aus Bronze
Strettweg, Niederösterreich. 1. Hälfte 7. Jh. v. Chr.

In der Mitte eine große weibliche Gestalt mit flachem Kopfputz und breitem, verziertem Gürtel. Darüber, gestützt von tordierten Stangen und den Händen der Frau gehalten, ein Kultgefäß. Um die Gefäßträgerin herum sind verschiedene Menschengruppen angeordnet. Dargestellt sind Männer und Frauen, die 2 Hirsche führen, daneben Reiter mit Schild und Waffe. Auf den Achsen des Wagens sind randlich Rinderköpfe befestigt, die Bodenplatte ist strahlenförmig durchbrochen. L. 48 cm; H. der großen Schalenträgerin 22,6 cm. *(Abb. 32).*

Landesmuseum Joanneum, Abt. für Vor- und Frühgeschichte, Graz (Nachbildung). – Lit.: Kat. Steyr 195.

VII.6 Stierkopfprotome

438 Schöpfgefäß aus Bronze
Hallstatt, Oberösterreich, Grab 671. 6. Jh. v. Chr.

Den Griff des Gefäßes zieren eine Kuh (L. 14,4 cm) und ein Kalb. H. 32,2 cm.

Naturhistorisches Museum Wien Inv. Nr. 25.707. – Lit.: Lessing 1980, Abb. 118.

439 Schlüssel mit Stierprotomen
a) Sonthofen, Lkr. Oberallgäu. 2. Jh. v. Chr.
Eiserner Schlüssel mit Bronzegriff. Am Rücken des Griffes befindet sich ein Stierkopf, das Griffende läuft in einer Öse aus. L. 18,3 cm.
PS Inv. Nr. 1988,5342 a. – Lit.: K. Mansel, Ein latènezeitlicher Schlüssel mit Stierplastik aus Sonthofen im Allgäu. Germania 67, 1989, 572 Abb. 4.

Nr. 443

Nr. 435

fries zu sehen. Es handelt sich vermutlich um jeweils ein männliches und ein weibliches Tier: Hirsch und Hindin, Rehbock und Ricke, Eber und Sau, Ganter und Gans sowie Hund (Wolf), einen Hasen verfolgend. Dieser Tierfries ist in seiner Art einmalig unter den Zeugnissen keltischer Kunst. Möglicherweise liegen den Motiven Vorbilder der oberitalischen-ostalpinen Situlenkunst zugrunde. H. 23,8 cm.

Staatliche Museen Preußischer Kulturbesitz Berlin – Museum für Vor- und Frühgeschichte Inv. Nr. V a 4872. – Lit.: Torbrügge/ Uenze 1968, 282 f.; Abb. 260–261.

441 Pferdchenfibel
Sengkofen, Lkr. Regensburg. 5. Jh. v. Chr.
Pferdchenfibel aus Bronze. L. 4,8 cm.
Museen der Stadt Regensburg Inv. Nr. 1981/116. – Lit.: L. Pauli, Eine keltische Pferdchenfibel aus Sengkofen, Gem. Mintraching, Landkreis Regensburg, Oberpfalz. Das Arch. Jahr in Bayern 1981, 118 f.; Abb. 105.

442 Tonpferdchen
a) Speikern, Lkr. Nürnberger Land, Hügel 3. 7. Jh. v. Chr.
Tonpferdchen mit Reiter. L. 8,8 cm.
Naturhistorische Gesellschaft Nürnberg Inv. Nr. 8625. – Lit.: H.P. Uenze/ J. Gregor, Das Gräberfeld von Speikern im Landkreis Lauf a.d. Pegnitz. Jahresber. Bayer. Bodendenkmalpflege 11/12, 1970/71, 117 f.; 119 Abb. 16.

b) Schirndorf, Lkr. Regensburg, Hügel 117. 6. Jh. v. Chr.
Zwei Tonpferde. L. 7,7 cm.
PS Inv. Nr. 1976,1290–1291; – Lit.: unpubl.

c) Oberkrumbach, Lkr. Nürnberger Land, Hügel 8. 7. Jh. v. Chr.
Tonpferd mit Schale. L. 16,3 cm.
PS Inv. Nr. 1975,1361. – Lit.: K. Hörmann, Die dritte Hallstattstufe im Gebiet der anthropologischen Sektion und die Nekropole in der Beckersloh. Abhandl. Naturhist. Ges. Nürnberg 21 (H. 5), 1925, 207 Taf. 51.

b) Dürnbucher Forst, Lkr. Pfaffenhofen a.d. Ilm. 2.–1. Jh. v. Chr.
Mehrzinkiger Bronzeschlüssel mit Stierkopfende. Das Stiermaul endet in einem Ring. Augen ursprünglich mit Einlage. Wamme und Ohren mit Punktverzierung. L. 8,5 cm.
PS E.-Nr. 1992/33 – Lit.: unpubl.

VII.7 Tierdarstellungen

440 Flasche mit Tierfries
Matzhausen, Lkr. Neumarkt. 5. Jh. v. Chr.

Tonflasche mit Tierfries. Die Flasche mit linsenförmigem Körper und langem, engem Hals wurde auf der Drehscheibe hergestellt. Auf der Schulter ist ein durch Stempelmuster eingerahmter Tier-

Nr. 437

Nr. 448

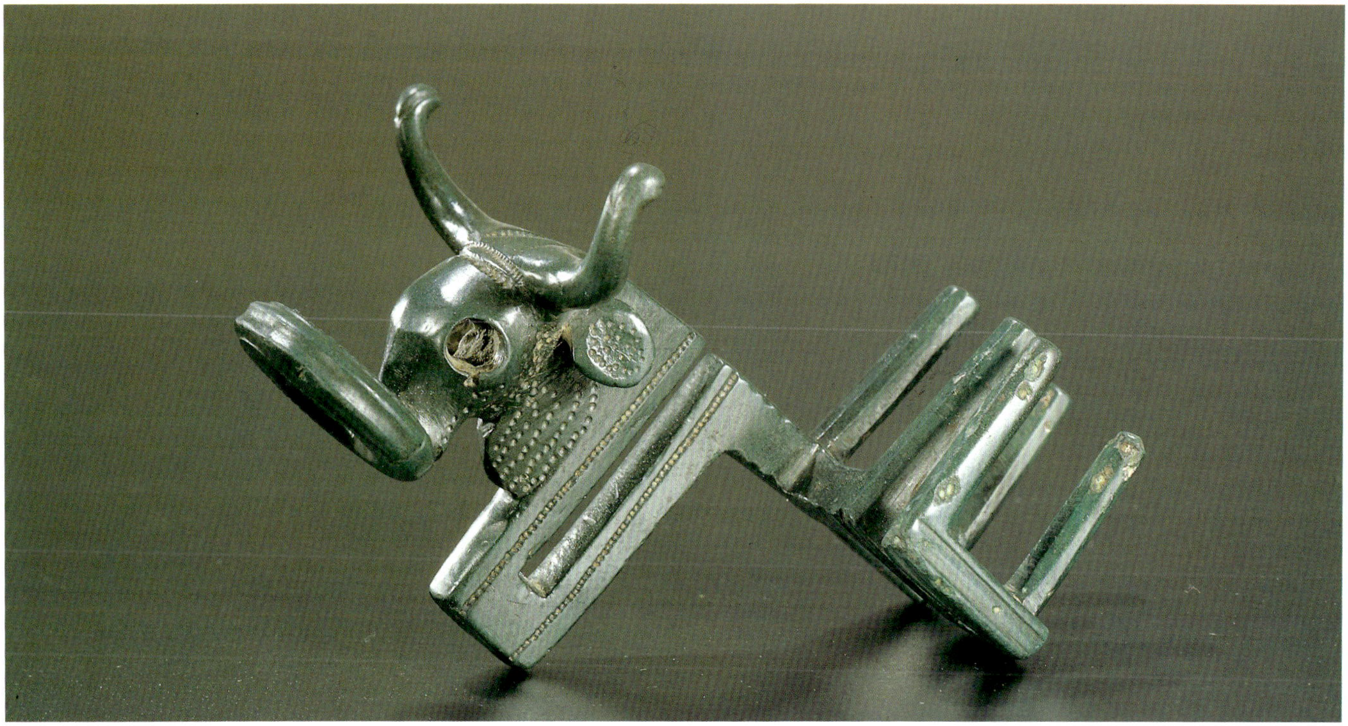

Nr. 439 b △, 441 ▷

443 Tierkopfring
Fentbachschanze, Lkr. Miesbach. 1. Jh. v. Chr.

Armring mit Noppen, Bären- und Rinderköpfen. Bronze. Idm. 8 cm.

PS Inv. Nr. 1991,4003. – Lit.: unpubl.

444 Gefäße mit Tier- und Menschendarstellungen
a) Schirndorf, Lkr. Regensburg, Hügel 1. Um 600 v. Chr.
Hängegefäß aus Ton, gestempelte Ornamente und Zeichnungen in „Rollrädchentechnik". Oben sind drei stark schematisierte Menschenfiguren dargestellt, unten drei Böcke. H. des Gefäßes 24,5 cm.
PS Inv. Nr. 1966,1519.– Lit.: A. Stroh, Das hallstattzeitliche Gräberfeld von Schirndorf, Ldkr. Regensburg, I. Materialh. Bayer. Vorgesch. A 35 (Kallmünz 1979) 14; Taf. 58,6.

b) Beilngries, Lkr. Eichstätt, Im Ried-West Grab 18. Um 600 v. Chr.
Kleines Kegelhalsgefäß mit Reiterdarstellung. H. 19 cm.
PS Inv. Nr. 1920,723. – Lit.: Torbrügge 1965, 72; Taf. 46,5.

c) Schirndorf, Lkr. Regensburg, Hügel 65. Um 600 v. Chr.
Kegelhalsgefäß mit umlaufendem Bilderfries, Darstellung von Hirsch und Leierspieler. H. 38 cm.
PS Inv. Nr. 1968/2860. – Lit.: Stroh 1988, 61; Taf. 89,2.

VII.8 Sonnenkult

445 Schalen mit Sonnendarstellung
Schirndorf, Lkr. Regensburg.

a) Hügel 189. Um 600 v. Chr.
Weißgelbe Schale. Verzierung innen mit roter Sonne, außen mit Zickzackornamenten in roter und schwarzer Farbe und hängenden, schwarzen Dreiecken. Dm. 21 cm. *(Abb. 155)*.
PS Inv. Nr. 1977,1983. – Lit.: unpubl.

b) Hügel 192. 7. Jh. v. Chr.
Stufenschale, innen mit zweistrahliger Sonne, abwechselnd mit roter Farbe und Graphit gemalt. Dm. 41 cm. *(Abb. 155)*.
PS Inv. Nr. 1977,1997. – Lit.: unpubl.

446 Kultgefäß
Schirndorf, Lkr. Regensburg, Hügel 87. 6. Jh. v. Chr.

Tongefäß mit Wagen-, Augen-, Sonnen- und Schlangendarstellung sowie Sanduhrmuster. H. 35 cm. *(Abb. 154)*.

PS Inv. Nr. 1967,402. – Lit.: Stroh 1988, 128; Taf. 103,8; 135,3.

447 Symbolische Zeichen
Prächting, Lkr. Lichtenfels, Hügel 54. 7. Jh. v. Chr.

a) Tonstempel in Form eines Vierspeichenrades. Dm. 8,5 cm.
PS Inv. Nr. 1981,4726.

b) Tonstempel in Form einer Hand. Dm. 8,0 cm.
PS Inv. Nr. 1979,1295a.

c) Tonstempel in Form eines Dreiecks. Dm. 6,5 cm.
PS Inv. Nr. 1979,1295b. – Lit.: B.U. Abels, Vorbericht zu einer Grabung hallstattzeitlicher Grabhügel in Prächting, Ldkr. Lichtenfels, Oberfranken. Arch. Korrbl. 8, 1978, 203; Taf. 34,1–3.

Schirndorf, Lkr. Regensburg, Hügel 165. Um 600 v. Chr.

d) Tonstempel in Form eines Vierspeichenrades. Dm. 6,8 cm.
PS Inv. Nr. 1977,1872a.

e) Tonstempel in Form eines Dreiwirbels. Dm. 6,0 cm.
PS Inv. Nr. 1977,1872b. – Lit.: H.P. Uenze, Führer durch die Ausstellung „Frühe Kelten. Neufunde der Hallstattzeit aus Bayern". Kleine Ausstellungsführer der Prähist. Staatsslg. München 5 (München 1987) 14 f.; Abb. 2.

Haunersdorf, Lkr. Dingolfing-Landau. Hügel 2. 6. Jh. v. Chr.

f) Bronzearmband. Außenseite mit feinen Rippenornamenten: Alternierende Bildfelder mit Zickzackband zwischen strichgefüllten Dreiecken, strichgefüllten Quadraten und ausgesparten Quadraten mit Winkeln, dazwischen strichgefüllte Dreiecke. Dm. 9,6 cm. *(Abb. 157)*.
PS Inv. Nr. 1918,50. – Lit.: Kossack 1959, 257 Nr. 364.

Nr. 447

VII.9 Zeremonialgewand und Zeremonialgerät

448 Zeremonialgewand
wohl Bullenheimer Berg, Lkr. Neustadt a.d. Aisch-Bad Windsheim u. Lkr. Kitzingen. 9. Jh. v. Chr.

Besatzstücke eines Zeremonialgewandes. Zusammen in einem Topf gefunden. Zum gleichen Fund gehören Bronzeobjekte.
Kleidungsbesatz aus zwei länglichen Goldblechen („Diademe", L. 19,5; 19,9 cm), sechs Goldbuckeln (Dm. 5,6–6,5 cm) und vier goldenen Spiralringen (Dm. 6,7–8,5 cm). Geräte, Werkzeuge und Ringschmuck aus Bronze, darunter ein Blecharmband mit feiner Strichgruppenverzierung (Idm. 7 cm). *(Abb. 16)*.

PS Inv. Nr. 1990,844–846; 1991,504a–g. – Lit.: Prähistorische Staatssammlung, Ein Goldschatz aus dem Untermaingebiet. Kulturstiftung der Länder Heft 24 (München 1990). R. Gebhard, Neue Hortfunde vom Bullenheimer Berg. Das Arch. Jahr in Bayern 1990, 53 f.

449 Zeremonialgerät
Krottenthal, Lkr. Dingolfing-Landau. 9. Jh. v. Chr.

Verzierte Prunkaxt (L. 26,5 cm) und Lanze aus Bronze (L. 34,7 cm).

PS Inv. Nr. IV,587.646. – Lit.: Torbrügge/ Uenze 1986 165 Abb. 133.

450 Zeremonialgefäß
Beilngries, Lkr. Eichstätt, Grundäcker Grab 1. 7. Jh. v. Chr.

Rhyton aus Ton in Gestalt eines Vierbeiners. L. 18 cm; H. 9,5 cm.

PS Inv. Nr. 1987,1554. – Lit.: M. Menke, in: H.P. Uenze, Führer durch die Ausstellung „Frühe Kelten. Neufunde der Hallstattzeit aus Bayern". Kleine Ausstellungsführer der Prähist. Staatsslg. München 5 (München 1987) 37–39; Titelbild.

451 Zauberbeutel
Großer Knetzberg, Lkr. Haßberge. 9. Jh. v. Chr.

Inhalt eines „Zauberbeutels", bestehend aus verschiedenen Amuletten: Stein-, Bernstein- und Graphitperlen, jungsteinzeitliche Pfeilspitze, kugelförmiger Stein, Graphitstück, Bergkristall und Rinderzahn.

PS Inv. Nr. 1980,3488a-h. – Lit.: unpubl.

VII.10 Wasser- und Höhlenopfer

452 Amulette und Perlen aus Höhlen
Dietersberghöhle bei Egloffstein, Lkr. Forchheim. 6.–5. Jh. v. Chr.

13 Schichtaugenperlen und 3 blaue Perlen aus Glas. 4 Kaurischneckenanhänger.

Naturhistorische Gesellschaft Nürnberg Inv. Nr. 8289/61–64; 72–74; 110–119; 219; 228. – Lit.: J.R. Erl, Die Dietersberghöhle bei Egloffstein. Abhandl. Naturhist. Ges. Nürnberg 26 Heft 4, 1939.

453 Quellfund
Dux bei Teplice, Böhmen. 4. Jh. v. Chr.

In der Riesenquelle von Dux wurde 1882 ein Bronzekessel gefunden, in dem ungefähr 2000 Schmuckstücke (Fibeln, Armreifen und Ringe) lagen.
Auswahl von 25 FLT-Bronzefibeln.

Staatliche Museen Preußischer Kulturbesitz Berlin – Museum für Vor- und Frühgeschichte Inv. Nr. 2030–31; 2033; 2035; 2040; 2042–43; 2077–78; 2089; 2092–95; 2133; 2135–39; 2141–43; 2145; 2147. – Lit.: V. Kruta, Die Kelten (Freiburg 1978) 50 f.

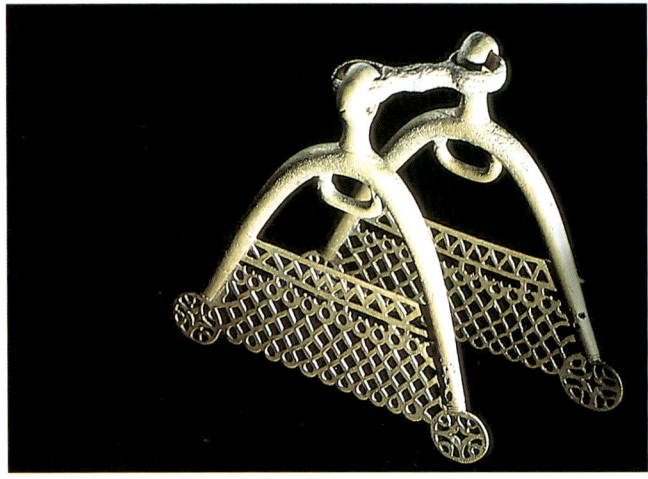

Nr. 455 c

454 Helm aus dem Main
Bei Garstadt, Lkr. Schweinfurt. Um 400 v. Chr.

Bronzehelm vom Typ Berru. H. 24,6 cm.

PS Inv. Nr. 1981,197. – Lit. Chr. Pescheck/ H.P. Uenze, Die Kelten im Landkreis Schweinfurt. Kat. Prähist. Staatsslg. 24 (München 1992) 62 f.; Taf. 28–29;32–37.

455 Gewässerfunde
a) Aus der Donau bei Günzburg. 1. Jh. v. Chr.
Eisernes Knollenknaufschwert. L. 50,3 cm.
PS E.-Nr. 1990,3. – Lit.: unpubl.

b) Aus der Saône bei Chalon. 1. Jh. v. Chr.
Eisernes Knollenknaufschwert. L. 86 cm. *(Abb. 152)*.
Staatliche Museen Preußischer Kulturbesitz Berlin – Museum für Vor- und Frühgeschichte Inv. Nr. V a 4872. – Lit. W. Krämer, Ein Knollenknaufschwert aus dem Chiemsee. In: Aus Bayerns Frühzeit. Festschrift F. Wagner. Schriftenr. zur bayer. Landesgesch. 32 (München 1962) 110 Abb. 1,2.

c) Aus der Donau bei Pfahlheim, Lkr. Donauwörth. 5.–4. Jh. v. Chr.
Bronzeknebel mit eisernem Gebißstück. Die U-förmigen Bronzeknebel enden in Scheiben mit Radsymbolen, zwischen den Gabeln befinden sich rechteckige, durchbrochene Zierplatten.
Württembergisches Landesmuseum Stuttgart Inv. Nr. V 66, 32.– Lit.: L. Pauli, Eine frühkeltische Prunktrense aus der Donau. Germania 61, 1983, 459 ff.

456 Stiergebilde
Mörslingen, Lkr. Dillingen a.d. Donau. 3.–2. Jh. v. Chr.

Eisernes Gebilde mit zwei Fortsätzen, beide mit aufgesetzten Figuren aus Silberblech. Dargestellt sind ein großer und ein kleiner Rinderkopf. L. ca. 50 cm.

Privatbesitz. – Lit.: H.J. Seitz, Ein spätkeltisches Stiergebilde aus Mörslingen im Landkreis Dillingen a. d. Donau. BVbl. 53, 1988, 45 ff.

VII.11 Keltische Kultstätten

Neben den Naturheiligtümern an Quellen und heiligen Hainen errichteten die Kelten feste Anlagen, die der Darbringung von Opfern oder der Ahnenverehrung dienten. Heiligtümer des „belgischen Typs" wurden bislang vorwiegend in der Gallia Belgica ausgegraben. Es sind durch Palisaden oder Gräben eingefriedete Bereiche, in denen zahlreiche Menschen- und Tierknochen, künstlich deformierte Waffen und Keramikdepots ausgegraben wurden. Tempelgebäude ergänzen das Bild. Bei den Heiligtümern handelt es sich um zentrale Opferplätze. Das Vorkommen von Menschenknochen weist nicht allein auf Menschenopfer hin. Bei dem Heilig-

Nr. 466 a ▷

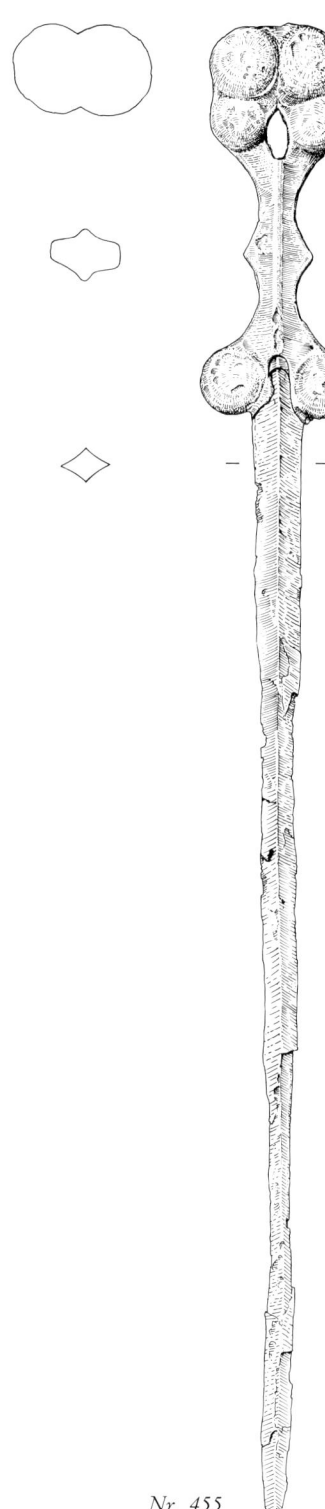

Nr. 455

Nr. 454

tum von Ribemont gibt die Art der im Viereck übereinander geschichteten Langknochen eher den Eindruck eines Ossuariums (Beinhaus) wieder.

Eine lange Tradition haben Ahnenheiligtümer. Das in der Nähe des „Fürstinnen"-Grabes von Vix neu entdeckte Ahnenheiligtum steht vermutlich in unmittelbarem Bezug zu diesem. Diese Anlage aus dem 5. Jh. v. Chr. besteht aus einem Viereckbezirk mit Graben. In der Nähe des Eingangs waren zwei steinerne Sitzfiguren aufgestellt, vermutlich Abbilder der Ahnen. Eine vergleichbare Anlage gibt es auf der Akropolis vom Závist bei Prag.

Die Tradition der Ahnenheiligtümer mit Sitzfiguren wird in Südfrankreich im 3. Jh. v. Chr. fortgesetzt. In Roquepertuse waren Sitzfiguren und andere Steinplastiken in einem Portikus auf einer Felsterrasse aufgestellt. Die Anlage von Entremont war hingegen in die Stadtarchitektur integriert.

Die Ausprägung von festen Kultplätzen und Tempeln geht einher mit der Entwicklung einer städtischen Lebensweise und Veränderungen in der keltischen Religion. In der spätkeltischen Zeit übernahm die Priesterkaste der Druiden die alleinige Kontrolle über Opfer und Prophetie. Religion wurde zum gesellschaftlichen Machtelement.

Bei den Ausgrabungen in Manching wurden mit Palisaden umzäunte Tempel entdeckt. Die in der Nähe gefundenen Waffen zeigen deutliche Spuren einer absichtlichen Zerstörung oder waren vollkommen verbogen. Dies entspricht den in „belgischen Heiligtümern" festgestellten Deformierungen.

Naturheiligtümer wurden durch die ganze Keltenzeit hindurch immer wieder genutzt. Besonders Quellen und Flüsse dienten als Orte des Opfers an die Götter. Auch die Brandopferplätze können zu den Naturheiligtümern gezählt werden. Sie waren an exponierten Stellen errichtet, in ihrem Zentrum stand ein großer Aschenaltar, an dem die Opfergaben verbrannt wurden. Einen besonderen Platz nehmen die Viereckschanzen ein. Seit der Erforschung der Viereckschanze von Holzhausen südlich Münchens, in der Opferschächte ausgegraben wurden, gelten diese Geländedenkmäler als Heiligtümer. In der neueren Forschung wird die Nutzung der Anlagen wieder verstärkt profan gedeutet. Aus der Viereckschanze von Fellbach-Schmiden bei Stuttgart stammen die bislang eindrucksvollsten Holzbildwerke spätkeltischer Götterverehrung.

In den keltischen Oppida gibt es vielfache Hinweise auf Schädelkulte. Bildlichen Darstellungen und Berichten antiker Autoren ist zu entnehmen, daß dem Kopf eine zentrale Bedeutung zukam. An der Toreinfahrt des südfranzösischen Oppidums La Cloche wurden drei Schädel angenagelt. Auch vor dem Osttor von Manching wurden zwei Menschenschädel gefunden, im Siedlungsbereich fand man Schädel und Schädelmasken.

457 Zweigesichtige Steinstele
Holzgerlingen, Kr. Böblingen. 5.–4. Jh. v. Chr.

Zweigesichtiges Götterbild. Stele aus weißlichem Stubensandstein mit Doppelkopf. Die Grundform ist schmal kubisch, kaum abgerundet. Breiter Gürtel unterhalb der Taille und stark angewinkelte Arme mit schematisierten Fingern. H. ohne Basis 230 cm. *(Abb. 135).*

Württembergisches Landesmuseum Stuttgart Inv. Nr 1862, 138 (Nachbildung). – Lit.: Kat. Hallein 207 Nr. 17.

VII.12 Kult in Manching

458 Kultbäumchen
Aus der Grabung 1984. 3. Jh. v. Chr.

Zu dem noch 70 cm hohen goldplattierten Bäumchen gehören zwei große Blattgoldflächen sowie Kleinteile. Die Blattgoldflächen stammen offenbar von einem Kasten. Sie sind mit Ornamenten im plastischen Stil verziert, zu dem es beste Vergleichsstücke aus Südbayern gibt. Das Bäumchen ist in einer Technik gefertigt, die bislang nur aus Tarentiner Werkstätten bekannt ist. Die Blätter bestehen im Kern aus Bronze und sind an der Oberfläche mit Blattgold überzogen. Der Fund ist ein typisches Beispiel für den Einfluß des Mittelmeergebietes auf das keltische Kunsthandwerk. Erh. H. 70 cm; L. Ast 16,5 cm. *(Abb. 174).*

PS Inv. Nr. 1984/5249. – Lit.: F. Maier, Das Kultbäumchen von Manching. Germania 68, 1990, 130 ff.

459 Eisernes Roß
Aus dem Kultbezirk im Zentrum des Oppidums. 2. Jh. v. Chr.

Eiserne Pferdeplastik. Erhalten ist der aus zwei Hälften getriebene und vernietete Kopf (L. ca. 19 cm). Die Augen sind ausgefallen. Zugehörig sind Beine, einfache Eisenblechröhren, die zum Teil mit Bronze überzogen sind. Der ursprüngliche Farbeindruck entsprach dem einer vergoldeten Silberplastik. Aus nicht näher bestimmbarer Ursache wurde das Stück in der zweiten Hälfte des 2. Jh. v. Chr. zerstört. Das „eiserne Roß" von Manching ist die älteste bekannte toreutische Großplastik nördlich der Alpen. *(Abb. 146).*

PS Inv. Nr. 1961, 288; 262.– Lit.: W. Krämer, Das eiserne Roß von Manching. Germania 67, 1989, 519 ff.

VII.13 Schächte und Brunnen

460 Tierfiguren aus einer Viereckschanze
Fellbach-Schmiden, Rems-Murr-Kreis. 2. Jh. v. Chr.

Zwei auf den Hinterbeinen stehende Böcke (H. 90 cm) und ein Hirsch (H. 80 cm), aus Eichenholz geschnitzt. Bei beiden Böcken sind auf der Höhe der Oberschenkel menschliche Arme und Hände eingeschnitten. Vermutlich gehören diese zu einer sitzenden Götterfigur, die die zur Linken und zur Rechten stehenden Tiere umfaßt. *(Abb. 136, S. 169).*

Landesdenkmalamt Baden-Württemberg, Abt. Arch. Denkmalpflege, Stuttgart (Kopie). – Lit.: D. Planck, Eine neuentdeckte keltische Viereckschanze in Fellbach-Schmiden, Rems-Murr-Kreis. Germania 60, 1982, 105 ff.

461 Waffen aus Kultschächten (Puits funéraires)
Toulouse, Dép. Midi Pyrénées. 1. Jh. v. Chr.

Bronzehelm und Eisenschwert mit anthropomorphem Bronzegriff.

Musée Saint-Raymond Toulouse. – Lit.: J. Labrousse, Toulouse antique (o. Jahr), Taf. IV–V.

462 Opfergerät aus einer Viereckschanze
Holzhausen, Lkr. Bad Tölz-Wolfratshausen. 1. Jh. v. Chr.

Fleischgabel. L. 39 cm.
PS Inv. Nr. 1984,3322. – Lit.: K. Schwarz, Spätkeltische Viereckschanzen. Ergebnisse der topographischen Vermessung und der
Ausgrabungen 1957–1959. Jahresber. Bayer. Bodendenkmalpflege
1960, 24 ff.

VII.14 Opfer in Heiligtümern

463 Modell eines Heiligtums
Gournay-sur-Aronde, Dép. Oise. 3.–1. Jh. v. Chr.

Viereckanlage mit zentralem Tempelbau. Die Anlage ist mit einer
Palisade umgeben. Zu den rituellen Handlungen, die hier stattfanden, gehörte das Zerstören von Waffen und die Opferung von Tieren, im überwiegenden Fall von Stieren.

Lit.: J.L. Brunaux/ P. Méniel/ F. Poplin, Gournay I. Les fouilles
sur le sanctuaire et l'oppidum. Revue Arch. de Picardie 1985; A.
Rapin, Gournay II. Boucliers, Lances. Revue Arch. de Picardie
1988.

464 Verbogene Waffen und Trophäen
Manching, Lkr. Pfaffenhofen a.d. Ilm. 2. Jh. v. Chr.

a) Deformierte Eisenwaffen, darunter abgebrochene Schwertspit-
zen, Schwertketten und Lanzen.
Stadtmuseum Ingolstadt Inv. Nr. 236–238. – Lit.: F. Müller, Der
Massenfund von der Tiefenau bei Bern. Zur Deutung latènezeitlicher Sammelfunde mit Waffen. Antiqua 20 (Basel 1990) 80 ff.

b) Verbogenes Eisenschwert mit regelmäßigen Hiebspuren 1974/
1120 (L. 84,5 cm). Verbogene Eisenschwerter 1963/1273 (L.
26 cm); 1963/1257 (L. 29 cm). Zusammengefaltete eiserne Schwertscheide 1961/393 (L. 16 cm). Verbogene Eisenlanze 1974/1326 (L.
19 cm). PS. – Lit.: S. Sievers, Armes et Sanctuaires à Manching. In:
Les Sanctuaires Celtiques et le monde méditerranéen. Actes du coll.
de St.-Riquier 1990 (Paris 1991) 146–155; Fig. 10.

c) Trophäenschädel mit perforierter Kalotte vom Osttor von Man-
ching. 1963/1227a. Gesichtsschädel. 1961/447. PS. – Lit.: G. Lange,
Die menschlichen Skelettreste aus dem Oppidum von Manching.
Die Ausgr. in Manching 7 (Stuttgart 1983) 55 f., 59; Taf. 30–31.

VII.15 Ahnenkult

465 Ahnenfigur
Mšecké Žehrovice, Böhmen. 2.–1. Jh. v. Chr.

Kalksteinkopf aus einer Viereckschanze. Männlicher Kopf mit zurückgekämmten Haaren, aufgebogenem Schnurrbart und Torques
mit Pufferenden. H. 25 cm. *(Abb. 10)*.

Národní Muzeum Praha 111938. – Lit.: Filip 1956, Taf. 70; P.M.
Duval, Die Kelten. Universum der Kunst (München 1978) 163 f.

466 Ahnenfiguren
Vix bei Châtillon-sur-Seine, Dép. Côte d'Or. 5. Jh. v. Chr.

Zwei kopflose Figuren aus Kalkstein, gefunden am Eingang einer
Viereckgrabenanlage. Die Anlage mit Graben liegt etwa 200 m von
dem „Fürstinnengrab" von Vix entfernt. Beide Figuren sind an der
Unterseite ausgearbeitet und standen auf einem Sockel.

a) Sitzende Frauenfigur mit langem Gewand und Torques. Die Arme sind nicht ausgearbeitet und befinden sich offenbar unter dem
Gewand. Am linken Knie ist die Kontur einer unter dem Gewand
liegenden Hand ausgearbeitet. Am Hals großer rundstabiger Torques mit senkrecht nach außen gebogenen Enden, nur an der Vorderseite (Schauseite) der Figur ausgearbeitet. H. 62 cm; B. 34 cm; T.
51 cm.

b) Am Boden hockender Krieger mit Schulterumhang. Er hält mit
der rechten Hand vor den Beinen einen Schild mit Spindelrippe.
Am rechten Unterschenkel befindet sich ein Schwert. Am linken
Unterschenkel ist eine Beinschiene ausgearbeitet. H. 46 cm; B.
38 cm; T. 51 cm.

Musée Archéologique Châtillon-sur-Seine. – Lit.: B. Chaume, Bull.
Arch. et Hist. Châtillonais 4, 1991, 5–14; B. Chaume/ L. Olivier/
W. Reinhard, Arch. in Deutschland 1/1993, 54.

467 Ahnenfiguren aus Südgallien
a) Entremont, Dép. Bouches-du-Rhône. 3.–2. Jh. v. Chr.
Kopf mit geschlossenen Augen und einer aufgelegten Hand. Kalk-
stein. H. 23 cm.
Musée Granet Aix-en-Provence. – Lit.: P.-M. Duval, Die Kelten.
Universum der Kunst (München 1978) 135 Abb. 134.

b) Entremont, Dép. Bouches-du-Rhône. 3.–2. Jh. v. Chr.
Statue eines sitzenden Kriegers mit Kettenpanzer. Kalkstein. H.
83 cm.
Musée Granet Aix-en-Provence (Nachbildung). – Lit.: Archéologie
d'Entremont au Musée Granet (Aix-en-Provence 1987) 182 Abb.
259.

c) Roquepertuse, Dép. Bouches-du-Rhône. 3.–2. Jh. v. Chr.
Zweigesichtiger Kopf aus Kalkstein. H. 19,5 cm; L. 13 cm.
Musée d'Archéologie Mediterranéenne Marseille Inv. Nr. 6017
(Nachbildung). – Lit.: L'Art celtique en Gaule 1983/84, Nr. 158.

◁ *Nr. 466 b*

VIII.1 Tod und Jenseits

Der Glaube an ein Leben im Jenseits prägte die Vorstellungswelt des Menschen in der Vorzeit. Es war die Pflicht der Gemeinschaft, den Toten mit den für ihn notwendigen Dingen zu versorgen.

Die Ausstattung der Toten war zumeist ein Spiegel ihrer Verhältnisse zu Lebzeiten. So wurde den Verstorbenen das mitgegeben, was sie zuletzt am Leibe trugen; erhalten sind davon meist nur Schmuck und Gewandspangen (Fibeln) aus Metall oder – bei Männern – die Waffen. Beigaben – Gerät, Werkzeug oder Geschirr – sollten ihnen die Möglichkeit geben, „im Jenseits zu leben". Umfangreiche Geschirrsätze weisen den Toten der Urnenfelder- und vor allem der Hallstattzeit als „Gastgeber im Jenseits" aus.

In der Zeit der keltischen Städte erlosch die Sitte, die Toten in Gräbern zu bestatten. Die Ursachen hierfür sind unklar. Möglicherweise besteht ein Zusammenhang mit einer neuen Religion, die die Druiden verbreiteten. Wie die Pythagoräer lehrten sie den Glauben von der Seelenwanderung.

VIII.2 Leichenverbrennung

468 Wagengrab von Poing
Lkr. Ebersberg. Um 1200 v. Chr.

Komplex 1: Schwert, Rasiermesser, Vasenkopfnadel, Siebtasse und Zylinderhalsgefäß.
Komplex 2 im Südbereich außerhalb der Pfosten: Wagenteile, Pferdeschirrung mit Gebißstange, 2 Sicheln, Pfeilspitze und Klapperschmuck, der von 3 zerscherbten Großgefäßen und 3 Bechern überdeckt war *(Abb. 64, 65)*.

PS Inv. Nr. 1993,1–34. – Lit.: St. Winghart, Ein Wagen der späten Bronzezeit. Arch. in Deutschland, H. 3, 1991, 6 ff.

VIII.3 „Adelsgrab"

469 Wagengrab von Hart a.d. Alz
Lkr. Altötting. Um 1200 v. Chr.

Grab eines „adeligen" Mannes mit Beigabe eines vierrädrigen Wagens. 3 Bronzegefäße: Eimer, Tasse und Sieb. Geschirrsatz. *Vgl. Nr. 34.*

PS Inv. Nr. 1953,613–678. – Lit.: H. Müller-Karpe, Das Wagengrab von Hart a.d. Alz. BVbl. 21, 1956, 46 ff.

VIII.4 Geschirrsatz

470 Acholshausen
Lkr. Würzburg. Um 1000 v. Chr.

Geschirrsatzauswahl aus einem „Adelsgrab" mit Kultwagen *(Abb. 179)*: Kegelhalsgefäß (H. 27,1 cm), 2 Zylinderhalsgefäße (H. 14 cm; 17,1 cm), 2 Tassen („Krüge", H. 6,7 cm; 10,5 cm), 2 Speiseschalen (Rdm. 26 cm; 38,3 cm), 3 konische Schälchen (Rdm. 15,0–15,6 cm), 3 flache Schälchen (Rdm. 18,1–22,0 cm).

Mainfränkisches Museum Würzburg Inv. Nr. S 70 574–70 611. – Lit.: Ch. Pescheck, Ein reicher Grabfund mit Kesselwagen aus Unterfranken. Germania 50, 1972, 29 ff.; Abb. 7,10; 8.1–3.5; 9,1.2.11.14.16–18.

VIII.5 Fürstengrab von Hochdorf

471 Eberdingen-Hochdorf
Kr. Ludwigsburg. Grabhügel. 6. Jh. v. Chr.

Funde aus dem Fürstengrab: Bronzekessel (Kopie), Goldschale, Trinkhorn und 2 Schlangenfibeln aus Gold (Kopien).
1978/79 wurde bei Hochdorf ein ungestörter Fürstengrabhügel ausgegraben. In der 11 x 11 m großen zentralen Holzkammer fand sich die Bestattung eines etwa 40jährigen Mannes von 1,87 m Größe mit reichen Beigaben. *Vgl. Beitrag J. Biel.*

Württembergisches Landesmuseum Stuttgart Inv. Nr. 86,3; Museum Eberdingen-Hochdorf. – Lit.: Bittel u. a. 1981, 395; J. Biel, Der Keltenfürst von Hochdorf (Stuttgart 1985).

VIII.6 Trinkgeschirr

472 Weihefund
Unterglauheim, Lkr. Dillingen. 9.–8. Jh. v. Chr.

2 Becher aus getriebenem Goldblech mit eingepunzten Buckeln, Kreisaugen und Kerbleisten (H. 9 cm). 2 Bronzebecken mit kreuzförmigen Ringattaschen (Dm. 27 cm; 28 cm). Zweihenkliger, verzierter Bronzeeimer (H. 35 cm). Golddraht. Der Bronzeeimer ist am Rand umlaufend mit getriebenen Buckeln verziert. Auf der Wand Sonnenbarke mit zwei antithetischen Vogelköpfen aus Punktbuckelreihen. Die beiden Goldbecher lagen in dem mit Knochenasche gefüllten Eimer und waren angeblich mit dem Golddraht zusammengeschnürt. *(Abb. 3).*

Römisches Museum Augsburg Inv. Nr. VF 1/1–2,4–6. – Lit.: W. Menghin/ P. Schauer, Der Goldkegel von Ezelsdorf. Die vor- und frühgeschichtlichen Altertümer im Germanischen Nationalmuseum, Heft 3 (Nürnberg 1983) 88 Abb. 38.   L.B.

Nr. 469

Nr. 475 ▷

Nr. 473

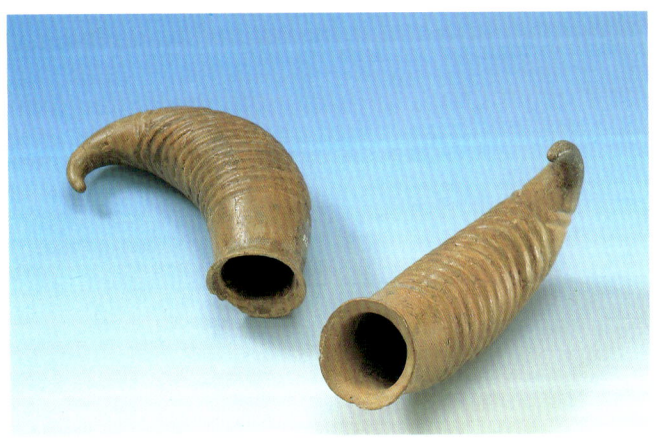

473 Trinkhörner
Döckingen, Lkr. Weißenburg-Gunzenhausen, Hügel 2. 7.–6. Jh.
v. Chr.

2 verzierte Trinkhörner aus Ton. L. 16 cm; Dm. 5 cm.

Museum Gunzenhausen Inv. Nr. 2035; 2036. – Lit.: Hoppe 1986,
182; Taf. 145,1–2; 175.

VIII.7 Kriegerbestattung im Osthallstattkreis

474 Häuptlingsgrab

Kleinklein, Steiermark. Aus dem Kröll/Schmied-Kogel. 7. Jh.
v. Chr.

Gesichtsmaske aus getriebenem Bronzeblech. Über den Augen ist
ein Stirnband mit Punktbuckeln eingepunzt, das Gesicht ist durch
eine doppelte Punktbuckelreihe eingefaßt. Seitlich angenietete
Blechohren mit Punktverzierung und jeweils vier Durchbohrun-
gen (B. 23 cm; Kopie). 2 Hände aus Bronzeblech mit geometrisch
eingepunzten Punktlinien: Kreuzmuster, Winkelhaken, Zickzack-
linien (L. 15,5 cm; 14 cm; Kopie). Zweischaliger Glockenpanzer
aus Bronze. Die Schulter- und Brustmuskulatur ist plastisch ausge-
trieben. Verschluß an der Schulter und auf der linken Seite durch

Schnürösen auf der rechten Seite durch Verschnürung mit zahlreichen Löchern (H. 59 cm). Doppelkammhelm aus Bronze. An der Stirnseite ist eine Tierkopfprotome angenietet, an der Rückseite befindet sich ein rechteckiger Stift zur Befestigung des Helmbusches. Der Rand ist zur Fixierung des Innenfutters gelocht (H. 18 cm).

Landesmuseum Joanneum, Abt. für Vor- und Frühgeschichte, Graz Inv. Nr. 10 716; 10 717. – Lit.: Kat. Steyr 3, 53–3, 59; W. Schmid, Die Fürstengräber von Klein Glein in der Steiermark. Prähist. Zeitschr. 34, 1933, 224 ff.

VIII.8 Bilder aus der Situlenkunst

475 Situla von Kuffern
Grab 1 (1891), Niederösterreich. 5. Jh. v. Chr.

Bronzesitula aus reich ausgestattetem Männergrab. Umlaufender Figurenfries mit drei szenischen Darstellungen eines Wagenrennens, eines Faustkampfes und eines Zechgelages. Am Wagenrennen sind zweispännige Streitwagen beteiligt. Die nackten Faustkämpfer kämpfen mit Hanteln vor dem Siegespreis, einem Helm. Der Zecher, entspannt zurückgelehnt in seinem Thron, läßt sich von Dienern Wein aus einer Situla reichen. H. 25 cm.

Naturhistorisches Museum Wien Inv. Nr. 17 036. – Lit.: W. Lucke/ O.-H. Frey, Die Situla in Providence (Rhode Island). Röm.-Germ. Forsch. 26 (Berlin 1962) 80; Taf. 75.

476 Situla von Vače
Slowenien. Um 500 v. Chr.

Bronzesitula mit drei Figurenfriesen. Auf dem ersten Fries ein Aufzug von Pferdeführern, Pferden und Wagen. Der zweite Fries zeigt eine Festszene mit mehreren Zechern, als weitere Motive erscheinen der Faustkampf und eine Räucherzeremonie. Der dritte Fries zeigt nur Tiere („Hirschkühe und Steinböcke"), sie werden von einem Löwen verfolgt, aus dessen Maul ein Bein hängt. H. 23,8 cm.

Narodni muzej Ljubljana Inv. Nr. P 581. – Lit.: W. Lucke/ O.-H. Frey, Die Situla in Providence (Rhode Island), Röm.-Germ. Forsch. 26 (Berlin 1962) 78, Taf. 73.

477 Situla von Novo mesto
Kandija Grab IV,3. Slowenien. 5.–4. Jh. v. Chr.

Bronzesitula mit umlaufendem Figurenfries aus Pferdeführern, gezäumten Pferden und Pferden mit Reitern. H. 21 cm.

Dolenjski muzej Novo mesto Inv. Nr. 239. – Lit.: Kat. Steyr 248, Nr. 14.

478 Fragmente von Situlen und Rippenzisten aus Tirol
a) Welzelach im Virgental. 5. Jh. v. Chr.
Prozession von Blecheimer tragenden Frauen und behelmten Flötenspielern. H. noch 25 cm.
Tiroler Landesmuseum Ferdinandeum Innsbruck Inv. Nr. 2465.

b) Matrei am Brenner. 5.–4. Jh. v. Chr.
Fragment mit 11 schreitenden Männern. L. 20,3 cm; H. noch 9,5 cm.
Tiroler Landesmuseum Ferdinandeum Innsbruck Inv. Nr. 1710.

c) Matrei am Brenner. 5.–4. Jh. v. Chr.
Fries mit Faustkämpfern und Siegespreis, darunter ein Tierfries mit Stier und Hirschkuh. L. 28 cm; H. 15,1 cm. *(Abb. 200)*.
Tiroler Landesmuseum Ferdinandeum Innsbruck Inv. Nr. 2275.

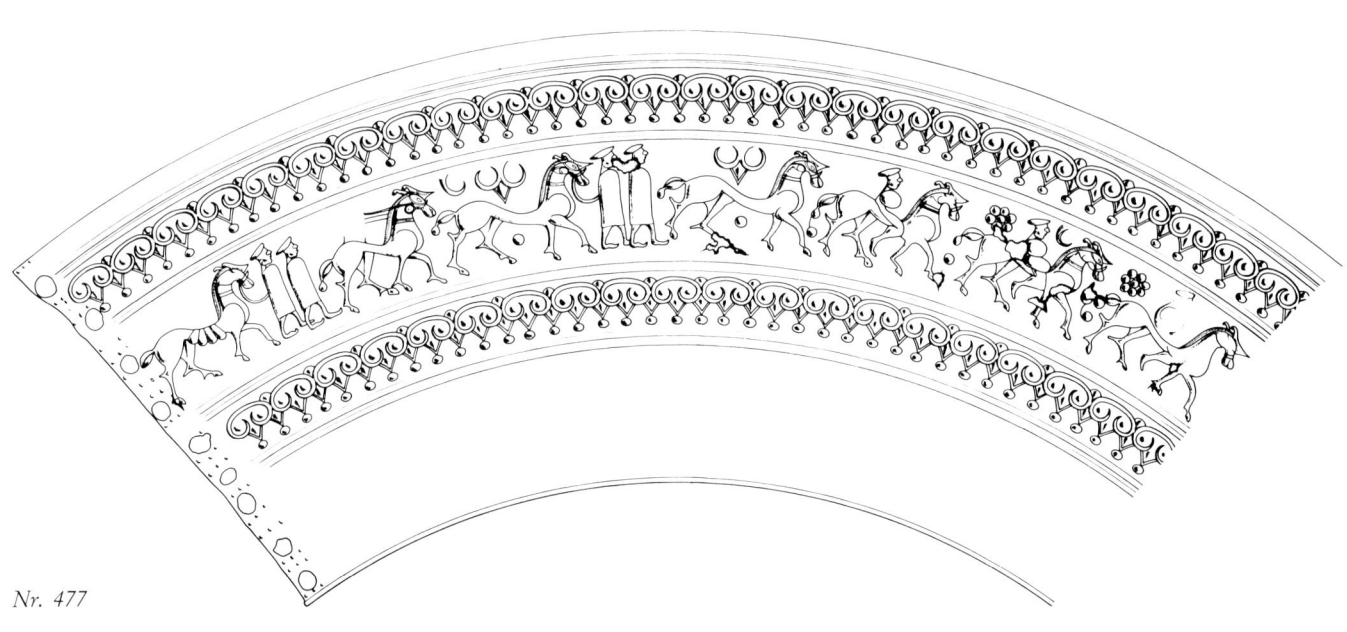

Nr. 477

Nr. 477

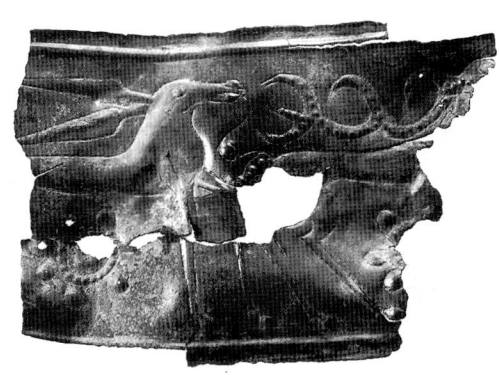

Nr. 478 a, b

Nr. 478 d

d) Moritzing bei Bozen (San Maurizio). 5.–4. Jh. v. Chr.
Rippenziste aus Bronze. Zwei Figurenfriese mit Wagenrennen und
Reitern. Unterer Fries mit Hirschen, Hirschkühen und Stein-
böcken. H. noch 30 cm.
Tiroler Landesmuseum Ferdinandeum Innsbruck Inv. Nr. 2729.

Lit. zu a) – d): W. Lucke/ O.-H. Frey, Die Situla in Providence
(Rhode Island). Röm.-Germ. Forsch. 26 (Berlin 1962) 68; 81 Abb.
12; Taf. 29; 58–61.

VIII.9 Der Gastgeber im Jenseits

479 Schirndorf Grab 200
Lkr. Regensburg. 8. Jh. v. Chr.

Männergrab mit Schwert. Rot überfangene Keramik mit Graphitmalerei. 4 Kegelhalsgefäße (H. 28–33,5 cm). 2 „Krüge" (H.
12,0 cm; 16,5 cm). 2 Stufenschalen (Rdm. 27,5 cm; 37,0 cm). 2
Schalen mit kleinem Mittelloch (Rdm. 27,5 cm; 31,8 cm). 2 brust-
förmige, gehenkelte Schöpfer (Rdm. 9 cm; 9,7 cm). 7 Trinkschäl-

chen (Rdm. 11,3–17 cm). Eisernes Schwert (L. 75,0 cm) mit bronzenem Flügelortband (L. 18,0 cm). Kleines Eisenmesser. Geweihspitze.

PS Inv. Nr. 1978,868–887. – Lit.: H.P. Uenze, Führer durch die Ausstellung „Frühe Kelten. Neufunde der Hallstattzeit aus Bayern". Kleine Ausstellungsführer der Prähist. Staatsslg. München 5 (München 1987) 11–13; Abb. 1.

VIII.10 Kammergrab der Hallstattzeit

480 Großeibstadt Grab 1
Lkr. Rhön-Grabfeld. 7. Jh. v. Chr.

Kammergrab eines 40jährigen Mannes mit Wagenbeigabe. Rekonstruierter Wagen: Achsstand 1,50 m; lichte Spurweite 1,20 m; Kasten 1,70 m x 0,85 m; nach Originalbefunden aus Eschenholz, Bronze und Eisen gebaut. *(Abb. 180)*.
Grabbeigaben: Schwert vom Mindelheimer Typ, Pferdegeschirr, Fleischbeigaben, Fleischmesser, Bronzegefäße und Keramik.
Der Geschirrsatz besteht aus 4 Großbehältern, 1 Kleinbehälter, 1 Bronzeblechamphore, 5 Schöpfbechern, 10 kleinen Trichterrandkrügen, 8 Trinkschalen aus Ton, 2 Trinkschalen aus Bronze und 3 Schalen. Daraus ergibt sich eine 10-teilige Trinkgarnitur.

PS Inv. Nr. 1965,1201–1236. – Lit.: G. Kossack, Gräberfelder der Hallstattzeit an Main und Fränkischer Saale. Materialh. Bayer. Vorgesch. 24 (Kallmünz 1970) 45–61; Taf. 29–44.

481 Grabstele
Ditzingen-Hirschlanden, Kr. Ludwigsburg. 6. Jh. v. Chr.

Großplastik eines hallstattzeitlichen Kriegers (H. 150 cm). Die Stele lag am N-Rand eines ehemaligen Grabhügels und war in zwei Teile zerbrochen. Die lebensgroße Steinstele aus Stubensandstein ist vollplastisch gearbeitet. Auf dem Kopf trägt die Figur eine kegelförmige Kopfbedeckung, vor dem Gesicht ist eine herunterhängende Gesichtsmaske zu erkennen. Um den Hals liegt ein breiter Halsring. An einem aus 2 Ringen bestehenden Gürtel trägt der Mann einen Dolch mit Antennengriff. Die Beinpartie erinnert in ihrer präzisen Ausarbeitung an griechische Kurosdarstellungen. *(Abb. 37)*.

Württembergisches Landesmuseum Stuttgart Inv. Nr. V 64, 9 (Kopie). – Lit.: H. Zürn, Eine hallstattzeitliche Stele von Hirschlanden, Kr. Leonberg. Germania 42, 1964, 27 ff.; Bittel u.a. 1981, 398; Abb. 28.

VIII.11 Feuerböcke

482 Hallstattzeitliche Feuerböcke und Bratspieße
a) Beilngries, Lkr. Eichstätt, Im Ried-West Grab 74. 7. Jh. v. Chr. 2 Feuerböcke aus je 5 Teilen zusammengenietet, an den Enden U-förmige Gehörnaufsätze (L. 56,5 cm; H. 19 cm). Reste von mindestens 7 eisernen Bratspießen, gelochtes T-förmiges Ende. Die dickeren Exemplare weisen kurz hinter der Spitze einen Querarm auf. L. ehemals ca. 1 m.
PS Inv. Nr. 1920,504–511. – Lit.: Torbrügge 1979, 85; Taf. 27–28.

Nr. 483

b) Stična, Slowenien. 6. Jh. v. Chr.
Feuerbock aus Ton mit 2 Widderköpfen. L. 23,5 cm.
Narodni muzej Ljubljana. – Lit.: Kat. Steyr 1980, 192, Nr. 3.35.

483 Spätkeltische Feuerböcke
Oberried, Lkr. Günzburg. 1. Jh. v. Chr.

Eiserne Feuerböcke, aus je fünf miteinander verzapften Teilen. Die Seitenteile enden in abstrahierten Rinderköpfen. L. 91 cm; H. 66 cm.

PS E.-Nr. 1990,73. – Lit.: H.P. Uenze, Münchner Jahrb. Bildende Kunst, 3. F. Bd. 42, 1991, 173 f. Abb. 4.

VIII.12 Pferdegeschirrbeigabe in der Hallstattzeit

484 Illerberg Hügel 1
Lkr. Neu Ulm. 7. Jh. v. Chr.

Aus einem Männergrab mit Schwert, 2 Lanzen und reicher Geschirrbeigabe.

Bronzetrense (L. 11,6 cm). Bronzebesatz von 4 breiten Ziergurten aus Leder. 10 Riemenkreuzungsknöpfe. 4 Bronzeringe (Dm. 4 cm).

PS Inv. Nr. 1987,1567–1570. – Lit.: R. Ambs/ L. Pauli, Ein Kriegergrab mit prunkvollem Pferdegeschirr aus einem neu entdecktem Gräberfeld der Hallstattzeit bei Illerberg, Stadt Vöhringen, Lkr. Neu-Ulm, Schwaben. Das Arch. Jahr in Bayern 1986, 86 f. Abb. 55.

VIII.13 Streitwagengrab der Frühlatènezeit

485 Wagengrab von Chassemy
Champagne, Wagengrab von 1870. 5. Jh. v. Chr.

Reiches Kriegergrab mit zweirädrigem Wagen und Pferdegeschirr. Zur Ausstattung des Kriegers gehören 1 Kurzschwert, 1 Lanze und 3 Speere. Pferdegeschirr, bestehend aus 20 Phaleren, 18 Zügelringen und 2 Trensen.

Musée des Antiquités Nationales St. Germain/Paris. – Lit.: Revue Arch. 1870, 422 f.

VIII.14 Grabfunde der Hügelgräberlatènezeit

486 Hallein-Dürrnberg Frauengrab 266
GP 278 Eislfeld. Land Salzburg. Um 500 v. Chr.

Am Dürrnberg bei Hallein wurden die Verstorbenen unter mehr oder weniger großen Grabhügeln bestattet, welche sich in Hanglagen oft zu größeren Gräbergruppen verdichteten. Im Zentrum eines Grabhügels wurde gewöhnlich eine Holzkammer errichtet, die den Leichnam aufnahm. Dieser wurde bekleidet und mit allem Trachtzubehör auf Stoffe oder ähnliche Unterlagen gebettet. Männer erhielten mitunter ihre Waffen. Für die Überfahrt ins Jenseits benötigte der Verstorbene auch Speise und Trank, was ihm zumeist mitgegeben wurde. So erhielt er üblicherweise eine Fleischration zusammen mit einem Messer und ein Getränkeservice, welches mindestens aus einer Schale und einem größeren Vorratsgefäß aus Ton bestand. Die vermehrte Anzahl der Gefäße und ihre Qualität richtete sich nach den wirtschaftlichen Verhältnissen des Verstorbenen oder seiner Familie. Ansehen und Sozialprestige versuchte man darüberhinaus durch Luxusgüter zu vermehren, welche über den Handel von weit her angeschafft werden mußten. An der Obergrenze einer breiten sozialen Oberschicht sind ausschließlich jene Leute einzuordnen, die es sich leisten konnten, zusammen mit südlichen Importgütern auf einem zweirädrigen Streitwagen bestattet zu werden. Es waren nur wenige, und bis heute sind uns auch nur zwei solcher „Fürsten" vom Dürrnberg bekannt.

2 Fußzierfibeln aus Bronze mit breiter Spirale, flachem Bügel und großer Fußscheibe mit zentraler Koralleneinlage in ringförmiger, verzinnter (?) Fassung (L. 5,2 cm; 5,4 cm; Fußscheibe Dm. 2,3 cm). 2 Miniaturfußzierfibeln aus Bronze, breite Spirale mit Eisenachse; kurzer Bügel mit gekerbtem Ende; konische profilierte Fußzier mit näpfchenförmiger Vertiefung für Einlage (L. 1,6 cm; 1,8 cm). Diese Miniaturfibeln wurden im Brustbereich gefunden und dienten zur Befestigung eines sehr zarten Gewebes, eventuell eines Kopftuches aus Seide. Großer Bernsteinring (Dm. 7,5 cm; D. 2,8 cm). Fragment eines Eberhauers (L. 6,3 cm). Lappenbeil aus Eisen, Schneide antik ausgebrochen (L. 15,8 cm); gefunden beim linken Ellenbogen. 2 massive Beinringe aus Bronze mit kräftig gewulsteter Außenseite (Idm. 9,8 cm). Eisenmesser mit geschweiftem Rücken, Reste eines Knochengriffes auf der Griffplatte (L. 33,5 cm).

Keltenmuseum Hallein. – Lit.: unpubl.   K.W. Z.

487 Oberwildenau Grab 2
Lkr. Neustadt a.d. Waldnaab. 5. Jh. v. Chr.

2 Eisenschwerter (L. 87,3 cm; 86 cm). Eiserne Lanzenspitze (L. 13,8 cm). Bronzearmring mit Dorn (Dm. 6 cm). 2 Eisenringe (Dm. 2,6 cm; 3,1 cm). 2 Töpfe (H. 16 cm; 13,5 cm). 2 Linsenflaschen (H. 23 cm; 24,5 cm). Schale (Dm. 26,5 cm).

Museen der Stadt Regensburg Inv. Nr. 1955/44.1–5, 8–10, 12, 14–15. – Lit.: unpubl.

488 Linsenflasche
Atzlricht, Lkr. Amberg-Sulzbach. 5. Jh. v. Chr.

Linsenflasche, umlaufend mit S-Stempeln verziert. H. 18,5 cm.

PS Inv. Nr. 1895/182,3 – Lit.: Torbrügge/ Uenze 1968, 110 Abb. 87 links.

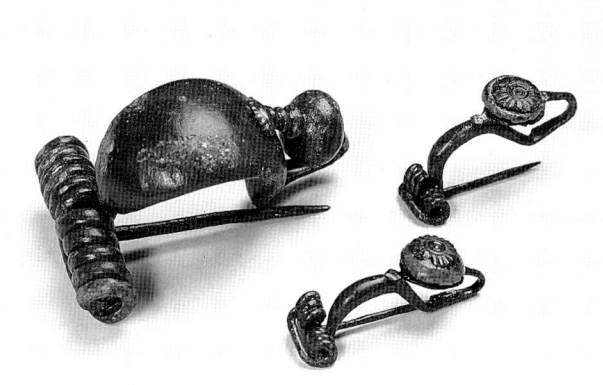

Nr. 489

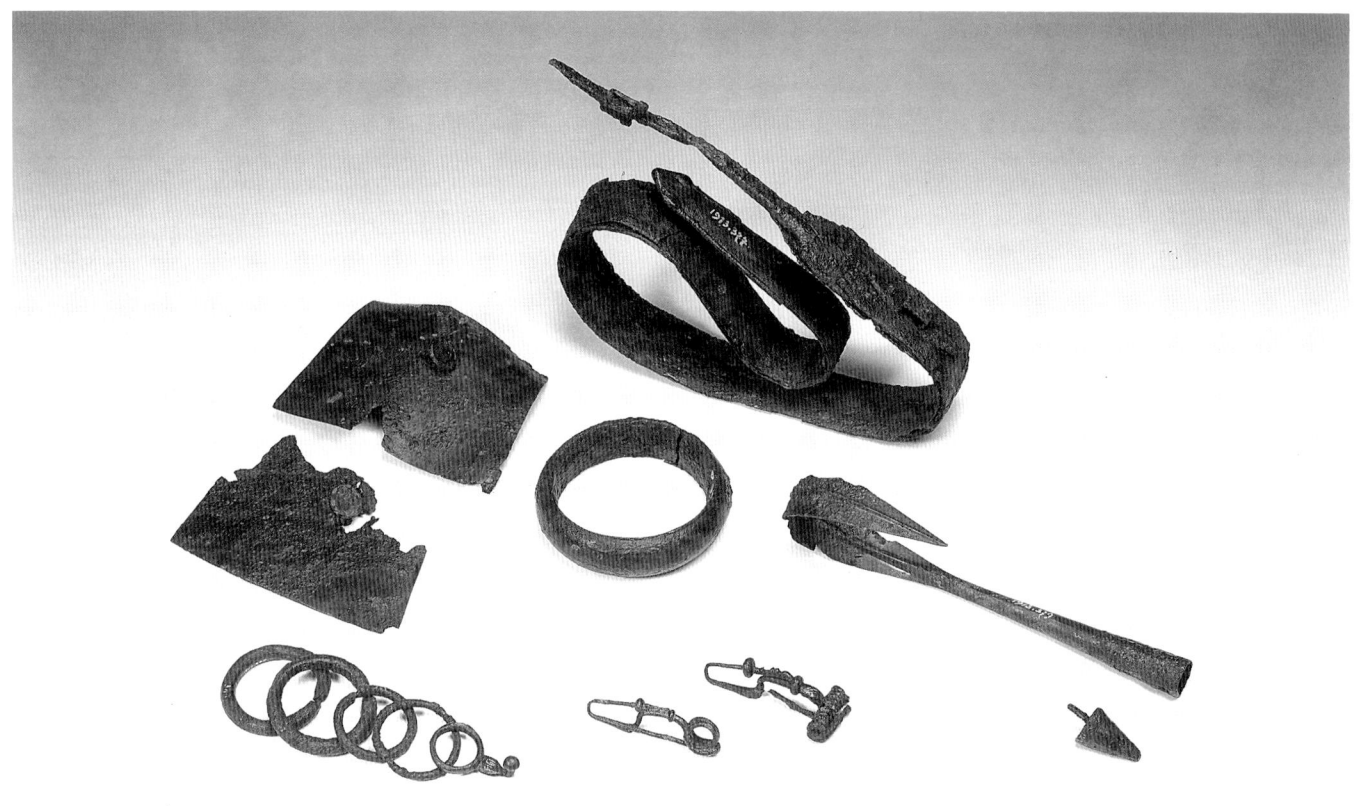

Nr. 490

VIII.15 Flachgräberfriedhöfe

489 Frauengrab
Weichering, Lkr. Ingolstadt, Grab A. Um 300 v. Chr.

Tordierter Bronzehalsring mit Petschaftenden (Dm. 13,4 cm). 2 FLT-Eisenfibeln mit geripptem Bügel und weit zurückgeschlagenem Fuß (L. 4,6 cm; 4,7 cm). 2 kleine FLT-Bronzefibeln mit scheibenförmigem Fuß, Auflage bestehend aus blutrotem Glasfluß und Rosette (L. 3,6 cm). Große FLT-Bronzefibel mit breiter Spirale, breitem Bügel und Kugelfuß mit Palmettenfortsatz (L. 5,6 cm). 2 gerippte Fußringe mit übereinandergebogenen Petschaftenden (Idm. 5,2 x 5,7 cm). Glatter Armring mit Pufferenden und Geweberesten (Idm. 4,3 x 5,2 cm). Gerippter Armring mit Pufferenden (Idm. 4,2 x 5,2 cm).

Bayerisches Landesamt für Denkmalpflege, Grabungsbüro Ingolstadt. – Lit.: Publ. J. Weinig in Vorbereitung.

490 Männergrab
München-Obermenzing, Grab 12. 3. Jh. v. Chr.

Brandgrab. 2 MLT-Eisenfibeln (L. 7,2 cm; 7,7 cm). Dreifach zusammengebogenes Eisenschwert (L. 95 cm). Verbogene eiserne Lanzenspitze (L. 46 cm) mit Lanzenschuh (L. 4,4 cm). Bruchstücke eines eisernen Schildbuckels (Br. 14,4 cm). 4 eiserne Koppelringe, davon einer profiliert (Dm. 3,4–3,8 cm). Eisengürtelhaken (L. 4,9 cm). Kleine Fußschale aus Ton (H. 17,8 cm).

PS Inv. Nr. 1913,374–389. – Lit.: Krämer 1985, 122; Taf. 60.

491 Schmuckensemble
Manching, Lkr. Pfaffenhofen a.d. Ilm. 2. Jh. v. Chr.

2 große und 1 kleine MLT-Eisenfibel (L. 10,2 cm; 6,3 cm). Zweischleifiger Fingerring aus Golddraht (Idm. 1,7 cm). Die Funde stammen aus einer mit Abfall verfüllten Grube, in der auch mehrere Skelette gefunden wurden. Die zusammengehörigen Fibeln und der goldene Fingerring gehörten zum Alltagsgewand einer Frau, die offenbar gewaltsam zu Tode kam.

PS Inv. Nr. 1974/1737. – Lit.: Gebhard 1991, 84 Abb. 37; Nr. 428–429, 517.

IX.1 Das Ende der keltischen Welt

Seit dem späten 2. Jh. v. Chr. trieb die keltische Welt allmählich ihrem Untergang entgegen. Innere Streitigkeiten und ein nach der Vorherrschaft strebendes Rom spalteten zunehmend die Stämme. 118 v. Chr. errichteten die Römer die Bürgerkolonie Narbo Martius – Narbonne – als Hauptstadt ihrer südgallischen Provinz. Dies war der erste Keil, der gegen die keltische Welt getrieben wurde. Von Norden verstärkte sich der Druck durch die Germanen: Die Furcht vor den Kimbern und Teutonen erschütterte das zivilisierte Europa.

Auf dem Höhepunkt dieser Entwicklung kam es zum achtjährigen gallischen Krieg (58–51 v. Chr.). Zunächst nur zur Schlichtung von Stammesstreitigkeiten zu Hilfe gerufen – Anlaß waren die Territorialansprüche der geflohenen Helvetier – nutzte Gaius Julius Caesar als Proconsul und Befehlshaber die Gunst der Stunde. Er unterwarf in mehreren Feldzügen ganz Gallien und gliederte es in die Verwaltungsstruktur des römischen Reiches ein. Die Feldzugsberichte Caesars enthalten wichtige Zeugnisse zur keltischen Kultur. Auch überliefern sie die Namen der berühmtesten Keltenfürsten dieser Zeit: Vercingetorix, den Arvernerhäuptling, den Eburonen Ambiorix, den Helvetier Orgetorix und den Haeduer Diviciacus.

Die spätesten Berichte über die Auseinandersetzungen zwischen Römern und Kelten stammen vom Alpenfeldzug des Drusus und Tiberius. Auf dem großen Siegesdenkmal von La Turbie bei Nizza sind die Stämme des Alpenvorlandes verzeichnet, die von den Römern unterworfen wurden: Vindeliker, Brigantier, Licater. Wie die Besiedlungsverhältnisse damals aber tatsächlich im Alpenvorland waren, ist unklar, da es aus dieser Zeit kaum Funde gibt.

IX.2 Funde aus der Zeit der römischen Okkupation

492 Spätlatènezeitliche Bewaffnung
a) Aus der Donau bei Straubing. Um 50 v. Chr.
Kalottenförmiger Bronzehelm mit Nackenschutz.
Der römische Bronzehelm stammt aus der Zeit der Caesarischen Kriege. Er wurde vermutlich von einem Kelten erbeutet und als Opfer in die Donau geworfen. H. 13,8 cm.
PS Inv. Nr. 1934,2. – Lit.: P. Reinecke, Ein frühkaiserzeitlicher Bronzehelm aus der Donau bei Straubing. Germania 29, 1951, 37 ff.

Nr. 493

b) Aus der Donau bei Regensburg. 1. Jh. v. Chr.
Eisenschwert (L. 99,5 cm) mit Resten der eisernen Schwertscheide. Schwertscheide aus Bronze, im Inneren eiserne Schwertklinge (L. 90 cm).
Museen der Stadt Regensburg Inv. Nr. 1950/7, 4b; A 1204. – Lit.: Germania 29, 1951, 141 ff; Abb. 1.1; 1.3.

493 Westkeltischer Helm
Forêt de Louviers, Dép. Seine Maritime. 2.–1. Jh. v. Chr.

Einteiliger Eisenhelm mit schräg ausbiegendem Rand, der aufgesetzte Knauf fehlt. H. 18,5 cm (ohne Wangenklappe).
Sammlung Axel Guttmann, Berlin Inv. Nr. AG 379. – Lit.: U. Schaaff, Keltische Helme. Antike Helme. Monogr. RGZM Bd. 14 (Mainz 1988) 293 ff.; Abb. 31–32.

494 Legionärsdolch von Oberammergau
Lkr. Garmisch-Partenkirchen. 1. Jh. n. Chr.

Scheide und Griff sind mit reichen Silbertauschierungen versehen. Vermutlich war der Dolch einst im Besitz eines römischen Offi-

Nr. 494

ziers im frühkaiserzeitlichen Heer. Er ist ein Zeugnis der römischen Okkupation im Alpenvorland. L. 23,5 cm.

PS Inv. Nr. NM 31/345. – Lit.: G. Ulbert, Der Legionarsdolch von Oberammergau. In: Festschrift F. Wagner. Schriftenr. zur bayer. Landesgesch. 32 (München 1962) 175 ff.

495 Silberbecher von Manching
Manching, Lkr. Pfaffenhofen a.d. Ilm. 1. Jh. v. Chr.–2. Jh. n. Chr.

Auf dem Gelände des ehemaligen Oppidums gefunden, ist er ebenfalls Zeuge für die folgenden 400 Jahre römischer Okkupation in Bayern. Höhe 7,2 cm.

Staatliche Antikensammlungen München Inv. Nr. 3391. – Lit.: W. Krämer, Der Fundort des sogenannten Ingolstädter Silberbechers im Münchner Antiquarium. BVbl. 32, 1967, 23 ff.; Taf. 3; 4.

496 Triumph der Römer
a) Denar
Silber. Römische Republik. Geprägt zu Rom ca. 116/115 v. Chr. durch den Quaestor M. Sergius Silus.
Vs. Behelmter Romakopf r., davor EX.S.C, hinten ROMA und Zahlzeichen XVI als Monogramm. – Rs. Reiter l. galoppierend mit Schwert und abgeschnittenem Kopf eines Kelten, im Felde Q, darunter M. SERGI/SILVS. *(Abb. 192).*
Staatliche Münzsammlung München RRC 286/1. – Lit.: B. Overbeck, Rom und die Germanen (Stuttgart 1985) Nr. 62.

b) Denar
Silber. Römische Republik. Geprägt zu Rom ca. 48 v. Chr. durch den Münzmeister L. Hostilius Saserna
Vs. Weiblicher Kopf, wohl Venus, mit Eichenkranz und Diadem r. – Rs. Victoria mit Trophäe und Caduceus nach rechts schreitend; L.HOSTILIVS – SASERN. *(Abb. 193).*
Staatliche Münzsammlung München RRC 448/1 b.

c) Wie b), aber der folgende Typ: Vs. Bärtiger männlicher Kopf mit langem, nach hinten flatterndem Haar, dahinter links gallischer Langschild. – Rs. Zweigespann mit Wagenlenker r., hinten ein Krieger mit Schild, die Lanze schleudernd; L.HOSTILIVS/SASERN. *(Abb. 194).*
Staatliche Münzsammlung München RRC 448/2 a. – Lit.: B. Overbeck, Rom und die Germanen (Stuttgart 1985) Nr. 63.

d) Wie b) und c), aber der folgende Typ: Vs. Weiblicher Kopf mit langem Haar r., dahinter Carnyx. – Rs. Weibliche Gottheit von vorn stehend, in der Linken eine Lanze, mit der Rechten einen Hirsch haltend; L.HOSTILIVS/SASERNA. *(Abb. 195).*
Staatliche Münzsammlung München RRC 448/3. – Lit.: B. Overbeck, Rom und die Germanen (Stuttgart 1985) Nr. 64.

e) Denar
Silber. Römische Republik. Geprägt ca. 48/47 v. Chr. in einer Feldmünzstätte von C. Julius Caesar.
Vs. Kopf einer Göttin mit Eichenkranz und Diadem r., dahinter Zahlzeichen. – Rs. Trophäe mit gallischem Schild und Carnyx, rechts im Felde eine Axt; CAE-SAR. *(Abb. 196).*
Staatliche Münzsammlung München RRC 452/2. – Lit.: vgl. J.P.C. Kent/ B. Overbeck/ A.V. Stylow, Die römische Münze (München 1973) Nr. 79; Taf. 22.

Nr. 495

f) Denar
Silber. Römische Republik. Geprägt ca. 48/47 v. Chr. in einer Feldmünzstätte von C. Julius Caesar.
Vs. ähnlich e). – Rs. Trophäe mit gallischem Schild und Carnyx, unten ein sitzender gefesselter Gallier, CAE-SAR. *(Abb. 197).*
Staatliche Münzsammlung München RRC 452/4; – Lit.: B. Overbeck, Rom und die Germanen (Stuttgart 1985) Nr. 65.

g) Denar
Silber. Römische Republik. Geprägt ca. 46/45 v. Chr. in einer spanischen Münzstätte durch C. Julius Caesar.
Vs. Kopf der Venus r. mit Diadem, dahinter Cupido. – Rs. Trophäe, seitlich jeweils geschmückt mit Langschild und Carnyx, ihr

zu Füßen zu beiden Seiten trauernder Gallier und Gallierin; CAE-SAR. *(Abb. 198).*
Staatliche Münzsammlung München RRC 468/1.   B.O.

IX.3 Die Zeit nach dem Oppidum von Manching

497 Brandgrab von Uttenhofen
Lkr. Deggendorf. 1. Jh. v. Chr.

In einer Kiesgrube wurden 1949/50 drei Brandgräber gefunden. Die Beigaben des Urnengrabes 2 sind im Feuer verschmolzen. Bronze-

357

fibel Beltz Var. J. Frühe geschweifte Fibel aus Bronze, Rieckhoff Variante 1. Fragment eines profilierten Bronzestabgürtelhakens. Genietete Eisenbleche. „Rinnenförmig gewölbtes" Bronzeblech, „wohl zu dem Stabgürtelhaken gehörig". Eisenschere.

PS Inv. Nr. 1950,69–75. – Lit.: Krämer 1985, 133 f. Nr. 80 mit Taf. 104, D–F; S. Rieckhoff, Überlegungen zur Chronologie der Spätlatènezeit im südlichen Mitteleuropa. BVbl. 57, 1992, 103 ff.

S. R.

498 Brandgräber von Kronwinkl
Lkr. Landshut. 1. Jh. v. Chr.

Bei einer Notgrabung 1956 des Bayerischen Landesamtes für Denkmalpflege wurden in einer Kiesgrube zwei spätlatènezeitliche Brandgräber in 16 m Entfernung voneinander freigelegt, dazu eine Grube mit verbrannten Scherben.
Grab 1: Brandgrubengrab mit Scheiterhaufenschutt, darunter der Leichenbrand einer erwachsenen Frau. Zu den im Feuer deformierten Beigaben gehören: bronzene „Widderkopffibel", profilierter Bronzelochgürtelhaken, Eisenmesser, Eisenschere, Eisenzwinge.

Grab 2: Urnengrab oder eher Brandgrubengrab mit Scheiterhaufenschutt. Der Leichenbrand stammt von einem Ferkel und möglicherweise einem jungen Menschen. An Beigaben fanden sich: 2 frühe geschweifte Fibeln aus Eisen, Rieckhoff Variante 1, Boden eines Drehscheibengefäßes.

PS Inv. Nr. 1957,76–82. – Lit.: Krämer 1985, 143 f. Nr. 102; Taf. 104, A–C; S. Rieckhoff, Überlegungen zur Chronologie der Spätlatènezeit im südlichen Mitteleuropa. BVbl. 57, 1992, 103 ff.

S. R.

499 Stabgürtelhaken
Eining, Lkr. Kelheim. 1. Jh. v. Chr.

Ausgeackerter Einzelfund, wahrscheinlich aus zerstörtem (Brand?-) Grab.
Profilierter Bronzestabgürtelhaken, vielleicht im Feuer verbogen. Am Hakenende des Gürtels Raubtierkopf. Gekerbte Verzierungen und Zierknöpfe zum Teil ursprünglich mit Blutemaileinlage ausgefüllt. *(Abb. 211)*.

PS Inv. Nr. 1966,389. – Lit.: Krämer 1985, 135 Nr. 86; Taf. 105 G.

S. R.

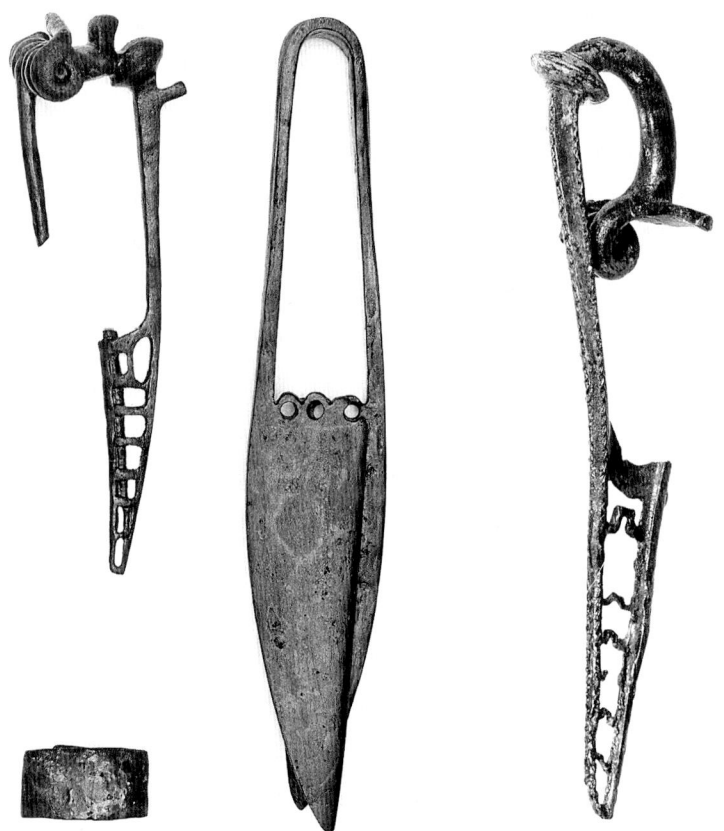

Nr. 500 a

500 Brandgräberfriedhof

Hörgertshausen, Lkr. Freising. Letztes Viertel 1. Jh. v. Chr.

Grabgruppe mit fünf Urnenbestattungen. Drei Gräber (Grab 1–3) besaßen quadratische Einfriedungen, über denen Hügel errichtet waren. Die Funde aus den Gräbern zeigen eine merkwürdige Mischung von spätkeltischen, südostalpinen und germanischen Elementen. Man wird dies im Zusammenhang mit den Wirren der römischen Okkupationszeit nördlich der Alpen zu sehen haben.

a) Grab 2. Urne, Drehscheibenware mit eingeglätteter Verzierung aus zwei umlaufenden Zickzackbändern, dazwischen große Spiralen (H. 38,5 cm; Mdm. 16 cm). Geschweifte Bügelknotenfibel aus Bronze mit Gitterfuß (L. 10,5 cm). Am Bügel feine Zickzackverzierung mit dazwischen liegenden Punkten. Eiserne Fibel mit Gitterfuß, am Kopf Bügelknoten mit zwei Flügeln (L. 13,7 cm). Eisenschere mit durchbrochenem Blatt und Eisenzwinge (L. 19,5 cm). Dreifach gelochtes Eisenblech (L. 10,2 cm). Flaches Eisenblechfragment, vielleicht von einem Schildbuckel ? (L. 11,7 cm). Leichenbrand, wohl eines Mannes, relativ grazil (Bestimmung P. Schröter).

b) Grab 3. Urne, Drehscheibenware mit umlaufend eingeglätteter Linie (H. 36 cm; Mdm. 12,5 cm). 4 eiserne Schildnägel (Dm. 4,8 cm). Eiserner Ringgürtelhaken, Haken vom Gürtel abgesetzt (L. 4,4 cm). Hohler Eisenblechring mit Bronzeblech und Bronzeniete (Dm. 3,5 cm). Knochenspitze mit Kreisaugenverzierung (L. 8,7 cm). Leichenbrand eines Mannes (Bestimmung P. Schröter).

PS E.-Nr. 1990/115. – Lit: R. Christlein, Ein spätkeltischer Friedhof von Hörgertshausen, Landkreis Freising, Oberbayern. Das Arch. Jahr in Bayern 1980, 108 f.; ders., Zu den jüngsten keltischen Funden Südbayerns. BVbl. 57, 1982, 275; Krämer 1985, 108 Nr. 22; Taf. 107; Publ. R. Gebhard u.a. in Vorbereitung.

Nr. 500 b

X.1 Die Nachbarn der Kelten

Nördlich der Kelten lebten die Germanen. Sie waren vom keltischen Siedlungsgebiet durch die Mittelgebirge getrennt. Seit dem 5. Jh. v. Chr. wurden sie in den Bannkreis der keltischen Entwicklung gezogen. Der Zug der Kimbern und Teutonen am Ende des 2. Jh. brachte das erste kriegerische Aufeinandertreffen der Germanen mit den Kelten und Römern. Das 1. Jh. v. Chr. war geprägt von ihrem Vordringen nach Süden bis in den Bereich der Donau.

Das keltische Siedlungsgebiet in Bayern war im Süden durch die mächtige Gebirgskette der Alpen abgeschlossen. Dort lebte das Volk der Räter, ein Volk mit einer nicht-indoeuropäischen Sprache, das auf Grund seiner engen Kontakte zum Süden den Gebrauch der Schrift kannte.

Volksgruppen im Südostalpenraum werden mit den Illyrern in Verbindung gebracht. Von den Etruskern beeinflußt, entwickelten sie eine besondere szenische Bildsprache. Griechen, Römer und Etrusker brachten den Kelten Waren und Ideen der Mittelmeerwelt. Sie hatten entscheidenden Einfluß auf die Entwicklung der keltischen Zivilisation.

X.2 Die Germanen

501 Germanische Kontaktgebiete in Nordbayern und Mitteldeutschland

a) Waltershausen, Lkr. Rhön-Grabfeld, Grab 1. 3. Jh. v. Chr.
Scheibenhalsring mit Koralleneinlagen (Dm. 23 cm). Original und Nachbildung. Dreisprossiger Gürtelhaken (L. 7,8 cm) mit drei bronzenen Zierknöpfen vom Ledergürtel. Bronzene Bügelscheibenfibel mit Koralle (L. 5 cm). 2 Eisenfibeln mit Korallenbesatz (L. 3,6 cm). Bronzene Tutulusnadel mit Koralle (L. ca. 35 cm). Fragmente von 2 bronzenen Hohlbuckelfußringen.
Privatbesitz. – Lit.: unpubl.

b) Ostheim v.d. Rhön, Lkr. Rhön-Grabfeld. 3. Jh. v. Chr.
Mehrere Stücke aus LTB-zeitlichen Gräbern, verschiedene Fundkomplexe. Bronzener Pufferhalsring mit je 4 sehr dicken Zierbuckeln an den Enden, mit Riefen- und Stempeldekor (Dm. 15,4 cm). Bronzener Pufferhalsring mit je 4 Perlbuckeln an den Enden, Riefen- und Stempeldekor, z. T. ergänzt (Dm. 14,8 cm). Offener, fein gebuckelter Bronzearmring mit einem Pufferende und Kreisaugendekor an den Enden (Dm. 6,6 cm). Offener Dreiknotenarmring mit plastischer Verzierung (Dm. 7,2 cm). Dreiknotenarmring, dem vorstehenden gleich, doch geschlossen (Dm. 7,2 cm). Kleine FLT-Bronzefibel (L. 3 cm). Fragmente einer deformierten Tutulusnadel, Bronze (L. ca. 30 cm).
Rhönmuseum Fladungen. – Lit.: W. Jahn, Ausgrabungen und Funde in Unterfranken 1979, Sonderdruck aus: Frankenland, Zeitschr. f. Fränk. Landeskde. u. Kulturpflege NF 32, 1980, 139 ff.; Abb. 34; 35.

c) Leipzig-Connewitz. 3. Jh. v. Chr.
Zweischenkliger Bronzegürtelhaken, als menschliche Figur ausgeformt. Die Grundform des Hakens ist typisch für Mitteldeutschland und die germanischen Gebiete, die plastische Ausformung ist jedoch völlig singulär. Dargestellt ist eine Figur mit Halsring, Wams und Hosen.
Staatliche Museen Preußischer Kulturbesitz Berlin – Museum für Vor- und Frühgeschichte Inv. Nr. IIb 3228a. – Lit.: W. Schulz, Keltische Bevölkerung und keltisches Gewerbe in Mitteldeutschland. Tagungsber. Deutsche Anthropolog. Ges. 49, 1927 (1928) 105 ff.

◁ *Nr. 501 c*

Nr. 502 b ▷

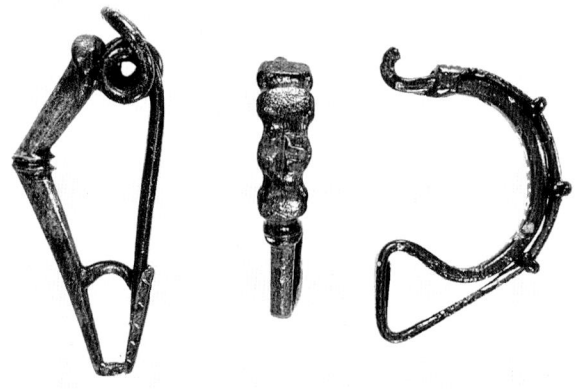

Nr. 501 b

502 Germanische Funde aus dem Oppidum von Manching
a) „Germanenfund". 3.–2. Jh. v. Chr.
Bronzegürtelkette und eine Schmuckgarnitur aus durchbrochenem Bronzeschmuck. 3 große Bronzefibeln mit Scheibenfuß. Reste eines Glasarmringes.
Stadtmuseum Ingolstadt Inv. Nr. 1–3; 24; 46–84 57. – Lit.: W. Krämer, Fremder Frauenschmuck aus Manching. Germania 39, 1961, 305 ff.; Gebhard 1991, 35; Nr. 207–218.

b) Germanische Bronzefibeln.
Geknickte SLT-Fibel und 2 MLT-Fibeln, davon eine Typ Beltz Var. J.
PS Inv. Nr. 1974/1102 (L. 4,2 cm); 1974/1735 (L. 3,4 cm); 1974/1835 (L. 3 cm). – Lit.: Gebhard 1991, Nr. 201–203.

503 Keltischer Einfluß bei den Germanen
Wentorf, Kirchspiel Lütjenburg, Holstein. 2. Jh. v. Chr.

Bronzegürtel vom Holsteiner Typ. 5 Platten mit Triskelesverzierung, mit Ringen verbunden. B. 6,8 cm; L. 6,4 cm (Platte).

Archäologisches Landesmuseum der Christian-Albrechts-Universität, Schloß Gottorf, Schleswig Inv. Nr. KS 10 181. – Lit.: H. Hingst, Zur Typologie und Verbreitung der Holsteiner Gürtel. Offa 19, 1962, 69 ff.

X.3 Bewohner der Alpen

504 Votivfiguren. 4.–1. Jh. v. Chr.
a) Imst, Tirol.
Votivfigur aus Bronze *(Abb. 201 C)*.
Tiroler Landesmuseum Ferdinandeum Innsbruck Inv. Nr. 4156.

b) Landeck, Schloß Schrofenstein, Tirol.
Votivfigur aus Bronze.
Tiroler Landesmuseum Ferdinandeum Innsbruck Inv. Nr. 16.955.

c) Perjen, Tirol.
Von einem Brandopferplatz. 2 Votivfiguren mit Hanteln aus Bronze, H. 6,8 cm.
Tiroler Landesmuseum Ferdinandeum Innsbruck Inv. Nr. 3752, 3755. – Lit.: P. Gleirscher, Die Räter. Ausstellungskatalog Chur 1991, 52 Abb. 29,2.

d) Cles-Mechel, Südtirol.
Stilisierter menschengestaltiger Anhänger aus Bronze. H. 10 cm.
Tiroler Landesmuseum Ferdinandeum Innsbruck Inv. Nr. 9374. – Lit.: M. Egg, Die „Herrin der Pferde" im Alpengebiet. Arch. Korrbl. 16, 1986, 69 ff.

Nr. 504 b–d

505 Votivgabe mit rätischer Inschrift

Dercolo Nonsberg, Trentino. 5. Jh. v. Chr.

Das Bronzepferdchen wurde zusammen mit über 70 Fibeln, Doppelscheibenanhängern und verschiedenen anderen Anhängern in einer Bronzesitula gefunden. Die Inschrift „pirikanišnu" ist im „Bozener Alphabet" geschrieben, einer alpinen Variante, die auf die etruskische Schrift zurückgeht. *(Abb. S. 231).*

Tiroler Landesmuseum Ferdinandeum Innsbruck Inv. Nr. 1086. – Lit.: L. Franz, Drei alpenländische Depotfunde: Bergisel, Dercolo und Obervintl. In: Amman-Festgabe, Innsbr. Beitr. Kulturwissenschaft 2, 1954, 157 ff.

506 Votivfiguren vom Gutenberg bei Balzers

Gutenberg/Balzers, Fürstentum Liechtenstein. 3.–1. Jh. v. Chr.

a) Figur eines Kriegers mit Helm, bekleidet mit Lederpanzer. Schild und Speer sind verloren. Bronze. H. ohne Zapfen 12,8 cm. *(Abb. 148).*

b) Hirsch oder Rehbock auf einer durchlochten Standplatte. Geweih mit vier Enden. Augen und Hauptgelenke waren ehemals mit farbigen Einlagen versehen. Bronze. L. 6,3 cm. *(Abb. 148).*

c) Eber auf durchlochter Standplatte, gekerbter Rückenkamm, große aufgestellte Ohren, langer Rüssel mit angedeuteten Hauern. Bronze. L. 5,6 cm.

Liechtensteinisches Landesmuseum Vaduz (Kopien). – Lit.: R. Wyss, Fruchtbarkeits-, Bitt- und Dankopfer vom Gutenberg. Helvetia Arch. 9, 1978, 151 ff.

507 Alpiner Helm

Saulgrub, Lkr. Garmisch-Partenkirchen. 2.–1. Jh. v. Chr.

Helm vom Typ Negau aus Bronzeblech mit antiker Reparatur durch aufgesetzte Bleiplatte. An der Stirn zwei kleine Kreisaugen. An der Rückseite und auf der Krempe eingeritzte Zeichen. H. 22,6 cm.

PS Inv. Nr. A 110. – Lit.: P. Reinecke, Der Negauer Helmfund. Ber. RGK 32, 1942, 159 ff.

Nr. 507

362

508 Funde aus Tirol in Manching

a) 3 massive Fibeln vom Frühlatèneschema. 3. Jh. v. Chr.
L. 8,9 cm; 9,6 cm; 9,7 cm.
PS Inv. Nr. 1959, 95; 99. – Lit.: W. Krämer, Fremder Frauen-
schmuck aus Manching. Germania 39, 1961, 305 ff.

b) Sanzeno-Schälchen mit Schriftzeichen. Rdm. 6,8 cm.
PS Inv. Nr. 1967/362. – Lit.: Stöckli 1979, Nr. 895.

509 Eisenschwert
Kiefersfelden, Lkr. Rosenheim. 4.–3. Jh. v. Chr.

Eisenschwert der Latènezeit, im Innkies gefunden. L. 71 cm.

Gemeinde Kiefersfelden. – Lit.: H.P. Uenze, Ein Schwert der Mittellatènezeit von Kiefersfelden, Landkreis Rosenheim, Oberbayern. Das Arch. Jahr in Bayern 1990, 72 ff.

510 Keltischer Eisenhelm
Kastlruth, Prov. Bozen, Südtirol. 3. Jh. v. Chr.

Helm mit einfacher Kalotte, angesetztem Nackenschutz und Wangenklappen. Dreipaßverzierung auf der Wangenklappe mit Zierknöpfen im plastischen Stil. Die zahlreichen Funde dieses Helm-
typs in Tirol bezeugen umfangreiche Kontakte der alpinen Bevölkerung mit den Kelten. H. 16,4 cm.

Tiroler Landesmuseum Ferdinandeum Innsbruck Inv. Nr. 4637. –
Lit.: U. Schaaff, Keltische Eisenhelme aus vorrömischer Zeit.
Jahrb. RGZM 21, 1974, 155; Nr. 6.

Nr. 510

Nr. 511

Nr. 508 a

X.4 Die Etrusker

511 Bronzehelm
Etruskischer Bronzehelm mit Dreipaßwangenklappen. 5.–4. Jh. v. Chr.

Die nach Italien ausgewanderten Stämme übernehmen von ihren direkten Nachbarn, den Etruskern, neben Schmuck und Keramik auch Teile der Bewaffnung. Die etruskischen Helme werden teilweise direkt erworben, dann jedoch auch von keltischen Waffenschmieden in leicht abgewandelter Form nachgeahmt. H. 18,5 cm (ohne Wangenklappen).

Sammlung Axel Guttmann, Berlin Inv. Nr. AG 193. – Lit.: H. Born, Antike Herstellungstechniken: Gegossene Brustpanzer und Helme aus Italien. Acta praehist. et arch. 21, 1989, 99 ff.

XI.1 Keltische Tradition

Unmittelbare Spuren der Kelten findet man heute nur noch im äußersten Westen Europas *(Abb. 11)*. Gebiete mit lebendigen keltischen Sprachen sind Irland (gälisch), Teile von Schottland (schottisch), Wales (walisisch) und die Bretagne (bretonisch). Diese Gebiete waren von der römischen Expansion nur randlich betroffen.

Das keltische Erbe – vor allem Kunst- und Sagenschätze – wurde in Irland über die Christianisierung hinaus bis ins Mittelalter tradiert. Dort sind einige der mündlich überlieferten Heldenlieder schriftlich fixiert worden.

Auf dem Kontinent verdrängte das römische Reich das keltische Erbe fast vollständig. In Gallien überlagerten die römischen Städte zum Teil alte keltische Oppida. Viele einheimische Bräuche und Strukturen blieben dadurch in römischer Zeit erhalten. Keltische Gottheiten wurden weiterhin verehrt. Im römischen Süddeutschland ist eine ununterbrochene keltische Tradition nur vereinzelt in Noricum, östlich des Inn, anzutreffen.

XI.2 Eisenzeitliche Tradition
im römischen Süddeutschland

512 Amulettringe
a) Garchinger Heide, Lkr. München. 1. Jh. n. Chr.
Amulettring aus Bronze mit aufgesetzten stilisierten Vögeln. Dm. 4,3 cm.
PS Inv. Nr. 1980,4093. – Lit.: H. Dannheimer, Zu zwei älteren keltischen Fundstücken aus der Münchner Schotterebene. Arch. Korrbl. 5, 1975, 59 ff.; Abb. 1.

b) Kirchheim bei München-Heimstetten, Grab 2. 1. Jh. n. Chr.
Bronzeamulettringe mit drei Noppenreihen (Dm. 2,7 cm) und gitterförmig durchbrochener Amulettring mit kleinen Noppen (Dm. 1,3 cm).
PS Inv. Nr. 1975,2361g-h. – Lit.: E. Keller, Die frühkaiserzeitlichen Körpergräber von Heimstetten bei München und die verwandten Funde aus Südbayern. Münchner Beitr. Vor- u. Frühgesch. 37 (München 1984) Taf. 5,3–4.

c) Manching, Lkr. Pfaffenhofen a.d. Ilm. 1. Jh. v. Chr.
Kleiner Bronzeamulettring mit Noppen, mit einem Eisenschlüssel und mit dem Silberfibelpaar *Nr. 143 b* gefunden. Dm. 2,2 cm.
PS Inv. Nr. 1956/466. – Lit.: W. Krämer, Silberne Fibelpaare aus dem letzten vorchristlichen Jahrhundert. Germania 49, 1971, 111 ff.; Abb. 2.

Nr. 513

513 Götterstatuette
Augsburg, Heiligkreuzstr. 2. Jh. n. Chr.

Statuette des Sucellus. H. 7 cm.

Römisches Museum Augsburg Inv. Nr. 1990, 3173. – Lit.: L. Bakker, Figürliche Bronzen aus der Provinzhauptstadt Augusta Vindelicum. Das Arch. Jahr in Bayern 1991, 126 Abb. 96.

514 Grabinventar eines „rätischen" Skelettgrabes
Kirchheim bei München-Heimstetten, Grab 3. 1. Jh. n. Chr.

Skelettgrab einer Frau. Halsring aus Bronze mit einzapfbarem Verschlußteil, stark stilisierten Tierköpfen und jeweils doppelköpfigen Vogelwesen (Dm. 13,7 cm). 2 norisch-pannonische Doppelknopffibeln aus Bronze (L. 16,6; 16,4 cm). 2 Bronzefibeln mit beißendem Tierkopf (L. 9,3; 8,9 cm). 2 Varianten der kräftig profilierten Fibel, am Bügel eingepunzter Herstellername BASSOS (L. 8,7 cm). Aucissafibel aus verzinnter Bronze (L. noch 4,8 cm). Amulettring aus Bronze mit drei Buckelreihen (Dm. 4,6–5,6 cm). 2 ritz- und punzverzierte Armringe aus Bronze mit Tierkopfenden (Dm. 5,9 cm). 2 Spiraldrahtfingerringe aus Bronze (Dm. 1,8; 2 cm). Sprossengür-

telhaken aus Bronze mit Kreisaugen- und Punktpunzverzierung (L. 10,7 cm). Eiserner Mahdhaken (L. 23,4 cm). *(Abb. 213).*

PS Inv. Nr. 1975, 2362 a-f. – Lit.: E. Keller, Die frühkaiserzeitlichen Körpergräber von Heimstetten bei München und die verwandten Funde aus Südbayern. Münchner Beitr. Vor- u. Frühgesch. 37 (München 1984) 66; Taf. 7.

515 Bemalte Keramik
a) Kempten. 1. Jh. n. Chr.
Topf mit horizontaler bräunlichroter Streifenbemalung (H. 21,4 cm) aus Grab 121 *(Abb. 215 C)*. Topf mit horizontaler und vertikaler dunkelbrauner Streifenbemalung (H. 20,9 cm) aus Grab 217 *(Abb. 215 D)*.
Römisches Museum Kempten. – Lit.: M. Mackensen, Das römische Gräberfeld auf der Keckwiese in Kempten. Materialh. bayer. Vorgesch. A 34 (Kallmünz 1978) 233; 261; Taf. 44,1; 89,3.

b) Lorenzberg bei Epfach. 1. Jh. n. Chr.
Streifenbemalter Topf.
PS Inv. Nr. 1958,1924. – Lit.: G. Ulbert, Der Lorenzberg bei Epfach. Münchner Beitr. Vor- u. Frühgesch. 9 (München 1965) 73; Taf. 15,13.

516 Gallische Gottheit
Ostendorf, Lkr. Wertingen. 2. Jh. n. Chr.

Relief eines stehenden Gottes mit Fässern. Original eingemauert in der Kirche von Ostendorf. H. 110 cm.
Die gallischen Gottheiten, dargestellt auf Steinreliefs oder durch Statuetten, sind keine Zeugen für ein Überleben einheimischer keltischer Traditionen. Sie wurden im Rahmen des Zuzuges von Militär aus den verschiedenen Teilen des Kaiserreiches als lokale Gottheiten in die jeweiligen neuen Garnisonsgebiete mitgebracht.

Römisches Museum Augsburg (Abguß). – Lit.: H.J. Kellner, Die Römer in Bayern (München 1971) 115.

XI.3 Stöffling, die keltische Vorgängersiedlung von Bedaium

Lesefunde aus einer fast vollständig aberodierten Siedlung, etwa 1 km nördlich des Chiemsees am rechten Ufer der Alz.

517 Schmuck
a) Fibeln. Eisen und Bronze. 6. Jh. v. Chr.–1. Jh. n. Chr.
Kleine Paukenfibel (L. noch 1,6 cm). Drahtfibel mit profiliertem Fuß und Kreisaugenstempeln (L. noch 2,7 cm). Fibel mit verdicktem Bügel und Bügelverzierung (L. noch 8,1 cm). Eisenfibel (L. noch 3,8 cm). Nauheimer Fibel (L. noch 4,5 cm). Fibel mit Bügelknoten und Flügelverzierung (L. noch 3,2 cm). Schüsselfibel (L. noch 2,9 cm). Kräftig profilierte Fibel (L. noch 4,5 cm). Spätform einer kräftig profilierten Fibel (L. 5,4 cm).
PS E.-Nr. 1993/9. – Lit.: W. Irlinger, Die keltische Siedlung in Stöffling, Gemeinde Seeon-Seebruck, Landkreis Traunstein, Oberbayern. Das Arch. Jahr in Bayern 1990, 78 Abb. 50.

b) Gürtelketten. 3. Jh. v. Chr.
Fragment einer bronzenen Gürtelkette, wahrscheinlich aus der Umgebung von Stöffling. Fragment einer bronzenen Gürtelkette mit Gürtelhaken.
PS Inv. Nr. 1904,210; 1967,1904. – Lit.: M. Menke, Siedlungskundliche Probleme am Chiemsee. BVbl. 36, 1971, 39; Taf. 2. 3.

c) Glasarmringe. 3.–1. Jh. v. Chr.
Fragmente von fünfrippigen Glasarmringen mit Fadenverzierung, glatten Glasarmringen und Ringperlen.
PS E.-Nr. 1993/9. – Lit.: unpubl.

518 Eberstatuette
Eberplastik. Bronze. 3.–1. Jh. v. Chr.

Körper gestreckt und schlank, eingezogener Bauch, Rücken gekrümmt, Rückenkamm deutlich ausgeprägt und durch Linien betont, Ohren in Angriffsstellung nach vorne gestreckt. L. 6,6 cm.

PS E.-Nr. 1993/2. – Lit.: unpubl.

519 Werkzeug und Gerät
a) Spinnwirtel. 2.-1. Jh.v. Chr.
Glatte und kammstrichverzierte Graphittonkeramik.
PS E.-Nr. 1993/9. – Lit.: unpubl.

b) Geräte. 2.-1. Jh. v. Chr.
6 Eisenbeile mit geschlossener und offener Tülle. Fragment einer Eisenschere. L. noch 12,9 cm.
PS E.-Nr. 1993/9. – Lit.: unpubl.   W.I.

520 Die keltischen Münzen

Seit 1989 wurden von der Siedlungsstelle von Stöffling auf einer Fläche von ca. 400 x 200 m über 530 Münzen geborgen. Da durch die sehr intensive Begehung selbst kleinste Fragmente zum Vorschein kamen, ergibt sich eine gute Grundlage für die Analyse des Geldumlaufes in einer ländlichen keltischen Siedlung. Auffällig ist dabei besonders der relativ hohe Anteil von über 20 Goldmünzen, insbesondere von Kleinstnominalen wie ¹⁄₂₄-Stateren, und sogar das Vorhandensein eines neuen Nominals eines ¹⁄₄₈-Staters mit extrem kleinem Schrötling (Nr. 356). Bisher unbekannt scheint der ¹⁄₈-Stater zu sein (Nr. 520 c). Ebenso neu ist ein ¹⁄₂₄-Stater mit extrem kleinem Schrötling (Nr. 355; Nr. 520 e). Durch die Funde von Gold- und Silbertropfen wie auch eines Goldschrötlings dürfte eine Münzprägung am Ort als gesichert gelten.
Die bisher in Süddeutschland nur im Schatzfund von Schönaich und in Manching in größerer Zahl vorkommende Kreuzmünze vom Typ Schönaich liegt jetzt auch in Stöffling in größerer Stückzahl vor (Nr. 520 f). Bei den Silbermünzen ist die große Variationsbreite der Büschelquinare (Nr. 520 g–h) für diese Siedlung charakteristisch und gut vergleichbar mit dem Spektrum des großen keltischen Oppidums von Manching, dem einzigen Platz in Süddeutschland, der zur Zeit den Münzbestand von Stöffling übertrifft. Zum ersten Mal tritt hier auch ein mit einem Eisenkern gefütterter Prototyp eines Büschelquinars auf (Nr. 520 i). Überraschend hoch für einen Fundplatz in Südbayern ist der Anteil der Quinare vom Dührener Typ (Nr. 520 j) in den verschiedenen Varianten. Auch seltene Stücke wie ein Sequanerquinar (Nr. 520 k), wie sie im

Schatzfund von 1936 in Manching vorkamen, sind vorhanden. Eine größere Anzahl von Quinaren des Kaletentyps lassen sowohl vom Stil als auch von der Herstellung (Fütterung) auf eine einheimische Imitation schließen (Nr. 520 l). Die zahlreichen Kleinsilbermünzen weisen eine große Typenvielfalt auf (Nr. 520 m-o). Auffällig gering ist das Vorkommen von Potinmünzen (Nr. 520 p). Das ungleiche zahlenmäßige Vorkommen von Kleinfunden (s. Nr. 517-519) und Münzen in dieser keltischen Siedlung von Stöffling lassen eher an einen bedeutenden Handelsplatz als an eine Handwerkersiedlung denken, deren Münzbestand vom Ende des 3. Jh. bis ca. Mitte 1. Jh. v. Chr. reicht. Dies würde auch die Gründung einer römischen Nachfolgesiedlung am Ufer des Chiemsees bei Seebruck erklären.

a) Vindelikischer Goldstater
Vs. Vogelkopf l., Schnabel zwischen zwei Kugeln, davor Dreiviertelkranz. – Rs. Torques mit 5 Kugeln, von 2 Kugeln gehen Striche zum Torques. Gew. 5,096 g.
PS E.-Nr. 1990,68. – Lit.: Egger 1933, Nr. 1; vgl. Kellner 1990, Nr. 1656.

b) Vindelikischer ¹⁄₄-Stater
Vs. 2 kleine Randwülste. – Rs. glatt. Gew. 1,815 g.
PS E.-Nr. 1990,68. – Lit.: Egger 1993, Nr. 9.

c) Boisch (?)-Vindelikischer (?) ¹⁄₈-Stater
Vs. Kopf r., realistisch dargestellt mit breiteren Locken. – Rs. vogelartige Darstellung. Gew. 0,945 g.
PS E.-Nr. 1990,68. – Lit.: Egger 1993, Nr. 14.

d) Vindelikischer ¹⁄₂₄-Stater
Vs. Januskopf, oben und unten je 3 Punkte. – Rs. Pferd r., darüber 3 Punkte. Gew. 0,346 g.
PS E.-Nr. 1993,2. – Lit.: Egger 1993, Nr. 17; vgl. Kellner 1990, Nr. 62.

e) Vindelikischer ¹⁄₂₄-Stater
Vs. stark stilisierter Kopf r., punktförmiges Auge, Haare durch kleine Punkte angedeutet. – Rs. stark gebuckelt, am Rand kleinere Punkte. Darstellung undeutlich; extrem kleiner Schrötling. Gew. 0,318 g.
PS E.-Nr. 1993,2a. – Lit.: Egger 1993, Nr. 20.

f) Süddeutscher Kreuzquinar, Typ Schönaich I
Vs. Kopf r., Haare gegenständige Halbkreise. – Rs. Kreuz, in den Winkeln V, Strich mit 2 Punkten, großer Punkt, 2 Punkte. Gew. 1,679 g.
PS E.-Nr. 1990,68. – Lit.: Egger 1993, Nr. 55; vgl. Kellner 1990, Nr. 277.

g) Süddeutscher Büschelquinar
Vs. Abstrahierter Kopf l., Auge und Mund durch Kugeln angedeutet, starker Stirnwulst, Haare durch 6 Strähnen angedeutet. – Rs. Pferd l., Punktmähne 7 Punkte (4 sichtbar), Hufe realistisch dargestellt. Über dem Pferderücken Torques, darunter größere Kugel. Gew. 1,778 g.
PS E.-Nr. 1990,68. – Lit.: Egger 1993, Nr. 105; vgl. Kellner 1990, Nr. 557.

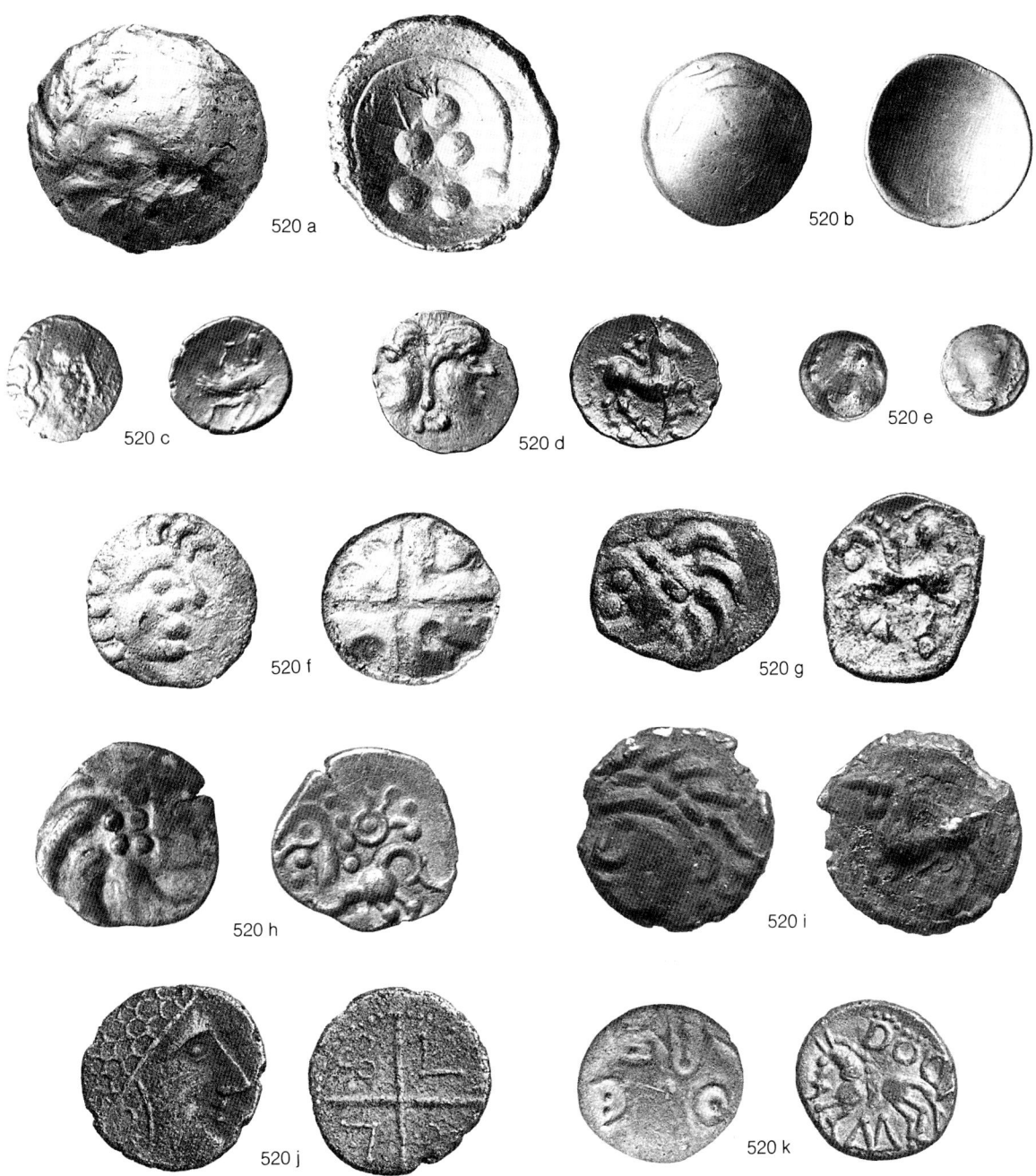

520 a

520 b

520 c

520 d

520 e

520 f

520 g

520 h

520 i

520 j

520 k

Nr. 520 d–e (M. 3:1), 520 a–c, f–k (M. 2:1)

520 l

520 m

520 n

520 o

520 p

520 o

Nr. 520 l-o (M. 2:1)

h) Süddeutscher Büschelquinar
Vs. Kopf völlig stilisiert zu einem Wirbel gegen den Uhrzeigersinn, im Zentrum 4 Punkte. – Rs. Pferd l., darüber Punktkreisornament mit Zweigen und Endpunkten. Gew. 1,440 g.
PS E.-Nr. 1993,8(2). – Lit.: Egger 1993, Nr. 156; vgl. Kellner 1990, Nr. 222.

i) Süddeutscher Büschelquinar
Gefütterte Münze mit Eisenkern. Vs. stark naturalistischer Kopf, stark betonte Stirn und dicke Haarsträhnen, am Rand kleine Reste der Silberplattierung, Kopf durch 2 Striche und 2 Punkte dargestellt. – Rs. Pferd l., Pferdekopf durch 2 Striche und 2 Punkte dargestellt, über dem Pferderücken kleiner Strich (Beizeichen oder Stempelfehler?). Gew. 1,485 g.
PS E.-Nr. 1991,41. – Lit.: Egger 1993, Nr. 92.

j) Süddeutscher Quinar, Typ Dühren
Vs. sehr realistische Darstellung des Kopfes, halbkreisförmige Lockendarstellung (evtl. Haarnetz) mit Stirnband und am Ohr herabhängend ein Band. – Rs. in den Kreuzwinkeln alternierend V und 3 Ringe. Gew. 1,823 g.
PS E.-Nr. 1993,8(2). – Lit.: Egger 1993, Nr. 29; vgl. M. Egger, Ein seltener keltischer Quinar von Langwied bei München, Landeshauptstadt München, Oberbayern. Das Arch. Jahr in Bayern 1989, 108 ff., Abb. 71.

k) Sequanerquinar
Vs. stark stilisiertes Gesicht l. (behelmter Romakopf). – Rs. Pferd l. im Perlkreis, Hals und Pferdekörper eingeschnürt wie beim Kaletentyp, über dem Pferd (Q)DOCI, darunter (SAA F), wohl Schlangenkopf vor dem Pferdekopf. Gew. 1,735 g.
PS E.-Nr. 1993,8(1). – Lit. Egger 1993, Nr. 224; vgl. Kellner 1990, Nr. 135.

l) Quinar, Typ Kaleten
Vs. behelmter Romakopf l. – Rs. Pferd l., eingeschnürter Pferdehals und Pferdekörper, über dem Pferd Beizeichen, wohl Speichenrad. Gew. 1,719 g.
PS E.-Nr. 1990,68. – Lit.: Egger 1993, Nr. 204; vgl. Kellner 1990, Nr. 356.

m) Kleinsilber, Typ Manching
Vs. stark stilisierter Kopf l., vor dem Mund Gravierung im Stempel, stark betonter Haaransatz. – Rs. Pferd l. mit Punktauge, Punktmähne und punktförmig angedeutete Gelenke. Gew. 0,429 g.
PS E.-Nr. 1993,9(1). – Lit.: Egger 1993, Nr. 241; vgl. M. Egger, Keltische Münzfunde aus Manching III. Jahrb. f. Num. u. Geldgesch. 34, 1984, 163 Nr. 58 (stempelgleich).

n) Kleinsilber, Typ Dühren
Vs. sehr realistisch dargestellter Kopf l., Stirnbinde, Haarlocken. – Rs. Kreuz (Perlkreis nicht erkennbar), in den Winkeln alternierend V und 3 Ringe. Gew. 0,404 g.
PS E.-Nr. 1993,9(2). – Lit.: Egger 1993, Nr. 331; vgl. Kellner 1990, Nr. 1011 (stempelgleich).

o) Kleinsilber, Typ Stradonitz
Vs. stark stilisiertes Gesicht l., Auge, Nase und Lippen durch Punkte angedeutet. – Rs. stark stilisiertes Pferd, Pferdekörper durch Kugeln, Gelenke durch Punkte dargestellt. Gew. 0,513 g.
PS E.-Nr. 1990,68. – Lit.: Egger 1993, Nr. 382; vgl. Kellner 1990, 793.

p) Potin, Typ Sequaner
Vs. stark stilisierter Kopf l. – Rs. Vierfüßler mit erhobenem Kopf. Gew. 3,215 g.
PS E.-Nr. 1990,68. – Lit.: Egger 1993, Nr. 467; vgl. Castelin 1978, Nr. 785.

M. E.

Glossar

Akanthus	aus dem gezähnten Blatt des A. (Bärenklau) entwickeltes Ornament.
Akropolis	Burgberg.
Amphore	Zweihenkliges Vorrats- und Transportgefäß.
androkephal	männerköpfig.
anikonisch	nicht bildhaft; abstrakt.
Annex	Anbau, Anhängsel.
anthropomorph	menschengestaltig.
Anthropophagie	Menschenfresserei.
antithetisch	sich gegenüberstehend.
Applike	flaches oder rundplastisches, nachträglich angebrachtes Relief.
apotropäisch	unheilabwehrend.
Artefakt	künstlich hergestellter Gegenstand.
Aryballos	bauchiges, gehenkeltes Fläschchen mit enger Mündung zur Aufbewahrung von (Salb- und Bade-)Öl.
Attasche	Beschlagansatz für Gefäßhenkel und/oder -griffe, oft ornamental oder figürlich gestaltet.
autochton	bodenständig.
Barbariké	die von Nicht-Griechen (Barbaren) bewohnte Welt.
Basilika	mehrschiffiger Hallenbau mit erhöhtem Mittelschiff.
Bastion	aus dem Verlauf einer Festungsmauer vorspringender Abschnitt.
Berme	Raum zwischen Wall/Mauer und Graben einer Befestigung.
Biga	zweispänniger Wagen.
birituell	Vorkommen von Brand- und Körpergräbern im gleichen Gräberfeld.
Bucchero nero	schwarze, glänzend polierte, verzierte Keramik aus Etrurien.
^{14}C-Datierung	absolute Datierung pflanzlicher und tierischer Reste über die Zerfallszeit/Halbwertszeit des ^{14}C-Isotops.
Caduceus	von sich kreuzenden Schlangen umwickelter Stab, Attribut des Merkur.
Carnyx	keltische Kriegstrompete mit Schalltrichter in Form eines Tierkopfes.
Chronologie	zeitliche Abfolge bestimmter Kulturerscheinungen; relative und/oder absolute Zeitstellung bestimmter Entwicklungen oder Objekte.
Civitas	von Rom abhängige Stammesgemeinden mit (eingeschränkter) Selbstverwaltung.
Daktylos	Fingerbreite.
Denar	römische Silbermünze, entspricht 10, später 16 Assen, Gew. ca. 4,55 g. ½ Denar: Quinar, ¼ Denar: Sesterz
Dendrochronologie	Datierung anhand der Jahrringe von Bäumen.
Didrachme	Zweifaches einer Drachme.
Drachme	griechische Silbermünze (ca. 4,3 g). ⅙-Drachme: Obol.
Ekphora	Leichenzug.
Epigraphik	Inschriftenkunde.
Fahrnis	bewegliche Habe.
Fasten	römischer Amts- und Festkalender, von Bedeutung wegen der darin aufgelisteten Namen von Beamten und Priestern.
Fibel	Gewandspange in der Art der heutigen Sicherheitsnadel.
Fortifikation	Befestigung.
Forum	Marktplatz im Zentrum römischer Städte mit Kult- und Verwaltungsgebäuden.
Fragment	Bruchstück.
Gorgoneion	Medusenhaupt.
Hallstatt	Gräberfeld von H. (Österreich), namengebend für die vorgeschichtliche Hallstatt-Kultur der älteren Eisenzeit (750–480 v. Chr.).
Hermaphrodit	Zwitter.
Hermeneutik	Auslegung von Texten.
Hydria	Wasserbehälter.

Ikonographie	Beschreibung und Erklärung von Bildern.	Municipium	Provinzialstadt.
indogermanisch	sprachwissenschaftliche Bezeichnung für die Völker der indogermanischen (besser: indoeuropäischen) Sprachgruppe.	murus Gallicus	„Gallische Mauer"; Mauerverband aus kastenförmig gelegten Holzbalken, die mit Steinen verfüllt wurden. An der vorgeblendeten Frontmauer bleiben die Balken sichtbar.
Inkrustation	Einlegearbeit.	Muschelstater	keltische Goldmünze aus Böhmen mit muldenförmiger Vertiefung auf der Rs, die an eine Muschel erinnert.
Intarsien	Einlegearbeiten in Holz aus andersfarbigem Material.		
Interpretatio Romana	Gleichsetzung einheimisch-keltischer Götter mit römischen Göttern.	Nekropole	Gräberfeld.
		Neolithikum	Jungsteinzeit.
ithyphallisch	mit erigiertem Glied.	Numen/numinos	göttliches Wesen/Wirken.
Itinerar	antike Straßenbeschreibung bzw. Wegeverzeichnis.	Obol	griechische Kleinsilbermünze, $\frac{1}{6}$ einer Drachme.
Kalotte	Schädeldach.	Oikumene	im allgemeinen der bewohnte Teil der Welt, im besonderen die griechisch-hellenistische Welt im Gegensatz zur barbariké.
Kannelur	senkrechte Kehlung an Säulen-, später auch an Pilasterschäften. Hier: Bezeichnung für eine eingekehlte Verzierung an Keramik.		
		Omphalosboden	nach innen eingedellter Gefäßboden.
Kantharos	gehenkelter Becher.	Oppidum	stadtartige, befestigte Siedlung.
Kernos	Ringgefäß mit mehreren kleinen Schalen.	Ortband	unterster Beschlag der Schwertscheide.
Ketos	Seeungeheuer.	Ossuarium	Beinhaus.
Kline	Liege.	Palisade	Pfostenzaun.
Kohorte	Einheit der römischen Armee; 10 Kohorten à 600 Mann bilden eine Legion.	Palmette	zum Ornament stilisiertes Fächerpalmblatt.
		Pantheon	Gesamtheit aller griech. oder röm. Götter.
Kolonisation	Gründung von Tochterstädten, die engen Kontakt mit dem Mutterland aufrechterhalten.	peltenförmig	mondsichelförmig.
		Periode	Zeitabschnitt, gekennzeichnet durch bestimmte historische Entwicklungen oder Verwendung bestimmter Objekte.
Krater	Krug mit weiter Öffnung zum Mischen von Wein und Wasser.		
La Tène	Fundstelle von L. (Ort am Neuenburger See/Schweiz), namengebend für die vorgeschichtliche Latène-Kultur der jüngeren Eisenzeit (480–15 v. Chr.).	Pfostenschlitzmauer	Mauerkonstruktion aus senkrechten Holzpfosten und dazwischenliegenden Steinquadern.
		Phalanx	lineare Schlachtordnung antiker Heere.
		Phalere	metallene Zierscheibe.
Linearbandkeramik	Jungsteinzeitliche Kultur, charakterisiert durch ihre bandförmig verzierte Keramik.	Pilum	Wurfspieß der römischen Armee mit hoher Durchschlagskraft.
Lotos	Seerosenart, zum Ornament stilisiert.	Polis	griechischer Stadtstaat.
Lyra	Leier.	polychrom	vielfarbig.
Mäander	Zierband.	Poterne	Gang unter der Stadtmauer nach außen, ermöglicht bei einer Belagerung einen Ausfall.
mediterran	zum Mittelmeerbereich gehörig.		
Metallurgie	Gewinnung von Metallen.	Potin	gegossene Bronzemünzen mit hohem Zinnanteil.
Metamorphose	Umwandlung, Verwandlung.		
Metopen	rechteckige oder quadratische Bildfelder.	Prinzipat	von Augustus 27 v. Chr. geschaffene Staatsform; Herrschaft des Ersten Mannes im Staate (princeps), dessen Macht in seinem – staatsrechtlich nicht klar definiertem – Titel als princeps und in der Verleihung verschiedener politischer Ämter auf Lebenszeit begründet ist.
Millefiori	Buntglas, zusammengeschmolzen aus einzelnen farbigen Glasstückchen, die in sich wiederum verziert sind.		
Morphologie	Formenlehre.		

Prothesis	Aufbahrung des Leichnams zur Totenklage.		Stele	senkrecht stehende (Grab-)Steinplatte; Erinnerungsmal.
Protome	menschlicher oder tierischer Oberkörper, als Dekor an Gefäßen, Geräten oder Bauwerken angebracht.		Stratigraphie	vertikale Schichtenabfolge, ergibt von unten nach oben eine zeitliche Abfolge vom Älteren zum Jüngeren.
Provincia	ursprünglich Geschäftsbereich römischer Beamten; später Bezeichnung für eroberte und annektierte Gebiete außerhalb Italiens.		Swastika	Hakenkreuz.
			Tauschierung	Einlagen von andersfarbigen, oft edlen Metallfäden in unedle Metallunterlagen.
Quadriga	vierspänniger Wagen.		Temenos	heiliger Bezirk.
Quaestor	römischer Beamter.		Terra Sigillata	feine römische Gefäßkeramik mit glänzend rotem Überzug.
Quinar	römische Silbermünze, entspricht 5 Assen bzw. ½ Denar.		Tetradrachme	griechisch/keltische Großsilbermünze, Vierfaches einer Drachme.

Prothesis — Aufbahrung des Leichnams zur Totenklage.

Protome — menschlicher oder tierischer Oberkörper, als Dekor an Gefäßen, Geräten oder Bauwerken angebracht.

Provincia — ursprünglich Geschäftsbereich römischer Beamten; später Bezeichnung für eroberte und annektierte Gebiete außerhalb Italiens.

Quadriga — vierspänniger Wagen.

Quaestor — römischer Beamter.

Quinar — römische Silbermünze, entspricht 5 Assen bzw. ½ Denar.

Radiokarbon-Daten — siehe ^{14}C-Datierung.

Regenbogen-schüsselchen-Stater — volkstümliche Bezeichnung für eine keltische schüsselförmige Goldmünze, Gew. ca. 7,5 g. (dazu ¼-Stücke, 1/24-Stücke).

Rhyton — Trink- und Spendegefäß.

Rippenziste — zylindrisches Gefäß aus Metall mit horizontal gerippter Wandung.

Sapropelit — Faulschlammgestein.

Sarkophag — Steinsarg.

Schrötling — ungeprägter Münzrohling.

Silen — halb pferdegestaltiger Waldgott, Begleiter des Dionysos.

Situla — eimerförmiges Gefäß, aus Bronzeblech zusammengenietet.

Situlenkunst — Bildfriese nach festen Kompositionsschemata auf Situlen, Gürtelblechen und Zier-/Votivplatten im südostalpinen, venetischen und alpinen Bereich.

solar-central-place — Handelssystem, bezogen auf einen Zentralort in Mittelpunktlage.

Sphinx — Fabelwesen mit Frauenkopf und Löwenkörper.

Stamnos — großer, eiförmiger Weinbehälter mit niedrigem Hals und zwei Henkeln.

Standarte — Feldzeichen.

Stater — griechische Gewichts- und Münzeinheit (ca. 8,5 g); wird auch für keltische Goldmünzen verwendet.

Stele — senkrecht stehende (Grab-)Steinplatte; Erinnerungsmal.

Stratigraphie — vertikale Schichtenabfolge, ergibt von unten nach oben eine zeitliche Abfolge vom Älteren zum Jüngeren.

Swastika — Hakenkreuz.

Tauschierung — Einlagen von andersfarbigen, oft edlen Metallfäden in unedle Metallunterlagen.

Temenos — heiliger Bezirk.

Terra Sigillata — feine römische Gefäßkeramik mit glänzend rotem Überzug.

Tetradrachme — griechisch/keltische Großsilbermünze, Vierfaches einer Drachme.

Tintinnabulum — Schelle, Glocke mit z.T. apotropäischer Funktion.

tordiert — schraubenförmig gedreht.

Toreutik — Treibarbeit bei Metallen.

Torques — keltischer tordierter Halsring mit offenen, verdickten Enden.

Trepanation — künstliche Durchbohrung des Schädels aus medizinischen Gründen.

Triskeles — Dreiwirbel.

Tropaeum — Siegesdenkmal.

Tüpfelplatte — Tonplatte mit muldenförmigen Vertiefungen, in denen das Rohmaterial (Gold oder Silber) zu Schrötlingen erschmolzen wurde.

Tumulus — Grabhügel.

Urnenfelder-zeit — Abschnitt der jüngeren Bronzezeit (1200–750 v. Chr.), charakterisiert durch Brandbestattungen in großflächig angelegten Nekropolen.

Viereck-schanzen — mit einem rechteckig verlaufenden Wall umzogene Areale; Funktion nicht eindeutig geklärt, wohl Heiligtümer.

Volute — schneckenförmig gedrehte Verzierung.

Votiv — Weihung, Weihegabe.

Xenogamie — Fremdenheirat.

Zisterne — unterirdische Wasserstelle.

zoomorph — Tiergestaltig.

Zeit v.Chr.	Kulturbezeichnung	Stufenabkürzung	Archäologie	Geschichte
1200	ältere Urnenfelderzeit	Hallstatt A	Spätbronzezeit Brandgräber	1200 Untergang des homerischen Troja 1200-1100 Dorische Wanderung
1000	jüngere Urnenfelderzeit	Hallstatt B	Erstes Auftreten von Eisenverzierungen	
750	ältere Hallstattzeit	Hallstatt C	Eisenzeit Körpergräber Grabhügel	753 "Rom schlüpft aus dem Ei" 700 Münzprägung in Kleinasien
600	jüngere Hallstattzeit	Hallstatt D	Fürstensitze	um 600 Gründung der griechischen Kolonie Massalia (Marseille)

(linke Randbeschriftung obere Hälfte: Zeit vor den historischen Kelten)

Zeit v.Chr.	Kulturbezeichnung	Stufenabkürzung	Archäologie	Geschichte
				Erste Nennung der Kelten durch Hekataios von Milet
480	Frühlatènezeit	Latène A	Frühlatènekunst Figur und Ornament	490-479 Perserkriege
420	Flachgräberlatènezeit	Latène B1	Erste Keltenwanderungen	
330		Latène B2	Große Keltenwanderungen	um 385 Kelten belagern das Kapitol in Rom vor 379 Keltische Söldner in Sizilien 335 Kelten bei Alexander d.G. 279 Kelten plündern Delphi
260	Mittellatènezeit	Latène C1		241-230 Attalos I von Pergamon besiegt Kelten in Kleinasien
220		Latène C2	Beginn der Oppida (Städte)	225 Schlacht von Telamon 218 keltische Söldner in Ägypten
120	Spätlatènezeit	Latène D		um 120 Südgallien als römische Provinz
80-15			Zerfall der keltischen Welt	58-51 Caesarische Kriege

(linke Randbeschriftung untere Hälfte: Zeit der historischen Kelten)

Verzeichnisse

Autoren der Katalogbeiträge

Dr. L. Bakker, Römisches Museum Augsburg (L. B.)
M. Egger, Prähistorische Staatssammlung München (M. E.)
Dr. M. Feugère, C.N.R.S. U.P.R. 290, Lattes (M. F.)
Dr. W. Irlinger, Bayerisches Landesamt für Denkmalpflege München (W. I.)
Prof. Dr. B. Overbeck, Staatliche Münzsammlung München (B. O.)
Prof. Dr. S. Rieckhoff, Universität Leipzig (S. R.)
Dr. J. Sejbal, Moravské Zemské Muzeum Brno (J. S.)
Dir. Mag. K.W. Zeller, Keltenmuseum Hallein (K.W. Z.)

Abkürzungsverzeichnis

Abb.	Abbildung		Lkr.	Landkreis
B.	Breite		LTA–LTD	Latène A–D
BzD	Bronzezeit D		M.	Maßstab
D.	Dicke		max.	maximal
Dép.	Département		Mdm.	Mündungsdurchmesser
Dm.	Durchmesser		MK	Münzkatalog
E.-Nr.	Einlauf-Nummer		MLT	Mittellatène
erh.	erhalten		n. Chr.	nach Christus
FLT	Frühlatène		Nr.	(Katalog)Nummer
FO	Fundort		okr.	okres (Kreis)
Fdst.	Fundstelle		PS	Prähistorische Staatssammlung München
Gde.	Gemeinde		r.	rechts
Gew.	Gewicht		Rdm.	Randdurchmesser
H.	Höhe		Rs	Rückseite
HaA–D	Hallstatt A–D		Schulterh.	Schulterhöhe
Idm.	Innendurchmesser		SLT	Spätlatène
Inv.Nr.	Inventarnummer		sog.	sogenannte/r/s
Jh.	Jahrhundert/Jahrhunderts		T.	Tiefe
Kr.	Kreis		Tab.	Tabelle
Kt.	Kanton		unpubl.	unpubliziert
l.	links		vgl.	vergleiche
L.	Länge		v. Chr.	vor Christus
Lit.	Literatur		Vs	Vorderseite

Verzeichnis der abgekürzt zitierten Literatur

Arbinger-Vogt 1978: H. Arbinger-Vogt, Vorgeschichtliche Tierknochenfunde aus Breisach am Rhein (Vet.-med. Diss. München 1978).

van Arsdell 1989: D. van Arsdell, Celtic Coinage in Britain (London 1989).

Bittel u. a. 1981: K. Bittel/ W. Kimmig/ S. Schiek, Die Kelten in Baden-Württemberg (Stuttgart 1981).

Bököny 1964: S. Bökönyi, Angaben zur Kenntnis der eisenzeitlichen Pferde in Mittel- und Osteuropa. Acta Arch. Hung. 16, 1964, 227 ff.

Boessneck und Mitarbeiter 1971: J. Boessneck/ A. von den Driesch/ U. Meyer-Lemppenau/ E. Wechsler-von Ohlen, Die Tierknochenfunde aus dem Oppidum von Manching. Die Ausgr. in Manching 6 (Wiesbaden 1971).

Brunaux 1986: J.-L. Brunaux, Les Gaulois. Sanctuaires et rites (Paris 1986).

BVbl.: Bayerische Vorgeschichtsblätter.

BVfr.: Bayerischer Vorgeschichtsfreund.

Castelin 1978: K. Castelin, Keltische Münzen. Katalog der Sammlung des Schweizerischen Landesmuseums Zürich Bd. I (Stäfa 1978).

Castelin 1985: K. Castelin, Keltische Münzen. Katalog der Sammlung des Schweizerischen Landesmuseums Zürich Bd. II, Kommentar (Bern 1985).

Chlingensperg 1904: M. von Chlingensperg, Der Knochenhügel am Langacker und die vorgeschichtliche Herdstelle am Eisenbichel bei Reichenhall in Oberbayern. Mitt. Anthr. Ges. Wien 34, 1904, 53 ff.

Crawford 1991: M. H. Crawford, Roman Republican Coinage (Cambridge 1991).

von den Driesch 1971: A. von den Driesch, Zu den Tierknochenfunden aus dem hallstattzeitlichen Fürstengrabhügel „Magdalenenberg" bei Villingen im Schwarzwald. In: K. Spindler, Magdalenenberg I (Villingen 1971) 49 f.

von den Driesch 1979: A. von den Driesch, Tierknochenfunde aus Karlstein, Ldkr. Berchtesgadener Land. BVbl. 44, 1979, 149 ff.

von den Driesch, im Druck: A. von den Driesch, Zu den Tierknochen aus den spätlatènezeitlichen Grubenhäusern von Regensburg-Harting (im Druck).

von den Driesch, im Druck a: A. von den Driesch, Tierknochenfunde aus der frühkaiserzeitlichen Siedlung auf dem Auerberg, Ldkr. Weilheim-Schongau in Bayern (im Druck).

von den Driesch und Boessneck 1989: A. von den Driesch/ J. Boessneck, Abschlußbericht über die zooarchäologischen Untersuchungen an Tierknochenfunden von der Heuneburg. In: E. Gersbach, Ausgrabungsmethodik und Stratigraphie der Heuneburg. Heuneburgstudien IV (Mainz 1989) 131 ff.

von den Driesch und Steger, im Druck: A. von den Driesch/ U. Steger, Die Tierknochenfunde aus der keltischen Viereckschanze in Fellbach-Schmiden, Rems-Murr-Kreis (im Druck).

Dürrnberg I: E. Penninger, Der Dürrnberg bei Hallein I. Münchner Beitr. Vor- u. Frühgesch. 16 (München 1972).

Dürrnberg II: F. Moosleitner/ L. Pauli/ E. Penninger, Der Dürrnberg bei Hallein II. Münchner Beitr. Vor- u. Frühgesch. 17 (München 1974).

Egger 1993: M. Egger, Die keltischen Münzen von Stöffling (Ms. in Vorbereitung, als Kat. Prähist. Staatsslg. vorgesehen).

v. Endert 1991: D. van Endert, Die Bronzefunde aus dem Oppidum von Manching. Die Ausgr. in Manching 13 (Stuttgart 1991).

Engelhardt 1987: B. Engelhardt, Ausgrabungen zur Hallstattzeit in Niederbayern. In: B. Engelhardt/ K. Schmotz (Hrsg.), Vorträge des 5. Niederbayer. Archäologentags (Deggendorf 1987) 63 ff.

Filip 1956: J. Filip, Keltové ve střední Evropě (Praha 1956).

Forrer 1968: R. Forrer, Keltische Numismatik der Rhein- und Donaulande (Straßburg 1908, Nachdruck Graz 1968). Nachtragsband, bearb. v. D. F. Allen/ K. Castelin/ J.-B. Colbert de Beaulieu/ G. K. Jenkins/ H.-J. Kellner/ J. Winkler (Graz 1969).

Furger-Gunti 1982: A. Furger-Gunti, Der „Goldfund von Saint-Louis" bei Basel und ähnliche keltische Schatzfunde. Zeitschr. Schweizerische Arch. u. Kunstgesch. 39, 1982, 1 ff.

Gebhard 1989: R. Gebhard, Der Glasschmuck aus dem Oppidum von Manching. Die Ausgr. in Manching 11 (Stuttgart 1989).

Gebhard 1991: R. Gebhard, Die Fibeln aus dem Oppidum von Manching. Die Ausgr. in Manching 14 (Stuttgart 1991).

Göbel u.a. 1991: J. Göbel/ A. Hartmann/ H.-E. Joachim/ V. Zedelius, Der spätkeltische Goldschatz von Niederzier. Bonner Jahrb. 191, 1991, 27 ff.

Göbl 1973 a: R. Göbl, Ostkeltischer Typen-Atlas (Braunschweig 1973).

Göbl 1973 b: R. Göbl, Typologie und Chronologie der keltischen Münzprägung in Noricum (Wien 1973).

Göbl 1989: R. Göbl, Die Münzprägung der norischen Fürsten und Könige nach dem neuesten Stand der Forschung. In: Die Kultur der Kelten. 1. St. Veiter Historikergespräche 16.—18. Juni 1988 (St. Veit/Glan 1989) 54 ff.

Hennig 1970: H. Hennig, Die Grab- und Hortfunde der Urnenfelderkultur aus Ober- und Mittelfranken. Materialh. Bayer. Vorgesch. A 23 (Kallmünz 1970).

Hoppe 1986: M. Hoppe, Die Grabfunde der Hallstattzeit in Mittelfranken. Materialh. Bayer. Vorgesch. A 55 (Kallmünz 1986).

Jacobi 1974: G. Jacobi, Werkzeug und Gerät aus dem Oppidum von Manching. Die Ausgr. in Manching 5 (Stuttgart 1974).

Kappel 1969: I. Kappel, Die Graphittonkeramik von Manching. Die Ausgr. in Manching 2 (Wiesbaden 1969).

Kat. Hallein: Amt der Salzburger Landesregierung (Hrsg.), Die Kelten in Mitteleuropa. Kunst, Kultur und Wirtschaft. Salzburger Landesausstellung Keltenmus. Hallein (Salzburg 1980).

Kat. Paris: Trésors des Princes Celtes. Ausstellungskat. Paris 1988.

Kat. Steyr: Land Oberösterreich (Hrsg.), Die Hallstatt-Kultur – Frühform europäischer Einheit. Intern. Ausstellung Oberösterreich Steyr 1980 (Linz 1980).

Kat. Venedig: I Celti. Ausstellungskat. Venedig, Palazzo Grassi (Milano 1991).

Kellner 1990: H.-J. Kellner, Die Münzfunde von Manching und die keltischen Fundmünzen aus Südbayern. Die Ausgr. in Manching 12 (Stuttgart 1990).

Kent/ Mays 1987: J. Kent/ M. Mays (Hrsg.), Catalogue of the Celtic Coins in the British Museum I (London 1987).

Kimmig 1954: W. Kimmig, Zur Urnenfelderkultur in Südwesteuropa. Festschr. P. Goessler (Stuttgart 1954).

Koch 1992: H. Koch, Grabfunde der Hallstattzeit aus dem Isartal bei Niedererlbach, Lkr. Landshut. BVbl. 57, 1992, 49 ff.

Kossack 1959: G. Kossack, Südbayern während der Hallstattzeit. Röm.-Germ. Forsch. 24 (Berlin 1959).

Kossack 1989: G. Kossack, Die Donau als Handelsweg in vorgeschichtlicher Zeit. Ostbairische Grenzmarken = Passauer Jahrb. Gesch., Kunst u. Volkskde. 31, 1989, 168 ff.

Krämer 1966: Ein frühkaiserzeitlicher Brandopferplatz auf dem Auerberg im bayerischen Alpenvorland. Jahrb. RGZM 13, 1966, 60 ff.

Krämer 1985: W. Krämer, Die Grabfunde von Manching und die latènezeitlichen Gräberfelder in Südbayern. Die Ausgr. in Manching 9 (Stuttgart 1985).

Kruszona, in Vorbereitung: W. Kruszona, Die Tierknochenfunde aus der keltischen Viereckschanze in Holzhausen, Ldkr. Wolfratshausen (in Vorbereitung).

Lessing 1980: E. Lessing, Hallstatt. Bilder aus Europas Frühzeit (Wien/ München 1980).

Maier 1970: F. Maier, Die bemalte Spätlatène-Keramik von Manching. Die Ausgr. in Manching 3 (Stuttgart 1970).

Maier u.a. 1992: F. Maier/ U. Geilenbrügge/ E. Hahn/ H.J. Köhler/ S. Sievers, Ergebnisse der Ausgrabungen 1984–1987 in Manching. Die Ausgr. in Manching 15 (Stuttgart 1992).

Maier 1985: R.A. Maier, Ein römerzeitlicher Brandopferplatz bei Schwangau und andere Zeugnisse einheimischer Religion in der Provinz Rätien. In: J. Bellot/ W. Czysz/ G. Krahe (Hrsg.), Forsch. zur provinzialröm. Arch. in Bayerisch-Schwaben (Augsburg 1985) 231 ff.

Méniel 1985: P. Méniel, Les animaux. In: J.-L. Brunaux/ P. Méniel/ F. Poplin, Gournay I. Revue Arch. Picardie, No. spéc. 1985, 125 ff.

Moser 1986: B. Moser, Die Tierknochenfunde aus dem latènezeitlichen Oppidum von Altenburg-Rheinau. I Charakterisierung des Fundguts (Vet.-med. Diss. München 1986).

Müller-Karpe 1957: H. Müller-Karpe, Münchner Urnenfelder. Ein Katalog (Kallmünz 1957).

Müller-Karpe 1959: H. Müller-Karpe, Beiträge zur Chronologie der Urnenfelderzeit nördlich und südlich der Alpen. Röm.-Germ. Forsch. 22 (Berlin 1959).

Müller-Karpe 1961: H. Müller-Karpe, Die Vollgriffschwerter der Urnenfelderzeit aus Bayern. Münchner Beitr. Vor- u. Frühgesch. 6 (Kallmünz 1961).

Nash 1981: Coinage and State Development in Central Gaul. In: B. Cunliffe (Hrsg.), Coinage and Society in Britain and Gaul. Some Current Problems. Council of British Arch. Research Rep. 38, 1981, 10 ff.

Noelle 1974: H. Noelle, Die Kelten (Wiesbaden 1974).

Paulsen 1974: R. Paulsen, Die Münzprägung der Boier (Wien – Leipzig 1933, Nachdruck 1974).

Pieler 1976: H.-M. Pieler, Knochenfunde von Wildvögeln aus archäologischen Grabungen von Mitteleuropa (Neolithikum bis Mittelalter) (Vet.-med. Diss. München 1976).

Pingel 1971: V. Pingel, Die glatte Drehscheiben-Keramik von Manching. Die Ausgr. in Manching 4 (Stuttgart 1971).

Pink 1974: K. Pink, Einführung in die keltische Münzkunde mit besonderer Berücksichtigung Österreichs. Arch. Austriaca Beih. 4 (Wien 1950; R. Göbl [Hrsg.] 1974³).

Polenz 1982: H. Polenz, Münzen in latènezeitlichen Gräbern Mitteleuropas aus der Zeit zwischen 300 und 50 v. Chr. Geburt. BVbl. 47, 1982, 27 ff.

Poplin 1985: F. Poplin, Les Gaulois dépecés de Gournay-sur-Aronde. In: J.-L. Brunaux/ P. Méniel/ F. Poplin, Gournay I. Revue Arch. de Picardie, No. spéc. 1985, 147 ff.

Reisch 1985: L. Reisch, Die Tierknochenfunde aus der hallstattzeitlichen Nekropole bei Riedenburg-Haidhof. Arbeitsh. des Bayer. Landesamtes für Denkmalpflege 26, 1985, 124 ff.

Rix 1954: H. Rix, Zur Verbreitung und Chronologie einiger keltischer Ortsnamentypen. Festschr. P. Goessler (Stuttgart 1954).

Scheers 1983: S. Scheers, La Gaule Belgique. Numismatique Celtique² (Louvain 1983).

Schüle 1960: W. Schüle, Eisenzeitliche Tierknochen von der Heuneburg bei Hundersingen (Donau). Stuttgarter Beitr. Naturkde. 33, 1960.

Schwarz 1967: K. Schwarz, Viereckschanzen. Keltische Kultplätze aus den letzten Jahrhunderten vor Christi Geburt. Bayernland, Sondernr. 1967, 10 ff.

Schwarz 1975: K. Schwarz, Die Geschichte eines keltischen Temenos im nördlichen Alpenvorland. Ausgrabungen in Deutschland, gefördert von der Deutschen Forschungsgemeinschaft 1950–1975. Teil 1. Vorgeschichte. Römerzeit. Monogr. RGZM 1,1 (Mainz 1975) 324 ff.

Spindler 1983: K. Spindler, Die frühen Kelten (Stuttgart 1983).

Stöckli 1979: W. Stöckli, Die Grob- und Importkeramik von Manching. Die Ausgr. in Manching 8 (Stuttgart 1979).

Stork 1974: M. Stork, Die Tierknochen aus den neueren Grabungen auf dem Dürrnberg. In: F. Moosleitner/ L. Pauli/ E. Penninger, Der Dürrnberg bei Hallein II/2. Münchner Beitr. Vor- u. Frühgesch. 17 (München 1974) 191 ff.

Stroh 1986: A. Stroh, Beobachtungen zur Tierwelt im hallstattzeitlichen Gräberfeld Schirndorf i. d. Oberpfalz. Germania 64, 1986, 573 ff.

Stroh 1988: A. Stroh, Das hallstattzeitliche Gräberfeld von Schirndorf, Ldkr. Regensburg II. Materialh. Bayer. Vorgesch. A 36 (Kallmünz 1988).

Sydenham 1976: E.A. Sydenham, The Coinage of the Roman Republic (New York 1976).

Torbrügge 1965: W. Torbrügge, Die Hallstattzeit in der Oberpfalz II. Materialh. Bayer. Vorgesch. 20 (Kallmünz 1965).

Torbrügge 1979: W. Torbrügge, Die Hallstattzeit in der Oberpfalz I. Materialh. Bayer. Vorgesch. A 39 (Kallmünz 1979).

Torbrügge/ Uenze 1968: W. Torbrügge, H.P. Uenze, Bilder zur Vorgeschichte Bayerns (Konstanz 1968).

de La Tour 1991: H. de La Tour, Atlas des monnaies Gauloises (Paris 1892, Nachdruck 1991).

Literaturverzeichnis

Einführung

Amt der Salzburger Landesregierung (Hrsg.), Die Kelten in Mitteleuropa. Kultur, Kunst und Wirtschaft. Salzburger Landesausstellung Keltenmus. Hallein (Salzburg 1980).

K. Bittel/ W. Kimmig/ S. Schiek (Hrsg.), Die Kelten in Baden-Württemberg (Stuttgart 1981).

I Celti. Ausstellungskat. Venedig, Palazzo Grassi 1991 (Milano 1991).

J. Collis, The European Iron Age (Batsford 1984).

J. Filip, Keltové ve střední Evropě (Praha 1956).

G. Kossack, Südbayern im 5. Jahrhundert v. Chr. Zur Frage der Überlieferungskontinuität. BVbl. 47, 1982, 9 ff.

W. Krämer, Die Grabfunde von Manching und die latènezeitlichen Flachgräber in Südbayern. Die Ausgr. in Manching 9 (Stuttgart 1986).

Landesdenkmalamt Baden-Württemberg, Der Keltenfürst von Hochdorf. Methoden und Ergebnisse der Landesarchäologie. Kat. der Ausstellung 1985 (Stuttgart 1985).

Land Oberösterreich (Hrsg.), Die Hallstattkultur – Frühform europäischer Einheit. Intern. Ausst. Oberösterreich Steyr 1980 (Linz 1980).

Land Oberösterreich (Hrsg), Die Hallstattkultur. Ber. über das Symposium in Steyr aus Anlaß der intern. Ausst. des Landes Oberösterreich (Linz 1981).

H. Müller-Karpe, Beiträge zur Chronologie der Urnenfelderzeit nördlich und südlich der Alpen. Röm.-Germ. Forsch. 22 (Berlin 1959).

Museum zu Allerheiligen Schaffhausen, Kunst und Kultur der Kelten. Ausstellungskat. 1957 (Schaffhausen 1957).

Ch. Peschek/ H.P. Uenze, Die Kelten im Landkreis Schweinfurt. Kat. Prähist. Staatsslg. 24 (Kallmünz 1992).

P. Reinecke, Mainzer Aufsätze zur Chronologie der Bronze- und Eisenzeit (Bonn 1965).

K. Spindler, Die frühen Kelten (Stuttgart 1983).

W. Torbrügge, Vorzeit bis zum Ende der Keltenreiche. In: M. Spindler (Hrsg.), Handbuch der Bayerischen Geschichte I (München 1967) 26 ff.

H.P. Uenze, Keltische Wurzeln Altbayerns. Jahresber. Stiftung Aventinum 6 (Abensberg 1992).

F. Wagner, Denkmäler und Fundstätten der Vorzeit Münchens (München 1958).

J. Werner, Spätes Keltentum zwischen Rom und Germanien. Gesammelte Aufsätze zur Spätlatènezeit (hrsg. L. Pauli). Münchner Beitr. Vor- u. Frühgesch. Ergänzungsbd. 2 (München 1979).

I. Wernicke, Die Kelten in Italien. Die Einwanderung und die frühen Handelsbeziehungen zu den Etruskern. Palingenesia 33 (Stuttgart 1991).

Antike Autoren

E.H. Bunbury, A History of Ancient Geography (London 1879).

J. Malitz, Die Historien des Poseidonios (München 1983).

A. Momigliano, Alien Wisdom. The Limits of Hellenization (Cambridge 1975).

K.E. Müller, Geschichte der antiken Ethnographie und ethnologischen Theoriebildung I (Wiesbaden 1972).

E. Norden, Die germanische Urgeschichte in Tacitus' Germania[3] (Stuttgart 1923).

H.D. Rankin, Celts and the Classical World (London, Sydney 1987).

K. Reinhardt, Poseidonios (München 1921).

J.J. Tierney, The Celtic Ethnography of Posidonius, in: Proc. Royal Irish Acad. Sect. C 60, 1960, 189 ff.

D. Timpe, Entdeckungsgeschichte I. In: Reallexikon der germ. Altertumskde. 7, 1989, 307 ff.

R. Urban, Die Kelten in Italien und in Gallien bei Polybios. In: Hellenistische Studien, Gedenkschr. für H. Bengtson (München 1991) 135–157.

Siedlungsgeschichte Spätbronzezeit (Urnenfelderzeit), allgemein

B.-U. Abels, Die vor- und frühgeschichtlichen Geländedenkmäler Unterfrankens. Materialh. Bayer. Vorgesch. B 6 (Kallmünz 1979) 27 ff.

G. Bandi, Spätbronzezeitliche befestigte Höhensiedlungen in Westungarn. In: B. Chropovsky/ J. Herrmann (Hrsg.), Beiträge zum bronzezeitlichen Burgenbau in Mitteleuropa (Nitra 1982) 81 ff.

A. Berger, Die Bronzezeit in Ober- und Mittelfranken. Materialh. Bayer. Vorgesch. A 52 (Kallmünz 1984) 24 ff.

J. Biel, Die bronze- und urnenfelderzeitlichen Höhensiedlungen in Südwürttemberg. Arch. Korrbl. 10, 1980, 23 ff.

J. Biel, Vorgeschichtliche Höhensiedlungen in Südwürttemberg-Hohenzollern. Forsch. u. Ber. Vor- u. Frühgesch. Baden-Württemberg 24 (Stuttgart 1987).

D.-W. Buck, Befestigte Siedlungen der Lausitzer Kultur im Norden der DDR. In: B. Chropovsky/ J. Herrmann (Hrsg.), Beiträge zum bronzezeitlichen Burgenbau in Mitteleuropa (Nitra 1982) 97 ff.

D.-W. Buck, Siedlungswesen und sozialökonomische Verhältnisse bei den Stämmen der Lausitzer Gruppe. In: Siedlung, Wirtschaft und Gesellschaft während der jüngeren Bronze- und Hallstattzeit in Mitteleuropa. Intern. Symposium Potsdam. Veröff. Mus. Vor- u. Frühgesch. Potsdam 20 (Berlin 1986) 277 ff.

B. Chropovsky/ J. Herrmann (Hrsg.), Beiträge zum bronzezeitlichen Burgenbau in Mitteleuropa (Nitra 1982).

W. Coblenz, Die Burgen an der Rauhen Furt und ihre Vermessung. Arbeits- u. Forschungsber. Sachsen 6, 1957, 367 ff.

W. Coblenz, Der Wall am Pfaffenstein in der Sächsischen Schweiz. Varia Archaeologica. Festschr. W. Unverzagt. Dt. Akad. Wiss. Berlin, Schr. Sekt. Vor- u. Frühgesch. 16 (Berlin 1964) 70 ff.

W. Coblenz, Burgen der Lausitzer Kultur in Sachsen. Studien aus Alteuropa I. Festschr. K. Tackenberg. Beih. Bonner Jahrb. 10/1 (Köln-Graz 1964) 189 ff.

W. Coblenz, Die befestigte Siedlung der Lausitzer Kultur auf dem Schafberg bei Löbau. Arbeits- u. Forschungsber. Sachsen 16/17, 1967, 179 ff.

W. Coblenz, Zu den bronzezeitlichen Metallfunden von der Heidenschanze in Dresden-Coschütz und ihrer Rolle bei der zeitlichen und funktionellen Bedeutung der Burgen der Lausitzer Kultur. Arbeits- u. Forschungsber. Sachsen 16/17, 1967, 179 ff.

W. Coblenz, Vier Befestigungen der Lausitzer Kultur am sächsisch-böhmischen Grenzgebirge. Čas. Mor. Mus. 57, 1972, 51 ff.

W. Coblenz, Zu den bronze- und früheisenzeitlichen Befestigungen der sächsisch-lausitzischen Gruppe. In: B. Chropovsky/ J. Herrmann (Hrsg.), Beiträge zum bronzezeitlichen Burgenbau in Mitteleuropa (Nitra 1982) 149 ff.

W. Dehn, Vor- und frühgeschichtliche Bodendenkmale aus dem Ries. Jahrb. Hist. Ver. Nördlingen u. Ries 23, 1950, 5 ff.

W. Dehn, Beiträge zur Ringwallforschung in Hessen. Fundber. Hessen 3, 1963, 83 ff.

W. Dehn, Einige Bemerkungen zum eisenzeitlichen Befestigungswesen in Mitteleuropa. In: Symposium zu Problemen der jüngeren Hallstattzeit in Mitteleuropa. Smolenice 1970 (Bratislava 1974) 125 ff.

H. Hennig, Die Grab- und Hortfunde der Urnenfelderkultur aus Ober- und Mittelfranken. Materialh. Bayer. Vorgesch. 23 (Kallmünz 1970).

J. Herrmann, Burgen und befestigte Siedlungen der jüngeren Bronze- und frühen Eisenzeit in Mitteleuropa. In: K.-H. Otto/ J. Herrmann, Siedlung, Burg und Stadt. Studien zu ihren Anfängen. Festschr. P. Grimm. Dt. Akad. Wiss. Berlin, Schr. Sektion Vor- u.Frühgesch. 25 (Berlin 1969) 56 ff.

J. Herrmann, Burgen und befestigte Siedlungen der jüngeren Bronzezeit und frühen Eisenzeit. Archäologie in der Deutschen Demokratischen Republik, Bd. 1 (Leipzig 1989) 106 ff.

A. Hochstetter, Die Hügelgräberbronzezeit in Niederbayern. Materialh. Bayer. Vorgesch. A 41 (Kallmünz 1980) 21 ff.

K.-D. Jäger/ V. Lozek, Umweltbedingungen und Landesausbau während der Urnenfelderbronzezeit in Mitteleuropa. In: W. Coblenz/ F. Horst (Hrsg.), Mitteleuropäische Bronzezeit. Beiträge zur Archäologie u. Geschichte. 8. Tagung der Fachgruppe Ur- u. Frühgesch. in Dresden 1975 (Dresden 1978) 195 ff.

A. Jockenhövel, Zu befestigten Siedlungen der Urnenfelderzeit aus Süddeutschland. Fundber. Hessen 14, 1974, 19 ff.

A. Jockenhövel, Bronzezeitliche Höhensiedlungen in Hessen. Arch. Korrbl. 1, 1980, 39 ff.

A. Jockenhövel, Jungbronzezeitlicher Burgenbau in Süddeutschland. In: B. Chropovsky/ J. Herrmann (Hrsg.), Beiträge zum bronzezeitlichen Burgenbau in Mitteleuropa (Nitra 1982) 253 ff.

A. Jockenhövel, Struktur und Organisation der Metallverarbeitung in den urnenfelderzeitlichen Siedlungen Süddeutschlands. In: Siedlung, Wirtschaft und Gesellschaft während der jüngeren Hallstattzeit in Mitteleuropa. Intern. Symposium Potsdam. Veröff. Mus. Ur- u. Frühgesch. Potsdam 20 (Berlin 1986) 213 ff.

A. Jockenhövel, Bronzezeitlicher Burgenbau in Mitteleuropa. Untersuchungen zur Struktur frühmetallzeitlicher Gesellschaften. In: Orientalisch-ägäische Einflüsse der europäischen Bronzezeit. Monogr. RGZM 15 (Bonn 1990) 209 ff.

H. Koschik, Die Bronzezeit im südwestlichen Oberbayern. Materialh. Bayer. Vorgesch. A 50 (Kallmünz 1981) 55 ff.

U. Lappe, Die Urnenfelderzeit in Ostthüringen und im Vogtland. Weimarer Monogr. Ur- u. Frühgesch. 7 (Weimar 1982).

H.E. Mandera, Vorgeschichtliche Befestigungen zwischen Rhein, Main und Westerwald. Mit einem Beitrag von F.R. Herrmann über den Dünsberg. Schriftenr. Mus. Wiesbaden 18 (1982).

H. Müller-Karpe, Funde von bayerischen Höhensiedlungen. Kat. Prähist. Staatsslg. München (Kallmünz 1959).

J. Neustupny, Zu den urgeschichtlichen Vorformen des Städtewesens. In: K.-H. Otto/ J.Herrmann (Hrsg.), Siedlung, Burg und Stadt. Studien zu ihren Anfängen. Festschr. P. Grimm. Dt. Akad. Wiss. Berlin, Schr. Sekt. Vor- u. Frühgesch. 25 (Berlin 1969) 26 ff.

K. Peschel, Höhensiedlungen Thüringens im Wandel von der Urnenfelder- zur Hallstattzeit. Intern. Symposium Potsdam. Veröff. Mus. Ur- u. Frühgesch. Potsdam 20 (Berlin 1986) 29 ff.

M. Primas, Beobachtungen zu den spätbronzezeitlichen Siedlungs- und Depotfunden der Schweiz. In: K. Stübner/ A. Zürcher (Hrsg.), Festschr. W. Drack. Beitr. zur Arch. u. Denkmalpflege (Zürich 1977) 44 ff.

M. Primas, Neue Untersuchungen urnenfelderzeitlicher Siedlungsfunde in der Nordostschweiz. Arch. Korrbl. 12, 1982, 47 ff.

Z. Rajewski, Die Besiedlung von Biskupin und Umgebung in der frühen Eisenzeit. Frühe polnische Burgen (Weimar 1960).

Z. Rajewski, Wehrsiedlungen und offene Siedlungen. In: Beitr. zur Lausitzer Kultur. Arbeits- u. Forschungsber. Sachsen Beih. 7, 1969, 221 ff.

P. Reinecke, Befestigungen der Vorzeit. BVfr. 8, 1929, 13 ff.

V. Šaldová, Westböhmen in der späten Bronzezeit: Befestigte Höhensiedlungen – Okroulhé Hradiště (Praha 1981).

K. Schall, Über die Entwicklung des vorgeschichtlichen Befestigungswesens in Mittel- und Westeuropa (Phil. Diss. Tübingen 1964).

W. Schier, Die vorgeschichtliche Besiedlung im südlichen Maindreieck. Materialh. Bayer. Vorgesch. A 60 (Kallmünz 1990).

K. Schmotz, Die vorgeschichtliche Besiedlung im Isarmündungsgebiet. Materialh. Bayer. Vorgesch. A 58 (Kallmünz 1989) 89 ff.

K. Simon, Zum urnenfelder- und hallstattzeitlichen Burgenbau in Thüringen. In: B. Chropovsky/ J. Herrmann (Hrsg.), Beiträge zum bronzezeitlichen Burgenbau in Mitteleuropa (Nitra 1982) 355 ff.

K. Simon, Höhensiedlungen der Urnenfelder- und Hallstattzeit in Thüringen. Alt-Thüringen 20, 1984, 23 ff.

W. Torbrügge, Die Bronzezeit in der Oberpfalz. Materialh. Bayer. Vorgesch. 13 (Kallmünz 1959) 55 ff.

W. Torbrügge, Die Urnenfelderzeit in Nordbayern. In: Le groupe Rhin-Suisse-France oriental et la notion de civilisation des champs d'urnes. Actes du Coll. de Nemours 1986. Mém. Mus. Préhist. d' Ile-de-France I (Nemours 1988) 7 ff.

W. Torbrügge, Methodische Bemerkungen zur Urnenfelder- und Hallstattzeit in Thüringen und Nordbayern. In: Z. Bukowski (Hrsg.), Forschungen zur Problematik der Lausitzer Kultur (Wroclaw 1988) 273 ff.

H.P. Uenze, Bronze- und Urnenfelderzeit. Archäologie in Bayern. Vor- und Frühgeschichte. Ausgr. u. Funde. Prähist. Staatsslg. (Hrsg.) (Pfaffenhofen 1982) 61 ff.

R. v. Uslar, „Burg". In: Reallexikon der germ. Altertumskde. 4, 1981, 124 ff.

F.E. Winter, Greek Fortifications. Phoenix Suppl. 9 (Toronto, Buffalo 1971).

Siedlungen der Spätbronzezeit

Bleibeskopf bei Dornholzhausen, Gde. Bad Homburg v. d. Höhe, Hochtaunuskr., Hessen

F. Maier, Der späturnenfelderzeitliche Ringwall auf dem Bleibeskopf im Taunus. Arch. Denkmäler in Hessen 27 (Wiesbaden 1983).

A. Müller-Karpe, Neue Bronzefunde der späten Urnenfelderzeit vom Bleibeskopf im Taunus. Fundber. Hessen 14, 1974, 203 ff.

Ch.L. Thomas, Der Ringwall auf dem Bleibeskopf. Saalburg-Jahrb. 1, 1910, 71 ff.

Bogenberg bei Bogen, Gde. Bogen, Lkr. Straubing-Bogen, Niederbayern

H.-J. Hundt, Der Bogenberg bei Bogen (Niederbayern) in vor- und frühgeschichtlicher Zeit. BVbl. 21, 1956, 31 ff.

J. Pätzold, Die vor- und frühgeschichtlichen Geländedenkmäler Niederbayerns. Materialh. Bayer. Vorgesch. B 2 (Kallmünz 1983) 24 ff., Beilage 1.

K. Schwarz, Vor- und frühgeschichtliche Wallanlagen auf dem Bogenberg. In: Passau, Kallmünz, Straubing, Cham. Führer zu vor- u. frühgesch. Denkmälern 6 (Mainz 1967) 31 ff., Beilage 1.

Bürgstadter Berg, Gde. Bürgstadt, Lkr. Miltenberg, Unterfranken

Ch. Rytka, Ein Schnitt durch den Ringwall auf dem Bürgstadter Berg, Gemeinde Bürgstadt, Landkreis Miltenberg, Unterfranken. Das Arch. Jahr in Bayern 1987, 65 ff.

L. Wamser, Abschluß der archäologischen Untersuchungen am Ringwall auf dem Bürgstadter Berg, Gemeinde Bürgstadt, Landkreis Miltenberg, Unterfranken. Das Arch. Jahr in Bayern 1988, 66 ff.

Bullenheimer Berg, Gde. Ippesheim, Lkr. Neustadt a. d. Aisch-Bad Windsheim, Mittelfranken und Gde. Seinsheim, Lkr. Kitzingen, Unterfranken

B.-U. Abels, Der Ringwall bei Bullenheim. Führer zu vor- u. frühgesch. Denkmälern 27 (Mainz 1975) 244 ff.

A. Berger/ H.-U. Glaser, Ein Hausgrundriß und ein weiterer Hortfund der Urnenfelderzeit von der befestigten Höhensiedlung Bullenheimer Berg, Landkreis Neustadt a.d. Aisch- Bad Windsheim, Mittelfranken. Das Arch. Jahr in Bayern 1989, 79 f.

G. Diemer/ W. Janssen/ L. Wamser, Ausgrabungen und Funde auf dem Bullenheimer Berg, Gemeinde Ippesheim, Mittelfranken und Gemeinde Seinsheim, Unterfranken. Das Arch. Jahr in Bayern 1981, 94 f.

G. Diemer, Urnenfelderzeitliche Depotfunde und neue Grabungsergebnisse vom Bullenheimer Berg: Ein Vorbericht. Arch. Korrbl. 15, 1985, 55 ff.

G. Diemer, Der Bullenheimer Berg. Ausgrabungsergebnisse und Analyse von Siedlungs- und Depotfunden der bronze- und urnenfelderzeitlichen befestigten Höhensiedlung und ihre Stellung im Siedlungsgefüge der Urnenfelderkultur Mainfrankens (Ungedr. Diss. phil. Würzburg 1987).

R. Gebhard, Neue Hortfunde vom Bullenheimer Berg, Gemeinde Ippesheim, Landkreis Neustadt a.d. Aisch-Bad Windsheim, Mittelfranken und Gemeinde Seinsheim, Landkreis Kitzingen, Unterfranken. Das Arch. Jahr in Bayern 1990, 52 ff.

W. Janssen/ L. Wamser, Ausgrabungen und Funde auf dem Bullenheimer Berg, Gemeinde Ippesheim, Mittelfranken, und Gemeinde Seinsheim, Unterfranken. Das Arch. Jahr in Bayern 1981, 84 f.

W. Janssen, Ein urnenfelderzeitliches Grab von der befestigten Höhensiedlung „Bullenheimer Berg", Gde. Ippesheim, Mfr., und Gde. Seinsheim, Ufr. Ber. Bayer. Bodendenkmalpflege 30/31 (im Druck).

Burgberg bei Heroldingen, Gde. Harburg, Lkr. Donau-Ries, Bayerisch Schwaben

G. Krahe, Ringwall Burgberg bei Heroldingen. In: H. Frei/ G. Krahe (Hrsg.), Archäologische Wanderungen im Ries. Führer zu arch. Denkmälern in Bayern. Schwaben 2 (Stuttgart-Aalen 1979) 201 ff.

Dietfurt, Lkr. Neumarkt, Oberpfalz

B. Engelhardt, Ausgrabungen am Main-Donau-Kanal. Archäologie und Geschichte im Herzen Bayerns (o.O. 1987) 50 ff.

M.M. Rind, Die urnenfelderzeitliche Siedlung von Dietfurt/Oberpfalz. BAR Intern. Ser. 377 (Oxford 1987).

Eching, Lkr. Freising, Oberbayern

E. Keller, Der große Kreis von Eching, Landkreis Freising, Oberbayern. Das Arch. Jahr in Bayern 1981, 102 f.

St. Winghart, Eine Siedlung der Urnenfelder- oder Hallstattzeit von Eching, Landkreis Freising, Oberbayern. Das Arch. Jahr in Bayern 1983, 65 ff.

St. Winghart, Eine urnenfelderzeitliche Siedlung mit Gräberfeld von Eching, Landkreis Freising, Oberbayern. Das Arch. Jahr in Bayern 1984, 57 ff.

Ehrenbürg bei Forchheim, Lkr. Forchheim, Oberfranken

B.-U. Abels, Ausgrabungen und Funde in Oberfranken 2, 1979–1980. Sonderdruck aus: Gesch. am Obermain 13, 1981–82, 13 ff. Abb. 11,1–7; 13,1–16.

B.-U. Abels, Bronzeschmuck von der Ehrenbürg, Ldkr. Forchheim, Oberfranken. Arch. Korrbl. 14, 1984, 67 ff.

B.-U. Abels, Einzeldeponierungen auf der Ehrenbürg bei Forchheim, Landkreis Forchheim, Oberfranken. Das Arch. Jahr in Bayern 1985, 65 ff.

B.-U. Abels, Ausgrabungen und Funde in Oberfranken 4, 1983–1984. Sonderdruck aus: Gesch. am Obermain 15, 1985–86, 1 ff., 13 f., 40 f. Abb. 10,13–17; Abb. 11,1–11.

B.-U. Abels, Ausgrabungen und Funde in Oberfranken 5, 1985–1986. Sonderdruck aus: Gesch. am Obermain 16, 1987–88, 1 ff., 17 ff., 56 Abb. 17, 1–3, 60, Abb. 21,1–28.

B.-U. Abels, Ein neuer Depotfund von der Ehrenbürg, Schlaifhausen, Gemeinde Wiesenthau, Landkreis Forchheim, Oberfranken. Das Arch. Jahr in Bayern 1990, 58 f.

B.U. Abels, Überblick über die Besiedlung der Ehrenbürg in vorgeschichtlicher Zeit. Ber. Bayer. Bodendenkmalpflege 30/31 (im Druck).

M. Nadler, Urnenfelderzeitliche Deponierungen auf der Ehrenbürg, Gemeinde Wiesenthau-Schlaifhausen, Landkreis Forchheim, Oberfranken. Das Arch. Jahr in Bayern 1988, 60 ff.

Gleichberge bei Römhild, Kr. Meiningen, Thüringen

B. Bahn, Der große Gleichberg bei Römhild, Kr. Meiningen, und seine urnenfelderzeitliche Wallanlage. Ausgr. u. Funde 22, 1977, 175 ff.

B. Bahn, Urnenfelderzeitliche Wallanlage auf dem Großen Gleichberg bei Römhild, Kreis Meiningen. In: B. Chropovsky/ J. Herrmann (Hrsg.), Beiträge zum bronzezeitlichen Burgenbau in Mitteleuropa (Nitra 1982) 71 ff.

B. Bahn, Siedlungsgeographische Bemerkungen zur Bronzezeit im Mittelgebirgsbereich. In: B. Chropovsky/ J. Herrmann (Hrsg.), Beiträge zum bronzezeitlichen Burgenbau in Mitteleuropa (Nitra 1982) 149 ff.

B. Bahn, Siedlungsgeographische Bemerkungen zur Bronzezeit im Mittelgebirgsbereich. In: B. Chropovský/ J. Herrmann (Hrsg.), Beiträge zur Geschichte und Kultur der mitteleuropäischen Bronzezeit I (Nitra 1989) 21 ff.

A. Goetze, Die vorgeschichtlichen Burgen der Rhön und die Steinsburg auf dem Kleinen Gleichberg bei Römhild. Mannus Erg. Bd. 2 (Würzburg 1911).

K. Peschel, Die vorgeschichtliche Keramik der Gleichberge bei Römhild in Thüringen. Intern. Symposium Potsdam. Veröff. Mus. Ur- u. Frühgesch. Potsdam 20 (Berlin 1986) 29 ff.

Goldberg bei Goldburghausen, Gde. Riesbürg, Ostalbkreis, Baden-Württemberg

P. Schröter, Zur Besiedlung des Goldberges im Nördlinger Ries. In: Ausgrabungen in Deutschland, gefördert von der Deutschen Forschungsgemeinschaft 1950–1975. Teil 1. Vorgeschichte. Römerzeit. Monogr. RGZM 1,1 (Mainz 1975) 98 ff. (mit Zusammenstellung der älteren Literatur, insbesondere der Vorber. G. Bersus).

Haimberg bei Fulda, Hessen

J. Vonderau, Bronzen vom Haimberg bei Fulda. Veröff. des Fuldaer Geschichtsver. 20–22 (Fulda 1923).

J. Vonderau, Neuere Untersuchungen und Funde am Haimberg bei Fulda. Germania 13, 1929, 19 ff.

Hesselberg, Gde. Heßdorf, Lkr. Erlangen-Höchstadt, Mittelfranken

A. Berger, Der Hesselberg. Materialh. Bayer. Vorgesch. A 66 (im Druck).

F.-R. Herrmann, Ein neuer Hortfund und andere Neufunde der Spätbronzezeit vom Hesselberg (Mittelfranken). Arch. Korrbl. 3, 1973, 423 ff.

Heuneburg bei Hundersingen, Gde. Herbertingen, Kr. Sigmaringen, Baden-Württemberg

E. Gersbach, Die mittelbronzezeitlichen Wehranlagen der Heuneburg bei Hundersingen a. d. Donau. Arch. Korrbl. 3, 1973, 417 ff.

Heunischenburg, Stadt Kronach, Oberfranken

B.-U. Abels, Ausgrabungen und Funde in Oberfranken 4, 1983–1984. Gesch. am Obermain 15, 1985/86, 14 f. u. Abb. 15–19.

B.-U. Abels, Eine späturnenfelderzeitliche Befestigungsanlage von Kronach-Gehülz, Stadt Kronach, Oberfranken. Das Arch. Jahr in Bayern 1984, 63 f.

B.-U. Abels, Ein Schwertfund von der Heunischenburg in Kronach-Gehülz, Stadt Kronach, Oberfranken. Das Arch. Jahr in Bayern 1985, 73 f.

B.-U. Abels, Archäologischer Führer Oberfranken. Führer zu arch. Denkmälern in Bayern. Franken 2 (Stuttgart 1986) 51 ff. u. 153 ff.

B.-U. Abels, Rekonstruktion der späturnenfelderzeitlichen Befestigungsmauer der Heunischenburg in Kronach-Gehülz, Oberfranken. Das Arch. Jahr in Bayern 1986, 209 ff.

B.-U. Abels, Die Heunischenburg bei Kronach. Arch. Denkmäler in Oberfranken (Kronach 1988).

B.-U. Abels, Die Heunischenburg bei Kronach in Bayern. Das Altertum 36, 1990, Heft 1, 21 ff.

Houbirg bei Happurg, Kr. Nürnberger Land, Mittelfranken

H. Koschik, Ein Schnitt durch den Wall der Houbirg bei Happurg, Landkreis Nürnberger Land, Mittelfranken. Das Arch. Jahr in Bayern 1982, 54 ff.

H. Koschik, Die Houbirg im Nürnberger Land. Archäologische Forschungen in Vergangenheit und Gegenwart. Schriftenr. Altnürnberger Landschaft 32, 1985, 9 ff.; 187 ff.

H.P. Uenze, Die Besiedlung der Houbirg im Lichte der Neufunde. Abh. d. Naturhist. Ges. Nürnberg 39 = Festschr. z. 100-jährigen Bestehen 1982, 253 ff.

H.P. Uenze, Weitere Neufunde von der Houbirg. In: H. Koschik (Hrsg.), Die Houbirg im Nürnberger Land. Archäologische Forschungen in Vergangenheit und Gegenwart. Schriftenr. Altnürnberger Landschaft 32, 1985, 167 ff.

Kallmünz-Schloßberg (Kirchenberg und Hirmesberg), Gde. Kallmünz, Lkr. Regensburg, Oberpfalz

P. Reinecke, Der Ringwall von Kallmünz. Die Oberpfalz 11, 1917, 77 ff.

P. Reinecke, Der Ringwall von Kallmünz. Die Oberpfalz 44, 1956, 231 ff., 248 ff.

A. Stroh, Ausgrabungen am Schloßberg bei Kallmünz, Oberpfalz. BVbl. 23, 1958, 43 ff.; Taf. 3–5; Beilage 1.

A. Stroh, Vor- und frühgeschichtliche Wallanlagen am Schloßberg von Kallmünz. In: Passau-Kallmünz-Straubing-Cham. Führer zu vor- u. frühgesch. Denkmälern 6 (Mainz 1967) 43 ff; Taf. 22–24; Beilage 2.

A. Stroh, Die vor- und frühgeschichtlichen Geländedenkmäler der Oberpfalz. Materialh. Bayer. Vorgesch. B 3 (Kallmünz 1975) 47 ff.

Kestenberg ob Möriken, Kt. Aargau, Schweiz

E. Gersbach, Die urnenfelderzeitliche Höhensiedlung auf dem Kestenberg ob Möriken, Kanton Aargau/Schweiz. Arch. Korrbl. 12, 1982, 179 ff.

R. Laur-Belart, Lehrgrabung auf dem Kestenberg. Ur-Schweiz 15, 1951, 33 ff.; 16, 1952, 75 ff.; 19, 1955, 1 ff.

Großer Knetzberg, Neuhauser Forst, Lkr. Haßberge, Unterfranken

W. Janssen/ A. Berger/ H.-U. Glaser, Ausgrabungen auf dem Großen Knetzberg, Neuhauser Forst, Landkreis Haßberge, Unterfranken. Das Arch. Jahr in Bayern 1986, 65 ff.

L. Wamser, Urnenfelderzeitliche Hortfunde vom Großen Knetzberg, Forstbezirk Neuhaus, Landkreis Haßberge, Unterfranken. Das Arch. Jahr in Bayern 1980, 78 ff.

Künzing, Lkr. Deggendorf, Niederbayern

F.-R. Herrmann, Hausgrundrisse aus einer urnenfelderzeitlichen Siedlung von Künzing (Niederbayern). In: Ausgrabungen in Deutschland, gefördert von der Deutschen Forschungsgemeinschaft 1950–1975. Teil 1. Vorgeschichte. Römerzeit. Monogr. RGZM 1,1 (Mainz 1975) 155 ff.

K. Schmotz, Zehn Jahre kontinuierliche Siedlungsarchäologie in Künzing, Landkreis Deggendorf, Niederbayern. Das Arch. Jahr in Bayern 1987, 54 ff.

Osterstein bei Unterfinningen, Lkr. Dillingen, Bayerisch Schwaben

G. Krahe, Ringwall Burgberg bei Heroldingen. In: H. Frei/ G. Krahe (Hrsg.), Archäologische Wanderungen im Ries. Führer zu arch. Denkmälern in Bayern. Schwaben 2 (Stuttgart-Aalen 1979) 201 ff.

Podrosche, Kr. Weißwasser, und Senftenberg in der Niederlausitz

J. Herrmann, Die früheisenzeitlichen Burgen von Podrosche, Kr. Weißwasser, und Senftenberg in der Niederlausitz. Veröff. Mus. Vor- u. Frühgesch. Potsdam 5 (Berlin 1970) 87 ff.

Rollenberg bei Hoppingen, Kr. Donau-Ries, Bayerisch Schwaben

G. Krahe, Ringwall Burgberg bei Heroldingen. In: H. Frei/ G. Krahe (Hrsg.), Archäologische Wanderungen im Ries. Führer zu arch. Denkmälern in Bayern. Schwaben 2 (Stuttgart-Aalen 1979) 201 ff.

Runder Berg bei Urach, Kr. Reutlingen, Baden-Württemberg

J. Stadelmann, Der Runde Berg bei Urach. Eine bronze- und urnenfelderzeitliche Höhensiedlung. Arch. Korrbl. 10, 1980, 33 ff.

Schwanberg, Gemeinde Rödelsee, Lkr. Kitzingen, Unterfranken

G. Diemer, Ein urnenfelderzeitlicher Hortfund vom Schwanberg, Gemeinde Rödelsee, Landkreis Kitzingen, Unterfranken. Das Arch. Jahr in Bayern 1984, 64 ff.

Ch. Pescheck, Der Schwanberg im Steigerwald bei Rödelsee. In: Würzburg, Karlstadt, Iphofen, Schweinfurt. Führer zu vor- u. frühgesch. Denkmälern 27 (Mainz 1975) 255 ff.

D. Rosenstock, Ein Beilhort der Spätbronzezeit vom Schwanberg, Gemeinde Rödelsee, Landkreis Kitzingen, Unterfranken. Das Arch. Jahr in Bayern 1982, 50 ff.

Stätteberg bei Unterhausen, Gde. Oberhausen, Lkr. Neuburg-Schrobenhausen, Bayerisch Schwaben

W. Dehn, Der Stätteberg bei Unterhausen, Ldkr. Neuburg a.d. Donau (Schwaben). Grabung 1951. Germania 30, 1952, 280 ff.

Staffelberg, Stadt Staffelstein, Oberfranken

B.-U. Abels, Neue Ausgrabungen im Befestigungsbereich des Staffelberges, Stadt Staffelberg, Oberfranken. Ber. Bayer. Bodendenkmalpflege 28/29, 1987/88, 143 ff.

Steinkirchen, Gde. Stephansposching, Lkr. Deggendorf, Niederbayern

H. Müller-Karpe, Zur urnenfelderzeitlichen Besiedlung der Gegend von Steinkirchen, Niederbayern. In: Ausgrabungen in Deutschland, gefördert von der Deutschen Forschungsgemeinschaft 1950–1975. Teil 1. Vorgeschichte. Römerzeit. Monogr. RGZM 1,1 (Mainz 1975) 171 ff.

Weiherberg bei Christgarten, Gde. Edernheim, Kr. Donau-Ries, Bayerisch Schwaben

O. Schneider, Befestigungen auf dem Weiherberg. In: H. Frei/ G. Krahe (Hrsg.), Archäologische Wanderungen im Ries. Führer zu arch. Denkmälern in Bayern. Schwaben 2 (Stuttgart-Aalen 1979) 234 ff.

Wittnauer Horn, Kt. Aargau, Schweiz

G. Bersu, Das Wittnauer Horn im Kanton Aargau. Seine ur- und frühgeschichtlichen Befestigungsanlagen. Monogr. Ur- u. Frühgesch. Schweiz 4 (Basel 1945).

G. Bersu, A Hill-Fort in Switzerland. Antiquity 20, 1946, 4 ff.

A. Gassler, Spätbronzezeitliche Keramik vom Wittnauer Horn. Arch. Korrbl. 12, 1982, 55 ff.

A. Jockenhövel, Zu befestigten Siedlungen der Urnenfelderzeit aus Süddeutschland. Fundber. Hessen 14, 1974, 19 ff.

Siedlungsgeschichte Eisenzeit (Hallstattzeit und Latènezeit), allgemein

B.-U. Abels, Eisenzeit. Fränkische Schweiz. Führer zu arch. Denkmälern in Deutschland 20 (Stuttgart 1990) 78 ff u. 237 ff.

F. Audouze/ O. Buchsenschutz, Villes, villages et campagnes de l'Europe celtique (Paris 1989).

J. Collis, Oppida: Earliest Towns North of the Alps (Sheffield 1984).

B. Engelhardt, Ausgrabungen zur Hallstattzeit in Niederbayern. In: B. Engelhardt/ K. Schmotz, Vorträge des 5. Niederbayer. Archäologentags (Deggendorf 1987) 63 ff.

P. Ettel, Gräberfelder der Hallstattzeit aus Oberfranken (Ungedr. Diss. München 1989).

H.G.H. Härke, Settlement Types and Settlement Patterns in the West Hallstatt Province. BAR Intern. Ser. 57 (Oxford 1979).

H.G.H. Härke, Early Iron Age Hill Settlement in West Central Europe: Patterns and Developments. Oxford Journal of Arch. 1, 1982, 187 ff.

H.G.H. Härke, Höhensiedlungen im Westhallstattkreis – ein Diskussionsbeitrag. Arch. Korrbl. 13, 1983, 461 ff.

W. Kersten, Der Beginn der La-Tène-Zeit in Nordostbayern. Prähist. Zeitschr. 24, 1933, 96 ff.

W. Kersten, Die Späthallstattzeit in Nordostbayern. BVbl. 12, 1934, 12 ff.

W. Kimmig, Zum Problem späthallstättischer Adelssitze. Siedlung, Burg und Stadt. Festschr. P. Grimm. Dt. Akad. Wiss. Berlin, Schr. Sekt. Vor- u. Frühgesch. 25 (Berlin 1969) 95 ff.

W. Kimmig, Die griechische Zivilisation im westlichen Mittelmeergebiet und ihre Wirkung auf die Landschaften des westlichen Mitteleuropa. Jahrb. RGZM 30, 1983, 5 ff.

Ch.F.E. Pare, Fürstensitze. Celts and the Mediterranean World: Developments in the West Hallstatt Culture in the 6th and 5th Centuries BC. Proc. Prehist. Soc. 57, 1991, 183 ff.

Ch. Pescheck, Zum Bevölkerungswechsel von Kelten und Germanen in Unterfranken. BVbl. 25, 1960, 75 ff.

P. Reinecke, Spätkeltische Oppida im rechtsrheinischen Bayern. BVfr. 9, 1930, 29 ff.

K. Schwarz, Die vor- und frühgeschichtlichen Geländedenkmäler Oberfrankens. Materialh. Bayer. Vorgesch. 5 (Kallmünz 1955) 93 ff. u. 163 ff.

H.-P. Uenze, Zur Frühlatènezeit in der Oberpfalz. BVbl. 29, 1964, 7 ff.

H. Zürn, Hallstattforschungen in Nordwürttemberg: Die Grabhügel von Asperg, Hirschlanden und Mühlacker. Mit Beitr. von H.-V. Herrmann, J. Röder, B. Urban u. F. Zauner. Veröff. des Staatl. Amtes für Denkmalpflege Stuttgart A 16 (Stuttgart 1970).

Siedlungen der Eisenzeit (Hallstattzeit und Latènezeit)

Burggaillenreuth, Schloßberg, Gde. Ebermannstadt, Lkr. Forchheim, Oberfranken

A. Stuhlfauth, Der keltische Ringwall am Schloßberg zu Burggailenreuth (Fränkische Schweiz). Eine befestigte Höhensiedlung der Früh-La-Tène-Zeit (Bayreuth 1938).

Châtillon-sur-Glâne, Kt. Freiburg, Schweiz

H. Schwab, Châtillon-sur-Glâne. Ein Fürstensitz der Hallstattzeit bei Freiburg im Üechtland. Germania 53, 1975, 79 ff.

Ehrenbürg bei Schlaifhausen, Gde. Wiesenthau, Lkr. Forchheim, Oberfranken

B.-U. Abels, Eine Tonschnabelkanne von der Ehrenbürg in Oberfranken. Arch. Korrbl. 22, 1992, 79 ff.

B.-U. Abels, Überblick über die Besiedlung der Ehrenbürg in vorgeschichtlicher Zeit. Ber. Bayer. Bodendenkmalpflege 30/31 (im Druck).

J.P. Zeitler, Zwei hallstatt-frühlatènezeitliche Fremdfunde von der Ehrenbürg, Ldkr. Forchheim, Oberfranken. Arch. Korrbl. 20, 1990, 61 ff.

Eiersberg bei Mittelstreu, Gde. Oberstreu, Lkr. Rhön-Grabfeld, Unterfranken

St. Gerlach, Neue Ausgrabungen in einer Abschnittsbefestigung der vorrömischen Eisenzeit auf dem Eiersberg bei Mittelstreu, Gemeinde Oberstreu, Landkreis Rhön-Grabfeld, Unterfranken. Das Arch. Jahr in Bayern 1985, 87 ff.

L. Wamser, Eine befestigte Dauersiedlung der Hallstatt- und Latènezeit aus dem Mittelgebirgsraum: Der Eiersberg bei Mittelstreu, Landkreis Rhön-Grabfeld, Unterfranken. Das Arch. Jahr in Bayern 1982, 69 ff.

Gleichberge bei Römhild, Kr. Meiningen, Thüringen

B. Bahn, Die Gleichberge – zwei Jahrtausende Besiedlung, ein Jahrtausend Befestigung. In: F. Horst/ F. Schlette (Hrsg.), Frühe Völker in Mitteleuropa (Berlin 1988) 209 ff.

K. Peschel, Die vorgeschichtliche Keramik der Gleichberge bei Römhild in Thüringen (Weimar 1962).

K. Peschel, Die Gleichberge in archäologischer und historischer Umwelt. In: R. Feustel (Hrsg.), Keltenforschung in Südthüringen (Weimar 1979) 29 ff.

R. Spehr, Zu den Bauresten auf dem Kleinen Gleichberg. In: R. Feustel (Hrsg.), Keltenforschung in Südthüringen (Weimar 1979) 53 ff.

Heuneburg bei Hundersingen, Gde. Herbertingen, Kr. Sigmaringen, Baden-Württemberg

W. Kimmig, Die Heuneburg an der oberen Donau². Führer zu vor- u. frühgesch. Denkmälern in Württemberg u. Hohenzollern (Stuttgart 1983).

Kelheim, Niederbayern

F.-R. Herrmann, Grabungen im Oppidum von Kelheim 1964 bis 1972. Ausgrabungen in Deutschland, gefördert von der Deutschen Forschungsgemeinschaft 1950–1975. Teil 1. Vorgeschichte. Römerzeit. Monogr. RGZM 1,1 (Mainz 1975) 302 ff.

Manching, Lkr. Pfaffenhofen a.d. Ilm, Oberbayern

J. Boessneck/ A. von den Driesch/ U. Meyer-Lemppenau/ E. Wechsler-von Ohlen, Die Tierknochenfunde aus dem Oppidum von Manching. Die Ausgr. in Manching 6 (Wiesbaden 1971).

D. van Endert, Das Osttor des Oppidums von Manching. Die Ausgr. in Manching 10 (Stuttgart 1987).

D. van Endert, Die Bronzefunde aus dem Oppidum von Manching. Die Ausgr. in Manching 13 (Stuttgart 1991).

R. Gebhard, Der Glasschmuck aus dem Oppidum von Manching. Die Ausgr. in Manching 11 (Stuttgart 1989).

R. Gebhard, Die Fibeln aus dem Oppidum von Manching. Die Ausgr. in Manching 14 (Stuttgart 1991).

G. Jacobi, Werkzeug und Gerät aus dem Oppidum von Manching. Die Ausgr. in Manching 5 (Stuttgart 1974).

I. Kappel, Die Graphittonkeramik von Manching. Die Ausgr. in Manching 2 (Wiesbaden 1969).

H.-J. Kellner, Die Münzfunde von Manching und die keltischen Fundmünzen aus Südbayern. Die Ausgr. in Manching 12 (Stuttgart 1990).

W. Krämer, Manching II. Zu den Ausgrabungen in den Jahren 1957 bis 1961. Germania 40, 1962, 307 ff.

W. Krämer, Die Grabfunde von Manching und die latènezeitlichen Flachgräber in Südbayern. Die Ausgr. in Manching 9 (Stuttgart 1985).

W. Krämer/ F. Schubert, Die Ausgrabungen von Manching 1955–1961, Einführung und Fundstellenübersicht. Die Ausgr. in Manching 1 (Wiesbaden 1970).

G. Lange, Die menschlichen Skelettreste aus dem Oppidum von Manching. Die Ausgr. in Manching 7 (Wiesbaden 1983).

F. Maier, Die bemalte Spätlatène-Keramik von Manching. Die Ausgr. in Manching 3 (Wiesbaden 1970).

F. Maier/ U. Geilenbrügge/ E. Hahn/ J.-J. Köhler/ S. Sievers, Ergebnisse der Ausgrabungen 1984–1987 in Manching. Die Ausgr. in Manching 15 (Stuttgart 1992).

V. Pingel, Die glatte Drehscheiben-Keramik von Manching. Die Ausgr. in Manching 4 (Wiesbaden 1971).

W.E. Stöckli, Die Grob- und Importkeramik von Manching. Die Ausgr. in Manching 8 (Wiesbaden 1979).

Staffelberg, Stadt Staffelstein, Lkr. Lichtenfels, Oberfranken

B.-U. Abels, Neue Ausgrabungen im Befestigungsbereich des Staffelberges, Stadt Staffelstein, Oberfranken. Ber. Bayerische Bodendenkmalpflege 28/29, 1987/88, 143 ff.

W. Ender, Eine Siedlungsgrube der Spätlatènezeit vom Staffelberg, Stadt Staffelstein, Landkreis Lichtenfels, Oberfranken. Das Arch. Jahr in Bayern 1987, 86 ff.

G. Kreuter, Münzfund auf dem Staffelberg. Gesch. am Obermain 10, 1975/76, 57 ff.

A. Neubig, Neuer Versuch über die ptolemäische Stadt Mänosgada in Oberfranken. Abgedr. aus dem Archiv für Gesch. u. Alterthumskde. von Oberfranken 5, 1. Heft (Bayreuth 1851).

U. Osterhaus, Vorgeschichtliche Befestigungen auf dem Staffelberg. Neue Ausgrabungen in Bayern. Probleme der Zeit 1970, 18 ff.

K. Radunz, Die Besiedlung des Staffelberges zur Latènezeit. Gesch. am Obermain 2, 1964/65, 18 ff.

Steinsburg bei Römhild, Kr. Meiningen, Thüringen

B. Bahn, Die Steinsburg – Gedanken zur Forschungsgeschichte. In: R. Feustel (Hrsg.), Keltenforschung in Südthüringen (Weimar 1979) 7 ff.

B. Bahn/ H. Ullmann, Eine Pferdchenfibel von der Steinsburg. Alt-Thüringen 21, 1986, 209 ff.

G. Brückner/ G. Neumann/ K. Peschel, Die Steinsburg bei Römhild. In: R. Feustel (Hrsg.), Keltenforschung in Südthüringen (Weimar 1979) 13 ff.

K. Peschel, Bemerkungen zur eisenzeitlichen Besiedlung der Steinsburg bei Römhild, Kr. Meinigen. Zeitschr. Arch. 16, 1982, 23 ff.

R. Spehr, Archäologische Topographie der Steinsburg bei Römhild. Kleine Schr. Landesmus. Vorgesch. Dresden 1 (Dresden 1980).

Üetliberg, Kt. Zürich, Schweiz

W. Kimmig, Frühe Kelten in der Schweiz im Spiegel der Ausgrabung auf dem Üetliberg. Stiftung für die Erforschung des Üetlibergs (Zürich 1983) 1 ff.

Natur und Umwelt

H. Arbinger-Vogt, Vorgeschichtliche Tierknochenfunde aus Breisach am Rhein (Vet.-med. Diss. München 1978).

S. Bökönyi, Angaben zur Kenntnis der eisenzeitlichen Pferde in Mittel- und Osteuropa. Acta Arch. Hung. 16, 1964, 227 ff.

J Boessneck/ A. von den Driesch/ U. Meyer-Lemppenau/ E. Wechsler-von Ohlen, Die Tierknochenfunde aus dem Oppidum von Manching. Die Ausgr. in Manching 6 (Wiesbaden 1971).

A. von den Driesch, Zu den Tierknochenfunden aus dem hallstattzeitlichen Fürstengrabhügel „Magdalenenberg" bei Villingen im Schwarzwald. In: K. Spindler, Magdalenenberg I (Villingen 1971) 49 f.

A. von den Driesch, Tierknochenfunde aus Karlstein, Ldkr. Berchtesgadener Land. BVbl. 44, 1979, 149 ff.

A. von den Driesch, Zu den Tierknochen aus den spätlatènezeitlichen Grubenhäusern von Regensburg-Harting (im Druck).

A. von den Driesch, Tierknochenfunde aus der frühkaiserzeitlichen Siedlung auf dem Auerberg, Ldkr. Weilheim-Schongau in Bayern (im Druck).

A. von den Driesch/ J. Boessneck, Abschlußbericht über die zooarchäologischen Untersuchungen an Tierknochenfunden von der Heuneburg. In: E. Gersbach, Ausgrabungsmethodik und Stratigraphie der Heuneburg. Heuneburgstudien IV (Mainz 1989) 131 ff.

A. von den Driesch/ U. Steger, Die Tierknochenfunde aus der keltischen Viereckschanze in Fellbach-Schmiden, Rems-Murr-Kreis (im Druck).

U. Körber-Grohne, Nutzpflanzen in Deutschland. Kulturgeschichte und Biologie (Stuttgart 1987).

W. Kruszona, Die Tierknochenfunde aus der keltischen Viereckschanze in Holzhausen, Ldkr. Wolfratshausen (in Vorbereitung).

H. Küster, Postglaziale Vegetationsgeschichte Südbayerns. Beiträge zu einer prähistorischen Landschaftskunde. Habilitationsschr. Forstwiss. Fakultät Univ. München 1991.

P. Méniel, Les animaux. In: J.-L. Brunaux/ P. Méniel/ F. Poplin, Gournay I. Revue Arch. Picardie, No. spéc. 1985, 125 ff.

B. Moser, Die Tierknochenfunde aus dem latènezeitlichen Oppidum von Altenburg-Rheinau. I Charakterisierung des Fundguts (Vet.-med. Diss. München 1986).

H.-M. Pieler, Knochenfunde von Wildvögeln aus archäologischen Grabungen von Mitteleuropa (Neolithikum bis Mittelalter) (Vet.-med. Diss. München 1976).

L. Reisch, Die Tierknochenfunde aus der hallstattzeitlichen Nekropole bei Riedenburg-Haidhof. Arbeitsh. des Bayer. Landesamtes für Denkmalpflege 26, 1985, 124 ff.

W. Schüle, Eisenzeitliche Tierknochen von der Heuneburg bei Hundersingen (Donau). Stuttgarter Beitr. Naturkde. 33, 1960.

M. Stork, Die Tierknochen aus den neueren Grabungen auf dem Dürrnberg. In: F. Moosleitner/ L. Pauli/ E. Penninger, Der Dürrnberg bei Hallein II/2. Münchner Beitr. Vor- u. Frühgesch. 17 (München 1974) 191 ff.

A. Stroh, Beobachtungen zur Tierwelt im hallstattzeitlichen Gräberfeld Schirndorf in der Oberpfalz. Germania 64, 1986, 573 ff.

Wirtschaft und Handel

G. Bandi, Das Golddiadem von Velem. Savaria 16, 1982, 81 ff.

G. Bandi/ M. Fekete, Die spätbronzezeitlichen Perioden des Siedlungszentrums Velem-St.Veit. Savaria 7/8, 1973/74, 113 ff.

C.J. Becker, Die nordschwedischen Flintdepots. Ein Beitrag zur Geschichte des neolithischen Fernhandels in Skandinavien. Acta Arch. 23, 1952, 31 ff.

K. Düwel/ H. Jankuhn/ H. Siems/ D. Timpe (Hrsg.), Untersuchungen zu Handel und Verkehr der vor- und frühgeschichtlichen Zeit in Mittel- und Nordeuropa. Teil I: Methodische Grundlagen und Darstellungen zum Handel in vorgeschichtlicher Zeit und in der Antike. Abhandl. Akad. Wiss. Göttingen, Phil.-Hist. Kl. 3. F. Nr. 143 (Göttingen 1985).

T.K. Earle/ J.E. Ericson (Hrsg.), Exchange Systems in Prehistory. Studies in Archeology (New York 1977).

M. Feugère/ C. Rolley (Hrsg.), La vaiselle tardo-républicaine en bronze. Univ. de Bourgogne, centre de recherches sur les techniques gréco-romaines 13 (Dijon 1991).

F. Fischer, KEIMHΛIA. Bemerkungen zur kulturgeschichtlichen Interpretation des sogenannten Südimportes in der späten Hallstatt- und frühen Latènekultur des westlichen Mitteleuropas. Germania 51, 1973, 436 ff.

G. Kossack, Die Donau als Handelsweg in vorgeschichtlicher Zeit. Ostbairische Grenzmarken = Passauer Jahrb. für Gesch., Kunst u. Volkskde. 31, 1989, 168 ff.

J. Kostrzewski (Hrsg.), III sprawozdanie z prac wykopaliskowych w grodzie kultury łużyckiej w Biskupinie w powiecie żnińskim, za lata 1938–1939 i 1946–1948 (Compte-Rendu des fouilles de Biskupin en 1938–39 et 1946–48) (Poznań 1950).

G. Lüscher, Hallstattzeit: Zentren des Reichtums und der Macht. In: Gold der Helvetier. Keltische Kostbarkeiten aus der Schweiz. Ausstellungskat. Schweizer Landesmus. Zürich (Zürich 1991) 59 ff.

T. Malinowski, Über den Bernsteinhandel zwischen den südöstlichen baltischen Ufergebieten und dem Süden Europas in der frühen Eisenzeit. Prähist. Zeitschr. 46, 1971, 102 ff.

M. Mauss, Essai sur le don. Forme et raison de l'échange dans les sociétés archaiques. In: Sociologie et Anthropologie (1960) 145 ff.

K. v. Miske, Die prähistorische Ansiedlung Velem St. Vid 1. Beschreibung der Raubbaubefunde (Wien 1907).

R. Pittioni, Über den Handel im Neolithikum und in der Bronzezeit. In: K. Düwel/ H. Jankuhn/ H. Siems/ D. Timpe (Hrsg.), Untersuchungen zu Handel und Verkehr der vor- und frühgeschichtlichen Zeit in Mittel- und Nordeuropa. Teil I: Methodische Grundlagen und Darstellungen zum Handel in vorgeschichtlicher Zeit und in der Antike. Abhandl. Akad. Wiss. Göttingen, Phil.-Hist. Kl. 3. F. Nr. 143 (Göttingen 1985) 127–180.

E. Sprockhoff, Ein Geschenk aus dem Norden. In: R. Degen/ W. Drack/ R.Wyss (Hrsg.), Helvetia Antiqua. Festschr. E. Vogt (Zürich 1966) 101 ff.

R. Thurnwald in Ebert, Reallex. dt. Vorgesch. V (1926) 37 ff. s.v. „Handel".

Verschiedene Gruppen der Sachkultur

Münzen und Münzwesen

D. F. Allen, The Coins of the Ancient Celts, ed. by D. Nash (Edinburgh 1980).

R. D. van Arsdell, Celtic Coinage in Britain (London 1989).

K. Castelin, Keltische Münzen. Katalog der Sammlung des Schweizerischen Landesmuseums Zürich, Band I (Stäfa 1978), Band II (Bern 1985) Kommentar.

M. H. Crawford, Roman Republic Coinage (Cambridge 1991).

R. Forrer, Keltische Numismatik der Rhein- und Donaulande (Straßburg 1908, Nachdruck Graz 1968). Nachtragsband, bearb. v. D. F. Allen/ K. Castelin/ J.-B. Colbert de Beaulieu/ G. K. Jenkins/ H.-J. Kellner/ J. Winkler (Graz 1969).

A. Furger-Gunti, Der „Goldfund von Saint-Louis" bei Basel und ähnliche keltische Schatzfunde. Zeitschr. Schweizerische Arch. u. Kunstgesch. 39, 1982, 1 ff.

J. Göbel/ A. Hartmann/ H.-E. Joachim/ V. Zedelius, Der spätkeltische Goldschatz von Niederzier. Bonner Jahrb. 191, 1991, 27 ff.

R. Göbl, Ostkeltischer Typen-Atlas (Braunschweig 1973).

R. Göbl, Typologie und Chronologie der keltischen Münzprägung in Noricum (Wien 1973).

R. Göbl, Die Münzprägung der norischen Fürsten und Könige nach dem neuesten Stand der Forschung. In: Die Kultur der Kelten. 1. St. Veiter Historikergespräche 16.–18. Juni 1988 (St. Veit/Glan 1989) 54 ff.

R. Göbl, Münzprägung und Geldverkehr der Kelten in Österreich. R. Göbl (Hrsg.), Veröff. der Num. Komm. = Österr. Akad. Wiss. Phil.-Hist. Kl. 597 (Wien 1992).

G. Grasmann/ W. Janssen/ M. Brandt (Hrsg.), Keltische Numismatik und Archäologie. Veröff. Referate Koll. keltische Numismatik vom 4. bis 8. Februar 1981 in Würzburg, 2 Bde. BAR Intern. Series 200 (Oxford 1984).

H.-J. Kellner, Die Münzfunde von Manching und die keltischen Fundmünzen aus Südbayern. Die Ausgr. in Manching 12 (Stuttgart 1990).

J. Kent/ M. Mays (Hrsg.), Catalogue of the Celtic Coins in the British Museum I (London 1987), II (London 1990).

P. Kos, Keltski Novci Slovenije (Ljubljana 1977).

S. Laue, Frauen auf Münzen. In: E. Specht (Hrsg.), Materialien zur Frauenforschung (Wien 1988) 67 ff.

D. Nash, Coinage and State Developement in Central Gaul. In: B. Cunliffe (Hrsg.), Coinage and Society in Britain and Gaul. Some Current Problems. Council of British Arch. Research Rep. 38, 1981, 10 ff.

B. Overbeck, Celtic Chronology in South Germany. In: The Coinage of the Roman World in the Late Republic. BAR Intern. Series 326 (Oxford 1987).

R. Paulsen, Die Münzprägung der Boier (Wien – Leipzig 1933, Nachdruck 1974).

K. Pink, Einführung in die keltische Münzkunde mit besonderer Berücksichtigung Österreichs. Arch. Austriaca Beih. 4 (Wien 1950; R. Göbl (Hrsg.) 1974³).

H. Polenz, Münzen in latènezeitlichen Gräbern Mitteleuropas aus der Zeit zwischen 300 und 50 v. Chr. Geburt. BVbl. 47, 1982, 27 ff.

L. Reding, Les monnaies gauloises du Tetelbierg (Luxemburg 1972).

S. Scheers, La Gaule Belgique. Numismatique Celtique² (Louvain 1983).

F. Streber, Über die sogenannten Regenbogenschüsselchen. 1. Von der Heimath und dem Alter der sogenannten Regenbogen-Schüsselchen. Abhandlungen Philosoph.-Philolog. Classe Königl. Bayer. Akad. Wiss. Bd. 9 Abt. 1 (München 1860); 2. Beschreibung der sogenannten Regenbogen-Schüsselchen und Erklärungs-Versuch ihrer Typen Bd. 9 Abt. 3 (München 1862).

E. A. Sydenham, The Coinage of the Roman Republic (New York 1976).

H. de La Tour, Atlas des Monnaies Gauloises (Paris 1892, Nachdruck 1991).

B. Ziegaus, Der latènezeitliche Münzumlauf in Franken. BVbl. 54, 1989, 69 ff.

Schmuck

R. Feger/ M. Nadler/ E. Voß, Beobachtungen zur urnenfelderzeitlichen Frauentracht. Germania 63, 1985, 1 ff.

W. Kubach, Die Nadeln in Hessen und Rheinhessen. PBF XIII 3 (München 1973).

M. Lenerz-de Wilde, Überlegungen zur Frauentracht der Späthallstattzeit an der oberen Donau. Fundber. Baden-Württemberg 14, 1989, 251 ff.

F. Müller, „Kulturelle Vielfalt" – Das Bild der Frau in der Schweiz von 2350 Jahren. Arch. der Schweiz 14, 1991, 115 ff.

K. Peschel, Fibeln mit Spiralfuß. Zeitschr. Arch. 6, 1972, 1 ff.

Waffen

L'armement aux ages du fer. In: Aquitania Suppl. 1 (Bordeaux 1986) 191 ff.

J.-L. Brunaux/ B. Lambot, Guerre et armement chez les Gaulois (Paris 1987).

J.D. Cowen, The Hallstatt Sword of Bronze: on the Continent and in Britain. Proc. Prehist. Soc. 33, 1967, 377 ff.

A. Duval, Les armes d'Alésia au Musée des Antiquités Nationales. Revue Hist. Armées 167, 1987, 56 ff.

O.-H. Frey, Eine neue Grabstele aus Padua. Germania 46, 1968, 317 ff.

O.-H. Frey, Einige Überlegungen zu den Beziehungen zwischen Kelten und Germanen in der Spätlatènezeit. Marburger Stud. Vor- u. Frühgesch. 7. Gedenkschr. Gero v. Merhart (Marburg 1986) 45 ff.

A. Haffner, Zur Schleuderwaffe im vorrömischen Gallien. Kurtrier. Jahrb. 13, 1973, 170 ff.

W. Krämer, Die Grabfunde von Manching und die latènezeitlichen Flachgräber in Südbayern. Die Ausgr. in Manching 9 (Stuttgart 1985).

Th. Lejars, Les armes des sanctuaires poitevins d'époque préromaine de Faye l'Abesse (Deux-Sèvres) et de Nalliers (Vendée). Gallia 46, 1989, 1 ff.

F. Müller, Das Fragment eines keltischen Kettenpanzers von der Tiefenau bei Bern. Arch. Schweiz 9, 1986, 116 ff.

J. M. de Navarro, The Finds from the Site of La Tène 1. Scabbards and Swords found in them (London 1972).

U. Osterhaus, Die Bewaffnung der Kelten zur Frühlatènezeit in der Zone nördlich der Alpen (ungedr. Diss. Marburg 1966).

L. Pauli, Ein latènezeitliches Steinrelief aus Bormio am Stilfser Joch. Germania 51, 1973, 85 ff.

A. Rapin/ J.-L. Brunaux, Gournay II. Boucliers et lances, dépôts et trophées (Paris 1988).

A. Rieth/ P. Eichhorn/ H.-J. Hundt, Zur Herstellungstechnik der Eisendolche in der späten Hallstattzeit. Jahrb. RGZM 16, 1969, 17 ff.

U. Schaaff, Frühlatènezeitliche Grabfunde mit Helmen vom Typ Berru. Jahrb. RGZM 20, 1973, 81 ff.

U. Schaaff, Keltische Eisenhelme aus vorrömischer Zeit. Jahrb. RGZM 21, 1974, 149 ff.

U. Schaaff, Keltische Helme. In: Antike Helme. Monogr. RGZM 14 (Mainz 1988) 293 ff.

P. Schauer, Die Schwerter in Süddeutschland, Österreich und der Schweiz I. PBF IV 2 (München 1971).

P. Schauer, Die urnenfelderzeitlichen Bronzepanzer von Fillinges, Dép. Haute-Savoie, Frankreich. Jahrb. RGZM 25, 1978, 92 ff.

P. Schauer, Deutungs- und Rekonstruktionsversuche bronzezeitlicher Kompositpanzer. Arch. Korrbl. 12, 1982, 335 ff.

S. Sievers, Die mitteleuropäischen Hallstattdolche. PBF VI 6 (München 1982).

S. Sievers, Die Waffen von Manching unter Berücksichtigung des Übergangs von LT C zu LT D. Germania 67, 1989, 97 ff.

S. Sievers, Armes et sanctuaires à Manching. In: Les sanctuaires celtiques. Actes du coll. de St.-Riquier (Paris 1991) 146 ff.

P. F. Stary, Ursprung und Ausbreitung der eisenzeitlichen Ovalschilde mit spindelförmigem Schildbuckel. Germania 59, 1981, 287 ff.

M. Verchère de Reffye, Les armes d'Alise. Revue Arch. 5, 1864, 337 ff.

K. W. Zeller, Kriegswesen und Bewaffnung der Kelten. In: Die Kelten in Mitteleuropa. Ausstellungskat. Hallein (Salzburg 1980) 111 ff.

Wagen

F.-E. Barth u.a., Vierrädrige Wagen der Hallstattzeit, Untersuchungen zu Geschichte und Technik. RGZM Monogr. 12 (Bonn 1987).

J.H. Crouwel, Chariots and other Means of Land Transport in Bronze Age Greece. Allard Pierson Ser. 3 (Amsterdam 1981).

G. Diemer, Urnenfelderzeitliche Depotfunde und neue Grabungsbefunde vom Bullenheimer Berg. Ein Vorbericht. Arch. Korrbl. 15, 1883, 55 ff.

W. Drack, Spuren von urnenfelderzeitlichen Wagengräbern aus der Schweiz. Jahrb. Schweiz. Ges. Urgesch. 48, 1960/61, 74 ff.

D. van Endert, Die Wagenbestattungen der späten Hallstattzeit und der Latènezeit im Gebiet westlich des Rheins. BAR 355 (Oxford 1987).

J. Garbsch, Mann und Roß und Wagen. Transport und Verkehr im antiken Bayern. Ausstellungskat. Prähist. Staatsslg. Bd. 13 (München 1986).

M. Guštin/ L. Pauli (Hrsg.), Keltski Voz. Posavski Muzej Brežice 6 (Ljubljana 1984).

J. Hampel, Altertümer der Bronzezeit in Ungarn (Budapest 1887).

H. Hayen, Handwerklich-technische Lösungen im vor- und frühgeschichtlichen Wagenbau. In: Das Handwerk in vor- und frühgeschichtlicher Zeit. Koll. Komm. Altertumskunde Mittel- und Nordeuropas in den Jahren 1977 bis 1980 (Göttingen 1983) 415 ff.

H.-G. Hüttel, Bronzezeitliche Trensen in Mittel- und Osteuropa. PBF XVI 2 (München 1981).

G. Kossack, Pferdegeschirr aus Gräbern der älteren Hallstattzeit Südbayerns. Jahrb. RGZM 1, 1954, 111 ff.

G. Kossack, The Construction of the Felloe in Iron Age spoked Wheels. In: J. Boardman/ M. A. Brown/ T. G. E. Powell (Hrsg.), The European Community in Later Prehistory. Stud. in Honour of C. F. C. Hawkes (London 1971) 143 ff.

G. Kossack, Pferd und Wagen in der frühen Eisenzeit Mitteleuropas – Technik, Überlieferungsart und ideeller Gehalt. Münchner Beitr. Völkerkunde. 1 = Festschr. L. Vajda (München 1988) 131 ff.

A. Mozolics, Spätbronzezeitliche durchbrochene Wagenbeschläge. Acta Arch. Hung. 7, 1956, 1 ff.

A. Mozolics, Achskappen mit Splint aus dem Karpatenbecken. In: Festschr. z. 50jährigen Bestehen des vorgesch. Seminars Marburg. Marburger Studien Vor- u. Frühgesch. 1 (Gladenbach 1977) 165 ff.

H. Müller-Karpe, Das urnenfelderzeitliche Wagengrab von Hart a.d. Alz, Oberbayern. BVbl. 21, 1956, 46 ff.

M. Novotná, Die Bronzehortfunde der Slowakei, Spätbronzezeit. Arch. Slovaca Fontes IX (Bratislava 1970).

Ch.F.E. Pare, Der Zeremonialwagen der Bronze- und Urnenfelderzeit: Seine Entstehung, Form und Verbreitung. In: F.-E. Barth u.a., Vierräderige Wagen der Hallstattzeit – Untersuchungen zu Geschichte und Technik (Bonn 1987) 25 ff.

Ch.F.E. Pare, Wheels with thickened Spokes and the Problem of Cultural Contact between the Aegean World and Europe in the Late Bronze Age. Oxford Journal of Arch. 6 (1), 1987, 43 ff.

Ch.F.E. Pare, Wagons and Wagon-Graves of the Early Iron Age in Central Europe. Com. of Arch., Oxford Monogr. 35 (Oxford 1992).

O. Paret, Das Fürstengrab der Hallstattzeit von Bad Cannstatt. Fundber. Schwaben Bd. VIII, Anhang I, 1935.

St. Piggott, The Earliest Wheeled Vehicles and the Caucasian Evidence. Proc. Prehist. Soc. 34, 1968, 266 ff.

St. Piggott, Chariots in the Caucasus and China. Antiquity 48, 1974, 16 ff.

St. Piggott, Bronze Age Chariot Burials in the Urals. Antiquity 49, 1975, 289 f.

St. Piggott, The Earliest Wheeled Transport: From the Atlantic Coast to the Caspian Sea (London 1983).

P. Schauer, Überregionale Gemeinsamkeiten bei Waffengräbern der ausgehenden Bronzezeit und der älteren Urnenfelderzeit des Voralpenraumes. Jahrb. RGZM 31, 1984, 209 ff.

P. Schauer, Der vierräderige Wagen in Zeremonialgeschehen und Bestattungsbrauch der orientalisch-ägäischen Hochkulturen und ihrer Randgebiete. In: F.-E. Barth u.a., Vierräderige Wagen der Hallstattzeit – Untersuchungen zu Geschichte und Technik. RGZM Monogr. 12 (Bonn 1987).

S. Schiek, Ein Brandgrab der frühen Urnenfelderkultur von Mengen, Kr. Saulgau. Germania 40, 1962, 130 ff.

B.A. Schüle/ D. Studer/ C. Oechslin (Hrsg.), Das Rad in der Schweiz vom 3. Jahrtausend v. Chr. bis um 1850. Kat. zur Sonderausstellung des Schweizerischen Landesmus. (Zürich 1989).

W. Werner, Klappschemel der Bronzezeit. Germania 65, 1987, 29 ff.

E. Woytowitsch, Die ersten Wagen der Schweiz: Die ältesten Europas. Helvetia Arch. 16, 1985, 2 ff.

Werkzeug und Gerät

G. Jacobi, Werkzeug und Gerät aus dem Oppidum von Manching. Die Ausgr. in Manching 5 (Stuttgart 1974).

A. Jockenhövel, Die Rasiermesser in Mitteleuropa. PBF VIII 1 (München 1971).

R. Waringo, Zu einigen späturnenfelderzeitlichen Bronzen aus dem Luxemburger Museum. Hémecht 36, 1984, 104 ff.

Kunst

Å. Åkerström. Der geometrische Stil in Italien. Skr. Svenska Inst. Rom 9 (Stockholm 1943).

W. Dehn, Zur Verbreitung und Herkunft der latènezeitlichen Braubacher Schalen. Bonner Jahrb. 151, 1951, 83 ff.

W. Dehn, Die Doppelvogelkopffibeln aus dem Val-de-Travers. In: R. Degen/ W. Drack/ R. Wyss (Hrsg.), Helvetia Antiqua. Festschr. E. Vogt (Zürich 1966) 147 ff.

J. Driehaus, Fürstengräber und Eisenerze zwischen Mittelrhein, Mosel und Saar. Germania 43, 1965, 32 ff.

A. Eibner, Darstellungsinhalte in der Kunst der Hallstattkultur. In: Land Oberösterreich (Hrsg.), Die Hallstattkultur. Ber. über das Symposium in Steyr aus Anlaß der intern. Ausstellung des Landes Oberösterreich (Linz 1981). 261 ff.

Einhundert Meisterwerke keltischer Kunst. Schmuck und Kunsthandwerk zwischen Rhein und Mosel. Schr. Rheinisches Landesmus. Trier 7 (Trier 1992).

O.-H. Frey, Die Zeitstellung des Fürstengrabes von Hatten im Elsaß. Germania 35, 1957, 229 ff.

O.-H. Frey, Die Entstehung der Situlenkunst. Röm. Germ. Forsch. 31 (Berlin 1969) bes. 72 ff.

O.-H. Frey, Die Goldschale von Schwarzenbach. Hamburger Beitr. Arch. 1, H. 2, 1971, 85 ff.

O.-H. Frey, Durchbrochene Frühlatènegürtelhaken aus Slowenien. Situla 14/15, 1974, 129 ff.

O.-H. Frey, Bemerkungen zu figürlichen Darstellungen des Osthallstattkreises. Arch. Austriaca Beih. 13 = Festschr. R. Pittioni (Wien 1976) 578 ff.

A. Furger-Gunti, Die Helvetier. Kulturgeschichte eines Keltenvolkes (Zürich 1984) 26 ff.

A. Haffner, Die westliche Hunsrück-Eifel-Kultur. Röm.-Germ. Forsch. 36 (Berlin 1976).

A. Haffner, Die frühlatènezeitlichen Goldscheiben vom Typus Weiskirchen. In: Festschr. 100 Jahre Rhein. Landesmus. Trier. Trierer Grabungen u. Forsch. 14 (Mainz 1979) 281 ff.

N. Himmelmann-Wildschütz, Der Mäander auf geometrischen Gefäßen. In: Marburger Winckelmann-Programm 1962, 10 ff.

H.-J. Hundt, Über vorgeschichtliche Seidenfunde. Jahrb. RGZM 16, 1969, 59 ff.

H.-J. Hundt, Die Textilien im Grab von Hochdorf. Hervorragende Zeugnisse frühen Kunsthandwerks. In: Der Keltenfürst von Hochdorf. Methoden und Ergebnisse der Landesarchäologie. Kat. zur Ausstellung (Stuttgart 1985) 107 ff.

P. Jakobsthal, Early Celtic Art (Oxford 1944; Nachdruck ebd. 1969).

J. Keller, Die Alb-Hegau-Keramik der älteren Eisenzeit (Reutlingen 1939).

I. Kilian-Dirlmeier, Studien zur Ornamentik auf Bronzeblechgürteln und Gürtelblechen der Hallstattzeit aus Hallstatt und Bayern. Ber. RGK 50, 1969, 97 ff.

W. Kimmig, Die Heuneburg an der oberen Donau². Führer zu arch. Denkmälern in Baden-Württemberg 1 (Stuttgart 1983) 134 ff.

W. Kimmig, Das Kleinaspergle. Studien zu einem Fürstengrabhügel der frühen Latènezeit. Forsch. u. Ber. Vor- u. Frühgesch. in Baden-Württemberg 30 (Stuttgart 1988).

G. Kossack, Lebensbilder, mythische Bilderzählung und Kultfestbilder. Bemerkungen zu Bildszenen auf einer Thronlehne von Verucchio. In: A. Lippert/ K. Spindler (Hrsg.), Festschr. zum 50jährigen Bestehen des Institutes für Ur- u. Frühgeschichte der Leopold-Franzens-Universität Innsbruck. Universitätsforsch. Prähist. Arch. 8 (Bonn 1992) 231 ff.

A. Lang, Neue geriefte Drehscheibenkeramik von der Heuneburg. Germania 54, 1976, 43 ff.

M. Lenerz-de Wilde, Zirkelornamentik in der Kunst der Frühlatènezeit. Münchner Beitr. Vor- u. Frühgesch. 25 (München 1977).

J.V.S. Megaw/ M.R. Megaw/ J.-W. Neugebauer, Zeugnisse frühlatènezeitlichen Kunsthandwerks aus dem Raum Herzogenburg, Niederösterreich. Germania 67, 1989, 477 ff.

P. Reinecke, Zur Kenntnis der Latènedenkmäler der Zone nordwärts der Alpen. In: Festschr. z. Feier d. 50jährigen Bestehens d. RGZM (Mainz 1902) 53 ff. (abgedruckt in: ders., Mainzer Aufsätze zur Chronologie der Bronze- u. Eisenzeit [Bonn 1965] 84 ff.).

A. Riegl, Spätrömische Kunstindustrie (Nachdruck d. 2. Aufl. [Wien 1927] Darmstadt 1973) bes. 26 ff.

F. Schwappach, Frühkeltisches Ornament zwischen Marne, Rhein und Moldau. Bonner Jahrb. 173, 1973, 53 ff.

B.B. Shefton, Die „Rhodischen" Bronzekannen. Marburger Stud. Vor- u. Frühgesch. 2 (Mainz 1979).

B.B. Shefton, Der Stamnos. In: W. Kimmig, Das Kleinaspergle. Studien zu einem Fürstengrabhügel der frühen Latènezeit. Forsch. u. Ber. Vor- u. Frühgesch. in Baden-Württemberg 30 (Stuttgart 1988) 104 ff.

J. Sundwall, Villanovastudien. Acta Acad. Aboenensis Human. 5 (Åbo 1928).

W. Torbrügge, Figürliche Zeichnungen der Hallstattzeit aus Nordostbayern und ihre Beziehungen zur antiken Welt. In: Festschr. M. Spindler (München 1969) 1 ff.

Kult

K. Bittel/ S. Schieck/ D. Müller, Die keltischen Viereckschanzen. Atlas arch. Geländedenkmäler in Baden-Württemberg 1 (Stuttgart 1990).

J.-L. Brunaux, Les Gaulois. Sanctuaires et rites (Paris 1986).

J.-L. Brunaux (Hrsg.), Les sanctuaires celtiques et leurs rapports avec le monde méditerranéen. Dossiers de protohist. 3, 1991.

O. Buchsenschutz/ O. Laurent (Hrsg.), Les Viereckschanzen et les enceintes quadrilatérales en Europe celtique. Actes du IXe coll. de l'AFEAF à Chateaudun 1985 (Paris 1989).

W. Burkert, Griechische Religion der archaischen und klassischen Epoche (Stuttgart 1977).

M. von Chlingensperg, Der Knochenhügel am Langacker und die vorgeschichtliche Herdstelle am Eisenbichel bei Reichenhall in Oberbayern. Mitt. der Anthr. Ges. Wien 34, 1904, 53 ff.

M.C. zu Erbach-Schönberg, Bemerkungen zu urnenfelderzeitlichen Deponierungen in Oberösterreich. Arch. Korrbl. 15, 1985, 163 ff.

B. Gladigow, Die Teilung des Opfers. Zur Interpretation von Opfern in vor- und frühgeschichtlichen Epochen. Frühmittelalterl. Stud. 18, 1984, 19 ff.

H. Jankuhn (Hrsg.), Vorgeschichtliche Heiligtümer und Opferplätze in Mittel- und Nordeuropa. Bericht über ein Symposium in Reinhausen. Abhandl. Akad. Wiss. Göttingen, Phil.-Hist. Kl. 3. F. Nr. 74 (Göttingen 1970).

W. Krämer, Ein frühkaiserzeitlicher Brandopferplatz auf dem Auerberg im bayerischen Alpenvorland. Jahrb. RGZM 13, 1966, 60 ff.

W. Krämer, Prähistorische Brandopferplätze. In: R. Degen/ W. Drack/ R. Wyss (Hrsg.), Helvetia Antiqua. Festschr. E. Vogt (Zürich 1966) 111 ff.

F. Leja, Vorgeschichtliche Funde aus dem Kleebergschacht im Bärnhofer Wald, Lkr. Amberg-Sulzbach (Oberpfalz). Abhandl. Naturhist. Ges. Nürnberg e.V. 41, 1987.

R.A. Maier, Schachthöhlen und Felstürme als urgeschichtliche Opferplätze. Führer zu arch. Denkmälern in Deutschland 5 (Stuttgart 1984) 204 ff.

R.A. Maier, Ein römerzeitlicher Brandopferplatz bei Schwangau und andere Zeugnisse einheimischer Religion in der Provinz Rätien. In: J. Bellot/ W. Czysz/ G. Krahe (Hrsg.), Forsch. zur prov.-röm. Arch. in Bayer.-Schwaben (Augsburg 1985) 231 ff.

F. Müller, Angeblich keltische Viereckschanzen am Oberrhein. Jahrb. SGUF 69, 1986, 133 ff.

L. Pauli, Gewässerfunde aus Nersingen und Burlafingen. In: M. Mackensen, Frühkaiserzeitliche Kleinkastelle bei Nersingen und Burlafingen an der oberen Donau. Münchner Beitr. Vor- u. Frühgesch. 41 (München 1987) 281 ff.

L. Pauli, Heilige Plätze und Opferbräuche bei den Helvetiern und ihren Nachbarn. Arch. der Schweiz 14, 1991, 124 ff.

F. Poplin, Les Gaulois dépecés de Gournay-sur-Aronde. In: J.-L. Brunaux/ P. Méniel/ F. Poplin, Gournay I. Revue Arch. Picardie, No. spéc. 1985, 147 ff.

A. Reichenberger, Temenos-Templum-Nemeton-Viereckschanze. Bemerkungen zu Namen und Bedeutung. Jahrb. RGZM 35, 1988, 285 ff.

P. Schauer, Urnenfelderzeitliche Opferplätze in Höhlen und Felsspalten. In: H. Lorenz (Hrsg.), Studien zur Bronzezeit. Festschr. W.A. von Brunn (Mainz 1981) 403 ff.

K. Schwarz, Zum Stand der Ausgrabungen in der spätkeltischen Viereckschanze von Holzhausen. Jahresber. Bayer. Bodendenkmalpflege 3, 1962, 22 ff.

K. Schwarz, Viereckschanzen. Keltische Kultplätze aus den letzten Jahrhunderten vor Christi Geburt. Bayernland, Sondernr. 1967, 10 ff.

K. Schwarz, Die Geschichte eines keltischen Temenos im nördlichen Alpenvorland. Ausgrabungen in Deutschland, gefördert von der Deutschen Forschungsgemeinschaft 1950–1975. Teil I. Vorgeschichte. Römerzeit. Monogr. RGZM 1,1 (Mainz 1975) 324 ff.

W. Torbrügge, Vor- und frühgeschichtliche Flußfunde. Ber. RGK 51–52, 1970–71, 1 ff.

R. Wyss, La statue celte de Villeneuve. Helvetia Arch. 10, 1979, Nr. 38, 58 ff.

H. Zürn/ F. Fischer, Die keltische Viereckschanze von Tomerdingen (Gem. Dornstadt, Alb-Donau-Kreis): Ausgrabungen 1958/1959. Materialh. Vor- u. Frühgesch. Baden-Württemberg 14 (Stuttgart 1991).

Hortfunde

W. Janssen, Hortfunde der jüngeren Bronzezeit aus Nordbayern. Einführung in die Problematik. Arch. Korrbl. 15, 1985, 45 ff.

F. Müller, Der Massenfund von der Tiefenau bei Bern. Zur Deutung latènezeitlicher Sammelfunde mit Waffen. Antiqua 20 (Basel 1990).

W. Torbrügge, Über Hortfunde und Hortdeutungen. Arch. Korrbl. 16, 1987, 17 ff.

Grabfunde allgemein

F. Fischer, Hallstattzeitliche Fürstengräber in Südwestdeutschland. Bausteine zur geschichtlichen Landeskunde von Baden-Württemberg (Stuttgart 1979) 49–70.

F. Fischer/ J. Biel, Frühkeltische Fürstengräber in Mitteleuropa. Antike Welt, Sondernr. 1982.

M. Hoppe, Die Grabfunde der Hallstattzeit in Mittelfranken. Materialh. Bayer. Vorgesch. A 55 (Kallmünz 1986).

H. Koch, Grabfunde der Hallstattzeit aus dem Isartal bei Niedererlbach, Lkr. Landshut. BVbl. 57, 1992, 49 ff.

G. Kossack, Gräberfelder der Hallstattzeit an Main und Fränkischer Saale. Materialh. Bayer. Vorgesch. 24 (Kallmünz 1970).

G. Krahe, Hallstattzeitliche Grabhügel bei Todtenweis, Landkreis Aichach-Friedberg, Schwaben. Das Arch. Jahr in Bayern 1982, 61 ff.

M. Mauss, Sur un texte de Posidonius. Le suicide, contre-prestation suprême. Revue celt. 42, 1925, 324 ff.

K. Radunz, Urnenfelderzeitliche Bestattungssitten im Gräberfeld von Grundfeld (Renndorf), Ldkr. Staffelstein/Ofr. BVbl. 31, 1966, 49 ff.

K.-H. Rieder, Die urnenfelderzeitliche Nekropole von Zuchering, Stadt Ingolstadt, Oberbayern. Das Arch. Jahr in Bayern 1984, 56 f.

O. Rochna, Ein Gräberfeld der jüngeren Urnenfelderkultur (Hallstatt B) von Manching, Ldkr. Ingolstadt. BVbl. 27, 1962, 61 ff.

K. Schmotz, Das urnenfelder- und hallstattzeitliche Gräberfeld von Künzing, Landkreis Deggendorf, Niederbayern. Das Arch. Jahr in Bayern 1984, 61 f.

A. Stroh, Das hallstattzeitliche Gräberfeld von Schirndorf, Ldkr. Regensburg I. Materialh. Bayer. Vorgesch. A 35 (Kallmünz 1979).

A. Stroh, Das hallstattzeitliche Gräberfeld von Schirndorf, Ldkr. Regensburg II. Materialh. Bayer. Vorgesch. A 36 (Kallmünz 1988).

H.P. Uenze/ J. Gregor, Das Gräberfeld von Speikern im Landkreis Lauf a.d. Pegnitz. Jahresber. Bayer. Bodendenkmalpflege 11/12, 1970/71, 97 ff.

H.P. Uenze/ J. Gregor, Die frühlatènezeitlichen Grabfunde von Weißenbrunn, Landkreis Nürnberger Land. Natur und Mensch. Jahresmitt. Naturhist. Ges. Nürnberg 1974, 11 ff.

St. Winghart, Neue Ausgrabungen im urnenfelderzeitlichen Gräberfeld von München-Obermenzing, Landeshauptstadt München, Oberbayern. Das Arch. Jahr in Bayern 1984, 60 f.

Fürstengräber

J. Biel, Der Keltenfürst von Hochdorf. In: Landesdenkmalamt Baden-Württemberg, Der Keltenfürst von Hochdorf. Methoden und Ergebnisse der Landesarchäologie. Kat. der Ausstellung 1985 (Stuttgart 1985).

J. Biel, Der Keltenfürst von Hochdorf (Stuttgart 1985).

R. Joffroy, Le trésor de Vix (Côte-D'Or) (Paris 1954).

W. Kimmig, Das Kleinaspergle. Studien zu einem Fürstengrabhügel der frühen Latènezeit. Forsch. u. Ber. Vor- u. Frühgesch. Baden-Württemberg 30 (Stuttgart 1988).

G. Kossack, Prunkgräber. Bemerkungen zu Eigenschaften und Aussagewert. In: Studien zur Vor- und Frühgeschichtlichen Archäologie. Festschr. J. Werner. Münchner Beitr. Vor- u. Frühgesch. Ergänzungsband 1 (München 1974) 3 ff.

G. Riek/ H.J. Hundt, Der Hohmichele. Ein Fürstengrab der späten Hallstattzeit bei der Heuneburg. Heuneburgstudien I (Berlin 1962).

K. Spindler, Der hallstattzeitliche Fürstengrabhügel bei Villingen im Schwarzwald 1–6 (Villingen 1971–1980).

Hallein-Dürrnberg, Land Salzburg

Amt der Salzburger Landesregierung (Hrsg.), Die Kelten in Mitteleuropa. Kunst, Kultur und Wirtschaft. Salzburger Landesausstellung Keltenmus. Hallein (Salzburg 1980).

F. Moosleitner/ L. Pauli/ E. Penninger, Der Dürrnberg bei Hallein II. Münchner Beitr. Vor- u. Frühgesch. 17 (München 1974).

L. Pauli, Der Dürrnberg bei Hallein III. Münchner Beitr. Vor- u. Frühgesch. 18 (München 1978).

E. Penninger, Der Dürrnberg bei Hallein I. Münchner Beitr. Vor- u. Frühgesch. 16 (München 1972).

Nachbarvölker

Das Räterproblem in geschichtlicher, sprachlicher und archäologischer Sicht. Beitr. von B. Frei/ R. Frei-Stolba/ O. Manghin/ J. Rageth/ E. Risch. Schriftenreihe des Rätischen Museums Chur 28, 1984.

P. Gleirscher, Die Räter. Ausstellungskatalog (Chur 1991).

P. Gleirscher, Räter, Rätergebiet und Rätien. Gesch. u. Region 1, 1991, 18 ff.

R. Hachmann/ G. Kossack/ H. Kuhn, Völker zwischen Germanen und Kelten (Neumünster 1962).

I.R. Metzger/ P. Gleirscher (Hrsg.), Die Räter – I Reti. Schr. Arge Alp, Komm. III/Kultur (Bozen 1992).

St. Schumacher, Die sogenannten „rätischen" Inschriften. Geschichte und derzeitiger Stand der Forschung. Innsbrucker Beitr. Kulturwiss. Sonderh. 79 (Innsbruck 1991).

Quellenverzeichnis

Apollonios von Rhodos (3. Jh. v. Chr.):
   Die Argonautenfahrt (Argonautica)

Aristoteles (384–322 v. Chr.):
   Eudemische Ethik (Ethica Eudemia/Eth. Eud.)
   Nikomachische Ethik (Ethica Nicomachaea/Eth. Nic.)
   Über die Entstehung der Tiere
   (De Generatione Animalium/Gen. Animal.)
   Metaphysik (Metaphysica/Met.)
   Politik (Politica/Polit.)

Dem Aristoteles fälschlich zugewiesen:
   Wunderdinge (Mirabilia/Mirab.)
   Die Welt (De Mundo/Mund.)

Athenaios von Naukratis (um 200 n. Chr.):
   Gelehrtengastmahl (Dipnosophistarum libri)

Caesar (100–44 v. Chr.):
   Der Gallische Krieg (Commentarii de bello Gallico/b.G.)

Cicero (106–43 v. Chr.):
   Briefe an Atticus I (Epistulae ad Atticum I)
   Rede über die konsularischen Provinzen
   (De provinciis consularibus oratio)

Diodor (1. Hälfte 1. Jh. v. Chr.):
   Weltgeschichte/Historische Bibliothek (Bibliotheca Historica)

Dionysios von Halikarnassos (2. Hälfte 1. Jh. v. Chr.):
   Römische Altertumskunde (Antiquitates Romanae)

Ephoros von Kyme (4. Jh. v. Chr.):
   Universalgeschichte (Historiae)

Hekataios von Milet (geb. 560/50 v. Chr.):
   Reise um die Welt (Descriptio terrae)

Herodot (geb. um 480 v. Chr.):
   Historien (Historiae)

Horaz (65–8 v. Chr.):
   Oden 19–20 (Carmina)

Livius (59 v. Chr.–17 n. Chr.):
   Römische Geschichte (Ab urbe condita libri)

Lollius Bassus von Smyrna (um die Zeitenwende):
   (Gedichte in der „Griechischen Anthologie"/Anth. Graeca)

Lucan (39–65 n. Chr.):
   Der Bürgerkrieg (Bellum civile/Bellum civ./
   fälschlich auch Pharsalia)

Platon (428/27–349/48 v. Chr.):
   Gesetze (Leges/Leg.)

Plinius der Ältere (23/24–79 n. Chr.):
   Naturgeschichte (Naturalis historia/Nat. hist.)

Plutarch von Chaironeia (um 45–nach 120 n. Chr.):
   Leben des Camillus (Vita Camilli)
   Frauentugenden (Virtutes mulierum)

Pompeius Trogus (2. Hälfte 1. Jh. v. Chr.)
   Philippische (d.h. Makedonische) Geschichte
   (Historiae Philippicae)

Pomponius Mela (1. Hälfte 1. Jh. n. Chr.):
   Länderbeschreibung (De chorographia libri tres)

Polybios (um 200–120 v. Chr.):
   Geschichte (Historiae)

Poseidonios von Apameia (135–51/50 v. Chr.):
   Historien (Historiae)

Ptolemaios der Mathematiker und Geograph (2. Jh. n. Chr.):
   Geographie (Geographia)

Strabon von Amaseia (64/63 v. Chr.–nach 23 n. Chr.):
   Geographie (Geographica)

Thukydides von Athen (455–400 v. Chr.):
   Der Peloponnesische Krieg (Historiae)

Varro (116–27 v. Chr.):
   Über das Leben des römischen Volkes
   (De vita populi Romani/vit. pop. Rom.)

Velleius Paterculus (20 v. Chr.–?):
   Römische Geschichte (Historia Romana)

Vitruv (2. Hälfte 1. Jh. v. Chr.):
   Über die Baukunst (De architectura libri decem)

Unbekannter Autor (9 v. Chr. oder später):
   Trostgedicht für Livia (Consolatio ad Liviam)

Bildnachweis

C.N.R.S., Centre Camille Jullian, Aix-en-Provence: Abb. 169, Taf. 12.

MM-Vision Multimedia GmbH, Andechs: Abb. 7, Abb. 20, Abb. 21, Abb. 27–29, Abb. 93, Abb. 125, Abb. 135, Abb. 137, Abb. 162–164, Nr. 39, Nr. 40 (2x), Nr. 71 d, Nr. 77 (2x), Nr. 80, Nr. 117, Nr. 126, Nr. 139, Nr. 390, Nr. 393 a, Nr. 396 b, Nr. 397 b, Nr. 397 c, Nr. 401, Nr. 410, Nr. 437, Nr. 455 c, S. 219.

Musée des Beaux-Arts Angoulême, Staatliches Depot: Frontispiz, Abb. 110 C.

Bayerisches Landesamt für Denkmalpflege Bamberg: Abb. 58–62, Abb. 69, Abb. 70, Abb. 72–74, Abb. 76 (E. Voß).

U. Gaasch, Bamberg: Abb. 63.

R. Mader, Bamberg: Abb. 75.

Sammlung Axel Guttmann, Berlin: Nr. 54, Nr. 493, Nr. 511.

Staatliche Museen Preußischer Kulturbesitz Berlin – Museum f. Vor- und Frühgeschichte: Abb. 152, Nr. 440, Nr. 501 c (H.-D. Beyer).

Bernisches Historisches Museum: Abb. 161.

Rheinisches Landesmuseum Bonn: Abb. 114 (Schafgans, Bonn).

Museum Boskovice: Nr. 300, Nr. 407 c.

Vorarlberger Landesmuseum Bregenz: Nr. 387.

Archäologisches Institut ČAV Brno: Abb. 128, Nr. 301, Nr. 417 c, Nr. 423 e, f.

Moravské Zemské Muzeum Brno: Abb. 128, Nr. 299, Nr. 300, Nr. 406 a, c, d, Nr. 407 c, Nr. 416, S. 137.

Römisch-Germanische Kommission Frankfurt a.M.: Abb. 101 A–D, Abb. 146 (J. Bahlo), Abb. 147 (E. Schubert), Nr. 81, Nr. 404 b, Nr. 495.

Römisch-Germanische Kommission, Außenstelle Ingolstadt, Manching-Archiv: Abb. 79, Abb. 81, Abb. 83–87, Abb. 89, Abb. 99, Abb. 174 (J. Bahlo), Abb. 216, Nr. 18 b, Nr. 83, Nr. 124, S. 263, Nr. 382, Nr. 422 b, Nr. 508 a, S. 121, S. 263.

W. Sölder, Innsbruck: Abb. 202, Abb. 204 B.

Tiroler Landesmuseum Ferdinandeum Innsbruck: Abb. 199, Abb. 200, Abb. 201 C, Nr. 478 a, b, d (2x), Nr. 504 b–e, Nr. 510, S. 231.

Friedrich-Schiller-Universität Jena, Fotozentrum: Nr. 138 (3x), Nr. 395 e.

Archäologisches Museum der Stadt Kelheim: Abb. 173.

Stadtarchäologie Kempten: Abb. 215 C, D.

P. Gleirscher, Landesmuseum für Kärnten in Klagenfurt: Abb. 205.

Landesbildstelle Rheinland-Pfalz, Mainz: Abb. 126.

Mittelrheinisches Landesmuseum Mainz: Nr. 400, Nr. 408.

Römisch-Germanisches Zentralmuseum Mainz: Abb. 178 (M. Egg/ Ch. Pare), Abb. 181, Abb. 183 (M. Egg/ Ch. Pare), Abb. 186 (M. Egg/ Ch. Pare), Nr. 50.

O.-H. Frey, Philipps-Universität Marburg: Abb. 113.

Bayerisches Landesamt für Denkmalpflege München, Luftbildarchäologie
Aufn. 09.12.80 BR 8136/001; 1111–26: Abb. 14.
Aufn. 08.11.86 BR 7932/024; 4633–22: Abb. 142.

Bayerisches Landesamt für Denkmalpflege München: Abb. 64, Abb. 66, Abb. 208, Abb. 209.

P. Frese, München: Nr. 435, Taf. 1–10.

H. Küster, Ludwig-Maximilians-Universität München: Abb. 94–98.

Lehrstuhl für Angewandte Mineralogie und Geochemie der Technischen Universität München: Abb. 189.

Staatliche Münzsammlung München: Abb. 188; Abb. 192–198, erstellt durch multicoin datensystem der Staatlichen Münzsammlung.

Prähistorische Staatssammlung München: Abb. 9, Abb. 15, Abb. 33, Abb. 38, Abb. 39, Abb. 47, Abb. 71, Abb. 77, Abb. 80, Abb. 83, Abb. 88, Abb. 90, Abb. 91, Abb. 119, Abb. 127, Abb. 130, Abb. 138, Abb. 139, Abb. 141, Abb. 156, Abb. 160, Abb. 172, Abb. 175, Abb. 176, Abb. 180, Abb. 187, Abb. 207, Abb. 211, Abb. 212, Nr. 8 d, Nr. 31, Nr. 42, Nr. 66, Nr. 69 a, Nr. 91 b, Nr. 105 d, Nr. 390 b, Nr. 391 a, Nr. 392, Nr. 404 a, Nr. 417 d, Nr. 418, Nr. 430, Nr. 434, Nr. 447, Abb. 454, Nr. 448, Nr. 494, S. 60/61, S. 243, S. 251, Zeittafel.

Prähistorische Staatssammlung München (M. Berger): Abb. 11, Tab.2/S.227, Nr. 411, Nr. 455.

Prähistorische Staatssammlung München (M. Eberlein): Abb. 3–6, Abb. 8, Abb. 10, Abb. 12, Abb. 13, Abb. 16–18, Abb. 57, Abb. 65, Abb. 92, Abb. 145, Abb. 155, Abb. 159, Abb. 179, Abb. 184, Abb. 185, Abb. 191, Abb. 213, Abb. 216, Nr. 13 c, Nr. 13 d, Nr. 14, Nr. 16 b, d, f, h, Nr. 18 a, Nr. 19 g, Nr. 21 a, c, e, h, i, k, Nr. 22 d, g, Nr. 24 a, Nr. 26/28, Nr. 48, Nr. 49, Nr. 74, Nr. 96 b, Nr. 103 b, c, Nr. 106, Nr. 116, Nr. 118 b, Nr. 144, Nr. 145 c (2x), Nr. 146, Nr. 147, Nr. 150, Nr. 161, Nr. 188, Nr. 191, Nr. 231, Nr. 246, Nr. 270, Nr. 281, Nr. 289, Nr. 295, Nr. 315,

Nr. 339, Nr. 340, Nr. 342–346, Nr. 348, Nr. 350, Nr. 351, Nr. 353–357, Nr. 370/371, Nr. 375, Nr. 412, Nr. 417 f, Nr. 423 a, Nr. 431/432, Nr. 439 b, Nr. 443, Nr. 466 a, b (2x), Nr. 469, Nr. 473, Nr. 483, Nr. 489, Nr. 490, Nr. 500 a (2x), b (2x), Nr. 501 b, Nr. 502 b, Nr. 507, Nr. 513, Nr. 520 a–p, Taf. 11.

Prähistorische Staatssammlung München (H. Huber): Abb. 31 (nach W. Lucke/ O.-H. Frey 1962), Abb. 32 (nach Ms. M. Egg 1992), Abb. 112 B (nach Kat. Hallein), Abb. 157, Abb. 108 B (nach J.V.S. Megaw/ M.R. Megaw/ J.-W. Neugebauer, Germania 67, 1989), Abb. 209 (Vorlage S. Rieckhoff), Abb. 210 (Vorlage S. Rieckhoff).

Ch. Zocher, München: Abb. 124.

Dolenjski muzej Novo mesto: Abb. 123, Nr. 81, Nr. 93, Nr. 94 a, Nr. 447 (2x).

Germanisches Nationalmuseum Nürnberg: Abb. 118, Nr. 426 a, Nr. 426 b.

Národní muzeum Praha: Abb. 115, Nr. 137, Nr. 398, Nr. 407 b, Nr. 413, Nr. 415, Nr. 417 e.

U. Hesse, Regensburg: Abb. 151.

W. Schmidt, Regensburg: Abb. 131, Abb. 132, Nr. 441.

Stadt Regensburg, Presse- und Informationsstelle – Bilddokumentation (P. Ferstl): Abb. 171, Nr. 395 c, Nr. 395 d.

Museum Carolino Augusteum Salzburg: Abb. 120, Nr. 405, Nr. 433.

Musée d'Histoire St.-Brieuc: Nr. 86.

Historisches Museum der Stadt St. Gallen: Abb. 203.

Landesdenkmalamt Baden-Württemberg, Abt. Arch. Denkmalpflege, Stuttgart: Abb. 22, Abb. 23, Abb. 136, S. 169.

Württembergisches Landesmuseum Stuttgart: Abb. 19, Abb. 24, Abb. 25, Abb. 26.

Damjanich János Múzeum Szolnok: Nr. 94 b.

Ufficio Beni Archeologici Trient: Abb. 206 A.

Liechtensteinisches Landesmuseum Vaduz: Abb. 148.

Naturhistorisches Museum Wien, Prähistorische Abteilung: Abb. 129, Nr. 475.

W. Krämer, Wiesbaden: Abb. 82.

Universität Würzburg, Seminar für Vor- und Frühgeschichte: Abb. 51, Abb. 53, Abb. 54, Abb. 56.

Schweizerisches Landesmuseum Zürich: Abb. 201 A, B.

Reproduktionen

B.-U. Abels, Zwei neue frühlatènezeitliche Amulette aus Oberfranken. Das Arch. Jahr in Bayern 1987: Abb. 133.

Amt der Salzburger Landesregierung (Hrsg.), Die Kelten in Mitteleuropa. Kultur – Kunst – Wirtschaft. Ausstellungskat. Keltenmus. Hallein 1980 (Salzburg 1980): Abb. 36.

R. Amy/ P.-M. Duval/ J. Formigé/ J.-J. Hatt/ A. Piganiol/ Ch. Picard/ G.-Ch. Picard, L'arc d'Orange. Gallia Suppl. XV (Paris 1962): Abb. 34.

E. Aner/ K. Kersten, Die Funde der älteren Bronzezeit des nordischen Kreises in Dänemark, Schleswig-Holstein und Niedersachsen II: Holbaek, Sorø und Praestø Ämter (København 1976): Abb. 67.

A. Berger/ H.-U. Glaser, Ein Hausgrundriß und ein weiterer Hortfund der Urnenfelderzeit von der befestigten Höhensiedlung Bullenheimer Berg, Landkreis Neustadt a.d. Aisch-Bad Windsheim, Mittelfranken. Das Arch. Jahr in Bayern 1989: Abb. 55.

J. Boessneck/ A. von den Dreisch/ U. Meyer-Lemppenau/ E. Wechsler-von Ohlen, Die Tierknochenfunde aus dem Oppidum von Manching. Die Ausgr. in Manching 6 (Wiesbaden 1971): Abb. 100.

A. Bulard, Fourreaux ornés d'animaux fantastiques affrontés découverts en France. Études celtiques 16, 1979: Abb. 121 B–D.

I Celti. Ausstellungskat. Venedig, Palazzo Grassi 1991 (Milano 1991): S.1, S. 39.

R. Christlein/ O. Braasch, Das unterirdische Bayern (Stuttgart 1982): Abb. 140.

G. Diemer, Urnenfelderzeitliche Depotfunde und neue Grabungsbefunde vom Bullenheimer Berg. Ein Vorbericht. Arch. Korrbl. 15, 1985: Abb. 52.

C. Dobiat, Das hallstattzeitliche Gräberfeld von Kleinklein und seine Keramik. Schild von Steier Beih. 1 (Graz 1980): Abb. 103 F.

M. Egg, Die „Herrin der Pferde" im Alpengebiet. Arch. Korrbl. 16, 1986: Abb. 206 B.

A. Eibner-Persy, Hallstattzeitliche Grabhügel von Sopron (Ödenburg). Wiss. Arbeiten aus dem Burgenland 62 (Eisenstadt 1980): Abb. 104.

J. Filip, Keltové ve střední Evropě (Praha 1956): Abb. 109 A.

U. Fischer, Cambodunumforschungen 1953-II. Keramik aus den Holzhäusern zwischen der 1. und der 2. Querstraße. Materialh. Bayer. Vorgesch. H. 20 (Kallmünz 1957): Abb. 241 D.

O.-H. Frey, Die Goldschale von Schwarzenbach. Hamburger Beitr. Arch. I, H.2, 1971: Abb. 122.

O.-H. Frey, Durchbrochene Frühlatènegürtelhaken aus Slowenien. Situla 14/15, 1974, 129 ff.: Abb. 121 A.

H. Gerdsen, Das Fragment eines eisernen Hallstattschwertes aus dem Oppidum von Manching. Germania 60, 1982: Abb. 144.

Gold der Helvetier. Keltische Kostbarkeiten aus der Schweiz. Ausstellungskat. Schweizer Landesmus. Zürich (Zürich 1991): Abb. 111 B, Abb. 153.

R. Hachmann, Gundestrup-Studien. Untersuchungen zu den spätkeltischen Grundlagen der frühgermanischen Kunst. Ber. RGK 71, 1990: Abb. 134.

N. Heger, Ein etruskischer Bronzeeimer aus der Salzach. BVbl. 38, 1973: Abb. 170.

M. Hoppe, Ein hallstattzeitliches Prunkfibelpaar aus Untereggersberg. Das Arch. Jahr in Bayern 1990: Nr. 70 b.

P. Jacobsthal, Early Celtic Art (Oxford 1944, Nachdruck ebd. 1969): Abb. 106 I, Abb. 110 B, Abb. 110 A, Abb. 111 A, Abb. 166.

W. Janssen, Hortfunde der jüngeren Bronzezeit aus Nordbayern. Einführung in die Problematik. Arch. Korrbl. 15, 1985: Abb. 40.

W. Janssen/ A. Berger/ U. Glaser, Ausgrabungen auf dem Großen Knetzberg, Neuhauser Forst, Ldkr. Haßberge, Unterfranken. Das Arch. Jahr in Bayern 1986: Abb. 43.

A. Jockenhövel, Bronzezeitlicher Burgenbau in Mitteleuropa. Untersuchungen zur Struktur frühmetallzeitlicher Gesellschaften. In: Orientalisch-ägäische Einflüsse der europäischen Bronzezeit. Monogr. RGZM 15 (Bonn 1990): Abb. 49, 50.

A. Kasseroler, Die vorgeschichtliche Niederlassung auf dem „Himmelreich" bei Wattens (Innsbruck 1957): Abb. 204.

J. Keller, Das keltische Fürstengrab von Reinheim I (Mainz 1965): Abb. 116, Abb. 30.

H.-J. Kellner, Die Münzfunde von Manching und die keltischen Fundmünzen aus Südbayern. Die Ausgr. in Manching 12 (Stuttgart 1990): Abb. 190.

I. Kilian-Dirlmeier, Studien zur Ornamentik auf Bronzeblechgürteln und Gürtelblechen der Hallstattzeit aus Hallstatt und Bayern. Ber. RGK 50, 1969: Abb. 106 A, B, G, Abb. 106 C–F.

W. Kimmig, Die griechische Kolonisation im westlichen Mittelmeergebiet und ihre Wirkung auf die Landschaften des westlichen Mitteleuropa. Jahrb. RGZM 30, 1983: Abb. 165 (nach E. Gersbach), Abb. 167 (Entwurf W. Kimmig), Abb. 168 (Entwurf O.-H. Frey und U. Schaaff).

G. Körte, I rilievi delle urne etrusche. Bd. 3 (Berlin 1916): Abb. 182.

W. Krämer/ F. Schubert, Die Ausgrabungen in Manching 1955–1961. Die Ausgr. in Manching 1 (Wiesbaden 1970): Abb. 78.

G. Krahe, Ringwall Burgberg bei Heroldingen. In: H. Frei/ G. Krahe (Hrsg.), Archäologische Wanderungen im Ries. Führer zu arch. Denkmälern in Bayern. Schwaben 2 (Stuttgart-Aalen 1979): Abb. 42.

K. Kromer, Metallzeit. Gemeinlebarn, Hügel 1. Inventaria Archaeologica Österr. H.2, A 11, Nr. 81 (Bonn 1958): Abb. 103.

F. Leja, Zwei vorgeschichtliche Gefäßdeponierungen aus der Saugartenhöhle, Lkr. Amberg-Sulzbach, Opf. (Frankenalb). BVbl. 50, 1990: Abb. 149.

E. Lessing, Hallstatt. Bilder aus Europas Frühzeit (Wien/München 1980): Nr. 474.

W. Lucke/ O.-H. Frey, Die Situla in Providence (Rhode Island). Röm.-Germ. Forsch. 26 (Berlin 1962): Abb. 35.

F. Maier, Die bemalte Spätlatène-Keramik von Manching. Die Ausgr. in Manching 3 (Wiesbaden 1970): Abb. 177, Abb. 215 A, B.

R.A. Maier, Urgeschichtliche Opferreste aus einer Felsspalte und einer Schachthöhle der Fränkischen Alb. Germania 55, 1977: Abb. 150.

J.V.S. Megaw, Two La Tène Finger Rings in the Victoria and Albert Museum, London. Prähist. Zeitschr. 43/44, 1965/66: Abb. 117.

J.V.S. Megaw/ M.R. Megaw/ J.-W. Neugebauer, Zeugnisse frühlatènezeitlichen Kunsthandwerks aus dem Raum Herzogenburg, Niederösterreich. Germania 67, 1989: Abb. 109 A, C.

M. Menke, Seebruck – das römische Bedaium. Führer zu vor- und frühgeschichtlichen Denkmälern 19 (Mainz 1971): Abb. 212.

F. Moosleitner, Die Schnabelkanne vom Dürrnberg. Ein Meisterwerk keltischer Handwerkskunst. Schriftenreihe Salzburger Mus. Carolino Augusteum 7 (Salzburg 1985): Abb. 108 H.

F. Moosleitner/ E. Urbanek, Das Werkzeugdepot eines keltischen Grobschmiedes vom Nikolausberg bei Golling, Land Salzburg. Germania 69, 1991: Nr. 112.

A. Müller-Karpe, Neue Bronzefunde der späten Urnenfelderzeit vom Bleibeskopf im Taunus. Fundber. Hessen 14, 1974: Abb. 41.

J. Pätzold, Die vor- und frühgeschichtlichen Geländedenkmäler der Oberpfalz. Materialh. Bayer. Vorgesch. B 2 (Kallmünz 1983): Abb. 44.

Ch. Pescheck, Die junghallstättischen Grabhügel von Donnerskirchen (Niederdonau). Mitt. Prähist. Komm. Wien 4, H. 5, 1942: Abb. 103 E.

M. Pichlerová, Nove Košariská (Bratislava 1969): Abb. 103 A, B.

St. Piggott, Vorgeschichte Europas. Vom Nomadentum zur Hochkultur (München 1974): Abb. 48.

R. Pincelli/ C. Morigi Govi, La necropoli Villanoviana di San Vitale 1 (Bologna 1975): Abb. 102 A-D.

H. Schönberger u.a., Kastell Oberstimm. Die Grabungen von 1968 bis 1971. Limesforsch. 18 (Berlin 1978): Abb. 214 C.

M. Sciallano/ P. Sibella, Amphores. Comment les identifier? (Aix-en-Provence 1991): S. 193.

H. Schmeidl/ G. Kossack, Archäologische und paläobotanische Untersuchungen an der „Römerstraße" in den Rottauer Filzen. Jahresber. Bayer. Bodendenkmalpflege 8/9, 1967/68: Nr. 101.

F. Schubert, Neue Ergebnisse zum Bebauungsplan des Oppidums von Manching. Ber. RGK 64, 1983: Abb. 143.

F. Schwappach, Frühkeltisches Ornament zwischen Marne, Rhein und Donau. Bonner Jahrb. 173, 1973: Abb. 108 A, C-G.

S. Sievers, Die Kleinfunde der Heuneburg. Röm.-Germ. Forsch. 42 (Mainz 1984): Abb. 106 H.

W. Stöckli, Die Grob- und Importkeramik von Manching. Die Ausgr. in Manching 8 (Wiesbaden 1979): Abb. 214 A, B.

A. Stroh, Ausgrabungen am Schloßberg bei Kallmünz, Oberpfalz. BVbl. 23, 1958: Abb. 45.

A. Stroh, Das hallstattzeitliche Gräberfeld von Schirndorf, Ldkr. Regensburg I (Kallmünz 1979): Abb. 105 B, D.

A. Stroh, Das hallstattzeitliche Gräberfeld von Schirndorf, Ldkr. Regensburg II (Kallmünz 1988): Abb. 105 A, C, Abb. 154.

J. Szombathy, Ein Tumulus bei Langenlebarn in Niederösterreich. Mitt. Prähist. Komm. Wien 1, H. 3, 1893: Abb. 103 D.

Topographischer Atlas, Blatt München Ost, Ausgabe 1860: Abb. 68.

W. Torbrügge, Die Hallstattzeit in der Oberpfalz II. Die Funde und Fundplätze der Gemeinde Beilngries. Materialh. Bayer. Vorgesch. 20 (Kallmünz 1965): Abb. 158.

H.P. Uenze, Zur Frühlatènezeit in der Oberpfalz. BVbl. 29, 1964: Abb. 112 A, C.

H.P. Uenze, Die Besiedlung der Houbirg im Lichte der Neufunde. Abhandl. Naturhist. Ges. Nürnberg 39 = Festschr. 100-jähriges Bestehen 1982: Abb. 46.

Großer Historischer Weltatlas, 1. Teil: Vorgeschichte und Altertum, Bayerischer Schulbuch-Verlag, München 1978, 6. Aufl., S. 12: Abb. 1, 2.

H. Zürn, Eine hallstattzeitliche Stele von Hirschlanden Kr. Leonberg (Vorbericht). Germania 42, 1964: Abb. 37.

H. Zürn, Hallstattzeitliche Grabfunde in Württemberg und Hohenzollern. Forsch. u. Ber. Vor- u. Frühgesch. in Baden-Württemberg 25 (Stuttgart 1987): Abb. 107 A, C, D.

KATALOGE DER PRÄHISTORISCHEN STAATSSAMMLUNG
im Verlag Michael Laßleben, Kallmünz/Opf.

Nr. (5)   Walter Torbrügge
OBERPÖRING.
KATALOG ZUR VORGESCHICHTE EINER ORTSMARKUNG
1963. 89 S., 6 Textabb., 38 Taf., broschiert DM 13.—

Nr. 10   Gérard Nicolini
DIE IBERISCHEN BRONZEVOTIVE
1967. 49 S., 9 Textabb., 19 Taf., broschiert DM 10.—

Nr. 12   Konrad Radunz
VOR- UND FRÜHGESCHICHTE IM LANDKREIS LICHTENFELS
1969. 143 S., 4 Textabb., 27 Taf., broschiert DM 18.—

Nr. 17   Gisela Zahlhaas
RÖMISCHE RELIEFSPIEGEL
1975. 79 S., 31 Taf., broschiert DM 25.—

Nr. 18   Werner Schönweiß
DIE BANDKERAMISCHEN SIEDLUNGEN VON ZILGENDORF
UND ALTENBANZ
1976. 115 S., 8 Textabb., 46 Taf., 1 Beilage, broschiert DM 27.50

Nr. 19   Emma Pressmar
ELCHINGER KREUZ.
SIEDLUNGSGRABUNG MIT URNENFELDERZEITLICHEM TÖPFEROFEN
1979. 168 S., 18 Textabb., 38 Taf., 1 Beilage, broschiert DM 20.—

Nr. 20   Joachim Hahn
DER SPECKBERG BEI MEILENHOFEN II.
ARCHÄOLOGIE DES JUNGPALÄOLITHIKUMS
1982. 253 S., 44 Textabb., 16 Tabellen, 27 Taf., 11 Beilagen, broschiert DM 58.—

Nr. 21   Christian Pescheck
NEUE REIHENGRÄBERFUNDE AUS UNTERFRANKEN
1983. 118 S., 5 Textabb., 5 Tabellen, 1 Farbtaf., 65 Taf., broschiert DM 32.—

Nr. 22   Wolfgang Czysz und Sebastian Sommer
RÖMISCHE KERAMIK AUS DER TÖPFERSIEDLUNG
VON SCHWABMÜNCHEN IM LANDKREIS AUGSBURG
1983. 54 S., 4 Textabb., 2 Tabellen, 42 Taf., broschiert DM 18.—

Nr. 23   Emma Pressmar
BELLENBERG LDKR. NEU-ULM. DIE GRABUNGEN 1983—1987
1989. 65 S., 2 Textabb., 32 Taf., broschiert DM 18.—

Nr. 24   Christian Pescheck und Hans Peter Uenze
DIE KELTEN IM LANDKREIS SCHWEINFURT
1992. 132 S., 13 Textabb., 38 Taf., 1 Beilage, broschiert DM 25.—

Nr. 25   Eveline Grönke und Edgar Weinlich
DIE NORDFRONT DES RÖMISCHEN KASTELLS BIRICIANA-
WEISSENBURG. DIE AUSGRABUNGEN 1986/1987
1991. 165 S., 9 Textabb., 6 Diagramme, 51 Taf., 4 Beilagen, broschiert DM 28.—

BEIHEFTE

Nr. 2   LEITFADEN ZUR KERAMIKBESCHREIBUNG
        (Mittelalter—Neuzeit)
        Terminologie — Typologie — Technologie
        1987. 197 S., 83 Textabb., 16 Tabellen u. Übersichten, 37 Bildbeispiele
        (vergriffen; Neuauflage in Vorbereitung)

Nr. 3   Hermann Dannheimer (Herausgeber)
        SPURENSUCHE
        FESTSCHRIFT FÜR HANS-JÖRG KELLNER ZUM 70. GEBURTSTAG
        1991. 208 S., 96 Textabb., broschiert DM 38.—

AUSSTELLUNGSKATALOGE
DER PRÄHISTORISCHEN STAATSSAMMLUNG
im Eigenverlag der Prähistorischen Staatssammlung

Bd. 4   FUNDE DER BRONZEZEIT AUF ZYPERN
1977. 51 S., 16 Textabb., broschiert DM 6.—

Bd. 9   Hans-Jörg Kellner
EIN MÜNZSCHATZ DES 14. JAHRHUNDERTS AUS SCHONGAU
1981. 42 S., 3 Textabb., 10 Taf., broschiert DM 16.—

Bd. 10   Jochen Garbsch
TERRA SIGILLATA
EIN WELTREICH IM SPIEGEL SEINES LUXUSGESCHIRRS
1982. 109 S., 168 Textabb., davon 4 farbig, broschiert DM 15.—

Bd. 11   Gisela Zahlhaas
FINGERRINGE UND GEMMEN. SAMMLUNG DR. E. PRESSMAR
1985. 74 S., 143 Textabb., broschiert DM 18.50

Bd. 14   Leo Trümpelmann
PERSEPOLIS. EIN WELTWUNDER DER ANTIKE
1988. 103 S., 58 Textabb., 17 Farbtafeln, DM 24.—

Bd. 15   Hermann Dannheimer
BYZANTINISCHE GRABFUNDE AUS SIZILIEN
1989. 87 S., 13 Abb., 1 Farbtafel, 33 Fototafeln, DM 14.80

Bd. 16   Florentine Mütherich — Andreas Weiner
ILLUMINIERTE HANDSCHRIFTEN
DER AGILOLFINGER- UND FRÜHEN KAROLINGERZEIT
1989. 64 S., 34 Abb., 16 Farbtafeln, DM 23.80

Bd. 17   Jochen Garbsch — Bernhard Overbeck
SPÄTANTIKE ZWISCHEN HEIDENTUM UND CHRISTENTUM
1989. 232 S., 570 Abb., 17 Farbtafeln, DM 42.—, broschiert DM 29.80

Bd. 18   Herbert Hagn und Mitarbeiter
ALTBAYERISCHE TÖPFER
KERAMIKFUNDE VOM 15. BIS 19. JAHRHUNDERT
1990. 118 S., 219 Abb.

Bd. 19   Marianne Manda
ABENDLAND MORGENLAND
EINE WANDERUNG DURCH ZEIT UND RAUM
1991. 84 S., 66 Abb., DM 39.80, broschiert DM 28.—

Bd. 20   Gisela Zahlhaas
SCHMUCK DER ANTIKE AUS EINER NORDDEUTSCHEN PRIVAT-
SAMMLUNG
1991. 68 S., 97 Abb., 6 Farbtafeln, DM 14.—

Bd. 21   Hermann Dannheimer und Wilfried Menghin (Herausgeber)
SCHLIEMANN UND TROIA
1992. 120 S., 76 sw-Abb., 32 Farbabb., DM 29.—

Bd. 22   DER RÖMISCHE LIMES IN BAYERN. 100 JAHRE LIMESFORSCHUNG
1992. 132 S., 111 Abb., 14 Farbtafeln, DM 30.—

Bd. 23   Hermann Dannheimer und Rupert Gebhard (Herausgeber)
DAS KELTISCHE JAHRTAUSEND
1993. 400 S., 392 Abb., 12 Farbtafeln.

Bd. 24   Bernward Ziegaus
DER MÜNZFUND VON SONTHEIM
1993. 120 S., 30 Textabb., 18 Taf., 5 Farbtafeln.